기본부터 고급 기능까지 제대로 마스터하는

[한글&워드]
[문서 편집의 기술]

밍모 저

기본부터 고급기능까지 제대로 마스터하는
한글&워드 문서 편집의 기술

초판	2014년 12월 24일
4쇄	2018년 03월 15일

지은이	밍모
펴낸이	한준희
펴낸곳	(주)아이콕스

기획/편집	이기택
디자인	앤미디어
영업지원	김진아

주소	경기도 부천시 중동로 443번길 12, 1층(삼정동)
홈페이지	http://www.icoxpublish.com
전화	032-674-5685
팩스	032-676-5685
등록	2015년 7월 9일 제 2017-000067호
ISBN	978-89-968521-4-8 (13560)

정가_21,000원

이 책은 저작권법에 따라 보호받는 저작물이므로 무단전제 및 복제를 금하며, 책의 내용을 이용하려면 반드시 저작권자와 iCox(아이콕스)의 서면 동의를 받아야 합니다. 내용에 대한 의견이 있는 경우 홈페이지에 내용을 기재해 주시면 감사하겠습니다.

이 도서의 국립중앙도서관 출판예정도서목록(CIP)은 서지정보유통지원시스템 홈페이지(http://seoji.nl.go.kr)와 국가자료공동목록시스템(http://www.nl.go.kr/kolisnet)에서 이용하실 수 있습니다. (CIP제어번호 : CIP2014037395)

PREFACE 머리말

한글과 컴퓨터社의 워드프로세서인 한/글과 Microsoft社의 워드프로세서인 MS-Word, 이 2가지 프로그램은 각각의 특징과 장-단점을 지닌 채 지난 20여년 간 대표적인 워드프로세서로 사용되어 왔습니다.

대한민국 안에서만 보자면 보다 접하기 쉬운 까닭에 대학생이나 관공서 직원들은 한/글 프로그램을 사용하는 것이 보편적이긴 하지만, 외국계 기업을 포함한 일반 기업체에 입사하게 되면 이후에는 대부분 자신의 손에 익은 한/글과는 많은 부분에서 '비슷한 듯 다른' MS-Word 프로그램을 사용해야 하는 입장이 되어 한 번씩은 곤욕을 겪게 됩니다. 혹은 MS-Word만을 다뤄 본 이라면 그 반대의 입장에 놓이게 될 수도 있겠죠.

이에 얼른 배우기 쉬운 도서를 찾아 구매도 해 보지만, 어디까지나 초보적인 설명에 그치는 해당 도서들의 경우에는 각 프로그램들의 기능과 기초적인 사용법만을 알 수 있을 뿐 좀 더 활용적인 측면에 대한 설명은 생략되거나 다루지 않은 부분들이 많아 결국에는 사용해 가면서 응용하게 되는 경우가 대부분이었습니다.

본 도서는 이렇게, '워드프로세서'의 대표라고 할 수 있는 두 프로그램들의 '서로 비슷한 듯 다른' 기능과 활용에 대한 좀 더 근본적인 '기술'에 무게를 두고 기획되었습니다.

즉, 두 프로그램 모두 '워드프로세서'로서 갖추고 있는 동일한 기능들은 각각 어떻게 구현하고 있는지에 대한 기본적인 '기능 설명'부터, 향후 해당 기능들을 조합하여 어떻게 '활용'할 수 있는지까지 모두 다루고자 했습니다.

특히, 전반부에서 간략하게 다루게 될 기본적인 기능 설명 이후에는 본격적인 '문서 편집 기술'들을 모아 다룸으로써 단순히 업무의 일부로서 각 프로그램을 사용하게 될 일반적인 유저들뿐 아니라 전문적인 워드프로세서 여러분까지 모두 참고할 수 있는 바이블이 되도록 구성하였습니다.

부디 워드프로세서를 처음부터 배워 보고자 하는 초보들부터 전문적으로 문서를 작업해야 할 고급 유저들까지, 모든 독자분들께 조금이나마 답답한 의문들을 해소해 줄 도우미가 되길 기원합니다.

도서의 특징과 활용

❶ '한/글', '워드' 영역 구분

동일한 기능을 '한/글'과 '워드' 영역에서 각각 설명합니다.

> **02-1 상용구와 블록 만들기**
>
> 워드프로세서는 텍스트를 입력하는 것이 주된 목적입니다. 텍스트를 입력하다 보면 반복되는 부분이 있을 수 있는데요. 상용구는 그런 반복되는 부분을 간단하게 입력하기 위한 기능입니다. 요즘은 텍스트 뿐만 아니라, 명령이나 서식, 개체도 저장할 수 있어 문서를 입력하는데 많은 도움이 되고 있습니다. 한 컴퓨터라면 다른 문서에서도 사용 가능합니다.
>
> **한/글의 상용구와 블록 저장** `한글`
>
> 상용구와 블록 저장은 연관된 명령은 아니지만, 저장되는 형태가 비슷하다고 할 수 있습니다.
> 한/글의 상용구는 '글자 상용구'와 '본문 상용구'로 나
>
> **MS Word의 블록과 갤러리** `워드`
>
> MS Word도 마찬가지로 짧은 글자에서 개체까지 상용구로 저장이 가능합니다. MS Word는 상용구 외에도 각 입력 명령마다 갤러리를 가지고 있습니다. 갤

❷ 고급 활용 Tip Box

워드프로세싱의 고급 기술들은 별도의 박스로 묶어 구성합니다.

> **TIP** 문단/단락의 설정들 중 당장 쓰지 않는 기능은 도대체 어디에 쓰이는 설정인지 이해가 잘 안가는 것도 있을 거예요. 선택한다고 바로 실행되지 않는 것도 있고요. 우선 문단이 무엇을 의미하는지를 염두에 두고 설정들을 이해해 보세요. 저는 문단이 문서의 가장 작은 구역이라고 생각합니다.^^
> 하나의 문서를 여러 조각으로 나눠 서로 다르게 사용할 수 있는 것이 '구역'인데요. 문단도 그에 못지 않게 많은 설정들을 다른 문단과 다르게 지정할 수 있습니다. 정렬, 여백, 개요, 탭, 줄 나눔 설정, 페이지 경계 설정 등… 문단을 '작은 구역'이라고 생각하면 성질을 이해하기가 쉽습니다.
> 워드에서 서식이라면 '글자 모양'과 '문단 모양'으로 나눌 수 있죠. 엄청나게 많은 서식 설정들이 있어 보이지만, 사실 그것들은 모두 이 두 명령안에 포함되어 있습니다. 글자 모양에 관한 것은 눈에 쉽게 띄나… 글자 꾸미기 말고는 다 문단 모양이겠구나 하고 찾으면 문단 설정을 쉽게 찾을 수 있을 것입니다.

❸ 기능 Review

단원의 마무리에서, 좀 더 상세히 다룰 부분은 따로 설명합니다.

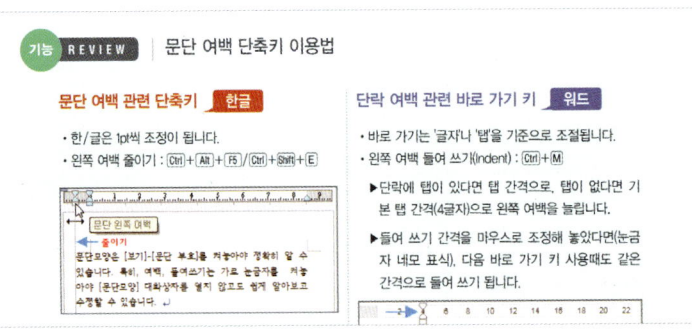

❹ 단축키 모음

도서에서 다룬 모든 기능의 단축키를 도서 마무리에 정리하였습니다.

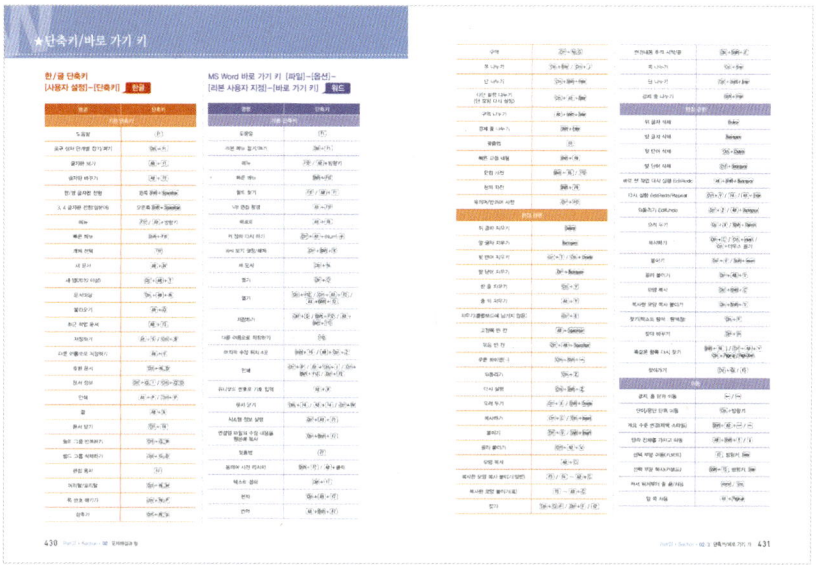

❺ Q&A 형 인덱스

일반적인 단어 인덱스 외에도, '묻고 답하기' 형 인덱스를 추가하였습니다.

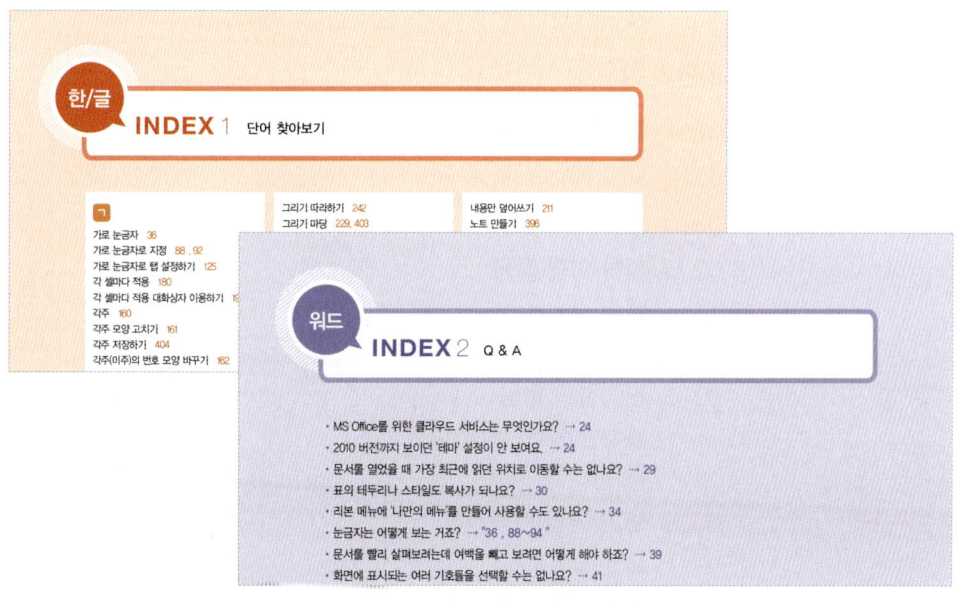

CONTENTS 목차

머리말   3
이 책의 사용법   4
목차   6

PART I • 기본

section 01 프로그램 별 기본 화면구성   14
  01.1 한/글 화면구성   14
  01.2 MS Word 화면구성   15

section 02 새 버전 둘러보기   16
  02.1 한/글 2014   16
     1 한/글 2014 메뉴   16
     2 달라진 한/글 2014의 기능   18
  02.2 MS Word 2013   24
     1 MS Word 2013 메뉴   24
     2 달라진 MS Word 2013의 기능   26

section 03 화면의 활용   32
  03.1 상황선과 상태 표시줄   32
  03.2 도구 메뉴의 활용   34
  03.3 눈금자의 활용   36
  03.4 기타 화면 활용   37
     1 한/글 화면   37
     2 MS Word 화면   38
  03.5 편집창의 활용   40
     1 문단 부호와 편집 기호   40
     2 조판 부호와 필드 코드 표시   41
  03.6 보기 방법과 작업창   44
     1 한/글의 보기   44
     2 MS Word의 보기   46
     3 작업창   46

PART II • 기능

section 01 서식 52

01.1 글자 모양/글꼴 52
- 1 글꼴 메뉴와 대화 상자 52
- 2 글꼴 변경하기 56
  - ▶ 기능 Review 대체 글꼴 57
- 3 장평과 자간 조정하기 58
  - ▶ 기능 Review 한/글과 MS Word의 빈칸 60
- 4 형광펜 62
- 5 글자 바꾸기 64
- 6 한/영 전환과 자동 교정 66
- 7 덧말 넣기/윗주 달기 67
- 8 글자 겹치기/원문자 68
- 9 세로 타입 폰트/문자방향 바꾸기 68
- 10 두 줄을 한 줄 높이로/채워 쓰기 69
- 11 한 줄로 입력/텍스트 자동 맞춤 70
- ▶ 기능 Review 한/글의 특수 문자 입력 71
- ▶ 기능 Review 글자/문단 서식 복사하기 73
- ▶ 기능 Review 글자/문단 서식 지우기 74
- ▶ 기능 Review 블록 지정하기 74
- ▶ 기능 Review 여백으로 블록 지정하기 78
- ▶ 기능 Review 페이지 단위 복사 80

01.2 문단 모양/단락 81
- 1 문단 모양/단락 대화 상자 알아보기 81
- 2 문단 정렬/단락 맞춤 85
- 3 문단/단락 여백 86
  - ▶ 기능 Review 문단/단락 여백 단축키 이용법 88
- 4 첫 줄 들여쓰기와 둘째 줄 이하 내어쓰기 90
  - ▶ 기능 Review 들여쓰기/내어쓰기 단축키 이용법 91
- 5 문단(단락) 위/아래 여백 주기 92
- 6 줄 간격 조정하기 93
- 7 문단 첫 글자 장식 96

01.3 목록 98
- 1 '개요'/'다단계 목록' 99
  - ▶ 기능 Review MS Word의 'ListNum 필드' 105
  - ▶ 기능 Review MS Word '개요 보기'로 제목 스타일 적용 106
- 2 '문단 번호'/'번호 매기기' 시작하기 108
- 3 글머리표/글머리 기호 시작하기 114

▶ 기능 Review 새 번호 주기 … 115
▶ 기능 Review 번호의 글자 모양을 다르게 지정하기 … 117
▶ 기능 Review 목록과 번호와의 간격 … 118
▶ 기능 Review 한/글 '개요 스타일'과 '문단 번호 스타일' … 120

01.4 탭 설정 … 123
1. 탭 설정하기 … 123
2. 탭의 사용 예 … 125
3. 기타 탭 설정 … 126

01.5 스타일 … 128
1. 스타일의 종류 … 128
2. 스타일 메뉴 알아두기 … 130
3. 스타일 작업창 … 131
4. 스타일 만들기 … 132
5. 스타일 편집(수정)하기 … 134
6. 다른 스타일로 적용하기 … 135
7. 기본 서식 바꾸기/다른 파일의 스타일 가져오기 … 136
▶ 기능 Review MS Word의 '테마'와 '스타일 모음' … 138
8. 스타일 짜기 … 139

section 02 입력 … 150

02.1 상용구와 블록 만들기 … 150
02.2 빠른 교정 내용과 자동 고침 옵션 … 155
02.3 각주, 미주, 숨은 설명 … 158
02.4 수식 … 162
02.5 파일 합치기 … 170
1. 끼워 넣기/파일 삽입 … 170
2. 복사해서 붙이기(붙여넣기 옵션) … 172

02.6 표 … 174
1. 표 도구와 표 속성 … 175
2. 표 관련 단축키 … 181
3. 표 만들기 … 183
4. 표 삭제 하기 … 187
5. 표 크기 조절 … 188
6. 표 테두리/배경 … 191
7. 같은 모양의 표 만들기 … 197
8. 표의 배치/정렬/위치와 셀 정렬 … 199
9. 표 복사/이동 하기 … 208
10. 표의 제목 셀과 페이지 나눔 설정 … 212
11. 표 계산식/표 수식 … 214
12. 차트 … 217
13. 한/글 표의 자동채우기와 라벨 표 … 221
14. 표 캡션과 표 목차 만들기 … 222

02.7 도형 ... 225
- 1 도형 그리기 ... 225
- 2 도형 편집하기 ... 230
- 3 글상자/텍스트 상자 ... 245
  - ▶ 기능 Review MS Word의 스마트아트(SmartArt) ... 248

02.8 그림 ... 251
- 1 그림 넣기/그림 편집하기 ... 251
- 2 그림의 배치/정렬/위치 ... 261
- 3 기타 그림 다루기 ... 264

section 03 쪽/페이지 ... 271

03.1 쪽 번호와 페이지 번호 ... 271

03.2 머리말(꼬리말)과 머리글(바닥글) ... 277

03.3 바탕쪽과 워터마크 ... 287

03.4 원고지 사용 ... 290

03.5 쪽 테두리/배경과 페이지 테두리/페이지 색 ... 293

03.6 다단 ... 296
- ▶ 기능 Review 한/글의 '평행 다단'과 '단 방향' ... 304
- ▶ 기능 Review 단 나누기 지우기 ... 306

03.7 인쇄 ... 307
- 1 한/글 인쇄하기 ... 307
- 2 MS Word 인쇄하기 ... 312

03.8 편집 용지/페이지 설정 ... 314
- 1 한/글 편집 용지 ... 314
- 2 MS Word 페이지 설정 ... 316

section 04 고급 기능 ... 322

04.1 차례/목차 만들기 ... 322

04.2 색인 항목 표시 및 색인 만들기 ... 334
- 1 한/글의 색인 ... 334
- 2 MS Word의 색인 ... 336

04.3 메일 머지 ... 337
- ▶ 기능 Review MS Word의 편지 병합 규칙 ... 343
- ▶ 기능 Review MS Word의 필드 코드와 스위치 ... 347

04.4 책갈피/상호 참조/하이퍼링크 ... 350
- 1 책갈피 ... 350
- 2 상호 참조 ... 352
- 3 하이퍼링크 ... 355

04.5 찾기/바꾸기		360
1 찾기/바꾸기 선택 사항과 옵션		360
2 찾기/바꾸기 예		366
04.6 변경 내용 추적과 문서 비교/병합		368
1 변경 내용 추적		368
2 문서 비교/병합		371

PART Ⅲ • 활용

section 01 예제 익히기 — 376

01.1 띠 제목 만들기 — 376
    1 도형을 이용한 띠 제목 만들기 — 376
    2 표를 이용한 띠 제목 만들기 — 380
    3 서식을 이용한 띠 제목 만들기 — 386

01.2 노트 만들기 — 392

01.3 주소 레이블 출력 — 394

01.4 벤다이어그램 만들기 — 398

01.5 참고 문헌 만들기 — 400

01.6 공유하기 — 402
    1 파일 공유 링크 만들기 — 402
    2 다른 사람과 협업하기 — 403
    3 블로그에 게시 — 404
    4 편집 제한 문서 만들기 — 405

01.7 번호 활용하기 — 409
    1 목록에 없는 개요 번호 모양 만들기 — 409
    2 번호에 자동 적용될 서식 — 411
    3 이전 단계와 함께 표시되는 목록 만들기 — 412
    4 다양한 페이지 번호 표시 — 414

section 02 문제해결과 팁 — 416

02.1 서식 관련 — 416

02.2 개체 관련 — 420

02.3 기타 문제 — 423

★단축키/바로 가기 키 — 426

Inedx Ⅰ. 단어 찾아보기 — 436

Inedx Ⅱ. Q&A — 442

도서와 관련된 질문이 필요할 때?

전문가를 꿈꾸는 초보들에 대한 아이콕스(iCox)의 응원, 초보가 고수되기 iT 시리즈는 모든 독자 분들께 보다 쉽고 정확한 이해를 드리고자 노력하고 있습니다. 하지만 학습 진행 중에 발생한 추가적인 궁금증이나 기타 질문하실 내용이 생각나면 언제 어디서든 가장 편리한 방법으로 물어 주세요. 공식 홈페이지 블로그와 저자 분의 카페 등을 통해 최대한 정확하고 신속한 답변으로 여러분의 어려움을 속 시원~히 해결할 수 있도록 최선을 다해 돕겠습니다.

아래에 마련된 공간 중 원하는 곳에 언제든 어디에서나 편리한 방법으로 도움을 청하세요.^^

☞ 아이콕스 홈페이지, [고객센터] – [도서문의]
http://www.icoxpublish.com

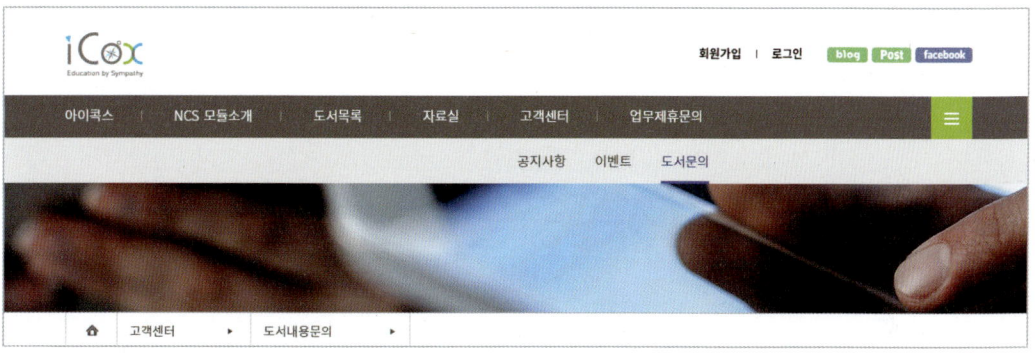

☞ 저자 『밍모』님의 운영 블로그
http://ming0211.blog.me

PART Ⅰ

기본

WORD
ING BIBLE

프로그램 별 기본 화면구성

01-1 한/글 화면구성

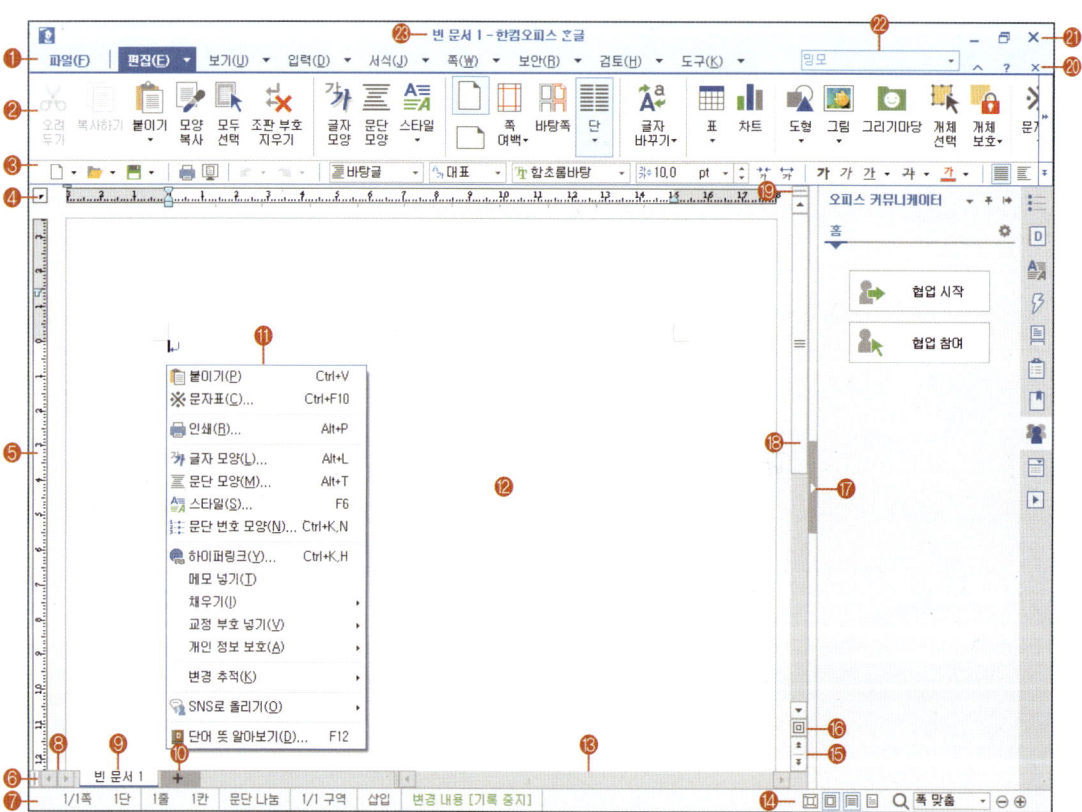

1. 메뉴
2. 기본 도구 상자
3. 서식 도구 상자
4. 탭 종류 변경 아이콘과 가로 눈금자
5. 세로 눈금자
6. 편집 화면 세로로 나누기
7. 상황선
8. 문서 탭 이동
9. 문서 탭
10. 새 탭 추가
11. 빠른 메뉴
12. 편집창
13. 가로 이동 막대
14. 전체 화면/쪽 윤곽/폭 맞춤/쪽 맞춤 보기/화면 확대, 축소
15. 쪽 이동 아이콘
16. 보기 선택 아이콘
17. 작업창
18. 세로 이동 막대
19. 편집 화면 가로로 나누기
20. 도구 접기/도움말/문서 탭 닫기
21. 최소화/최대화/닫기
22. 찾기
23. 문서 제목(호환 문서 표시)

01-2 MS Word 화면구성

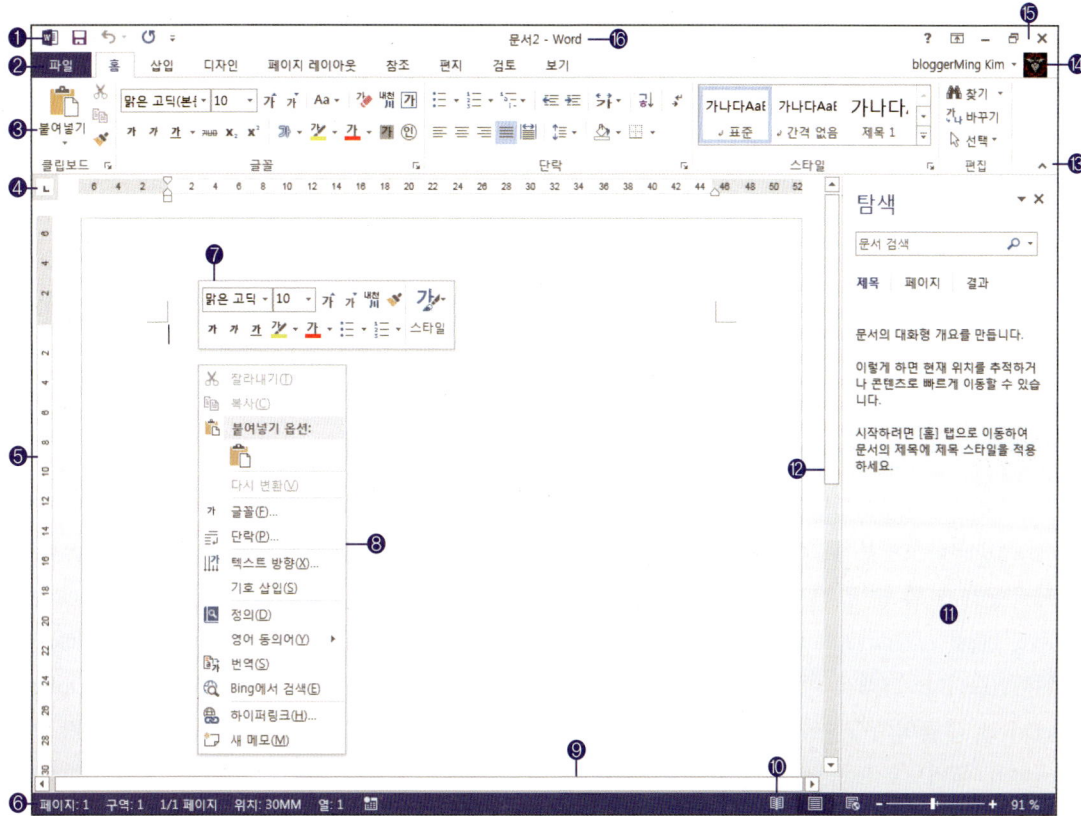

① 빠른 실행 도구 모음
② 메뉴 탭
③ 리본 메뉴 탭
④ 탭 선택기와 가로 눈금자
⑤ 세로 눈금자
⑥ 상태 표시줄
⑦ 미니 도구 모음
⑧ 마우스 오른쪽 버튼 메뉴
⑨ 가로 이동 막대
⑩ 읽기 모드/인쇄 모양 보기/웹 모양 보기/화면 확대, 축소
⑪ 탐색 창
⑫ 세로 이동 막대
⑬ 리본 메뉴 축소
⑭ 로그인 사용자
⑮ 도움말/리본 메뉴 표시 옵션/최소화/최대화/닫기
⑯ 제목 표시줄(호환 문서 표시)

새 버전 둘러보기

MS Word 2013 버전과 한/글 2014 버전이 각각 2012년과 2013년에 출시되었습니다. 이전 버전에 비해 메뉴에선 큰 차이가 없지만 실제 작업하는 데에 있어선 편리한 기능들이 많이 추가되었습니다. 특히, 웹과의 연동이 더 쉽고 다양해졌습니다. 새로 출시된 버전들의 메뉴를 둘러보고 변화된 기능들을 소개해 보겠습니다.

02-1 한/글 2014

한/글 2014 버전은 우선 '오피스 커뮤니케이션' 협업 기능이 추가되어 문서의 공유뿐 아니라 공동 작업까지 간편하게 할 수 있게 되었습니다. 또, 클라우드를 통합 관리하는 '씽크프리 원드라이브(ThinkFree 1Drive, https://1drive.thinkfree.com/ko/)'가 출시되면서 기존의 '씽크프리 온라인(ThinkFree Online)'을 대체하였습니다. 그래서 이제 '씽크프리 온라인' 뿐만 아니라 'MS Office의 스카이드라이브(SkyDrive : OneDrive), 구글의 구글 드라이브(Google Drive), 피카사 웹앨범(Picasaweb), 드롭박스(Dropbox), 박스넷(Box.net), 에버노트(Evernote), 페이스북(Facebook), 트위터(Twitter) 등의 파일까지 한/글 프로그램에 바로 가져와 작업할 수 있게 된 것이죠. ※ 2014년 10월 '한컴오피스 2014 VP'가 출시되었습니다.

1 한/글 2014 메뉴

• 파일

• 편집

• 보기

'회색조' 보기 방법이 추가되었습니다.

• 입력

'스크린 샷', '동영상' 입력 기능이 추가되었습니다.

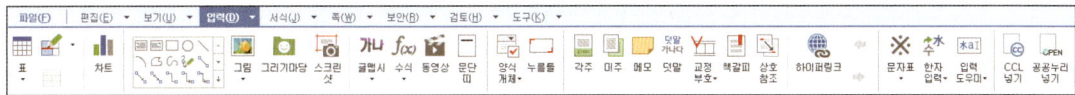

• 서식

'스타일 마당' 아이콘이 스타일 '현재 모양으로 바꾸기'로 대체되었습니다.

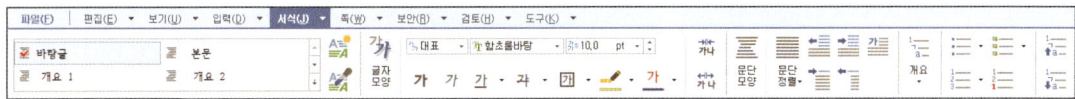

• 쪽

'줄 번호' 기능이 추가되었습니다.

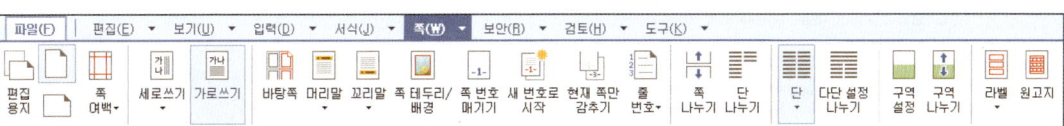

• 보안

• 검토

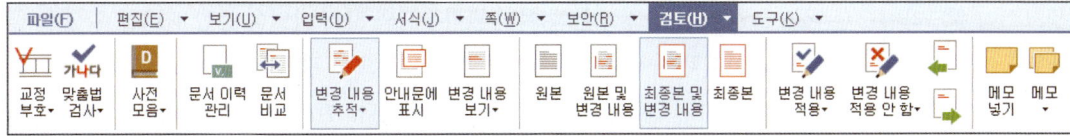

• 도구

'오피스 커뮤니케이터' 협업 기능이 추가되었습니다.

'씽크프리 온라인'이 '씽크프리 원드라이브'로 변경되었습니다.

2 달라진 한/글 2014의 기능

이전 버전인 한/글 2010과 비교하여 한/글 2014의 달라진 기능들입니다.

1) 협업 기능 '오피스 커뮤니케이터' 추가

'오피스 커뮤니케이터'는 문서 소유자가 협업자를 초대해 한 문서를 공동으로 수정하는 기능입니다. '협업 초대'는 소유자가 협업자의 메일 주소를 입력해 초대하거나, 협업자에게 접속 키를 보내주어 참여시킬 수 있습니다. 클라우드에 업로드하여 사용하는 것이 아니기 때문에 문서를 편집하며 바로 이용할 수 있고, 협업 중에도 메시지를 주고 받을 수 있습니다.

 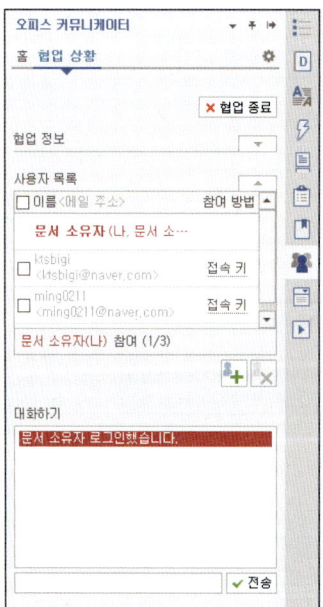 

2) '씽크프리 온라인'이 '씽크프리 원드라이브'로 변경

'씽크프리 원드라이브'는 '씽크프리 온라인'을 포함해 여러 클라우드와 SNS 파일을 통합 관리할 수 있는 클라우드 서비스입니다. 하나의 아이디로 사용자의 다양한 클라우드를 모두 관리할 수 있고, 웹에서 직접 오피스 파일을 만들고 편집할 수 있으며, 모바일에서도 사용 가능합니다. 한/글 2014는 1Drive에서 파일을 바로 불러오고 저장할 수 있으며, 1Drive로 보낸 파일은 다시 다른 클라우드나 SNS로 공유 및 게시가 가능합니다.

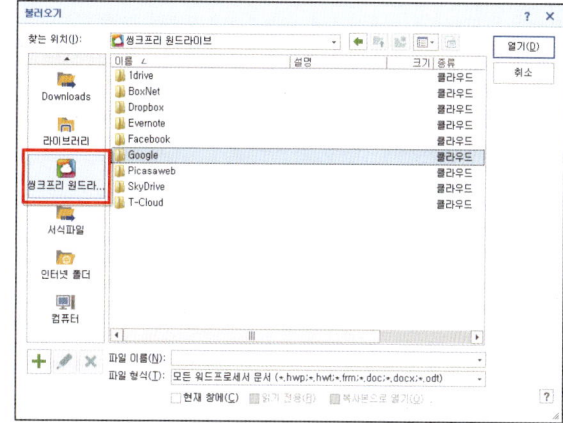

3) '스크린 샷 넣기' 추가

'창' 단위로 사진을 찍어 추가할 수도 있고, 창의 일부를 '화면 캡처'로 추가하기도 합니다. 특히, 캡처 된 사진을 본문에 입력할 때 '마우스로 크기를 지정', '글자처럼 취급' 등의 옵션을 선택할 수 있습니다.

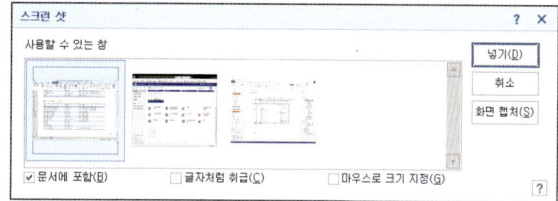

4) '동영상 개체 넣기' 추가

'로컬 동영상'과 '웹 동영상' 입력이 가능합니다.

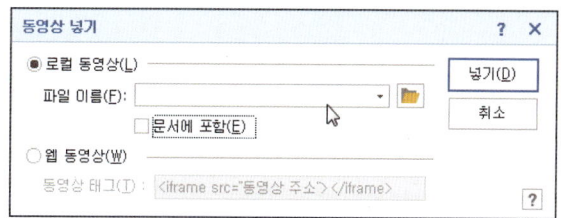

5) 편집 화면 '회색조 보기'

흑백 인쇄 시 참고할 수 있도록 '회색조 보기'가 가능해졌습니다.

6) '줄 번호'

입력된 줄에 번호를 표시할 수 있습니다. 줄 번호는 문단 번호가 아닌 쪽 설정으로, 문서의 각 구역 단위로 표시/해제가 가능합니다. 또한 쪽, 구역 별로 새 번호를 설정할 수도 있습니다. ※ 서식은 바탕글이 적용되고, 인쇄도 됩니다.

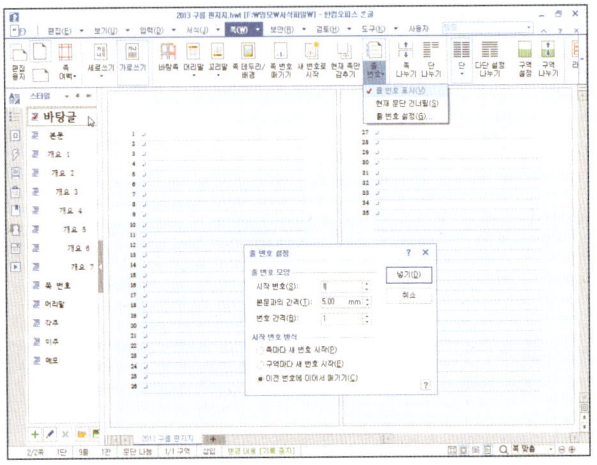

7) 상용구, 사전의 '실시간 검색'

[도구]-[환경 설정]의 '실시간 검색 - 문자 입력 시 검색하기' 기능을 사용하면 미리 저장된 상용구를 별도의 [대화 상자]에서 확인하여 입력할 수 있습니다. 더불어 [환경 설정]의 '악성코드 차단 동작' 기능도 새로 추가되었습니다.

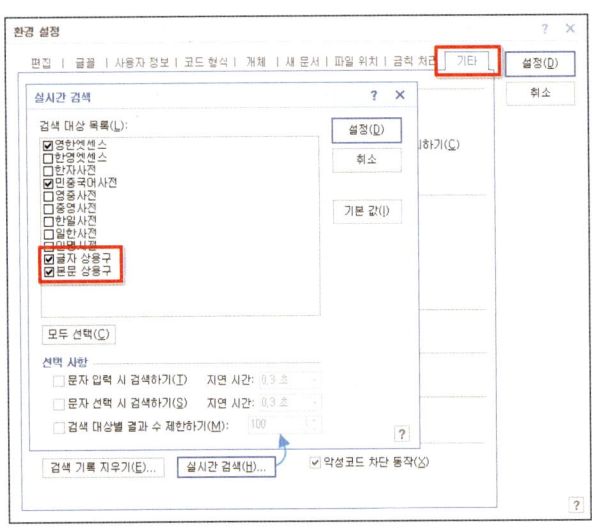
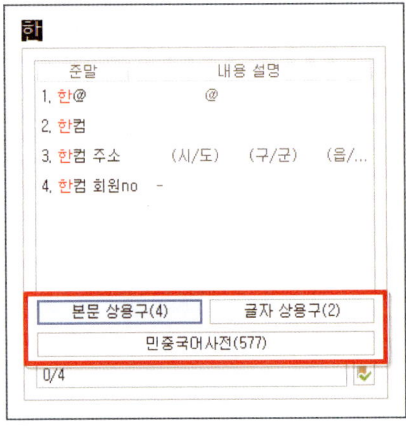

8) 왼쪽/오른쪽 머리말과 수식 템플릿 추가

한/글은 머리말 내에서도 본문과 똑같이 개체나 글자를 자유롭게 입력할 수 있습니다. 문서 전체의 마스터 기능을 하는 '바탕쪽'처럼 본문의 배경으로 활용이 가능한데요. 한/글 2014에서는 초보자도 쉽게 문서 좌/우 여백에 쪽 번호를 넣을 수 있도록 몇 가지 템플릿이 추가되었습니다. 마찬가지로 '수식'에서도 여러 가지 예제들이 추가되어 자주 쓰는 식을 간편하게 추가할 수 있게 되었습니다.

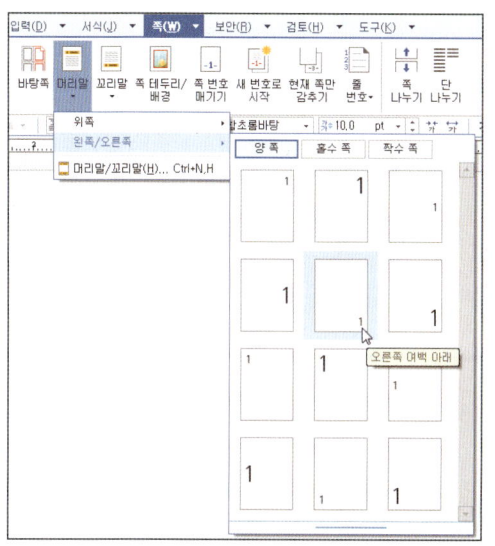 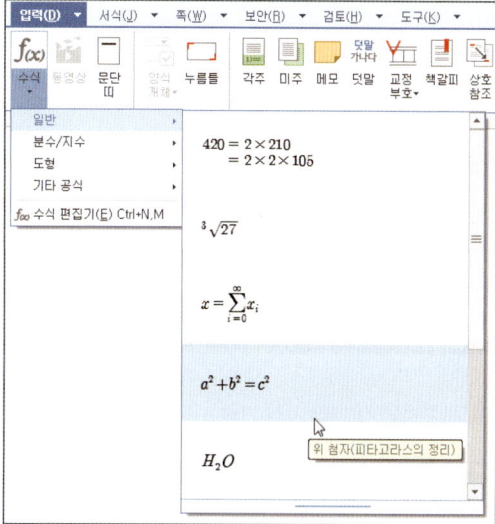

9) 가로 방향 쪽 이동

일반적인 '보기' 방법뿐 아니라, '입력/편집' 시의 '쪽 이동'을 가로(좌/우)로 이동할 수 있게 하는 설정입니다.

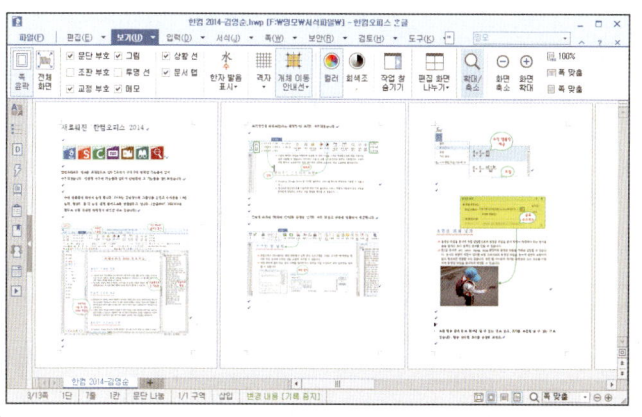 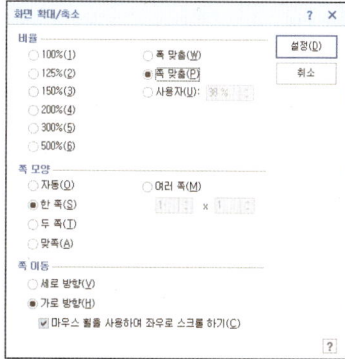

10) 기타 변경 사항

- 도형, 그림, 글맵시 개체 속성의 '가로/세로 기울이기' 추가

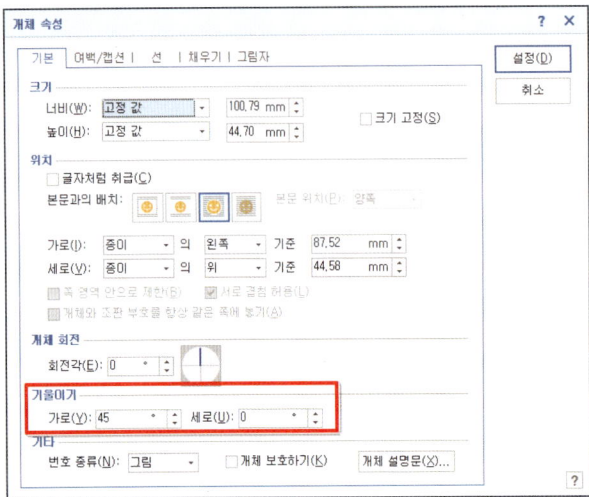

- '쪽 번호'를 새 번호인 '0' 부터 시작 가능

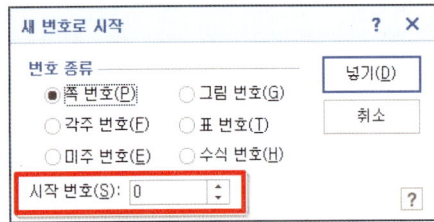

- '상호 참조'에서 다른 문서의 경로를 '절대 경로'와 '상대 경로' 중에서 선택 가능

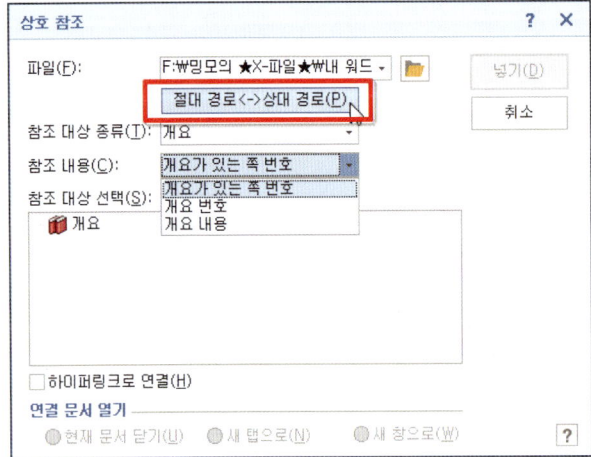

- '책갈피' 작업창 추가

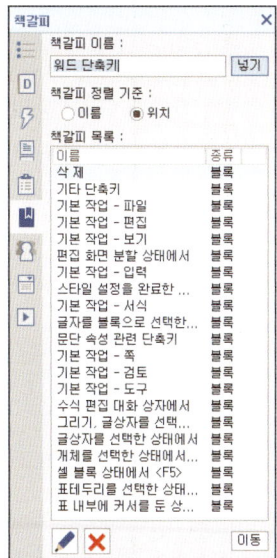

- 분리 가능한 도구 메뉴 추가 : '색상 팔레트', 표의 '셀 가로/세로 정렬', 도형 및 그림의 '맞춤' 등

- [인쇄 하기] 창에 '소책자 모양으로 찍기' 옵션 추가
- 그 밖에 2010 버전에서 문제가 되었던 문단 선택의 표시 방법 개선

  ※ '한글 2014 VP' 버전에서는 '차례 새로 고침'이 가능하고, 스타일에 '차례 스타일'이 추가되었습니다.

- 한/글 2014 버전부터는 '한컴오피스 자동 업데이트'가 가능합니다. 2010 버전의 경우 'www.hancom.com'의 [고객 센터]-[다운로드]에서 '자동 업데이트 패치 파일 다운로드'를 받으세요. 윈도우의 보안 설정으로 인해 자동 업데이트 오류가 있는 경우 자동 업데이트의 '환경 설정'에서 다운로드 경로를 다시 정해 줍니다.

02-2 MS Word 2013

MS Word 2013은 PDF, HWP 파일 등을 변환 없이 읽고 편집할 수 있으며, 온라인 상의 그림이나 비디오(동영상) 등을 삽입할 수 있고 [읽기 모드], [제목 확장/축소], [마지막 읽은 위치], [메모 간단히 표시] 등의 메뉴가 추가되어 사용이 편리해졌습니다. 또한 Microsoft의 클라우드 서비스인 'OneDrive'로의 공유가 간단해졌는가 하면 PC에 OneDrive 동기화 폴더(http∶//onedrive.live.com/OneDrive 앱 가져오기-Windows용 One-Drive 다운로드)를 설치할 수 있어 다른 모바일 기기나 PC와의 연동이 보다 간편해졌습니다.

1 MS Word 2013 메뉴

• 파일(Backstage 보기)

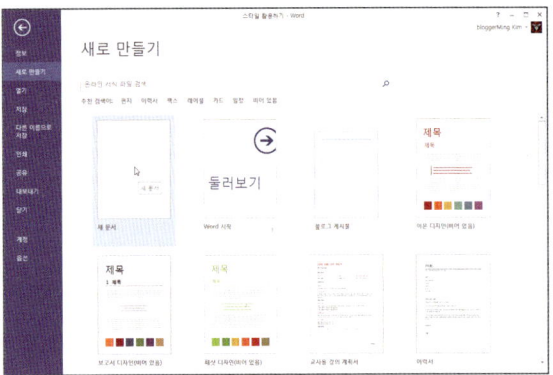

• 홈

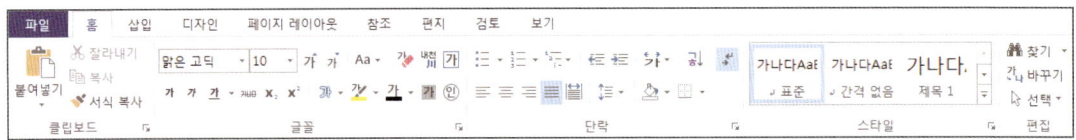

• 삽입

온라인 그림/온라인 비디오/Office 스토어의 Office용 앱 등을 추가할 수 있습니다.

• 디자인

[디자인] 탭이 새로 추가되어, 기존 [홈]-[스타일 변경] 및 [페이지 레이아웃]-[테마], [페이지 배경] 등을 따로 모았습니다.

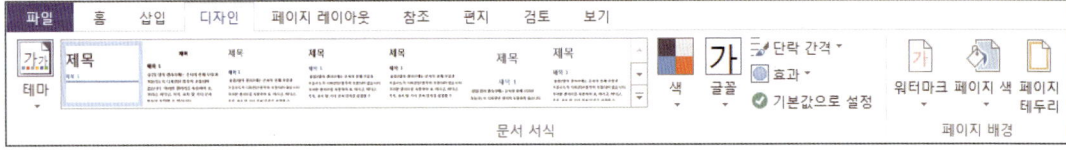

• 페이지 레이아웃

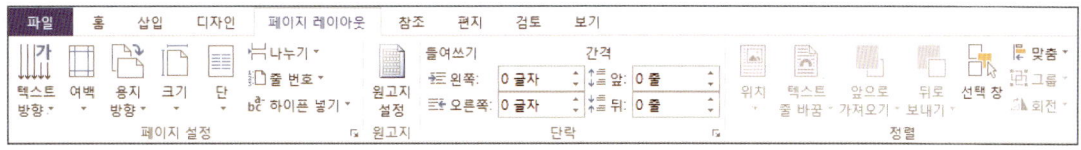

• 참조

[목차] – '목차 삽입' 기능이 '사용자 지정 목차'로 이름이 변경되었습니다.

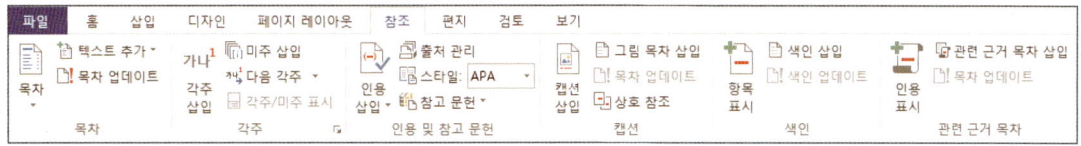

• 편지

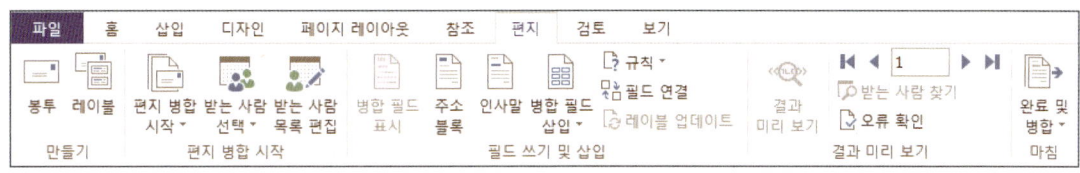

• 검토

'메모 및 변경 내용 간단히'와 '메모 표시' 항목이 추가되었습니다.

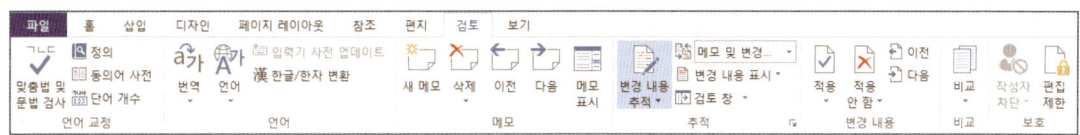

• 보기

'전체 화면 읽기'가 '읽기 모드(읽기 전용)'로 변경되어 '열 레이아웃' 또는 '페이지 레이아웃' 등으로 선택할 수 있습니다.

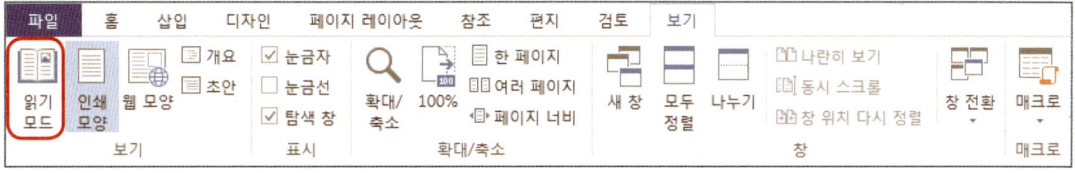

• 개발 도구

Word 2010, 2013의 [개발 도구] 탭은 [파일]-[옵션]-[리본 사용자 지정]에서 선택하면 나타납니다.

2 달라진 MS Word 2013의 기능

MS Word 2013은 [파일], [삽입], [검토], [보기] 탭에 변화된 부분이 많습니다.

1) PDF, HWP 파일 열기

PDF 파일은 바로 읽어 들여서 편집할 수 있지만, 서식과 개체의 종류가 달라질 수 있기에 완전히 자유로운 변경이 가능한 것은 아닙니다. 하지만, 분명히 PDF 파일을 별도의 변환 없이 바로 읽어 docx 등으로 저장/활용할 수 있습니다. 또한 HWP 파일의 경우, Microsoft Download Center에서 '아래아 한글문서 변환도구'를 설치한 후에 읽어올 수 있으며 변환 정도는 한/글 프로그램에서 '구버전(hwp 97버전)'이나 'docx' 파일로 저장한 상태와 비슷합니다.

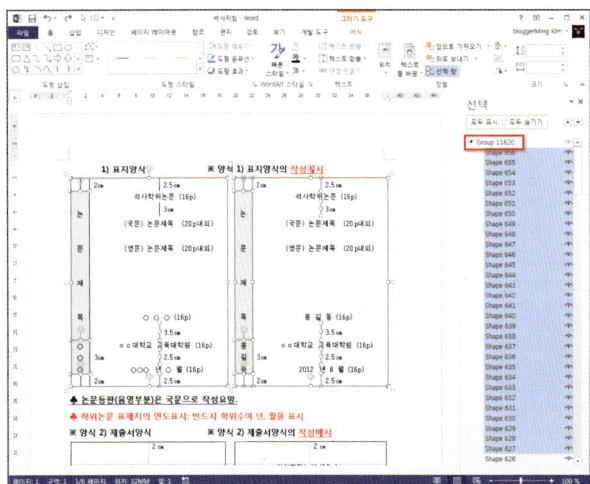
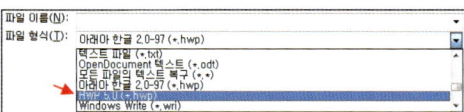

2) 원드라이브(OneDrive; SkyDrive)와의 공유/연동 용이

- OneDrive(SkyDrive)의 계정을 가지고 있다면 Word 2013(2010)에서 바로 파일을 업로드하거나 가져올 수 있으며 다른 사용자와 문서를 쉽게 공유하여 공동작업할 수 있습니다. 이와 같은 '공유/공동' 작업은 [파일]-[공유]-[초대]-[클라우드에 저장] 메뉴로 OneDrive에 저장하거나, Office Online에서 [파일]-[공유]-[다른 사용자와 공유] 메뉴로 참여(메일)시킬 수도 있습니다.

- 또한 MS의 OneDrive는 사용자의 PC에 설치하는 'OneDrive 동기화 폴더'를 활용해 PC 상에서 바로 문서를 열어보거나 저장하여 클라우드의 문서를 자동으로 동기화할 수 있습니다. 이렇게 동기화된 OneDrive 폴더의 문서는 Office.com 사이트의 'Office Online'과 모바일 기기용 'Office Mobile', 'OneDrive' 등에서도 열어 확인/편집(Office 365 사용자)이 가능합니다. 참고로, Office Online 사이트의 'Word Web App'은 PC에 Office가 설치되어 있지 않아도 이용할 수 있습니다.

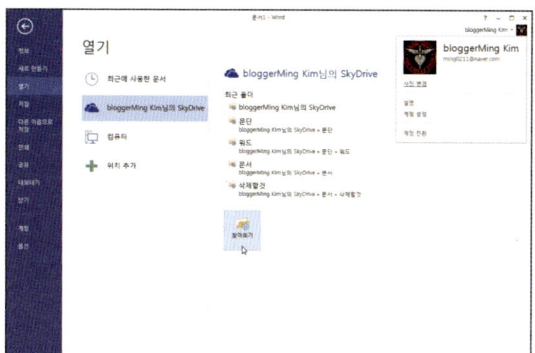 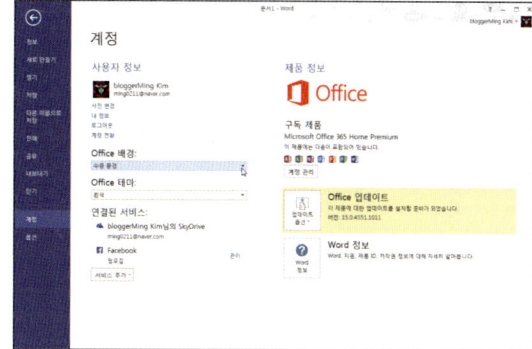

3) 온라인 그림/온라인 비디오 추가

- [Clip Organizer]로 입력하던 클립아트가 온라인(Office.com)에서 직접 내려받아 입력할 수 있도록 [온라인 그림]으로 변경되었습니다. 이때 Microsoft의 OneDrive 계정이 있다면 검색이미지는 물론 Flickr, Facebook 등의 소스를 바로 가져올 수 있습니다.

- [온라인 비디오]로 인터넷의 동영상 소스를 추가하면 문서에서 바로 비디오를 확인 가능합니다.

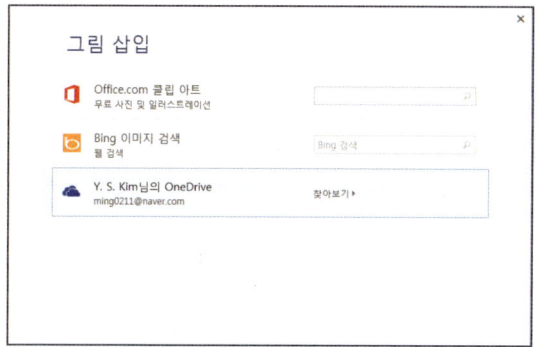 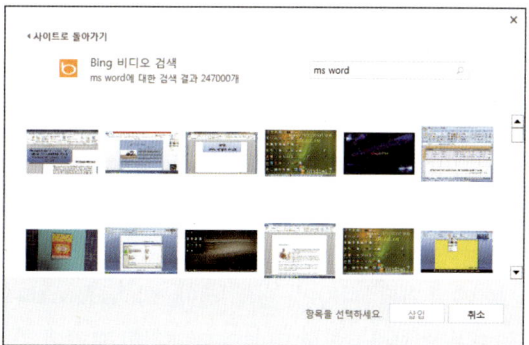

4) 개체의 '레이아웃 옵션' 단추 표시

'그림, 도형, 차트' 등을 삽입하면 간단하게 배치와 위치를 설정할 수 있는 [레이아웃 옵션] 단추가 표시됩니다. 이때 하단의 '더 보기…'를 선택하면 개체의 서식 창이 열리고, 보다 세부적인 옵션을 설정할 수 있습니다.

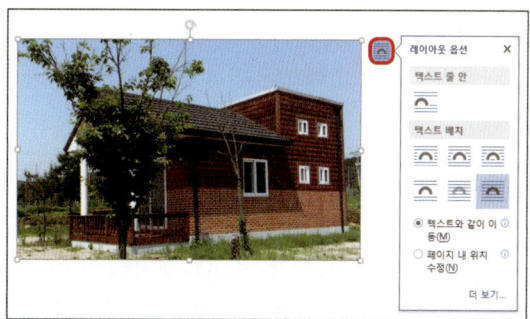

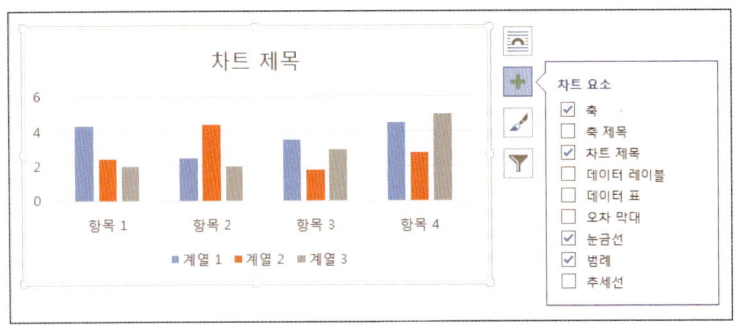

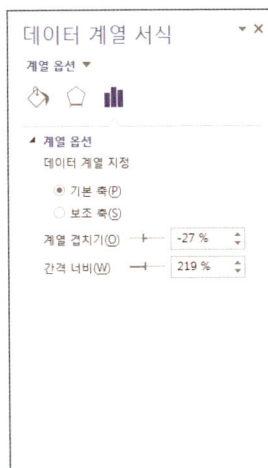 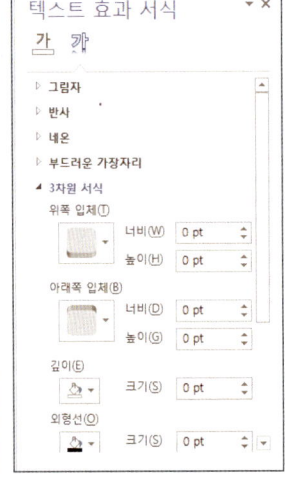 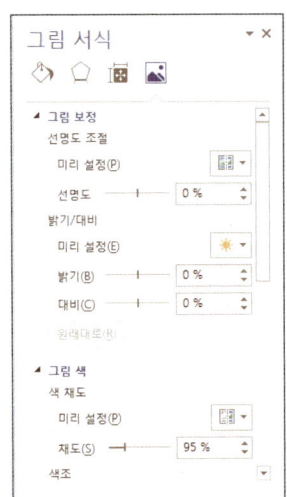

5) [디자인] 탭 추가

새롭게 추가된 [디자인] 탭의 '테마, 색, 글꼴, 스타일 모음, 페이지 배경' 등은 새로 추가된 것은 아니고 다른 탭들에 분산되었던 '문서의 전체적인 모양에 관한 명령들'을 따로 모은 것입니다.

6) [검토]의 변경 내용 추적, 메모 변경

- 검토용 표시/메모 표시 : '변경 내용 추적'의 혼동 많았던 보기 메뉴(원본/최종본…)가 '검토용 표시'로 변경되어 문서의 메모나 변경된 내용을 '간단히/모두/원본' 등으로 구분하여 볼 수 있고, '메모 및 변경 내용 간단히' 상태에서는 다시 '메모 표시'를 선택/해제할 수 있어서 해제할 경우 변경 내용은 테두리로만, 메모는 풍선으로만 간단히 확인할 수 있습니다. 이전처럼 여백과 본문에 변경내용과 전체 메모를 표시하려면 '변경 내용 모두'를 선택하면 됩니다.
- 변경 내용 추적 잠금 : '변경 내용 추적'에 암호를 만들어 다른 검토자가 해제하지 못하도록 할 수 있습니다.
- 변경 내용 추적 적용/적용 안함 : '적용/적용 안함'에 '변경내용을 모두 적용/취소하고 추적 중지' 옵션이 추가되었습니다.
- 메모 답장 : '메모'에 '답장'을 달 수 있고, 대화가 마무리되면 '메모 완료 표시'를 할 수 있습니다.

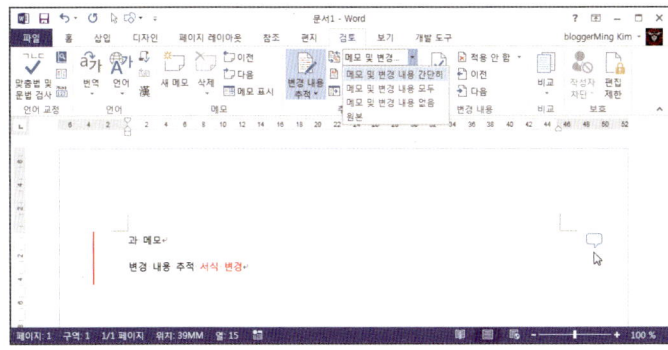

7) 개요 단락(제목 스타일) 확장/축소하기

하위에 '개요 수준'이 있는 단락은 하위 수준과 내용들을 축소하여 볼 수 있습니다.

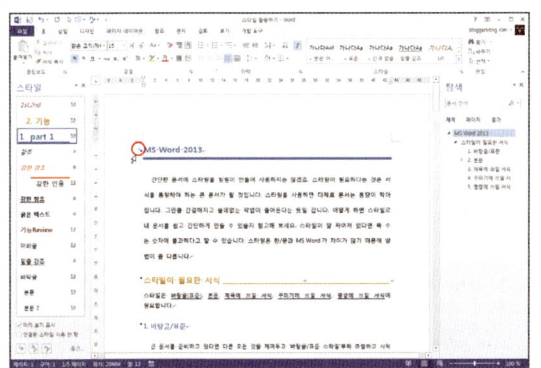 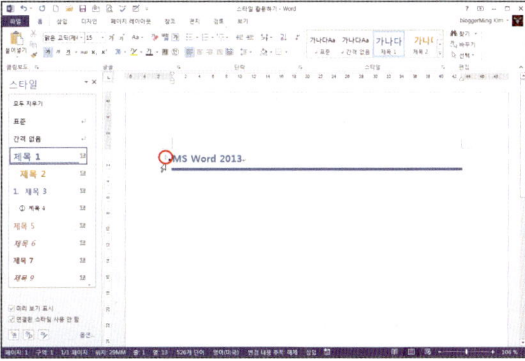

8) 최근 읽은 위치 표시

이전 버전에서는 단축키 Shift + F5 로 찾아갈 수 있었으나, 이제는 그림과 같이 문서를 처음 열 때 우측 스크롤 바 상단에 나타나는 [최근 읽은 위치] 버튼을 클릭하는 것만으로 쉽게 찾아갈 수 있게 되었습니다.

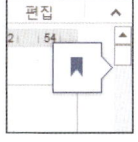 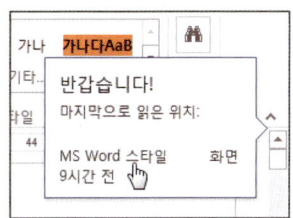

9) 표 기능 향상

- 셀 삽입 컨트롤 : 표의 열 또는 행 경계에 마우스를 가져다 놓으면 셀 추가가 가능하도록 '삽입 컨트롤'이 표시되고, 클릭하면 열 또는 행이 추가됩니다.

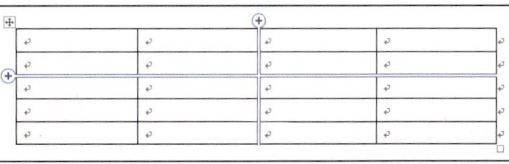

- 표 테두리 스타일과 견본/테두리 복사 : 만들어진 '테마 테두리'를 선택하여 테두리를 적용하거나, 문서에 만들어진 테두리를 '테두리 견본'으로 선택하여 다른 표에 동일하게 적용할 수 있습니다. 또한 '테두리 복사' 기능은 마우스 클릭만으로 쉽게 테두리를 반복 적용할 수 있게 합니다.

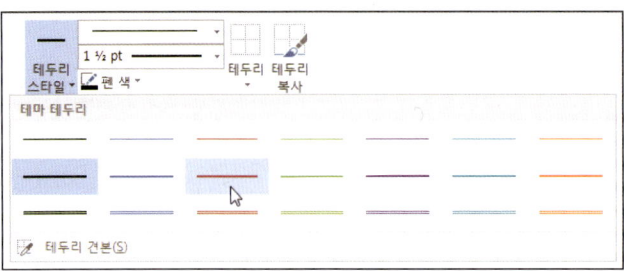

10) 읽기 모드

- [보기]-[읽기 모드] 또는 상태 표시줄의 [읽기 모드]를 선택하면 문서를 '읽기 전용' 모드로 살펴볼 수 있습니다. 참고로, 인터넷에서 다운받은 문서는 자동으로 '읽기 전용' 상태가 되어 열립니다.
- [읽기 모드]에서는 '탐색 창', '메모 표시', '열 너비 맞춤', '전체 화면', '찾기', 'Bing에서 검색' 등 보기 메뉴밖에 사용할 수 없습니다. [인쇄 모양 보기] 상태로 되돌아오려면, [보기] 탭의 [인쇄 모양]을 선택하거나 상태 표시줄의 [인쇄 모양] 아이콘 또는 단축키인 Ctrl+Alt+P를 이용합니다.
- 읽기 모드에서 [보기]-[레이아웃]-[열 레이아웃]을 선택하면 문서를 가로로 스크롤하며 읽을 수도 있습니다.

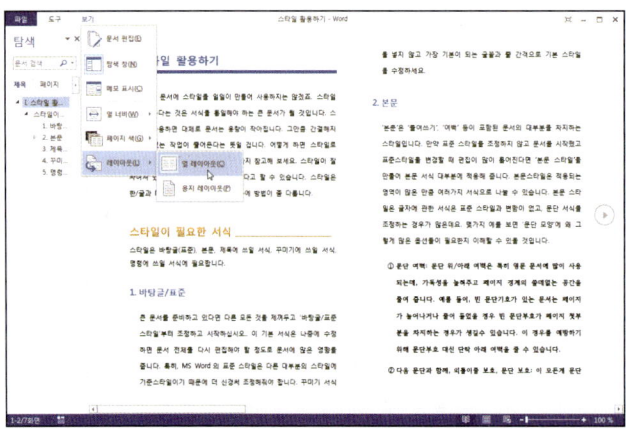

11) 기타 변경 사항

- MS Word 2013은 보기 기능과 웹 연동 기능이 향상되었고 2010 버전에서 불가능하던 '개체 선택'과 '새 그리기 캔버스' 내 오류가 어느 정도 개선되었습니다.

- '터치/마우스 모드'가 '빠른 실행 도구 모음'에 추가되었습니다.
- 제목 표시 줄의 'Office 테마'를 다양하게 변경해 볼 수 있습니다.
- '맞춤 안내선'이 추가되어 도형, 그림 등을 다른 개체나 여백, 글자 등과 줄을 맞춰 삽입하는 것이 편리해졌습니다.
- 차트를 만들때 엑셀 프로그램 전체를 실행시키지 않고도 작은 창으로 간단히 데이터를 입력하도록 변경되었습니다.
- '미니 도구 모음'에 '스타일'이 추가되었고, 개체에도 마우스 오른쪽 버튼 메뉴 위에 '미니 도구 모음'이 추가되어 '스타일'이나 '윤곽선', '채우기', '자르기' 등을 쉽게 설정할 수 있게 되었습니다.

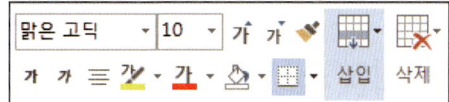

3 화면의 활용

워드프로세서의 화면 구석구석에는 문서의 입력과 편집 작업을 도와주는 숨은 기능들이 많이 있습니다. 도구 메뉴나 작업창, 눈금자, 상황 선 등 화면에 표시되는 정보들을 확인하고 참고해 보세요. 문서 작업이 훨씬 빨라질 것입니다.

03-1 상황선과 상태 표시줄

프로그램의 창 맨 아래에는 문서의 상태를 표시해주는 '상황선(한/글)' 혹은 '상태 표시줄(워드)'이 있습니다. 커서가 있는 위치와 문단의 상태, 사용하고 있는 명령에 도움이 될 정보들을 표시하고 있어서 문서를 작성하며 꼭 참고해야 할 부분입니다.

한/글의 하단, 상황선 〔한글〕

상황선에는 '현재 페이지/전체 페이지, 커서 위치의 단의 수, 줄, 칸의 위치, 문단의 상태(줄바꿈, 문단나눔, 표의 셀 번호), 현재 구역/전체 구역 수, 삽입/수정 입력 상태, 변경 내용 추적의 기록 상태(2010 SE+ 버전 이후), 보기와 화면 확대/축소(전체 보기, 쪽윤곽, 폭맞춤, 쪽맞춤) 그리고 각 명령의 설명과 진행 상태' 등이 나타납니다.

- 상황선을 마우스 오른쪽 버튼으로 클릭하면, 메뉴에서 표시하고자 하는 항목들을 선택할 수 있습니다.
- 페이지~구역까지의 항목은 클릭하여 '찾아가기(Alt+G)'로 이용할 수 있는데, '쪽/구역/줄/스타일/조판 부호/책갈피'를 찾을 수 있습니다. ※ 한번 선택한 항목은 '다시 찾기(Ctrl+L)', '거꾸로 찾기(Ctrl+Q,L)'로 계속해서 찾아갈 수 있습니다.
- 삽입/수정 : 클릭할 때마다 '삽입' 또는 '수정'으로 변경됩니다. 이는 키보드 Insert 키의 기능과 같아서, '삽입' 상태에서는 기존 내용을 밀며 추가되고 '수정' 상태라면 기존 내용을 지우며 덧씌워집니다. '수정' 상태가 필요없다면 [도

MS Word의 하단, 상태 표시줄 〔워드〕

MS Word는 상태 표시줄에 나타나는 항목이 좀 더 많습니다. 한/글과 같은 '페이지, 구역, 줄, 열(칸), 삽입/수정, 변경 내용 추적, 보기 확대/축소' 외에도 '단어 수, 언어 변경, 매크로 기록, 웹 모양 보기'를 비롯해 2013 버전에 새로 추가된 '읽기 모드' 바로 가기가 있습니다.

- 필요한 항목은 마우스 오른쪽 버튼으로 메뉴를 열어 선택할 수 있습니다.
- 페이지~열까지의 항목은 클릭해서 '이동' 대화 상자를 이용할 수 있습니다. 상태 표시줄에 표시된 것 외에도 '책갈피/필드/표/그래픽(인라인)/수식과 제목' 등으로 이동이 가능합니다. ※ 바로가기(단축)키는 Ctrl+G/F5를 사용하고, 대화 상자를 닫은 후에도 Shift+F4/Ctrl+Alt+Y/Ctrl+Page Down으로 '다시 찾기' 할 수 있습니다.
- '단어 수'는 문서 전체의 '단어 수/문자 수/단락 수/줄 수'를 알려줍니다. 또한 문서의 일부를 블록으로 지정한 후 상태 표시줄의 표시 부분을 클릭하면 선택 부분만의 '단어/문자/단락/줄 수'를 알아볼 수도 있습니다.

구]-[환경 설정]-[기타]의 '삽입 잠금'을 선택해 두세요.

- '변경 내용 추적'은 문서를 교정볼 때 주로 사용하는 기능으로 평소 사용하지 않으면 상황선에서는 해제해 두는 것도 좋습니다. '변경 내용 추적'은 [검토] 메뉴에서 '기록/중지/적용'할 수 있습니다.

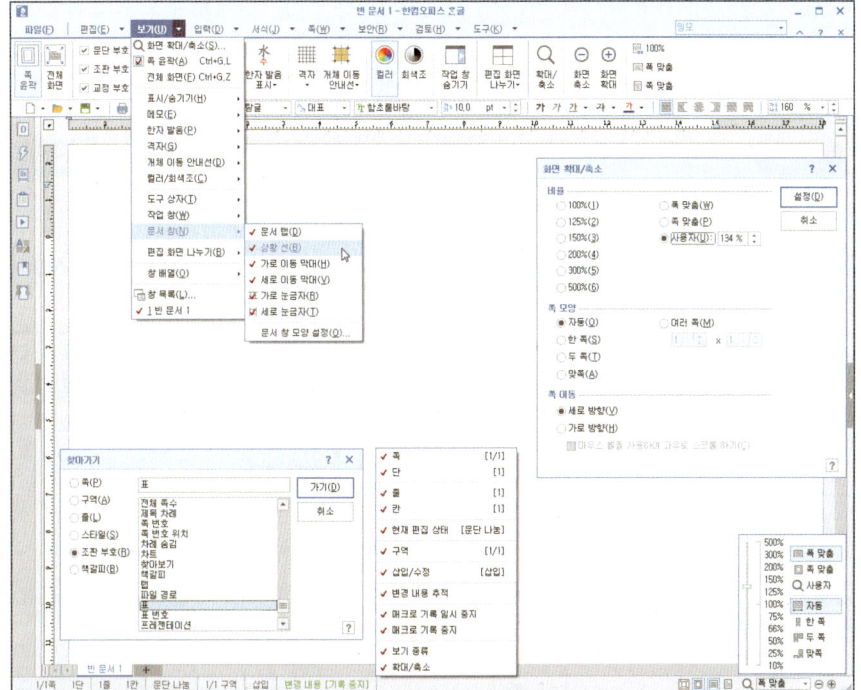

◀ 한/글 2014의 상황선

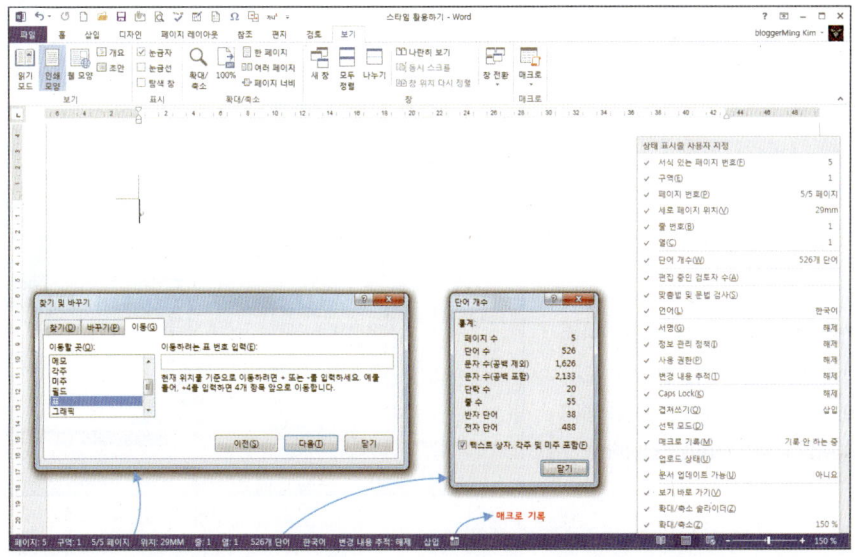

◀ MS-Word 2013의 상태 표시줄

03-2 도구 메뉴의 활용

MS Word 2007 이후, 한/글 2010 이후 버전들은 도구 메뉴가 리본 모양의 메뉴로 표시됩니다. 이로써 아이콘이 크고 상황 별로 필요한 메뉴가 표시되어 작업하기가 훨씬 수월해졌죠. 하지만, 이전 버전에서와 같이 도구 아이콘을 꺼내놓고 사용하고자 하는 사용자라면 리본 메뉴에 없는 명령들이 많아 불편해 할 수도 있죠. 상황 별 도구에만 있는 명령이나, 유용하지만 메뉴에는 없는 명령은 '사용자' 메뉴나 도구 모음을 만들어 추가해 보세요. ※ 도구 접기/펴기 : Ctrl + F1

열림 상자 사용자 탭 [한글]

사용자 메뉴 탭

- [사용자] 메뉴 탭은 [도구]-[사용자 설정]-[열림 상자]에서도 추가/편집(줄의 수/위치/이름)이 가능합니다. 또, [열림 상자]에서 마우스 오른쪽 버튼을 클릭하여 '사용자 탭에 추가' 메뉴를 활용해 만들 수도 있습니다.

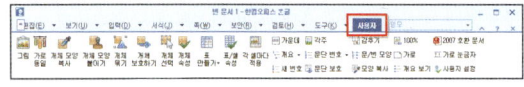

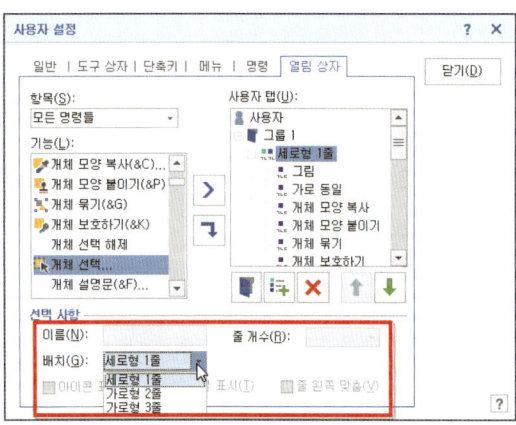

도구 상자 [한글]

- '도구 상자', '빠른 메뉴'(마우스 오른쪽 버튼 메뉴), '단축키'도 [사용자 설정]에서 추가/변경이 가능합니다. 도구 상자나 빠른 메뉴는 대화 상자를 열어 놓고, [명령] 탭에서 명령을 찾아 마우스로 직접 끌어 추가하면 됩니다.

리본 사용자 지정과 빠른 실행 도구 모음 [워드]

리본 사용자 지정

- [파일] 탭의 [옵션(Word 옵션)]을 클릭하여 '리본 사용자 지정' 메뉴를 통해 '사용자 도구'를 만들 수 있습니다.

▶ 우선 하단의 [새 탭] 버튼을 클릭하여 새로운 탭을 만든 후, 왼쪽 명령에서 원하는 명령들을 찾아 [추가] 합니다. 이때, [이름 바꾸기], [새 그룹](메뉴 내 하위 그룹)으로 사용자 탭을 편집할 수 있습니다.

▶ 명령 선택을 '모든 명령'으로 선택하면 MS Word에서 사용할 수 있는 모든 명령을 살펴볼 수 있습니다.

▶ [가져오기/내보내기]를 선택하면 파일로 저장해 다른 컴퓨터에서도 동일한 메뉴를 사용할 수 있습니다.

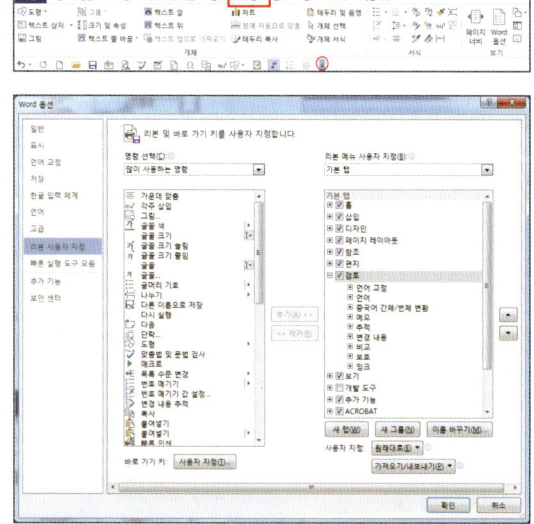

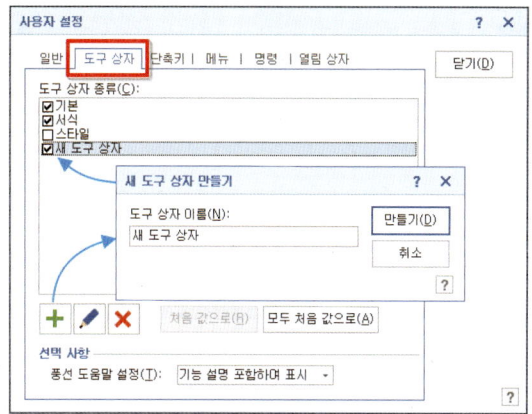

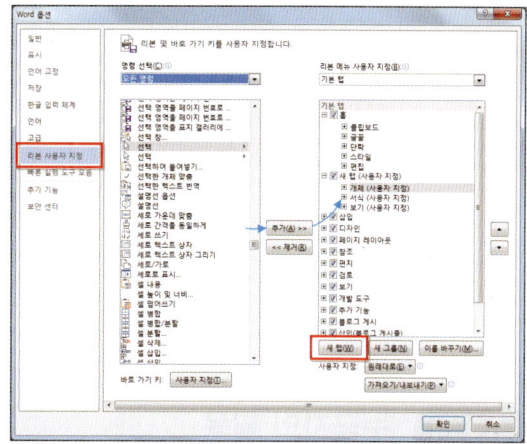

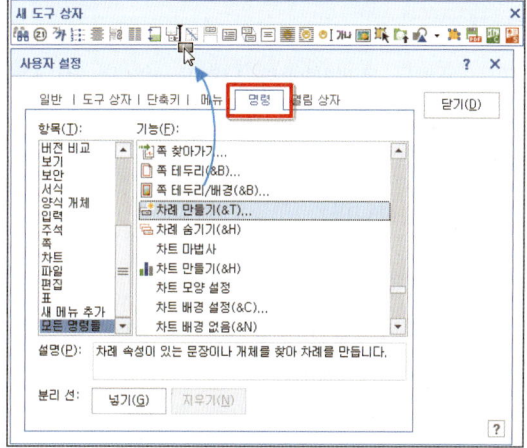

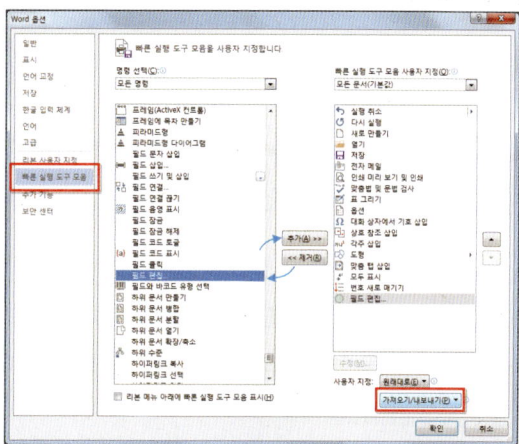

- 도구 상자는 만들고 나서도 편집할 수 있습니다. [Alt] 키를 누르며 선택한 후 위치를 조정하거나 바깥으로 빼서 삭제하면 됩니다. 이는 이전 버전에서도 모두 동일하여, 한/글 2007의 경우는 메뉴 탭도 빼거나 이동할 수 있습니다.

- 만약 도구 상자를 잘못 편집했다면 [사용자 설정]-[도구 상자]의 '처음 값으로' 또는 '모두 처음 값으로'를 선택하여 초기화할 수 있습니다.

- 테마는 한/글 2007 방식과 MS Word 2010 방식으로, 단축키는 한/글과 MS 방식으로 바꿔 사용할 수 있습니다.
  ※ [사용자 설정]-[일반]-[테마], [단축키]

빠른 실행 도구 모음 워드

- [Word 옵션]에서 명령을 찾아 추가하거나, 특정 리본 메뉴에 마우스 오른쪽 버튼을 클릭하여 '빠른 실행 도구 모음에 추가' 메뉴를 선택하면 자주 쓰는 명령을 간편하게 도구 모음에 추가합니다.

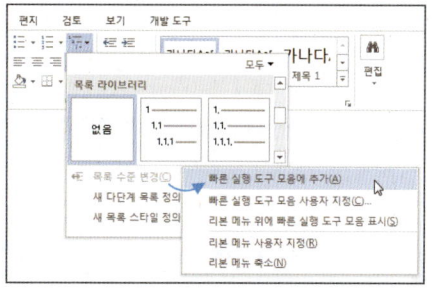

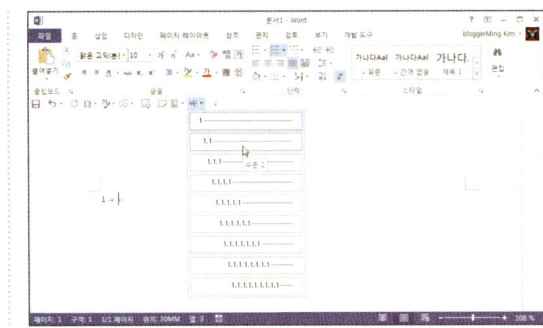

03-3 눈금자의 활용

눈금자는 '가로 눈금자'와 '세로 눈금자'가 있습니다. 한/글은 [보기]-[문서창]에서, MS Word는 [보기]-[눈금자] 또는 세로 이동 막대 위의 '눈금자' 아이콘으로 눈금자를 표시/해제합니다. 가로 눈금자의 경우 문단의 상태를 대부분 표시해주기 때문에 일일이 메뉴에 들어가지 않아도 커서 위치의 문단 서식을 파악하는데 많은 도움이 됩니다. 눈금자는 한/글과 MS Word가 대부분 비슷합니다.

- 눈금자는 '문서의 여백, 문단의 여백, 들여쓰기/내어쓰기, 탭 설정' 등을 표시하고 직접 조정할 수 있습니다.
- 가로 눈금자의 각 '표식들(들여쓰기/내어쓰기/여백/탭 표시)'을 더블 클릭하면 '단락' 또는 '탭 설정' 대화 상자가 열립니다.
- 눈금자의 여백을 클릭(눈금자 없을 경우 눈금자 위치를 더블클릭)하면 '편집용지'/'페이지 설정' 대화 상자가 열려 여백을 조정할 수 있습니다.

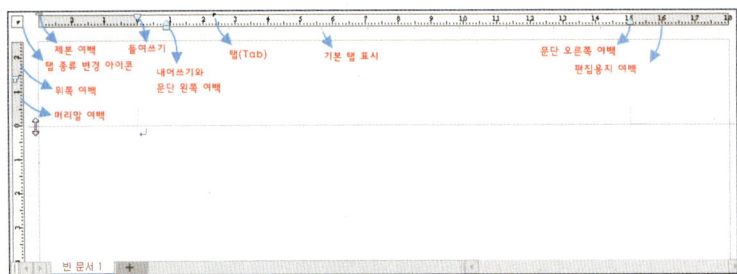

- Word 2010에서는 눈금자가 해제된 경우에도 눈금자 위치에 마우스를 가져다 놓으면 눈금자가 잠시 나타나 설정을 확인할 수 있습니다.

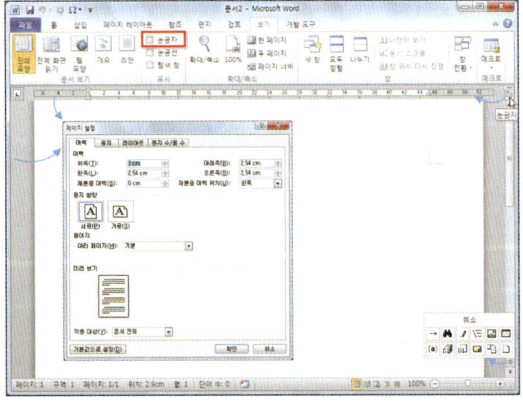

03-4 기타 화면 활용

1 한/글 화면

- '보기 선택 아이콘'을 이용해 보기/이동 메뉴를 빠르게 활용할 수 있습니다.
- '쪽 이동 아이콘'도 있어 페이지 단위로 이동이 가능합니다.

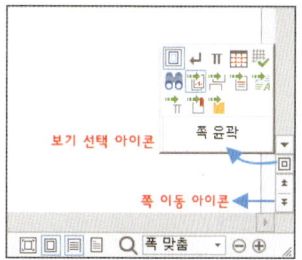

- 편집 화면 나누기 : 같은 문서를 여러 조각의 화면으로 나누어 각각 다른 페이지를 편집할 수 있습니다. 각각의 위치를 편집하더라도 모두 같은 문서이기 때문에 다른 화면 부분에도 동일하게 적용됩니다.

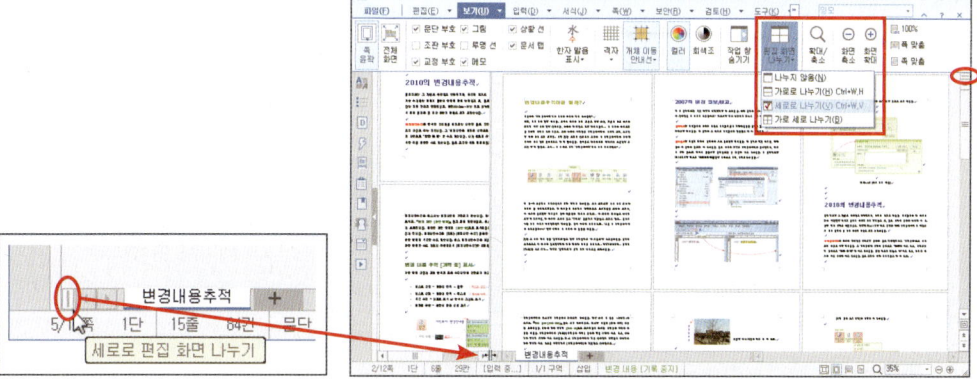

- 크기 조절/분리 가능 메뉴 : 메뉴의 크기, 위치를 조절해 사용할 수 있는 메뉴가 있습니다. 예를 들어, '색상 팔레트', '셀 가로/세로 정렬', '도형 맞춤/배분' 메뉴는 따로 떼어 화면에 계속 띄워둔 채 작업할 수 있으며 '스타일', '쪽 여백', '수식' 모음 메뉴들은 크기를 조절하여 사용할 수 있습니다.

 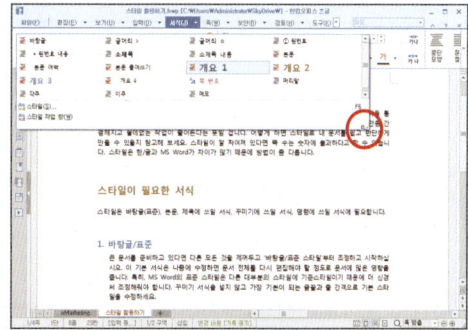

- 문서 탭 : 문서 탭은 창 하나에 여러 문서를 모아 표시하는 것으로, 탭 이름이 곧 문서명입니다. '+'로 새 탭(Ctrl+Alt+T)을 추가할 수 있고, Ctrl+Tab으로 문서를 전환합니다. 문서 탭의 문서 명은 색깔로 그 저장 상태를 구분합니다. '빨간색'은 편집했으나 저장 전의 문서이고, '파란색'은 자동 저장된 상태의 문서, '검정색'은 사용자가 최종으로 저장한 문서입니다.

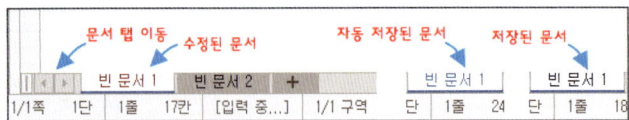

▶ '불러오기' 문서에도 문서 탭을 이용하려면 [도구]-[환경 설정]-[편집]에서 '현재 창에 새 탭으로'를 선택합니다.

2 MS Word 화면

- 이동 막대를 마우스로 잡고 끌면 '페이지 번호'와 그 페이지에 해당되는 '제목'이 함께 표시됩니다.
- 이동 막대에서 마우스 오른쪽 버튼을 클릭하면 다양한 이동 메뉴를 이용할 수 있습니다.

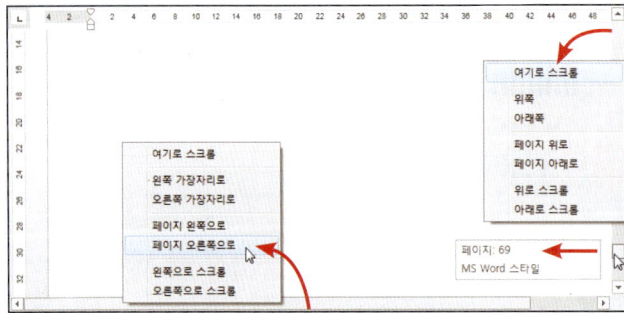

- '빠른 스타일', '스타일 모음', '테마', '테마 효과', '스크린 샷', '워드 아트' 등은 메뉴 크기를 조절해 볼 수 있습니다.

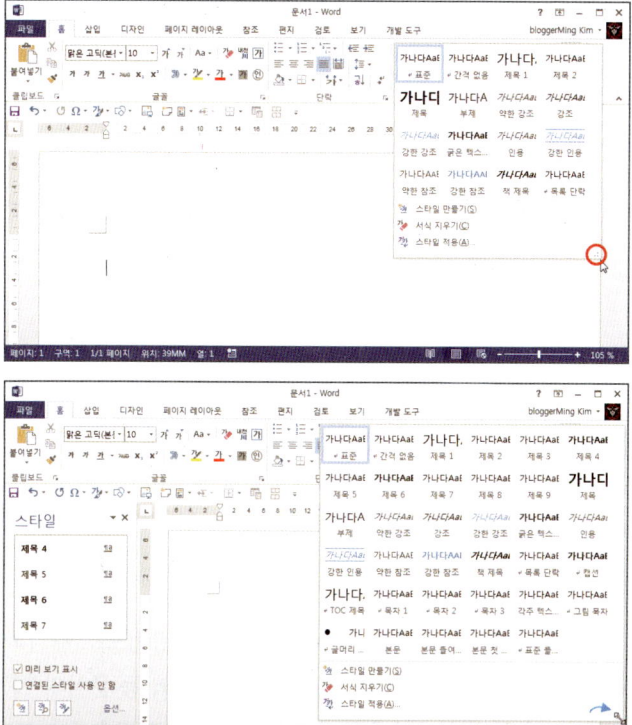

- 문서의 처음, 페이지와 페이지 사이에 마우스를 갖다 놓으면 페이지의 위/아래 여백을 생략하고 볼 수 있는 마우스 포인터 표시가 나타납니다. 이때 더블 클릭하면 여백이 숨겨지거나 다시 나타납니다. [파일]-[옵션]-[표시]의 '인쇄 모양 보기에서 페이지 사이의 공백 표시' ※ 이때, 머리글/바닥글이 있다면 숨겨지지 않습니다.

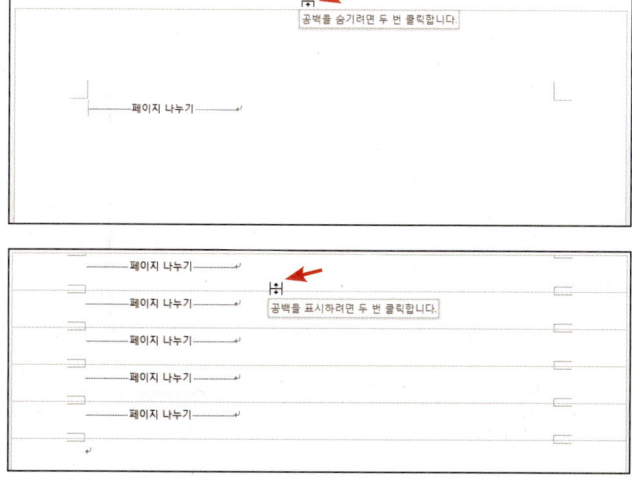

• Word 2010버전에서는 한/글 처럼 세로 눈금자 위 '창 크기 조정' 아이콘으로 편집창을 나누고 해제할 수 있습니다.

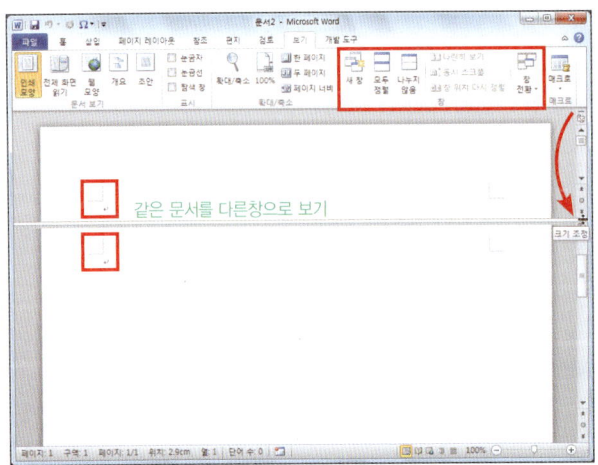

03-5 편집창의 활용

워드프로세서는 문서의 구성 요소인 '글자'와 '개체'를 문단, 페이지, 구역에 여러 가지 방법으로 배치하여 문서를 완성합니다. 이때, 글자나 개체의 꾸미기 설정은 눈에 잘 보이지만 문단, 줄, 구역 등 문서의 '틀'에 관련된 설정들은 상대적으로 잘 보이지 않죠. 편집창 안에는 이렇게 문서 모양에 중요한 역할을 하는 '보이지 않는 설정'들이 여러 가지 기호로 표시되므로, 화면에 나타나는 유용한 표시들을 잘 살펴보아야 합니다.

1 문단 부호와 편집 기호

문단은 키보드의 엔터(Enter)키를 누르면 만들어집니다. 문단은 여러 '줄'이 될 수도 있고, 여러 '문장'이 될 수도 있겠죠. 문단 서식은 문단 전체에 적용되므로, '줄'이 바뀌거나(Enter) '강제 줄 바꿈(Shift+Enter)'을 한다고 해서 다르게 변경할 수는 없습니다.

문서를 입력/편집하다 보면 문단의 성질을 알아야 이해할 수 있는 경우가 많이 생깁니다. 예를 들어, 페이지에 여유 공간이 있는데도 불구하고 문단(표)이 다음 페이지로 넘어간다거나, 목록 번호의 글자모양이 지정되지도 않았는데 번호만 서식이 바뀌어 변경할 수 없다거나, 또 줄 끝의 글자 나눔 설정 등 문단에 관한 설정은 쉽게 찾기 어려우면서도 중요한 것들이 상당히 많습니다. 이런 '문단에 관한 정보'들은 '문단 부호'와 '가로 눈금자'로 어느 정도 알아볼 수 있습니다. 그래서 문서를 편집할 때에는 '문단 부호'와 '가로 눈금자'를 꼭 켜두고 작업해야 합니다.

1) 한/글의 문단/조판 부호

- **문단 부호** : 문서 내의 '줄 바꿈(Enter)' 및 '강제 줄 바꿈(Shift+Enter)' 부분을 표시합니다.
- **조판 부호** : 'Tab', '빈칸', 그리고 입력된 명령과 개체의 '조판 부호(제어 코드)'가 표시됩니다.

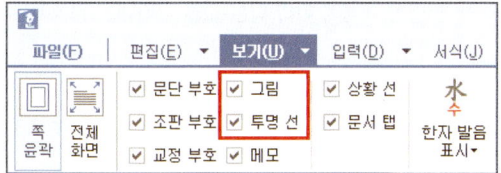

◀ 한/글 문단 부호와 조판 부호 표시/숨기기

2) MS Word의 단락/편집 기호

- **단락 기호** : '줄 바꿈(Enter)', '강제 줄 바꿈(Shift+Enter)', 그리고 '단락의 페이지 매김(■)' 표시를 볼 수 있습니다. ※ 단락기호만 선택 가능
- **편집 기호** : '서식 기호 전체(Tab, 공백, 단락 기호, 숨겨진 텍스트, 사용자 지정 하이픈, 개체의 기준 위치, 사용자 지정 줄 바꿈, 페이지/구역 나누기)'를 모두 확인할 수 있습니다.

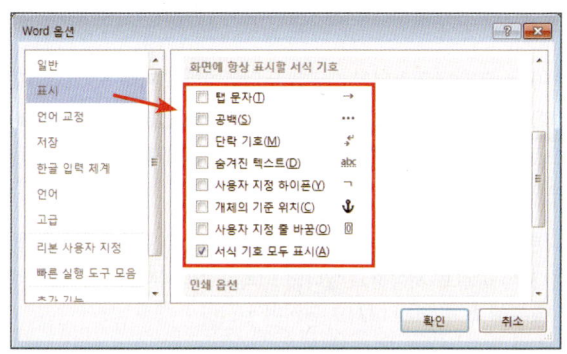
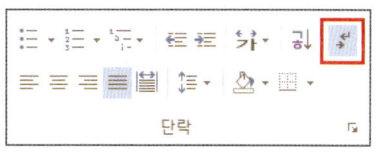

▲ MS Word의 [Word 옵션]-[표시] 선택 사항과 편집기호 표시/숨기기

▶ MS Word의 서식 기호 표시/숨기기는 [파일]-[옵션]-[표시]-'화면에 항상 표시할 서식 기호'의 항목과, [홈]-[단락]의 '편집기호' 두 가지로 선택합니다. 일반적으로 [파일]-[옵션]-[표시]에 '단락 기호'가 기본 선택되어 있기 때문에 '편집 기호'로는 단락 기호가 해제되지 않습니다. '단락 기호'마저 숨기려면 [Word 옵션]에서 해제하세요.

▶ **주의** : MS Word의 편집기호는 인쇄가 가능한 것도 있습니다. Ctrl+Shift+H로 입력하는 '숨겨진 텍스트'인데요, 숨겨진 텍스트는 '{점선 밑줄}'로 표시되고, 편집기호를 끄거나 Word 옵션에서 해제하면 표시되지 않습니다. 일부 필드(TC필드-목차 항목 필드, XE-색인 항목 필드 등)도 '숨겨진 텍스트'로 표시/숨기기가 됩니다. 일반적으로는 인쇄되지 않지만, 인쇄를 원할 경우 [파일]-[옵션]-[표시]-'인쇄 옵션'의 '숨겨진 텍스트 인쇄'를 선택해 인쇄할 수 있습니다.

2 조판 부호와 필드 코드 표시

'조판 부호'와 '필드 코드'는 모두 주어진 조건에 따라 자동으로 변경되는 '입력된 명령의 코드들'입니다. 예를 들어 쪽번호 코드는 단순히 숫자로 보이지만 입력된 페이지에 따라 번호가 다르게 표시되죠. 이런 코드를 글자로 표시해서 구분할 수 있도록 한 것이 한/글에선 '조판 부호', MS Word에선 '필드 코드' 입니다.

▶ **한/글의 '조판 부호'** : 조판 부호는 표, 그림 같은 개체와 머리말, 덧말 같은 다양한 입력 명령을 표시하는 것이 특징입니다. 조판 부호만 보고도 덧말인지 강조점인지 명령의 구분이 가능하죠. 조판 부호를 편집할 수는 없습니다.

▶ **MS Word의 '필드 코드'** : 필드 코드는 삽입된 '필드'의 코드를 표시하며 식별자/스위치를 추가해 편집할 수 있습니다. 모든 입력 명령/개체의 코드를 표시하는 것이 아니라, 필드로 입력된 명령의 경우 코드를 표시하고 편집할 수 있는 것입니

다. 그래서 머리글이나 개체는 표시하지 않고 참조나 계산, 목차 등 연결된 내용에 따라 다른 값을 나타내는 명령에 유용하게 활용할 수 있습니다.

1) 한/글의 조판 부호

조판 부호는 문서에 입력된 개체와 명령을 사용자가 확인할 수 있는 문자로 표시해주는 제어 코드(Control Code)로, [보기]-[조판 부호]를 켜면 빨간색 대괄호([ ]) 표시로 확인 가능합니다. 배경의 몇 가지 명령을 제외한 대부분의 입력 명령과 개체에 조판부호가 표시됩니다. ※ 예) 각주, 계산식, 페이지, 묶음 빈칸, 교정 부호, 도형, 그림, 표, 수식, 누름틀, 파일 속성, 사용자 정보, 책갈피, 상호 참조 제목 차례 등

• **조판 부호의 성질**

▶ 조판 부호는 '문단 부호'가 있는 곳에만 입력됩니다. 개체의 경우 '문단 부호'가 없으면 '문단 부호'가 있는 곳에 멀리 떨어져 입력되어 조정이 잘 안될 수 있습니다. 개체를 입력하는 경우 특히 주의해서 '문단 부호'를 넉넉히 넣어두고 개체를 삽입/이동해야 합니다.

▶ 조판 부호는 글자처럼 '이동/삭제/복사'가 가능합니다. 이는 문단에 입력되기 때문에 문단이 이동되거나 삭제되면 포함된 개체와 명령의 조판 부호도 따라서 '이동/삭제'됩니다. 그래서 가능하면 개체와 가까운 곳에 조판 부호를 두어야 하는데요. 조판 부호는 문단만 있다면 개체의 주변에 자동으로 따라 붙습니다. 개체와 조판 부호가 떨어져 있는 경우 문단을 만들어 둔 후 개체를 조금 이동해 조판 부호를 붙여주는 것이 좋습니다.

▶ '이동/복사/삭제'가 가능하기 때문에 개체나 명령을 다른 페이지로 옮기거나 다시 만들 때 조판 부호를 이용하면 됩니다. 또, '상용구'나 '블록 저장'도 가능합니다. '머리말'을 서식 파일로 저장하고 싶다면 머리말 조판 부호를 선택하여 [파일]-[블록 저장]하거나, 단축키 Alt+I를 사용하여 '상용구에 추가'한 뒤 다시 사용하면 됩니다.

▶ 문서에 입력된 조판 부호는 [편집]-[조판 부호 지우기]로 일괄 삭제할 수 있습니다. 문서에 페이지 번호가 어지럽게 입력되어 있어 제대로 표시할 수 없거나, 어디엔가 입력되어 있을지 모를 명령을 찾아 모두 지우려면 '조판 부호 지우기'를 이용합니다. 조판 부호로는 표시되지 않는 '바탕쪽'이나 '쪽 테두리/배경', '새 단 정의' 등도 삭제할 수 있습니다.

▶ 조판 부호를 켜 놓으면 글자로 자리를 차지하기 때문에 조판 부호가 있는 줄에서는 본문이 완전히 표시되지 않을 수 있습니다. 만약 조판 부호의 위치만 확인할 뿐 그 내용을 간략하게 표시하려면 [도구]-[환경 설정]-[기타]의 '한글 2002 방식으로 조판 부호 표시하기'를 선택할 수 있습니다. 이때에는 간략하게 조판 부호의 기호(¶)만 표시됩니다.

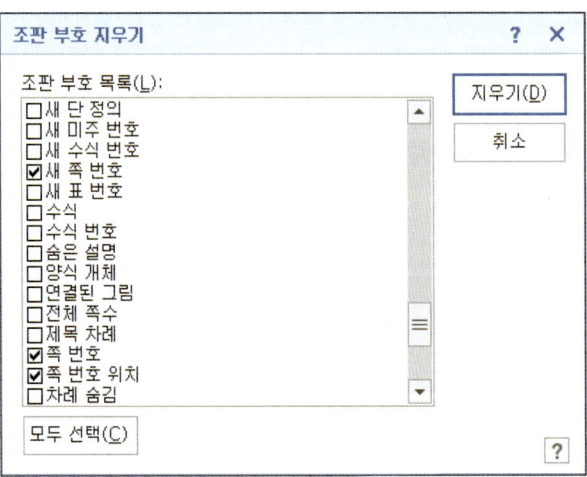

2) MS Word의 필드 코드

한/글의 조판 부호처럼 문서에 포함된 명령을 쉽게 확인하고 편집할 수 있는 것이 '필드 코드'입니다. 키보드의 단축키 Alt+Shift+P를 입력해 보세요. 현재 페이지 번호가 커서 위치에 입력됩니다. 보기엔 일반 숫자 같지만, 블록을 지정해 보면 회색 음영이 표시되는 것을 알 수 있습니다. 마우스 오른쪽 버튼 메뉴의 '필드 편집'에 들어가보면 '페이지 번호'의 모양을 변경할 수 있고, '필드 코드 토글'을 선택하면 필드 코드를 표시하거나 숨길 수 있습니다. MS Word의 필드는 종류도 다양하지만 식별자, 스위치를 텍스트로 입력하여 편집도 가능합니다.

- 필드의 종류로는 '날짜/시간, 페이지, 참조, 책갈피, 상용구, 참고문헌, 파일 속성, 목차, 색인, 다양한 텍스트 입력 필드' 등이 있습니다. Ctrl+F9로 필드를 만든 후, 해당 명령의 이름과 식별자/스위치를 형식에 맞게 글자로 추가하고 F9를 누르면 입력됩니다. ※ 필드 종류와 입력 방법은 '고급 기능'의 'MS Word의 필드 코드와 스위치'를 참고하세요.
- 필드는 F11로 찾아 이동할 수 있습니다. 역방향은 Shift+F11을 사용합니다.
- 필드 영역에서는 해당 코드를 확인하고 편집할 수 있습니다. 마우스 오른쪽 버튼 메뉴의 '필드 코드 토글'이나, Shift+F9, 또는 문서 전체의 필드 코드는 Alt+F9로 표시할 수 있습니다.
- 필드는 {필드 이름, 속성, 스위치}의 형식으로 표시되는데, 글자를 입력하여 편집할 수 있기 때문에 명령 메뉴에 일일이 들어가 수정하지 않아도 쉽게 편집할 수 있습니다. 예를 들어, 캡션을 입력해 놓고 캡션의 번호에 새 번호를 주려면 '필드 코드 토글'을 선택한 후 캡션 이름 옆에 '\r 번호' 스위치를 입력하면 됩니다. ※ '{ SEQ Figure * ARABIC \r 1 }'
- 필드 코드 표시의 음영은 [파일]-[옵션]-[고급]의 '필드 음영'으로 표시 방법을 변경할 수 있고, 항상 코드로 표시하고자 한다면 '값 대신 필드 코드 표시'를 선택할 수 있습니다.

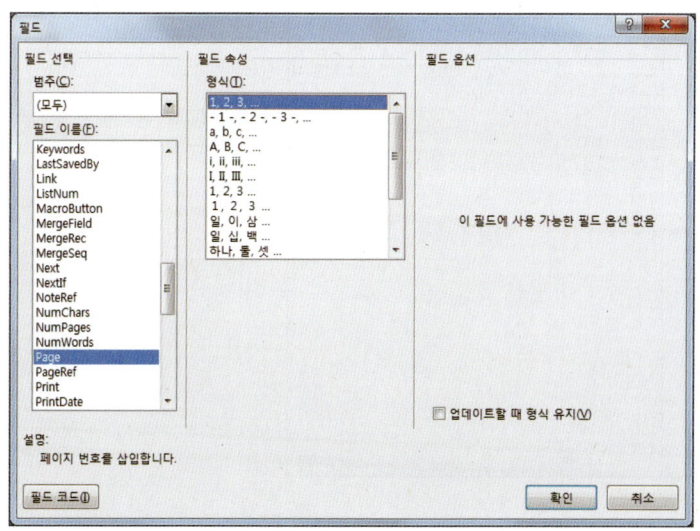

03-6 보기 방법과 작업창

한/글 2014 및 MS Word 2013 버전에서는 보기 방법이 다양해졌습니다. 한/글에는 '확대/축소' 기능에 가로로 스크롤하며 작업하는 '가로 방향 쪽 이동' 방법이 추가되었고, MS Word의 경우는 '읽기 모드'가 추가되어 '열 레이아웃' 보기 등 다양한 방법으로 문서를 읽을 수 있게 되었습니다. 제목 별로 축소해 볼 수 있는 유용한 기능도 추가되었죠. 이러한 다양한 보기 방법들은 문서를 빠르게 작업할 수 있도록 도와주므로, 페이지가 많은 문서일수록 보기 메뉴를 잘 활용해야 합니다.

1 한/글의 보기

1) 쪽 윤곽 Ctrl + G, L

- 쪽 윤곽 선택 : 인쇄 모양을 편집 중에 대부분 확인할 수 있습니다. 쪽 모양과 여백, 배경이 표시됩니다.(워터마크 제외)
- 쪽 윤곽 해제 : 상/하/좌/우 여백이 숨겨져 여백을 눈금자로 조정할 수 없고, 배경(쪽번호, 머리말, 바탕쪽, 쪽 테두리/배경)을 볼 수 없습니다. 대신 많은 양의 내용을 화면에 볼 수 있죠.

쪽 윤곽 해제시 쪽 경계선

▶ 일반 쪽 경계 : 검은색 점선으로 표시
▶ 쪽 나눔(Ctrl + Enter) : 빨간색 점선으로 표시
▶ 구역 나눔(Alt + Shift + Enter) : 빨간색 실선으로 표시

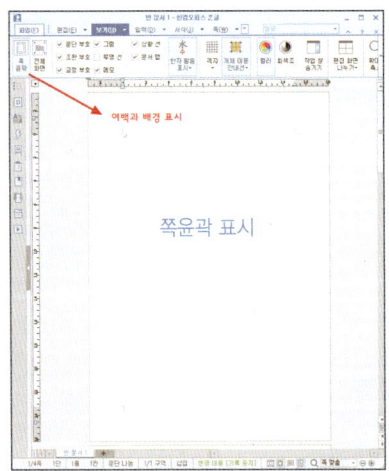

2) 그림과 투명선

그림은 문서에 포함된 그림 전체를 숨기고 테두리만 표시해서 문서를 빠르게 작업하고 이동할 수 있게 합니다. 문서에 포함된 그림은 실제 제거된 것이 아니라 숨겨진 상태입니다. 문서에 입력된 그림을 인쇄하지 않으려면 [인쇄]-[확장]에서 '그림 개체'를 해제하고 인쇄하면 됩니다.

투명 선은 표나 글이 있는 도형의 '선 없음(붉은 점선)' 상태 테두리를 표시할지, 숨길지 여부를 선택하는 것입니다. 글이 없는 도형의 '테두리 없음'은 표시하지 않습니다.

3) 격자와 개체 이동 안내선

격자는 개체 편집에 필요한 안내선입니다. '격자'를 포함하여 [보기] 탭에 있는 명령은 대부분 인쇄가 되지 않습니다. 격자는 개체의 위치 이동에 참고가 되기 위한 선이기는 하지만, 개체를 끌어당겨 맞출 수 있는 설정이 있습니다. 한/글에서는 이를 '자석 효과'라고 하는데요. [보기]-[격자]-[격자 설정]에서 설정할 수 있습니다. '격자 자석 효과'나 '격자에만 붙이기' 상태에서 개체를 자유롭게 이동시키려면 방향키를 이용하거나, Alt키와 함께 마우스로 조정하면 됩니다.

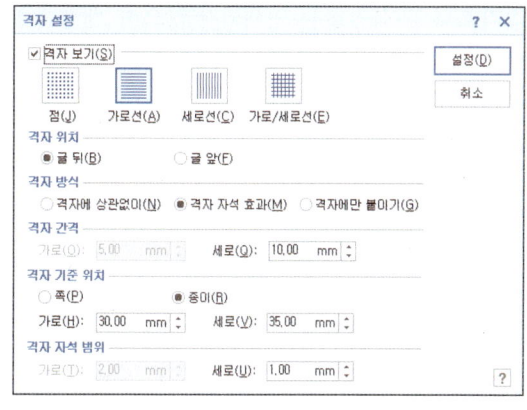

- 격자에 상관없이 : 격자는 보는 용도로만 이용하고 개체를 자유롭게 이동할 수 있는 방법
- 격자 자석 효과 : 개체가 격자 근처에 왔을 경우 당겨서 붙여 주는 효과
- 격자에만 붙이기 : 개체를 격자 선에만 붙임

개체 이동 안내선은 개체를 마우스로 조정할 때 나타나는 안내선으로, 여백이나 다른 개체와 만나는 경우, 중심선이나 끝 선과 만나는 경우 나타납니다. 개체 이동 안내선도 격자와 같이 별도의 설정이 존재하는데, '선택 개체에 맞춰 이동', '선택 개체를 다른 개체에 맞춰 이동' 등을 지정할 수 있습니다.

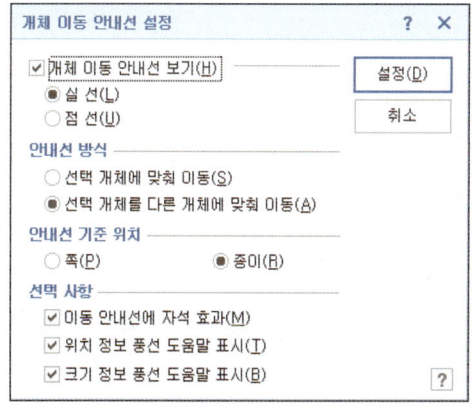
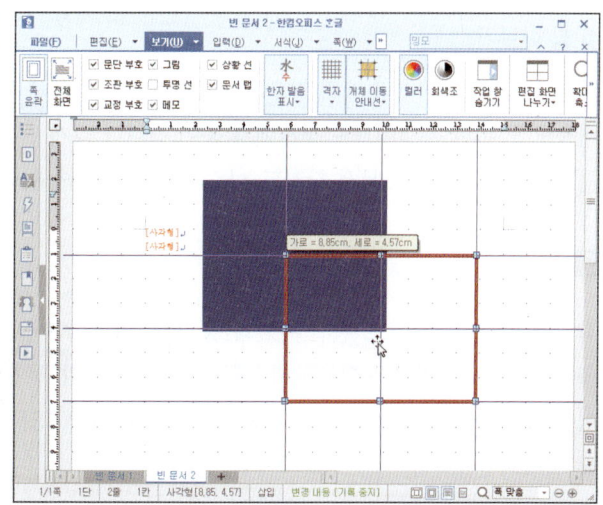

2 MS Word의 보기

1) 인쇄 모양 보기와 웹 모양 보기

인쇄 모양 보기는 문서를 인쇄될 모양대로 보면서 편집하는 것으로, 여백과 배경이 모두 표시됩니다. '편집기호'나 '서식기호'는 인쇄되지 않으며 '배경색, 이미지, 도형 및 문서 속성, 숨겨진 텍스트, 필드 코드 인쇄, 변경 내용' 등은 선택적으로 인쇄할 수 있습니다. 특히 '변경 내용 인쇄(변경 내용 추적/메모)'는 [파일]-[인쇄]의 '인쇄 설정'에서 지정하고 나머지는 [파일]-[옵션]-[표시] 또는 [고급] 탭에서 지정합니다.

웹 모양 보기는 웹 페이지에서 나타나는 모양으로 표시해 주는데, 창의 가로 폭에 맞춰 텍스트를 재정렬하여 보여줍니다. 개체가 있는 경우 편집 상태는 달라 보일 수 있으며 배경이나 여백은 표시되지 않습니다.

2) 개요 보기

문서의 제목이 되는 개요 수준을 쉽게 추가하고, 하위 문서를 삽입할 수 있습니다. [개요 보기]에서 개요 수준을 정하면 해당하는 수준의 제목 스타일(제목 1~9)이 적용됩니다. 서식과 개요 수준은 추가되지만 번호는 추가되지 않기 때문에, 제목에 번호를 추가하려면 '다단계 목록'에서 '연결 스타일'을 정해 주어야 합니다. 개요 보기에서는 제목을 쉽게 구분해 보기 위해서 단락이 글머리 기호 형태의 구조로 표시되고, 일부 수준까지만 표시하거나 본문의 첫 줄만 표시할 수 있습니다.

3) 초안 보기

문서의 개체는 빼고 텍스트만 표시합니다. '초안 보기'에서도 '웹 모양 보기'와 같이 텍스트가 재정렬되기 때문에 본문의 서식과는 다르게 표시됩니다. '초안 보기'에서는 각주/미주를 따로 모아 확인하고 편집할 수 있는 [참조]-[각주/미주 표시]가 가능하고 '각주의 구분선, 계속 구분선'을 편집할 수 있습니다.

4) 창 나누기

편집 중인 문서를 여러 개의 창으로 나누어 각각 다른 부분을 편집할 수 있습니다. 각각의 창에서 수정된 내용도 모두 한 문서이므로 동시에 적용이 됩니다. 2개 이상의 창이 열렸을 경우 '나란히 보기', '동시 스크롤'이 가능하고, 다른 문서 창과도 '나란히 보기'가 가능합니다.

3 작업창

작업창이란 일반적으로 편집 화면의 양 옆에 열려 '스타일, 개요' 등을 알려주고 변경할 수 있는 '속성'창을 말합니다. 작업창을 활용하면 [메뉴]나 [도구]보다 정확한 정보를 확인할 수 있고 수월하게 변경할 수 있습니다. 새로운 버전인 한/글 2014와 MS Word 2013은 각각 많은 대화 상자가 작업창 형태로 열리도록 변경되었습니다.

작업창들은 따로 떼내어 사용하거나, 위치를 바꿀 수 있습니다. 한/글의 작업창으로는 '스타일/개요보기/빠른 실행/클립보드/책갈피/오피스-커뮤니케이터' 등이 있고, MS Word는 '탐색/스타일/기타 개체' 등의 속성이 작업창 형태로 열립니다.

1) 한/글의 작업창

- **사전 검색** : 영어, 국어, 한글 유의어, 일본어, 의학용어 사전을 빠르게 검색할 수 있습니다.

- **개요 보기** : [문단 모양]-[확장]의 개요 수준이 있는 모든 문단을 확인할 수 있습니다. 개요 보기에서 '제목'을 클릭하면 해당 문단으로 찾아가 문단 전체가 선택됩니다. 개요 보기는 문서의 구조를 한 눈에 확인할 수 있으며 차례의 모양을 미리 살펴보는 데에도 도움이 됩니다.

- **빠른 실행** : 문서를 편집하며 주었던 명령들을 차례로 확인하고 클릭해서 재실행할 수 있습니다. 같은 설정을 반복해서 적용할 경우에 유용합니다.

- **쪽 모양 보기** : 문서의 페이지 모양을 확인하고 클릭해서 찾아갈 수 있습니다.

- **클립보드** : 복사하거나 잘라내기했던 '임시 저장물'의 내용이 표시되고, 클릭하면 현재 커서의 위치에 다시 붙여집니다. 클립보드는 총 16개까지 저장되고 '모두 붙이기'와 '모두 지우기'를 실행할 수도 있습니다. 클립보드의 오류가 발생하여 '붙이기(Ctrl+V)'가 제대로 작동하지 않을 경우에는 '모두 지우기'를 시도해 보십시오.

- **양식 개체** : [입력]-[양식 개체] 작업창의 '명령 단추(PushButton)'/'선택 상자(CheckBox)'/'목록 상자(ComboBox)'/'라디오 단추'/'입력 상자' 등을 입력하거나 글꼴과 크기, 배경색 등의 속성을 변경할 때 사용합니다. 양식 개체 작업창이 표시되지 않으면 작업창 아이콘에서 마우스 오른쪽 버튼을 클릭하여 '작업창 보기 설정'에서 선택하거나, [입력]-[양식 개체](또는 양식 개체 도구)의 [속성 보이기/숨기기]를 선택합니다. 양식 개체의 속성을 편집한 후에는 [양식 편집 상태]를 해제해야 해당 양식 개체를 실행할 수 있습니다.

- **스크립트** : 스크립트 매크로나 양식 개체(예, ComboBox의 목록)를 직접 스크립트 입력해서 수정할 수 있는 작업창입니다. 스크립트 작업창이 표시되지 않으면 [입력]-[양식 개체]-[코드 보이기/숨기기]를 선택해 놓습니다.

- **스타일** : 스타일 창에서는 설정된 편집 스타일들을 한 눈에 알아보고 쉽게 적용할 수 있으며 추가/편집/지우기, 단축키 이동 및 다른 문서의 스타일들을 '가져오기/내보내기' 할 수 있습니다.

- **책갈피** : 한/글 2014에 추가된 작업창으로 책갈피를 쉽게 만들고 찾아갈 수 있습니다. '위치 책갈피'는 원하는 특정 위치에 커서를, '블록 책갈피'는 특정 영역을 선택한 다음 책갈피용 작업창에서 '책갈피 이름'을 입력하면 해당 위치에 대한 책갈피가 생성됩니다. 이렇게 작성된 책갈피는 작업창에서 더블 클릭하여 찾아가게 되죠. 클릭 몇 번만으로도 책갈피를 쉽게 만들고 이동할 수 있습니다.

- **오피스 커뮤니케이터** : 한 문서를 협업자와 함께 동시에 편집하는 기능으로 한/글 2014에 처음 추가되었습니다. 문서 소유자가 협업자에게 메일이나 접속키를 보내 '협업 초대'를 합니다. ※ 편집할 부분이 잠겨 있다면(협업자가 편집중) 마우스 오른쪽 버튼을 눌러 '잠금 해제' 후 '입력/편집'할 수 있고 작업창에서 바로 메시지를 보낼 수 있습니다.

- 기타 XML 파일을 불러왔을 때에 나타나는 'XML 문서 구조' 및 'XML 문서 트리' 작업창이 있습니다.

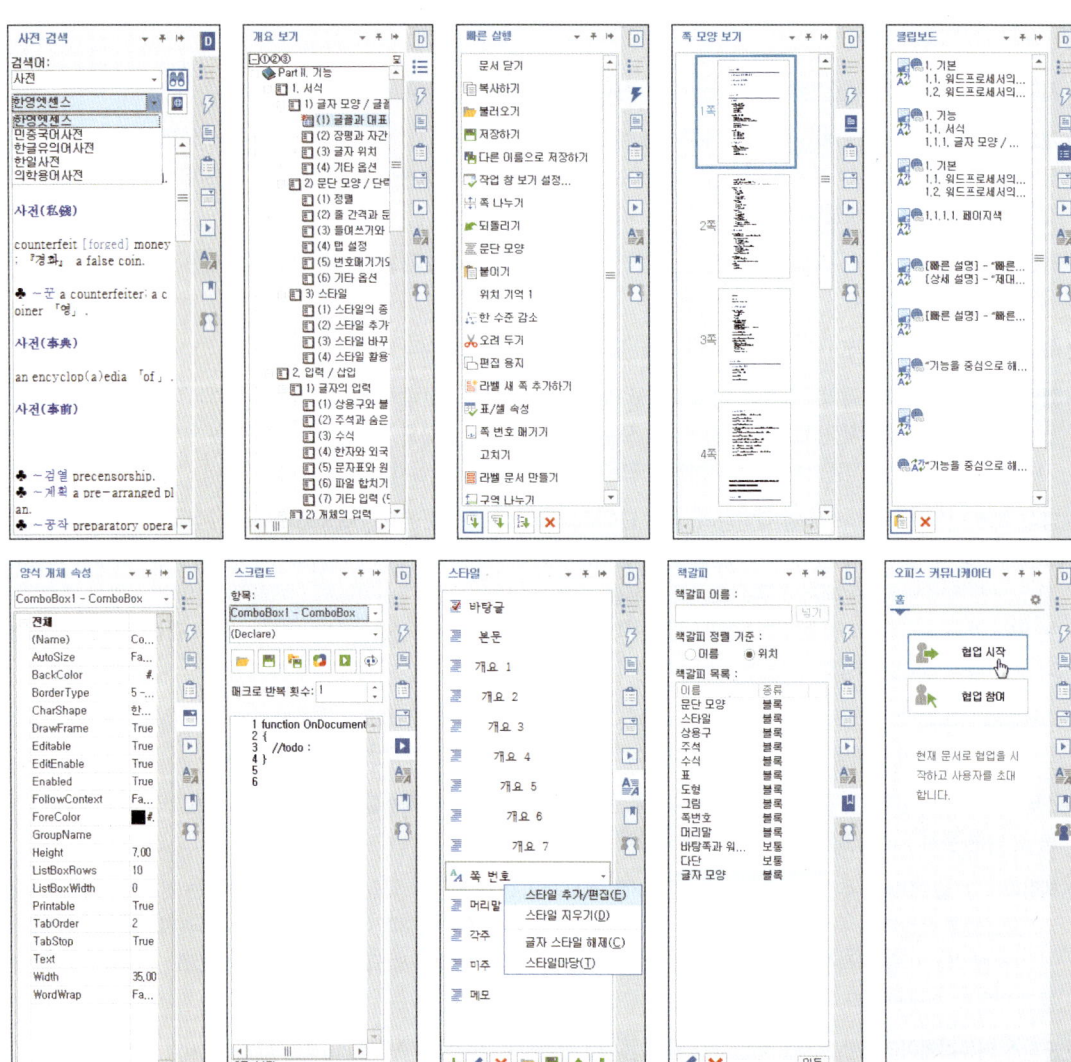

2) MS Word의 탐색창

- **제목** : 개요 수준이 포함되어 있는 '제목 스타일'과, [단락] 또는 [개요 보기]에서 '개요 수준'을 적용한 단락을 표시합니다. MS Word의 제목 탐색창은 제목을 표시하고 찾아갈 뿐만 아니라 탐색창에서 바로 새로운 '제목'이나 '부제'를 삽입할 수 있고, 제목과 내용을 선택할 수 있으므로 수준을 내리고 올리거나 '삭제/이동/인쇄' 등을 바로 실행할 수 있습니다.

- **페이지** : 페이지 모양을 인쇄 모양대로 확인하고 클릭해 해당 페이지로 이동합니다.

- **결과** : 탐색창 상단의 [문서 검색] 란에 입력한 내용을 찾아 하나씩 표시해 줍니다. [문서 검색]에 입력한 내용은 '결과' 탭 말고도 '제목', '페이지' 탭에서도 찾을 수 있으며 이때에는 각각 입력한 내용을 포함하는 제목이나 페이지가 표시됩니다. 또, 검색한 내용은 본문에서도 강조 표시가 되므로 쉽게 확인할 수 있습니다. '결과' 탭에서는 검색 내용이 있는 주변 내용을 미리보기 형식으로 조금씩 보여주기 때문에 본문을 일일이 찾아 확인할 필요가 없는 장점이 있습니다.

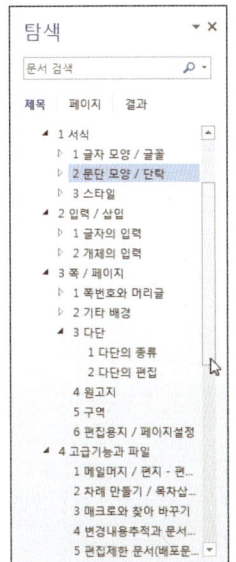  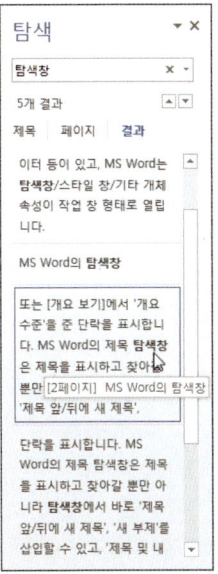

3) 기타 MS Word 작업창

- MS Word의 작업창은 바로가기(단축키)로 열리는 것이 많습니다. 스타일(Ctrl + Alt + Shift + S), 맞춤법 검사(F7), 사전(Ctrl + F7), 동의어 사전(Shift + F7), 리서치(Alt + 클릭), 서식 표시(Shift + F1) 등이 그러한 경우에 해당합니다.
- 특히 Word 2013의 경우는 '도형 서식/그림 서식(스타일)/텍스트 효과 서식/차트의 각종 서식' 등 각 개체의 속성창이 작업창 형태로 나타납니다. 탐색창과 같이 상단 탭에서 설정할 대상을 선택한 후 세부 설정을 조정할 수 있습니다.

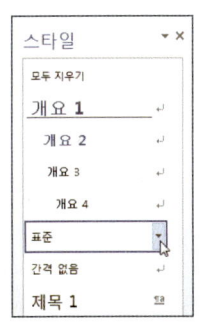 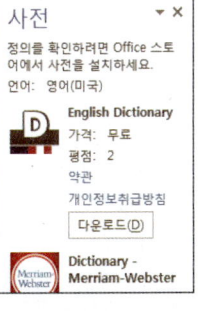   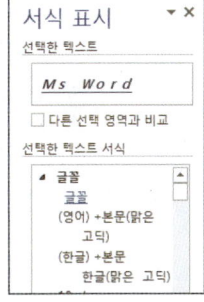

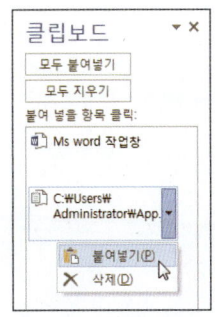 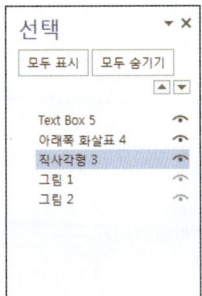 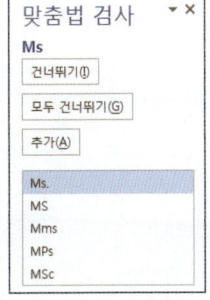 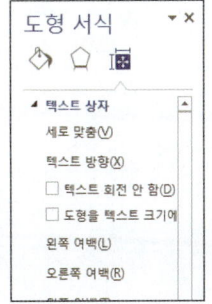 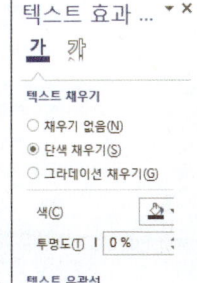

가능

PART II

서식

서식은 크게 '글자 모양(글꼴)'과 '문단 모양(단락)'으로 나눌 수 있습니다. 이 두 명령은 편집의 기본이자 모든 것이라고 할 수 있는데요. 본 장에서는 글자 및 문단 모양의 자세한 설정과 이 2가지 명령들을 혼용하여 사용하는 '스타일'의 활용법, 그리고 문서의 서식 '기본값'을 변경하는 방법에 대하여 자세히 알아보겠습니다.

01-1 글자 모양/글꼴

1 글꼴 메뉴와 대화 상자

글꼴 도구 상자([서식]-[글자]) `한글`

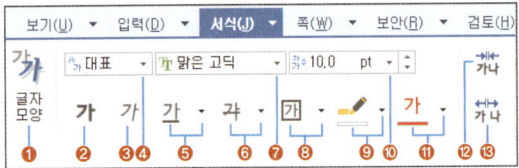

글꼴 도구 상자([홈]-[글꼴]) `워드`

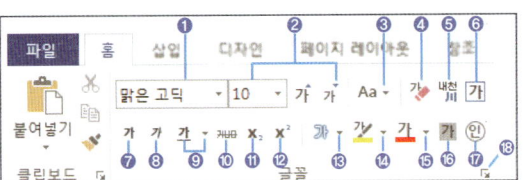

① 글자 모양 대화 상자 : [Alt]+[L]
② 진하게 : [Alt]+[Shift]+[B]/[Ctrl]+[B]
③ 기울임 : [Alt]+[Shift]+[I]/[Ctrl]+[I]
④ 언어 : 대표/한글/영문/한자/일어/외국어/기호/사용자
⑤ 밑줄/밑줄 모양 변경 : [Alt]+[Shift]+[U]/[Ctrl]+[U]
⑥ 취소선/취소선 모양 변경
⑦ 글꼴 : 선택한 언어별 글꼴 선택
⑧ 글자 테두리/테두리 모양 변경
⑨ 형광 펜/형광 펜 색 변경
⑩ 글자 크기 : 크게 [Alt]+[Shift]+[E]/[Ctrl]+[]], 작게 [Alt]+[Shift]+[R]/[Ctrl]+[[] ※ 0.1pt 단위로 조절 가능
⑪ 글자 색/글자 색 변경 : 빨간 글자 색은 [Ctrl]+[M],[R] (기타 색은 단축키 참고)
⑫ 글자 자간 좁게 : [Alt]+[Shift]+[N]
⑬ 글자 자간 넓게 : [Alt]+[Shift]+[W]

① 글꼴 선택
② 글자 크기 : 크게 [Ctrl]+[]]/[Ctrl]+[>], 작게 [Ctrl]+[[]/[Ctrl]+[<]
※ 0.5pt 단위로 조절 가능
③ 대/소문자 바꾸기 : [Shift]+[F3]/[Ctrl]+[Shift]+[A]
④ 모든 서식 지우기
⑤ 윗주 달기 : 윗주, 독음, 강조 기호 달기
⑥ 글자 테두리 : 텍스트의 외곽 실선 테두리
⑦ 굵게 : [Ctrl]+[B]
⑧ 기울임꼴 : [Ctrl]+[I]
⑨ 밑줄/밑줄 모양 변경 : [Ctrl]+[U]
⑩ 취소선
⑪ 아래 첨자 : [Ctrl]+[=]
⑫ 윗 첨자 : [Ctrl]+[Shift]+[=]
⑬ 텍스트 효과와 타이포그래피
⑭ 텍스트 강조 색/색 변경 : 형광 펜
⑮ 글꼴 색/글꼴 색 변경

[글자 모양]-[기본] Ctrl + L 한글

[글꼴]-[글꼴] Ctrl + D 워드

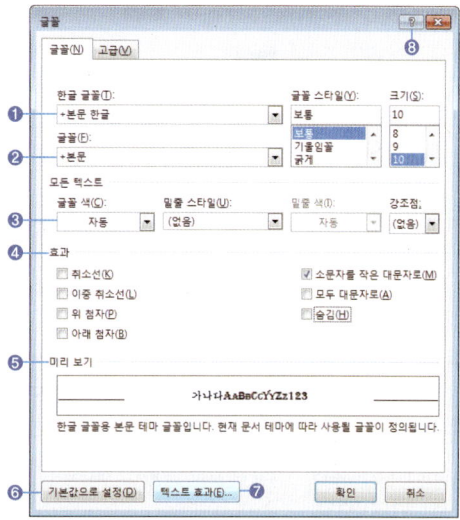

⑯ 음영 : 텍스트의 회색 음영 무늬
⑰ 원문자 : 모양과 텍스트를 겹쳐 원문자 만들기
⑱ 글꼴 대화 상자 : Ctrl + D

❶ 기준 크기 : 글자의 기준 크기

❷ 언어 : '대표' '한글' '영문' '한자' '일어' '외국어' '기호' '사용자' 중 선택

❸ 글꼴 : 언어별 글꼴

❹ 상대 크기 : '기준 크기'에 대한 언어별 상대 크기

❺ 글자 위치 : 기준선에서 글자위치 올리기/내리기 -100 ~100%

❻ 장평 : 글자의 너비 50~200%

❼ 자간 : 글자 사이의 간격 -50 ~50%

※ 언어별 설정인 ❷~❼ 언어/글꼴/상대 크기/글자 위치/장평/자간은 언어별로 각각 다르게 지정 가능

❽ 속성 : 진하게/기울임/밑줄/취소선/외곽선/그림자/양각/음각/위 첨자/아래 첨자/보통모양(Alt + Shift + C)

❾ 미리보기

❿ 구성 : 대화 상자 설정을 저장

⓫ 도움말

❶ 한글 글꼴 : 한글에 적용할 수 있는 글꼴

❷ 글꼴 : 영어, 숫자, 기호, 문장 부호 등에 적용할 수 있는 글꼴. '한글 글꼴'과 동일하게 적용하려면 '한글 글꼴 사용'을 선택

❸ 글꼴 색 : '자동' 색으로 지정하면 평소엔 검은색으로, 배경이 진한 부분에선 흰색으로 자동 변경

❹ 밑줄 스타일 : 16가지와 공백에선 제외되는 단일선이 있음

❺ 강조점 : 글자 위 강조점. 2가지 모양이 있음

❻ 효과 : 취소선/이중 취소선/위 첨자/아래 첨자/소문자를 작은 대문자로/모두 대문자로/숨김(Ctrl + Shift + H)

❺ 미리보기 : 글자를 선택하고 열면 대화 상자에 선택글자 표시

❻ 기본값으로 설정 : 설정한 값을 문서의 기본값으로, 또는 모든 새 문서의 기본값으로 저장

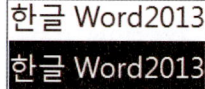

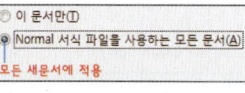

[글자 모양]-[확장] `한글`

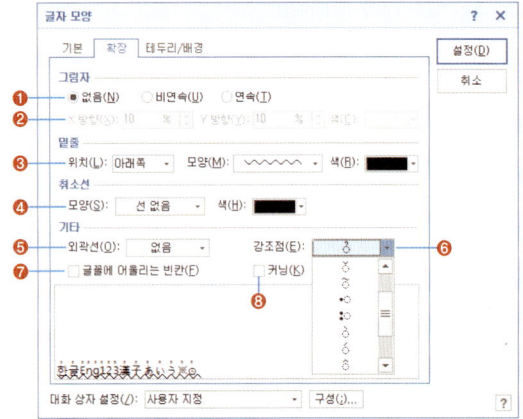

1. 그림자 : 글자와의 연속/비연속 설정
2. 그림자의 방향과 색 : X-가로, Y-세로방향
3. 밑줄 : '아래쪽'/'위쪽' 두 위치 지정 가능, 13가지 모양
   ※ 한/글 2007은 3가지 위치(아래/가운데/위)와 11가지 모양
4. 취소선 : 12가지 모양 ※ 한/글 2007 이하는 없음
5. 외곽선 : 6가지 모양
6. 강조점 : 글자 위 강조점과 사성점 등 총 12가지 모양
   ※ 한/글 2007은 6가지
7. 글꼴에 어울리는 빈칸 : 빈칸의 폭을 글꼴에 어울리도록 조절
8. 커닝 : 영문 특정 글자(WA, TA, AV…)의 사이를 조정
   - 지원되는 글꼴에만 적용

[글자 모양]-[테두리/배경] `한글`

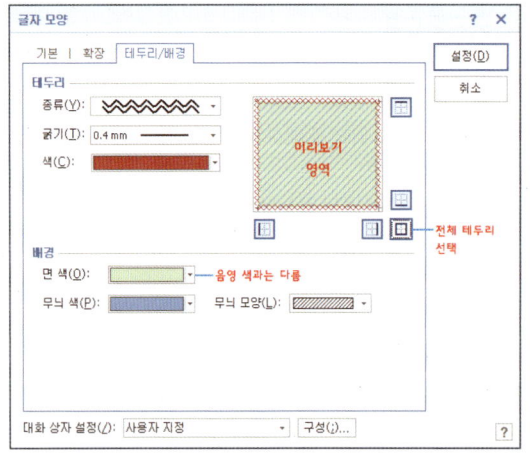

7. 텍스트 효과 : 문자에 워드 아트와 같은 특수 효과를 줌.
   ※ Word 2010이상 가능
8. 도움말

[글꼴]-[고급] `워드`

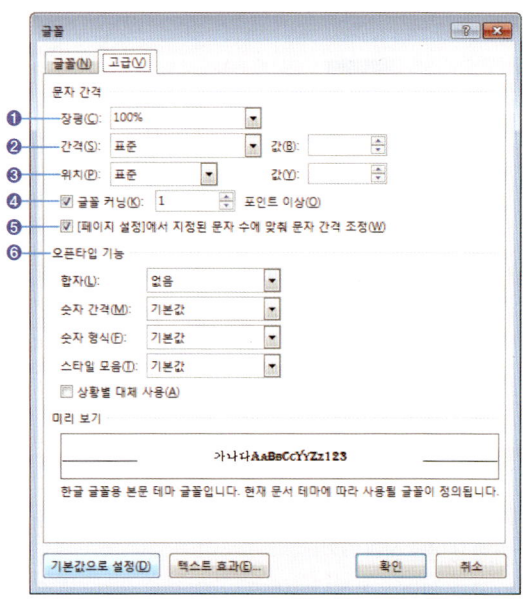

1. 장평 : 글자의 너비 - 1%~600%
2. 간격 : 글자 사이 간격(자간)을 넓게/좁게 조정
3. 위치 : 선택 글자의 글자 위치 올리기/내리기
4. 글꼴 커닝 : 글꼴의 가로 간격을 비례적으로 자동 조정하는 기능(특정 문자에만 적용) - 8~72pt
5. 페이지 설정에서 지정된 문자 수에 맞춰 문자 간격 조정 : [페이지 설정]-[문자 수]에 '문자 수'가 지정되어 있는 경우 적용 여부 선택
6. 오픈타입 기능 : 글꼴 종류에 따라 '합자'가 가능하거나, '가변폭', '기준선 맞춤', '스타일 모음'이 포함된 글꼴의 경우 지정 가능

- 한/글은 글자 테두리의 가로/세로/위/아래 일부분에만 선을 선을 넣을 수 있습니다.
- 번호(글머리표) 문단의 번호 부분은 포함하지 않습니다.
- '면 색'은 글자 '음영'과 구분이 가지 않고 또 이중 적용이 가능하기 때문에, 변경하려면 [기본] 탭의 '음영 색'과 [테두리/배경]의 '면 색'을 모두 확인해봐야 합니다.
- 문단 테두리와 구분하는 방법 : 문단 테두리는 문단(엔터)의 일부분에만 테두리를 만들지는 못합니다.

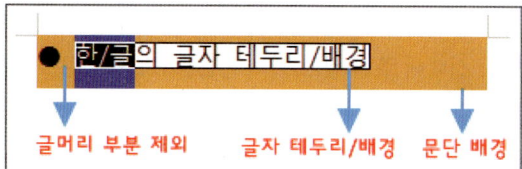

[테두리 및 음영]의 텍스트 테두리 — 워드

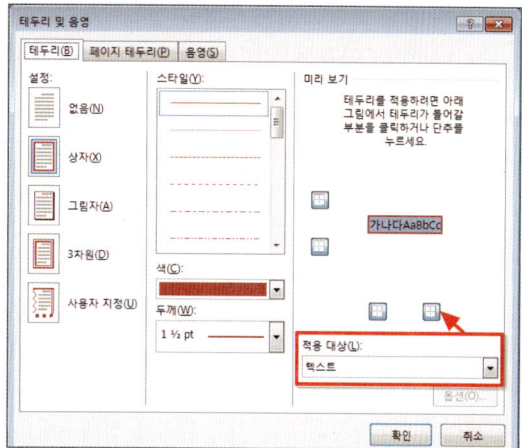

- [홈]-[글꼴] 탭의 [글자 테두리], [음영]에서는 한가지 모양의 간단한 글자 테두리와 음영만 지정합니다.
- 다양한 모양은 [홈]-[단락]-[테두리]의 '테두리 및 음영'에서 '적용 대상'을 '텍스트'로 정해 지정합니다.
- MS Word의 글자 테두리는 상자 모양만 가능합니다.
- 글머리표, 목록도 테두리에 포함됩니다.

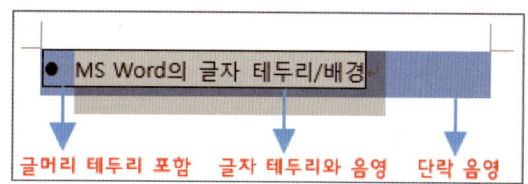

글자 모양의 옵션에 대해 살펴봤는데요. 글꼴 명령들은 아이콘만 봐도 쉽게 알 수 있고, 또 요즘은 아이콘에 마우스를 갖다대면 단축키와 설명이 다 표시되니 모르는 사용자는 거의 없을 것 같아요. 중요한 것은 필요한 모양을 어디서 찾아 적용하는지와 쉽게 활용할 수 있는 방법을 아는것 같습니다.

반복 사용되는 것은 매번 지정하지 말고 '스타일'에 추가해두고 사용하세요. 스타일에 서식을 저장해두면 서식을 적용하고 관리하는데 훨씬 수월합니다. 스타일은 문단 전체에만 적용된다고 아시는 분도 많은데…, 일부 글자에만 적용할 수 있는 '글자/문자' 스타일도 있습니다.

※ 메뉴에 마우스를 가져다 놓았을 때 설명이 표시되도록 하려면…?
▶ 한/글 : [도구]-[사용자 설정]-[도구 상자]-[풍선 도움말 설정] – 버전에 따라 다름
▶ MS Word : [파일]-[옵션]의 [표시]-[가리키면 문서도구 설명 표시]와 [고급]-[화면 설명에 바로 가기 키 표시]

2 글꼴 변경하기

대부분의 영문 글꼴은 한글 모양을 지원하지 않고, 또 한글 글꼴 중에도 일부는 한글에만 적용되는 글꼴이 있습니다. 이런 글꼴들은 대표되는 글꼴로 지정하지 말고 언어별로 각각 지정해야 합니다.

[서식] 도구에서 글꼴 변경 `한글`

한/글은 [서식]-[글자] 도구 메뉴에서 '언어별'로 글꼴을 지정할 수 있지만, 보통은 '대표' 상태에서 글꼴을 변경합니다. '대표' 상태에서 글꼴을 지정하면 지원되지 않는 글꼴은 미리 짝 지워진 '대표 글꼴'로 대체됩니다. 언어별 정확한 글꼴을 지정해야 한다면 '대표' 상태를 언어별로 바꾸고 각각 글꼴을 정해주세요.

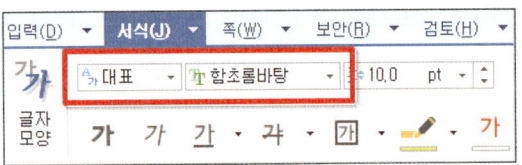

- 한글/영문에 똑같이 적용될 글꼴을 정하려면 '대표' 상태에서 '한글 글꼴'을 고르세요.
- 영문 글꼴은 보통 언어를 '영문'으로 바꿔야 확인할 수 있고, 한글에는 적용되지 않습니다.

[글자 모양] 대화 상자로 글꼴 변경 `한글`

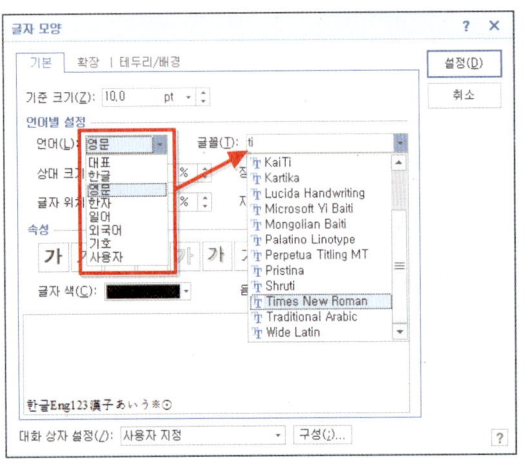

[홈]-[글꼴] 메뉴에서 글꼴 변경 `워드`

MS Word의 글꼴은 '한글 글꼴'과 '글꼴(영문/기호)'로 나눠 지정합니다. 도구 메뉴에서 언어별로 글꼴을 다르게 정할 때는 해당 언어 글꼴(한글/영문)을 각각 한 번씩 선택해 주면 됩니다. '+본문', '+제목' 등은 테마 글꼴입니다.

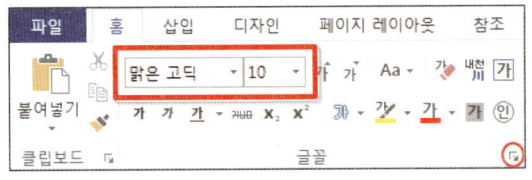

- 도구 메뉴에서 글꼴을 지정하는 방법은 [Word 옵션]-[고급]의 '한글 글꼴을 영어에 적용 가능'을 선택해 놓았는지 여부에 따라 다르게 지정됩니다.
- [Word 옵션]의 '한글 글꼴을 영어에 적용 가능'을 선택해 놓았다면 도구 메뉴에서 '한글 글꼴'을 선택해 '글꼴'에도 한꺼번에 적용(한글 글꼴 사용)할 수 있습니다. '영문 글꼴'을 선택하면 '글꼴'에만 적용됩니다.

[글꼴] 대화 상자로 글꼴 변경 `워드`

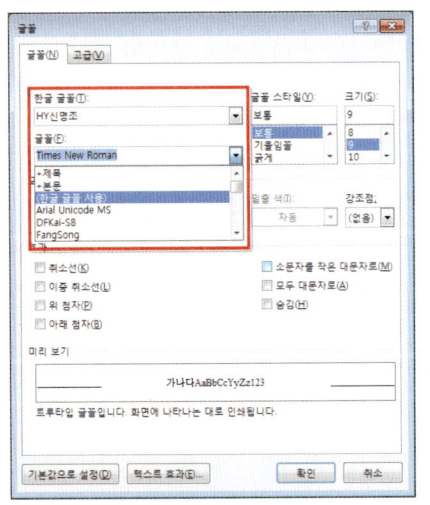

※ 글꼴 변경 예
한글은 '신명조', 영문은 'Times New Roman'으로 글꼴 지정하기

- [서식] 도구, [글자 모양] 대화 상자에서 변경하기 **한글**
  ❶ '언어'를 '대표'나 '한글'로 두고 '신명조' 선택
  ❷ '언어'를 '영문'으로 바꾸고 'Times New Roman' 선택(숫자, 문장부호 등은 '기호'가 아닌 '영문' 글꼴을 따릅니다.)
  ※ '신명조'(한양 신명조)는 HFT 파일(한/글 전용 글꼴), 'hy신명조'는 TTF 윈도우글꼴입니다.

- [글꼴] 도구에서 변경하기 **워드**
  ❶ 'hy신명조' 선택 후 'Times New Roman' 선택
- [글꼴] 대화 상자에서 변경하기
  ❶ '한글 글꼴' 목록에서 'hy신명조' 선택
  ❷ '글꼴' 목록에서 영어, 숫자, 기호, 문장부호 등에 적용될 'Times New Roman' 선택

기능 REVIEW | 대체 글꼴

	한/글	MS Word
대체되는 글꼴	• '대표' 상태에서 영문 글꼴을 선택하면 한글 등 기타 글꼴은 대부분 '대표 글꼴'로 적용됩니다. '대표 글꼴'은 언어별로 어울리는 글꼴을 미리 짝지어 둔 것입니다. • 시스템에 없는 글꼴이 포함된 문서(예, 모바일에서 작성한 문서)를 열 경우 '대체 글꼴'로 변경되기 때문에 문서 모양이 흐트러질 수 있습니다. • 다른 글꼴로 대체되어 표시된 경우는 [파일]-[문서정보]-[글꼴정보]에서 확인 및 변경이 가능합니다. '대체된 글꼴'에 내용이 없다면 '언어'를 바꿔 사용된 글꼴을 찾아보아야 하겠죠. • 한자, 일어 등 외국어 적용되는 글꼴이 많지 않습니다. 미리보기를 확인하며 변경하여야 합니다.	• [Word 옵션]-'한글 글꼴을 영어에 적용 가능'을 해제 했을 경우 ▶도구 메뉴에서 글꼴을 변경하면 한글 글꼴은 '한글 글꼴'에만, 영문 글꼴은 '글꼴'에만 적용됩니다. 각각 선택해주면 모두 변경되지만 한 가지만 지정하면 나머지 언어 글꼴은 변경되지 않습니다. • [글꼴] 대화 상자의 '한글 글꼴'에 영문 글꼴이 선택되어 있는 경우가 간혹 있습니다. 이 때는 적용되어 있어도 그대로 표현되지는 않습니다. 언어별 글꼴로 변경해줘야 합니다. • 시스템에 없는 글꼴이 포함된 문서를 열 경우 임시 표시되다가 문서를 편집하면 다른 글꼴(테마 글꼴)로 대체되기 때문에 모양이 흐트러질 수 있습니다.
대체글꼴 알아보기	• 대체된 글꼴의 종류를 알아보려면 해당 문자에 커서를 가져다 놓고 도구의 '언어'를 바꿔 봄으로써 정확히 알 수 있습니다.	• 커서를 해당 언어에 두고 [글꼴] 대화 상자를 열어 알아보거나, [서식표시(Shift+F1)] 창을 열어 확인할 수 있습니다.
대체되는 글꼴변경	• '대표 글꼴'로 짝지어지는 글꼴을 변경하고 싶다면 [도구]-[환경설정]-[글꼴] '대표글꼴 등록하기'에서 지정합니다. • '문서 정보(Ctrl+Q,I)'의 '글꼴 정보'에서 '사용된 글꼴 바꾸기'로 문서 전체 글꼴을 변경합니다.	• 글꼴 목록에 보면 '+제목', '+본문' 등의 항목이 있는데요. 이 항목들은 [디자인]-[글꼴]([홈]-[스타일 변경]-[글꼴])에서 정한 테마 글꼴을 적용하는 것으로, '스타일 모음'을 바꾸거나 '사용자 지정' 글꼴을 바꿔 문서 전체의 글꼴을 한꺼번에 변경할 수 있습니다.

기타	• '한/글은 기본적으로 영문글꼴을 '대표' 글꼴 목록에 표시하지 않습니다. 하지만, [도구]-[환경설정]-[글꼴]의 '영문글꼴을 대표 글꼴로 자동 등록하기'를 선택해 놓으면 '대표' 언어 상태에서도 영문 글꼴을 쓸 수 있습니다. ※ 한글 영역엔 적용 안됨 • '한글 2010이후 버전에는 도구 [글꼴] 상자에 '제목 글꼴', '본문 글꼴', '꾸미기 글꼴' 등 탭별 글꼴 목록이 추가되어 있습니다. 이 목록은 [도구]-[환경설정]-[글꼴]의 '글꼴 목록 설정'에서 지정합니다. • HTF 파일(한컴 전용 글꼴)이 역상으로 출력되는 경우 [인쇄]-[기본]-[고급 선택]의 'HTF를 다른 방법으로 인쇄'를 선택해 인쇄하세요.	• 문서에 지정된 글꼴이 다른 컴퓨터에서는 쓰지 않는 것이거나, 다른 컴퓨터엔 없을까 염려되는 경우에는, [워드옵션]-[저장]-[파일의 글꼴 포함]을 설정하여 문서에 포함되도록 하면 됩니다. 글꼴이 문서에 포함되면 문서의 용량이 늘어납니다. • 문서에 인쇄되지 않는 글꼴이 임시 표시된 경우 [워드옵션]-[고급]-[문서내용표시]-[글꼴대체]로 글꼴을 변경할 수 있습니다.

제가 보기에 글자모양에서 가장 중요하고 어려운 것은 글꼴 지정인 것 같아요. 글꼴마다 너비와 높이, 적용되는 언어가 다르고 컴퓨터마다 설치된 종류도 모두 다르죠.

'한글 글꼴'은 대부분 한컴오피스와 함께 설치된 글꼴로서 영문 모양을 포함하고 있고, '영문 글꼴'은 대부분 MS의 글꼴로 한글 모양은 포함되어 있지 않습니다. MS Word의 기본 글꼴인 '맑은 고딕'은 Microsoft와 산돌 커뮤니케이션이 함께 개발했기 때문에 한글과 영문을 모두 포함하고 있는 한글 글꼴이랍니다.^^

영문 글꼴은 한글 글꼴을 포함하고 있지 않기 때문에 대표 글꼴에다 정하면 한글 글꼴은 다른 모양으로 적용됩니다. 글꼴이 바뀌면 한 줄에 들어가는 글자 수와 한 페이지에 들어가는 줄 수가 바뀔 수 있어서 문서 양에 차이가 생깁니다. 특히 MS Word의 경우 주의해서 언어별로 글꼴을 정하는 것이 중요합니다.

3 장평과 자간 조정하기

장평 : 글자의 너비	자간 : 글자와 글자 사이의 간격

장체는 글자가 세로로 길쭉해 보이도록 하는 것이고, 평체는 글자가 가로로 평평하고 넓어 보이도록 하는 것입니다. 즉, 세로의 높이(글자 크기)는 변함없이 가로 폭을 늘리고 줄이는 것을 '장평'이라고 합니다. 결국, 같은 글씨 크기로도 평체가 장체보다 더 크죠. :)

한/글 장평 `한글`

100%보다 작게 지정하면 가로폭이 줄어 글자는 길쭉해지고, 100%보다 크게 지정하면 가로 폭이 넓어져 글자가 넓고 커지게 됩니다. 〈50~200% 까지 조절〉

한/글 자간 `한글`

0%를 표준으로, -50%까지 줄일 수 있고 +50%까지 늘릴 수 있습니다. 글자를 반정도까지 겹쳐질 수 있습니다.

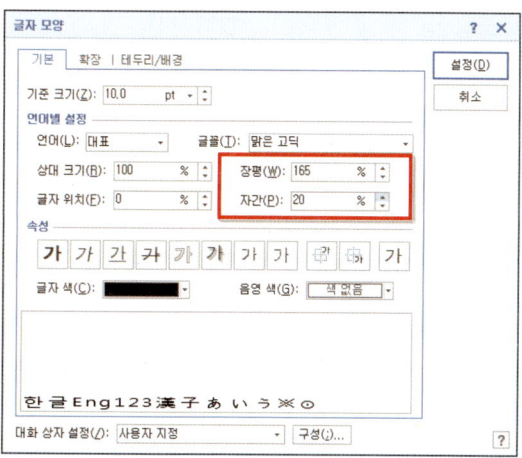

MS Word 장평 `워드`

100%를 표준으로 작아지면 글자 폭이 줄고, 커지면 글자 폭이 늘어나는 '한/글'의 장평과 적용 방법은 같습니다. [단락]-[문자모양] 아이콘으로 지정할 수도 있습니다.

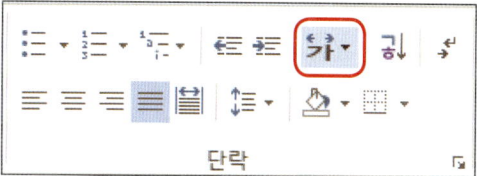

MS Word 문자 간격 `워드`

문자 간격을 '넓게' 또는 '좁게' 선택하고 값을 지정합니다. 값과 함께 '넓게/좁게' 항목을 잘 확인하세요. 글자를 완전히 겹칠 수 있습니다.

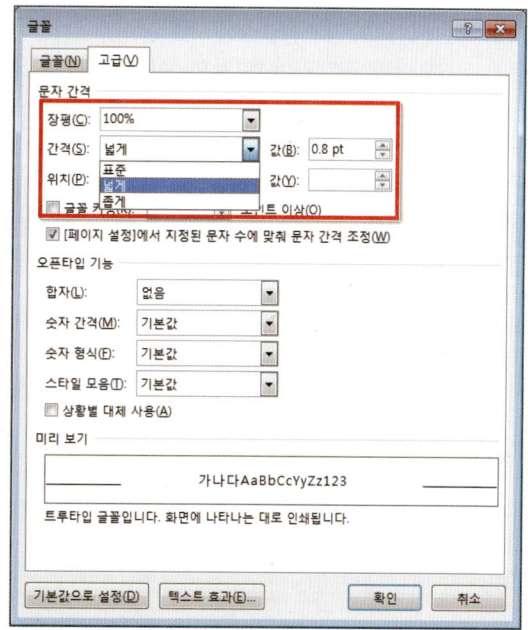

기능 REVIEW | 한/글과 MS Word의 빈칸

빈칸(공백)은 '반자' 문자이지만 '양쪽 정렬'의 경우 '전자' 또는 그 이상 여러 가지 크기로 보여질 수 있습니다. 양쪽 줄 끝을 맞추기 위해 줄 안에 포함된 빈칸의 크기를 조절해 표시하니까요. 빈칸은 생각보다 여러 종류가 있습니다. 일정한 공간에 글자를 넣어야 할 때나 글자의 줄을 맞춰야 할 때, 자간을 사용할 수도 있지만 빈칸을 이용하기도 합니다.

한/글에는 '묶음 빈칸'과 '고정폭 빈칸'이 있습니다.

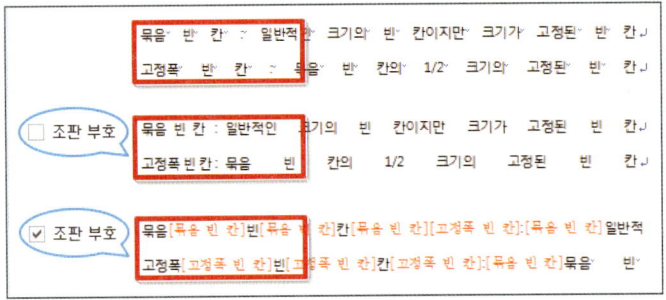

- **묶음 빈칸**(Ctrl+Alt+Space) : '묶음 빈칸'은 일반적인 빈칸의 크기이지만, 크기가 더 늘어나거나 줄어들지 않는 빈칸입니다. '양쪽 정렬' 또는 '최소 공백'을 조정해 사용하면 빈칸의 크기가 일반적인 1 칸의 크기와 다를 수 있는데요. 묶음 빈칸은 이때도 변함없이 같은 크기를 유지합니다. 또, 빈칸이 줄 끝에 위치해 있을 때, '묶음 빈칸'은 여백으로 들어가 정렬을 맞추지 않고 그대로 빈칸의 자리를 표시합니다. 정확한 빈칸의 자리를 유지해야 할 때 '묶음 빈칸'을 이용할 수 있습니다.

- **고정폭 빈칸**(Alt+Space) : '고정폭 빈칸'은 '묶음 빈칸'의 1/2 크기 입니다. 그러니까 한글 1글자보다는 1/4 크기가 됩니다. 그래서 '한글과 영어'/'한글과 숫자' 사이에 약간의 공간을 넣고 싶을 때(한/글 2010부터는 [문단 모양]-[확장]에 옵션이 추가됨), 글꼴의 너비가 달라 생기는 작은 공간을 맞추는데 이용할 수 있습니다. '고정폭 빈칸'과 '묶음 빈칸'은 단어 사이에 입력해도 맞춤법 검사에서 오타로 검색되지 않습니다.

- **최소 공백** : 한/글은 단어 사이 포함된 공백의 너비를 조절할 수 있습니다. [문단 모양]-[확장]의 '최소 공백'인데요. 100%를 기준으로 25%까지 줄여 표시할 수 있습니다. 글자의 크기를 줄이지 않고 많은 글자를 입력해야 할 때 유용합니다.

- **글꼴에 어울리는 빈칸** : [글자 모양]-[확장]에 있고, 반자가 아닌 글꼴이 원래 가지고 있는 빈칸의 폭을 사용합니다. 일반적인 빈칸보다 적어 많은 글자를 자연스럽게 입력할 수 있습니다.

※ '묶음 빈칸'과 '고정폭 빈칸'은 조판 부호가 있고, '찾아 바꾸기'에서 '서식 찾기'를 이용할 수 있습니다.
※ 한/글은 영문도 줄 끝에서 '글자' 단위로 줄을 바꿀 수 있어서, 긴 하이퍼링크나 영문 기호를 줄 끝에서 자연스럽게 나눌 수 있습니다.

MS Word에는 'Em 공백' 'En 공백' '1/4 Em 공백' '줄 바꿈 하지 않는 공백' 등이 있습니다.

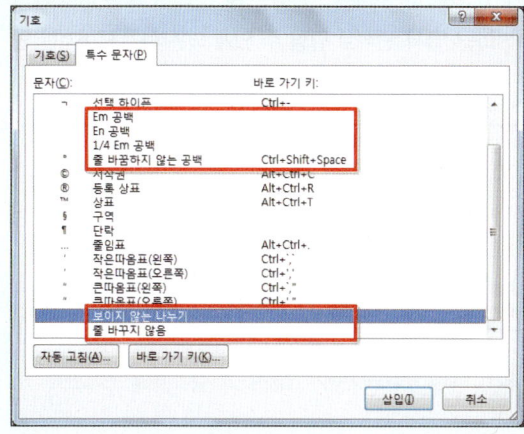

▲ [삽입]-[기호]-[다른 기호]의 '특수 문자'

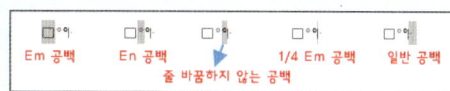

▲ MS Word의 '특수 문자 공백'

- **Em 공백** : 'Em 공백'은 영문자 M의 너비를 기초로한 공백의 크기입니다. 공백의 크기를 일반적인 크기보다 크게 고정할 때 이용할 수 있습니다.

- **En 공백** : 'En 공백'은 영문자 N의 너비를 기초로한 공백의 크기입니다. '줄 바꿈하지 않는 공백'과 서식기호와 크기가 비슷합니다. ※ 글꼴에 따라 공백의 크기도 차이가 납니다.

- **1/4 Em 공백** : 'Em 공백의 1/4 크기 공백'으로 가장 작은 공백입니다.

- **줄 바꿈하지 않는 공백**(Ctrl+Shift+Space) - '줄 바꿈하지 않는 공백'은 보통 'En 공백'보다 약간 작으며, 인터넷에서 텍스트를 복사해 '원본 형식으로 붙이기'했을 때 자동으로 많이 생깁니다. 편집기호를 해제하면 일반 빈칸과 구별되지 않지만, 편집기호를 켜고 보면 빈칸이 '공백 표시'가 아닌 '작은 동그라미'로 표시됩니다.

- **보이지 않는 나누기** : '보이지 않는 나누기'와 '줄 바꾸지 않음'은 둘 다 편집기호로만 표시되고 자리를 차지하거나 인쇄되지는 않는 문자입니다. '보이지 않는 나누기'는 긴 단어를 나눠야 할 때 추가하는데요. 예를 들어 하이퍼링크가 길어 편집이 자연스럽지 않을 경우 넣어 줄 수 있습니다. '보이지 않는 나누기'를 입력했다고 해서 하이퍼링크가 연결되지 않거나 잘려 보이지 않고, 웹 브라우저 주소창에 복사해 사용할 수도 있습니다. 줄 끝에서는 나눠지지만 보이지는 않는 거죠. '보이지 않는 나누기'와 '줄 바꾸지 않음'은 [Word 옵션]-[표시]의 '사용자 지정 줄 바꿈'으로 표시할 수 있습니다.

- **줄 바꾸지 않음** : '줄 바꾸지 않음'은 '보이지 않는 나누기'와는 반대로, 줄 끝에서 글자가 나눠져 다음 줄로 넘어갈 경우 앞/뒤 글자를 떨어지지 않도록 연결해 주는데 사용합니다. [단락]-[한글 입력 체계]의 '한글 단어 잘림 허용'을 선택해 놓았을 경우 한글은 줄 끝에서 '단어'가 아닌 '글자' 단위로 잘릴 수 있게 되는데요. 떨어지면 안 되는 글자라면 이 '줄 바꾸지 않음'을 넣어 줄 수 있습니다. 빈칸을 넣어야 할 곳에는 사용하지 마세요.

※ 각 서식 기호들은 편집기호(Ctrl+*)를 켜서 확인할 수 있고, Ctrl+H 바꾸기에서 [옵션]으로 찾아 바꿀 수 있습니다.

4 형광펜

한/글 형광펜 `한글`

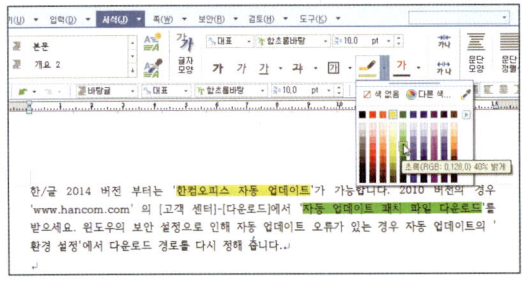

- 형광펜은 글자의 배경색이나 음영색과는 달리, 인쇄되지 않고(선택 가능) 본문의 일부분을 강조해 보여주기 위해 쓰입니다.
- [서식]-[형광펜]으로 색을 표시하고 '화살표'를 내려 색을 변경합니다.
- 한/글 2007 버전은 도구 상자에서 마우스 오른쪽 버튼을 눌러 '서식' 도구 상자를 선택해 사용합니다.
- 형광펜 해제 : 일부분 또는 문서 전체를 선택하여 [형광펜]의 [색 없음]을 선택합니다.

MS Word 형광펜 `워드`

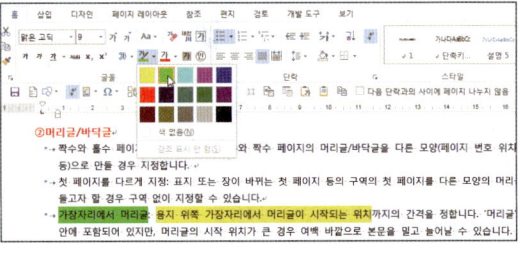

- 본문을 선택하여 [홈]-[형광펜]의 색을 지정해 주면 표시됩니다.
- 형광펜 해제 : 본문의 일부분 또는 전체를 선택하여 [홈]-[형광펜]의 [색 없음]을 선택합니다. 형광펜의 설정은 해제하지 않고 보기 설정만 해제하려면 [파일]-[옵션]-[표시]의 '형광펜 표시'를 해제합니다.

형광펜의 인쇄 `한글`

- 형광펜은 보통은 인쇄되지 않습니다.
- 형광펜 표시를 인쇄하려면 [인쇄]-[확장]의 '형광펜' 옵션을 선택해 놓아야 합니다.

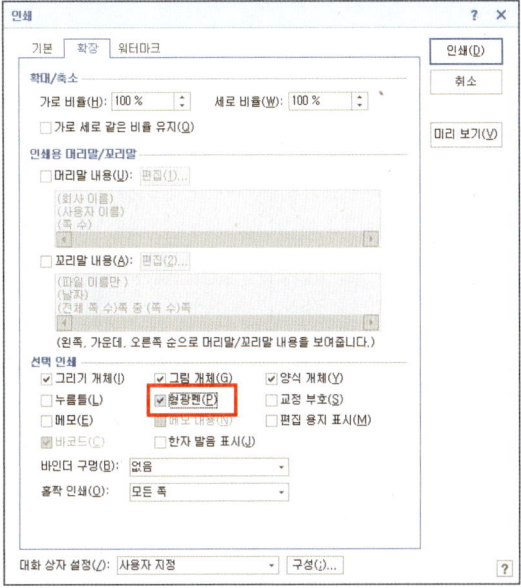

형광펜 찾기 `워드`

- 형광펜은 [찾기]/[바꾸기]([Ctrl]+[F]/[H])의 [서식]-[강조]로 찾을 수 있습니다. 찾기 대화 상자를 닫은 상태에서도 [Ctrl]+[PageDown]/[PageUp]으로 다시 찾기 가능합니다.

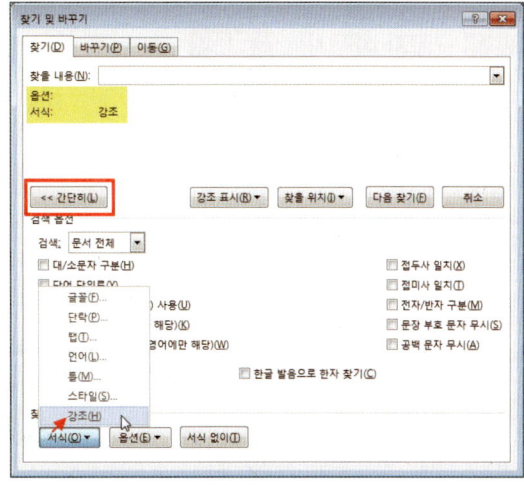

형광펜의 인쇄 `워드`

- 일반적으로는 인쇄됩니다.
- 형광펜 표시를 유지하며 인쇄는 하지 않으려면 [파일]-[옵션]-[표시]의 '형광펜 표시'를 해제합니다. 이 옵션은 보기 설정도 해제되지만 인쇄에도 적용됩니다.

5 글자 바꾸기

MS Word의 [홈]-[글꼴] 탭에는 여러 가지 글자 입력 방법들이 모여 있습니다. 한/글의 경우 [편집], [입력], [도구] 명령에 이 기능들이 나눠져 있는데요. 한/글과 MS Word의 여러 가지 글자와 관련된 명령들을 알아 보겠습니다.

[편집]-[글자 바꾸기] 한글

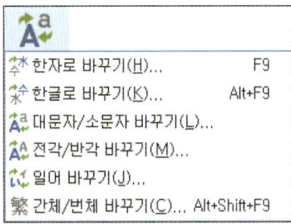

- 한/글은 한글/한자 변환이 쉽고 다양합니다.
  ▶ F9 : 한자 바꾸기
  ▶ Ctrl + F9 : 한자 부수/획수로 입력
  ▶ Ctrl + Shift + F9 : 뜻음으로 찾아 넣는 한자 새김 입력
  ▶ Shift + F9 : '음과 훈' '병음'을 추가할 수 있는 한자자전
  ▶ Alt + F9 : 한번에 한글로 바꿀수 있는 한글로 바꾸기
  ▶ Ctrl + Alt + F9 : 새 단어를 등록하는 한자 단어 등록
  ▶ Alt + Shift + F9 : 간체/번체 바꾸기
  ▶ '한자 발음 표시'로 한자 '음' 보기/인쇄 가능

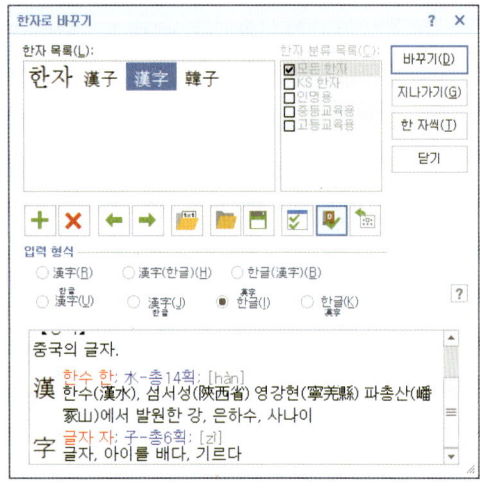

[홈]-[대/소문자 바꾸기] 워드

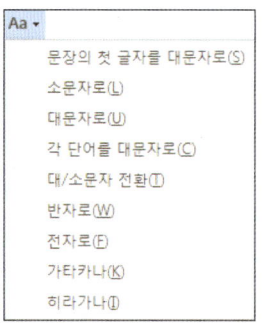

- MS Word는 영문의 대문자, 소문자 설정을 다양하게 지정할 수 있고 단축키를 이용해 쉽게 적용할 수 있습니다.
  ▶ Shift + F3 : 단어 첫글자 대문자로/대문자/소문자 반복
  ▶ Ctrl + Shift + A : 대/소문자 전환
  ▶ Ctrl + Shift + K : 소문자를 작은 대문자로/소문자로 전환

- 가타카나/히라가나 변경을 이용하려면 [제어판]-[국가 및 언어]-[키보드 및 언어]에서 일본어 키보드를 추가해 놓습니다.

- 전자/반자 전환
  ▶ 영어, 숫자, 기호, 빈칸은 보통 '반자'로 입력되고, 한글, 일어, 한자는 '전자'로 입력됩니다. '반자로'는 전자로 입력된 영어, 숫자, 기호, 빈칸등을 반자로 변경하는 것이고, '전자로'는 영어, 숫자, 기호, 빈칸등을 전자로 변경하는 것입니다. 원래 전자(전각) 문자인 한글, 한자, 일본어 등에는 적용되지 않습니다.

대/소문자 바꾸기 예)

문장의 첫 글자를 대문자로	Microsoft word
소문자로	microsoft word
대문자로	MICROSOFT WORD
각 단어를 대문자로	Microsoft Word
대/소문자 전환	mICROSOFT wORD
[글꼴] 소문자를 작은 대문자로	MICROSOFT WORD

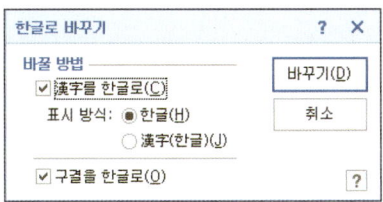

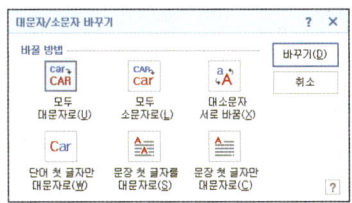

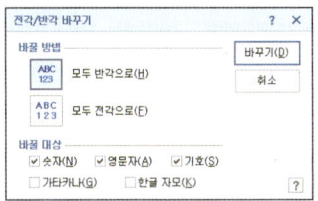

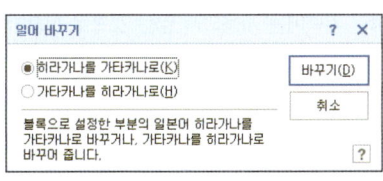

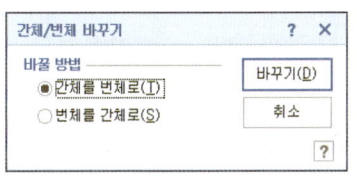

▲ 기타 한/글 2013에서의 글자 관련 옵션창들

반자로　　　　　　　　Microsoft Word
전자로　　　　　　　　Ｍｉｃｒｏｓｏｆｔ　Ｗｏｒｄ

- 한글/한자 변환하기(Ctrl + Alt + F7)

  ▶ [검토]-[한글/한자 변환]으로 실행하며, [한자]키를 눌러 변환해도 됩니다. 블록을 지정한 후 변환하면 연속해서 변환할 수 있습니다.

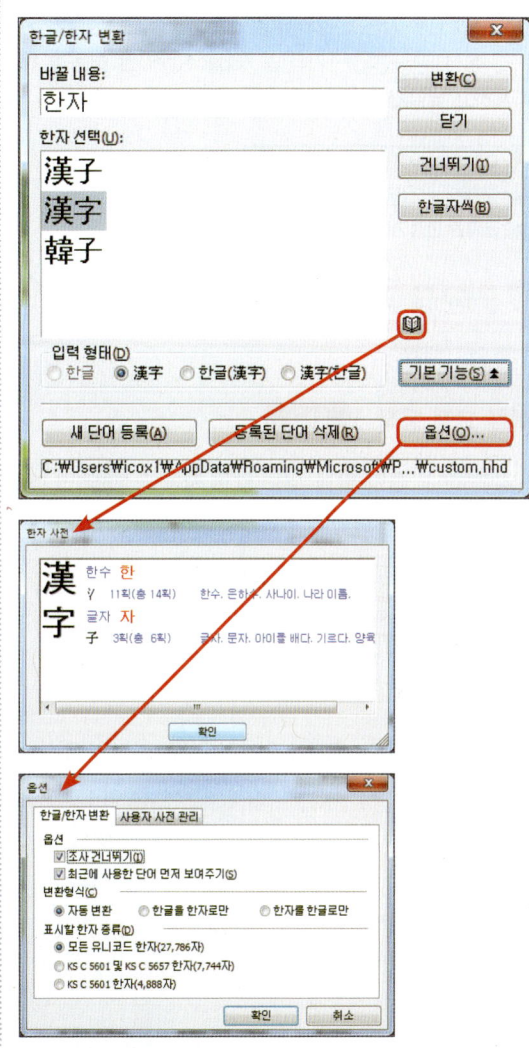

Part II • Section • 01-1 글자 모양/글꼴　65

6 한/영 전환과 자동 교정

한/영 전환 `한글`

- 글자판 언어가 입력할 때 자동으로 변경되게 하려면, [도구]-[글자판]의 '글자판 자동 변경'을 선택해 둡니다.

- '한/영 자동 전환'은 켜놓으면서 ㄱ, ㄴ, ㄷ 등의 낱글자를 입력할 경우 자동 전환되지 않도록 할 때에는 [입력기 환경 설정]([Alt]+[F2])-[기타]의 '〈Space bar〉만 허용'을 해제하고 '낱글자 우선 입력'을 선택해 놓습니다.

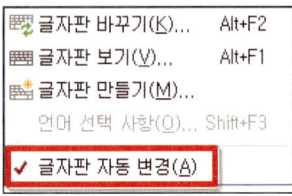

빠른 교정 동작 `한글`

- 입력하면서 '틀린 말'을 '맞는 말'로 자동 교정하려면 [도구]-[빠른 교정]의 '빠른 교정 동작'을 선택해 놓습니다.

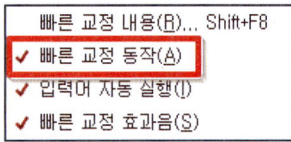

- 교정을 원치 않는 글자가 있다면 [빠른 교정 내용]([Shift]+[F8])에서 삭제하거나 추가할 수 있습니다.

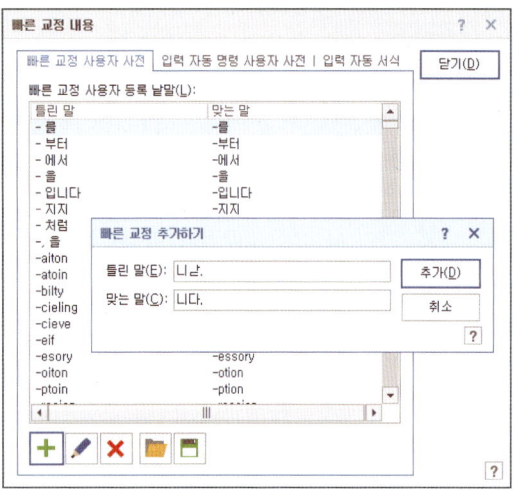

한/영 자동 고침 `워드`

- 글자판 입력 언어를 자동으로 변경하려면 [Word 옵션]-[언어 교정]-[자동 고침 옵션]에서 '한/영 자동 고침'을 선택해 놓습니다.

자동 고침 `워드`

- '틀린 말'을 '맞는 말'로 입력하면서 자동 교정되길 바란다면 '다음 목록에 있는 내용대로 자동으로 바꾸기'를 선택해 놓고 아래 '입력'에는 '틀린 말'을, '결과'에는 '맞는 말'을 넣어 [추가] 합니다.

- '빠른 교정'과 '자동 고침'은 반드시 교정을 위해서만 사용하지는 않고, 필요에 따라 빠른 입력을 위해 추가(기호 등)하기도 합니다. 단, 자동으로 교정되기 때문에 입력할 틀린 말은 일반적인 입력에는 사용되지 않는 것으로 신중하게 정해야 합니다.

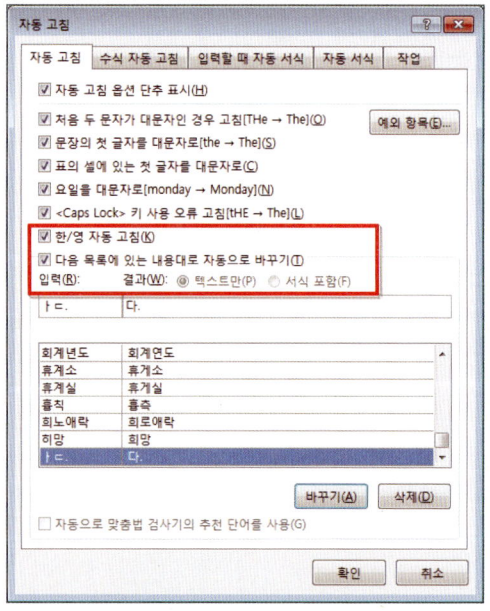

7 덧말 넣기/윗주 달기

[요미가나] 넣기 `한글`

- [도구]-[글자판]-[언어 선택 사항(Shift+F3)]에서 '확정 문자 입력 형식'을 조정해 쉽게 요미가나를 입력할 수 있습니다.
- 글자판을 중국어/일본어로 바꿔야 단축키가 실행됩니다.

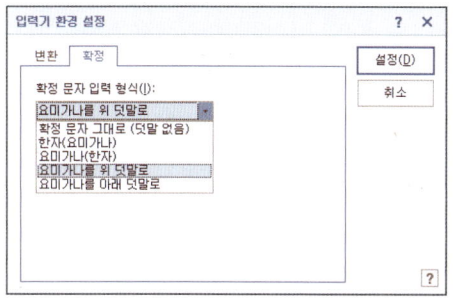

- '글자판 바꾸기'(Alt+F2) : 글자판 언어와 단축키 변경
  ▶ 1/2 글자판(한/영)은 '왼쪽 Shift+Spacebar'.
  ▶ 3/4 글자판(일본어)은 '오른쪽 Shift+Spacebar'.

[입력]-[덧말 넣기] `한글`

[덧말]은 '본말' 위나 아래에 본문과 같은 모양으로, '본말'의 1/2 크기로 추가되며, 크기나 위치는 조정할 수 없습니다.

- 특수문자, 한자, 일본어등 다양한 문자를 덧말로 입력할 수 있습니다.
- 본문과 다른 모양을 주려면, 만든 후 본말 서식을 변경하면 됩니다. [스타일(F6)] 이용가능.

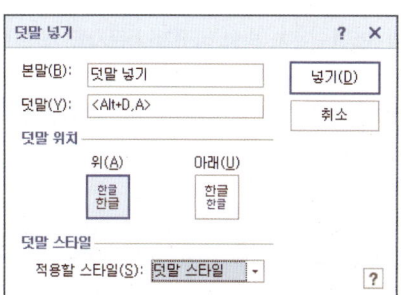

[홈]-[윗주 달기] `워드`

- '윗주'로 독음, 성조 기호, 후리가나, 요미가나, 강조점 등을 입력합니다.
- [홈]-[글꼴] 탭의 '윗주'
- 한자/일본어 독음은 [제어판]-[국가 및 언어]-[키보드 및 언어]에서 언어별 키보드를 추가해 놓고 입력해야 자동으로 나타납니다.
- MS Word는 윗주의 크기를 조절할 수 있고, 글꼴, 본문 텍스트와의 간격, 윗주 끼리의 맞춤 정렬을 설정할 수 있습니다.

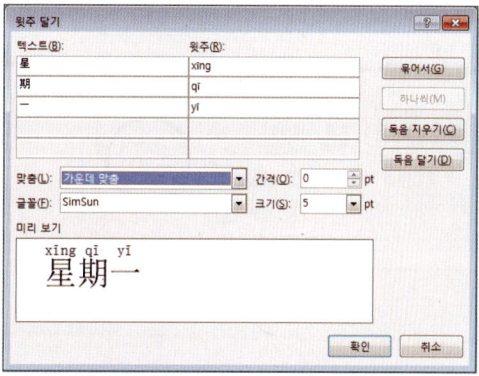

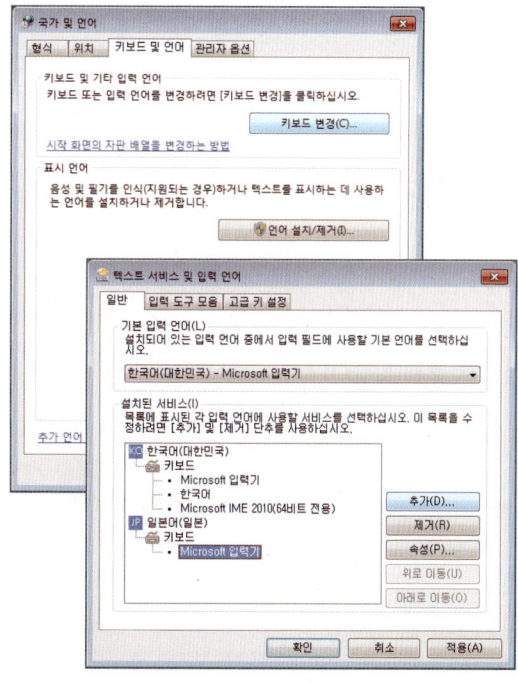

8 글자 겹치기/원문자

[입력]-[입력도우미]-[글자 겹치기] 한글

- [글자 겹치기]는 글자와 글자 또는 모양과 글자를 겹쳐 새로운 문자를 만드는 것입니다. 부족한 원문자를 만들거나, 여러 글자를 모아 한 글자로 만들 수 있습니다.
- 한/글2010 버전부터는 '모양 안에 글자 겹치기', '글자 크기 조절'(50~150%) 등이 추가되었습니다.
- '겹쳐 쓸 글자'는 2010버전 이상은 9글자, 2007은 3글자까지 사용할 수 있고, 글자끼리 겹치기는 모두 9글자까지 가능합니다. 문자표, 외국어 가능.

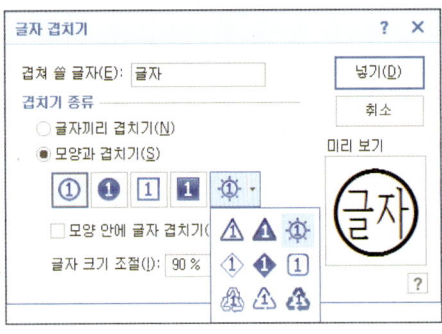

[홈]-[글꼴]-[원문자] 워드

- MS Word의 [원문자]는 글자끼리는 겹칠 수 없고, 4가지 '모양'과 '텍스트'를 겹쳐 간단히 만들 수 있습니다.
- 도형의 크기를 2가지로 조절할 수 있고, [텍스트] 란에는 [한글 자음]+[한자] 키를 이용해 특수문자를 입력할 수 있습니다.

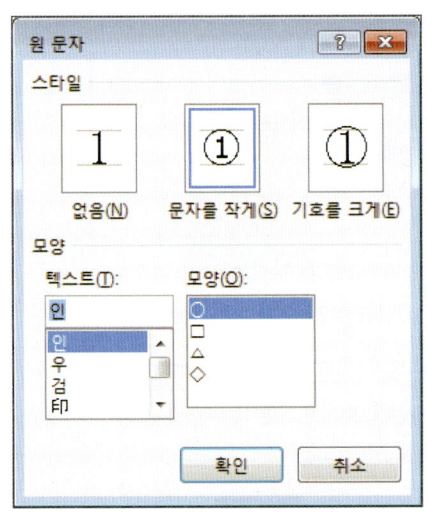

9 세로 타입 폰트/문자방향 바꾸기

[세로 타입 폰트] 적용 한글

한/글의 세로형 폰트(270° 회전한 글꼴)에는 글꼴이름 앞에 '@' 표시가 모두 붙어 있습니다. 이 글꼴은 기본적으로는 '글꼴' 목록에 표시되어 있지 않고, [한컴오피스 기본 설정]-[사용자 설정]의 [한글]에서 '세로형 트루타입 폰트 사용'을 선택해 놓아야 '글꼴' 목록에서 볼 수 있습니다.

- 글꼴을 변경해 세로 타입 폰트를 입력합니다.

[문자 방향 바꾸기] 워드

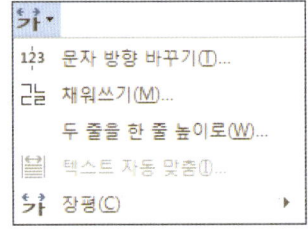

- [단락]-[문자 모양]-[문자 방향 바꾸기] : 문자를 개체에 넣지 않고 한 글자씩 가로로(270°) 회전합니다.

세로형 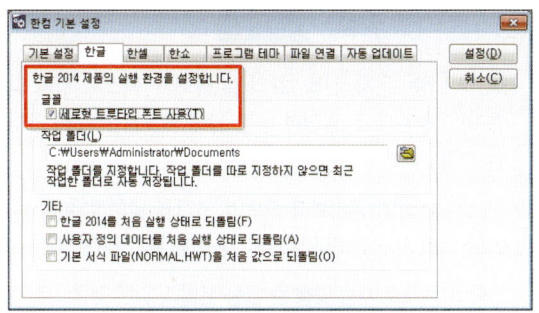 가로로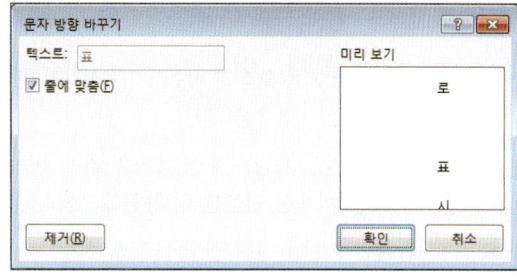

10 두 줄을 한 줄 높이로/채워 쓰기

두 줄을 한 줄 높이로 `한글`

한/글에는 MS Word의 '채워쓰기' '두 줄을 한 줄 높이로' 등의 텍스트 레이아웃에 관한 명령은 없습니다. 이 같은 명령은 [글자 모양]의 '글자 위치'나, [문단 모양]의 '줄 간격'을 조정해 이용해야 합니다.

한/글은 MS Word와는 달리 줄 간격을 줄여 글자를 겹쳐 쓸 수 있는 특징이 있기 때문에 '두 줄을 한 줄 높이로'나 '채워 쓰기'를 서식으로 만들 수 있습니다.

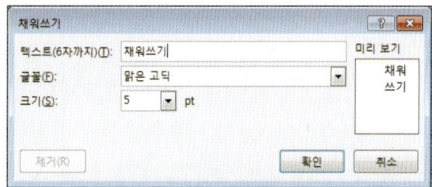

- 문단 첫 글자를 2~3줄 크기로 키워 표시하는 '첫 글자 장식'은 문단 설정입니다. '문단 모양'의 '문단 첫 글자 장식'을 참고하세요.

[채워 쓰기] `워드`

1글자 안에 6글자까지 채워 쓸 수 있고 크기와 글꼴을 조정할 수 있습니다.

[두 줄을 한 줄 높이로] `워드`

두 줄을 한 줄 안에 표시합니다. '대괄호', '중괄호' 등 괄호 묶음도 가능합니다.

11 한 줄로 입력/텍스트 자동 맞춤

[한 줄로 입력] 한글

- MS Word의 '텍스트 자동 맞춤'과 비슷한 기능이라면 한/글에서는 '한 줄로 입력'이 있습니다.
- '한 줄로 입력'은 [문단 모양]-[확장](스타일 추가 가능), 표의 [셀 속성], [개체 속성]-[캡션/여백] 등에 있습니다.
- 공간이 좁을 때만 '자간'을 줄여 '한 줄'을 맞춥니다.
- 장평, 글자 크기는 변동되지 않습니다.
- Enter 문단 단위로 조정되고, 글자가 겹칠 수 있습니다.
- MS Word의 '균등 분할'을 이용하려면 [문단 모양]의 '배분 정렬'을 사용합니다.

[텍스트 자동 맞춤] 워드

- MS Word는 문자, 단락, 표의 셀 등에서 '텍스트 자동 맞춤'이 가능한데요. 일정한 공간 안에 텍스트를 채워 맞추는 명령입니다.
- '텍스트 너비'가 공간보다 좁으면 '자간'을 넓혀 맞추고, '텍스트 너비'가 공간보다 넓으면 '장평'을 줄여 맞춥니다.
- 단락의 '텍스트 자동 맞춤'은 '균등 분할'과 같은 명령으로 사용되는데, 단락 전체에 적용될 때는 '균등 분할'로, 단락기호를 포함하지 않고 일부 문자열에만 적용될 때는 '텍스트 자동 맞춤'로 사용됩니다. 아이콘과 단축키가 같습니다.

※ Ctrl + Shift + J

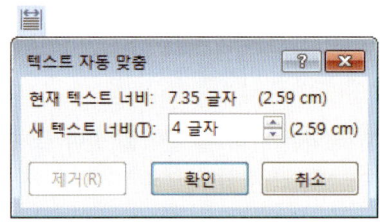

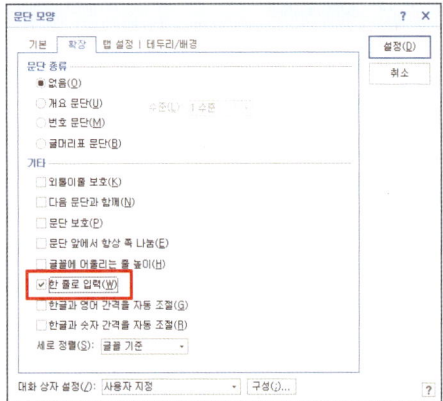

기능 REVIEW | 한/글의 특수 문자 입력

한/글의 특수 문자(문자표)는 [입력]-[문자표] 또는 Ctrl+F10으로 입력합니다. 문자표는 업데이트가 자주 됩니다. 특히, 한자 유니코드의 경우 업데이트로 쓸 수 있는 한자와 쓸 수 없는 한자가 있을 수 있으니 프로그램을 항상 최신 상태로 유지하는 것이 좋습니다.

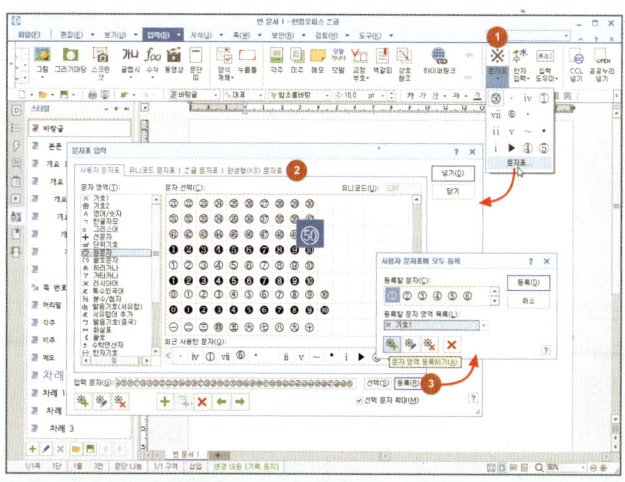

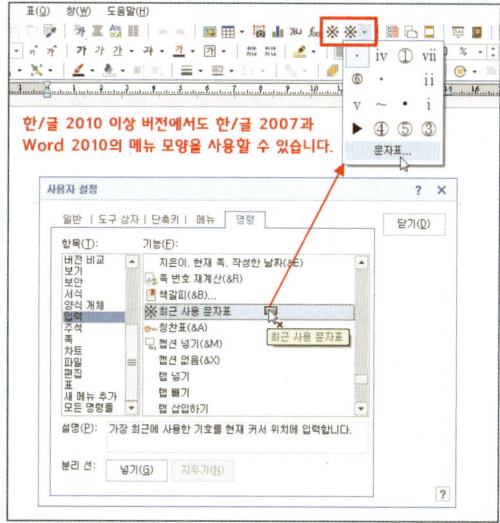

❶ 문자표 메뉴

- 2010 이상 버전 : '열림 상자' 메뉴에서 [문자표] 아이콘([※])은 가장 최근 사용된 문자표가 바로 입력됩니다. 화살표를 내리면 최근 사용된 문자표가 표시되고 [문자표…]를 클릭하면 '문자표 입력'(Ctrl+F10) 대화 상자가 열립니다.

- 2007 이하 버전 : 메뉴(F10)와 도구 상자 아이콘을 사용하는데요. '문자표' 명령과 '최근 사용 문자표' 명령이 다르니 필요시 [도구]-[사용자 설정]-[명령]에서 찾아 원하는 도구 상자에 꺼내놓고 사용하면 됩니다. 아이콘 옆에 화살표가 있는 것은 '최근 사용 문자표'이고, 화살표가 없는 것은 '문자표' 명령입니다.

❷ 문자표 종류와 문자 영역

- 사용자 문자표 : 사용자 지정 문자표는 다른 문자표 영역에서 자주 쓰는 문자표를 모아 등록해 놓은 것입니다. 그래서 다른 문자표와는 달리 [삭제]가 가능합니다. '사용자 문자표'의 영역이 삭제되었을 경우는 같은 영역을 찾아 [등록]하면 됩니다. 예를 들어, 사용자 문자표의 '기호1/2', '영어/숫자' 영역은 '한/글 문자표'의 '전각 기호 (일반)'의 것을 등록해 놓은 것입니다.

- 유니코드 문자표 : 유니코드가 있는 문자표는 대부분 다른 프로그램에서도 호환이 됩니다. 유니코드 문자표 중 '한글 호환 영역'과 '사용자 영역'('eudcedit'으로 만든 특수 문자 등)은 다른 시스템에서는 표시되지 않을 수 있습니다.

- 한/글 문자표와 완성형 문자표 : '유니코드 문자표'에도 있는 문자들이지만, '한/글 문자표'는 'HNC 코드', '완성형 문자표'는 'KS 코드'가 추가로 표시됩니다.

❸ 문자표 등록하기

- ❶ 원하는 문자를 Spacebar 나 [선택] 버튼으로 선택합니다. ❷ [등록]을 누르면 '입력 문자'란에 선택된 문자를 '사용자 문자표'의 특정 영역에 저장할 수 있습니다(본문의 문자를 복사해 붙여도 됩니다). ❸ 새 문자표 영역을 만들려면 [+] '문자 영역 등록하기'를 눌러 만들 수 있습니다.

- 한 문자씩 등록하려면 원하는 문자에서 [+] '사용자 문자표에 등록'을 눌러 바로 등록할 수 있습니다.

- '문자표'에는 없는 새로운 문자를 만들고자 한다면 윈도우 [시작]의 '프로그램 및 파일 검색'에서 'eudcedit' 프로그램을 실행시키세요. '문자 집합'을 '유니코드'로 선택하고 [편집]-[코드 선택]으로 유니코드 번호를 선택하여 문자를 만들면 한/글 문자표의 '사용자 영역'에서 선택해 입력할 수 있습니다([창]-[참조]로 다른 코드를 찾아 복사할 수 있습니다).

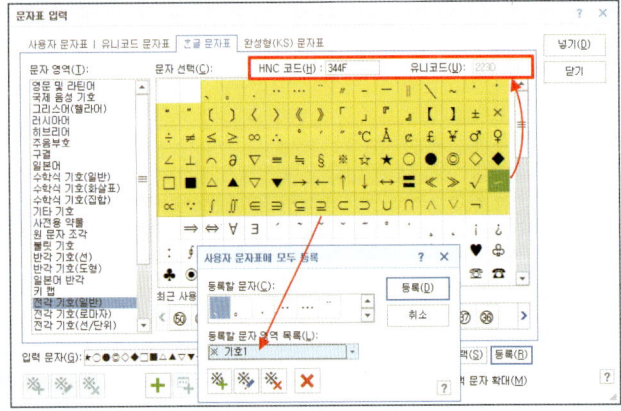

❹ 문자표 넣기

- 하나의 문자 : 문자표에서 선택하여 Enter 또는 [넣기]를 누릅니다.

- 여러 개의 문자 : Spacebar 또는 [선택]으로 선택하여 [넣기] 합니다.

- 유니코드로 넣기 : 유니코드를 알고 있다면 유니코드 번호를 입력한 후 바로 Alt + Shift + F10 을 눌러 입력합니다.
  ※ 예, 유니코드 번호가 223D 인 '∽'를 입력하려면 '223D, Alt + Shift + F10' 하면 됩니다.

- 문자표 찾아가기 : 입력된 특수 문자에서 Ctrl + F10 을 하면 문자표의 해당 유니코드로 바로 찾아가 선택됩니다.

기능 REVIEW | 글자/문단 서식 복사하기

[편집]-[모양 복사] Alt+C 〔한글〕

모양 복사 이용하기

- 복사 : ❶ 복사할 곳에 커서만 두고 Alt+C 또는 [편집]-[모양 복사] 아이콘 클릭 ❷ 복사할 항목을 정하고 [복사]

- 붙이기 : ❸ 블록을 지정해서 Alt+C 또는 [편집]-[모양 복사] 아이콘 클릭 합니다.

- '모양 복사'로 글자 모양/문단 모양을 구분해 복사할 수 있고, 표의 셀 모양(셀 테두리/배경)도 복사해 쓸 수 있습니다. 도형/그림은 '개체 모양 복사'(Alt+Shift+C)를 이용합니다.

※ 참고 : 문단 모양을 복사하면 번호, 글머리 등 문단의 목록도 함께 복사가 됩니다.

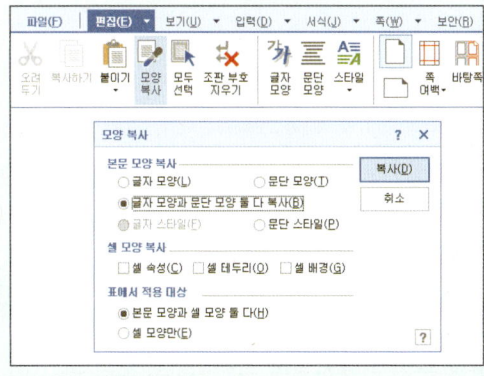

[홈]-[클립보드]-[서식 복사] Ctrl+Shift+C / Ctrl+Shift+V 〔워드〕

메뉴 서식 복사 이용하기

- 복사 : ❶ 복사할 곳에 커서를 두고 '서식복사' 아이콘을 클릭(블록을 지정해도 됨)

- 붙이기 : ❷ 마우스 포인터가 바뀌면( ) 그대로 붙일 곳을 마우스로 드래그해서 적용

※ 참고 : 텍스트 서식만 적용할 때는 단락기호를 선택하지 말고 텍스트만 선택해 붙이기 합니다.

바로 가기 키 이용하기

- 복사 : 복사할 곳에 커서(블록)를 두고 Ctrl+Shift+C
- 붙이기 : 붙일 곳에 커서를 두고, 또는 선택해서 Ctrl+Shift+V

기능 REVIEW | 글자/문단 서식 지우기

서식 지우기 [한글]

- '바탕글' 스타일 선택 : Ctrl + 1
  ▶ '바탕글'은 문서의 기본값으로 모든 서식을 쉽게 지울 수 있습니다. (경우에 따라 블록지정후 Ctrl + 1)
- Ctrl + 1 으로 지워지지 않을 경우 : '글자 스타일 해제' Ctrl + − (숫자패드의 ' − '는 안됨)
- '보통 모양' : 글자 속성 지우기(Alt + Shift + C) − '음영'은 지워지지만, '테두리/배경'은 지워지지 않습니다.

서식 지우기 [워드]

- 표준 스타일 선택 : Ctrl + Shift + N
- 글자 서식 제거 : Ctrl + Spacebar
- 문단 서식 제거 : Ctrl + Q
- [홈]−[글꼴]의 '모든 서식 지우기' : 스타일은 지워지지 않는 경우도 있습니다.
- '모든 서식 지우기'로도 지워지지 않는 서식이 있다면 '스타일 검사기'를 열어 단락/텍스트 각각 '서식지우기'를 해주면 됩니다. ※ 오려서 '붙여넣기 옵션'의 '텍스트만 유지' 또는 '선택하여 붙이기(Ctrl + Alt + V)'−'서식없는 텍스트'로 붙여도 됩니다.

기능 REVIEW | 블록 지정하기

1) 텍스트 선택하기

대부분의 이동 키, 이동 단축키와 Shift를 함께 사용하면 블록의 범위를 지정할 수 있습니다. 방향키, Home/End, Page up/Page Down, 그리고 Ctrl, Alt과 조합해 쓰는 이동 단축키를 익혀보세요. 편집이 빠르고 쉬워집니다.

영역을 선택하는 방법은 대부분 비슷하지만, 블록 시작은 한/글이 F3, MS Word가 F8로 서로 다릅니다. Shift를 사용하는 블록은 Shift와 이동 키를 함께 눌러 사용하지만, F3/F8은 눌러 놓고 이동 키를 따로 눌러 범위를 정합니다.

> **TIP** 마우스로 선택할 때는 화면을 작게 줄여(10%) 여러 페이지를 표시한 후 드래그 해보세요. 많은 페이지를 쉽게 선택할 수 있습니다.

2) 개체를 포함해서 선택하기

- **한/글** : 조판 부호를 함께 선택하세요. 개체나 명령(누름틀, 머리말…)을 포함해 선택하려면 조판 부호를 켜고 블록에 포함시켜야 합니다. 특히, 쪽 번호나 페이지 전체를 차지하는 표는 페이지 시작 부분에 조판 부호가 있기 때문에 조판 부호를 키지 않고 블록을 잡으면 선택에서 제외되게 됩니다. 반드시 조판 부호를 켜고 선택하세요
- **MS Word** : 개체 기준 위치를 확인하세요. 개체가 입력된 단락인 '개체 기준 위치'는 편집 기호(Ctrl + *)를 켜면 확인할 수 있습니다. 개체를 선택하면 단락 왼쪽에 닻 모양으로 표시되고 이동도 가능합니다. 이 닻 표시 단락을 포함해서 선택해야 개체도 함께 선택이 됩니다.

3) 전체 선택하기 Ctrl + A

- **한/글** : Ctrl + A로 문서 전체를 선택하면 표/글상자 같은 개체는 조판 부호만 선택되고 안의 내용은 선택되지 않습니다. 그래서 셀 안의 서식까지 변경하려면 스타일을 이용하거나, 하나씩 편집해야 합니다. 셀이나 글상자, 머리말, 캡션, 각주 안에서 Ctrl + A하면 그 안의 내용만 전체 선택이 되고 문서 전체는 선택되지 않습니다.
- **MS Word** : 본문과 표 안의 내용이 모두 선택됩니다. 표 안의 내용까지 편집할 경우에는 유용하지만, 표 안 내용을 빼고 수정할 경우에는 주의해야 합니다. 텍스트 상자 내의 내용은 선택되지 않습니다.

4) 본문 선택 단축키

줄 블록 (줄 단위 선택) 한글

F3 / Shift + 방향키

칸 블록 (박스 모양)

F4 , 방향키 / Alt + 드래그

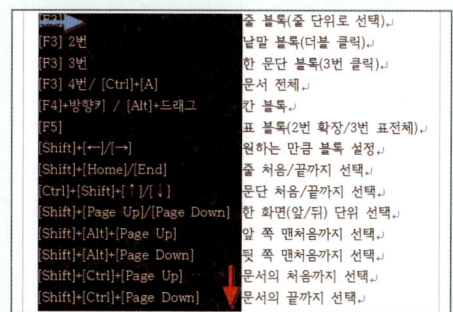

낱말 블록

F3 2번 / 더블 클릭
Shift + Ctrl + ← / → (빈칸 단위)

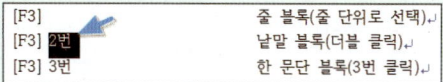

줄 블록 (줄 단위 선택) 워드

F8 (해제 Esc) / Shift + 방향키

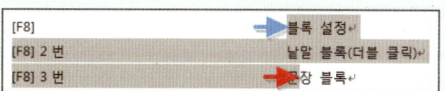

칸 블록 (박스 모양)

Shift + F8 , 방향키 / Alt + 드래그

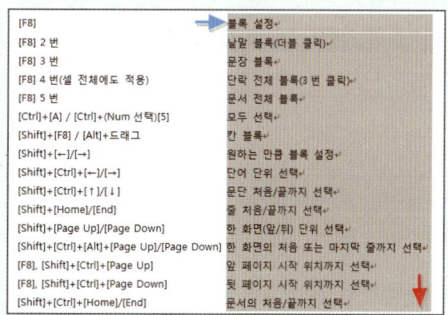

낱말 블록

F8 2번 / 더블 클릭
Shift + Ctrl + ← / → (단어 단위)

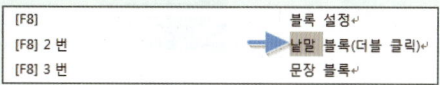

문장 블록

F8 3번 / Ctrl + [클릭]
(문장이 아닌 경우 단락 기호 전까지)

한 문단 / 단락 블록

[F3] 3번 / 3번 클릭

[Shift]+[Ctrl]+[↑]/[↓] (커서~문단 시작/끝)

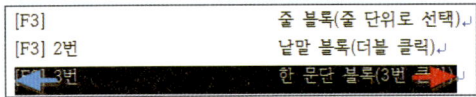

한 문단 / 단락 블록

[F8] 4번 / 3번 클릭

[Shift]+[Ctrl]+[↑]/[↓] (커서~단락 시작/끝)

문단 / 단락 강제 이동

[Shift]+[Alt]+[↓]/[↑] (한/글 2010 이상)

문단 / 단락 강제 이동

[Shift]+[Alt]+[↓]/[↑]

줄 처음 / 끝까지 선택 ([Shift] 대신 [F3] 사용 가능)

[Shift]+[Home]/[End]

줄 처음 / 끝까지 선택 ([Shift] 대신 [F8] 사용 가능)

[Shift]+[Home]/[End]

한 화면 단위 (화면 : 열린 창 크기)

[Shift]+[Page up]/[Page Down]

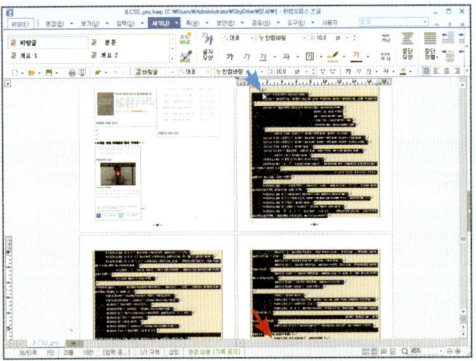

한 화면 단위 (화면 : 열린 창 크기)

[Shift]+[Page up]/[Page Down]

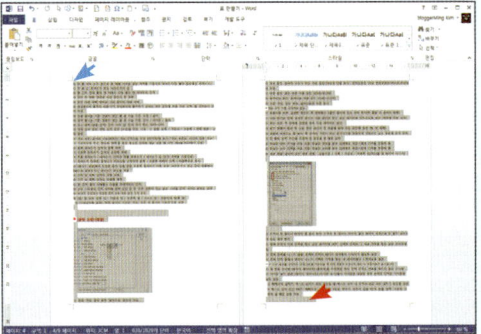

앞 페이지의 시작 위치까지 선택(페이지 단위 선택)

Shift + Alt + Page up

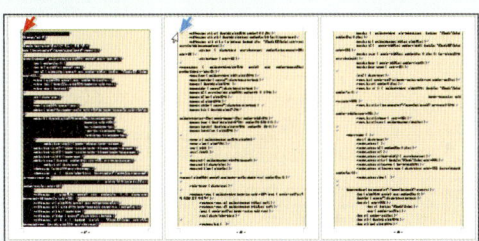

뒷 페이지의 시작 위치까지 선택(페이지 단위 선택)

Shift + Alt + Page Down

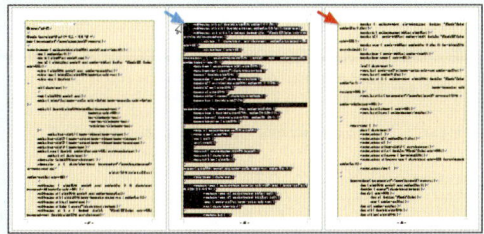

커서 위치에서 문서의 처음 또는 끝까지 선택

Shift + Ctrl + Page up / Page Down

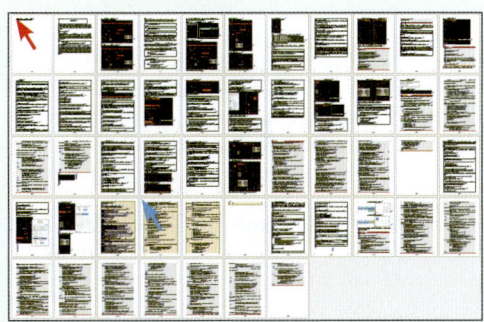

현재 화면의 처음 또는 끝까지 선택

Shift + Ctrl + Alt + Page up / Page Down

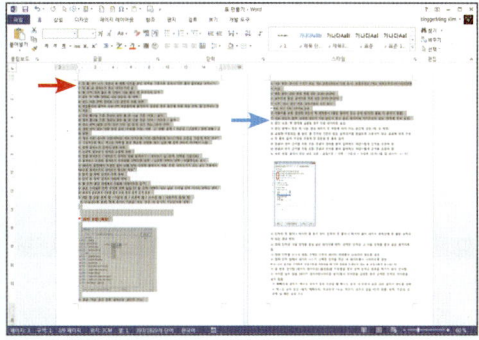

앞 페이지의 시작 위치까지 선택(페이지 단위 선택)

F8 , Ctrl + Page up (F8 만 사용 가능)

※ Ctrl + Page up은 '찾기' 후에는 '이전 찾기'로 사용되기 때문에 F8 , Ctrl + Page up은 커서 위치부터 '이전 찾기' 위치까지 본문이 선택되는 기능으로 사용됨

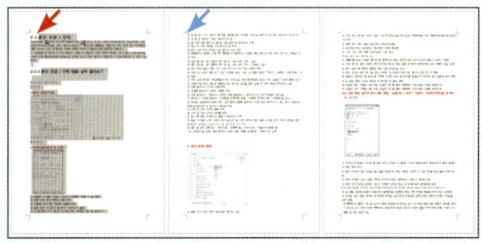

뒷 페이지의 시작 위치까지 선택(페이지 단위 선택)

F8 , Ctrl + Page Down

※ '찾기' 후엔 '다시 찾기' 위치까지 선택

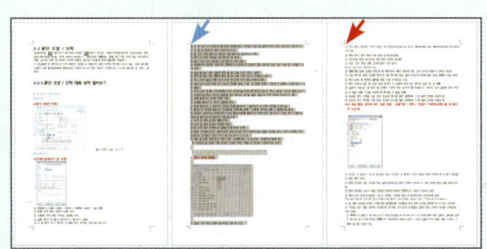

표 셀 블록

F5 (2번 영역 확장/3번 표 전체)

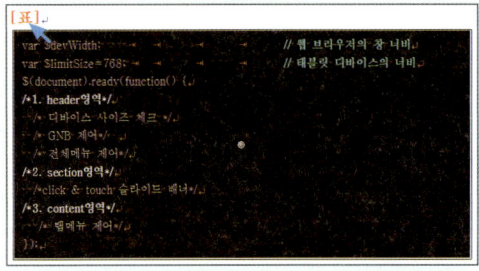

커서 위치에서 문서의 처음 또는 끝까지 선택

Shift + Ctrl + Home / End

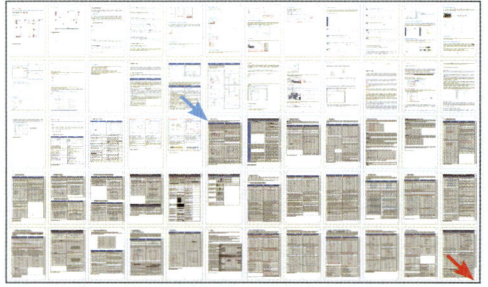

표 셀 블록

셀 행끝 표시에서 Shift + →

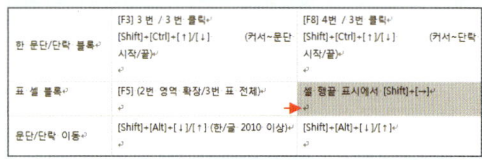

기능 REVIEW | 여백으로 블록 지정하기

본문의 왼쪽 여백을 마우스로 클릭해 선택

본문 왼쪽 여백으로 선택하는 것은 한/글과 MS Word 모두 비슷합니다. 다만, MS Word는 텍스트도 다중 선택이 되기 때문에 Ctrl 사용만 다르다고 할 수 있습니다. 여백을 이용한 선택은 단축키나 드래그보다 간편하고, 줄을 선택하기가 쉽기 때문에 특히 MS Word의 경우 표의 행을 편집할 때 유용하게 사용할 수 있습니다.

• **클릭** : 줄 선택. MS Word에서는 표의 행 선택도 가능   • **더블 클릭** : 문단(단락) 선택

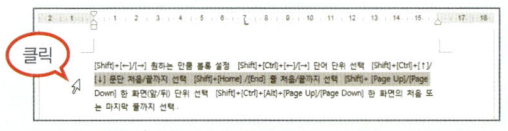
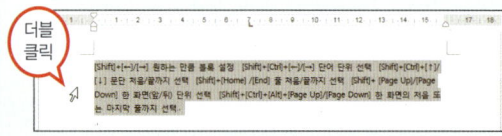

- **3번 클릭** : 문서 전체 선택

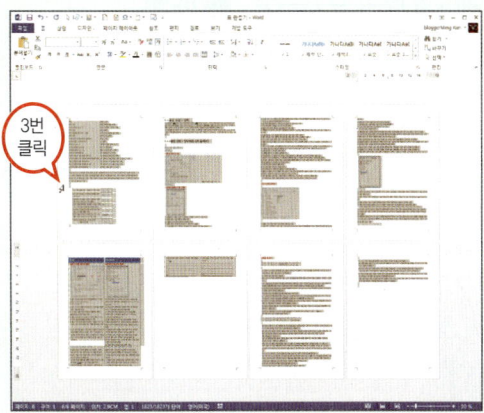

- **드래그** : 영역 지정

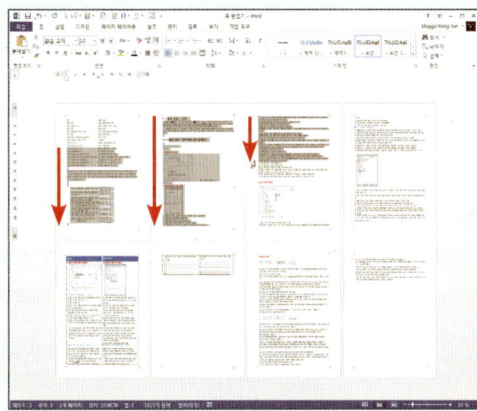

- **Shift 와 클릭** : 커서 위치 부터 클릭한 곳까지 선택

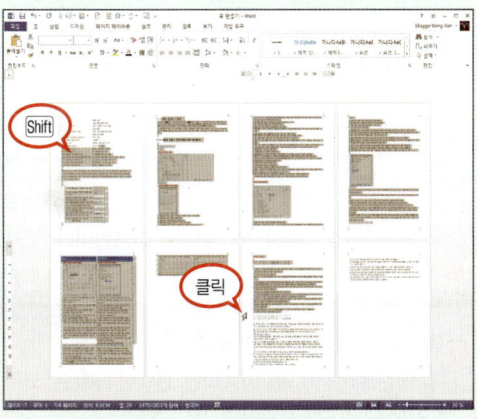

- **Ctrl +드래그** : MS Word에서 여러 부분을 다중 선택

▶ 셀이나 텍스트를 여러 부분 선택할 수 있어서 몇몇 단어를 강조하거나, 제목에 스타일을 적용할 때, 스크랩할 때(복사나 이동) 다양하게 이용할 수 있습니다.

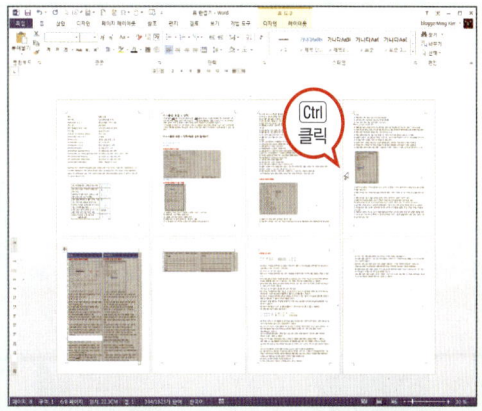

※ MS Word는 단락 선택으로 행 단위 선택이 가능 합니다.

▶ '둘러 싸기' 상태의 MS Word 표는 셀에 바짝 붙여서 클릭합니다.

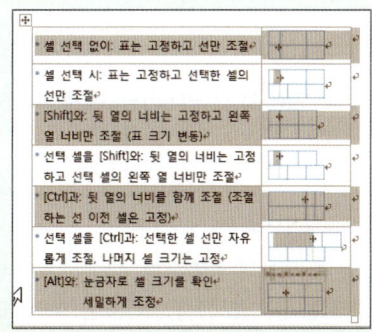

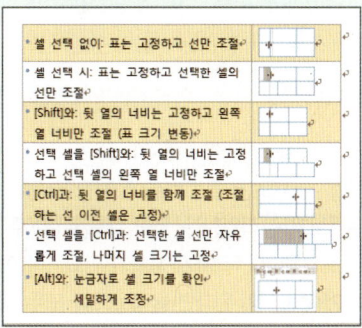

기능 REVIEW | 페이지 단위 복사

페이지 단위 복사 〈한글〉

페이지 처음에서 Shift + Alt + Page Down / Page up

- 한/글에서는 Alt + Page Down / Page up 이 페이지 단위로 이동하는 이동 단축키입니다. Shift 대신 F3 을 눌러놓고 지정해도 됩니다.

  ▶ Shift + Alt + Page Down 다음 쪽 시작 위치까지 선택
  ▶ Shift + Alt + Page up 이전 쪽 시작 위치까지 선택

개체가 있다면 조판 부호를 켜놓고 선택하세요.

- 한/글에서는 조판 부호를 항상 유의해서 편집해야 합니다. 분명히 잘 복사해 붙였다고 생각하는데 개체가 빠져있다면 조판 부호를 선택하지 않았기 때문입니다. 특히 페이지에 꽉 찬 표나 그림의 경우 주의해야 합니다.

  ▶ [보기]-[조판 부호]를 켜 놓고 조판 부호([표])를 포함해서 선택하세요.

- 조판 부호는 보통 개체 왼쪽 위에 있지만, 개체 뒤쪽이나 멀리 떨어져 있기도 합니다(다른 페이지도 가능). ※ 페이지 첫 부분에 표가 있는 경우 표 바깥 본문으로 커서를 내보내려면 위쪽 여백을 한 번 클릭하거나, Shift + Esc 를 누르면 됩니다.

클립보드

문서의 내용을 복사하면 클립보드에 저장이 됩니다. 한/글에서는 [보기]-[작업창]-[클립 보드]로 열 수 있고 16개까지 표시됩니다. 갑자기 복사가 안되거나 이전 복사된 것이 계속 붙이기 된다면 클립보드의 '모두 지우기' 한 후 다시 복사해 보세요.

페이지 단위 복사하기 〈워드〉

페이지 처음에서 F8 , Ctrl + Page Down / Page up

- MS Word에서는 페이지 단위 이동 키가 Ctrl + Page Down / Page up 입니다. Shift 로는 선택할 수 없고 F8 블록 지정 키를 눌러 놓고 사용합니다.

  ▶ F8 , Ctrl + Page Down 다음 쪽 시작 위치까지 선택
  ▶ F8 , Ctrl + Page up 이전 쪽 시작 위치까지 선택

※ '찾기/바꾸기/이동' 명령을 실행한 후에는 '다음/이전 찾기' 위치까지의 '선택'으로 동작이 바뀝니다.

페이지 시작 위치가 표의 셀이나 번호 목록이라면?

- 표가 페이지 처음부터 입력되어 있다 해도 워드는 표 바깥으로 커서를 이동할 필요없이 첫 셀 시작 위치에서 지정하면 됩니다. 단, 표 안에서는 선택/이동 단축키가 제대로 적용되지 않을 수 있습니다.

- 번호 단락의 경우에도 번호 다음 위치에서 지정하면 번호까지 선택이 됩니다.

※ '원본 서식 유지'로 붙이면 서식은 유지되지만 스타일이 표준 스타일로 해제됩니다. 목록 등 모양이 바뀔 수도 있으니 붙여넣기 옵션을 '대상 스타일 사용'으로 선택하는 것이 좋습니다.

텍스트 이동/복사 〈워드〉

Alt + Shift + ↑ / ↓ 말고도 MS Word에는 텍스트를 쉽게 이동/복사 할 수 있는 방법이 더 있습니다.

텍스트 이동

- 선택〉 F2 〉방향키〉 Enter
  텍스트나, 개체를 포함하고 있는 부분을 선택, F2 를 한번 누르고, 방향키로 커서를 이동시킨 후, Enter 를 누르면 선택한 부분이 커서 위치로 이동합니다.

텍스트 복사

- 선택〉 Shift + F2 〉방향키〉 Enter
  F2 대신 Shift + F2 를 이용하면 선택한 부분은 놔두고 같은 내용이 복사되어 붙여집니다.

01-2 문단 모양/단락

한/글에서는 '문단'이라 하고, MS Word에서는 '단락'이라고 합니다. 그래서 엔터 표시(↵)도 한/글에서는 '문단 부호', MS Word에서는 '단락 기호'라 부르죠...^^ 문단(단락) 명령에는 '정렬', '줄 간격', '여백', '탭', '개요(문단) 번호', '글머리 기호' 등 문서의 구조와 관련된 중요한 기능들이 많이 포함되어 있습니다. 각 기능들은 한 문단에 한 가지 모양만 사용할 수 있습니다. 줄만 바뀌고 문단은 나누지 않는 '강제 줄바꿈/사용자 지정 줄바꿈(Shift+Enter)'된 곳에도 하나의 '문단 모양'만 적용됩니다. ※ '강제 줄바꿈' 된 곳은 ↓로 표시.

1 문단 모양/단락 대화 상자 알아보기

[서식]-[문단 모양]-[기본] Alt+T **한글**   [홈]-[단락]-[들여쓰기 및 간격] Alt+O, P **워드**

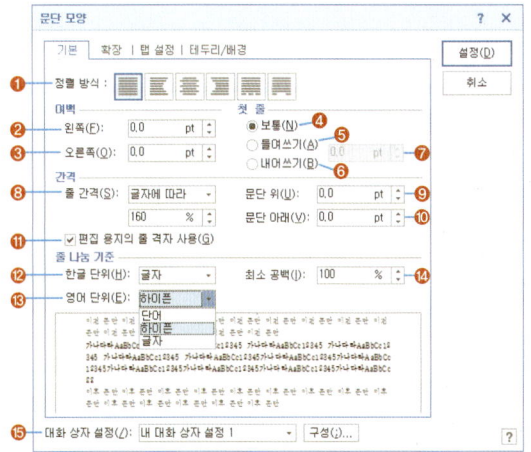
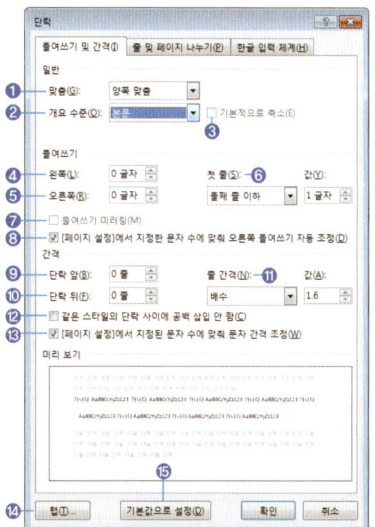

❶ 정렬방식 : 양쪽/왼쪽/가운데/오른쪽/배분/나눔 정렬
❷ 왼쪽 여백 : 문단 전체의 왼쪽 여백
❸ 오른쪽 여백 : 문단 전체의 오른쪽 여백
❹ 보통 : 문단 '첫 줄'의 '들여쓰기', '내어쓰기' 없음.
❺ 첫 줄 들여 쓰기 : 문단의 첫 줄을 문단 여백을 기준으로 들여쓰기
❻ 첫 줄 내어 쓰기 : 문단의 둘 째줄 이후를 문단 여백을 기준으로 들여쓰기(첫 줄의 입장에선 내어쓰기)
❼ 첫 줄 값 : 들여쓰기 또는 내어쓰기의 값
❽ 줄 간격 : 현재 줄 맨 위에서 다음 줄 맨 위까지의 간격
❾ 문단 위 여백 : 엔터로 나뉜 문단의 위쪽 여백
❿ 문단 아래 여백 : 엔터로 나뉜 문단의 아래 여백
⓫ 편집용지의 줄 격자 사용 : F7 편집용지에 줄 격자가 설정된 경우 문단에 적용 여부 선택. 줄 간격보다 우선 적용
⓬ 한글 줄 나눔 기준 : 한글의 문단 줄 끝 나눔 기준. 어절/글자

❶ 맞춤 : 왼쪽/가운데/오른쪽/양쪽 맞춤/균등 분할
❷ 개요 수준 : 문서의 구조(제목)인 개요 단락으로 지정(본문/개요 1~9 - 개요는 '탐색창'에 표시) *개요 수준은 '다단계 목록' 참고*
❸ 기본적으로 축소 : '축소된 제목'을 항상 축소된 상태로 열고 싶을 때 선택(Word 2013에서 사용)
❹ 왼쪽 들여쓰기 : 단락의 왼쪽 여백
❺ 오른쪽 들여쓰기 : 단락의 오른쪽 여백
❻ 첫 줄 들여쓰기/내어쓰기 : 단락의 첫 줄 들여쓰기/내어쓰기 값(단락 여백을 기준으로)
❼ 들여쓰기 미러링 : 들여쓰기 미러링을 선택하면 왼쪽/오른쪽 여백이 안쪽/바깥쪽으로 표시
❽ [페이지 설정]에서 지정한 문자 수에 맞춰 오른쪽 들여쓰기 자동 조정 : 내어쓰기가 있는 문단 첫 줄에서 Tab 키로 들여쓰기 시 내어쓰기 취소로 적용
❾ 단락 앞 여백 : 단락의 위쪽 여백

⑬ 영어 줄 나눔 기준 : 영문의 문단 줄 끝 나눔 기준. 단어/하이픈/글자

⑭ 최소 공백(낱말 간격) : 단어 사이 '빈칸'의 크기 축소. 100%~25%

⑮ 대화 상자 설정 : 대화 상자 설정 [구성]을 저장해서 다시 사용(동일한 설정을 적용할 때 만듦)

⑩ 단락 뒤 여백 : 단락의 아래쪽 여백

⑪ 줄 간격 : 줄의 아래에서 다음줄 아래까지의 간격

⑫ 같은 스타일의 단락 사이에 공백 삽입 안 함 : 단락 여백이 있는 스타일이 연속될 경우 단락 여백은 생략

⑬ [페이지 설정]에서 지정된 문자 수에 맞춰 문자 간격 조정 : 줄 간격, 단락 여백으로 지울 수 없는 간격 제거 가능

⑭ 탭 : 탭 설정. 왼쪽 탭/가운데 탭/오른쪽 탭/소수점 탭/세로막대 탭(줄 탭) – Tab 키로 맞출 세로 위치를 표시

⑮ [기본값으로 설정] : '현재 문서의 기본값' 또는 '모든 새 문서의 기본값'으로 설정

[문단 모양]-[확장] 한글

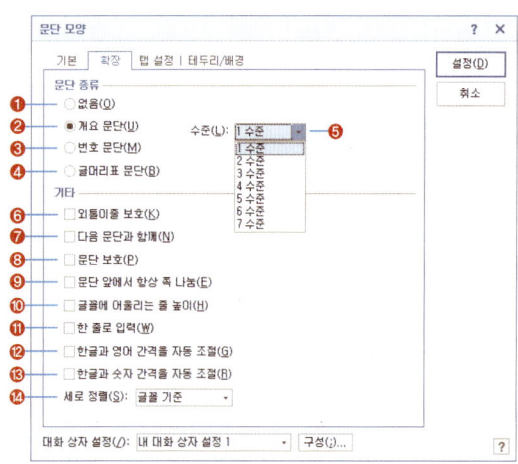

[단락]-[줄 및 페이지 나누기] 워드

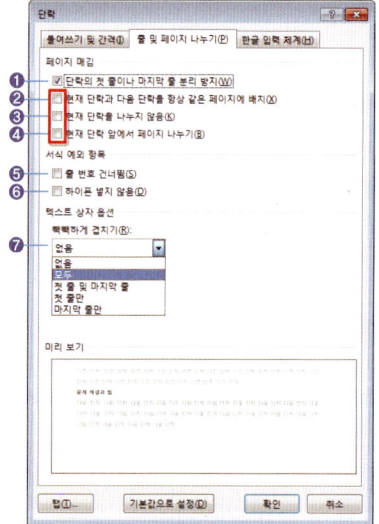

❶ 없음 : '개요' '문단 번호' '글머리표' 문단이 아님.

❷ 개요 문단 : 문서의 구조가 되는 개요 문단으로 지정('개요보기'에 표시). 수준별 번호 목록은 '개요 번호 모양'(Ctrl+K,O)'에서 지정

❸ 번호 문단 : 문단 번호 문단으로 지정. 수준별 번호 목록은 '문단 번호 모양(Ctrl+K,N)'에서 지정

❹ 글머리표 문단 : 글머리표 적용(Ctrl+K,N)

❺ 수준 : 개요, 문단 번호의 수준 표시

❻ 외톨이줄 보호 : 설정한 문단이 쪽 경계에서 1줄만 따로 떨어져 있는 상태 방지(한 줄을 더 끌어다 맞춤)

❼ 다음 문단과 함께 : 설정한 문단이 다음 문단과 항상 같은 페이지에 위치하도록 설정(제목에 주로 설정)

❽ 문단 보호 : 쪽 경계에 걸렸을 경우 다음 페이지로 넘김.

❶ 단락의 첫 줄이나 마지막 줄 분리 방지 : 단락의 첫 줄이나 마지막 줄이 페이지 경계선에 한 줄만 걸쳐 있게 되는 경우 방지

❷ 현재 단락과 다음 단락을 항상 같은 페이지에 배치 : 선택 단락과 다음 단락을 항상 같은 페이지에 둠(예, 캡션)

❸ 현재 단락을 나누지 않음 : 선택한 단락이 페이지 경계에서 나눠지지 않도록 설정

❹ 현재 단락 앞에서 페이지 나누기 : 선택한 단락을 항상 새 페이지에서 시작하도록 설정

※ ❷~❹번 옵션을 선택하면 '편집기호'를 켜놓았을 때 단락 왼쪽에 인쇄되지 않는 '■' 서식 기호가 표시됩니다.

❾ 문단 앞에서 항상 쪽 나눔 : 항상 페이지 첫 부분에 와야 하는 문단에 설정(예, 장 제목)
❿ 글꼴에 어울리는 줄 높이 : 줄 간격의 기준이 되는 글자 크기를 동일하게 사용하지 않고 글꼴에 맞게 조정
⓫ 한 줄로 입력 : 자간을 조절해 한 문단을 한 줄로 입력
⓬ 한글과 영어 간격을 자동 조절 : 한글과 영어를 붙여 입력해도 자연스럽게 간격을 조절해 줌
⓭ 한글과 숫자 간격을 자동 조절 : 한글과 숫자를 붙여 입력해도 자연스럽게 간격을 조절해 줌
⓮ 세로 정렬 : 문단 내 가장 큰 글자(개체)를 기준으로 세로 정렬 – 글꼴기준/위쪽/가운데/아래쪽

❺ 줄 번호 건너 띔 : [페이지 레이아웃]–[줄 번호]를 지정했을 경우 선택 단락은 번호를 매기지 않고 건너 띔
❻ 하이픈 넣지 않음 : [페이지 레이아웃]–[하이픈 넣기]에서 하이픈을 설정한 경우 선택한 단락은 하이픈을 넣지 않음
❼ 빽빽하게 겹치기 : 텍스트 상자가 특정 조건일 때 텍스트 상자 내 단락과 본문과의 겹치기 정도를 설정(없음/모두/첫줄 및 마지막 줄/첫 줄만/마지막 줄만) ※ 텍스트 상자 조건 : • 배치 : '빽빽하게'/'투과하여' • 속성 : 채우기/테두리 없음 • 단락 맞춤 : 왼쪽/가운데/오른쪽 일 때만 적용됨

[문단 모양]–[테두리/배경] 한글

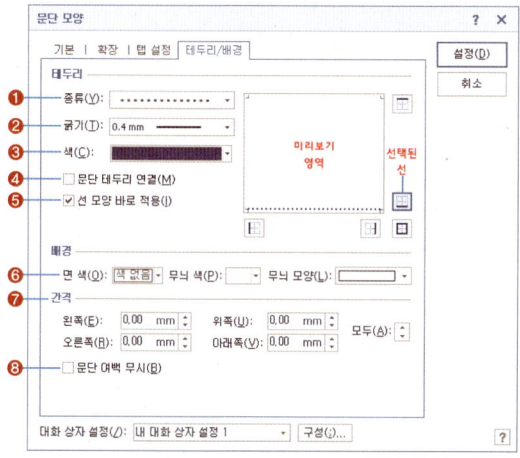

[단락]–[한글 입력 체계] 워드

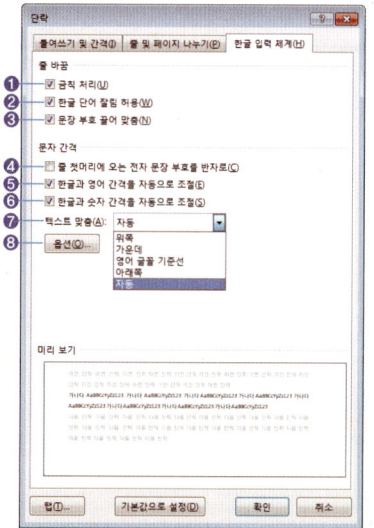

❶ 문단 테두리 종류 : 13가지(한/글2007은 11가지)
❷ 문단 테두리 굵기 : 16가지
❸ 문단 테두리 색
❹ 문단 테두리 연결 : 여러 문단을 하나의 문단처럼 테두리를 연결해 표시
❺ 선 모양 바로 적용 : 미리보기 영역에 선택된 선에 변경된 내용 바로 적용(선 별로 다른 모양을 줄 경우 해제)
❻ 문단 배경 면 색/무늬 색/무늬 모양 : 7가지
❼ 간격 : 테두리/배경과 본문과의 간격
❽ 문단 여백 무시 : 문단의 왼쪽/오른쪽 여백, 위/아래 간격, 마지막 줄의 줄 간격을 무시하고 적용

• 단락 테두리는 문단 가장자리에 적용되고 문단 전체를 둘러싸 만들어집니다. 단락 아래 부분만 테두리를 주면 편지지나 노트를 쉽게 만들 수 있습니다. 머리말, 제목, 배경 등에 주로 쓰입니다.

❶ 금칙 처리 : 행 시작/끝 금지 문자 처리(예, 줄 끝에서 '['를 입력하면 다음 줄로 넘어가고, ']'는 줄 끝에 둠)
❷ 한글 단어 잘림 허용 : 한글의 경우 줄 끝에서 단어가 아닌 글자 단위 줄 바꿈 허용
❸ '문장 부호 끌어 맞춤 : 줄 끝에 문장 부호를 입력할 경우, 여백으로 나가더라도 줄 끝에 표시
❹ 줄 첫머리에 오는 전자 문장 부호를 반자로 : 따옴표 등 문장부호가 '전자'인 글꼴(예, 신명조)의 문장 첫머리의 문장부호는 반자로 처리해 여백에 맞춤
❺ 한글과 영어 간격을 자연스럽게 조절 : 한글과 영어를 붙여 써도 간격을 자동으로 벌려 줌
❻ 한글과 영어 간격을 자연스럽게 조절 : 한글과 숫자를 붙여 써도 간격을 자동으로 벌려 줌

한/글의 자동 문단 띠와 문단 띠 `한글`

- 한/글2010이후 버전은 [빠른 교정 내용]의 '입력 자동 서식'에 '자동 문단 띠 넣기'가 있습니다. MS Word의 '자동 단락 테두리'와는 다르게 테두리가 아닌 선택 가능한 도형(선)으로 입력됩니다.

  ▶ 자동 문단띠 : 특정 글자를 3글자 입력하고 Enter 하면 만들어 지는 선

```
- - -
___
===
~~~
***
###
```

- [입력]-[문단 띠] : Ctrl+N,L로 입력되는 사각형에 채우기색을 넣은 도형. '머리말 마당'의 선이 '문단 띠'

❼ 텍스트 맞춤 : 단락 내 가장 큰 글자(개체)를 기준으로 세로 정렬 – 자동/위쪽/가운데/아래쪽/영어 글꼴 기준선
❽ 옵션 : [Word 옵션]-[한글 입력 체계] 설정

MS Word의 단락 아래 테두리/가로줄 `워드`

- [워드옵션]-[언어교정]-[자동고침 옵션]-[입력할 때 자동서식]의 '테두리 선'을 선택해 놓으면 특정 텍스트를 3글자 이상 입력해 '단락 테두리'를 입력할 수 있습니다.

  ▶ 테두리 선 : 선택 안됨. 테두리가 있는 단락기호를 선택해 [홈]-[단락]-'테두리'에서 수정하거나, [테두리 및 음영] 대화 상자에서 '단락'으로 범위를 정해 수정

  ▶ 테두리 없음 : Ctrl+Q 단락 서식 제거나 '표준 스타일'

```
-----
===
*****
.............
~~~
___
####
```

> **TIP** 문단/단락의 설정들 중 당장 쓰지 않는 기능은 도대체 어디에 쓰이는 설정인지 이해가 잘 안가는 것도 있을 거예요. 선택한다고 바로 실행되지 않는 것도 있고요. 우선 문단이 무엇을 의미하는지를 염두에 두고 설정들을 이해해 보세요. 저는 문단이 문서의 가장 작은 구역이라고 생각합니다..^^
>
> 하나의 문서를 여러 조각으로 나눠 서로 다르게 사용할 수 있는 것이 '구역'인데요. 문단도 그에 못지 않게 많은 설정들을 다른 문단과 다르게 지정할 수 있습니다. 정렬, 여백, 개요, 탭, 줄 나눔 설정, 페이지 경계 설정 등… 문단을 '작은 구역'이라고 생각하면 성질을 이해하기가 쉽습니다.
>
> 워드에서 서식이라면 '글자 모양'과 '문단 모양'으로 나눌 수 있죠. 엄청나게 많은 서식 설정들이 있어 보이지만, 사실 그것들은 모두 이 두 명령안에 포함되어 있습니다. 글자 모양에 관한 것은 눈에 쉽게 띄니… 글자 꾸미기 말고는 다 문단 모양이겠구나 하고 찾으면 문단 설정을 쉽게 찾을 수 있을 것입니다.

※ 연결된 기능

문단 모양/단락
- 문단 정렬(맞춤)
- 문단 여백(들여 쓰기)
- 문단의 줄 끝/페이지 경계 설정
- 개요
- 문단번호
- 글머리표
- 탭
- 문단 테두리/색
- 줄격자/줄번호 적용 여부
- 공백 설정
- 문단 세로 정렬

스타일(개요/제목 스타일)
- 개요 번호/다단계 목록
- 목차
- 하이퍼링크
- 상호 참조
- 개요 보기(탐색창)

- 스타일 참조 필드
- 페이지 번호/캡션 번호의 장 제목 옵션

차례/목차
- 차례/목차 스타일
- 제목 차례/목차 항목 표시
- 목차 새로 고침/업데이트
- 하이퍼링크

- TOC 필드
- 문자 스타일 하이퍼링크

문단 모양과 연결된 고급 기능을 잘 다루려면 문단 모양에서 '개요'를 반드시 알고 지나가야 합니다. 개요는 스타일, 목차, 상호 참조, 하이퍼링크 등 다양한 기능에 활용됩니다. 개요는 '제목'인데요, 개요를 쉽게 적용하려면 한/글에서는 '개요 스타일', MS Word에서는 '다단계 목록'의 '장 제목'과 '제목 1~9 스타일'을 사용하면 됩니다. 이 개요 번호로 제목을 적용해 놓으면, 스타일이 연결되어 서식을 바꾸기도 쉽고, 목차를 만들기도 쉽고, 상호 참조나 기타 참조로 끌어다 쓰기도 쉽습니다. 개요만 잘 적용되있다면 목차나 참조, 하이퍼링크 등은 정말 간단히 만들 수 있어요..^^

2 문단 정렬/단락 맞춤

정렬은 한/글이나 MS Word나 비슷합니다. 한/글에는 '나눔 정렬'이 하나 더 있다는 것만 다릅니다.

문단 정렬은 '글자처럼 취급'/'텍스트 줄 안'인 개체에도 적용됩니다. 특히, MS Word의 표는 기본적으로 '배치 없음' 상태이기 때문에 '표'의 '창에 자동으로 맞춤'에도 사용됩니다. MS Word 표에는 단락 설정을 사용하는 경우가 아주 많습니다.

문단 정렬 종류 `Alt`+`T` 〔한글〕

- 한/글의 문단 정렬 방식은 '양쪽', '왼쪽', '가운데', '오른쪽', '배분', '나눔' 등 총 6 가지가 있습니다.
  ▶ 양쪽 정렬 `Ctrl`+`Shift`+`M`
  ▶ 왼쪽 정렬 `Ctrl`+`Shift`+`L`
  ▶ 가운데 정렬 `Ctrl`+`Shift`+`C`
  ▶ 오른쪽 정렬 `Ctrl`+`Shift`+`R`
  ▶ 배분 정렬 `Ctrl`+`Shift`+`T`
  ▶ 나눔 정렬 (단축키 없음)

단락 맞춤 종류 `Alt`+`O`,`P` 〔워드〕

- MS Word의 단락 맞춤 방식은 '양쪽 맞춤' '왼쪽 맞춤' '가운데 맞춤' '오른쪽 맞춤' '균등 분할'의 4가지가 있습니다. '균등 분할'은 한/글의 '배분 정렬'과 같습니다.
  ▶ 양쪽 맞춤 `Ctrl`+`J`
  ▶ 왼쪽 맞춤 `Ctrl`+`L`
  ▶ 가운데 맞춤 `Ctrl`+`E`
  ▶ 오른쪽 맞춤 `Ctrl`+`R`
  ▶ 균등 분할(텍스트 자동 멈춤) `Ctrl`+`Shift`+`J`

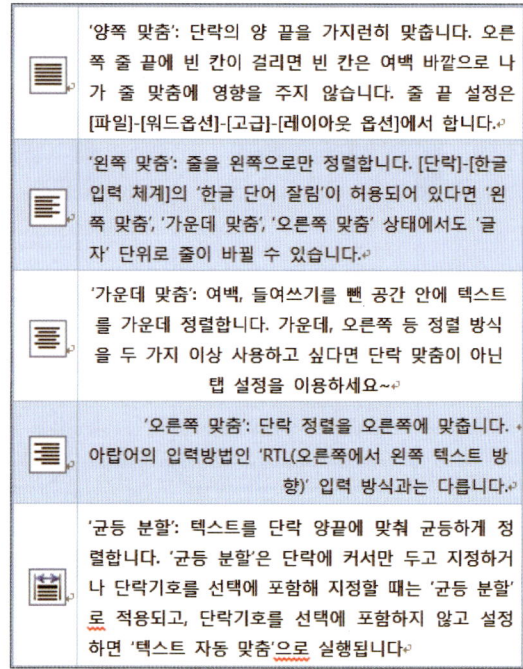

≡	'양쪽 정렬'은 문단의 양쪽 끝을 맞추는 정렬 방식입니다. 마지막 줄을 제외하고 줄의 양 끝을 맞춘 후, 남는 공간이 생기게 되면 끝에서부터 빈칸을 조금씩 늘려 정렬합니다. 빈칸이 너무 커져 이상하게 된다면 '줄 나눔 기준'을 '글자'로 변경하세요.
≡	'왼쪽 정렬'은 문단을 왼쪽으로 정렬하는 방식으로, 오른쪽 줄 끝에 단어나 글자가 들어갈 공간이 없다면 비워두고 왼쪽만 줄을 맞춥니다. '줄 나눔 기준'이 자동으로 '어절'로 지정됩니다.
≡	'가운데 정렬'은 문단을 가운데로 모으는 정렬 방식입니다. 가운데 정렬에서는 들여쓰기, 내어쓰기, 탭 등의 명령이 정확히 적용되지 않습니다.
≡	'오른쪽 정렬'은 문단의 오른쪽을 기준으로 정렬하는 방식으로, 왼쪽 정렬, 가운데 정렬과 마찬가지로 '한 글 줄 나눔 기준'이 '어절'로 자동 변경됩니다. 필요하면 '글자'로 바꿀 수 있습니다.
≡	'배분 정렬'은 한 줄에 입력된 글자를 마지막 줄까지 모두 양쪽 정렬 하되, 그 사이 글자 간격을 일정하게 조절해 양끝을 맞추는 정렬 방식입니다.
≡	'나눔 정렬'은 배분 정렬과 비슷하나, 글자 사이 간격을 조절하는 것이 아니라 단어(어절) 사이 간격만 조절해 양끝을 맞추는 정렬 방식입니다. 빈칸만 간격이 늘어납니다.

※ '표 속성'의 '맞춤'은 표를 전체 선택(표 이동 핸들)하여 '단락 맞춤'으로도 정할 수 있습니다. 표 전체를 선택하면 셀 안 내용에는 영향을 주지 않습니다.

3 문단/단락 여백

문단 여백은 '들여쓰기'라고 부릅니다. 그래서 왼쪽 여백은 '왼쪽 들여쓰기', 오른쪽 여백은 '오른쪽 들여쓰기', 내어쓰기는 '둘 째줄 이하 들여쓰기'라고 하는데요. 여기서는 혼동되지 않도록 '왼쪽 여백', '오른쪽 여백', '내어쓰기'로 표기 하겠습니다. 편집용지 여백, 문단 위/아래 여백이 아닌 문단(단락)의 왼쪽/오른쪽 여백입니다.

가로 눈금자로 지정 공통

가로 눈금자는 문단의 '여백', '탭 설정' 상태를 보여주는 중요한 도구 입니다. 가로 눈금자의 각 표식을 마우스로 직접 끌어 문단 여백, 들여쓰기를 쉽게 지정해 보세요. 눈금자는 한/글과 MS Word가 같습니다.

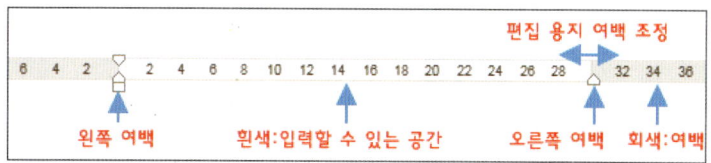

- 왼쪽 여백(왼쪽 들여쓰기) : 가로 눈금자 왼쪽 표식 중 아래있는 네모로 조정합니다.
- 오른쪽 여백(오른쪽 들여쓰기) : 가로 눈금자 오른쪽의 세모로 조정합니다.
- 편집 용지 여백 : 눈금자의 회색 부분에 해당합니다. 흰색과 회색 경계선에 마우스를 가져다 놓으면 나타나는 화살표로 '용지 여백'을 조정합니다. ※ 편집 용지 여백이 나타나지 않거나, 한쪽으로 몰려 있다면 한/글은 Ctrl + G, L([보기]-[쪽 윤곽])을, MS Word는 Ctrl + Alt + P([보기]-[인쇄 모양])를 합니다.

대화 상자로 지정 [서식]-[문단 모양] Alt + T
한글

정확한 값을 지정할 때 씁니다. 단위를 클릭하면 변경할 수 있습니다.

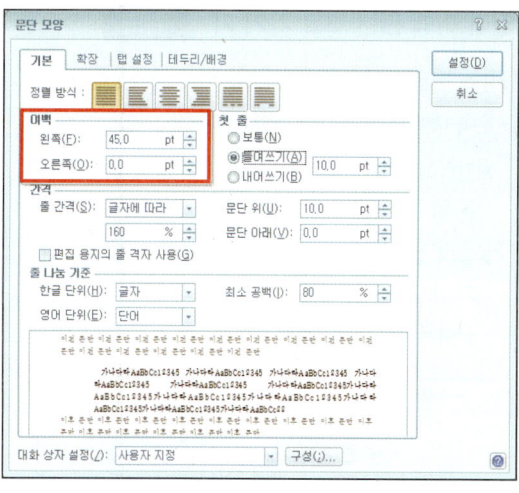

대화 상자로 지정 [홈]-[단락] Alt + O, P
워드

자세한 값은 대화 상자에서 지정합니다. 단위는 직접 글자로 입력해 변경합니다.

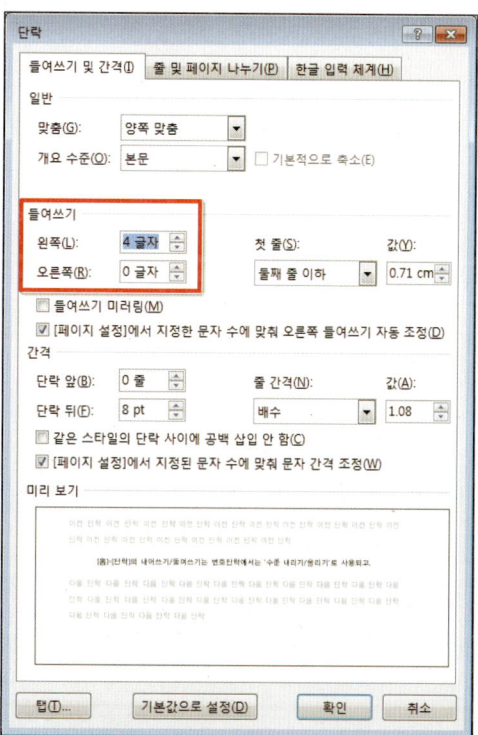

도구 메뉴로 지정 - [서식] 한글

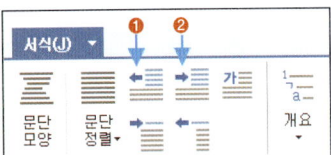

❶ 왼쪽여백 줄이기
❷ 왼쪽여백 늘리기

- 한/글은 '1pt씩' 조정이 됩니다.

도구 메뉴로 지정 [홈]/[페이지 레이아웃]>[단락] 워드

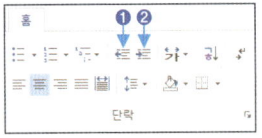 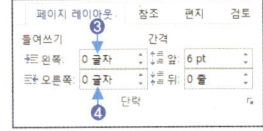

❶ 왼쪽여백 취소/목록수준올리기
❷ 왼쪽여백 늘리기/줄이기
❸ 왼쪽여백 설정/목록수준내리기
❹ 오른쪽여백 늘리기/줄이기

- '글자'나 '탭 간격'을 기준으로 들여쓰기를 조정합니다.
- ❶ ❷ 도구 아이콘은 목록 단락에서는 수준 변경으로도 사용됩니다.

기능 REVIEW | 문단/단락 여백 단축키 이용법

문단 여백 관련 단축키 한글

- 한/글은 1pt씩 조정이 됩니다.
- 왼쪽 여백 줄이기 : Ctrl + Alt + F5 / Ctrl + Shift + E

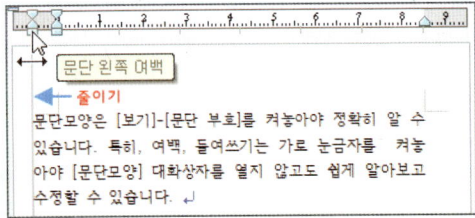

- 왼쪽 여백 늘리기 : Ctrl + Alt + F6 / Ctrl + Shift + G

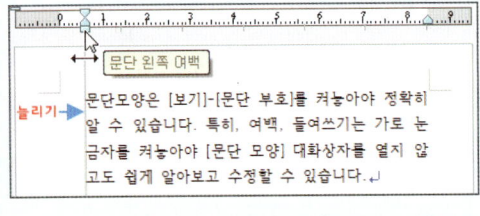

단락 여백 관련 바로 가기 키 워드

- 바로 가기는 '글자'나 '탭'을 기준으로 조절됩니다.
- 왼쪽 여백 들여 쓰기(Indent) : Ctrl + M

  ▶ 단락에 탭이 있다면 탭 간격으로, 탭이 없다면 기본 탭 간격(4글자)으로 왼쪽 여백을 늘립니다.

  ▶ 들여 쓰기 간격을 마우스로 조정해 놓았다면(눈금자 네모 표식), 다음 바로 가기 키 사용때도 같은 간격으로 들여 쓰기 됩니다.

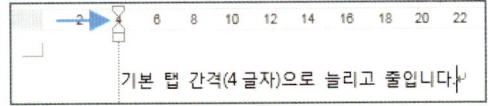

- 들여 쓰기 취소(UnIndent) : Ctrl + Shift + M

  ▶ 단락 왼쪽 여백이 지정된 경우 탭 간격 만큼씩 왼쪽 여백이 취소됩니다.

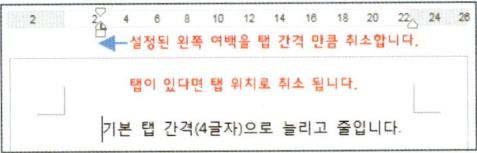

- 오른쪽 여백 늘리기 : Ctrl + Alt + F7 / Ctrl + Shift + D

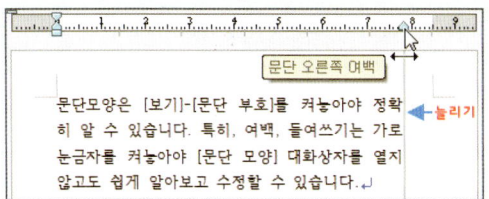

- 오른쪽 여백 줄이기 : Ctrl + Alt + F8 / Ctrl + Shift + F

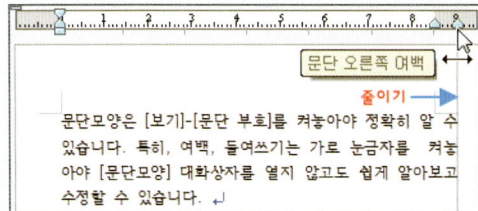

- 문단 양쪽 여백 늘리기 : Ctrl + F7

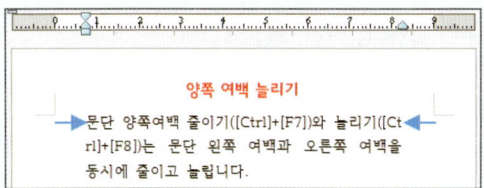

- 문단 양쪽 여백 줄이기 : Ctrl + F8

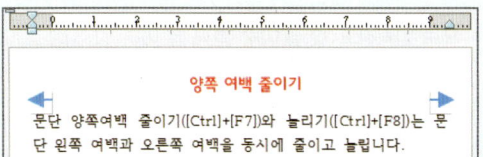

기타 왼쪽 여백 들여쓰기 명령 〔워드〕

다음 명령들은 바로 가기가 없습니다. 바로 가기가 필요하면 [워드 옵션]-[리본 사용자 지정]에서 아래 명령어를 찾아 만들 수 있습니다.

- IncreaseIndent : 1글자 간격으로 왼쪽 여백 늘리기(번호 목록 단락에서는 단락 수준 내리기) - [홈]-[단락]의 '들여쓰기'와 같습니다. 〈앞 페이지 도구 ❶ 〉

- DecreaseIndent : 1글자 간격으로 왼쪽 여백 줄이기(번호 목록 단락에서는 단락 수준 올리기) - [홈]-[단락]의 '내어쓰기'와 같습니다. 〈앞 페이지 도구 ❷ 〉

- IndentChar : 1글자 간격으로 왼쪽 여백 늘리기(목록 단락에서도 왼쪽 여백으로만 쓰임) - [페이지 레이아웃]-[단락]의 '왼쪽에서 들여쓰기'와 비슷합니다. 〈앞 페이지 도구 ❸ 왼쪽〉

- IndentLine : 2글자 간격으로 왼쪽 여백 늘리기(목록 단락에서도 여백으로만 쓰임) - 글자크기에 따라 너비가 다르게 조절됩니다.

※ 여백은 조정하지 않고 단락의 수준만 변경하는 명령
- ListIndent : 단락 수준을 한 수준씩 내립니다.
- ListOutdent : 단락 수준을 한 수준씩 올립니다.

4 첫 줄 들여쓰기와 둘째 줄 이하 내어쓰기

첫 줄 들여쓰기와 내어쓰기는 '용지 여백'이 아닌 '문단 왼쪽 여백'을 기준으로 조정됩니다. 예를 들어, 들여쓰기를 준 문단에 단축키로 내어쓰기를 주면, 왼쪽 여백까지는 들여쓰기가 줄어들다가 왼쪽 여백을 만나면서부터 '내어쓰기'로 성격이 바뀌게 됩니다. 그래서 들여쓰기와 내어쓰기는 한 문단에 동시에 줄 수는 없고 '왼쪽여백과 들여쓰기' 또는 '왼쪽여백과 내어쓰기'로 설정해야 합니다.

가로 눈금자로 지정 공통

- 들여쓰기(첫 줄 들여쓰기) : 가로 눈금자 윗쪽 세모로 조정합니다.
- 내어쓰기(둘째 줄이하 들여쓰기) : 가로 눈금자 왼쪽 아랫 세모로 조정합니다.
  - ▶ 들여쓰기가 있는 상태에서 내어쓰기를 줘야 할 경우, 왼쪽 여백(네모)을 먼저 조정하고 내어쓰기를 조정합니다.
  - ▶ 눈금자 표식을 정확히 조정하려면 Alt 를 누르며 조절합니다. 좌우 너비를 확인하고 세밀하게 조정할 수 있습니다.

대화 상자로 지정 [서식]-[문단 모양] Alt + T
한글

- 들여쓰기 : '첫 줄'을 '들여쓰기'로 바꾸고 값 지정
- 내어쓰기 : '첫 줄'을 '내어쓰기'로 바꾸고 값 지정
- '들여쓰기'가 있는 상태에서 내어쓰기 또는 '내어쓰기'가 있는 상태에서 들여쓰기 추가 : 둘 중 적은 값을 '왼쪽 여백'에 입력하고 '들여쓰기'나 '내어쓰기' 값 지정
- 들여쓰기와 내어쓰기 값이 같을 때는 '왼쪽 여백'으로 지정합니다. ※ '첫 줄'은 '보통'

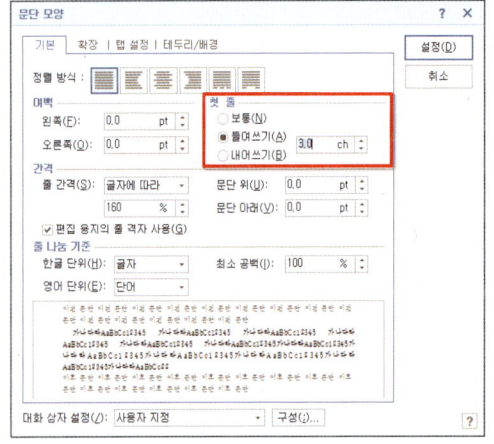

대화 상자로 지정 [홈]-[단락] Alt + O, P
워드

- 들여쓰기 : '첫 줄'을 '첫 줄'로 바꾸고 값 지정
- 내어쓰기 : '첫 줄'을 '둘째 줄 이하'로 바꾸고 값 지정
- '들여쓰기'가 있는 상태에서 내어쓰기 또는 '내어쓰기'가 있는 상태에서 들여쓰기 추가 : 둘 중 적은 값을 '왼쪽 여백'으로 입력하고 '첫 줄'이나 '둘째 줄 이하' 값 지정
- 들여쓰기와 내어쓰기 값이 같을 때는 '왼쪽 여백'으로 지정합니다. ※ '첫 줄'은 '없음'

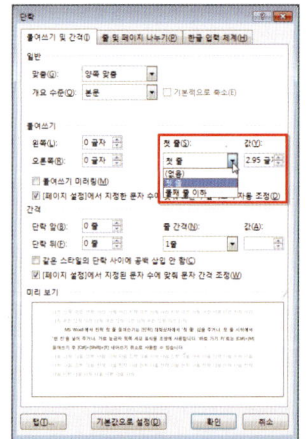

도구 메뉴로 지정 - [서식] `한글`

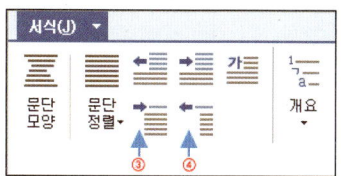

❸ 첫 줄 들여쓰기   ❹ 둘째 줄 이하 내어쓰기(1pt 씩 조정)

- MS Word는 줄 끝 빈칸(스페이스)을 다음 줄로 넘기도록 옵션을 선택할 수 있습니다. 빈칸이 줄 처음에 입력되어 있으면 내어쓰기처럼 보일 수 있는데요. 줄 끝 빈칸을 다음 줄로 넘기지 않고 오른쪽 여백 안으로 숨기려면 [Word 옵션]-[고급]-[레이아웃 옵션]의 '줄 끝의 공백을 다음 줄로 보냄' 항목을 해제하세요.

기능 REVIEW | 들여쓰기/내어쓰기 단축키 이용법

들여쓰기/내어쓰기 단축키 `한글`

- 한/글은 1pt씩 조정됩니다.
  - ▶ [들여쓰기] `Ctrl`+`F6` / `Ctrl`+`Shift`+`I`
  - ▶ [내어쓰기] `Ctrl`+`F5` / `Ctrl`+`Shift`+`O`
  - ▶ [빠른 내어쓰기] `Shift`+`Tab`

- 문단 첫 줄 들여쓰기 `Ctrl`+`F6` / `Ctrl`+`Shift`+`I`
  소설이나, 논문, 원고지처럼 단락 첫 줄만 본문 쪽으로 들여 쓸 때 설정합니다. 내어쓰기가 있을 경우 1pt씩 내어쓰기를 취소합니다.

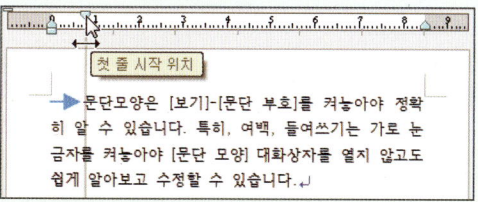

- 둘째 줄 이하 내어쓰기 `Ctrl`+`F5` / `Ctrl`+`Shift`+`O`
  목록처럼 둘째 줄 이후를 본문 쪽으로 들여 씁니다. 들여쓰기가 있는 경우 1pt씩 들여쓰기를 취소합니다.
  - ▶ 한/글에서는 첫째 줄 아무 곳에서나 `Shift`+`Tab`을 눌러 쉽게 둘째 줄 이하 내어쓰기를 설정할 수 있습니다.

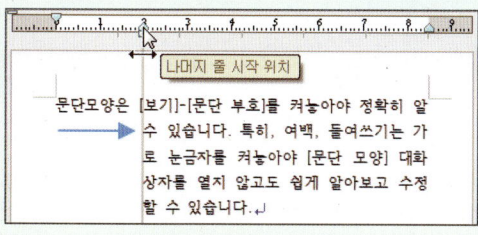

들여쓰기/내어쓰기 적용 `워드`

- MS Word는 글자나 탭 간격으로 조정됩니다.
  - ▶ [들여쓰기] 첫 줄 맨 처음에서 `Space`나 `Tab`
  - ▶ [내어쓰기] `Ctrl`+`T` / 둘째줄 처음에서 `Space`나 `Tab`
  - ▶ [내어쓰기 해제] `Ctrl`+`Shift`+`T`

- 단락 첫 줄 들여쓰기
  첫 줄 시작 위치에서 `Space`나 `Tab`을 써서 들여쓰기를 설정할 수 있습니다. 바로 가기 키는 없습니다.

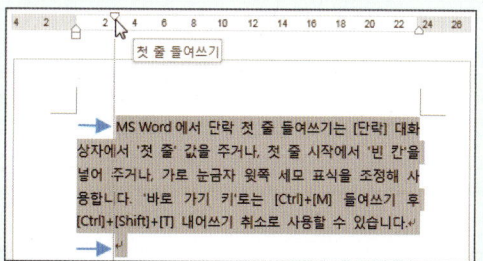

- 둘째 줄 이하 내어쓰기
  단락 둘째 줄 시작 위치에서 `Space`나 `Tab`을 써서 내어쓰기를 설정할 수 있습니다.

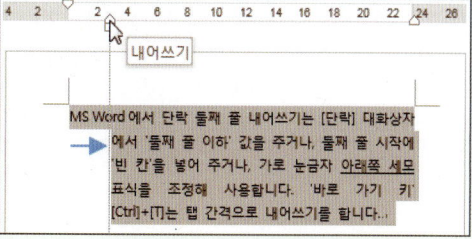

- 바로 가기 키를 만들려면 [워드옵션]-[리본 사용자 지정]에서 아래 명령을 찾아 지정할 수 있습니다.

  ▶ Indent First Char : 1글자 너비만큼 첫 줄 들여쓰기

  ▶ Indent First Line : 2글자 너비만큼 첫 줄 들여쓰기
  – 글자 크기에 따라 너비가 조절됩니다.

  ▶ Hanging Indent : Ctrl + T – 탭 너비만큼 내어쓰기

  ▶ UnHang : Ctrl + Shift + T – 내어쓰기 해제

※ 참고 : 첫 줄 들여쓰기 또는 둘째 줄 내어쓰기가 Tab / Spacebar 로 지정되지 않을 때는 [Word 옵션]-[언어 교정]-[자동 고침 옵션]-[자동 서식]에 있는 '탭과 백스페이스 넣을 때 첫 부분에 왼쪽으로 들여쓰기' 옵션을 선택해 놓습니다. 이 옵션을 선택해 놓으면 '목록의 수준 변경'에도 Tab 키를 이용할 수 있습니다.

5 문단(단락) 위/아래 여백 주기

줄 간격이 아닌 문단의 위/아래 간격입니다. 문단이 나뉘었을 경우만 표시되고 줄 간격과는 관계 없습니다. 문단(단락) 위/아래 여백은 빽빽한 문서를 보기 쉽게 만들고, 엔터 없이 문단 사이에 간격을 줄 수 있습니다. '스타일' 조정만으로 문서 전체의 문단 사이 간격을 줄 수 있다는 말이죠.

문단 위 간격 한글

- [문단 모양](Alt + T) – '문단 위'

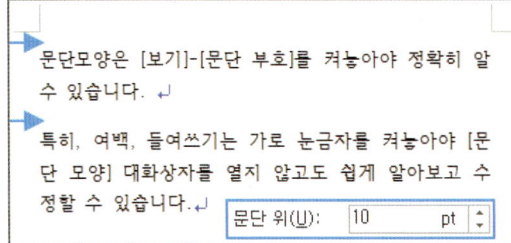

문단 아래 간격 한글

- [문단 모양](Alt + T) – '문단 아래'
- 페이지 끝 문단에서는 표시되지 않습니다.

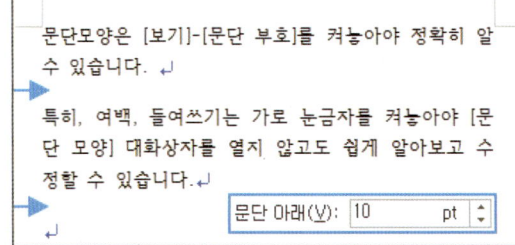

단락 앞 여백 워드

- [홈]-[단락]-[단락 간격] '단락 앞에 공백 추가/제거'
- 단락 앞 여백은 Ctrl + O 으로도 추가/제거 가능합니다.
- 문서의 첫 페이지/구역의 첫 페이지를 제외한 페이지 첫 부분에 지정된 '단락 앞 여백'은 적용되지 않습니다.

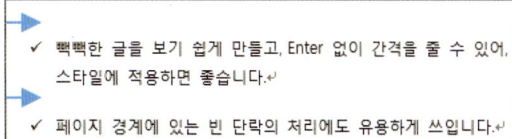

단락 뒤 여백 워드

- [홈]-[단락]-[단락 간격] '단락 뒤에 공백 추가/제거'
- 페이지 끝 단락에서는 표시되지 않습니다.
- 문서전체의 단락 여백 설정 : [디자인]-[단락 간격]
- [Word 옵션]-[리본 사용자 지정]의 '바로 가기 키'에서 Increase Paragraph Spacing 명령을 찾아 바로 가기 키를 만들 수 있습니다. – 단락 앞/뒤 여백을 추가/제거

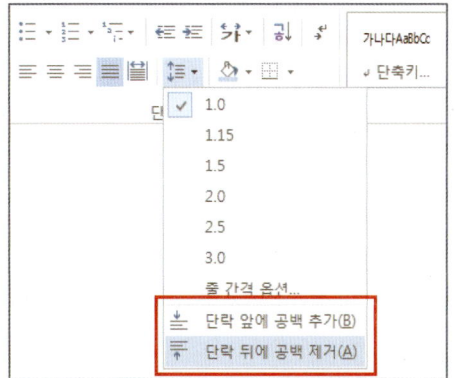

6 줄 간격 조정하기

한/글과 MS Word의 다른 줄 간격

'줄 간격'은 줄과 줄 사이 간격으로 문단 전체에 적용됩니다. 한/글과 MS Word의 줄 간격은 모두 한 줄의 가장 큰 글자를 기준으로 비례하는 줄 간격을 기본적으로 사용합니다. 한 줄의 기준이 되는 줄 높이는 글꼴마다 서로 다릅니다.

줄 간격 설정과 단축키 [한글]

- 줄 간격 넓게 [Alt]+[Shift]+[Z]/[Ctrl]+[Shift]+[W]
- 줄 간격 좁게 [Alt]+[Shift]+[A]/[Ctrl]+[Shift]+[Q]

한/글의 100% 줄 간격

'현재 줄의 맨 위에서 다음 줄의 맨 위까지의 공간'으로 그 줄의 제일 큰 글자(개체)를 100%로 하여 줄 간격이 조정됩니다.

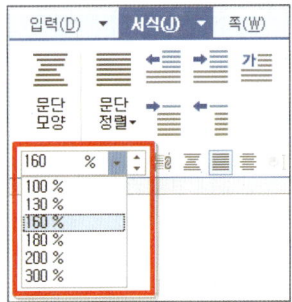

한/글의 줄 간격 [한글]

- 한/글은 기본적으로 글꼴별 줄 높이가 모두 동일합니다. 그래서 글꼴을 바꿔도 줄 간격은 차이가 나지 않습니다.
- 글꼴별 줄 간격을 그대로 적용하려면 [문단 모양]-[확장]의 '글꼴에 어울리는 줄 높이'를 선택합니다.
- MS Word의 줄 간격을 한/글에 적용하려면 '글꼴에 어울리는 줄 높이'를 선택하고 단위를 바꾸어 정해주면 됩니다. ※ 예, MS Word의 '1.15줄'은 한/글의 '115%'
- 줄 간격을 늘리거나 줄이면 아랫 부분이 늘어나거나 줄어듭니다.
- 줄 간격은 '글자에 따라' 0~500%까지 조정됩니다.
- 100% 이하면 글자가 겹쳐집니다. 그래서 2줄을 1줄로 간편하게 겹칠 수 있습니다. ※ 문단은 나누면서 1줄로 표시해야 할 곳에 활용해 보세요.
- 한 줄의 제일 큰 글자는 줄 간격 뿐만 아니라, '문단 세로 위치'에도 기준이 됩니다. 세로 위치를 '가운데'로 정하면 큰 글자를 기준으로 나머지 글자들이 모두 가운데로 세로 정렬됩니다.

줄 간격 지정 단축키 [워드]

- 1줄 [Ctrl]+[1]
- 2줄 [Ctrl]+[2]
- 1.5줄 [Ctrl]+[5]
- 단락 앞 여백 추가/제거 [Ctrl]+[0]

MS Word의 1 줄 간격

'한 줄의 아래 끝에서 다음 줄의 아래쪽 끝까지의 공간'을 말하고, 그 줄의 제일 큰 글자(개체)가 기준 크기 '1'이 되어 배수 '1 줄(Single space)의' 줄 간격이 됩니다.

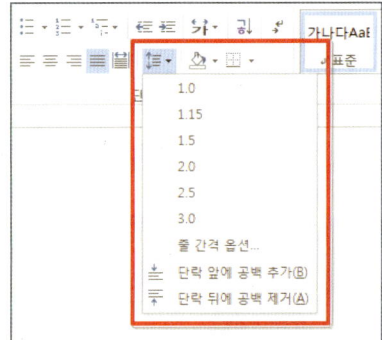

MS Word의 줄 간격 [워드]

- MS Word는 한 글자가 차지하는 기본 줄 높이가 글꼴별로 다릅니다. 글꼴의 줄 높이를 그대로 적용해 1줄이 되기 때문에 같은 값의 줄 간격과 글자 크기를 가졌어도 줄 간격의 실제 높이는 서로 다르게 적용됩니다.
- '한글 글꼴'과 '글꼴'(영문)이 다를 경우 보통 '글꼴'에 정해진 영문 글꼴에 따라 줄 간격이 정해집니다. 한글 글꼴은 대부분 줄 간격에 큰 차이가 없습니다.
- 줄 간격을 늘리고 줄일 때도 차이가 나는데, 줄 간격을 1줄 이하에서 조절할 때는 줄의 위쪽 부분이 조정되고, 줄 간격을 1줄 이상으로 조절할 땐 줄의 아래쪽 부분이 조정되어 줄 간격이 만들어집니다. 줄 간격의 높이는 블록을 지정해 보면 알 수 있습니다.
- MS Word는 줄 간격이 너무 적으면 글자(인라인 개체 포함)가 잘려서 일부는 보이지 않게 됩니다.
- 줄 간격의 기준이 되는 줄의 제일 큰 글자는 [단락]-[한글 입력 체계] - '텍스트 세로 맞춤'에도 기준이 됩니다.

한/글 줄 간격의 종류 `한글`

- 글자에 따라 – 한 줄의 제일 큰 글자(100%)에 비례해 줄 간격을 정합니다.
- 고정 값 – 줄 간격을 고정된 값으로 정하는 방법으로, 글자 크기에 따라 자동으로 늘어나지 않기 때문에 아래 부분이 잘리거나 겹쳐서 표시됩니다('글자처럼 취급'된 개체에도 마찬가지로 적용).
  ▶ 글자 크기나 글꼴과 상관없이 지정하기 때문에 MS Word와 같은 줄 높이를 줄 수 있습니다. 기준이 되는 글자가 들쑥날쑥해 줄 간격이 어지러워 보일 때 지정합니다.
- 여백만 지정 – 줄과 줄 사이 여백의 높이만 지정하는 방법. ※ 글자 크기와 상관없는 줄 간격입니다.
- 최소 – 기준 글자 크기에 따라 최소 이하의 값으로는 지정해도 적용되지 않는 줄 간격 입니다. 줄 간격을 최소한으로 줄이면서 글자가 겹치거나 숨는 것은 방지할 때 사용합니다. 한/글은 글자크기가 최소 줄 간격이 됩니다.
- 단위 – '글자에 따라'의 % 단위 줄 간격을 제외하고는 단위를 바꿔 정확한 값의 줄 간격을 줄 수 있습니다. 단위는 'pt(포인트)', 'mm(밀리미터)', 'cm(센티미터)', 'pi(파이카)', 'px(픽셀)', 'ch(글자)', 'gp(급)', '"(인치)'로 바꿀 수 있는데, 한/글2007까지는 단위에서 '마우스 오른쪽 클릭'으로, 한/글2010 이후부터는 단위를 '클릭'해서 변경합니다.

※ 단위 : 1pt=0.35mm, 1mm=2.8pt, 1pt=0.2ch, 1ch=5pt, 1ch=1.8mm, 1inch=25.4mm, 1inch=72pt, 1geup=0.7pt

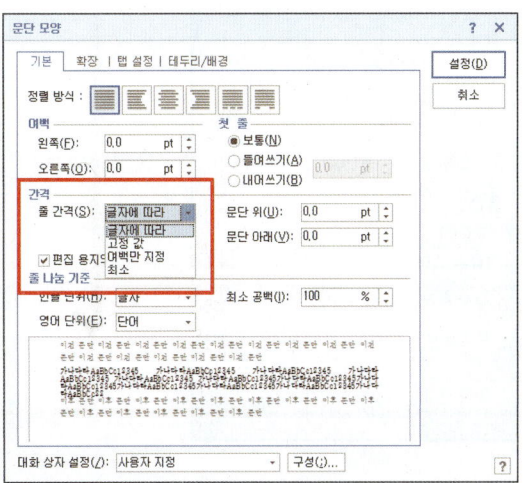

MS Word 줄 간격의 종류 `워드`

- 1줄(Single space) – 글꼴별 기준크기 '1'의 줄 간격
- 1.5줄(1.5 lines) – 글꼴별 기준크기의 1.5배 줄 간격
- 2줄(Double space) – 글꼴별 기준크기 2배 줄 간격
- 최소(At least) – 최소 이하로는 지정할 수 없는 줄 간격을 말합니다. 예를 들어, 10pt 크기는 글꼴 별로 12~16pt 정도가 최소 줄 간격입니다. 그 이하는 적용되지 않기 때문에 '0'으로 정해도 알아서 최소 줄 간격이 됩니다.
- 고정(Exactly) – 글자크기, 글꼴과는 상관없는 고정된 줄 간격을 말합니다. '최소' 줄 간격과 달리 글꼴, 글자크기를 무시하고 줄 간격을 정할 수 있기 때문에 한/글과 같은 크기를 줄 수는 있으나 값이 너무 작으면 글자가 잘릴 수 있습니다('텍스트 줄 안' 상태의 개체에도 글자와 마찬가지로 적용됩니다).
- 배수(Multiple) – 일반적인 줄 간격으로 1줄, 1.5줄 등의 줄 간격이 모두 '배수' 줄 간격입니다. '배수' 줄 간격은 0~132줄, 소수점 2자리까지 자유롭게 정할 수 있습니다.
- 단위 – 변경할 단위는 직접 입력합니다. MS Word에서는 '줄' 외에 '글자', 'pt(포인트)', 'mm(밀리미터)', 'cm(센티미터)', 'in(인치)', 'pi(파이카)'를 사용할 수 있습니다.

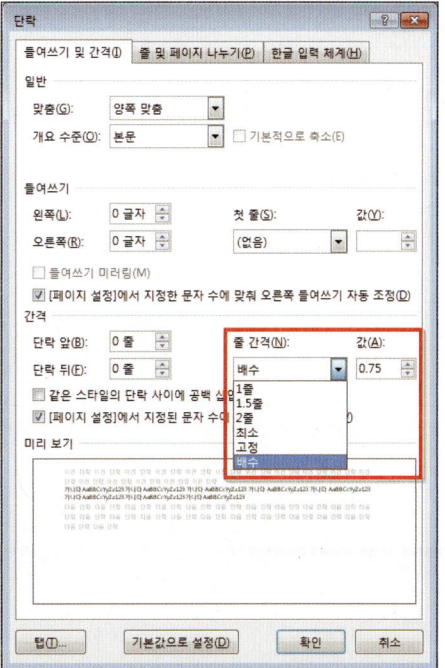

7 문단 첫 글자 장식

문단 첫 글자 장식([서식]-[문단]) `한글`

- 문단 첫 글자를 강조해 문서를 보기 좋게 꾸며 줍니다.
- 한/글의 '첫 글자 장식'은 '글상자'로 만들어집니다. 만들면서 바로 테두리/배경을 설정할 수 있습니다.
- 위치와 크기 : 본문 안쪽 2줄/3줄 크기 또는 본문 바깥쪽(여백) 3줄 크기로 만들 수 있습니다.
- 첫 글자 크기 : '줄 간격'과 '글자 크기'에 따라 다르게 만들어집니다.
- 수정 : 첫 글자 글상자는 '개체 보호하기' '크기 고정'이 선택되어 있습니다. 개체 속성이나 크기를 조정하려면 마우스 오른쪽 버튼의 '개체 속성'/'사각형 고치기' 또는 Ctrl + N, K에서 수정하거나, 해제하고 변경 가능합니다.
- 제거 : '첫 글자 장식'이 있는 문단에서 대화 상자를 다시 열어 '없음'을 선택하면 글자만 남게 됩니다.

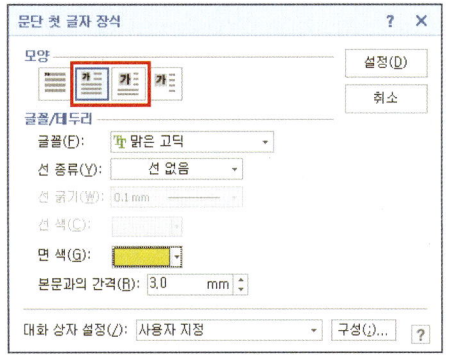

단락의 첫 문자 장식 추가([삽입]-[텍스트]) `워드`

- MS Word의 '첫 문자 장식'은 '틀'로 만들어집니다.
- 위치와 크기 : 본문 안쪽, 바깥쪽(여백)으로 만들 수 있고, 글자 높이를 본문의 1~10줄 높이까지 만들수 있습니다.
- 첫 문자 크기 : 단락의 '줄 간격'과 '단락 위/아래 여백', '글자 크기'에 따라 다르게 만들어집니다.
- 수정 : 틀을 선택하여 크기를 조정하면 글자의 크기까지 조정됩니다. 테두리나 배경은 틀을 선택한 후 '테두리 및 음영'에서 '적용 대상'을 '틀'로 선택해 지정합니다.
- 제거 : '첫 문자 장식'에 다시 들어가 '없음'을 선택합니다.

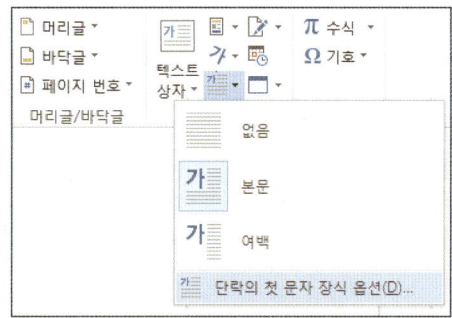

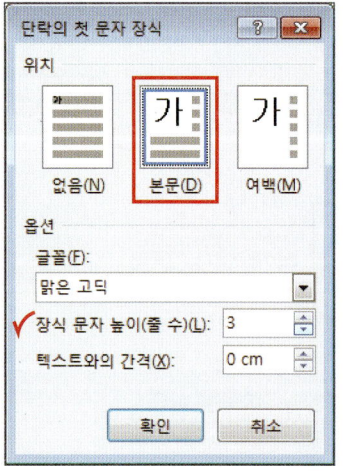

첫 글자 장식 만들기 한글

❶ 본문을 입력합니다.
❷ [서식](모양)-[문단 첫 글자 장식]을 선택합니다.
❸ 2줄/3줄/여백 첫 글자 장식 중 선택한 후 글꼴, 테두리, 여백 등을 조정하고 [설정]을 누릅니다.
❹ 수정하거나, 삭제하려면 해당 문단에 커서를 가져다 놓고 '첫 글자 장식'을 다시 선택합니다.

▶ 글상자의 개체 속성을 고치려면 Ctrl+N,K 합니다.

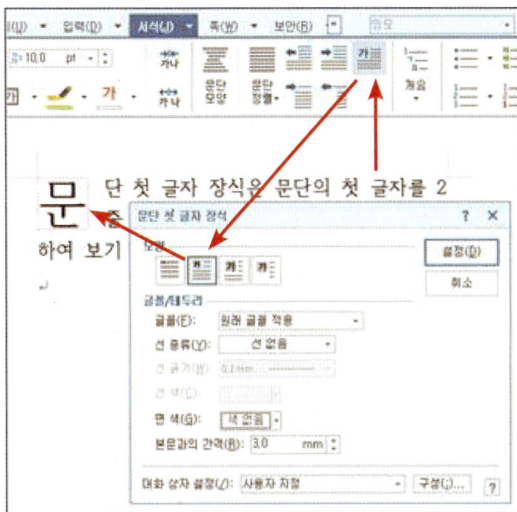

첫 문자 장식 만들기 워드

❶ 본문을 입력합니다.
❷ [삽입]-[단락 첫 문자 장식 추가]에서 모양을 선택합니다.

▶ 표나 텍스트상자 안에서는 만들 수 없습니다.

❸ 메뉴에 원하는 모양이 없으면 '첫 문자 장식 옵션'을 열어 줄 수, 글꼴, 여백 등을 정합니다.
❹ 수정하거나, 삭제하려면 해당 문단에 커서를 가져다 놓고 '첫 문자 장식' 메뉴를 다시 선택합니다.

▶ 틀 서식을 고치려면 틀을 더블 클릭합니다.

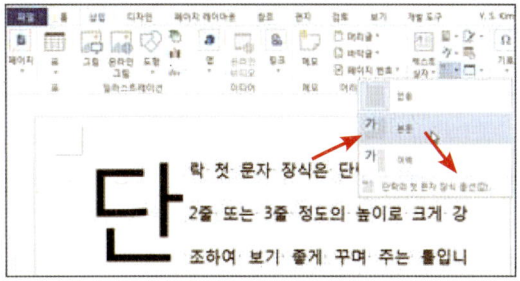

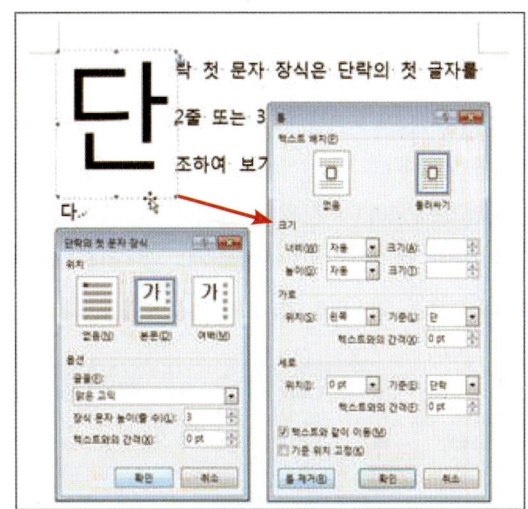

01-3 목록

긴 문서를 일목요연하게 정리하기 위해 '목록'을 사용해 봅시다. 목록이란 단락을 번호나 기호 항목으로 정리하는 것입니다. 번호의 모양은 한/글과 MS Word가 비슷하지만 사용법은 많이 다릅니다. 목록은 문단/단락 설정입니다.

한/글과 MS Word 목록의 같은 점

- 목록은 수준을 가지고 있고, 한 목록의 수준들(7가지 또는 9가지)은 서로 연결되어 있습니다. 그래서 단락이 바뀌면 다음 번호가 자동으로 매겨지고, 수준이 바뀌면 아랫 수준은 1번을 알아서 찾아 갑니다.
- 설정을 바꿀때도 해당 목록 전체에 반영이 됩니다. 새 번호를 주기 전까지는 하나의 목록 구조가 이어집니다.
- 목록 문단 끝에서 서식을 바꾸면(바꾸고 Enter) 해당 목록의 번호(기호) 서식이 변경됩니다.
- '목록'은 '스타일'과 연결할 수 있어서, 번호의 종류는 '번호 모양(목록 정의)'에서 정하고, 서식은 '스타일'에서 정합니다.
- 스타일에는 하나의 번호 수준만 연결할 수도 있고, 목록 전체를 포함할 수도 있습니다.
- 개요는 '목차 만들기(차례)'/'개요 보기(탐색창)'/'하이퍼링크' 등에 활용되지만, 문단 번호와 글머리표는 사용할 수 없습니다.

한/글과 MS Word 목록의 다른 점

- **한/글** : '개요 번호', '문단 번호', '글머리표'로 나뉩니다.
  - ▶개요와 문단 번호는 구분이 확실해서, 개요는 '개요 번호 모양'에서, 문단 번호는 '문단 번호 모양'에서 번호 모양을 정합니다.
  - ▶한/글 개요는 스타일이 자동 적용(환경 설정)됩니다. 아무 설정 없이도, 스타일로 개요를, 개요로 스타일을 바로 적용할 수 있습니다.
  - ▶개요는 구역이 나뉘지 않으면 모양이나 번호를 바꿀 수 없습니다.
  - ▶개요 문단에 문단 번호를 덧실행하거나, '문단 번호 모양'을 정해 주면 문단 종류는 번호 문단으로 변경됩니다.
  - ▶개요 번호, 문단 번호 모두 7가지 수준이 가능합니다.

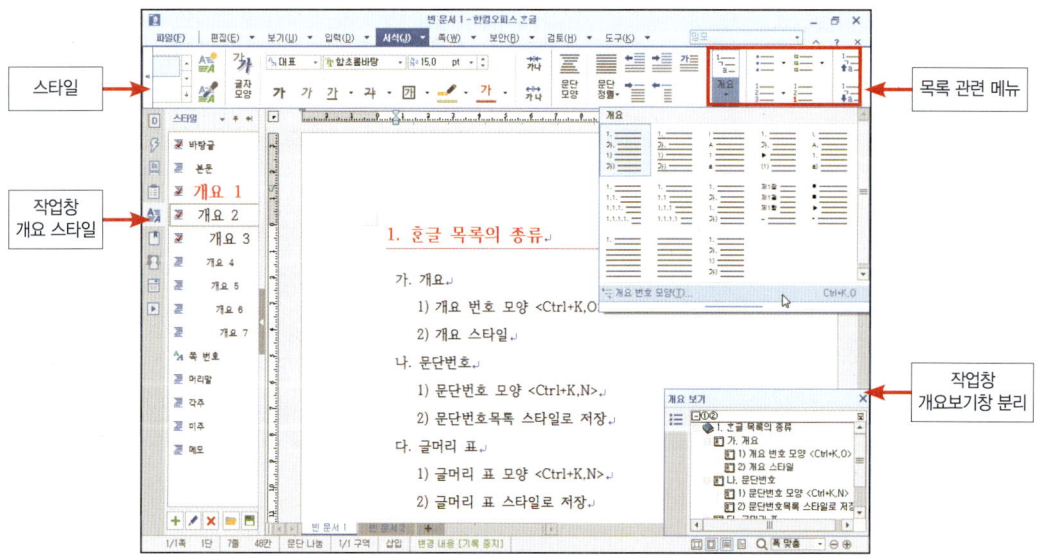

- **MS Word** : 수준이 없는 '번호매기기'/'글머리 기호'와, 수준이 있는 '다단계 목록'으로 나뉩니다.
  - ▶ '번호매기기'나 '글머리 기호'를 여러 수준의 단계로 만들면 '다단계 목록'이 됩니다.
  - ▶ '다단계 목록'의 '장/부록' 목록은 개요 수준이 포함된 '제목 스타일'과 기본적으로 연결되어 있습니다.
  - ▶ 개요나 스타일이 연결되어 있지 않은 목록은 개요 수준을 직접 넣어 주거나, '제목 스타일'을 덧실행 해주거나, '새 다단계 목록 정의'에서 스타일과 연결해주어야 목차를 만들 수 있습니다.
  - ▶ '제목 스타일'에는 '개요 수준'은 포함되어 있으나 '번호' 목록은 포함되어 있지 않습니다.
  - ▶ 모든 목록은 구역 없이 모양을 바꿀 수 있습니다. ※ 스타일은 구역 별로도 모양을 바꿀 수 없습니다.
  - ▶ 단락을 나누지 않고 단락 내에 여러 목록 번호를 추가할 수 있는 'ListNum 필드'가 있습니다.
  - ▶ 다단계 목록은 모두 9가지 수준이 가능합니다.

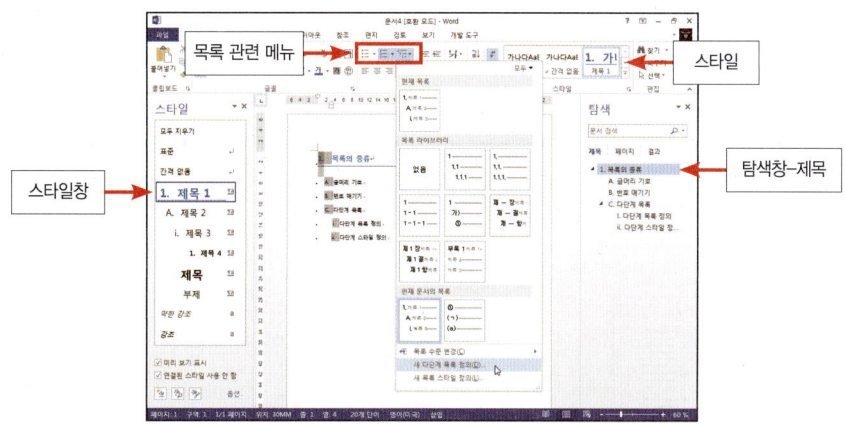

1 '개요'/'다단계 목록'

1) 개요 수준 넣기

개요는 '목차'를 만드는 문서의 구조, 제목입니다. 개요 수준이 있는 문단은 '개요 보기(탐색창)'에 나타나고 '문단 모양'/'단락' 대화 상자에 개요 수준이 표시됩니다. 또, '상호 참조'나 '하이퍼링크'에 활용되고 '찾아가기'도 가능합니다. 개요 등 목록은 여러 방법으로 지정이 가능하지만 가장 좋은 방법은 '스타일'과 연결하는 것입니다.

'문단 모양'에서 지정([서식]-[문단 모양]-[확장]) 한글

개요로 표시할 문단에 '개요 문단'을 선택하고 수준을 정해줍니다. '개요 번호 모양'에서 정한 수준별 번호가 자동으로 적용됩니다. 스타일은 적용되지 않습니다.

'단락'에서 지정([홈]-[단락]) 워드

개요로 표시할 단락에 '개요 수준'을 줄 수 있으나, 번호나 스타일은 자동으로 적용되지 않습니다. 개요 수준을 주면 '탐색창'에 표시되고 목차로 만들 수 있습니다.

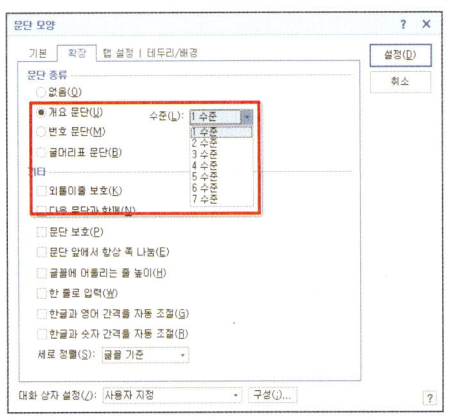

'개요 번호 모양'에서 지정 `Ctrl`+`K`,`O` [한글]

제공되는 개요 번호 모양 중 하나를 고르고, 번호 수정이필요하면 '개요 번호 모양'–'사용자 정의' 대화 상자를 열어 수정합니다. '개요 스타일'이 자동 적용됩니다.

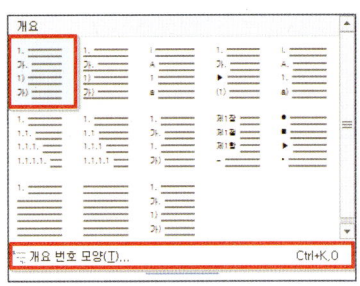

단축키로 빠르게 지정 [한글]

- 개요 설정 : `Ctrl`+`Insert`
  스타일 개요1~7 적용(기본 개요 스타일 단축 키–`Ctrl`+`3`~`9`)
- 개요 수준 내리기 : `Ctrl`+(Num)[+] 1수준→2수준
- 개요 수준 올리기 : `Ctrl`+(Num)[-] 2수준→1수준

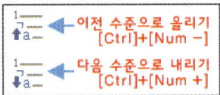

- 개요 번호 모양 : `Ctrl`+`K`,`O`
- 개요 해제 : `Ctrl`+`Insert`/빈 문단이라면 `Enter`를 눌러 해제할 수 있고, 번호 옆에서 `Backspace`로 해제할 수도 있습니다.

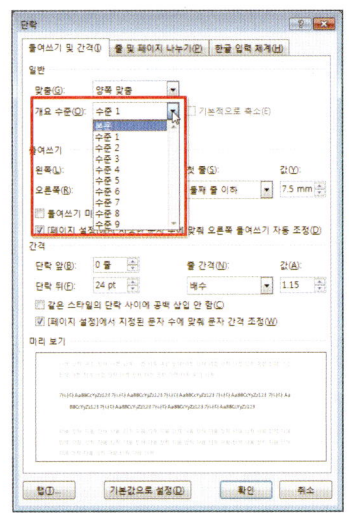

'새 다단계 목록 정의'([홈]-[단락]-[다단계 목록]) [워드]

다단계 목록의 '목록 라이브러리'에서 '장 목록'을 고르고 수정하려면 '새 다단계 목록 정의'로 수정합니다. '장 목록'이 아닌 다른 목록은 '제목 스타일'을 '연결'해 줍니다.

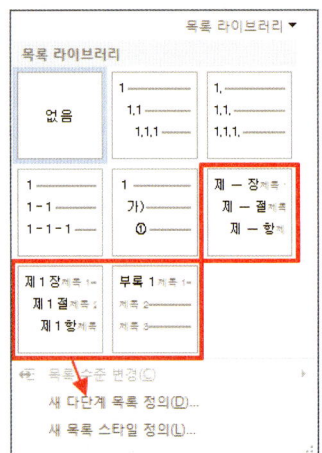

바로 가기 키로 지정 [워드]

- 제목1~3 스타일(개요 수준 포함) : `Ctrl`+`Alt`+`1`~`3`
- 수준 내리기 : `Tab`/`Alt`+`Shift`+`→`
- 수준 올리기 : `Shift`+`Tab`/`Alt`+`Shift`+`←`

- 개요 해제 : 빈 단락이라면 Enter / 번호만 제거하려면 Backspace 나 Delete 를 누릅니다.

    ▶번호 옆에서 Backspace 를 누르면 서식은 유지하며 번호만 삭제됩니다. 번호의 시작 위치로 이동하려면 Backspace 를 2번, '들여쓰기/내어쓰기'를 모두 취소하려면 Backspace 를 3번 누릅니다.

    ▶목록을 직접 선택해 Delete 를 누르면 번호의 시작 위치(맞춤 위치)로 목록의 내용이 맞춰집니다.

2) 개요 설정 순서

개요와 일반 번호는 구조도 사용법도 비슷해 혼돈하는 경우가 많습니다. 번호의 종류와 사용법을 구분하기 어렵다면 아래 개요 설정법 하나만은 꼭 알아두세요. 이것만 알아두어도 혼란 없이 번호를 매길 수 있습니다.

개요 설정 한글

❶ [개요 번호 모양](Ctrl + K, O)에서 개요 번호 선택

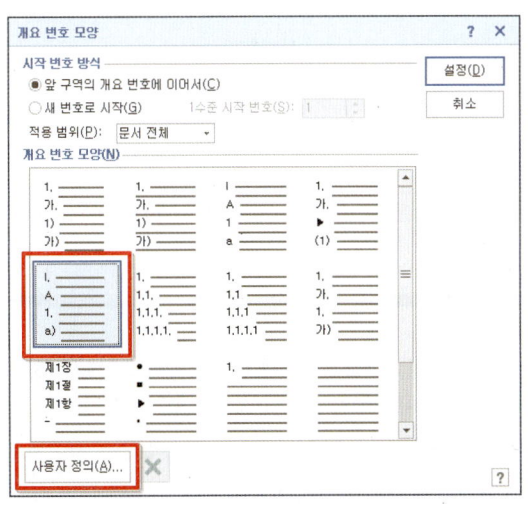

❷ 번호 수정이 필요할 경우 : [사용자 정의]

▶수정할 '수준' 선택 〉 '번호 서식'에서 '^번호'를 제외하고 문자 추가 〉 '번호 모양' 선택 〉 다음 수준 변경 〉 [설정]

※ 개요는 구역 전체에 한 가지 번호 구조만 가능합니다.

다단계 목록 설정 워드

❶ [홈]-[다단계 목록]에서 다단계 번호 모양 선택

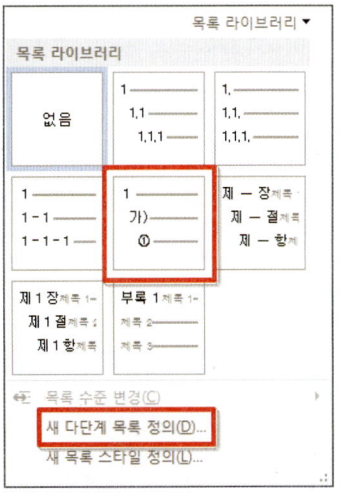

❷ 번호 수정 : '새 다단계 목록 정의'(또는 '새 목록 스타일 정의')의 '번호 매기기')

▶'수준' 선택 〉 '번호 스타일' 〉 '번호 서식' 꾸미기 〉 [자세히]-[연결 스타일]-'제목' 〉 다음 수준 변경

※ 스타일('제목 1~9')은 목록 수준에 맞게 연결합니다.

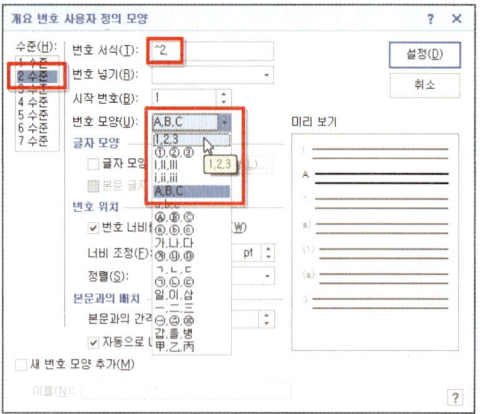

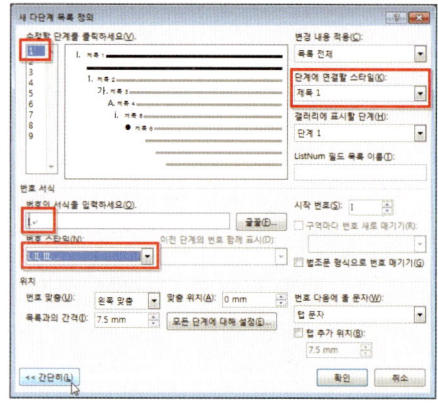

❸ 적용 : Ctrl+Insert 또는 스타일 '개요 1~7' 중 선택

❹ 수준 변경 : 하위 수준-Ctrl+➕(숫자 패드), 상위 수준-Ctrl+➖(숫자 패드) ※ 스타일로 변경해도 됩니다.

❸ 적용 : 연결한 '제목 1~9' 스타일로 적용

❹ 수준 변경 : [다단계 목록]-[목록 수준 변경], [홈]-[들여쓰기]/[내어쓰기], Tab/Shift+Tab 등으로 변경 가능하나, 가급적 연결한 제목 스타일로 변경하는 것이 좋습니다.

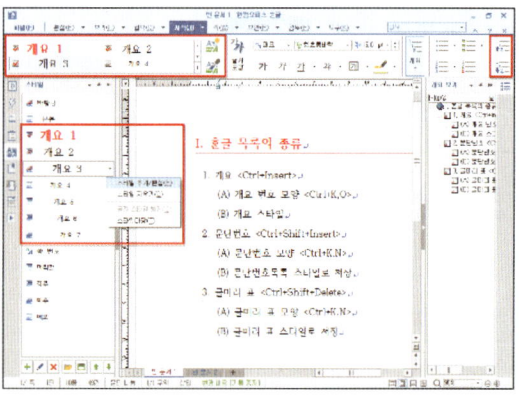

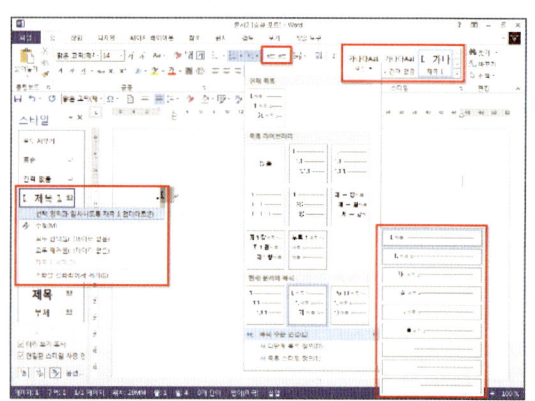

❺ 서식 수정 : F6 스타일 〉 개요 스타일 [편집하기]

❺ 서식 수정 : 자세한 서식은 연결한 제목 스타일(1~9)을 수정합니다.

※ 본문과 다른 '번호 글꼴'은 '새 다단계 목록 정의'에서 정합니다.

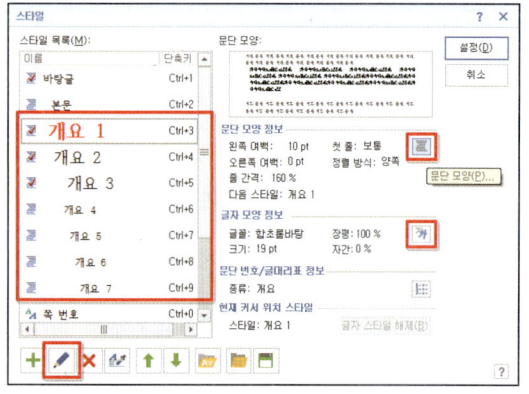

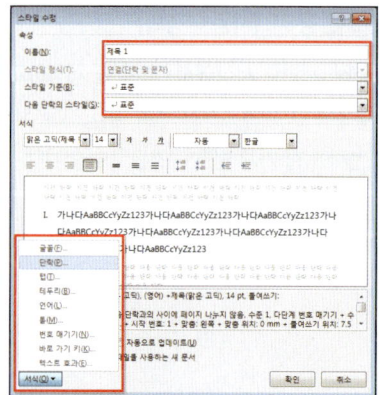

▶문단 번호 스타일이 필요하면 '+-[문단 번호/글머리표]'로 문단 번호가 포함된 스타일을 만들 수는 있으나, 다른 개요/문단 번호 스타일과 연결되지는 않습니다.

※ 개요와 스타일이 자동으로 연결되지 않는다면 [도구]-[환경 설정]-[편집]의 '개요 번호 삽입 문단에 개요 스타일 자동 적용' 옵션을 선택해 놓습니다.

▶단축키가 필요하면 [서식]-[바로 가기 키]로 만듭니다.

▶[스타일 수정]-[서식]-[번호 매기기]는 목록과는 다른 번호를 매길 때 사용합니다. 이렇게 번호를 주면 다단계 목록으로 연결되지 않고, 연결스타일에서도 해제됩니다.

3) '개요 번호 모양'/'새 다단계 목록 정의'

개요/다단계 목록의 번호 모양을 변경할 때 이용하고 한 번만 정해 주면 됩니다.

[개요 번호 모양] Ctrl + K, O 한글

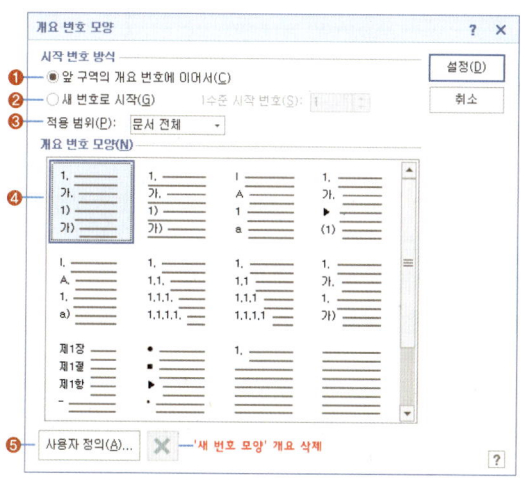

❶ 구역이 있을 때 앞 구역의 번호에 이어서 매기기

❷ 현재 구역의 개요 1수준에 새 시작 번호를 지정

❸ 적용 범위 : 문서 전체/현재 구역/새 구역으로 시작

❹ 개요 7가지 수준에 적용할 개요 번호 모양 선택

❺ 개요 번호 모양에 찾는 모양이 없는 경우 비슷한 모양을 하나 선택하고 [사용자 정의]로 수정

[새 다단계 목록 정의] 워드

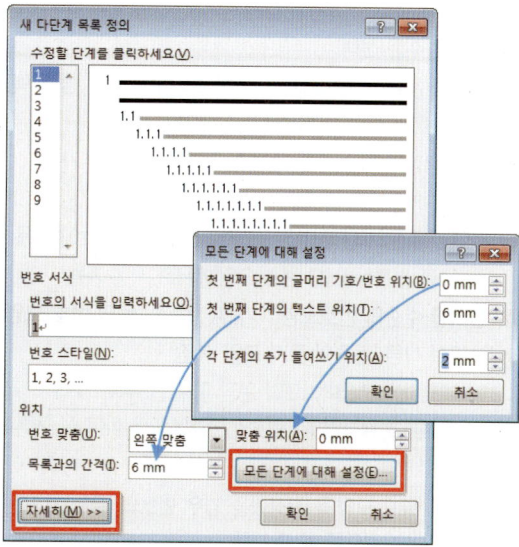

• [자세히] : 스타일 연결, 새 번호 등 지정시 선택

• [모든 단계에 대해 설정] : 모든 단계의 '맞춤 위치' 및 '목록과의 간격'을 한 번에 조정

▶'첫 번째 단계의 글머리 기호/번호 위치' : 첫째 수준의 '맞춤 위치'(번호 왼쪽 여백 값) 설정

▶'첫 번째 단계의 텍스트 위치' : 첫째 수준에 대한 '목록과의 간격' 설정

▶'각 단계의 추가 들여쓰기 위치' : 다음 수준부터 공통으로 추가될 값 설정

개요 '사용자 정의' `한글`

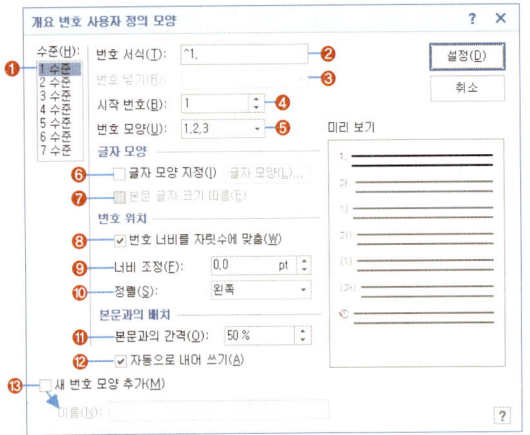

새 다단계 목록 '자세히' `워드`

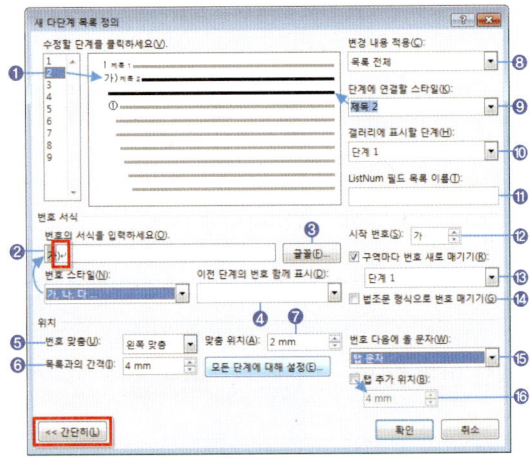

❶ 수정할 수준 선택
❷ 번호의 서식 : '^' 코드를 제외하고 좌우로 ')' '.' 등 입력.
　※ '^번호'는 수정하지 마세요!
❸ 1.1.1. 형식의 이전 수준 번호를 '번호 서식'에 추가
　※ '^n' – 이전 수준 전체
❹ 선택한 수준의 시작 번호 – 구역 전체 시작번호에 적용
　※ 1수준 번호는 '개요 번호 모양'에서도 지정 가능
❺ 선택한 수준의 번호모양 : '가, A, ①, Ⅰ' 등의 번호 모양
❻ 본문과 다른 '번호의 글자 모양' 지정
　※ 개요/번호/글머리표의 문단 끝(문단 부호 앞)에서 글자 서식을 변경하면 그 문단의 번호에도 서식이 적용됩니다.
❼ 번호의 '글자 모양'을 지정했을 경우 번호의 '글자 크기'는 본문 내용과 같도록 할 때 선택
❽ 선택 – 번호 자릿수(너비)에 맞춰 본문이 조정됨
　해제 – 번호 자릿수와 상관없이 같은 위치로 맞춰짐
❾ 번호의 너비를 정함
❿ 번호 너비 내에서의 번호 정렬 : 왼쪽/가운데/오른쪽

	왼쪽	가운데	오른쪽
	1.	1.	1.
	10.	10.	10.
	100.	100.	100.

⓫ 번호와 본문의 간격 : 기본 50% (번호 크기에 비례)
⓬ 선택시 문단 내어쓰기 없이 자동으로 내어쓰기가 됨
⓭ 선택하고 이름을 입력하면 개요 번호 모양에 저장되어 다른 문서에서도 사용 가능해짐 ※ 삭제 가능

❶ 수정할 수준 선택
❷ '번호 스타일'을 고르고 ')' '.' 등으로 꾸미기
❸ 본문과 다른 '번호의 글꼴'
　※ 참고 : 본문의 단락 기호를 선택해 글꼴 서식을 변경하면 그 단락의 번호에도 서식이 적용됨.
❹ 1.1.1. 형식일때 이전 단계 번호를 '번호 서식'에 추가
❺ 번호 맞춤 : '맞춤 위치'~'목록과의 간격' 사이에 번호를 정렬함. ▶왼쪽/가운데/오른쪽
❻ 맞춤 위치 : 번호의 왼쪽 여백 값
❼ 목록과의 간격 : 2째줄 이하 내어쓰기 위치('왼쪽 여백'+'내어쓰기') ※ 본문에서는 '내어쓰기'로 조정됨
❽ 적용 범위 : 문서 전체/현재 위치 다음부터/현재 단락/선택한 텍스트
❾ 번호를 입력했을 때 자동 적용될 스타일 : 가급적 '개요 수준'이 있는 '제목 1~9 스타일'을 선택할 것
　※ 연결된 스타일과 맞춤 위치를 미리보기로 확인
❿ 목록을 선택하면 매번 이 단계로 시작. 선택 단계 이전 수준은 [다단계 목록] 라이브러리에서 회색으로 표시됨
⓫ 'ListNum 필드'의 목록 식별자 이름 ※ 목록이 여러 개일 때 지정하면 좋습니다.
⓬ 선택 수준의 시작 번호
⓭ 수준이 바뀔 때 새 번호를 줄지 이어서 매길지 결정
⓮ '번호 스타일'을 정할 수 없고 서식만 지정
⓯ 목록과 내용 사이에 올 문자 : 탭/공백/없음 중 선택
⓰ '번호 다음에 올 문자'를 탭으로 선택 시 설정 가능
　▶번호 너비가 늘어날 때 내용 시작 위치가 기본 탭이 아닌 '탭 추가 위치'로 맞춰집니다.

기능 REVIEW | MS Word의 'ListNum 필드'

목록을 포함한 단락 설정은 단락 전체에 공통으로 적용됩니다. 그래서 번호나 글머리 기호는 단락 첫 머리에 표시되고, 한 단락에 두 가지 종류는 사용할 수 없는데요. MS Word는 'ListNum 필드'가 있어서 다음 수준의 번호를 한 단락 내에 여러 번 추가할 수 있습니다.

ListNum 필드 입력

[Ctrl]+[Alt]+[L]하면 다단계 목록의 다음 수준 번호가 커서 위치에 필드 형식으로 입력됩니다. 필드이기 때문에 음영으로 표시되며, '식별자'와 '필드 스위치'를 사용할 수 있고, [Alt]+[F9]/[Shift]+[F9]로 필드 코드를 표시해 편집할 수 있습니다.

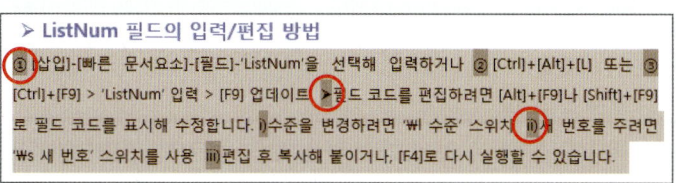

ListNum 필드

ListNum 필드의 식별자(필드 이름)

식별자는 'NumberDefault'/'OutlineDefault'/'LegalDefault'와 '새 다단계 목록 정의'에서 정한 'ListNum 필드 목록 이름'을 사용할 수 있습니다. 필드 내 빈칸이 있다면 따옴표(" ")로 묶습니다. 기본적으로 제공되는 수준 번호로는, "NumberDefault"의 '1)/a)/i)/(1)/(a)/(i)/1./a./i.' 와 "OutlineDefault"의 'I./A./1./a)/(1)/(a)/(i)/(a)/(i)', 'LegalDefault'의 '1./1.1./1.1.1.~1.1.1.1.1.1.1.1.1.' 형식이 있습니다. 필드 구문을 '{ ListNum "NumberDefault" \l 3 }' 등으로 입력하면 해당 수준 번호가 값으로 표시(i)됩니다. ※ [삽입]-[빠른 문서 요소]-[필드]-'번호 매기기' 범주의 'AutoNum'/'AutoNumLgl'/'AutoNumOut' 필드를 이용해도 됩니다.

ListNum 필드의 필드 스위치

ListNum 필드의 스위치는 두 가지로, 수준을 변경하는 '\l'과 새 번호를 지정하는 '\s' 스위치가 있습니다. 필드 코드에 스위치를 입력하고 해당 수준이나 번호를 숫자로 추가해 주면 됩니다. 필드에서 마우스 오른쪽 버튼을 눌러 [필드 편집]-[필드 코드]-[옵션]으로 들어가 추가할 수도 있습니다. ※ 예, '{ ListNum \s 1 }' : 새 번호 1번(A/가/i⋯)으로 시작합니다.

 | MS Word '개요 보기'로 제목 스타일 적용

개요 보기([보기]–[개요 보기]) 설명

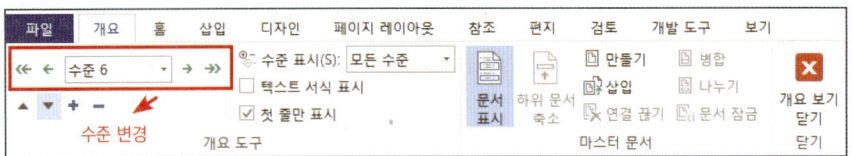

- '개요 보기'에서 개요 수준을 정하면 개요 수준이 포함된 '제목 스타일'이 적용됩니다. 그래서 서식과 개요 수준이 한꺼번에 적용되는 대신에 이미 정한 서식은 변경될 수 있습니다. ※ '단락' 대화 상자에서 개요 수준을 넣는 것과는 다릅니다.
- 개요 보기에서는 표시 방법을 변경해서 제목을 쉽게 골라 볼 수 있습니다. 그림, 도형, 배경, 여백 등은 생략됩니다.
  - ▶ '수준 표시' : 일부 수준까지만 표시하도록 정합니다. 수준을 정하면 수준이 없는 본문 내용은 생략됩니다.
  - ▶ '텍스트 서식 표시' : 서식을 표시하거나 해제 할 수 있습니다.
  - ▶ '첫 줄만 표시' : 본문의 첫 줄만 표시할 수 있습니다.
- [문서 표시]–[만들기]/[삽입]으로 '하위 문서'를 추가할 수 있습니다. 하위 문서는 다른 문서를 연결해 첨부하는 방식으로, 내용을 모두 표시하거나, 축소해 하이퍼링크 상태로 표시할 수 있습니다.
- 개요에 표시되는 ⊕ 표시로는 하위 수준과 본문 내용을 한번에 선택할 수 있습니다. 이동/편집/삭제가 가능합니다.
- 개요 단락은 탐색창에 표시되고, 목차/상호 참조/하이퍼링크 등에 이용할 수 있습니다.

개요 보기로 개요 수준(제목 스타일) 넣기

❶ [보기]–[개요 보기]에서, 제목이 될 단락을 찾아 커서를 가져다 놓습니다. Ctrl로 다중 선택하여도 됩니다.
❷ 선택 단락에 적용할 개요 수준('본문'/'수준 1~9')을 정하면, 각 수준에 해당하는 '제목 1~9' 스타일이 자동 적용됩니다.
❸ 제목에 번호가 필요하다면, [홈]–[다단계 목록]–[새 다단계 목록 정의]의 '자세히'를 눌러, '번호 스타일'과 '연결 스타일(제목)'을 각각 정해 줍니다.

※ 개요 보기에서 정한 개요의 서식은 '제목 스타일'로 조정합니다. '수정'하면 해당 개요 수준 전체에 적용됩니다.
※ 기존 서식을 유지하려면 먼저 본문 서식으로 제목 스타일을 업데이트해 놓습니다.
※ '다단계 목록'에 포함되지 않는 번호나 글머리 기호는 [스타일]–[수정]–[서식]–[번호 매기기]에서 추가할 수 있습니다.
※ 수준 내리기/올리기(Alt+Shift+→/←), 단락 이동(Alt+Shift+↓/↑), 수준 확장/축소 표시(Alt+Shift+A)

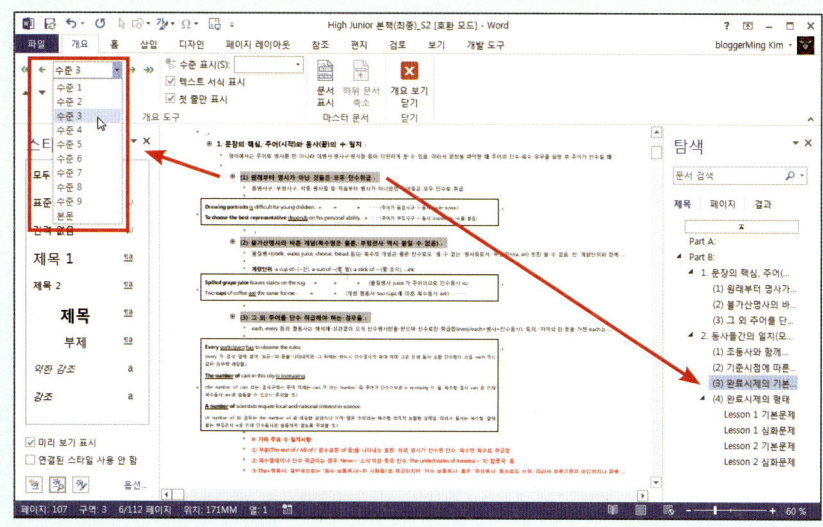

하위 문서 만들기

❶ [보기]-[개요 보기]-[문서 표시]-[만들기]/[삽입]으로 문서를 불러 옵니다'

❷ 연결 상태로 두면 '하위 문서 축소([Ctrl]+[₩])'로 표시/축소 할 수 있고, '연결 끊기'로 문서에 포함할 수 있습니다.

※ 하위 문서를 삽입할 수 없는 경우는 '문서 잠금'이나 '편집 제한', '읽기 전용' 문서인지 확인해 봐야 합니다. 편집 제한 중인 문서가 아니라면 문서를 닫았다가 다시 열어 확인해 봅니다.

※ 편집 제한 문서라면 [검토]-[편집 제한]-[보호 중지]

2 '문단 번호'/'번호 매기기' 시작하기

한/글의 '문단 번호'는, MS Word에서는 개요 수준이 없는 '다단계 목록'이라고 할 수 있습니다. 수준이 없는 '번호 매기기'와는 다릅니다. '1수준'만 사용하면 MS Word의 '번호 매기기' 같지만, 개요처럼 7가지 수준을 만들 수 있고 스타일에 목록 전체를 저장할 수 있습니다. MS Word는 '다단계 목록'에 개요 수준이 포함되어 있나 없나를 가지고 개요를 구분하지만, 한/글에서는 개요 번호와 문단 번호가 완전히 다른 번호 종류로 서로 섞어서 목록을 만들 수는 없습니다.

'문단 모양'에서 지정([서식]-[문단 모양]-[확장]) `한글`

문단 번호로 표시할 문단에 '번호 문단'을 선택하고 수준을 정해 줍니다. '문단 번호 모양'에 선택되어 있는 번호가 서식(스타일) 없이 표시됩니다.

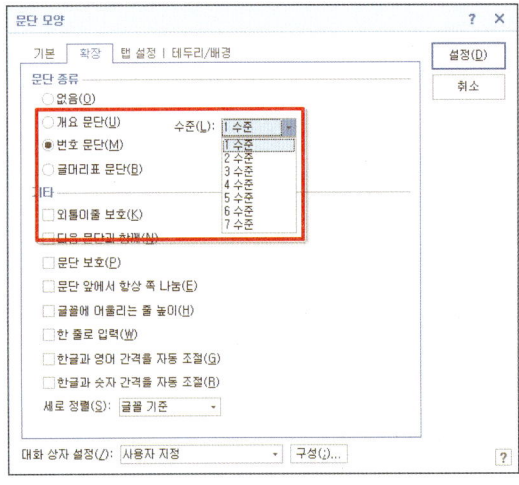

1수준 '번호 매기기'([홈]-[번호 매기기]) `워드`

'번호 매기기'는 '글머리 기호'처럼 1수준의 단순한 번호입니다. ▶번호 모양/서식을 수정하려면 '새 번호 서식 정의'를 이용하고, ▶2수준 이상의 번호를 사용하려면 '다단계 목록' 의 '목록 수준 변경'을 이용합니다. ※ '목록 수준 변경'의 2~9수준은 다단계 목록 '현재 목록'의 2~9 수준

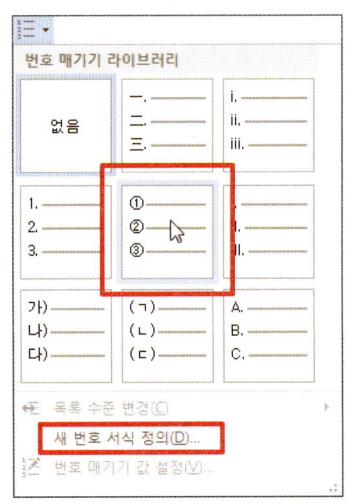

'문단 번호 모양'에서 지정 Ctrl+K,N 한글

기본 제공되는 '문단 번호 모양' 중 하나를 고르고, 수정하려면 '문단 번호 모양'–'사용자 정의' 대화 상자를 엽니다. 사용자 정의 대화 상자의 설정 방법은 '개요 번호 모양'과 같습니다. ※ '문단 번호 모양' 명령은 마우스 오른쪽 버튼 메뉴에도 있습니다.

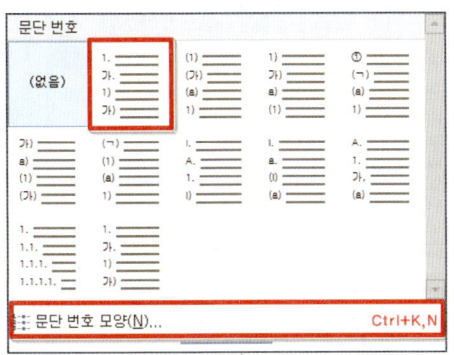

'다단계 목록'의 '새 목록 스타일 정의' 워드

개요 수준이 없는 단순 번호도 목록으로 만들려면 '다단계 목록'으로 입력합니다. 단, 기존 다단계 목록이 있다면 섞일 수 있으니 '새 목록 스타일 정의'로 목록을 구분해 주는 것이 좋습니다. '목록' 스타일은 다단계 목록을 포함하고 있는 스타일입니다.

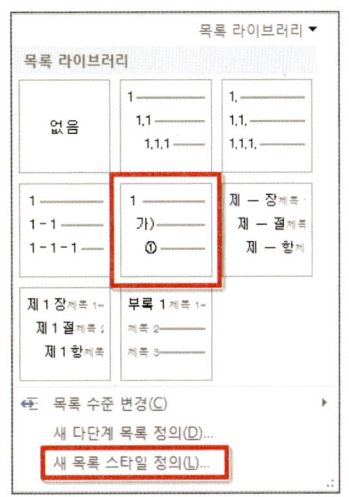

단축키로 빠르게 지정 한글

- 문단 번호 설정 : Ctrl+Shift+Insert
- 문단 번호 수준 내리기 : Ctrl+(Num)+ – 1수준→2수준
- 문단 번호 수준 올리기 : Ctrl+(Num)– – 2수준→1수준
- 문단 번호 모양 : Ctrl+K,N
- 문단 번호 해제 : Ctrl+Shift+Insert or 빈 문단은 Enter를 눌러 해제합니다.
- 새 번호로 시작 : Alt+Shift+Insert

바로 가기 키로 지정 워드

- 수준 내리기 : Tab or Alt+Shift+→
- 수준 올리기 : Shift+Tab or Alt+Shift+←
- 목록 해제 : 빈 단락은 Enter 로 해제하고, 내용이 있는 단락은 Ctrl+Q '단락 서식 제거'로 해제 합니다.

  ※ 번호만 제거하려면 번호 옆에서 Backspace, 또는 번호를 선택해 Delete를 누릅니다.

- 새 번호 : 마우스 오른쪽 버튼 메뉴의 '1에서 다시 시작' 또는 '번호 매기기 값 설정(SetNumberingValue)'을 합니다.

1) 자동으로 입력되는 목록

최근 버전들은 번호나 기호와 빈칸을 입력하면 목록이 자동으로 만들어집니다. 번호는 '문단 번호'/'번호 매기기'로, 기호는 '글머리표'/'글머리 기호'로 입력되는데요. 이 자동 서식은 어디서 지정하고 어떤 것들이 있는지 알아봅니다.

빠른 교정 내용([도구]-[빠른 교정]) `한글`

한/글은 [빠른 교정 내용]-(Shift)+(F8)의 [입력 자동 서식]에서 설정합니다. 한/글 2010 버전부터 가능합니다.

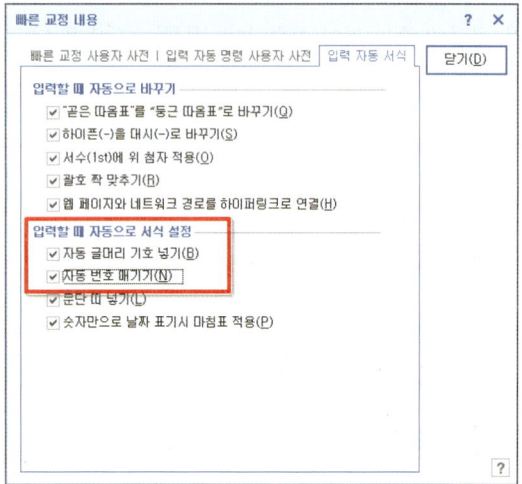

- **자동 글머리 기호 넣기** : '*', '-' 등의 기호를 입력하고 스페이스나 탭 키를 누르면 해당하는 글머리표가 입력됩니다. 모양은 '문단 번호 모양((Ctrl)+(K),(N))'-'글머리표'/'그림 글머리표'에서 변경할 수 있습니다.

    ▶ 입력 기호   * : ● 글머리표

                    - : – 글머리표

                    〉: ▶ 글머리표

    ▶ 해제 : (Ctrl)+(Shift)+(Delete) 또는 번호 옆에서 (Backspace) 합니다. 빈 문단이라면 (Enter)를 누릅니다.

- **자동 번호 매기기** : 문단 번호로 매겨지고 번호 모양은 '문단 번호 모양'에서 변경합니다.

    ▶ 입력 방법 : '1.'을 입력하고 '빈칸'이나 'Tab'을 입력하면 번호 문단이 됩니다.

    ▶ 해제 : (Ctrl)+(Shift)+(Insert) 또는 번호 옆에서 (Backspace) 합니다. 빈 문단이라면 (Enter)를 누릅니다.

    ※ 서식까지 자동으로 적용되도록 만드려면 스타일의 '개요 스타일'을 사용하거나, 번호/글머리표 문단에서 '스타일 추가'하여 스타일로 적용하세요.

자동 고침 옵션([Word 옵션]-[언어 교정]) `워드`

MS Word는 [파일]-[옵션]-[언어 교정]-[자동 고침 옵션]의 '입력할 때 자동 서식'에서 설정합니다.

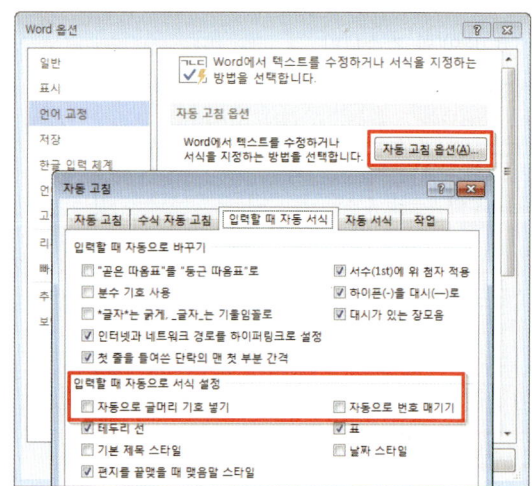

- **자동으로 글머리 기호 넣기** : '*', '-' 등의 기호를 입력하고 스페이스나 탭 키를 누르면 해당하는 글머리 기호가 입력됩니다. 모양은 [홈]-[글머리 기호]-[새 글머리 기호 정의]에서 변경합니다.

    ▶ 입력 기호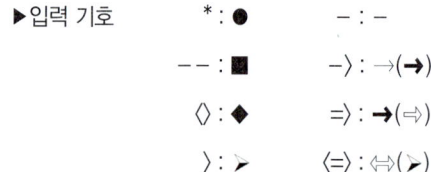

    ▶ 해제 : 빈 단락은 (Enter)를 눌러 해제하고, 번호 옆에서 (Backspace)나 번호를 선택해 (Delete) 할 수 있습니다.

- **자동으로 번호 매기기** : 번호 매기기 단락으로 매겨지고, 모양은 [홈]-[번호 매기기]-[새 번호 매기기 정의]에서 변경합니다.

    ▶ 입력 방법 : 번호 목록의 시작 번호 '1', 'a', 'A', 'I', 'i', '가' 등과 '.' ')' '-' '〉' '( )' 기호를 같이 입력한 후 스페이스

    ▶ 해제 : 빈 단락은 (Enter)를 눌러 해제하고, 번호 옆에서 (Backspace)나 번호를 선택해 (Delete) 할 수 있습니다.

    ※ 주의! 여러 수준이 필요하거나 목차에 넣을 제목이라면, '다단계 목록'이나 '제목 스타일'을 수정해 사용하세요.

2) '문단 번호' 스타일/'새 목록 스타일 정의' 설정하기

한/글 스타일의 '문단 번호/글머리표'와 MS Word의 '목록' 스타일을 이용하면 번호 목록 전체를 하나의 스타일 안에 저장할 수 있습니다. 문서에 여러 목록 구조가 필요할 때나 만든 목록을 다른 문서에서도 쓰고자 할 때 사용할 수 있습니다.

스타일에 '문단 번호' 추가하기 〔한글〕

❶ 설정 : [F6]–[Insert]–[문단 번호/글머리표]
  ▶ 문단 번호가 적용된 문단에서 '스타일 추가'하거나 '현재 모양으로 바꾸기' 해도 됩니다.

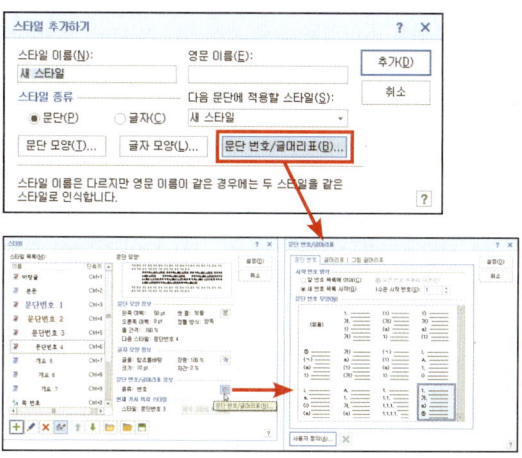

❷ 문단 번호 수정 : 다른 목록 1수준
  ▶ 스타일별로 목록이 다르기 때문에 스타일마다 다른 목록 1수준을 정해도 됩니다. ※ 새 번호를 주기가 쉽습니다.
  ▶ 스타일 [문단 모양]–[확장]의 수준을 꼭 확인하세요.

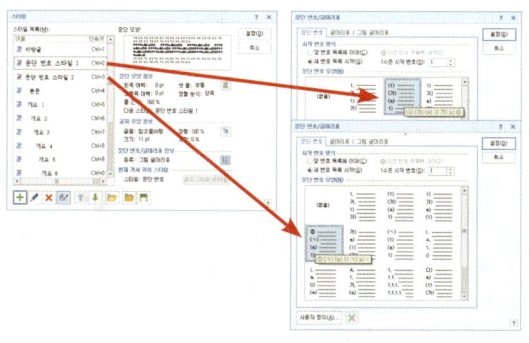

목록 스타일 만들기 〔워드〕

❶ 설정 : [홈]–[다단계 목록]–[새 목록 스타일 정의], 또는 '새 스타일'에서 스타일 형식을 '목록'으로 정해서 만듭니다.

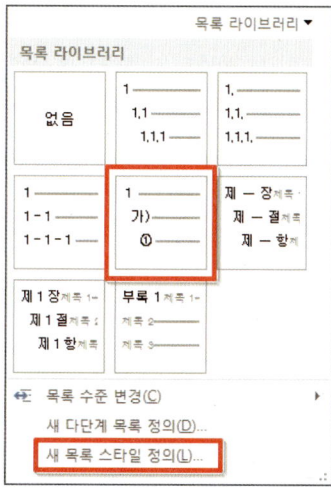

❷ 목록 스타일의 다단계 목록 수정 : [서식]–[번호 매기기]
  ▶ '새 다단계 목록 정의'로 9수준의 다단계 목록과 연결 스타일을 설정할 수 있습니다. ※ 일반 스타일은 1수준의 '번호 매기기'만 가능합니다.
  ▶ '제목' 스타일은 한 가지 목록에만 연결됩니다.

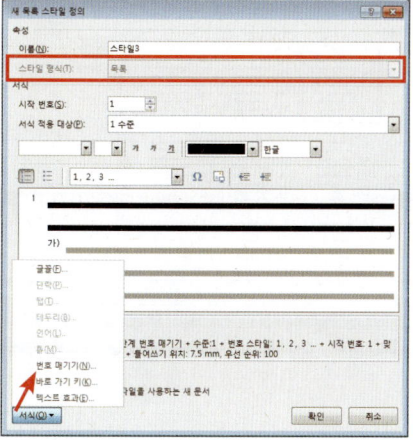

❸ 적용 : 스타일로 적용
- ▶ 스타일 [문단 모양]-[확장]의 수준이 스타일로 우선 적용되고, Ctrl+⊞/⊟로 수준을 변경할 수 있습니다.

❹ 서식 : 목록 수준 전체에 한 스타일이 적용됩니다. 수준을 변경해도 서식은 같습니다.

❺ 활용 : 문단 번호 스타일은 모양을 저장하기 때문에 스타일만 옮기면 다른 문서에서도 같은 목록 모양을 사용할 수 있습니다.
- ▶ 스타일이 적용된 문단을 복사해 붙이거나, '스타일 내보내기'로 옮길 수 있고, 'Normal' 파일에 저장해 모든 새 문서에 적용할 수도 있습니다. ※ 기본 개요 모양을 새 문서에 적용하려면 Normal.hwt 파일을 열어 설정한 후 저장하면 됩니다. - 한/글 2014 : 'Normal90.hwt', 한/글 2010 : 'Normal80.hwt'

▶ 목록 스타일 수정 : 스타일 창(Alt+Shift+Ctrl+S) 아래의 '스타일 관리'에서 찾아 수정할 수 있습니다.

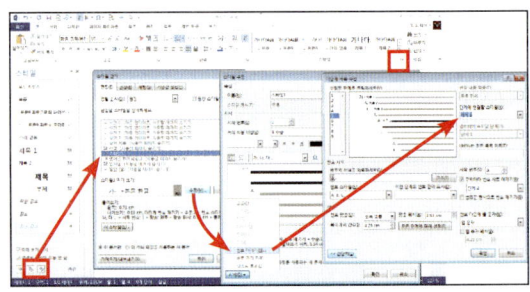

❸ 적용 : [다단계 목록]-[목록 스타일]에서 선택합니다.

❹ 서식 : 목록 스타일을 바로 서식으로 적용하는 것이 아니라, 연결해 놓은 각각의 스타일로 서식과 번호를 적용합니다. 목록 스타일은 목록의 구조만 저장합니다.

❺ 활용 : '스타일 관리'의 '이 서식파일을 사용하는 새 문서' 또는 '스타일 내보내기' 등으로 다른 문서에서도 같은 다단계 목록을 사용할 수 있습니다. ▶모든 새 문서에 적용하려면 'Normal.dotm' 서식 파일을 열어 목록을 만들고 저장하면 됩니다. ※ 위치 : 'C : ₩Users₩사용자이름(Administrator)₩AppData(₩Roaming)₩Microsoft₩Templates'

3) '문단 번호 모양'/'새 번호 서식 정의'

[서식]-[문단 번호]-[문단 번호 모양] Ctrl+K, N `한글`

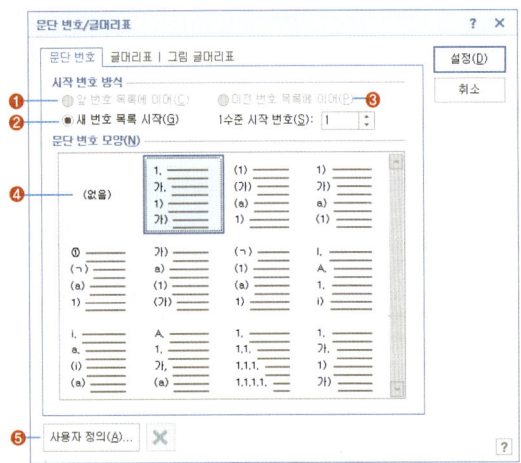

[번호 매기기]-[새 번호 서식 정의] `워드`

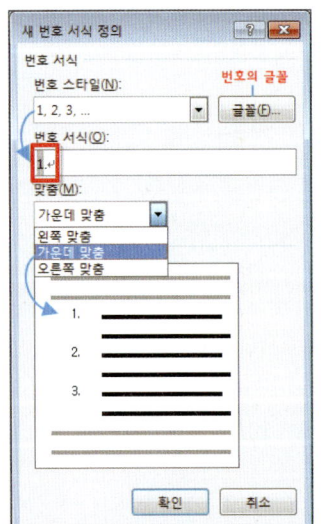

❶ 새 번호 목록을 앞 목록의 번호에 이어줌
❷ 번호 목록을 새 번호 목록으로 시작하고 새 번호를 줌. 작성하던 목록 연결이 끊어 집니다.(=Alt+Shift+Insert)
❸ 새 번호 목록을 이전 목록(앞앞 목록)의 번호에 이어줌
❹ '없음' : 문단 번호 해제 ▶ '문단 번호 모양' : 목록 전체 수준 번호가 수정됨 ※ 이후 목록 모양만 바꾸려면 새 번호를 선택하고 번호 모양을 변경합니다.
❺ '문단 번호 모양'에 없는 새 목록 만들기 : '사용자 정의'에서 수준을 선택해 모양과 서식을 변경합니다. ※ '사용자 정의'는 개요 번호 모양과 같습니다.

- 번호 스타일 : 번호의 종류를 지정
- 글꼴 : 번호만의 글꼴. 내용의 서식과 다르게 지정
- 번호 서식 : 번호를 꾸며줄 마침표나 괄호 입력
- 맞춤 : 목록의 내용이 아닌 번호의 맞춤 정렬

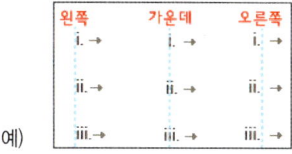

예)

글머리표 [사용자 정의] `한글`

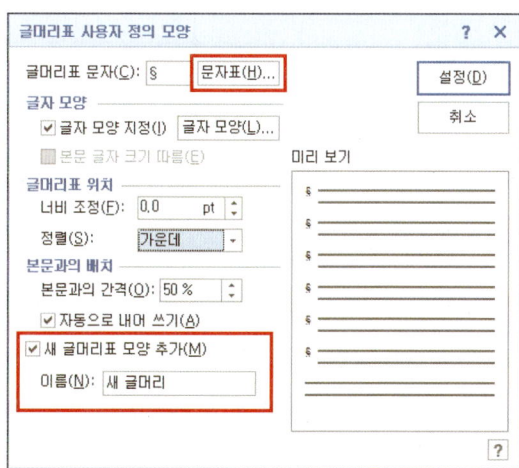

[새 글머리 기호 정의] `워드`

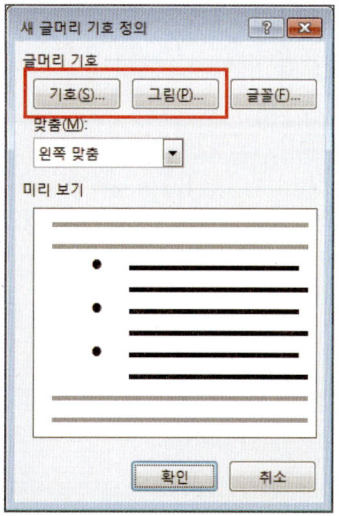

- 기호 '글머리표'는 [문단 번호 모양]-[글머리표]에서, '그림 글머리표'는 [문단 번호 모양]-[그림 글머리 표]에서 선택합니다. 목록에 없는 모양은 각각 [사용자 정의]에서, [문자표](Ctrl+F10) 또는 간단한 [그림]을 불러와 새 글머리표로 만들 수 있습니다.

- '사용자 정의' 목록 중 '새 모양'으로 '이름'을 정해 둔 목록은 다른 문서나 새 문서에서도 사용할 수 있습니다.

- 글머리 기호 종류 : [글머리 기호] 라이브러리에 없는 모양은 [새 글머리 기호 정의]에서 [기호] 또는 [그림]으로 만들 수 있습니다.

- 글꼴 : 글머리 기호에만 적용되는 글꼴을 지정합니다.

- 맞춤 : 목록의 내용이 아닌 번호의 맞춤 정렬 (왼쪽/가운데/오른쪽)

3 글머리표/글머리 기호 시작하기

'글머리표'는 번호가 아닌 기호 목록으로 수준이 없고 특수문자, 그림으로 만들 수 있습니다. 불릿(Bullet)이라고도 불리죠.. 글머리표는 번호가 아니어서 연결된 목록인지의 구분이 쉽지 않습니다. 또 새 모양을 주기도 쉽기 때문에, 목록을 하나로 관리하려면 '스타일'로 저장하는 것이 좋습니다. 수준이 필요하다면 '번호 목록(다단계 목록)'으로 만들어 주세요.

[서식]-[글머리표] Ctrl+K,N 한글

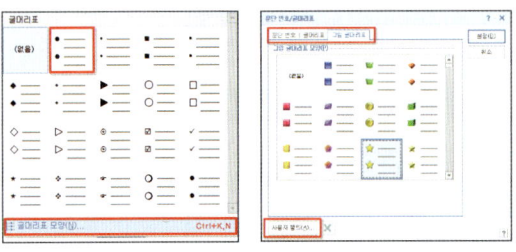

▶ '글머리표', '그림 글머리표' 중 하나를 고르고, 수정하려면 [글머리표 모양]-[사용자 정의] 대화 상자를 엽니다.

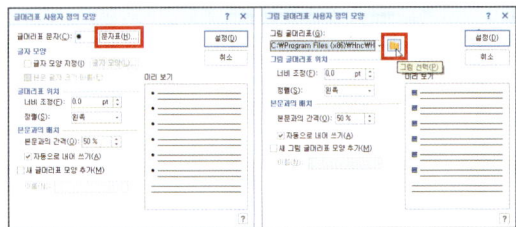

▶ [사용자 정의] : '글머리표'는 문자표로, '그림 글머리표'는 그림으로 변경합니다. ※ 개요/문단 번호의 한 수준에 글머리표를 추가하려면 '번호 서식'에서 Ctrl+F10 합니다.

▶ 글머리표는 '새 번호' 없이 모양을 변경할 수 있습니다.

[서식]-[문단 모양]에서 지정 Alt+T 한글

[문단 모양]-[확장]에서 '글머리표 문단'을 선택해 설정하고, 모양은 Ctrl+K,N '문단 번호 모양'에서 변경합니다.

▶ 스타일에 추가 : 모양별로 만드세요('문단 번호/글머리표').

[홈]-[단락]-[글머리 기호] 워드

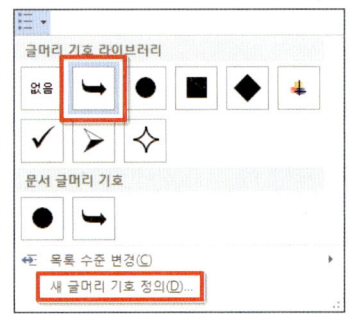

▶ 기본 제공되는 '글머리 기호' 중 하나를 고르고, 수정하려면 [새 글머리 기호 정의] 대화 상자를 엽니다.

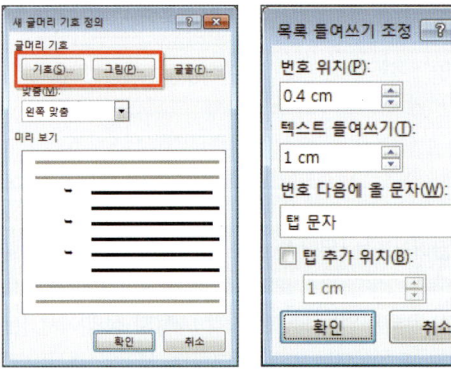

▶ [새 글머리 기호 정의] : '기호', '그림'으로 변경 가능합니다. '글꼴'은 번호에만 서식을 다르게 만들 때 지정하고, '맞춤'은 번호를 번호 영역 내에서 맞춤 정렬할 때 사용합니다.

▶ 새 모양 : 글머리 기호를 선택해 바꾸거나, 마우스 오른쪽 버튼의 '목록 나누기'를 선택한 후 변경합니다.

▶ 서식 : 글머리 기호 단락을 스타일로 저장하면 편리합니다.

▶ 여러 수준이 필요하면 '다단계 목록'을 이용합니다.

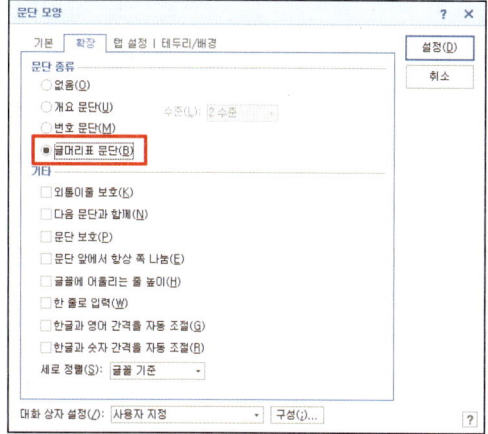

▶ 들여쓰기 변경 : 마우스 오른쪽 버튼의 '목록 들여쓰기 조정' 대화 상자를 열어 지정합니다. '번호 위치'는 들여쓰기(맞춤 위치)에 해당하고, '텍스트 들여쓰기'는 내어쓰기(목록과의 간격)에 해당합니다. '번호 다음에 올 문자'를 '탭 문자'로 지정하면 내어쓰기로 목록과의 간격까지 조절할 수 있습니다.

바로 가기 키로 지정　워드

- 글머리 기호 설정 : Ctrl + Shift + L
- 글머리 기호 모양 : [글머리 기호]-[새 글머리 기호 정의]
- 목록 해제 : 빈 단락이라면 Enter 만 눌러 해제하고, 내용이 있는 경우 기호 옆에서 Backspace 또는 기호를 선택하여 Delete 를 눌러 해제합니다. / [홈]-[글머리 기호]의 '없음'을 선택해도 해제됩니다.

단축키로 지정　한글

- 글머리표 설정 : Ctrl + Shift + Delete
- 글머리표 모양 : Ctrl + K, N
- 글머리표 해제 : Ctrl + Shift + Delete / 빈 문단이라면 Enter 만 눌러도 해제 됩니다. / [서식]-[글머리표] 메뉴의 '없음'이나, [문단 모양]-[확장]의 '없음'을 선택해도 해제됩니다.

기능 REVIEW | 새 번호 주기

- 새 번호를 주는 것은 목록의 연결을 끊는 것입니다. 한/글의 개요와 MS Word의 제목 스타일을 제외한 모든 목록은 '새 번호'를 주면 윗 목록과의 연결이 끊어 집니다. 그래서 새 모양으로 바꾸어도 윗 목록에 영향을 주지 않습니다.
- 한/글 개요는 구역을 나눠 새 번호를 줘야 하고, MS Word 제목 스타일은 연결 상태에서 새 번호를 줄 수 있습니다.

개요의 새 번호　한글

- 한/글 개요는 구역없이는 새 번호를 주지 못합니다.
  ▶ Ctrl + K, O 에서 범위를 '새 구역으로' 정하고 새 번호를 지정해 주거나, ▶ Alt + Shift + Enter 로 구역을 나눈 후 새 번호로 수정합니다.
- 2수준 이후의 새 번호는 '사용자 정의'에서 지정
- 새 번호를 지정하면 그 수준의 시작 번호는 항상 지정한 새 번호를 적용합니다.

다단계 목록/번호 매기기/글머리 기호의 새 번호　워드

- 다단계 목록이나 번호매기기의 새 번호는 마우스 오른쪽 버튼의 '1에서 다시 시작' 또는 '번호 매기기 값 설정'으로 지정합니다. 새 모양으로 바꿀 때도 번호를 먼저 새 번호로 준 후 모양을 바꿔야 합니다.
- 글머리 기호는 마우스 오른쪽 버튼의 '목록 나누기'를 선택한 후 모양을 바꿉니다.

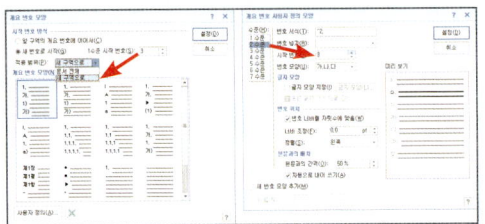

문단 번호의 새 번호 Alt + Shift + Insert 한글

- 문단 번호는 구역없이 새 번호를 줄 수 있습니다.

  ▶ 1번 : Alt + Shift + Insert '새 번호' 단축키가 있습니다.

  ▶ Ctrl + K,N 문단 번호 모양에서 '새 목록 시작'을 선택하고 번호를 바꿉니다. 2~7수준의 새 번호는 '사용자 정의'에서 변경하고, 매번 같은 번호로 시작됩니다.

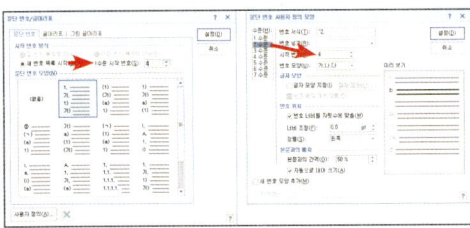

글머리표의 새 모양 한글

- 글머리표는 별다른 설정없이 새 모양으로 쉽게 바꿀 수 있습니다. 모양 별로 스타일(문단 스타일)을 만들어 관리하는 것이 좋습니다.

- '사용자 정의'로 추가된 번호나 글머리표에 이름을 정해주면 다른 문서에서도 같은 모양을 사용할 수 있습니다.

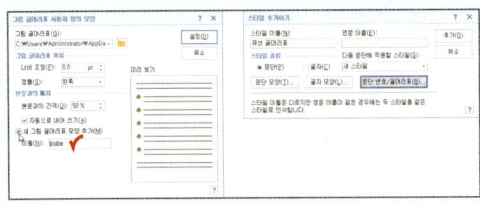

- '단락 기호'을 선택(포함)해 번호 모양/새 번호를 주면 해당 단락만 모양/번호가 변경되고 연결되지 않게 됩니다.

- 이전 목록과 같은 모양/번호를 다시 사용하려면 새 목록이나 새 번호를 다시 주지 말고 '번호 매기기 계속' 또는 '이전 목록에 조인'으로 이전 목록과 연결해 줍니다. ※ 연결이 안될 경우는 스타일을 만들어 적용해 줍니다.

- 다단계 목록은 가능하면 한 문서에 2개 이상 만들지 않는 것이 좋습니다. 꼭 필요한 경우 각각 스타일(단락 스타일)을 만들어 적용해 주어야 혼란없이 사용할 수 있습니다.

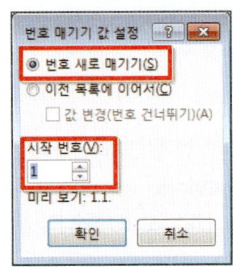

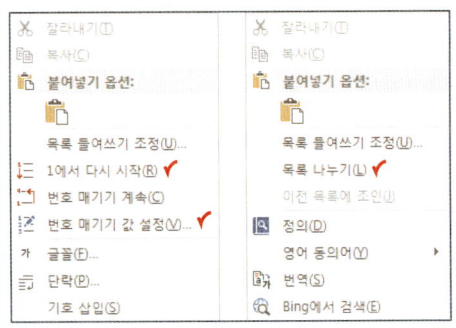

기능 REVIEW | 번호의 글자 모양을 다르게 지정하기

개요 [Ctrl]+[K],[O] 한글

- [개요 번호 모양]-[사용자 정의]-[글자 모양] ※ 수준별
- '글자 모양 지정'을 선택하고 [글자 모양]을 클릭합니다. [글자 모양]의 [기본], [확장] 탭을 설정할 수 있습니다.

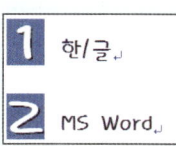

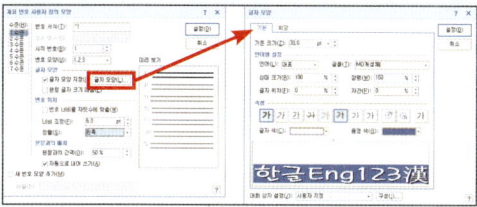

다단계 목록 워드

- [새 다단계 목록 정의]-[글꼴]
- 수준별로, 스타일의 서식과는 다르게 적용됩니다.

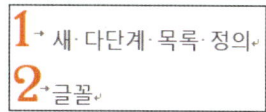

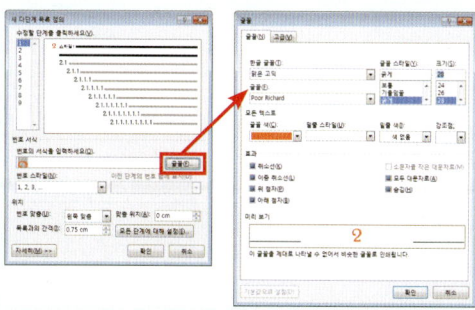

문단 번호/글머리표 [Ctrl]+[K],[N] 한글

- 문단 번호 : [문단 번호 모양]-[문단 번호]-[사용자 정의]-[글자 모양]
- 글머리표 : [문단 번호 모양]-[글머리표]-[사용자 정의]-[글자 모양] ※ [그림 글머리표]는 지정할 수 없습니다. 문단을 수정한 뒤 상용구로 저장해 사용하세요.

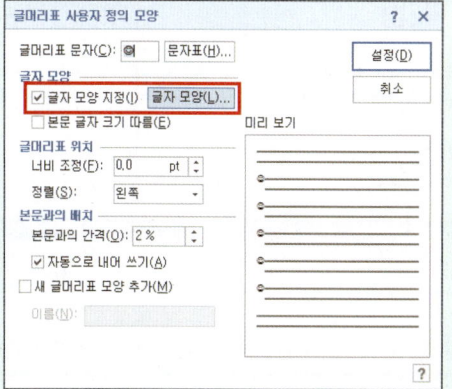

번호 매기기 워드

- [새 번호 서식 정의]-[글꼴]

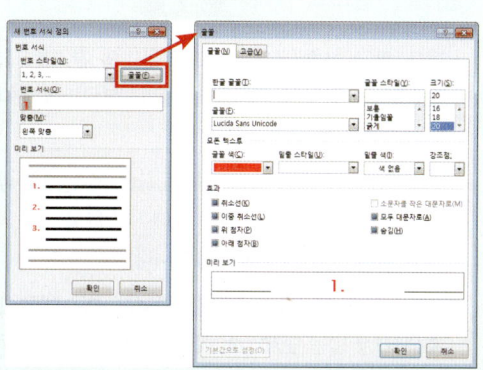

글머리 기호 〔워드〕

- [새 글머리 기호 정의]-[글꼴] ※ 기호만 가능합니다.

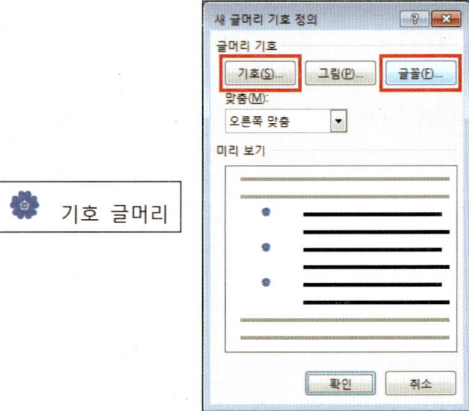

❁ 기호 글머리

기능 REVIEW | 목록과 번호와의 간격

한/글 본문과의 간격 〔한글〕

- 개요/문단 번호/글머리표와 본문과의 간격은 [개요/문단 번호 모양]-[사용자 정의]-'본문과의 간격'으로 정합니다.
  ▶ '본문과의 간격'과 별도로 '번호 서식'에 빈칸을 추가해도 됩니다. 단, 번호 서식에 추가한 간격은 자동 내어쓰기가 적용되지 않습니다.

- '번호 너비를 자릿수에 맞춤'을 해제한 경우 해당 번호의 가장 넓은 번호 너비에 맞춰 본문이 정렬되기 때문에 '본문과의 간격'은 가장 넓은 너비를 보고 정해야 합니다.
  ▶ '번호 너비를 자릿수에 맞춤'을 해제한 경우 번호를 왼쪽/가운데/오른쪽으로 정렬할 수 있습니다.
  ▶ 번호 왼쪽 여백은 문단 모양(스타일)에서 지정합니다.

MS Word 목록과의 간격 〔워드〕

- [다단계목록]-[자세히]-[번호 다음에 올 문자]로 지정
  ▶ '번호 다음에 올 문자'와는 별도로 '번호 서식'('번호의 서식을 입력하세요')에 빈칸을 추가해도 됩니다.
  ▶ '번호 서식'에 직접 입력한 공백, '번호 다음에 올 문자'로 정한 '공백'은 내어쓰기(목록과의 간격)가 자동으로 맞춰지지 않습니다.

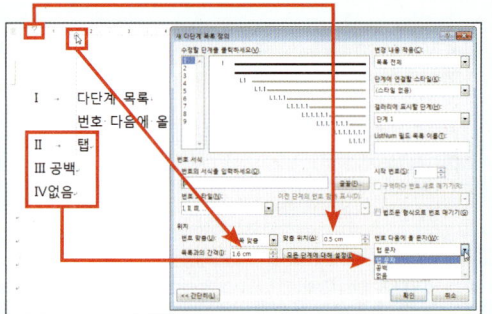

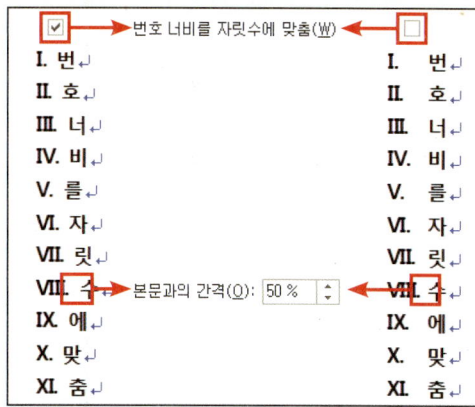

번호 다음에 올 문자 - 탭

- 목록이 아니어도 내어쓰기가 된 단락은 첫 줄에서 Tab 키로 내어쓰기와 줄을 맞출 수 있습니다.
- '탭 추가' : 번호 너비가 늘어나면 다음 기본 탭 위치가 아닌 '탭 추가' 위치로 본문 첫 줄이 맞춰집니다.

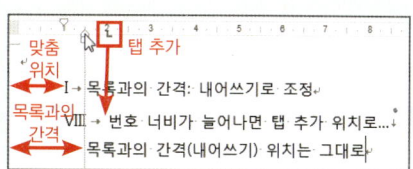

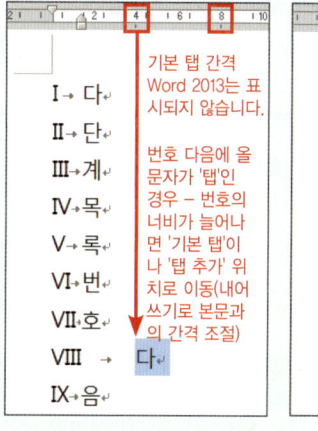
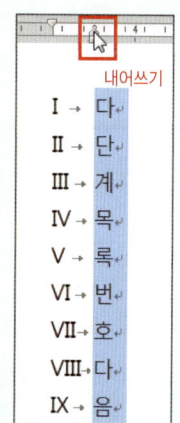

번호 다음에 올 문자 - 공백

- 목록 뒤에 공백을 넣어 동일한 너비를 주는 대신, 자동 내어쓰기는 안됨 ※ 가운데 맞춤된 목록에 사용

번호 다음에 올 문자 - 없음

- 목록 뒤에 아무 문자도 넣지 않음

자동 내어쓰기 [한글]

- 번호의 2째줄 이하 본문을 자동으로 내어 쓸지를 선택합니다.
- '자동 내어쓰기'로 지정된 내어쓰기는 눈금자나 문단 모양, 스타일 등에는 나타나지 않으며 조정할 수 없습니다. 목록의 '본문과의 간격'으로 조절합니다.

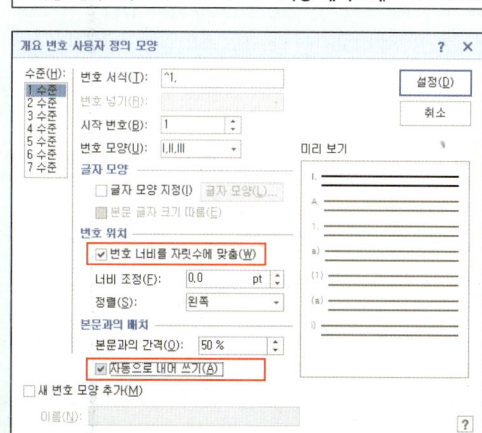

기능 REVIEW | 한/글 '개요 스타일'과 '문단 번호 스타일'

한/글의 개요와 문단 번호는 각각 별개의 명령이기 때문에 서로 연결하거나 섞어서 목록을 만들 수는 없습니다. 개요는 개요끼리, 문단 번호는 문단 번호끼리만 번호가 이어집니다. '개요 번호 모양' 명령은 마우스 오른쪽 버튼 메뉴에 없고, 스타일에서 모양을 지정하지 않는다는 것을 꼭 기억해 두세요!

개요 스타일

- 개요의 서식으로 기본적으로 만들어져 있습니다.
- 수준 별로 스타일이 있습니다.
- 환경 설정에 의해 개요를 입력(Ctrl+Insert)하면 개요 스타일(영문 'Outline 수준')이 자동 적용됩니다.
- 번호 모양은 본문에서 Ctrl+K,O로 지정합니다. 스타일에서 지정하지 않고, 스타일에 반영할 필요 없습니다.
- 한 구역당 하나의 번호 모양만 가능하고, '개요 보기'에 표시되며, 차례/상호 참조/하이퍼링크 등에 이용됩니다.

개요 번호 스타일 사용법

❶ Ctrl+K,O '개요 번호 모양'에서 번호의 7가지 수준을 설정합니다. ※ 새 모양은 '사용자 정의'

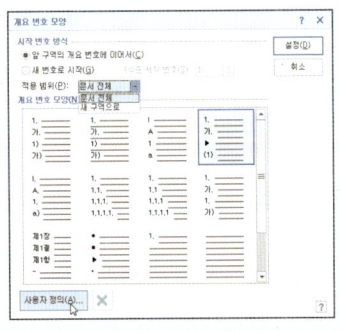

문단 번호 스타일

- 기본적으로 만들어져 있는 스타일은 없고, 스타일에 문단 번호 서식을 추가/편집하여 만듭니다.
- 목록의 7수준 전체가 한 스타일에 저장되고, [문단 모양]-[확장]에서 정한 수준이 스타일로 바로 적용됩니다.
- Ctrl+Shift+Insert로 스타일이 적용되진 않습니다.
- 번호 모양은 스타일 내의 '문단 번호/글머리표'로 변경하거나, Ctrl+K,N으로 수정하고 스타일에 반영합니다.
- 개요 스타일에 문단 번호를 덧실행하면 개요와 같은 서식의 문단 번호를 이용할 수 있습니다.

문단 번호 스타일 만들기

❶ F6-[추가 하기]-[문단 번호/글머리표] 또는 번호 문단에서 바로 F6-Insert로 스타일에 추가합니다.

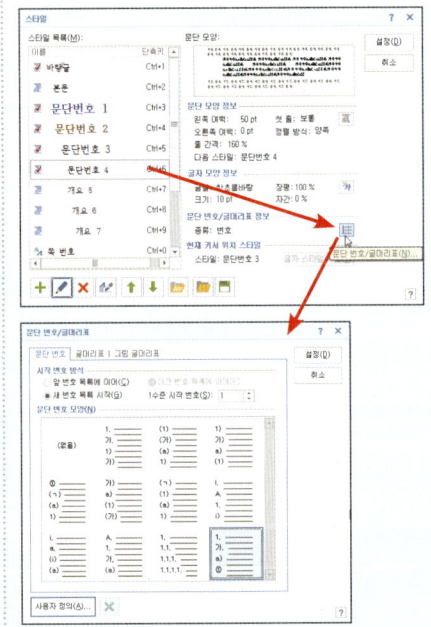

❷ F6 스타일의 '개요 스타일'을 원하는 서식으로 편집합니다. 본문을 먼저 편집한 뒤 '현재 모양으로 바꾸기'를 이용해도 됩니다.

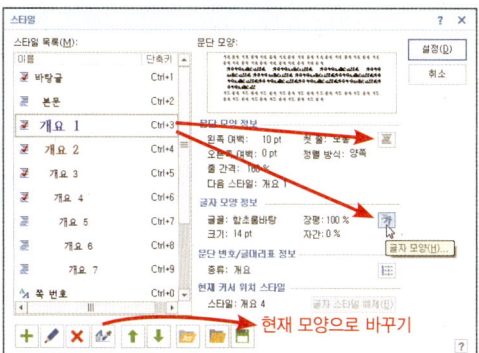

❸ '개요 스타일'이나, Ctrl + Insert 로 개요를 입력합니다.

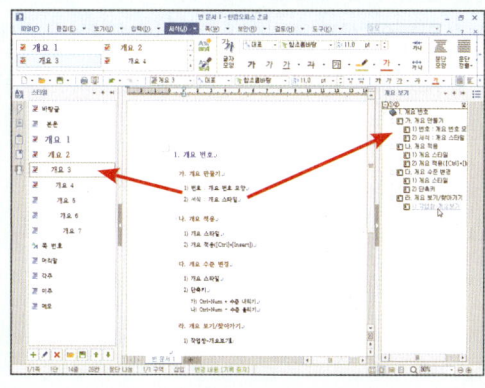

❷ 스타일의 [문단 모양]에서 표시할 수준을 확인합니다. 스타일별로 다른 목록이라, 각 목록 1수준이 좋습니다.

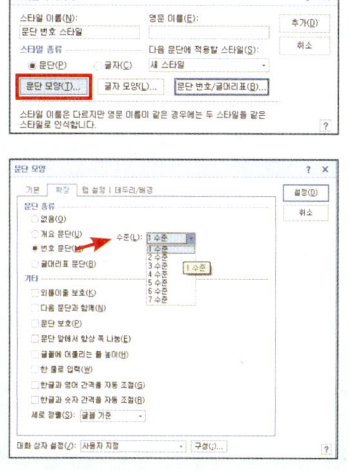

❸ 스타일로 번호를 시작하고, 새번호는 '문단 번호 모양'-'새 번호 목록 시작'이나, Alt + Shift + Insert 를 이용합니다.

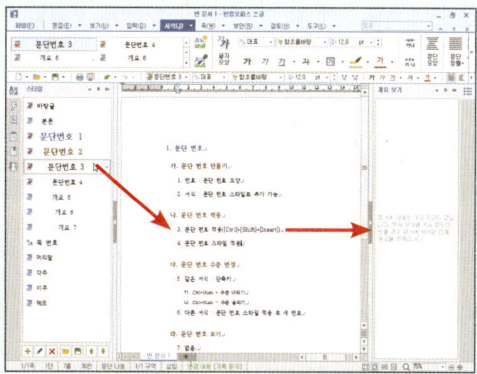

목록의 적용 방법과 몇 가지 수정 방법에 대해 알아보았습니다.

목록은 항목끼리 서로 연결되어 있고 또 개요를 추가해 사용하는 명령이기 때문에 개요 번호, 개요 서식이 포함된 스타일을 알아야 잘 이용할 수 있습니다. 번호가 있는 제목의 경우 번호와 스타일을 잘못 사용하여 번호가 이어지지 않거나, 또는 알아서 새 번호가 매겨지지 않는 것 같은 혼란이 많이 생기는데요. 목차에 쓸 제목의 번호라면 개요와 연결해 사용해야 한다는 것 하나는 꼭 기억 하셔야 합니다.

그래서 한/글은 개요 스타일, MS Word는 다단계목록의 장 제목을 번호만 편집하여 사용하면 혼동될 일이 적습니다. 번호를 적용하지 말고 스타일을 적용해 번호와 서식을 같이 표시하는 것이죠. 스타일을 적용하면 적어도 그 스타일 내에서는 두 가지 모양을 줄 수 없습니다. 개요가 섞인 스타일을 사용하겠다면 번호의 모양은 한/글은 `Ctrl`+`K`, `O`에서, MS Word는 '새 다단계 목록 정의'에서 수정한다는 것도 알아두세요.

또 하나 주의할 것은 새 번호인데요. 번호가 1번으로 다시 시작하지 않는 다고 해서 새 번호를 자꾸 주면 안됩니다. 목록이 제대로 짜여 있다면 윗 수준이 바뀔 때마다 새 번호 1번은 알아서 찾아가게 되어 있습니다. 새 번호를 준다는 것은 번호의 연결을 끊는다는 말과 같습니다. 새 번호를 주면 줄수록 목록의 연결은 조각 조각 끊어지게 됩니다. 번호가 이상하게 매겨질 경우 우선 번호만 바꾸려 하지 말고 전체 목록의 구성을 다시 한번 확인해 보세요. 물론 한/글의 개요나 워드의 제목 스타일은 새 번호를 주어도 서로 연결이 끊기지 않습니다. 그래서 목차를 만드는 중요한 제목은 개요가 포함된 '개요 스타일'/'제목 스타일'을 사용해야 합니다.

번호와 스타일을 이용한 자세한 제목 지정 방법은 '활용' 편의 '번호 활용하기'를 참고해 보세요.

01-4 탭 설정

키보드의 Tab 키를 눌러보면 커서가 일정 크기만큼 껑충 건너 띄어 위치하는 것을 확인할 수 있습니다. '기본 탭' 간격이 있기 때문인데요. 가로 눈금자를 켜보면 아래 작은 세로선으로 표시된 기본 탭 간격을 볼 수 있습니다. '기본 탭' 간격대로 사용하지 않고 자유롭게 사용자가 탭 간격을 정하는 것을 '탭 설정'이라고 합니다. 눈금자에 직접 찍어 설정해도 되고, 대화 상자를 열어 정확한 값으로 설정해도 됩니다. 탭 설정은 한/글과 MS Word가 대부분 비슷합니다.

1 탭 설정하기

탭 이미지 `한글`

탭 이미지 `워드`

탭의 종류 `공통`

- 왼쪽 탭 ⊡/⊡ : 탭을 기준으로 왼쪽 줄을 맞춥니다.
- 오른쪽 탭 ⊡/⊡ : 탭을 기준으로 오른쪽 정렬됩니다.
- 가운데 탭 ⊡/⊡ : 탭을 기준으로 가운데 정렬됩니다.
- 소수점 탭 ⊡/⊡ : 탭을 기준으로 소수점이 정렬됩니다.

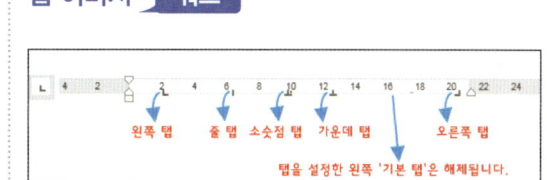

한/글과 MS Word의 '탭'이 같습니다.

- 줄 탭(세로 막대) ⊡ : 줄을 맞추지는 않고 세로선만 표시합니다. 문단이나 텍스트 상자, 표 안에 세로선을 추가해 표시할 수 있습니다. ※ MS Word에만 있음.

1) 가로 눈금자로 탭 설정하기

탭은 가로눈금자 왼쪽 '탭 종류' 변경 아이콘에서 탭 모양을 선택한 다음 〉 눈금자의 원하는 곳을 클릭해 설정합니다.

눈금자 탭 설정 `공통`

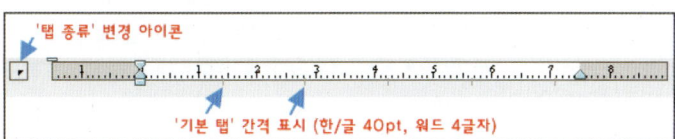

- '탭 종류' 변경 아이콘을 클릭할 때마다 탭 종류가 변경됩니다.
- 한/글은 눈금자 위쪽을, MS Word는 눈금자 아래쪽을 클릭해 탭을 만듭니다.

- 눈금자로는 탭을 마우스로 끌어 이동시킬 수 있고, [Alt]를 눌러 좌우 간격을 보며 세밀히 조정할 수 있습니다.
- 눈금자의 탭은 클릭한 다음 눈금자 바깥으로 끌어내 지울 수 있습니다.
- 눈금자의 탭을 더블클릭하면 [탭 설정] 대화 상자로 바로 이동합니다.
- 탭 설정도 문단 서식의 하나로, 반복해서 사용해야 한다면 스타일로 저장해 사용합니다.
- '조판 부호'/'편집기호'를 켜면 입력된 탭의 서식 기호를 볼 수 있습니다.

기타 탭 설정 　한글

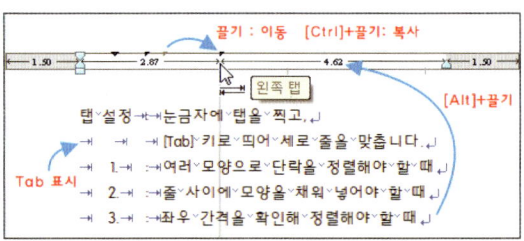

- [Ctrl]을 누르며 탭을 마우스로 끌면 기존 탭은 그대로 두고 같은 모양의 탭을 다른 위치에 복사할 수 있습니다.
- 탭을 마우스 오른쪽 버튼으로 눌러 '탭 종류'를 바꿀 수 있습니다.
- 눈금자를 마우스 오른쪽 버튼으로 눌러 '탭 빠른 메뉴'를 불러낼 수 있습니다.

2) 대화 상자로 탭 설정하기

[문단 모양]/[단락] 대화 상자의 [탭 설정]/[탭]에서 ❶ 탭 위치를 값으로 입력하고 〉 ❷ 종류와 ❸ 채울 모양을 선택해 〉 ❹ [추가]/[설정] 합니다.

탭 설정 창 [서식]-[문단 모양]-[탭 설정] 　한글

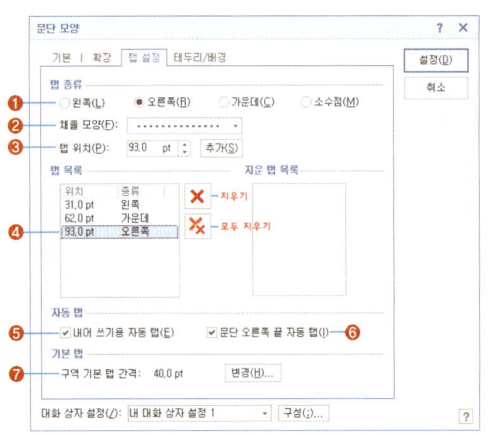

❶ 탭 종류 : 왼쪽 탭/오른쪽 탭/가운데 탭/소수점 탭
❷ 채울 모양 : [Tab]으로 건너 뛸 위치에 채울 모양 선택
❸ 탭 위치 : 탭을 추가할 위치를 정하고 [추가]
❹ 탭 목록 : 설정된 탭 위치와 종류 표시
❺ 내어쓰기용 자동 탭 : 탭 설정 없이 내어쓰기가 된 위치로 [Tab] 맞춤 가능
❻ 문단 오른쪽 끝 자동 탭 : 탭 설정 없이 줄 오른쪽 끝에서부터 입력 가능
❼ 기본 탭 : 기본으로 정해져 있는 탭 간격 – 40pt

탭 설정 창 [홈]-[단락]-[탭] 　워드

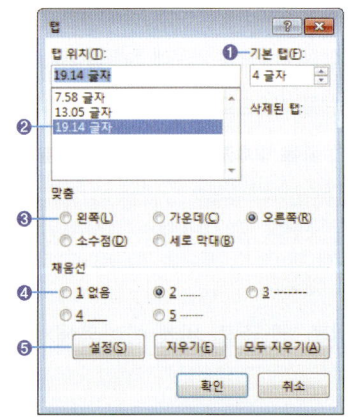

❶ 기본 탭 : 기본 탭 4글자는 가로 눈금자 아래에 표시 (Word 2013은 미적용) – 문서별로 변경 가능
❷ 탭 위치 : 새 탭 값 입력, 이미 설정한 탭 표시 ※ 단위는 [Word 옵션]-[고급]에서 변경하지만, 직접 입력해도 됩니다.
❸ 맞춤 : 설정한 탭의 맞춤 모양(탭 종류) 지정
❹ 채움선 : 설정한 탭을 건너 띄며 채울 모양 선택
❺ 설정 : '탭 위치'에 입력한 새 탭 값을 설정.
❻ 지우기 : 선택한 탭 지우기
❼ 모두 지우기 : 설정된 모든 탭 지우기

왼쪽 탭 설정 따라하기 `한글`

❶ [Alt]+[T] 문단 모양의 '탭 설정' 탭으로 이동
❷ 탭 종류를 '왼쪽 탭'으로 선택
❸ '탭 위치'에 값을 직접 입력 (단위 변경 : pt 클릭)
❹ [추가]
❺ 더 추가할 탭이 있다면 ❷~❹ 반복 후 [설정]
❻ 탭 설정을 지우려면 '탭 목록'에서 선택하고 [X] 삭제

점선이 포함된 오른쪽 탭 설정 따라하기 (목차 서식) `한글`

❶ 탭 종류를 '오른쪽'으로 선택
❷ '채울 모양'에서 원하는 점선 선택
❸ '탭 위치'에 값을 직접 입력 (단위 변경 : pt 클릭)
❹ [추가]
❺ 더 추가할 탭이 있다면 ❷~❹ 반복 후 [설정]
❻ 탭 설정을 지우려면 '탭 목록'에서 선택하고 [X] 삭제

왼쪽 탭 설정 따라하기 `워드`

❶ [Alt]+[O],[P] 단락의 [탭] 선택
❷ '탭 위치'에 값을 입력 (단위 : 기본 '글자' 단위 – 단위를 변경하려면 단위까지 직접 글자로 입력. 예 : '10mm')
❸ '맞춤'에서 탭 종류를 '왼쪽 탭'으로 선택
❹ [설정]
❺ 더 추가할 탭이 있다면 ❷~❹ 반복 후 [확인]
❻ 설정된 값을 삭제하려면 선택 후 [지우기]

※ 하나만 설정하고 대화 상자를 닫으려면 '탭 위치'만 입력하고, [확인] 또는 [Enter] 하세요.

점선이 포함된 오른쪽 탭 설정 따라하기 `워드`

❶ '탭 위치'가 될 숫자를 입력
❷ '맞춤'에서 '오른쪽' 선택
❸ '채움선'에서 '선 종류' 선택
❹ [설정]
❺ 더 추가할 탭이 있다면 ❷~❹ 반복 후 [확인]
❻ 설정된 값을 삭제하려면 선택 후 [지우기]

2 탭의 사용 예

탭은 문단 설정이라서 여러 문단에 설정할 때는 먼저 필요한 만큼 블록 지정 후 설정해야 합니다. 선택한 문단만 탭이 설정된다는 것에 주의(눈금자 확인) 하세요. 스타일에 지정해도 좋습니다. 탭을 설정했다면 본문에서 키보드 [Tab] 키를 눌러 위치를 맞춥니다.

- 왼쪽 탭 : 콜론(:) 등 일반적인 줄 맞추기에 사용됩니다.

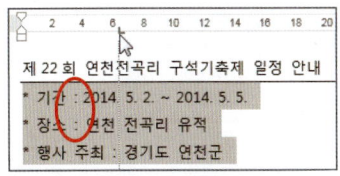 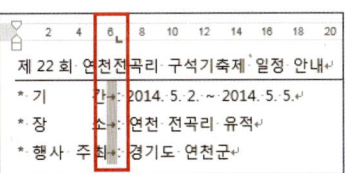

- 오른쪽 탭 : 목차나 머리말의 페이지번호 맞추기에 사용됩니다.

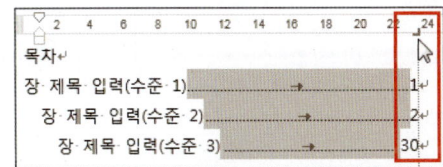

- 가운데 탭 : 문단의 일부만 가운데로 정렬할 때 사용합니다.

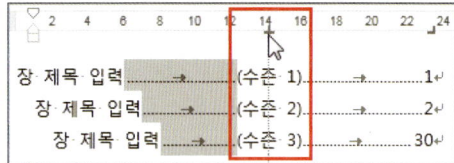

- 소수점 탭 : 소수점(마침표)에 맞춰 정렬할 때 사용합니다.

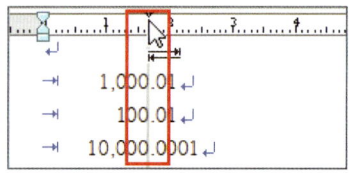

- MS Word의 줄 탭(세로 막대 탭) : 줄을 맞추는 기능은 없기 때문에 다른 탭과 같이 사용하면 좋습니다. 구분선이 필요할 때 사용합니다. ※ 아래) '줄 탭'과 '단락 테두리'

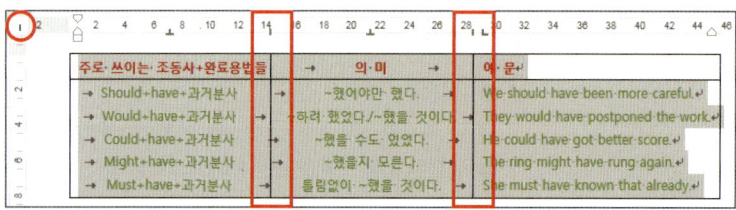

3 기타 탭 설정

기본 탭 간격 바꾸기 　한글

- 한/글은 구역 단위로 기본 탭 간격을 바꿀 수 있습니다.
- [문단 모양]-[탭 설정] '구역 기본 탭 간격' 또는 Ctrl+N , G 구역 설정에서 변경합니다.

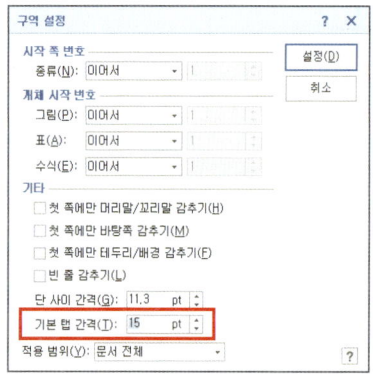

기본 탭 간격 바꾸기 　워드

- MS Word는 문서 전체에 한 가지로 정할 수 있습니다
- [단락]-[탭]의 '기본 탭'에서 변경합니다.

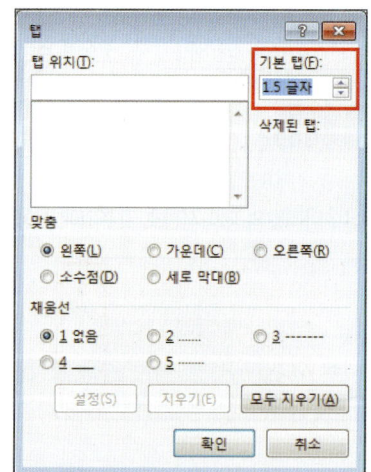

- 모든 새 문서의 기본 탭 간격 조정 : 새 문서의 기본 탭은 새 문서 Normal.hwt 서식파일을 열어 수정해 놓고 저장하면 변경됩니다. 또는 바탕글 스타일에 탭을 설정한 후 '스타일 내보내기'로 'Normal' 파일에 저장해도 됩니다.

내어 쓰기용 자동 탭 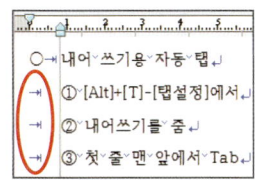 한글

- 내어쓰기 문단의 첫 줄 시작을 내어쓰기 위치에 맞출 때 사용합니다. ※ '바탕글'에 설정해 놓으면 좋습니다.

❶ [Alt]+[T]-[탭 설정]-'내어쓰기용 자동 탭'
❷ 내어쓰기를 줌(눈금자 아래 세모나 [Shift]+[Tab])
❸ [Tab] 키로 내어쓰기 위치에 맞춤

- 모든 새 문서의 기본 탭 간격 조정 : 새 문서의 기본 탭은 새 문서 Normal.dotm 서식파일을 열어 수정해 놓고 저장하면 변경됩니다

내어 쓰기와 탭   워드

- MS Word에서는 특별한 설정 없이 내어쓰기가 된 단락이라면 첫 줄에서 [Tab] 키로 내어쓰기 위치를 맞출 수 있습니다. 안 되는 경우는 [단락] 대화 상자의 '[페이지 설정]'에서 지정한 문자 수에 맞춰 '오른쪽 들여쓰기 자동 조정'을 해제해 놓습니다.

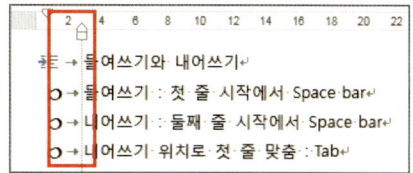

머리글 맞춤 탭   워드

- 머리글/바닥글 도구의 [위치]에 있는 '맞춤 탭'으로 탭 설정 없이 가운데/오른쪽 맞춤을 이용할 수 있습니다. 왼쪽/가운데/오른쪽으로 맞춰지는 탭이 자동으로 입력됩니다. ※ '정렬 기준'과 '채움선'을 정할 수 있습니다.

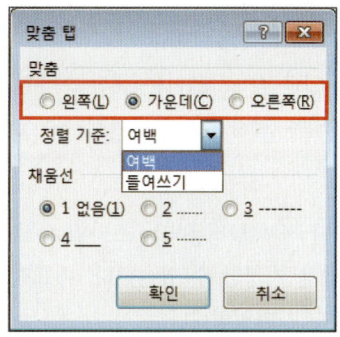

문단 오른쪽 끝 자동 탭   한글

- 한 문단에 왼쪽, 오른쪽 정렬을 같이 사용하거나, 여백이 달라도 무조건 줄끝으로 내용을 맞춰야 할 때 간단히 사용할 수 있습니다. ※ '기본 탭', '채울 모양'은 사용할 수 없습니다. 일부 '머리말' 서식에 설정되어 있습니다.

❶ [Alt]+[T]-[탭 설정]-'문단 오른쪽 끝 자동 탭'
❷ [Tab]을 눌러 오른쪽에서부터 입력

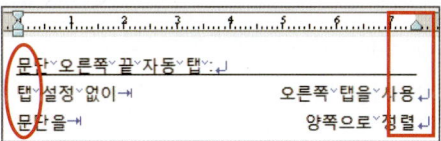

01-5 스타일

글자 모양(글꼴)과 문단 모양(단락)을 하나씩 지정하면서 편집하기는 쉽지 않은 일입니다. 문서의 양이 많을수록 작업량이 많아지고 통일이 쉽지 않을 텐데요. 실제로 문서를 만들어보면 편집에 사용되는 서식은 그리 많지가 않습니다. 또 서식이 너무 많아져도 혼란스러워 좋지 않겠죠. 그래서 문서를 쉽고 깔끔하게 정돈하기 위해서는 '스타일'을 사용해야 합니다.

스타일은 필요한 서식만 모아서 하나로 만든 '서식 세트'라고 할 수 있습니다. 개요(제목)를 짜듯, 문서 전체의 서식도 몇 가지로 요약해서 '스타일'로 만들어 보세요. 클릭 한번으로 여러 가지 서식을 동시에 적용하고, 또 적용된 서식을 쉽게 변경할 수 있습니다. 스타일을 활용하면 많은 양의 문서도 빠르고 간단하게 편집될 것입니다.

1 스타일의 종류

한/글 스타일과 MS Word 스타일은 서로 약간의 차이가 있습니다. 우선 스타일의 종류부터 다른데요. 한/글에 비해 MS Word는 '연결 스타일' 형식이 하나 더 있고 또 여러 스타일의 기준이 되는 '기준 스타일'이 있습니다. MS Word는 스타일을 '관리'하는 방법도 다양하고, '스타일 창'을 보는 '옵션'도 여러 가지로 조정할 수 있으며, 또 기본적으로 만들어져 있는 스타일이 많기 때문에 문서를 꾸미기가 쉽습니다. 스타일 모음도 훨씬 다양하구요. 대신 좀 복잡하긴 하죠.. 그에 비해 한/글은 간단하고 쉽게 스타일을 사용할 수 있습니다. 먼저 서로 다른 스타일의 종류부터 알아두세요..^^

문단 스타일 ▤ 『한글』

한/글의 스타일은 일반적으로 쓰이는 '문단 스타일'과 글자 강조에 사용되는 '글자 스타일'로 나눌 수 있습니다.

문단 스타일은 문단 전체에 적용되는 스타일로 '글자 모양'과 '문단 모양'을 지정할 수 있습니다. 대표적으로는 '바탕글'이 문단 스타일입니다.

- 문단 전체에 적용(문단 어디에서 지정해도 적용됨)
- 한 문단에 한가지 스타일만 적용
- 정렬/목록/탭/테두리 등의 '문단 모양' 지정 가능
- [Enter] 를 누르면 다음 문단에도 적용(변경 가능)
- '차례 만들기'에 사용 가능
- 해제 : [Ctrl]+[1] 바탕글
- 예 : 바탕글, 본문, 개요, 머리말, 각주, 미주, 메모, 차례

단락 스타일 ↵ 『워드』

MS Word에는 '단락' '문자' '연결' 스타일이 있고, '목록' '표' 스타일과 '기준 스타일'을 정할 수 있습니다.

'새 스타일'을 만들 때 적용되는 형식으로 한/글의 '문단 스타일' 특징과 같습니다. '표준 스타일'이 단락 스타일입니다.

- 예 : 표준 스타일 – 문서의 기본이 되는 서식. 대부분의 스타일에 기준이 되는 스타일입니다.
    - ▶ 간격없음 : 줄 간격이 '1줄'/단락 여백이 없는 서식
    - ▶ 목록 단락 : 일반적으로 목록을 만들 때 적용되는 스타일
    - ▶ 캡션 : 캡션을 넣었을 때 적용되는 스타일
    - ▶ 목차 스타일 : '목차 삽입' 했을 때 적용되는 스타일

- ▶ 바탕글(Normal) : 새 문서를 열면 지정되어 있는 문서의 기본 서식(예 : 글꼴-함초롬바탕, 줄 간격-160%)
- ▶ 본문(Body) : '바탕글'에 왼쪽 여백이나 들여쓰기가 추가된 본문 서식
- ▶ 개요(Outline) : 개요 수준(번호)이 포함된 문서의 제목
- ▶ 머리말(Header) : 머리말/꼬리말에 적용되는 스타일
- ▶ 각주(Footnote) : 각주가 입력되면 적용되는 스타일
- ▶ 미주(Endnote) : 미주가 입력되면 적용되는 스타일
- ▶ 메모(Memo) : 메모가 입력되면 적용되는 스타일
- ▶ 차례(TOC/TOC Heading) : 차례에 자동 적용되는 스타일. '한글 2014 VP'부터 사용 가능합니다.

  ※ 스타일을 추가하면 기본적으로 문단스타일이 됩니다.

글자 스타일 [한글]

글자스타일은 '글자 모양'만 설정할 수 있는 스타일입니다.

- 선택한 부분에만 적용(단축키로 시작/해제 가능)
- 문단 스타일에 추가로 적용할 수 있고, 한 문단에 여러 개의 글자스타일 사용 가능
- '문단 모양' 지정 불가능
- Enter 를 누르면 해제
- '차례 만들기'에 사용 불가능
- 해제 : Ctrl + - (숫자키패드 아님) ※ 바탕글 적용 안 됨
- 예 : 쪽번호(Page Number) – '쪽번호 매기기'에 적용되는 스타일로 한/글 2014부터 글자스타일로 변경됨.

  ▶ 스타일의 종류는 스타일을 추가할 때만 변경 가능합니다.

- 해제 : Ctrl + Shift + N 표준 스타일

문자 스타일 [워드]

한/글 '글자 스타일'과 같지만 Enter를 눌러도 적용됩니다.

- 예 : '강조' '인용' '굵은 텍스트' '기울임' '밑줄' 등 글꼴 서식
  - ▶ 각주 참조/미주 참조 : 각주, 미주의 번호 서식(윗 첨자)
  - ▶ 하이퍼링크, html 등 '단락' 스타일을 변경해도 적용되지 않아야 할 부분에 '문자 스타일'을 사용
- 해제 : Ctrl + Spacebar 또는 '스타일 검사기'-'지우기'

연결 스타일 [워드]

보통은 '단락 스타일'로 사용되나 단락의 일부만 블록을 지정해 적용하면 '문자 스타일'로 적용되는 스타일입니다.

- 예 : 대부분의 '제목 스타일'과 '인용', '각주/미주 텍스트'(각주의 내용 서식), '메모', '본문', '머리/바닥글' 스타일
- 해제 : Ctrl + Spacebar 또는 '스타일 검사기'-'지우기'
- 연결된 스타일 사용 안 함 : 연결 스타일을 단락 스타일로 사용(스타일 창에서 선택 가능)

목록 스타일 [워드]

다단계 목록을 포함하고 있는 스타일 ※ '새 목록 스타일 정의' 참고

표 스타일 [워드]

[표 도구]-[디자인]에 표시

※ Ctrl + Shift + S 로도 선택 가능

기준 스타일 [워드]

다른 스타일의 기준이 되는 스타일로 기준 스타일을 수정하면 연결된 하위 스타일의 서식도 같이 변경됩니다.

- 이미 스타일이 적용된 단락에서 '새 스타일'을 추가하면 기존 적용된 스타일이 '기준 스타일'이 됩니다.

2 스타일 메뉴 알아두기

스타일 대화상자-[서식]-[스타일] F6 한글

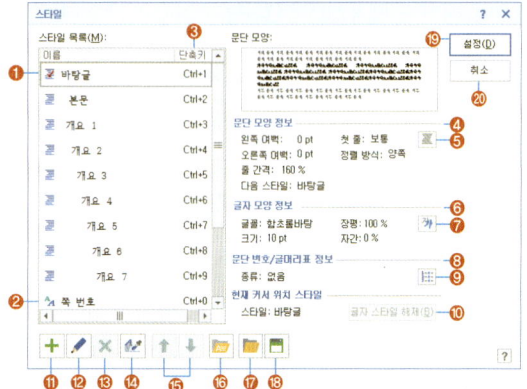

- ① 스타일목록 : 📄 문단 스타일 ✏️ 문서에 적용된 스타일
- ② 스타일목록 : 🔤 글자 스타일
- ③ 단축키 : Ctrl + 1 ~ 0
- ④ 선택한 스타일의 간략한 문단 모양 정보
- ⑤ 선택한 스타일 [문단 모양] 편집하기
- ⑥ 선택한 스타일의 간략한 글자 모양 정보
- ⑦ 선택한 스타일 [글자 모양] 편집하기
- ⑧ 선택한 스타일의 문단 번호/글머리표 정보(개요 아님)
- ⑨ 선택한 스타일에 [문단 번호/글머리표 모양] 편집하기
- ⑩ 선택한 스타일이 '글자스타일'인 경우 [글자스타일 해제]
- ⑪ 스타일 추가하기(Insert) : 커서위치의 서식이 바로 적용
- ⑫ 스타일 편집하기 : '글자 모양', '문단 모양', '문단 번호/글머리표'(개요 아님) 등 스타일 수정
- ⑬ 스타일 삭제(Delete)
- ⑭ 현재 모양으로 바꾸기 : 커서 위치의 서식으로 선택한 스타일 덮어쓰기(업데이트)
- ⑮ 스타일 위치 변경 : 단축키 변경
- ⑯ 스타일 마당 : 다른 스타일 목록으로 변경
- ⑰ 스타일 불러오기 : .hwp(한/글 파일) .hwt(한/글 서식파일) .sty(한/글 스타일 파일) 파일의 스타일 가져오기
- ⑱ 스타일 저장하기 : 스타일 파일, 서식 파일(새 문서-Normal.hwt), 다른 한/글 파일 등으로 스타일 내보내기
- ⑲ [설정] : 선택한 스타일을 커서 위치에 바로 적용
- ⑳ [취소] : 선택한 스타일을 커서위치에 적용하지 않고 닫기

빠른 스타일 갤러리 - [홈] - [스타일] 워드

MS Word에는 기본 스타일이 아주 다양하게 만들어져 있습니다. 문서에 필요한 왠만한 서식은 이미 스타일로 만들어져 숨겨진 상태로 되어 있고 명령이 실행되면 자동 적용되는 스타일도 많습니다. '빠른 스타일'에서는 그 중 가장 기본적인 스타일(표시)과 스타일 관련 메뉴를 사용할 수 있습니다. 기타 스타일과 설정은 '스타일 창'을 열어 지정합니다.

※ Word 2013은 '미니 도구 모음'에도 '스타일'이 있습니다.

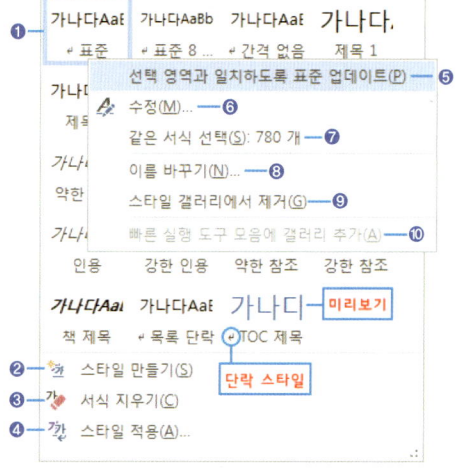

- ① 빠른 스타일 목록과 커서위치에 적용된 스타일 표시
  ※ 마우스를 올려놓으면 해당 스타일로 미리보기 됩니다.
- ② 새 스타일 만들기 : 커서 위치의 서식으로 추가 가능
- ③ 서식 지우기 : 표준 스타일로 서식 지우기
- ④ Ctrl + Shift + S 스타일 적용 창 열기 : 스타일 창에 표시되지 않은 스타일을 찾아 적용할 수 있음.

• 빠른 스타일 갤러리의 마우스 오른쪽 버튼 메뉴

- ⑤ 커서 위치의 서식으로 선택 스타일 업데이트(덮어쓰기)
- ⑥ 선택 스타일 수정(편집하기)
- ⑦ 적용된 단락/텍스트 영역 수 표시. 전체 선택 가능
- ⑧ 스타일 이름 바꾸기
- ⑨ 빠른 스타일 갤러리에서 제거 : 실제 제거되지는 않음
- ⑩ 리본 메뉴 위/아래의 '빠른 실행 도구 모음'에 '빠른 스타일' 갤러리를 추가

3 스타일 작업창

스타일은 보통 작업창을 켜놓고 적용합니다. 작업창은 많은 종류의 스타일을 쉽게 찾아 적용할 수 있고 '마우스 오른쪽 버튼 메뉴' 등 다양한 스타일 메뉴들을 사용할 수 있습니다. 스타일의 대화 상자와 여러 가지로 활용할 수 있는 스타일 창에 대해 알려 드리겠습니다.

[보기]-[스타일 작업창] 한글

- 편집창 좌(우)측 '작업창 펴기'로 작업창을 열어 '스타일 작업창'을 선택합니다. 커서를 필요한 문단에 이동시켜 놓고, 또는 블록지정하여 스타일을 클릭하면 선택한 곳에 스타일 서식이 적용됩니다.
- 작업창은 위치를 이동할 수 있고, 따로 떼어 표시할 수 있습니다. 필요한 작업창의 아이콘을 마우스로 클릭해 끌어 보세요.
- 스타일 이름에 마우스를 올려 놓으면 설정된 서식을 알 수 있습니다.
- 스타일을 마우스 오른쪽 버튼으로 클릭하면 스타일 편집/지우기 등 빠른 메뉴를 이용할 수 있습니다.

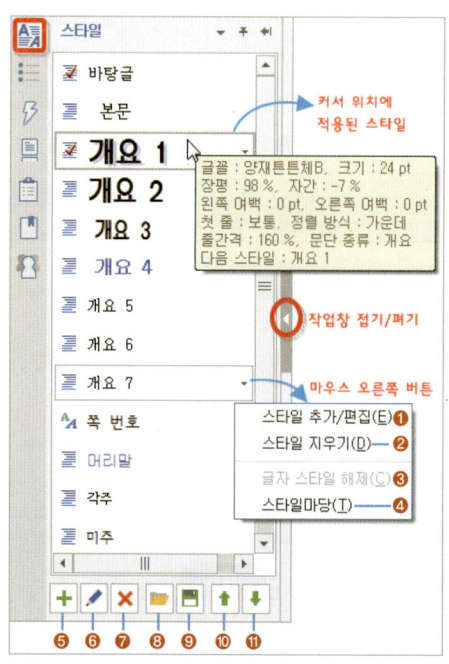

- ①, ⑥ 스타일 추가/편집 : [스타일] 대화 상자 열기
- ②, ⑦ 스타일 지우기 : 적용된 곳이 있다면 '바꿀 스타일'을 선택하고 지웁니다.
- ③ 글자 스타일인 경우 '스타일 해제'가 가능합니다.

[홈]-[스타일 작업창] Ctrl+Alt+Shift+S 워드

- [홈]-[빠른 스타일]의 '스타일 대화 상자 열기 아이콘'을 클릭하면 편집창 좌측 또는 우측에 스타일 작업창이 열립니다. 스타일에 관한 모든 기능을 사용할 수 있습니다.
- 스타일 이름에 마우스를 올려 놓으면 설정된 서식을 알 있고, 본문에 미리보기를 확인해 볼 수 있으며, 다양한 마우스 오른쪽버튼 메뉴를 사용할 수 있습니다.

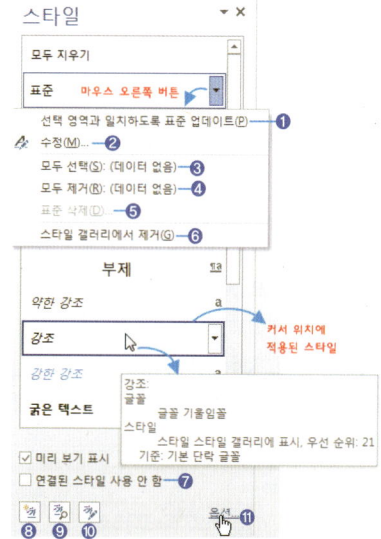

- ① 스타일 업데이트 : 커서 위치의 서식으로 스타일 서식 바꾸기
  ※ 마우스 오른쪽 버튼으로 선택하여 업데이트합니다.
- ② 스타일 편집하기
- ③ 스타일이 적용된 개수를 표시하고 클릭하면 모두 선택
- ④ 서식 지우기 : 적용된 스타일 서식을 지웁니다.
- ⑤ 스타일 삭제(하위 스타일의 경우 '기준 스타일로 되돌리기'로 표시)
- ⑥ 해당 스타일을 갤러리에서 제거(실제 제거되지는 않음)
- ⑦ 연결스타일의 경우 '문자 스타일' 사용 안 함
- ⑧ 새 스타일 : 스타일 추가하기

❹ 기본 스타일 모음의 다른 서식 모음인 '스타일 마당'
❺ 스타일 추가하기 : 새 스타일 추가하기 대화 상자
❽ 스타일 불러오기 : 다른 파일의 스타일 가져오기
❾ 스타일 저장하기 : 다른 파일로 스타일 내보내기 ▶'파일 선택' 칸을 클릭해 'Normal'로 선택하면 새문서에 적용됨.
❿,⓫ 스타일 위치 올리기/내리기 : 단축키가 있는 경우 변경됨. 주로 사용하는 스타일을 위쪽으로 배치 하세요.

❾ 스타일 검사기 : 단락에 적용된 단락/글자 서식(스타일, 일반 서식)을 정확히 알아보고 서식 지우기/수정 등 활용
❿ 스타일 관리 : 스타일 수정/삭제(모든 스타일), 표시/숨기기, 제한 설정, 기본 값(스타일 모음 기본 값 수정) 설정
⓫ 스타일 창의 '보기 옵션' 설정 : 스타일 창에 표시할 스타일 종류와 정렬 방법을 정하고, 스타일이 아닌 글꼴/단락 서식도 표시할 수 있도록 선택 가능합니다.

4 스타일 만들기

스타일을 만들기위해 글자 모양/문단 모양을 일일이 지정해 줘도 좋지만, 본문에 같은 서식이 있다면 커서만 가져다 놓고 바로 스타일을 만들면 쉽습니다. MS Word의 경우 정확한 서식을 위해서는 블록을 지정해 만들어야 하는 경우도 있습니다. 한 단락 안에도 여러 가지 서식이 있을 수 있으니 필요한 서식을 정확히 선택해 스타일을 만들어 보세요.

스타일 추가하기 [한글]

❶ 스타일로 만들 서식에 커서를 가져다 놓고
❷ [서식]-[스타일 추가하기]-이름을 정하고 Enter

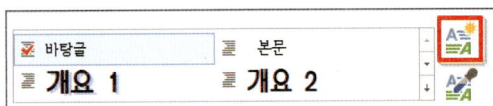

• F6 - Insert 하거나, [스타일 작업창]의 [+]를 눌러도 스타일을 추가할 수 있습니다.

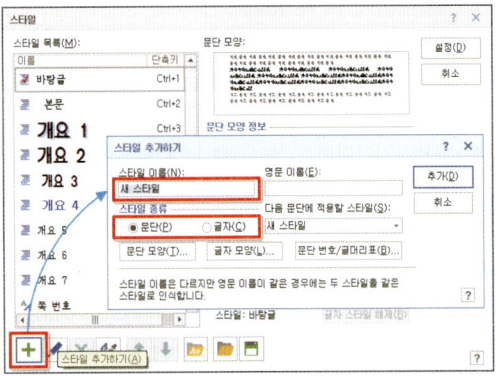

새 스타일 만들기 [워드]

❶ 본문을 선택한 후,
❷ [홈]-[빠른 스타일]-[자세히]-[새 스타일 만들기]-이름을 정하고 Enter

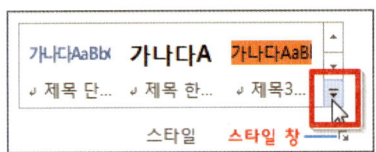

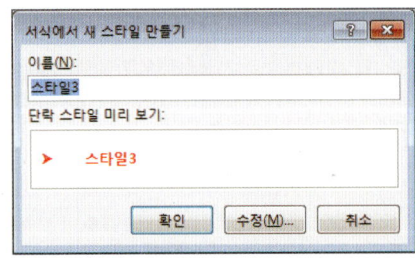

새 스타일 상세 설정 [워드]

• '[빠른 스타일]-[새 스타일]-[수정]'이나, '[스타일 창]-[새 스타일]', '[스타일 관리]/[스타일 검사기]-[새 스타일]'에서는 자세한 서식을 설정하여 스타일을 만들 수 있습니다.

스타일 추가 상세 설정 　한글

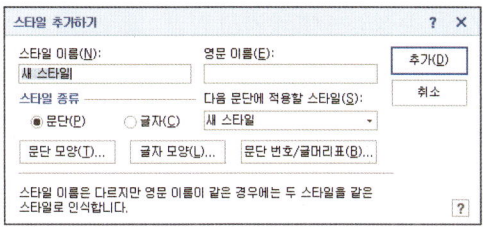

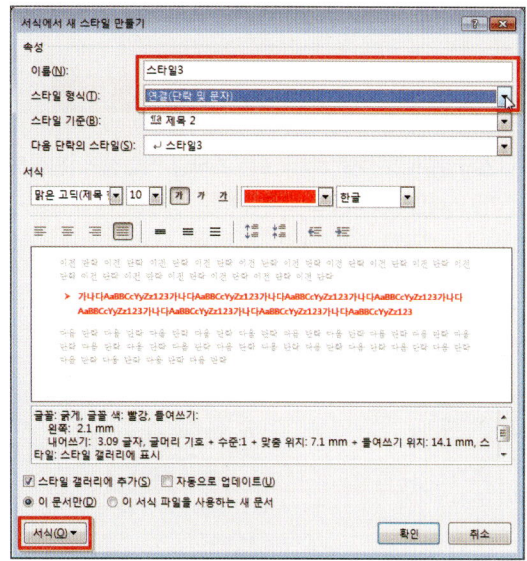

- 스타일 이름, 영문 이름 입력
  - ▶ 스타일 이름은 같은 이름을 만들 수 없습니다.
  - ▶ '영문 이름'은 개요/각주/쪽번호 등 명령이 입력되었을 때 자동 적용되는 코드입니다. 대소문자를 구별하세요.
- 스타일 종류 : '추가하기'에서만 변경이 가능합니다.
  - ▶ '문단' 스타일은 [문단 모양]/[글자 모양]을 모두 지정할 수 있고, '글자' 스타일은 [글자 모양]만 지정 가능합니다.
- 다음 문단에 적용할 스타일
  - ▶ Enter 를 눌렀을 때 바로 실행될 스타일을 선택해 놓으면 좋습니다. 기본 글꼴이면 '바탕글'로 선택하세요.
- 문단 번호/글머리표 모양
  - ▶ '문단 번호/글머리표'의 목록 전체가 추가되고, '문단 모양'–'확장'에서 정한 수준이 스타일로 우선 적용됩니다. 일반적으로는 1수준이 표시되고 다른 목록(스타일 목록)과 서로 연결되지 않습니다. ※ 개요 스타일의 모양 아님.

- 스타일 이름 : 기존 스타일과 다른 이름으로 입력
- 스타일 종류 : '새 스타일'에서만 변경이 가능합니다.
  - ▶ '단락' 스타일은 [글꼴]/[단락] 서식을 모두 지정할 수 있고, '문자' 스타일은 [글꼴] 서식만 지정할 수 있습니다.
- 스타일 기준
  - ▶ 상위 스타일(기준 스타일)을 정하면 그 스타일의 서식이 기본 값이 되서 수정할 수 있고, 기준 스타일 수정으로 하위 스타일까지 변경할 수 있습니다.
- 다음 단락의 스타일 : Enter 를 눌렀을 때 연결될 스타일
- 서식 : 글꼴/정렬 등 간단한 서식을 바로 지정할 수도 있고 대화 상자를 직접 열어 지정하는 [서식]을 이용할 수도 있습니다. '글꼴'은 대화 상자를 열어 지정하세요!
  - ▶ [서식] : [글꼴]/[단락]/[번호 매기기]/[바로 가기 키] 등을 추가할 수 있습니다. ※ 스타일 형식에 따라 다릅니다.

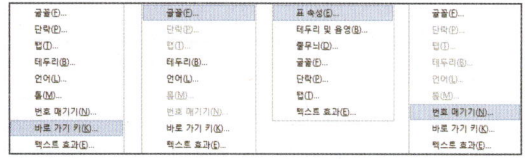

5 스타일 편집(수정)하기

스타일을 편집하는 여러 가지 방법 [한글]

- [스타일]([F6])-[편집하기] 또는 스타일 작업창의 [편집하기], 스타일에서 마우스 오른쪽 버튼 '스타일 추가/편집'

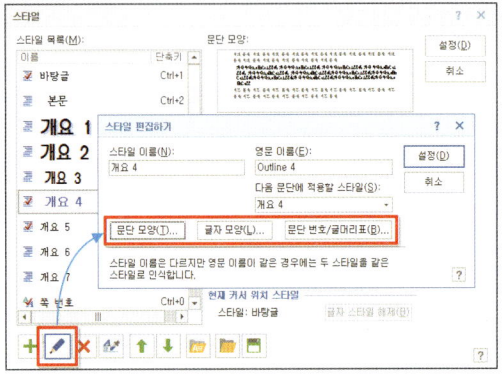

- [스타일] 대화 상자의 '문단 모양 정보', '글자 모양 정보'에 있는 [문단 모양]/[글자 모양] 단추를 이용해도 됩니다. 미리 보기를 참고하세요. ※ 주의 : [문단 번호/글머리표]는 개요 스타일의 '개요 번호 모양'을 지정하는 것이 아닙니다!

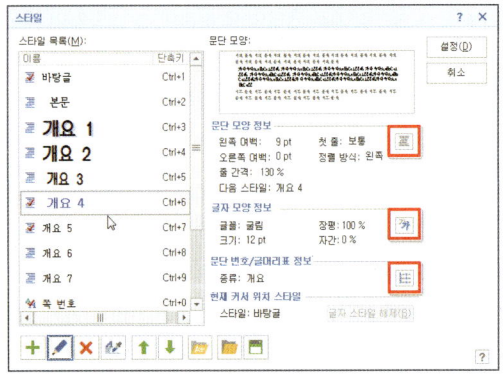

- 현재 모양으로 바꾸기 : 본문 서식으로 스타일을 수정할 수도 있습니다. ※ MS Word의 '스타일 업데이트'
  - ▶적용된 스타일을 변경할 경우 : 한/글 2014는 [서식]-[현재 모양으로 바꾸기], 이하 버전은 [F6]-[현재 모양으로 바꾸기]를 클릭합니다.

스타일을 수정하는 여러 가지 방법 [워드]

- [빠른 스타일]의 스타일을 마우스 오른쪽 버튼으로 클릭-[수정] 또는 '스타일 창'/'스타일 적용'/'스타일 관리'에서 [수정] 할 수 있습니다. 특히, '스타일 관리'에서는 문서의 모든 스타일을 찾아볼 수 있기 때문에 '목록 스타일'/'표 스타일' 등도 수정/삭제할 수 있습니다.
  ※ 스타일 종류(형식)는 만들 때에만 변경이 가능합니다.

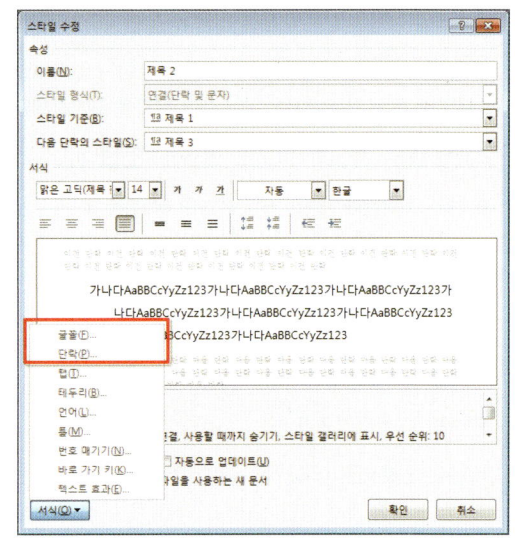

[서식] – 대화 상자 열어 수정하기

▶글꼴 : 글꼴/강조/효과/장평/자간 지정 – '한글 글꼴'과 '글꼴'을 모두 지정하세요. ※ 본문에 강조 서식이 있는 경우 스타일에도 추가하여 적용하면 해제될 수 있습니다.

▶단락 : 정렬/줄 간격/여백/개요/탭/기타 단락 설정

▶탭 : 탭 설정

▶테두리 : 테두리 및 음영 설정

▶언어 : 맞춤법 검사시 자동으로 사용될 언어

▶틀 : 틀을 추가합니다. 수식을 입력할 때 편리합니다.

▶번호 매기기 : 단락/연결/목록 스타일에서 지정 가능. ※ '목록 스타일'에서는 '새 다단계 목록 정의'가 됩니다.

▶바로 가기 키 : 자주 쓰는 스타일에 단축키를 만듭니다.

▶텍스트 효과 : 'WordArt'처럼 채우기/윤곽선/그림자/반사/네온/부드러운 가장자리/3차원 서식을 지정합니다.

▶ 다른 스타일 서식을 커서 위치 서식으로 변경할 경우 :
[F6] – 스타일을 선택 후 [현재 모양으로 바꾸기] 합니다.

• 스타일 업데이트 : ❶ 커서를 서식에 가져다 놓고, 또는 블록으로 선택한 다음, ❷ 추가 스타일을 마우스 오른쪽 버튼으로 눌러 '선택 영역과 일치하도록 *** 업데이트'를 선택하면 스타일 서식이 커서 위치의 서식으로 덮어쓰기 됩니다. ▶커서 위치에 지정된 스타일이 아닌 다른 스타일에도 업데이트가 가능합니다.

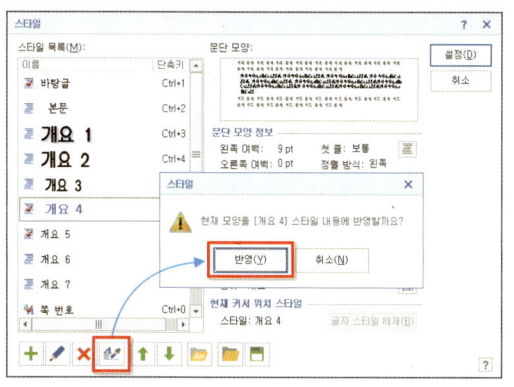

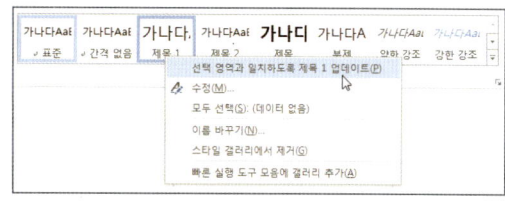

6 다른 스타일로 적용하기

이미 적용된 스타일을 다른 스타일로 바꾸어 적용하는 방법입니다.

스타일 삭제하고 다른 스타일로 적용하기 [한글]

❶ [F6] 스타일(또는 스타일 작업창)에서 '스타일 지우기'
❷ 삭제할 스타일이 본문에 적용되어 있다면 '바꿀 스타일 선택' 대화 상자가 열립니다.

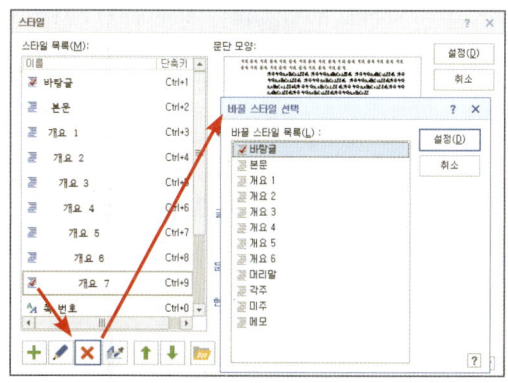

스타일을 삭제하지 않고 다른 스타일로 바꾸기
[한글]

[바꾸기] [Ctrl]+[H]

❶ 찾을 내용 : [서식 찾기]-[스타일] – 기존 스타일
❷ 바꿀 내용 : [서식 찾기]-[스타일] – 새 스타일
❸ [바꾸기]/[다음 찾기] 또는 [모두 바꾸기]

스타일 삭제하고 다른 스타일로 적용하기 [워드]

❶ 빠른 스타일 또는 스타일 작업창에서 삭제할 스타일을 찾아 마우스 오른쪽 버튼의 '같은 서식 선택'을 클릭
❷ 바꾸어 적용할 스타일 클릭
❸ 삭제할 스타일에서 마우스 오른쪽 버튼의 'ㅇㅇ 스타일 삭제' 또는 '기준 스타일로 되돌리기'

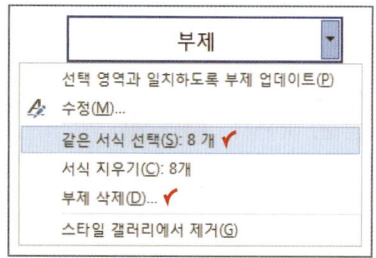

• 바꾸어 적용할 스타일을 선택해 주지 않고 바로 삭제하게 되면 '표준 스타일'로 적용됩니다.

• 적용된 단락이 없으면 빠른 스타일/스타일 창에서 자동으로 사라질 수도 있습니다. 찾아서 삭제하려면 '스타일 관리' 대화 상자를 열어 삭제합니다.

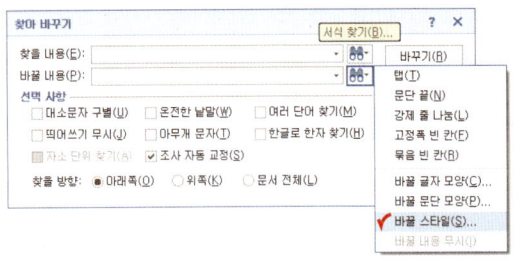

다른 스타일로 바꾸기 `워드`

[바꾸기] Ctrl + H - [자세히]

① 찾을 내용 : [서식]-[스타일] - 기존 스타일
② 바꿀 내용 : [서식]-[스타일] - 새 스타일
③ [바꾸기]/[다음 찾기] 또는 [모두 바꾸기]

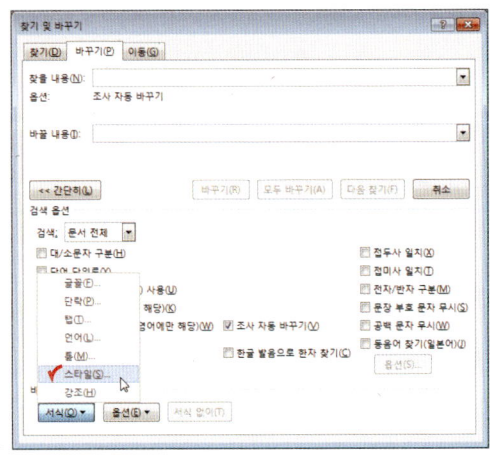

- 스타일에 사용자 서식을 추가한 경우 스타일을 재적용하면 사용자 서식은 해제될 수 있습니다(블록 지정해서 스타일을 준 경우). ▶'글자 스타일'은 해제되지 않습니다.
- MS Word의 경우 보통은 사용자가 준 서식(블록 지정해서)이 잘 해제되지 않습니다. 만약 스타일을 변경했을 때 사용자 서식(예, 위 첨자)이 해제된다면, 그땐 여러 단락을 선택하여 적용시키거나, 블록을 해제하고 적용해 보는 게 좋습니다. ▶'문자 스타일'의 경우도 스타일 적용은 남지만 서식은 덮어쓰일 수 있습니다. 문자 스타일에 단락 스타일 서식이 덮어씌워졌다면 바꾸기로 스타일을 재적용해 주면 됩니다.

7 기본 서식 바꾸기/다른 파일의 스타일 가져오기

문서의 기본 서식을 바꾸려면 '바탕글'/'표준' 스타일을 편집합니다. 모든 새 문서의 기본 서식을 바꾸려면 이 스타일을 'Normal' 새문서 서식 파일에 저장합니다. 한/글은 'Normal.hwt'(2014는 'Normal90.hwt'/2010은 'Normal80.hwt'), MS Word는 'Normal.dotm'(2003 이전 파일은 'Normal.dot') 파일로 스타일 내보내기 하면 됩니다.

기본 서식(바탕글) 바꾸기 `한글`

- 먼저 '바탕글' 스타일을 편집합니다.
- 스타일 대화 상자에서 [스타일 저장하기]를 선택합니다.

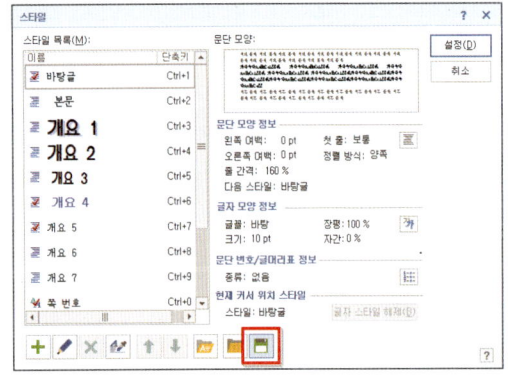

기본값(표준 스타일)으로 설정 `워드`

- 먼저 '표준' 스타일을 수정합니다.
- [디자인]-[문서서식]의 '기본값으로 설정'을 선택합니다. 이 설정은 2010버전에서는 [홈]-[스타일 변경] 안에 있습니다.

- 아래와 같은 확인 메시지가 나왔을 때 [예]를 선택하고, 프로그램을 닫을 때 확인 메시지가 다시 나온다면 그때에도 [예]를 선택해 주세요.

- 대상 파일을 'Normal' 파일로 불러와 내보내고 싶은 스타일의 일부 또는 전체를 선택해 [복사] 합니다.

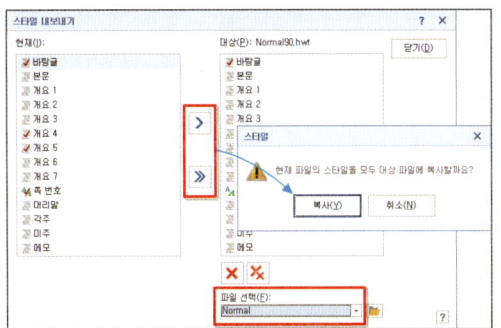

다른 파일의 스타일 가져오기/내보내기 　한글

- F6 스타일 대화 상자나 스타일 작업창에서 '스타일 불러오기'/'스타일 저장하기'를 선택해 스타일을 전체 또는 일부 복사할 수 있습니다.

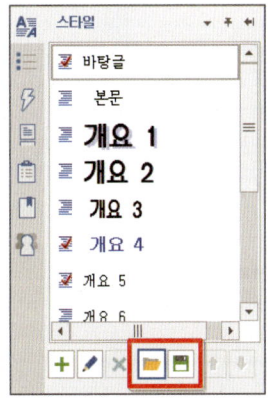

- 일반 한/글 파일에서 가져오거나 내보낼 때는 '파일 선택' 아이콘을 이용해 파일을 찾습니다. ▶같은 이름은 덮어쓰기를 선택합니다. 서식을 유지하려면 미리 스타일 이름을 변경해 두세요. ※ 영어 이름도 수정해야 합니다.

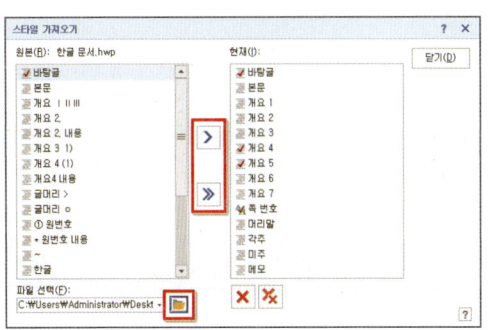

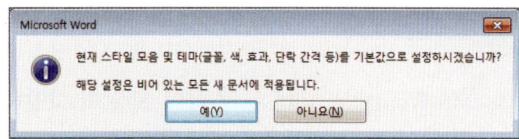

- [새 스타일]/[수정] 대화 상자에서 '이 서식 파일을 사용하는 새 문서'를 선택해도 Normal 파일로 저장됩니다.

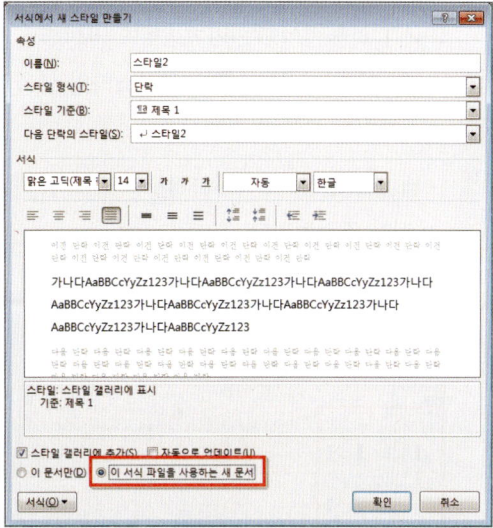

- [글꼴]/[단락] 대화 상자를 설정하고 [기본값으로 저장]을 선택해 저장해도 됩니다.

다른 파일의 스타일 가져오기/내보내기 　워드

- [스타일 관리]–[스타일 가져오기/내보내기]에서 '파일 열기'로 다른 Word 파일의 스타일을 복사할 수 있습니다. ▶같은 이름의 스타일이 있는 경우 덮어쓰기 여부를 선택합니다. ▶'테마'/'스타일 모음'/'기준 스타일'이 다른 경우 서식이 변경될 수 있습니다. 이 경우 테마나 스타일 모음 또는 서식 파일을 추가하여 대상 파일의 서식을 어느 정도 유지할 수 있습니다.

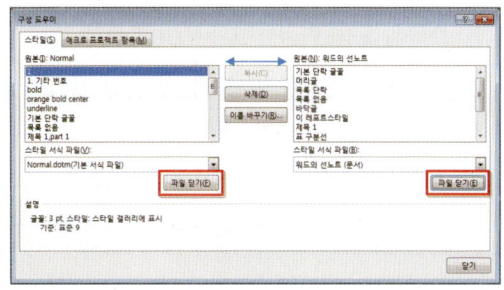

기능 REVIEW | MS Word의 '테마'와 '스타일 모음'

MS Word에는 '테마'와 '스타일 모음'이 다양하게 있어서 초보자도 서식을 쉽게 꾸밀 수 있고 또 쉽게 변경해 볼 수 있습니다. 하지만, 테마와 스타일 모음을 변경하는 데에는 신중한 결정이 필요합니다. 특히 문서를 모두 편집한 후라거나, 스타일을 사용자에 맞게 수정해 놓은 경우, 또는 다른 문서와 합치게 될 문서의 경우라면 변경하지 않는 것이 좋습니다.

[디자인]([페이지 레이아웃])의 [테마]

- 테마를 변경하면 [디자인]-[스타일 모음]이 변경되고, 따라서 [홈]-[빠른 스타일]의 기본 제공 스타일도 모두 변경됩니다.
- 테마를 변경하면 [디자인]-[색]/[글꼴]/[효과]와 [스타일 관리]의 '기본값', 그리고 [삽입]-[표지]가 조정됩니다.
- 테마 저장하기 : [디자인]-[테마]-'현재 테마를 저장'으로 파일로 저장해 다른 문서에서 '테마 찾아보기'로 불러옵니다.

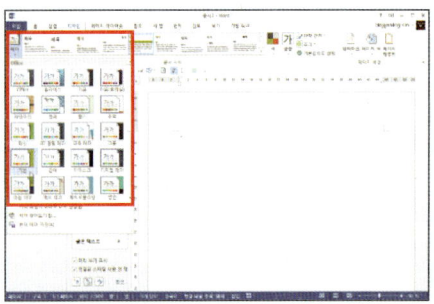
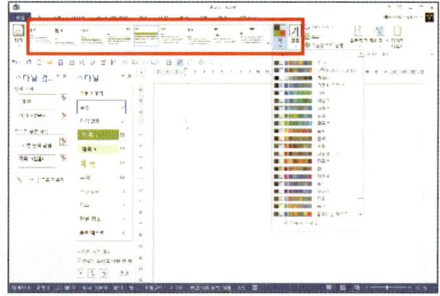
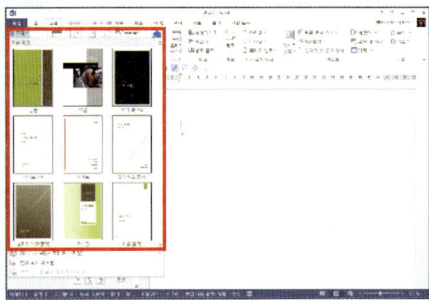

스타일 모음 변경

- 스타일 모음을 변경하면 편집된 서식이 한 번에 변경 또는 제거될 수 있습니다. 블록 지정하여 하나씩 지정한 서식이 아닌, 스타일로 적용한 서식들은 대부분 변경되고 또 목록도 제거될 수 있습니다.
- 특히, 표나 텍스트 상자 안의 서식은 글꼴, 줄 간격 등이 변경되면서 편집이 많이 흐트러질 수

있으므로 주의해야 합니다.
- 다른 문서로의 '복사'나 '파일 삽입' 할 경우 문제가 생깁니다. 파일 삽입이나 복사해 붙일 때에는 보통 대상 파일의 테마가 사용됩니다. '대상 파일 테마 사용'이나 '서식 병합'으로 붙이면 붙이는 문서의 테마를 따르게 되어 서식이 바뀌게 됩니다. 또 '원본 형식'으로 붙이면 서식은 어느 정도 유지할 수 있으나 스타일이 모두 제거되므로 스타일을 다시 적용해야 합니다. 그래서 특히 다른 문서와 합칠 수 있는 문서에는 테마와 스타일 모음을 변경하지 않는 것이 좋습니다.
- '스타일 모음' 저장하기 : 스타일 모음을 다른 파일에서 사용하려면 [디자인]-[스타일 모음]-'다른 이름으로 새 스타일 모음 저장'으로 서식 파일로서 저장하여 사용하거나, '테마 찾아보기'로 기존 파일에 추가할 수 있습니다.

서식 파일로 스타일 가져오기

- [개발 도구]-[문서 서식 파일]-[첨부]로 Word 문서나 서식 파일(dotm, dotx, dot)의 스타일을 가져올 수 있습니다.
- 파일을 '첨부'하고 '문서의 스타일을 자동으로 업데이트'를 선택하면 스타일 목록이 그대로 대상 파일에 덮어씌워집니다. ※ 업데이트 후 해제하세요!
- [개발 도구] 메뉴는 [Word 옵션]-[리본 사용자 지정] 또는 [기본 설정]에서 선택해 리본 메뉴에 표시할 수 있습니다.

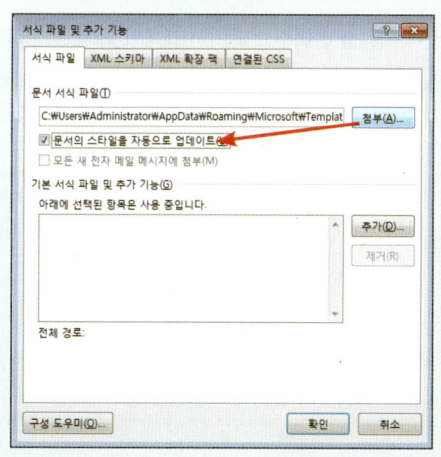
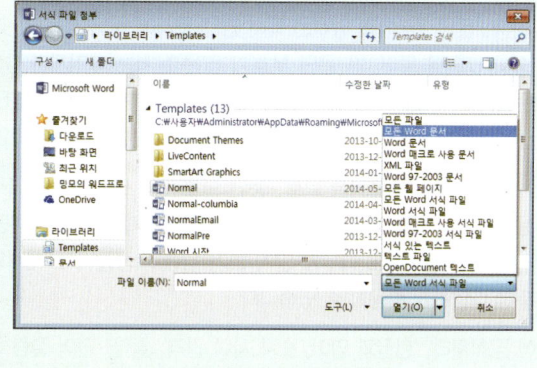

8 스타일 짜기

간단한 문서에 스타일을 일일이 만들어 사용하지는 않겠죠. 스타일이 필요하다는 것은 서식을 통일해야 하는 큰 문서가 될 것입니다. 스타일을 사용하면 문서는 대체로 용량이 작아집니다. 그만큼 간결해지고 쓸

데없는 작업이 줄어든다는 뜻일 겁니다. 스타일이 잘 짜여져 있다면 쪽 수는 숫자에 불과하다고 할 수 있습니다. 스타일은 한/글과 MS Word가 차이가 많기 때문에 방법이 좀 다릅니다.

1) 스타일이 필요한 서식

스타일은 '바탕글(표준)', '본문', '제목', '강조', '명령과 함께 적용되는 서식'에 만듭니다. 자주 사용하고, 지정할 것이 많고, 중요하니까요. 그래서 이런 것들은 대부분 이미 기본 스타일로 만들어져 있죠. 그것들을 참고하여 스타일을 짜보세요.

바탕글/표준

큰 문서를 준비하고 있다면 다른 모든 것을 젖혀두고 '바탕글/표준 스타일'부터 조정하고 시작하십시오. 이 기본 서식은 나중에 수정하면 문서 전체를 다시 편집해야 할 정도로 문서에 많은 영향을 줍니다. 특히, MS Word의 '표준 스타일'은 다른 대부분의 스타일에 '기준 스타일'이기 때문에 더 신경 써 조정해줘야 합니다. 꾸미기 서식을 넣지 않고 가장 기본이 되는 글꼴과 줄 간격으로 기본 스타일을 수정하세요.

본문

'본문'은 '들여쓰기', '여백' 등이 포함된 문서의 대부분을 차지하는 스타일입니다. 만약 표준 스타일을 조정하지 않고 문서를 시작했고 표준스타일을 변경할 때 편집이 많이 틀어진다면 '본문 스타일'을 만들어 본문 서식 대부분에 적용해 줍니다. 본문 스타일은 적용되는 영역이 많은 만큼 여러 가지 서식으로 나눌 수 있습니다. 본문 스타일은 글자에 관한 서식은 표준 스타일과 변함이 없고, 문단 서식을 조정하는 경우가 많습니다. 몇 가지 예를 보면 '문단 모양'에 왜 그렇게 많은 옵션들이 필요한지 이해할 수 있을 것입니다.

❶ 문단 여백 : 문단 위/아래 여백은 특히 영문 문서에 많이 사용되는데, 가독성을 높여주고 페이지 경계의 쓸데없는 공간을 줄여 줍니다. 예를 들어, 빈 '문단 부호'가 많은 문서는 페이지가 늘어나거나 줄어 들면서 빈 문단 부호가 페이지 첫 부분에 오는 경우가 생길 수 있습니다. 이 경우를 예방하기 위해서 문단 부호 대신에 단락 위/아래 여백을 줄 수 있습니다. ※ 한/글은 '구역 설정(Ctrl + N, G)' – '빈 줄 감추기'로 빈 문단 부호를 2개까지 자동으로 감출 수 있습니다.

❷ '다음 문단과 함께', '외톨이줄 보호', '문단 보호' : 이 모든게 문단이 페이지 경계에 위치했을 경우에 필요한 옵션들인데요. 현재 문단을 다음 문단과 꼭 같은 페이지에 위치시키거나, 현재 문단이 한 줄만 페이지 경계에 걸려 있지 않게 하기 위해, 또 문단을 어떤 경우에도 나누지 않게 하기 위해 지정합니다. 개체와 캡션, 제목과 본문, MS Word에선 표의 페이지 나눔 처리 등에 다양하게 활용할 수 있습니다.

❸ 그밖에 '금칙처리', '한글과 영어/숫자 사이 간격', 줄 끝 단어 잘림 처리, '자동 하이픈', 단어 사이 '공백 크기', 또 '장평/자간' 등을 본문 스타일에 적절히 활용해 보세요. 일일이 조정할 수 없는 많은 설정들이 한번에 해결될 것입니다.

제목에 쓰일 서식

제목은 꾸미기만 필요한 경우와 목록(번호)이 필요한 경우로 나눌 수 있습니다. 번호가 필요하다면 한글은 '개요 스타일', MS Word는 '제목 스타일'을 수정해 사용합니다. 한/글은 [개요 번호 모양]의 번호 모양이 개요 스타일에 자동 적용됩니다. MS Word는 '다단계 목록'에서 번호와 '제목 스타일'을 연결해 주면 됩니다. 제목은 보통 한 문단만 떨어져 있으면 내용과 연결해서 읽기 어렵기 때문에 '다음 문단과 함께'라든가 '문단 앞에 항상 쪽 나눔' 등의 문단 옵션을 지정해 놓습니다.

강조(꾸미기)에 쓰일 서식

강조(진하게, 밑줄, 기울임…)에 사용되는 서식이 반복된다면 스타일로 만들어 관리해 주는 것이 좋습니다. 강조 서식은 문단 내에 일부만 적용되어 있어서 다른 스타일을 적용하거나, 블록 지정해서 편집하면서 서식이 해제될 수도 있습니다. 위 첨자/아래 첨자, 빨간 글자 색 등 일부 글자에만 사용되는 서식은 '글자 스타일'로 만들어 보호해 주세요. 지칫 서식이 덮어씌워져도 다시 적용해(바꾸기) 살릴 수 있습니다.

명령에 쓰일 서식

캡션, 목차, 목록, 쪽 번호, 머리말, 주석(각주/미주) 등은 명령이 실행될 때 자동으로 적용되는 스타일이 있습니다. 그 자동 적용되는 스타일 이름을 알아둔다면 새로운 스타일을 만들어야 할 필요 없이 쉽게 서식을 조정할 수 있을 것입니다.

2) 주요 서식의 스타일

번호가 있는 제목

- **한/글** : '개요 스타일1~7'은 개요 번호와 자동 연결되는 제목 스타일입니다. 개요 스타일에 문단 번호나 글머리표 목록을 재적용해 같은 서식을 사용할 수도 있습니다. 문단 번호나 글머리표를 따로 스타일로 만들려면 스타일에서 목록 종류를 정하고 추가합니다.

- **MS Word** : '제목 1~9' 스타일은 제목이 될 수 있는 개요 수준을 포함한 스타일입니다. 번호는 따로 포함하고 있지 않아서 다단계 목록이나, 번호 매기기/글머리 기호를 재적용하여 사용할 수 있습니다. 스타일을 적용해 번호까지 자동으로 매기려면 '새 다단계 목록 정의'에서 제목 스타일을 목록에 연결해 줍니다. 스타일에 목록 모양을 저장하려면 '새 목록 스타일 정의'로 다단계 목록을 짜 줍니다.

차례(목차)에 포함되거나 참조되어야 하는 내용

- **한/글** : '문단 스타일'을 만들면 목차에 추가할 수 있습니다. 개체(표/그림/수식)의 경우는 따로 캡션을 만들지 않아도 자동으로 번호가 붙기 때문에 목차에 추가할 수 있습니다. 스타일 참조는 따로 없고, 상호 참조를 이용해야 합니다.

- **MS Word** : 제목 스타일 외에도, 책 제목/부제/참고 문헌/장/절/캡션 스타일 등이 기본적으로 만들어져 있어서 업데이트만으로 스타일을 쉽게 사용할 수 있고 목차에 포함할 수 있습니다. 한/글과 마찬가지로 일반 '단락/연결' 스타일을 만들어 목차에 추가할 수 있고, 목차를 만들면 자동 적용되는 '목차 스타일'도 있습니다. 개체는 캡션이 추가되거나, 스타일을 적용된 것만 목차에 추가할 수 있습니다. MS Word에는 'StyleRef' 필드가 있어서 본문이나 머리글 등에서 스타일을 자동으로 참조할 수 있습니다.

개체, 명령의 서식

- **한/글** : '쪽 번호'/'각주'/'미주'/'머리말'/'메모'는 자동 적용되는 스타일이 있습니다. 영어 이름을 수정하면 자동 적용되지 않으니 주의해야 합니다. 캡션, 목차 등은 사용자가 추가하여 적용해 주어야 합니다.

- **MS Word** : '머리글'/'바닥글'/'캡션'/'목차'/'각주'/'미주'/'메모' 등 대부분의 명령에 자동 적용되는 스타일이 있고, 특히 각주/미주/메모 등은 번호(참조)와 내용(텍스트)에 적용되는 스타일이 따로 있어서 번호의 모양도 수정하기 쉽습니다.

바뀌지 말아야 할 강조 서식

- **한/글** : 강조에 사용되는 진하게/밑줄/기울임/빨간색 글씨/위 첨자/아래 첨자 등은 '글자 스타일'은 만들어 사용합니다.

- **MS Word** : '문자 스타일'로 만들어져 있는 서식들이 꽤 많습니다. '강조'/'인용'/'참조'/'하이퍼링크'/'굵은 텍스트' 등이 있는데요. 빠른 스타일이나 스타일 창에 숨겨져 있다면 '스타일 관리'에서 '표시'로 변경해 놓고 사용합니다.

그밖의 본문 서식

- **한/글** : '바탕글'에 왼쪽 여백이 들어간 '본문' 스타일이 있습니다.
- **MS Word** : '본문'/'표준 들여쓰기'/'본문 들여쓰기'/'간격없음' 등 다양한 본문 스타일이 있습니다. 그 외에 단락/셀을 연결해 표시하거나, 단락 여백을 주는 등의 서식으로 본문 스타일을 만들어 활용해 보세요.

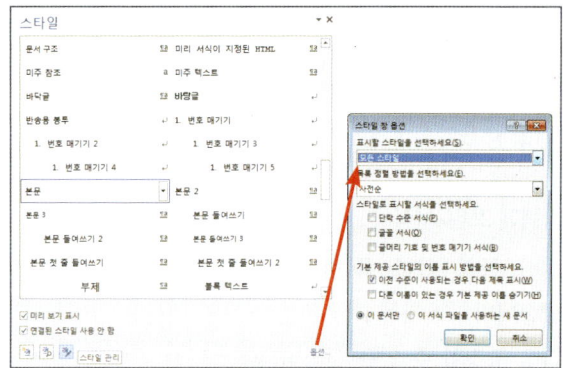

3) 한/글의 스타일

한/글은 스타일에 단축키를 사용하는 것이 장점입니다. 그래서 중요한 스타일은 10가지 안에, 단축키를 사용할 수 있을 자리에 정렬해 놓고 쓰는 것이 좋습니다. 물론 스타일 작업창이나 도구 메뉴를 이용하면 더 많은 스타일도 쉽게 적용시킬 수 있고, 단축키 외에도 단축키만큼의 '스타일 도구 아이콘', '스타일 찾아가기'도 있습니다. 한/글은 스타일에 복잡한 옵션이 없고, 자동 적용이 제한적이며, 기준 스타일이 없어서 초보자도 쉽게 스타일을 만들어 관리할 수 있습니다. 또, 개요가 설정 없이 스타일에 바로 연결되기 때문에 개요를 잘 모르는 사람도 스타일로 개요 번호를 쉽게 넣을 수 있는 장점도 있습니다.

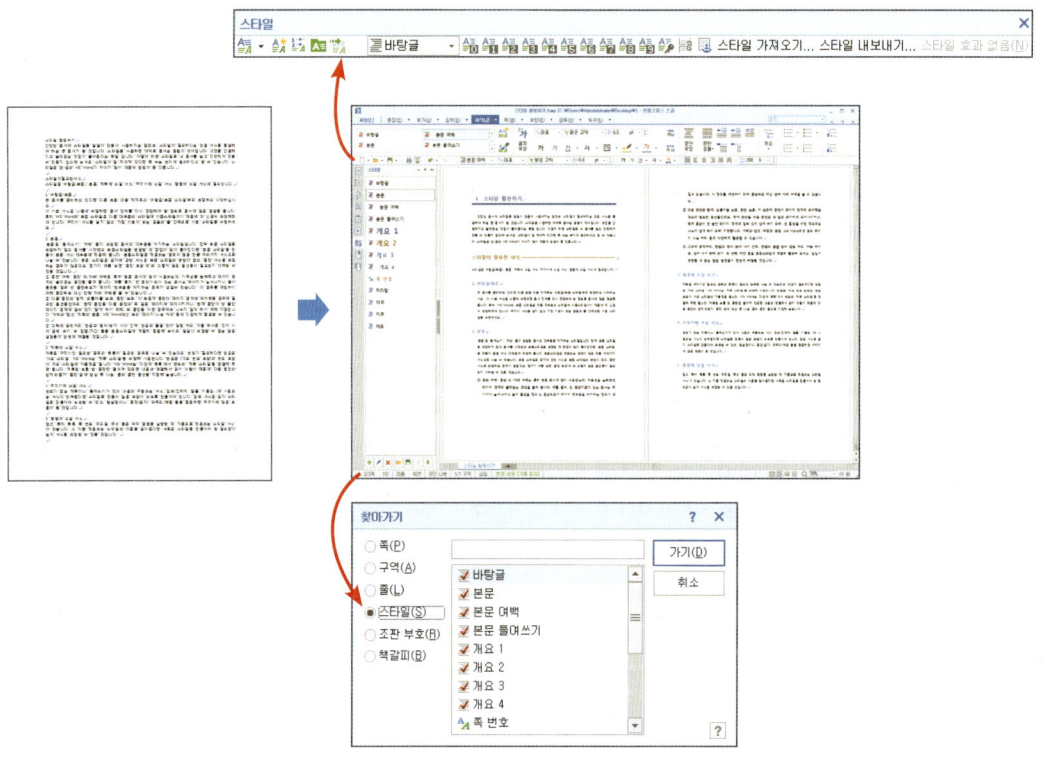

[스타일 추가]와 [찾아 바꾸기]-[서식 찾기]

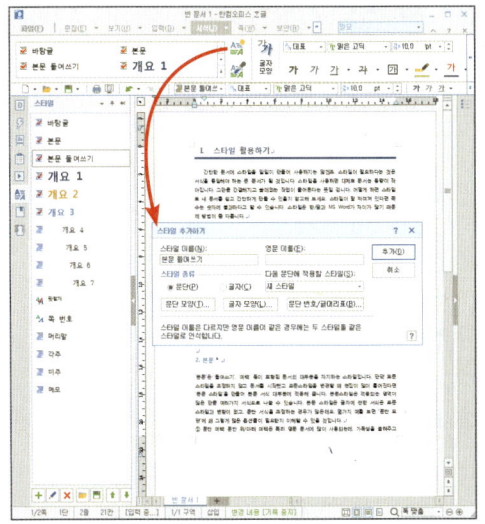 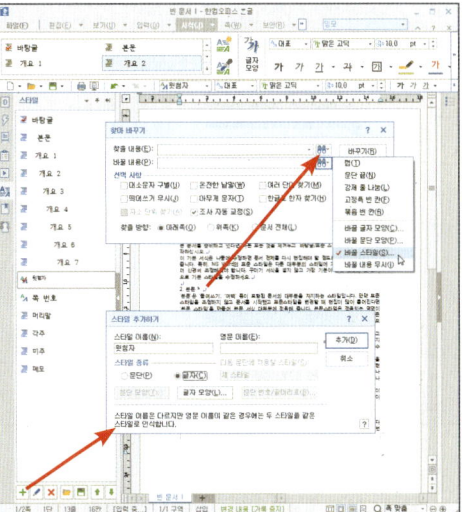

[현재 모양으로 바꾸기]

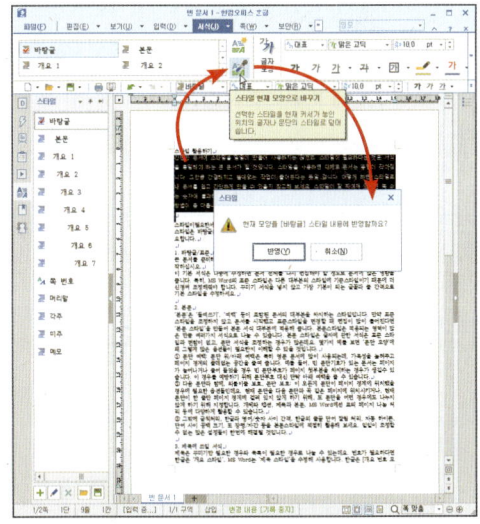

[스타일 적용]

▶ 강조되는 서식이 있다면 [바꾸기] 등을 이용하여 먼저 적용해 줍니다.

▶ 사용자가 지정한 서식에 스타일만 입히려면 커서만 가져다 놓고 스타일을 적용합니다.

▶ 스타일을 적용해도 서식이 바뀌지 않으면 블록을 지정해 스타일을 적용합니다.

▶ 표나 글상자 같은 개체 안의 서식은 본문을 블록 지정해 적용하면 적용되지 않습니다. 이미 적용된 스타일을 수정하거나, 따로따로 선택하여 적용해야 합니다.

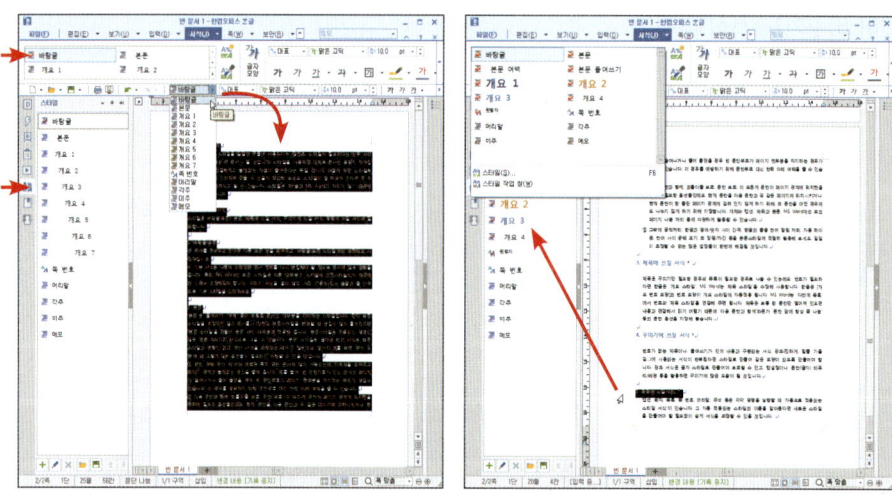

4) MS Word 스타일

MS Word는 스타일이 다양하다는 것이 장점입니다. 스타일 형식/스타일 모음이 다양하고, 여러 가지 보기/관리 옵션으로 필요한 스타일을 원하는 방식으로 찾아 표시할 수 있으며, 기본적으로 만들어져 있는 스타일의 양이 많습니다. 또, 기준 스타일이 있어 하위 스타일의 서식까지 한꺼번에 변경할 수 있고, 스타일에 없는 서식도 쉽게 찾아 변경하거나 스타일로 만들 수 있습니다. 적용도 간편해서, 제목 같은 경우 '텍스트 다중 선택'이 가능하기 때문에 여러 부분을 동시 선택해 한 번에 적용할 수 있고, 제한된 스타일만 사용하여 문서를 편집하도록 편집 제한을 지정할 수 있습니다.

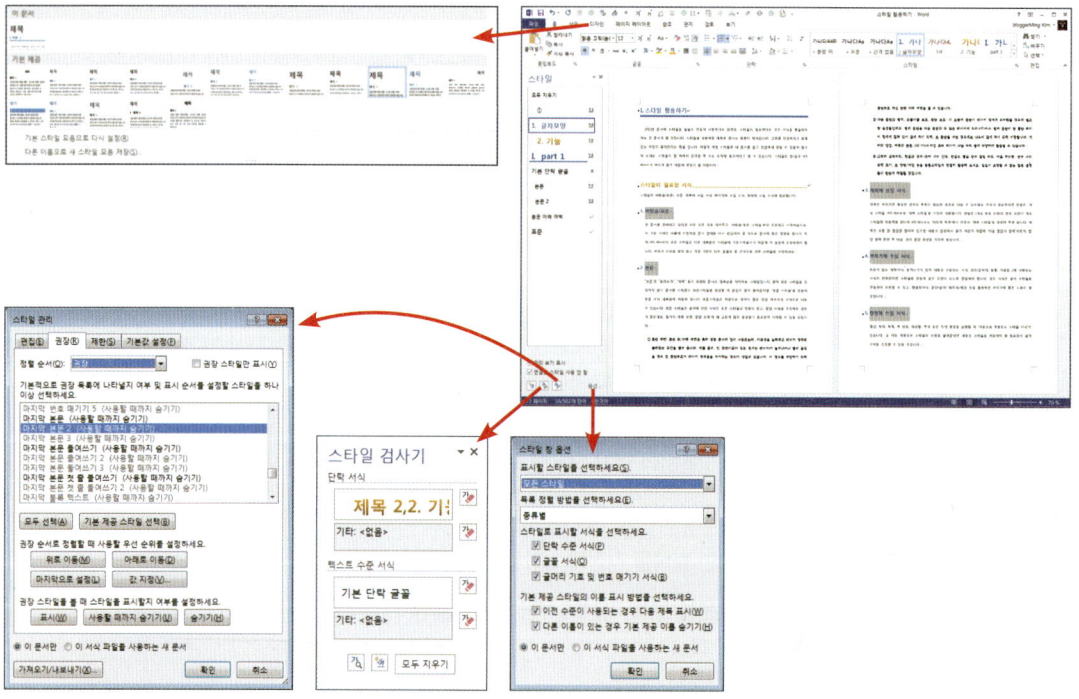

[새 스타일] 추가하기와 [바꾸기]-[서식]

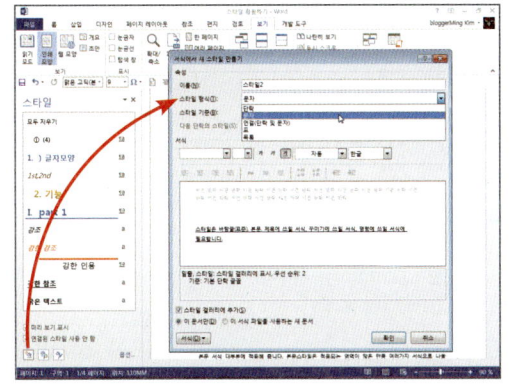 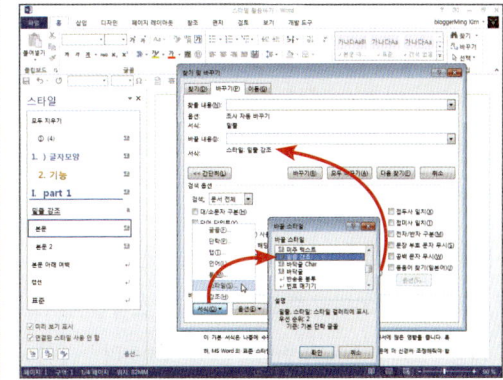

'스타일 업데이트'

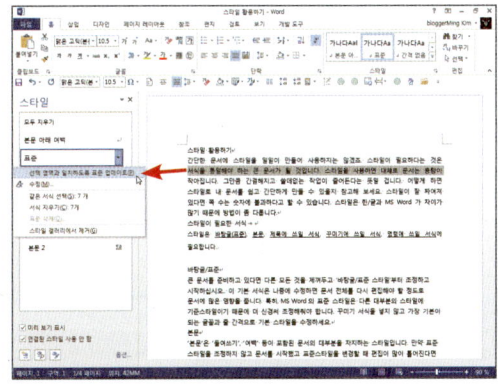

[스타일 적용]

▶ '표준' 스타일은 가급적 문서를 시작하기 전에 수정해 놓습니다.

▶ 공통된 서식은, 스타일 '옵션'에서 '스타일로 표시할 서식'을 선택하여 찾은 후 스타일을 적용/추가할 수 있습니다.

▶ 스타일을 적용해도 서식이 바뀌지 않으면 블록을 지정해 스타일을 적용합니다. ※ '연결 스타일'의 경우 단락 전체를 선택하지 않고 지정할 경우 '문자 스타일'이 되어 단락 서식은 적용되지 않을 수 있습니다. 연결 스타일을 사용하지 않으려면 스타일 창의 '연결된 스타일 사용 안 함'을 선택해 놓습니다.

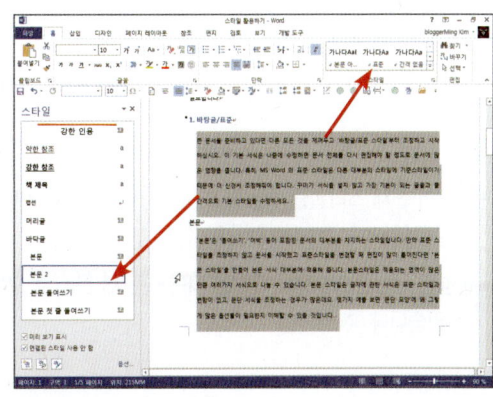

▶ 표 안의 내용도 본문과 함께 선택되어 한꺼번에 적용됩니다.

▶ 같은 서식은 Ctrl 로 동시에 선택해 한번에 스타일을 적용할 수 있습니다. 또, 같은 실행은 F4 로 반복합니다.

▶ 한/글처럼 단축키를 이용해 적용하고 싶다면 [스타일 수정]-[서식]-[바로 가기 키]에서 단축키를 정해 둡니다.

스타일 참조

MS Word는 필드로 스타일을 참조해 표시할 수 있습니다. 커서 위치에 스타일 단락의 내용이나 번호를 참조하고 내용이 변동되면 따라 업데이트됩니다. 머리말에 챕터별 제목을 자동으로 표시할 때 유용하게 사용할 수 있습니다.

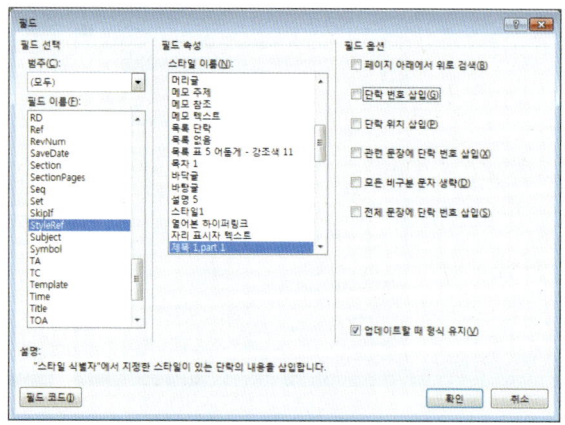

❶ [삽입]-[빠른 문서 요소]-[필드]에서 'StyleRef' 선택

❷ '식별자' 선택 : 입력된 스타일 중 표시할 스타일 선택

❸ '스위치' 지정 : 스타일 단락의 번호를 함께 표시하려면 '필드 옵션'이나 [필드 코드]-[옵션]에서 스위치를 지정합니다.

스타일 검사기

스타일 검사기로는 커서 위치에 적용된 스타일의 종류와 서식이 아닌, 사용자가 직접 지정한 서식을 확인하고 각각 필요없는 서식만 제거할 수 있습니다.

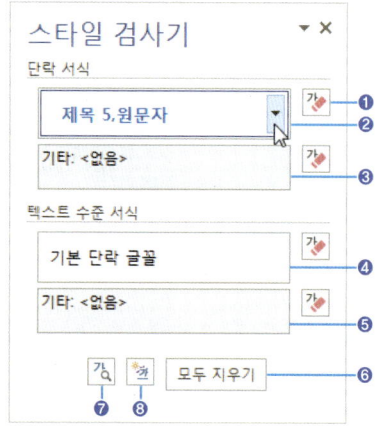

❶ 단락 스타일/문자 스타일 등 항목별 서식 지우기
❷ 단락에 적용된 단락/연결 스타일
❸ 사용자가 추가한 단락 서식
❹ 커서 위치/선택 부분에 적용된 문자/연결 스타일
❺ 사용자가 추가한 글꼴 서식
❻ 서식 모두 지우기
❼ 서식 표시(Shift+F1)
❽ 새 스타일 : 추가한 서식으로 새 스타일 만들기

스타일 관리

빠른 스타일이나 스타일 창에는 표시되지 않는 문서 내 모든 스타일을 관리할 수 있습니다.

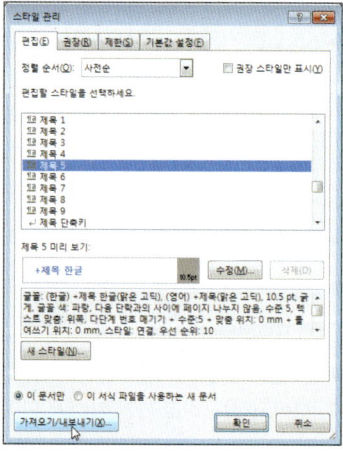

편집

- 문서의 전체 스타일을 확인하고 [수정], [삭제], [새 스타일] 추가, 다른 문서 스타일을 [가져오기/내보내기] 할 수 있습니다.
- 변경된 내용은 '이 서식 파일을 사용하는 새 문서'로 모든 '새 문서'에도 적용할 수 있습니다.

권장

- '권장 스타일'을 정해 '빠른 스타일'이나 '스타일 창'에 우선 표시(스타일 '옵션'-'권장') 되도록 할 수 있습니다.

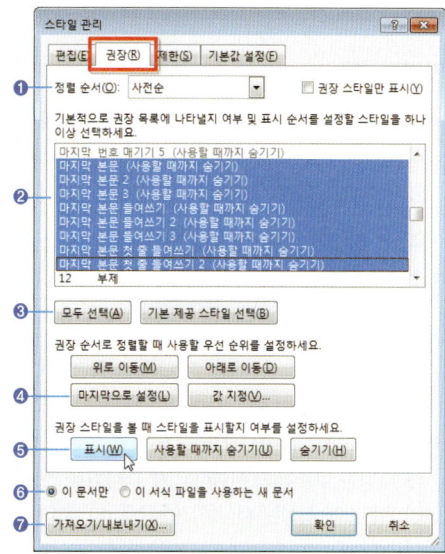

❶ 정렬 순서 : '사전순'(숫자, 영어, 한글 순서) / '권장'(권장 스타일 우선 표시) / '글꼴'(글꼴 순서)/'기준 지정'(기준 스타일 별로 정렬) / '종류별'(문자, 연결, 단락, 표, 목록 스타일 순서로 정렬) ▶권장 스타일만 표시 : [표시]로 선택한 검정색의 권장 스타일만 표시

❷ 표시될 스타일 목록 순서 미리 보기와 스타일 선택. '권장', '제한' 탭은 목록을 Shift, Ctrl 로 다중 선택이 가능합니다.

❸ [모두 선택]하거나, MS Word에서 기본으로 제공되는 스타일만 [기본 제공 스타일 선택]으로 선택합니다.

❹ 위치 : '빠른 스타일'/'스타일 창'에 표시될 정렬 순서를 값으로 정합니다. [위/아래 이동]으로는 한 칸씩, [마지막으로 설정]은 마지막 부분으로, [값 지정]으로는 원하는 위치를 값으로 정할 수 있습니다. 위치 값은 목록 맨 앞에 표시됩니다. 자주 쓰는 스타일은 위치를 앞쪽으로 지정하세요.

❺ 권장 스타일 설정 : 권장 스타일에 표시할지 여부를 설정하는데, [표시]는 항상 표시되도록, [사용할 때까지 숨기기]는 명령/이전 제목이 사용될 때까지는 표시되지 않도록, [숨기기]는 스타일이 적용돼도 숨기도록 지정합니다.

❻ 이 권장 스타일의 표시 방식을 '이 문서에만' 적용할 것인지, '새 문서'에도 모두 적용할 것인지를 선택합니다.

❼ 다른 문서(서식 파일 포함)의 스타일을 복사해 오거나, 이 문서의 스타일을 다른 문서로 복사해 내보내기합니다.

제한

- 서식을 제한적으로만 사용하도록 설정합니다.

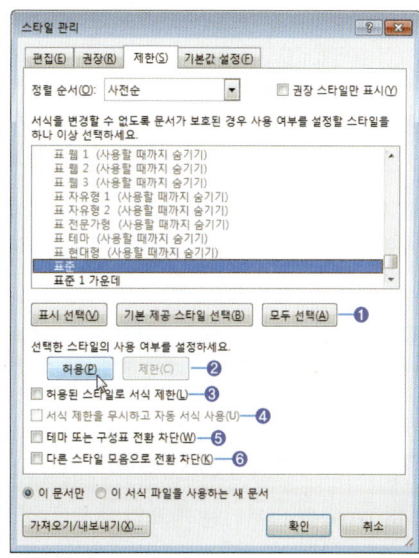

❶ [표시 선택]-권장 스타일로 '표시'된 스타일 선택 / [기본 제공 스타일 선택]-사용자가 만든 스타일이 아닌 기본 제공된 스타일 선택 / [모두 선택]

❷ 선택한 스타일을 '허용된 스타일로 서식 제한'이 선택된 경우 [허용]할지 [제한]할 지를 설정. [검토]-[편집 제한]의 '서식 제한'과 같은 설정입니다.

❸ '허용된 스타일로 서식 제한'- 스타일 편집 제한 문서로 설정. 모든 스타일을 편집 제한한 경우 '표준' '기본 단락 글꼴' '기본 표' 스타일을 제외한 모든 스타일은 사용할 수 없습니다.

❹ 스타일을 제한한 상태에서도 하이퍼링크 같은 일부 자동 적용되는 스타일의 적용 허용 - '서식 제한을 무시하고 자동 서식 사용'은 '허용된 스타일로 서식 제한'을 선택했을 경우에만 지정할 수 있습니다.

❺ [디자인]-[문서 서식]의 [테마], [색], [글꼴], [효과] 차단 (MS Word 2010의 [테마]는 [페이지 레이아웃]에, [색], [글꼴], [효과]는 [홈]-[스타일 변경]에 있음)

❻ [디자인]-[문서 서식]의 [스타일 모음] 차단 - '스타일 모음'을 변경하면 기본 제공 스타일의 서식이 한꺼번에 변경됩니다. 스타일 모음을 변경할 필요가 없다면 차단해 놓는 것도 좋습니다.

기본값 설정

- MS Word의 서식 기본값은 버전 별로 차이가 납니다. [디자인]-[문서 서식]의 [스타일 모음]에 보면 버전 별로 'Word 2003'(호환 모드), 'Word 2010', 'Word 2013' 기본값 서식들이 제공되어 있습니다.
- Word 2013의 단락 기본값은 '줄 간격'이 '1.08줄', '단락 뒤 간격'이 '8pt'로 맞춰져 있는데요. 이런 기본값 서식을 스타일 관리에서 변경합니다. 기본값을 변경하면 표준 스타일을 비롯한 적용되는 스타일이 모두 변경됩니다.
- MS Word는 표준 스타일만 수정해도 대부분의 스타일 서식이 함께 변경됩니다. 표준 스타일이 기준 스타일인 경우가 대부분이니까요. 하지만, 표준 스타일을 변경해도 문서의 '기본값 설정'은 변함이 없습니다. 그래서 기준 스타일을 '스타일 없음'으로 지정하고 새 스타일을 만들면 그때는 표준 스타일이 아닌 기본값에 지정된 서식을 기준으로 스타일이 만들어집니다.

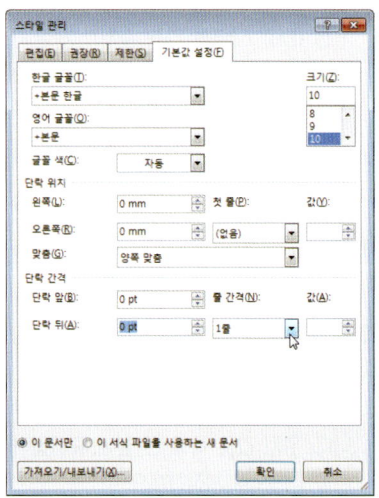

스타일 창 옵션

- MS Word는 기본 제공 스타일이 많기 때문에 이 '스타일 창 옵션'에서 보기 옵션을 조정해 쓰는 것이 좋습니다. 또, 스타일이 아닌 서식도 표시할 수 있도록 선택할 수 있습니다.

❶ 표시할 스타일 : '권장 스타일'/'사용 중' 스타일/'현재 문서의 스타일'/'모든 스타일로 변경해 표시할 수 있습니다.

❷ 목록 정렬(표시 순서) : '사전순'/'권장'/'글꼴'/'기준 지정'/'종류별'

❸ 단락 수준 서식 : 사용자가 수정한 '단락' 서식의 표시 여부

❹ 글꼴 서식 : 사용자가 수정한 '글꼴' 서식 표시 여부

❺ 글머리 기호 및 번호 매기기 서식 : 사용자가 수정한 '글머리 기호', '번호 매기기', '다단계 목록' 서식을 표시할지 여부 선택

❻ '제목 3' 스타일이 사용되면 '제목 4' 스타일이 자동으로 표시되는 것처럼 '사용할 때까지 숨기기' 상태의 스타일이 이전 수준을 사용하면서 자동 표시되도록 설정하는 옵션

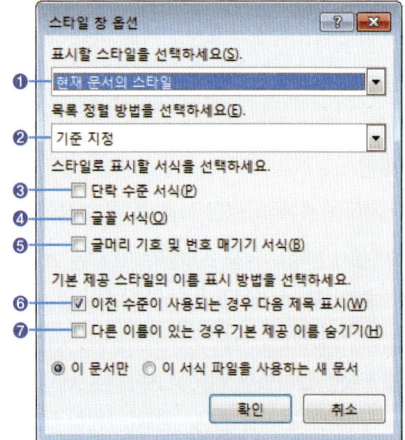

❼ 기본 제공 스타일 이름을 '수정'한 경우 이전 제목을 같이 표시하지 않도록 숨기기. ※ 제목 스타일을 편집했을 경우 '제목, 수정된 이름'을 '수정된 이름'으로만 표시

개요 단락(제목스타일) 확장/축소

MS Word 2013부터는 개요의 내용을 접고 펴는 '확장/축소'가 가능합니다. [단락]의 '개요 수준'이나, 개요 수준이 포함된 '제목 스타일'이 적용된 단락에 사용할 수 있습니다.

▲ 개요 단락의 내용을 축소하지 않은 상태　　▲ 개요 단락의 내용을 축소한 상태

- 확장/축소 방법 : 개요 단락 왼쪽에 마우스를 가져다 놓으면 작은 '세모'가 표시되어 클릭하면 축소되었다가, 다시 클릭하면 확장됩니다. '개요 1' 수준에서 '축소'를 지정했다면 '개요 1' 수준 안에 포함된 내용과 개요 2~9 수준까지 하위 수준 전체가 '축소' 됩니다. '개요 보기'처럼 개요도 쉽게 구분해 볼 수 있고, 긴 문서를 빠르게 작업하는 데에 도움이 됩니다.

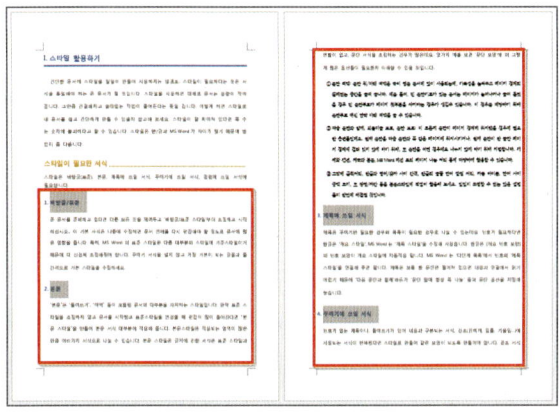 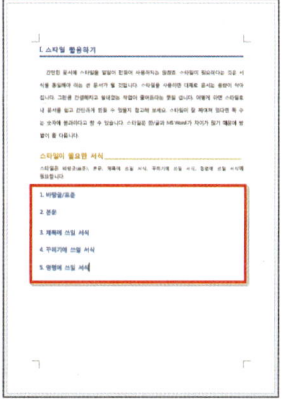

개요 수준 확장 보기　　　　　　　　　　　　개요 수준 축소 보기

- 개요 확장/축소에 관한 옵션 : ▶계속 축소 : [단락]-'기본적으로 축소'를 선택하면 '축소' 상태의 개요가 다음 번 '열기'에서도 계속 '축소' 상태로 열립니다. ▶확장해서 열기 : [Word 옵션]-[고급]-'문서를 열 때 모든 제목을 확장합니다'를 선택해 놓으면 '축소'된 상태의 개요가 문서를 열 때에는 모두 '확장'된 상태로 열리게 됩니다.

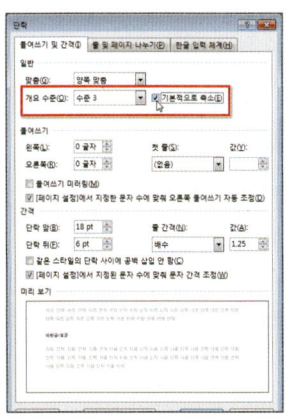 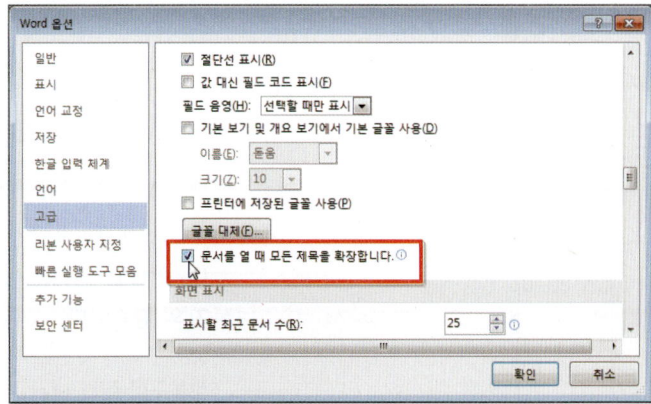

▲ [단락]의 '기본적으로 축소'　　▲ [워드옵션]의 '문서를 열 때 모든 제목을 확장합니다'

2 입력

02-1 상용구와 블록 만들기

워드프로세서는 텍스트를 입력하는 것이 주된 목적입니다. 텍스트를 입력하다 보면 반복되는 부분이 있을 수 있는데요. 상용구는 그런 반복되는 부분을 간단하게 입력하기 위한 기능입니다. 요즘은 텍스트뿐만 아니라, 명령이나 서식, 개체도 저장할 수 있어 문서를 입력하는 데에 많은 도움이 되고 있습니다. 한 컴퓨터 내에서라면 다른 문서에서도 사용 가능합니다.

한/글의 상용구와 블록 저장 〈한글〉

상용구와 블록 저장은 연관된 명령은 아니지만, 저장되는 형태가 비슷하다고 할 수 있습니다.

한/글의 상용구는 '글자 상용구'와 '본문 상용구'로 나뉘는데, 본문 상용구는 개체나 명령, 서식이 저장되고 hwp 파일로 만들어져 저장되기 때문에 블록 저장과 비슷합니다. 단, 블록 저장은 배경과 여백도 저장되는 반면에 본문 상용구는 조판 부호가 없는 명령은 저장되지 않는 차이가 있습니다.

상용구의 종류 〈한글〉

상용구는 '글자 상용구'와 '본문 상용구'가 있습니다.

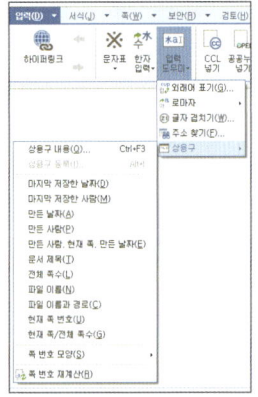

MS Word의 블록과 갤러리 〈워드〉

MS Word도 마찬가지로 짧은 글자에서 개체까지 상용구로 저장이 가능합니다. MS Word는 상용구 외에도 각 입력 명령마다 갤러리를 가지고 있습니다. 갤러리 내에는 기본 제공 항목도 있지만 사용자가 만들어 저장할 수도 있습니다. 표/머리글/워터마크/텍스트 상자/표지 등 다양한 갤러리가 있는데요. 이렇게 갤러리에 포함된 항목들을 '문서 요소' 또는 '블록'이라고 합니다. 상용구를 포함한 문서 요소는 [삽입]-[빠른 문서 요소]내에서 확인/추가할 수 있고, '문서 블록 구성 도우미'에서 편집하거나 삭제할 수 있습니다.

상용구의 종류 〈워드〉

MS Word의 상용구는 한/글과 같은 상용구인 '상용구' 갤러리와 잠시 잘라 내어 붙이는 '상용구로 잘라 내기'가 있습니다. 상용구 갤러리는 일반 '블록 만들기'와 같습니다.

상용구로 잘라 내기

상용구로 잘라 내기는 한 번 쓰고 없어지는 상용구로, 조금씩 모아(잘라내) 다른 곳에 한꺼번에 붙일 때 사용합니다.

- 글자 상용구(글자 속성 유지하지 않음) : 글자의 서식은 제거되고, 개체나 명령은 저장되지 않습니다. ※한 문단 이상 저장할 수 없습니다.
  - ▶ '준말'과 '본말'을 지정하는데, 본말은 블록 지정해서 만드는 경우 입력할 필요 없고, 준말은 상용구를 본문에 입력할 때 사용할 말로 간단하게 한두 글자나 기호를 입력하면 됩니다.
- 본문 상용구(글자 속성 유지) : 글자의 서식을 포함한 개체, 명령, 배경 등이 모두 저장됩니다. 개체가 있는 경우 조판 부호를 켜놓고 조판 부호까지 선택해 상용구를 만들어야 합니다. 많은 양을 선택해도 저장할 수 있습니다.
  - ▶ 본문 상용구에 개체가 포함된 경우 '본말'이 '설명'으로 변경됩니다. '설명'은 본문에 선택한 내용이 반영되는 것이니 수정하면 안됩니다. 선택 전에 수정해 주세요.

상용구 만들고 입력하기 `한글`

본문 상용구의 경우 같은 이름(준말)의 상용구가 있으면 지우고 새로 등록되니 같은 준말을 만들지 않도록 합니다.

단축키를 이용하는 방법

- Alt + I 로 등록/입력
① 등록 : 입력된 내용을 선택한 후 Alt + I – 입력할 때 사용할 '준말'을 정하고 [등록]
② 입력 : 준말과 Alt + I 를 눌러 커서 위치에 입력

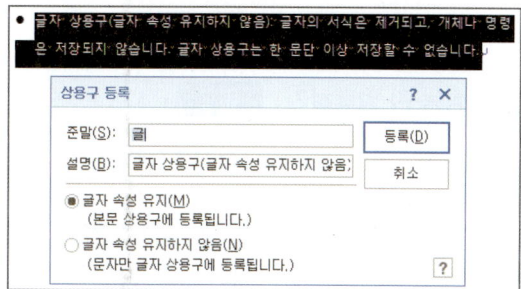

'상용구 내용'에서 찾아 입력하는 방법

① 등록 : [입력]-[상용구]의 '상용구 내용'(Ctrl + F3)에서 [+] '추가 하기'로 [등록]
② 입력 : Ctrl + F3 상용구를 고른 후 [넣기]

- 상용구로 잘라 내기 : 잘라낼 부분을 선택 Ctrl + F3 – 반복적으로 여러 부분을 잘라냅니다. ※순서를 잘 고려할 것!
- 상용구 붙이기 : 붙일 곳에 커서를 놓고 Ctrl + Shift + F3 – 잘라낸 부분이 순서대로 합쳐져 붙여집니다. 붙일 내용은 [삽입]-[빠른 문서 요소]-[상용구] 내에서 확인 가능하고 클릭해 붙여넣기 할 수 있습니다. 본문에 붙여넣은 후에는 상용구에 남지 않습니다. ※1회용

블록 만들기(상용구 만들기) `워드`

문서 요소/블록으로 갤러리에 추가하는 것을 말합니다. '상용구'는 이름만으로 완성 항목을 자동 삽입할 수 있습니다.

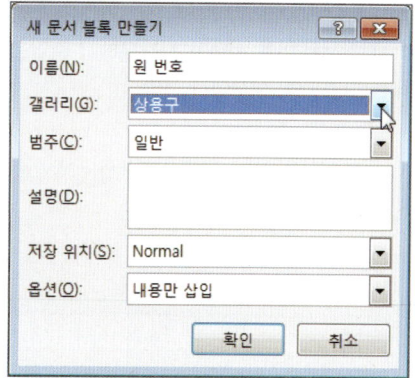

새 문서 블록 만들기 Alt + F3

① 문서의 내용을 입력/편집한 후 블록 지정합니다.
  - ▶ 개체는 개체만 단독으로 선택해도 되고, 텍스트(단락)와 함께 선택해도 됩니다.
② Alt + F3 '새 문서 블록 만들기' 대화 상자 열기
③ 이름/갤러리/범주/저장 위치 등을 정하고 [확인]
  - ▶ 이름 : 상용구의 경우 입력하는 앞부분 내용으로 이름을 만드는 것이 좋고 너무 짧지 않게 정하는 것이 좋습니다.
  - ▶ 갤러리 : 개체의 경우 해당되는 갤러리를 잘 선택해야 그 갤러리의 항목으로 찾을 수 있습니다. 만약 빠르게 찾아 입력하고 싶다면 '빠른 문서 요소'를 선택해 저장해도 됩니다. 이때는 갤러리가 아닌 [삽입]-[빠른 문서 요소]에서 찾아 입력합니다.
  - ▶ 범주 : MS Word에는 기본 제공되는 블록이 상당히 많습니다. '문서 블록 구성 도우미'나 갤러리를 이용할 때

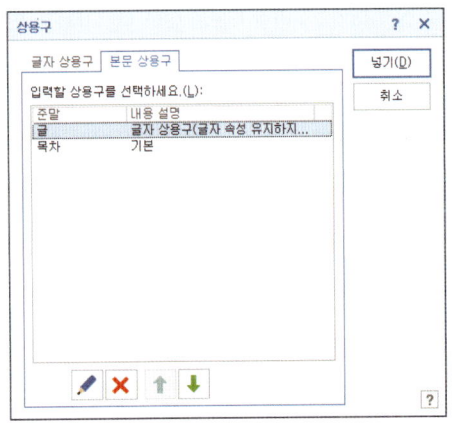

한/글 2014의 실시간 검색으로 입력하는 방법

❶ 등록 : Alt+I 또는 Ctrl+F3으로 상용구를 등록
❷ 입력 : [도구]-[환경 설정]-[기타]의 '실시간 검색'에서 '문자 입력 시 검색하기'를 선택하고 본문에서 준말을 입력한 뒤 나타나는 대화 상자에서 선택

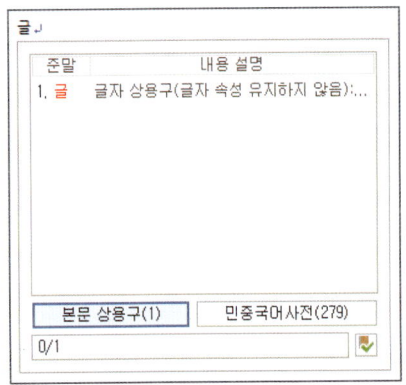

상용구 가져오기/내보내기 한글

- 상용구 파일 : 'hwp.ido' 파일, [IDIOM] 폴더(본문 상용구)
- 파일 위치 : 한/글 프로그램 오른쪽 상단의 [?]-[한/글 2014 정보]-[폴더 정보]의 '개인 데이터 폴더'를 찾아 들어가 ₩User₩Hwp₩60 ※이동시 폴더 전체를 복사 할 것
  ▶ '₩60' 폴더 전체를 복사해 다른 컴퓨터에 붙이면 이전 상용구는 사용할 수 없습니다. 본문 상용구만 필요해도 연결된 'hwp.ido' 파일을 같이 이동시켜야 합니다.
- 파일 위치 변경 : [도구]-[환경 설정]-[파일 위치] '매크로와 상용구 파일'에서 경로를 바꿀수 있습니다. ▶두 가지 이상의 상용구 폴더를 사용하려면 경로를 바꿔주며 각각의 'hwp.ido' 파일과 [IDIOM] 폴더를 사용하면 됩니다.

쉽게 새 블록을 찾고 싶다면 범주를 만들어 두어도 좋습니다.
▶ 저장 위치 : Normal.dotm-새 문서 서식 파일, building blocks.dotx-블록 저장 파일 ※다른 컴퓨터에서도 사용하려면 Normal 파일로 저장해 옮기는 것이 좋습니다.

빠른 문서 요소 만들기

'빠른 문서 요소'는 갤러리로 찾아가지 않고 빠르게 찾아 입력할 수 있는 갤러리로 '블록 만들기'는 같습니다. 표/수식/상용구에 관계 없이 자주 사용할 블록을 저장합니다.

❶ 본문 또는 개체를 선택합니다. '블록'은 서식까지 저장이 되기 때문에 편집(스타일 적용) 후 단락 전체를 선택해 블록으로 만들면 작업량을 많이 줄일 수 있습니다.
❷ [삽입]-[빠른 문서 요소]의 '선택 영역을 빠른 문서 요소 갤러리에 저장' 클릭
❸ 이름/갤러리/범주/저장 위치 등을 정하고 [확인]

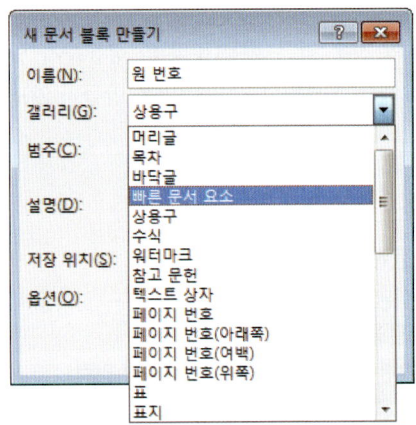

블록(상용구) 입력하기 워드

- 상용구 자동 완성 : 본문에서 텍스트를 입력하면서 자연스럽게 추가(상용구 이름)Enter할 수 있습니다. 상용구의 이름은 내용의 앞부분으로 정하는 것이 좋고, 한글은 2~3글자 이상, 영어/숫자는 4글자 이상으로 만들어야 합니다.

- 갤러리에서 찾아 삽입 : [삽입]-[빠른 문서 요소] 또는 선택한 각 명령의 갤러리/범주에서 찾아 삽입합니다.

- Ctrl+F3 상용구 내용에서 '글자 상용구 저장하기'를 선택하여 현재의 글자 상용구를 ido 파일로 저장할 수 있습니다. 상용구는 계속해서 'hwp.ido' 파일로 저장됩니다.

상용구 코드 넣기 〔한글〕

상용구에는 문서 속성과 쪽번호를 입력하는 '코드 넣기'가 있습니다. '저장한 날짜/사람' '만든 날짜/사람' '문서 제목' '파일 이름/경로' '현재 쪽/전체 쪽' 등을 선택해 입력할 수 있고 머리말/꼬리말 도구에도 있습니다. '코드 넣기'는 상용구나 본문에서는 수정되지 않습니다.

- 만든 사람 : [도구]-[환경 설정]-[사용자 정보]에서 수정
- 문서 제목 : Ctrl+Q, I 문서 정보에서 수정
- 파일 이름과 경로 : 파일 이름/경로를 변경하고 저장
- 만든 날짜 : 문서를 새로운 문서로 다시 만들어야 함
- 본문에 입력된 상용구 코드 없애기 : 코드 넣기로 입력된 상용구는 필드로 되어 있고, 조판 부호를 가지고 있습니다. 예를 들어 '저장한 날짜' 같은 경우는 저장을 할 때마다 필드의 날짜가 변경돼서 표시되는데요. 이런 코드를 지우고 텍스트만 남기려면 [보기]-[조판 부호]를 켜고 조판 부호를 지우면 됩니다. 필드의 앞이나 뒤에서 조판 부호만 지우면 내용은 글자로 남아 더 이상 변경되지 않습니다.

블록 저장 이용하기 〔한글〕

상용구는 아니지만 블록 저장도 상용구와 비슷한 기능으로 사용할 수 있습니다. 상용구로는 머리말, 표, 도형, 서식(스타일)이 포함된 글씨 등을 저장할 수 있지만, 조판 부호가 없는 바탕쪽, 쪽 테두리/배경, 문서의 여백 등은 저장이 안됩니다. 반면에 블록 저장은 문서를 저장하는 것과 같아서 일부분만 선택해 저장해도 서식(스타일), 개체, 여백을 모두 포함해 저장할 수 있습니다. 한/글에서는 명령 서식을 저장하는 용도로 블록 저장을 사용할 수 있습니다.

- 블록 저장 하기 : 저장할 부분을 선택한 후 저장 – Alt+S / Ctrl+S / [파일]-[블록 저장]

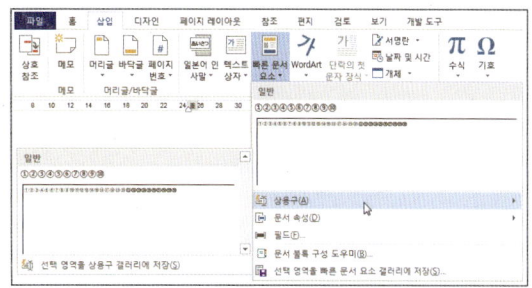

문서 속성과 필드 〔워드〕

- 문서 속성으로는 '게시 날짜' '관리자' '만든 이' '메모' '범주' '상태' '요약' '제목' '주제' '키워드' '회사' '회사 전자 메일' '회사 전화 번호' '회사 주소' '회사 팩스 번호'가 콘텐츠 컨트롤로 입력됩니다. 문서 속성은 [파일]-[정보]의 '문서 속성'에서 수정할 수 있습니다.
- 필드에서 '페이지번호' '책갈피 참조' '스타일 참조' '수식' '목차' 등을 코드로 입력할 수 있습니다.

상용구(블록) 삭제/편집 하기 〔워드〕

상용구는 '문서 블록 구성 도우미'에서 편집하고 삭제합니다. 머리글, 텍스트 상자 등 각 갤러리에서 직접 마우스 오른쪽 버튼을 클릭해 '구성 및 삭제'를 선택할 수도 있고, [삽입]-[빠른 문서 요소]의 '문서 블록 구성 도우미'에서 찾아 편집하거나 삭제할 수 있습니다.

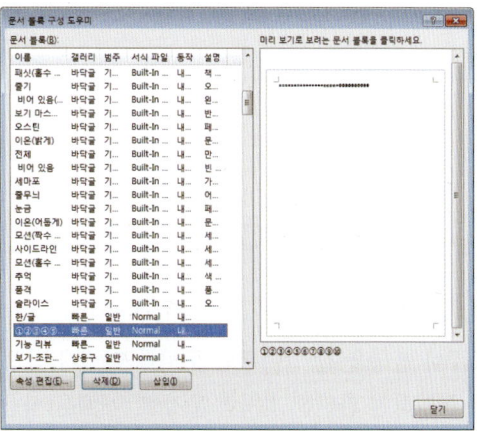

- 'Normal.dotm'이나 'building blocks.dotx' 등의 서식 파일을 변경하게되면 프로그램을 끝마칠 때 확인 메시지가 나

- 개체가 있는 경우 [보기]-[조판 부호]를 켜고 선택
- 개체나 명령만 저장할 경우 조판 부호만 선택해서 저장
  ▶ 스타일이나 서식, 편집용지 등이 그대로 저장됩니다

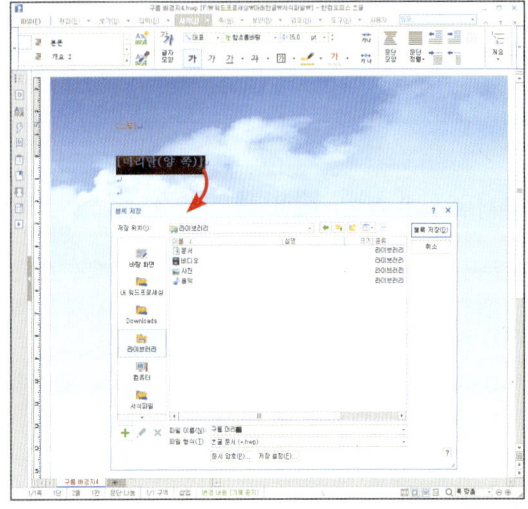

타납니다. 이때 [저장]을 선택해야 서식 파일에 적용되고 [저장 안 함]을 선택하면 변경했던 내용이 취소됩니다.

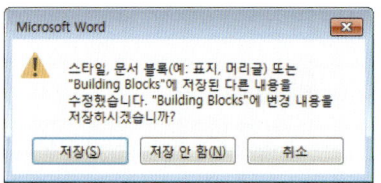

상용구 가져오기/내보내기 워드

- 상용구 블록은 'Normal.dotm' 서식 파일이나 'building blocks.dotx' 상용구 블록 파일을 복사하면 됩니다.
- building blocks.dotx 파일은 'C:₩Users₩사용자 이름₩AppData(₩Roaming)₩Microsoft₩Document Building Blocks₩1042'에 있습니다. ※[Word 옵션]-[저장] 참고
- Normal.dotm 파일은 '~₩Microsoft₩Templates'
  ▶ 서식 파일을 복사해 다른 컴퓨터의 같은 위치에 덮어쓰기하거나, [개발 도구]-[문서 서식 파일]-[추가]로 기존 서식 파일에 더해서 상용구, 자동 고침 등을 쓸 수 있습니다.

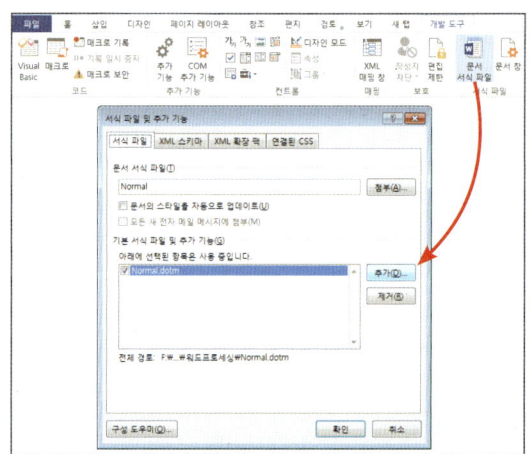

상용구나 블록을 잘 알아두면 문서를 빠르게 작성하고 통일하는 데에 많은 도움이 됩니다. 서식을 스타일로 통일하면 간편한 것처럼 문자열, 개체를 상용구/블록으로 저장하면 간편하게 다시 쓸 수 있다는 것을 기억해 두세요.

특히 개체를 이용할 때 사용하면 좋은데요. 한/글이나 MS Word나 만들어 놓은 개체를 통일하기란 쉬운 일이 아니죠. 표나 도형 같은 경우 말이죠. 이런 경우 상용구를 이용하면 똑 같은 모양과 속성을 복사해

붙인 것처럼 그대로 다시 입력할 수 있어서 양식 파일 대신 활용이 가능해요. 많은 양을 저장해도 상관없습니다.

MS Word는 상용구를 포함한 여러 갤러리가 있어서 블록으로 갤러리마다 다양하게 저장할 수 있지만, 한/글이라 해서 사용이 제한적인 것은 아닙니다. 한/글도 조판 부호만 잘 활용한다면 MS Word의 블록만큼 유용하게 상용구를 활용할 수 있습니다. 물론 범주가 나눠져 있지 않아서 '준말'과 '본말' 내용을 잘 기억하고 있어야 하긴 합니다. ^^ 한/글은 '그리기 마당에 등록'이 간편하니까, 도형이나 그리기의 경우는 그리기 마당을 이용하고, 개체는 본문 상용구를 이용하여 두고두고 활용해 보세요.

02-2 빠른 교정 내용과 자동 고침 옵션

'빠른 교정' 내용과 '자동 고침 옵션'은 글자를 입력한다기보다는 교정하는 데에 사용되는 명령이지만, 필요에 따라 기호를 입력하거나 자주 사용되는 단어를 수정해서 입력할 때 사용할 수 있습니다. 단, 정상적으로 입력되는 내용에 방해가 되지 않는 문자를 사용해 제한적으로 추가하는 것이 좋습니다..

빠른 교정 내용 Shift + F8 한글

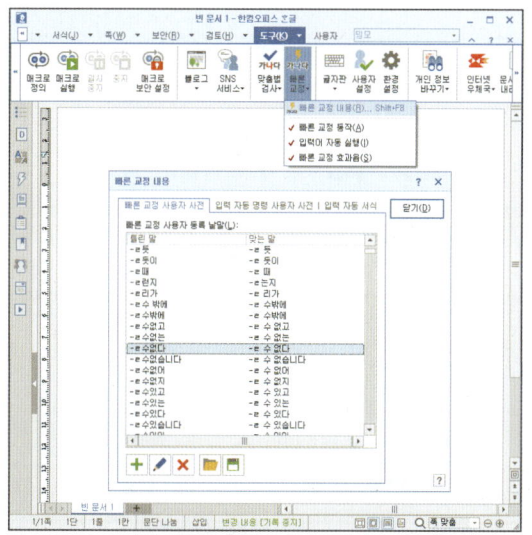

빠른 교정 내용은 [도구]-[빠른 교정]의 '빠른 교정 동작'을 선택했을 경우에만 실행됩니다. 빠른 교정 내용에 포함된 내용은 입력 시 Spacebar나 Enter만 눌러도 자동으로 교정 처리됩니다. 만약 교정을 원하지 않는 단어가 있다면 빠른 교정 내용에서 찾아 삭제하세요.

[Word 옵션]-[언어 교정]-[자동 고침 옵션] 워드

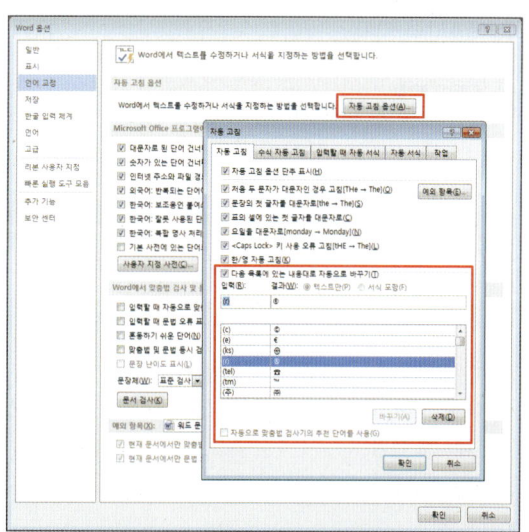

'자동 고침 옵션'은 '자동 고침'과 '자동 서식' 옵션을 지정합니다. 입력 시 나타나는 '자동 고침 옵션 단추' 로도 자동 고침을 제어할 수 있습니다.

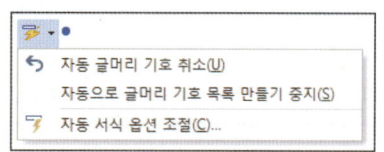

빠른 교정 내용 추가하는 방법

- 어미 조사를 추가할 때는 앞에 '-'를 넣어줍니다.
- 받침을 표시할 수 있습니다. '-ㄹ뿐' → '-ㄹ 뿐'
- 단어에는 '-'를 붙이지 않습니다.
- 빈칸은 하나만 가능하고 끝에 넣지 말아야 합니다.
- 숫자, 영어, 한자, 기호(Ctrl+F10) 가능
- '틀린 말'에는 '정상적으로 사용될 경우도 있는 말'은 쓰지 않도록 주의합니다.

입력 자동 서식　한글

입력하며 서식을 자동으로 바꿉니다.

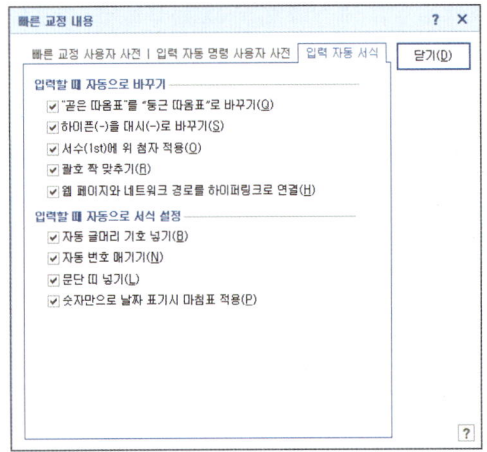

- '곧은 따옴표'를 '둥근 따옴표'로 바꾸기 : 글꼴 별 다른 따옴표 적용
- 하이픈(-)을 대시(—)로 바꾸기 : 단어 사이(' - ') 하이픈을 대시로 변경
- 서수(1st)에 위첨자 적용 : 1st
- 괄호 짝 맞추기 : 시작 괄호 모양으로 끝 괄호 자동 변경
- 웹 페이지와 네트워크 경로를 하이퍼링크로 연결 : 입력시 웹 페이지를 하이퍼링크로 자동 설정. 하이퍼링크의 서식을 바꾸고 싶다면 [도구]-[환경설정]에서 변경
- 자동으로 글머리 기호 넣기 : '*', '-', '〉'를 자동으로 반복되는 글머리 기호 '●', '-', '▶'로 변경
- 자동으로 번호 매기기 : 번호 '1', '.' 와 Spacebar, Tab 을 입력하면 자동으로 반복되는 문단 번호 '1.'로 변경

자동 고침 옵션

- '자동 고침 옵션 단추'의 표시/해제
- 문장 첫 글자, 요일 첫글자의 대문자 설정
- [Caps Lock] 오류 사용 자동 고침
- 한/영 자동 고침
- 입력 내용 자동으로 바꾸기 : MS Word는 특정 서식도 포함시켜 교정할 수 있습니다. ※추가/삭제 가능

  예) (c) : ©　　　(ks) : Ⓚ　　　(tel) : ☎
  　　(주) : ㈜　　-x- : ※　　　〈-- : ←

- 수식에서 텍스트를 함수/기호로 자동 고침 예) \times : x

입력할 때 자동 서식　워드

MS Word는 텍스트로 자동 실행되는 옵션이 많습니다. 자동 실행은 편리한 기능이지만 입력에 방해가 될 경우도 생기므로 어떤 옵션이 있는지 잘 알고 있어야 합니다.

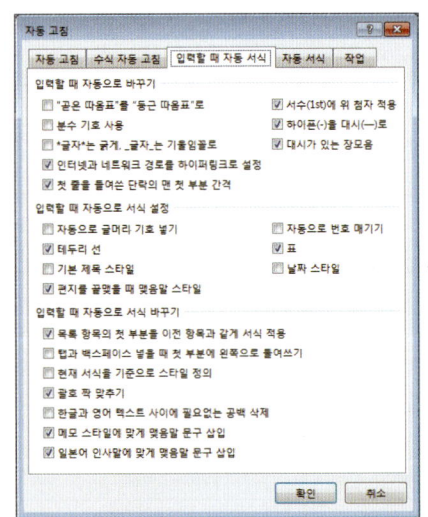

입력할 때 자동 서식 옵션

- 분수 기호 사용 : '1/2'를 '½'로
- 자동으로 글머리 기호 넣기 : 특정 기호('*', '#', '〉', '-' '--' 등)를 자동으로 반복되는 글머리 기호로 실행
- 자동으로 번호 매기기 : 번호(1, a, A, l, i…)와 '.', ')', '( )' 등의 기호를 같이 써서 자동으로 반복되는 번호매기기로 실행

- 문단 띠 넣기 : '- - -', '___', '===', '***', '###', '~~~' 등 3글자를 입력하고 Enter를 눌러 문단띠(선) 입력
- 숫자만으로 날짜 표시시 마침표 적용 : 빈칸없이 숫자만으로 날짜를 입력할 때 마지막 마침표 자동 입력

- 테두리 선 : '- - -', '___', '===', '***' 등의 기호를 3개 이상 입력하고 단락 테두리 자동 실행 ※해제 : Ctrl+Q
- 표 : '+', '-' 표시로 간단한 표 만들기

  ※예) +---+---+

- 목록 항목의 첫 부분을 이전 항목과 같게 서식 적용 : 목록의 첫 부분 서식을 변경한 경우 다음 단락의 목록에서도 같은 서식으로 시작
- 탭과 스페이스 넣을 때 첫 부분에 왼쪽으로 들여쓰기 : 스페이스와 탭으로 '첫 줄 들여쓰기'와 '둘째 줄 이하 내어쓰기' 주기 ※줄 맨 앞에서 적용되고 '목록의 수준 변경'으로도 사용(해제시 사용 불가능)

'입력어 자동 실행' [한글]

빠른 교정 내용에는 '입력 자동 명령 사용자 사전'이 있는데, 명령을 글자로 적용하는 편리한 기능입니다. 등록한 내용대로 텍스트를 입력하고 Spacebar/Tab/Enter 등을 입력하면 명령이 자동 실행됩니다.

텍스트로 스타일 실행

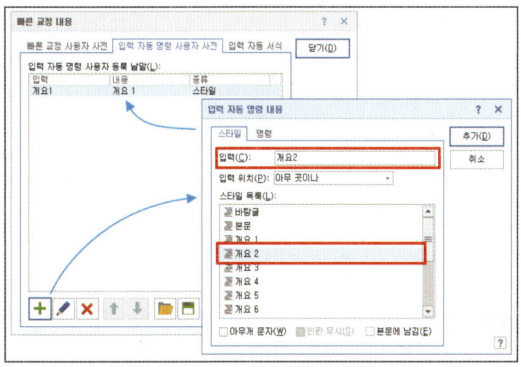

자동 서식 [워드]

자동 서식을 실행했을 경우 적용될 서식을 정합니다.

▶ 자동 서식은 [Word 옵션]-[빠른 실행 도구 모음]에 아이콘을 꺼내 실행하거나 바로 가기 키 Ctrl+Alt+K를 이용

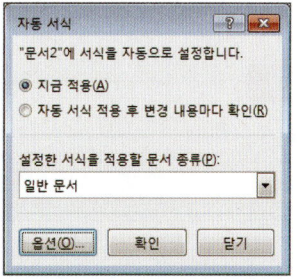

텍스트로 명령 실행

▶ 대부분의 명령을 지정할 수는 있으나 입력 위치와 블록 지정 시 실행되는 명령인지를 고려해야 합니다.

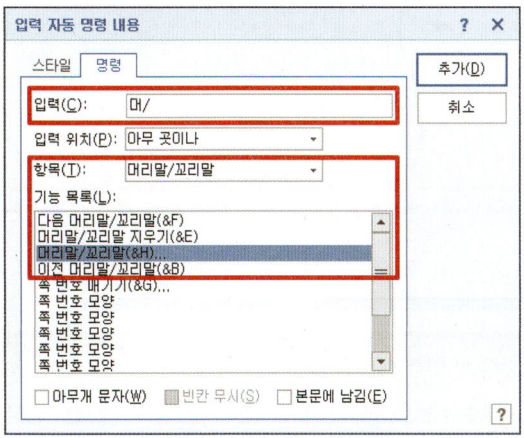

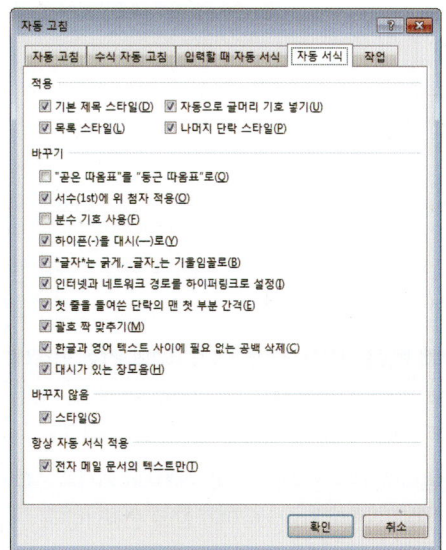

빠른 교정과 자동 고침은 가급적이면 편집하지 않는 것이 좋습니다. 프로그램 전체에 적용되기 때문에 다른 사용자에게 영향을 줄 수도 있고 또 필요 없는 경우에도 사용될 수 있기 때문입니다. 자주 쓰는 문자열은 이 방법보다 상용구를 이용하는 것이 좋습니다.

하지만 자주 사용하게 되는 특수 기호나 틀린 문자열의 경우 사용자 사전을 대신해 사용할 수 있습니다. 특수 기호 하나를 입력하기 위해 단축키를 사용하는 것 보다 빠른 교정/자동 고침을 이용하면 입력 흐름도 끊기지 않고 훨씬 수월하게 입력할 수 있어요. 단, 일시적으로 사용할 내용이라면 사용 후 반드시 삭제해 주고, 일반 입력에는 절대 방해되지 않는 문자열을 골라 사용해야 합니다.

만약 입력하는 문자열이 특별한 이유없이 다른 문자열로 자동 교정되거나 치환된다면 빠른 교정이나 자동 고침을 확인해 봐야 한다는 것을 기억해 두세요…^^

02-3 각주, 미주, 숨은 설명

'각주', '미주', '숨은 설명'은 문장, 단어에 추가하고 싶은 설명이나 참조를 적는 주석입니다. '각주'는 본문의 내용과 같은 페이지에, '미주'는 문서나 구역의 끝에 표시됩니다. 문서에는 표시되지 않고 사용자만 알아볼 수 있는 설명을 붙이고 싶을 때는 한/글은 '숨은 설명'(인쇄는 안됨)으로, MS Word는 '숨겨진 텍스트'(인쇄 할 수도 있음)를 쓸 수 있습니다. 숨은 설명과 숨겨진 텍스트는 본문 어떤 곳에나 추가할 수 있습니다.

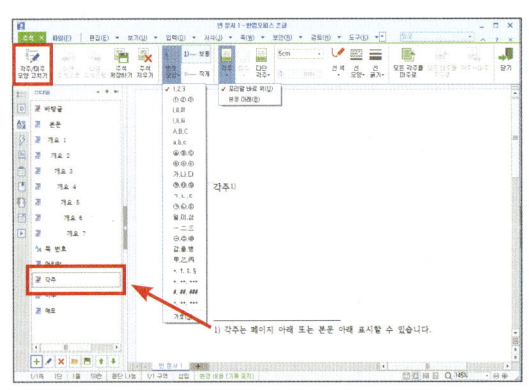

- 각주의 모양은 구역 전체에 적용됩니다. 모양을 중간에 변경하려면 Alt + Shift + Enter 구역을 나누어야 합니다.
- 각주의 새 번호는 [쪽]-[새 번호로 시작]의 '각주 번호'에서 지정하고 '주석 모양'에서도 지정할 수 있습니다. 각주는 '쪽마다 새로 시작'으로 번호를 매길 수도 있습니다.
- 각주 번호의 서식은 변경할 수 없고, 내용의 서식은 스타일 '각주'(영어 이름이 'Footnote'여야 함)로 변경합니다.
- 각주는 '꼬리말 바로 위' 또는 '본문 아래'에 표시됩니다.

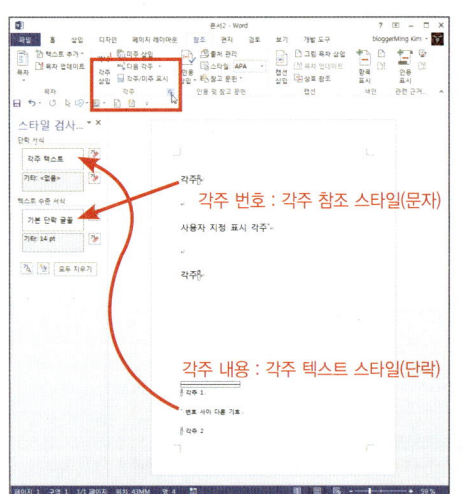

각주 및 미주 대화 상자

- 각주의 번호 모양과 새 번호는 [각주 및 미주] 대화 상자를 열어 변경합니다. 기존 번호와 다른 번호 모양으로 변경하려면 구역(이어서)을 나누고 변경합니다.
- 변환 : 각주를 미주로, 미주를 각주로, 각주/미주 맞바꾸기

- 단이 있는 경우 '각 단 아래'/'전 단(단은 무시) 아래'/'오른쪽 단 아래'로 선택 가능합니다.
- 각주 전체를 미주로 변경 가능합니다.
- 각주를 미주에도 넣거나, 각주/미주 내용을 전체 복사해야 한다면 '주석 저장하기'를 이용합니다.
- 삭제 : 각주 번호를 삭제하거나 '주석 지우기'
- 각주 내용에서 번호 위치로 이동하려면 Shift + Esc
- 각주 구분선 : 길이/종류/굵기/색 지정 가능

각주 모양 고치기

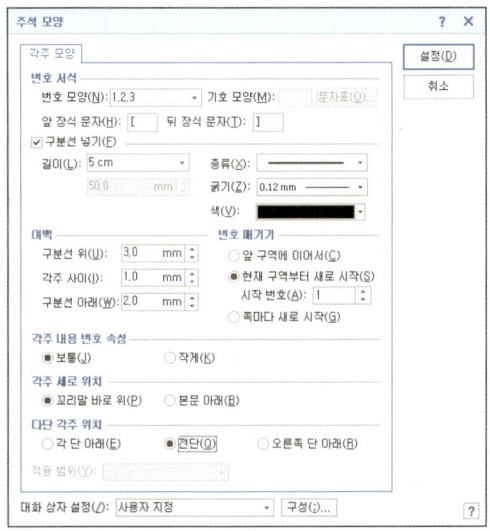

- 각주 번호의 앞/뒤 장식 문자를 지정할 수 있습니다.
- 구분선의 여백을 지정할 수 있습니다.
- 구역별 새 번호나 쪽마다 새 번호 지정이 가능합니다

미주 Ctrl + N , E 한글

- 미주는 '구역의 끝' 또는 '문서의 끝'에 표시됩니다.
- 미주도 번호 모양을 새 모양으로 다시 시작하려면 구역을 나누어야 합니다. 구역나누기는 페이지가 나눠집니다.
- 미주의 새 번호는 [쪽]-[새 번호로 시작]의 '미주 번호' 또는 '주석 모양'(미주 모양 고치기)에서 '현재 구역부터 새로 시작'-'새 시작 번호'를 지정할 수 있습니다.
- 미주 번호의 서식은 변경할 수 없고, 내용의 서식은 [F6] 스타일의 '미주 스타일'(Endnote)로 변경합니다.

- 각주 레이아웃 : 각주의 '열(단)' 수를 지정합니다.
- 번호 서식 : 번호의 모양만 지정합니다.
- 사용자 지정 표시 : 각주 번호와는 별개의 표시 [삽입]
- 시작 번호 : 구역별 각주 시작 번호를 지정합니다.
- 번호 매기기 : 구역이 있는 경우 번호 '이어서'/'구역마다 다시 매기기'를 선택할 수 있습니다.
- [삽입]/[적용] : '각주/미주 번호' '사용자 지정 기호 표시'를 입력할 때는 [삽입], 각주 옵션을 변경했을 때는 [적용]
- 각주/미주의 번호 서식은 문자 스타일 '각주/미주 참조'
- 각주/미주의 내용 서식은 단락 스타일 '각주/미주 텍스트'

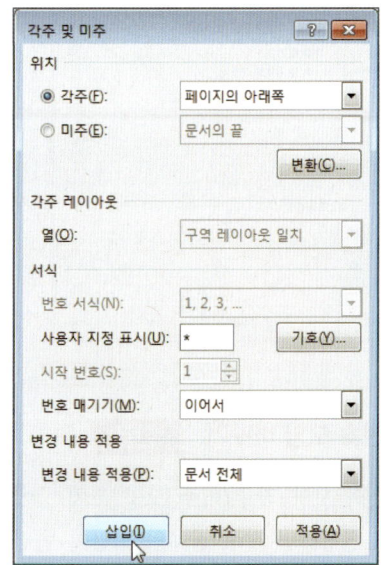

각주/미주 표시(각주 구분선 변경) 워드

각주 구분선은 '각주/미주 표시'로 수정합니다. 각주/미주 표시는 '인쇄 모양 보기' 상태에서는 표시되지 않습니다. '웹 모양 보기' '초안(기본) 보기' '개요 보기' 상태에서 볼 수 있기 때문에, [보기] 메뉴나 상태 표시줄에서 변경한 다음 [참조]-[각주/미주 표시]를 클릭하십시오.

- 미주 전체를 각주로 변경, 각주와 미주와 함께 있는 문서라면 각주는 미주로, 미주는 각주로 변경도 가능합니다.
- 삭제 : 미주 번호를 삭제하거나 '주석 지우기'
- 미주 내용에서 번호 위치로 이동하려면 Shift + Esc
- 미주 구분선 : 길이/종류/굵기/색/여백 지정 가능
- 미주 번호의 앞/뒤 장식 문자를 지정할 수 있습니다.

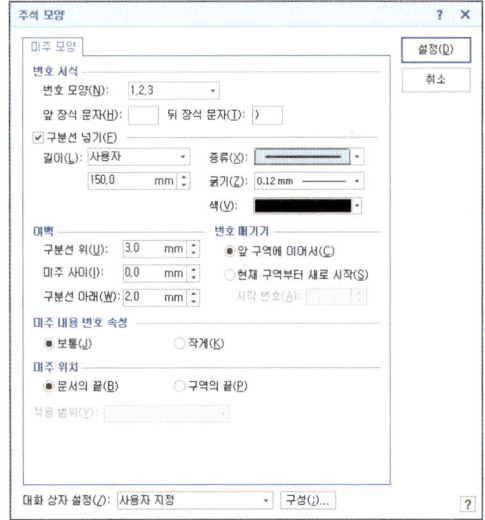

각주(미주)의 번호 모양 바꾸기 ^{한글}

각주 도구나 '주석 모양'(각주/미주 모양 고치기)에서 번호 모양을 변경하면 각주 전체의 모양이 변경됩니다.

구역을 나누고 새 번호 모양으로 바꾸기

1. 모양이 바뀔 페이지의 앞 페이지 끝에서 구역 나누기
   – Alt + Shift + Enter
2. 각주를 넣고 각주(미주) 도구에서 번호 모양을 변경
3. 새 번호를 주어야 한다면 본문의 각주 앞에서 [쪽]–[새 번호로 시작]

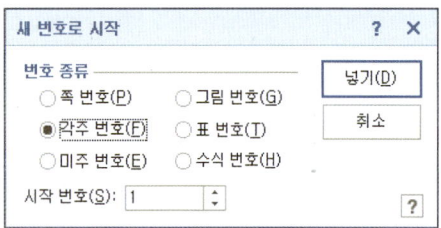

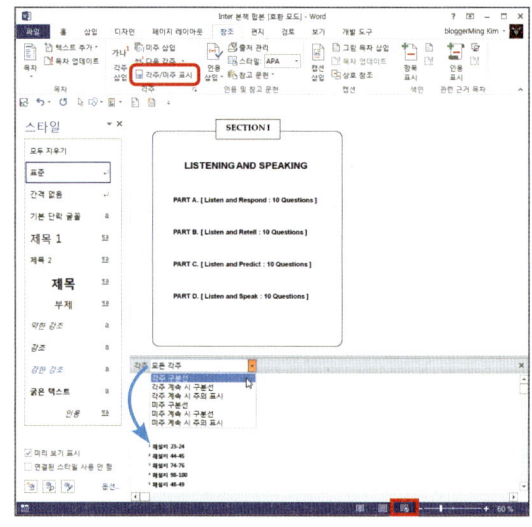

- '각주/미주 표시'로는 모든 각주를 한꺼번에 보고 편집할 수 있습니다. MS Word는 각주 내용에서도 Ctrl + A 로 각주 내용을 모두 선택할 수 있습니다.(각주 전체 복사/편집/저장 가능)

- '각주 구분선'/'각주 계속 시 구분선'/'각주 계속 시 주의 표시' 편집 : 구분선은 [글꼴]의 취소선, 단락 테두리 선, 가로줄, 도형, 기타 클립아트 구분선 등으로 편집할 수 있고, 텍스트를 입력할 수 있습니다. 구분선과 본문/각주와의 간격은 '단락 여백'으로 조정 가능합니다.

- 참고 : 각주 내용이 나눠지지 않고 한 페이지 안에 모두 표시되길 원한다면 [단락]–[페이지 나누기] '현재 단락을 나누지 않음'을 선택하면 됩니다. 모든 각주에 설정하려면 '각주 텍스트' 스타일을 수정합니다.

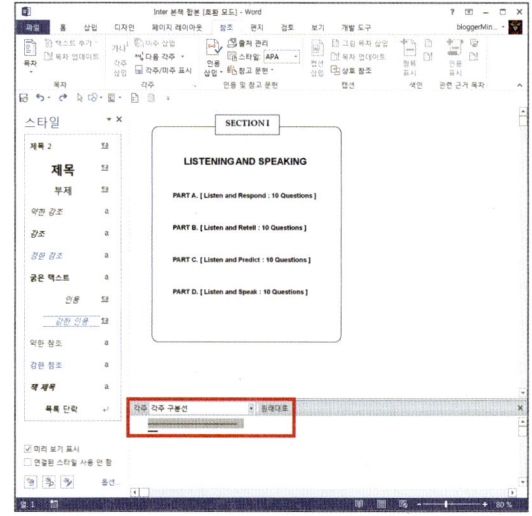

※**각주/미주 번호 숨기기**

간혹 각주/미주 번호를 숨기고 입력해야 하는 경우가 있습니다. 한/글은 각주/미주 스타일은 있지만, 각주/미주의 번호에 대한 스타일은 없기 때문에 이때에는 글자 색을 흰색으로, 글자 크기를 최소한으로 줄여 표시하곤 하는데요. 글자 스타일과 상용구를 이용하면 좀 더 간단히 적용할 수 있습니다.

❶ 글자 스타일 : [F6]-[추가하기]에서 '글자'를 선택해 글자 스타일을 만들고 각주 번호에만 적용해 줍니다.
❷ 각주 입력 : 각주에 서식을 적용한 후 블록 지정해 본문 상용구([Alt]+[I])로 등록하고, ▶각주 대신 상용구로 각주를 입력합니다. ※상용구 실행 : 준말,[Alt]+[I]
- 각주 번호 서식 : 이렇게 입력하면 각주 번호는 만든 글자 스타일로 관리가 가능하게 됩니다.

※**각주의 상호 참조**

같은 각주 번호를 여러 번 표시해야 할 경우가 있다면 '상호 참조'를 사용하세요. [입력]-[상호 참조]에서 참조 대상을 '각주'로 선택하여 각주 번호를 입력하고 위 첨자로 편집해 놓으면 각주 번호가 변동될 때 따라서 바뀝니다.

숨은 설명 `한글`

문서에 표시되지는 않으면서 추가 설명, 참고 등을 표시하는 방법으로 숨은 설명이 있습니다. 숨은 설명은 조판 부호를 키지 않으면 쉽게 알아보기 어렵고 인쇄되거나, 자리를 차지하지 않기 때문에 작성자의 개인적인 메모나 참고 사항을 기록하는 데에 사용할 수 있습니다.

- 숨은 설명 추가하기 : [입력]-[주석]-[숨은 설명] ▶[F10]으로 메뉴를 내려 찾습니다.(바로 가기 키 [Alt]+[D],[K],[H])
- 숨은 설명 표시 : 조판 부호만 표시
- 숨은 설명 나가기 : 숨은 설명 도구의 [닫기]([Shift]+[Esc])
- 숨은 설명 고치기 : [보기]-[조판 부호]를 켜고 숨은 설명에서 [고치기]([Ctrl]+[N],[K])
- 숨은 설명 찾아가기 : [찾아가기]([Alt]+[G])-'조판 부호'-'숨은 설명'
- 숨은 설명 삭제 : 조판 부호 [숨은 설명]을 삭제-[편집]-[조판 부호 지우기]로 전체 삭제 가능

각주(미주)의 번호 모양 바꾸기 `워드`

각주를 입력한 뒤 '각주 및 미주' 대화 상자를 열어 전체의 '번호 서식'과 '시작 번호' 등을 수정할 수 있습니다.

구역을 나누고 새 번호 모양으로 바꾸기

❶ 모양이 바뀔 곳에 커서를 두고 구역 나누기-[페이지 레이아웃]-[나누기]-[구역 나누기]('이어서' 구역 가능)
❷ 새 각주를 넣고 '각주 및 미주' 대화 상자를 열어 '번호 서식' 등을 수정한 뒤 '변경 내용 적용' 항목을 '이 구역'으로 선택 후 [적용]
▶ 같은 번호를 2번 입력하려면 '각주/미주 대화 상자의 '사용자 지정 표시'에 같은 번호를 입력하거나 '상호 참조'를 활용합니다.

※**각주/미주 번호 숨기기**

MS Word는 각주/미주 번호에 해당하는 '각주/미주 참조' 스타일이 있습니다. 각주/미주의 번호를 숨기고 싶다면 '각주/미주 참조' 스타일의 글자 색, 글자 크기 등을 줄여주면 됩니다.

※**참고 문헌 표시**

MS Word에는 미주와 비슷한 표시로 '[1]' 모양의 참고 문헌 표시가 있습니다. [참조]-[참고 문헌]으로 삽입하는데요. 인용의 경우, 특히 반복 사용된다면 참고 문헌으로 등록해 두고 입력할 수 있습니다. '활용'의 '참고 문헌 만들기'를 참고하세요.

숨겨진 텍스트 `워드`

MS Word의 숨겨진 텍스트는 한/글의 '숨은 설명'과는 약간의 차이가 있습니다. 인쇄를 선택할 수 있고, 편집 기호를 켜서 문서에 직접 표시할 수도 있습니다.

- 숨겨진 텍스트 추가하기 : 숨길 텍스트를 블록 지정해 [글꼴]의 '숨김' 선택 또는 [Ctrl]+[Shift]+[H]
- 표시 : 중괄호와 함께 '{밑줄 점선}'으로 표시
※TA(관련 근거 목차)/TC(목차)/XE(색인) 항목 필드, RD(참조 문서) 필드, Private 필드 등이 숨겨진 텍스트 형식으로 표시됩니다.

- 표시/숨기기 : Ctrl+Shift+[8](*) 편집기호를 켜고 끄는 것으로 표시하거나 숨길 수 있습니다.
- 찾아가기 : [바꾸기]((Ctrl+H)-[찾기]-[자세히]-[서식]-[글꼴]에서 '숨김'을 선택해 찾을 수 있습니다.
- 해제 : 숨겨진 텍스트를 선택해 [글꼴]의 '숨김' 해제 또는 Ctrl+Shift+H - 일반 텍스트로 변경됩니다.
- 인쇄 : [Word 옵션]-[표시]-'숨겨진 텍스트 인쇄' 선택
- 삭제 : [파일]-[문서 확인]-[문서 검사]에서 찾아 삭제 가능
- 참고 : 복사해 붙인 내용의 경우 '출처'나 '저작권자' 등이 숨겨진 텍스트로 자동 입력되는 경우가 있습니다.

02-4 수식

[입력]-[수식] Ctrl+N,M 한글

한/글 수식은 '수식 편집기'로 작성합니다. 한/글 2014는 수식 라이브러리의 템플릿을 먼저 입력해 편집(Ctrl+N,K)할 수 있습니다. 입력된 '수식'은 개체로서 조판 부호가 있고 개체 속성을 이용할 수 있습니다.

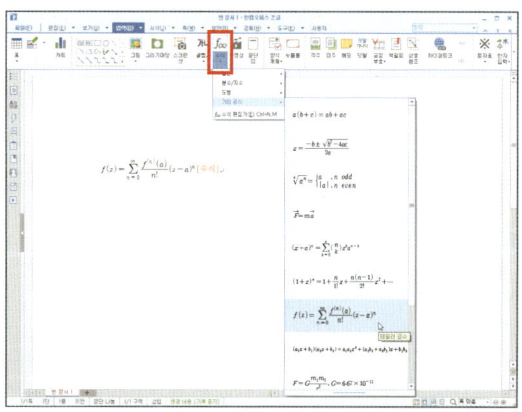

수식 편집기 한글

수식 편집기는 '수식 도구상자' '수식 편집창' '스크립트 입력창'으로 구성되어 있습니다.

[삽입]-[수식] Alt+= 워드

[삽입]-[수식] 도구 아이콘을 클릭 또는 Alt+Shift+8 단축키를 누르면 '수식 콘텐츠 콘트롤'이 입력됩니다. 수식 콘텐츠 콘트롤 안에 수식 명령어를 직접 입력하거나, 수식 안에서 표시되는 '수식 도구'의 템플릿을 추가해 수식을 완성할 수 있습니다.

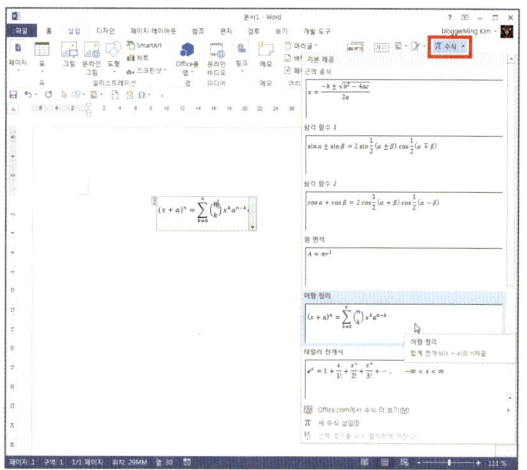

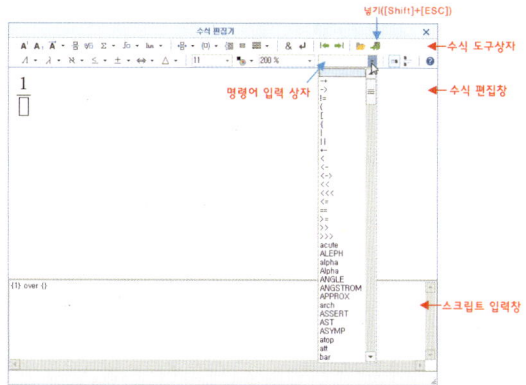
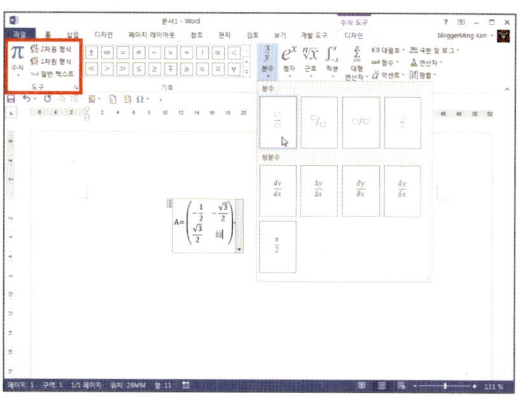

- **수식 도구 상자** : 기호와 템플릿, 명령어 입력 상자가 있고 약간의 개체 속성(글자 크기/글자 색/배치 방법)을 지정할 수 있습니다. 도구 상자의 아이콘 중에는 단축키가 있는 것도 있어서 수식 편집창이나 스크립트 입력창에서 쉽게 사용할 수 있습니다.

- **수식 편집창** : 주로 도구의 템플릿을 이용해 입력하고, 텍스트를 입력하기가 수월합니다. 도구의 확대/축소로 크기를 조정해 볼 수 있습니다.

- **스크립트 입력창** : 키보드만으로 수식을 완성할 수 있기 때문에 빠르고 다양하게 수식을 만들어 낼 수 있습니다. 스크립트 입력창에 명령어를 입력하면 편집창에 그 수식의 완성된 모양이 나타납니다. 도구의 템플릿과 '명령어 입력 상자'는 동일하게 사용 가능하지만, 빠르게 입력하려면 기본적인 '수식용 명령어'를 알고 있어야 합니다.

- **넣기(Shift)+(Esc)** : 수식 편집창이나 스크립트 입력창을 이용해 수식을 완성했다면 '넣기(닫기)' 아이콘을 클릭해 본문에 수식을 입력합니다.

수식 편집기 도구 상자 　한글

수식 편집기의 도구는 수식 편집창이나, 스크립트 입력창에서 모두 사용할 수 있습니다. 기호/함수/명령어 입력 창이 있고, 글자 크기 등 속성을 지정할 수 있습니다.

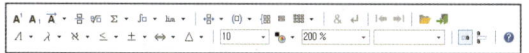

수식 콘텐츠 콘트롤 　워드

MS Word 상위 버전의 수식은 콘텐츠 콘트롤로 표시됩니다. 콘텐츠 콘트롤의 오른쪽 끝에 있는 화살표로는 간단한 '수식 옵션'을 열어볼 수 있습니다.

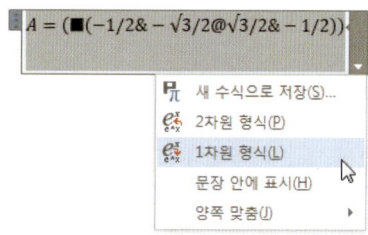

- **새 수식으로 저장** : 사용자가 만든 수식을 블록으로 저장해 '수식 갤러리'에서 찾아 입력할 수 있도록 합니다.
- **2차원 형식** : 수식을 입력될 2차원 형식으로 표시합니다.
- **1차원 형식** : 수식 기호를 텍스트로 확인하고 수정할 수 있도록 1차원 형식으로 표시합니다.
- **문장 안에 표시** : MS Word의 수식은 기본적으로 한 단락을 모두 차지하는 배치인데요, '문장 안에 표시'를 선택하면 텍스트처럼 좌/우로 글자를 입력할 수 있습니다. '문장 안에 표시'된 수식은 '문장과 구분하여 표시' 되었을 때보다 조금 작게 표시되고 '합계'처럼 디자인이 변경되어 표시되는 경우도 있습니다.
- **맞춤 정렬** : '문장과 구분하여 표시'된 수식 콘텐츠 콘트롤을 '왼쪽'/'가운데'/'오른쪽'/'그룹으로 가운데 맞춤' 등으로 정렬합니다.

수식 도구 설명

아이콘	이름(명령어)	단축키	아이콘	이름(명령어)	단축키
A¹	위 첨자(^)	Shift+6	A ·	그리스 대문자 (대표: LAMBDA)	
A₁	아래 첨자(_)	Shift+-	λ ·	그리스 소문자 (대표: lambda)	
Ā ·	장식 기호(대표: vec)	Ctrl+D	ℵ ·	그리스 기호 (대표: ALEPH)	
음	분수(over)	Ctrl+O	≤ ·	합, 집합 기호 (대표: le, leq)	
√⁻	근호(sqrt, root)	Ctrl+R	± ·	연산, 논리 기호 (대표: +-)	
Σ ·	합 기호(sum)	Ctrl+S	↔ ·	화살표 (대표: LRARROW)	
∫ ·	적분(int)	Ctrl+I	△ ·	기타 기호 (대표: TRIANGLE)	
lim ·	극한(Lim, lim)	Ctrl+L		명령어 입력	₩/Ctrl+Tab (편집창)
↦ ·	상호 관계 (대표: REL lrarrow)	Ctrl+E		개체 속성/기타	
(○) ·	괄호(대표: left, right)	Ctrl+9	10 ·	글자 크기	
{■	경우(cases)	Ctrl+0	▬ ·	글자 색	
≡	세로 쌓기 (pile, lpile, rpile)	Ctrl+P	◎	글자 단위 영역	
⊞ ·	행렬(matrix)	Ctrl+M	▤	줄 단위 영역	
&	줄 맞춤(&)		200% ·	편집창 화면 확대	
↵	줄 바꿈(#)	Enter (편집창)	❓	도움말	F1
⇤	이전 항목	Shift+Tab (편집창)	📁	MathML 파일 불러오기	Alt+M
⇥	다음 항목	Tab (편집창)	📤	넣기	Shift+Esc

수식 입력 방법 `한글`

- **수식 편집창** : ❶ 텍스트는 직접 입력하고, 명령어/기호는 도구 상자에서 찾아 추가한 후 템플릿의 네모 칸에 텍스트나 다른 템플릿을 입력 ❷ 네모 칸에 입력을 마치면 방향키나 `Tab` 또는 마우스를 이용해 다음 칸으로 이동한 뒤 나머지를 입력 ❸ `Shift`+`Esc`로 수식을 완성합니다.

- **명령어 입력 상자** : 수식 편집창에서 '₩'를 눌러 바로 이동할 수 있는 '명령어 입력' 상자에는 수식에서 사용할 수

수식 도구 `워드`

수식 안에 커서를 가져다 놓으면 리본메뉴에 '수식 도구'가 생깁니다. 수식 도구로는 수식 갤러리(π), 수식 옵션(🔣), 수식 기호와 만들어진 수식 구조를 이용할 수 있습니다.

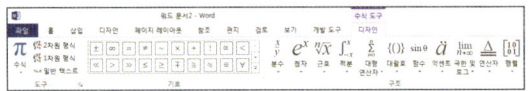

수식 입력 방법 `워드`

- **2차원 형식(만들어진 수식 구조로 입력)** : ❶ 수식 구조를 먼저 추가한 후 네모 틀에 텍스트나 다른 수식 구조를 입력 ❷ 하나의 네모 틀에 입력이 끝나면 방향키로 나온 후 나머지 수식을 입력 ❸ 본문을 클릭해 수식을 완성합니다.

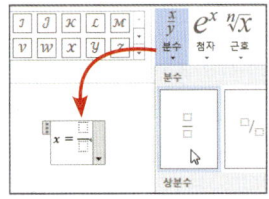
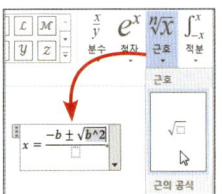
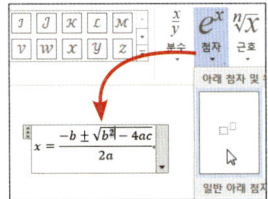

- **1차원 형식(텍스트로 입력)** : '수식 자동 고침'을 이용해 텍스트로 수식 명령어/기호를 입력합니다. 입력한 후 2차원 형식으로 변환하여 수식의 모양을 확인합니다. ※명령어 앞에 '₩'를 붙입니다.

있는 대부분의 명령어가 포함되어 있습니다. 드롭다운 항목에서 찾아 선택하거나, 직접 텍스트를 입력하고 Enter를 누릅니다.

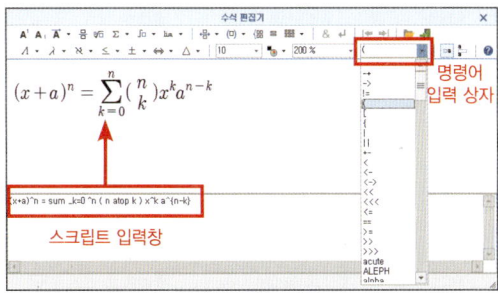

- **스크립트 입력창** : 스크립트 입력창에는 기호와 명령어를 텍스트로 입력할 수 있는 특수한 수식 입력법을 사용합니다. 각각의 기호와 명령어의 이름은 도구를 이용해 보면 익힐 수 있지만, 수식용 입력 기호 몇 가지는 꼭 알아두어야 제대로 표현할 수 있습니다. 입력된 텍스트에 해당하는 기호, 함수 등은 수식 편집창으로 확인합니다.

스크립트 입력창에서의 수식 입력 〔한글〕

수식용 입력 기호를 알아두고(수식에 나타나지 않습니다) 도구를 참고하여 수식을 완성하세요.

입력 기호

- Spacebar : 스크립트 입력창에서 빈칸, Enter, Tab 은 명령어를 '구분' 하는데 쓰입니다. 위 첨자를 끝낼 때, 근호를 끝낼 때 빈칸을 띄어 주면 만들던 구조와 구분해서 수식을 입력할 수 있습니다.
- ~ : 빈칸 - Spacebar 를 대신해 빈칸을 입력해 줍니다.
- ` : ¼ 크기의 빈칸입니다.
- { } : 중괄호는 명령어를 묶을 때 사용합니다.
  ▶ 앞/뒷 명령어와의 구분이 필요할 때
  ▶ 10글자 이상의 글자를 표시할 때
  ▶ 앞 글자가 없는 첨자에 사용. 예, '{ }^A'
  ▶ 여러 구로 나눠진 명령어를 하나로 묶을 때

※예를 들어, $a_n^{\frac{1}{n}} = \sqrt[n]{a}$: 'a^{1 over n}=root n of a' 에서 '{1 over n}'의 중괄호는 띄어쓰기를 포함해 전체가 'a'의 위 첨자가 되도록 묶어 주는 역할도 하지만 뒤의 '='이후가 위 첨자가 되지 않도록 구분하기도 합니다.

1차원 형식으로 수식 입력 〔워드〕

기본 명령어 요약

명령어(입력)	기호	명령어(입력)	기호	명령어(입력)	기호
위 첨자	^	분수(₩over)	/	가로선 없는 분수(₩over)	│
아래 첨자	_	묶음	( )	텍스트	" "
배열 (₩eqarray)	■	곱하기 (₩times)	×	위(₩above)	⊥
줄 바꿈	@	나누기(₩div)	÷	아래(₩below)	⊤
줄 맞춤	&	제곱근(₩sqrt)	√	차수가 있는 근호 (₩sqrt (n&a))	$\sqrt[n]{a}$

수식 자동 고침

수식에서 자동 고침을 사용하려면 [Word 옵션]-[언어 교정]-[자동 고침 옵션]의 '수식 자동 고침'에서 '다음 목록에 있는 내용대로 자동으로 바꾸기'를 선택해야 합니다. 명령어와 Spacebar 를 입력하면 자동 고침이 됩니다.

명령어	기호	명령어	기호	명령어	기호
...	...	₩hookleftarrow	↩	₩psi	ψ
→	→	₩hookrightarrow	↪	₩Psi	Ψ
-+	∓	₩hphantom	⇔	₩qdrt	∜
->	->	₩hvec	⃑	₩quadratic	x=(-b±√(b^2-4ac))/2a
|	|	₩ii	ⅈ	₩rangle	⟩
||	||	₩iiint	∭	₩ratio	:
₩above	⊥	₩iint	∬	₩rbrace	}
₩aleph	ℵ	₩Im	ℑ	₩rbrack	]
₩alpha	α	₩in	∈	₩rceil	⌉
₩Alpha	Α	₩inc	Δ	₩rddots	⋰
₩amalg	⨿	₩infty	∞	₩Re	ℜ
₩angle	∠	₩int	∫	₩rect	□
₩approx	≈	₩iota	ι	₩rfloor	⌋
₩asmash	↑	₩Iota	Ι	₩rho	ρ
₩ast	∗	₩jj	ⅉ	₩Rho	Ρ
₩asymp	≍	₩kappa	κ	₩rightarrow	→
₩atop	¦	₩Kappa	Κ	₩Rightarrow	⇒
₩bar	‾	₩ket	⟩	₩rightharpoondown	⇁
₩Bar	‗	₩lambda	λ	₩rightharpoonup	⇀
₩begin	⟦	₩Lambda	Λ	₩sdivide	⁄
₩below	⊤	₩langle	⟨	₩searrow	↘
₩bet	ℶ	₩lbrace	₩{	₩setminus	∖

※중괄호를 표시할 때에는 'left {, right }'로 입력합니다.

- " " : 텍스트를 입력할 때 사용합니다. 스크립트 입력창에서는 명령어/기호를 텍스트로 입력하기 때문에, 명령어가 아닌 텍스트(빈칸 포함)를 입력할 때에는 제대로 표현되지 않을 수 있습니다. 이때 " "를 사용하면 텍스트를 명령어가 아닌 입력된 그대로 표시합니다.

※스페이스/～/'/{ }/" "는 여러 번 입력해도 편집창에는 표시되지 않습니다. 넉넉하게 사용하세요.

- # : Enter 대신 줄을 바꾸는 데에 사용합니다.
- & : 'pile'이나 'cases' 'matrix' 등 줄을 바꿔 입력하는 경우 칸을 구분해 세로 위치를 맞추는 데(Tab 처럼)에 쓰입니다.

기본 명령어

명령어(입력)	설명 / 예	결과
times	곱하기 / 1 times 2	1×2
div	나누기 / 2 div 1	$2 \div 1$
over	분수 / 1 over 2	$\frac{1}{2}$
atop	가로선이 없는 분수 / x atop y	$\begin{smallmatrix}x\\y\end{smallmatrix}$
sqrt	근호 / sqrt 2 (차수 : of)	$\sqrt{2}$
^	위 첨자 / a^2 +b^2 =c^2 (명령어 입력 상자에서는 'sup')	$a^2+b^2=c^2$
_	아래 첨자 / LEFT {a_n RIGHT }(명령어 입력 상자에서는 'sub')	$\{a_n\}$
int, oint	적분 / int_a ^b {f(x)dx}	$\int_a^b f(x)dx$
sum	합계 / sum_k=1 ^n	$\sum_{k=1}^n$
bigg+기호	기호 확대 / a+b over a−b bigg / x+y over x−y	$\frac{a+b}{a-b}\bigg/\frac{x+y}{x-y}$
lim, Lim	극한 / lim_{n →} inf {left(1+ 1 over n right)}^n	$\lim_{n\to\infty}\left(1+\frac{1}{n}\right)^n$
union, inter	집합 기호 / A smallunion B inter(∩), prod(∏)	$A\cup B$
not	글자 앞에 붙여 글자에 사선을 그음 / not =	$\neq$
rel rarrow	상호 관계 / A REL lrarrow +2 −5 B	$A\xrightarrow[-5]{+2}B$
cases	경우 / cases {2x+y=4 # 3x−4y=−1}	$\begin{cases}2x+y=4\\3x-4y=-1\end{cases}$
pile, lpile, rpile	쌓기 / pile{ AAA # AA } lpile(왼쪽), rpile(오른쪽)	$\begin{matrix}AAA\\AA\end{matrix}$
matrix	행렬 / A= pmatrix { 1 &~ 0 # 0 &~ 0}	$A=\begin{pmatrix}1&0\\0&0\end{pmatrix}$
ACUTE, HAT, CHECK, DDOT, BAR, UNDER...	글자 장식 / acute A, hat A, check A, ddot A, bar A, under A	$\acute{A}\hat{A}\check{A}\ddot{A}\bar{A}\underline{A}$

※첫 글자를 대문자로 표시한 명령어는 반드시 대문자로 입력해야 합니다.

명령어	기호	명령어	기호	명령어	기호
\beta	β	\lbrack	[	\sigma	σ
\Beta	Β	\lceil	⌈	\Sigma	Σ
\bot	⊥	\ldivide	/	\sim	~
\bowtie	⋈	\ldots	...	\simeq	≃
\box	□	\le	≤	\slashedfrac	/
\bra	⟨	\leftarrow	←	\smash	↕
\breve	˘	\Leftarrow	⇐	\spadesuit	♠
\bullet	·	\leftharpoondown	↽	\sqcap	⊓
\cap	∩	\leftharpoonup	↼	\sqcup	⊔
\cbrt	∛	\leftrightarrow	↔	\sqrt	√
\cdot	·	\Leftrightarrow	⇔	\sqsubseteq	⊑
\cdots	⋯	\leq	≤	\sqsuperseteq	⊒
\check	ˇ	\lfloor	⌊	\star	★
\chi	χ	\ll	≪	\subset	⊂
\Chi	Χ	\mapsto	↦	\subseteq	⊆
\circ	∘	\matrix	■	\succ	≻
\close	⊣	\mid	∣	\succeq	⪰
\clubsuit	♣	\models	⊨	\sum	Σ
\coint	∮	\mp	∓	\superset	⊃
\cong	≅	\mu	μ	\superseteq	⊇
\cup	∪	\Mu	Μ	\swarrow	↙
\dalet	ℸ	\nabla	∇	\tau	τ
\dashv	⊣	\naryand	▦	\Tau	Τ
\dd	d	\ne	≠	\theta	θ
\Dd	D	\nearrow	↗	\Theta	Θ
\ddddot	⃜	\neq	≠	\times	×
\dddot	⃛	\ni	∋	\to	→
\ddot	¨	\norm	‖	\top	⊤
\ddots	⋱	\nu	ν	\tvec	↔
\degree	°	\Nu	Ν	\ubar	_
\delta	δ	\nwarrow	↖	\Ubar	=
\Delta	Δ	\o	o	\underbar	_
\diamond	◇	\O	O	\underbrace	⏟
\diamondsuit	◇	\odot	⊙	\underparen	⏝
\div	÷	\oiiint	∰	\uparrow	↑
\dot	·	\oiint	∯	\Uparrow	⇑
\doteq	≐	\oint	∮	\updownarrow	↕
\dots	...	\omega	ω	\Updownarrow	⇕
\downarrow	↓	\Omega	Ω	\uplus	⊎
\Downarrow	⇓	\ominus	⊖	\upsilon	υ

수식 편집하기 〔한글〕

내용 편집하기

수식을 입력한 뒤 내용을 수정하려면 수식을 더블 클릭하거나, Ctrl+N,K 개체 속성의 [편집]을 클릭합니다.

개체 속성 편집하기

수식은 조판 부호를 가지고 있는 개체로 기본적으로 '글자처럼 취급' 상태로 입력됩니다. 수식을 선택한 뒤 마우스 오른쪽 버튼의 '개체 속성(P)' 또는 Ctrl+N,K 단축키로 개체 속성 대화 상자를 열 수 있습니다.

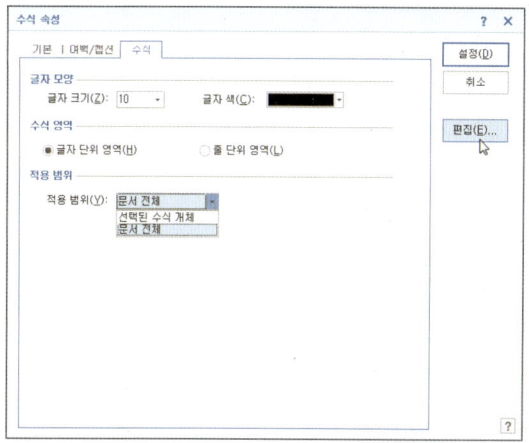

▶ '글자 크기'/'글자 색'/'수식 영역'을 수정할 수 있고 '적용 범위'로 '문서 전체' 수식에 적용할 수 있습니다.

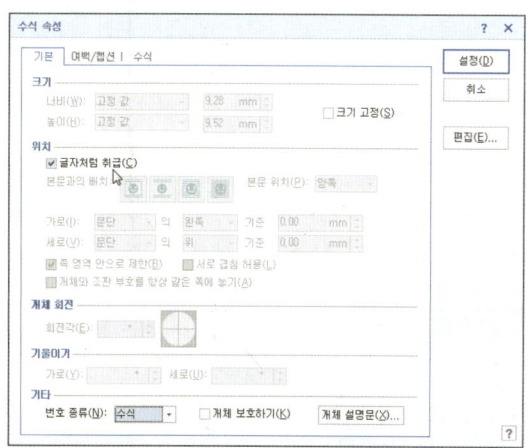

▶ 기본적인 개체 속성과 캡션/여백도 수정 가능합니다.

명령어	기호	명령어	기호	명령어	기호
₩dsmash	↓	₩open	⊢	₩Upsilon	Υ
₩ee	e	₩oplus	⊕	₩varepsilon	ε
₩ell	ℓ	₩otimes	⊗	₩varphi	φ
₩emptyset	∅	₩over	/	₩varpi	ϖ
₩end	]	₩overbar	⁻	₩varrho	ϱ
₩epsilon	∈	₩overbrace	⌢	₩vphantom	↕
₩Epsilon	E	₩overparen	⌢	₩wedge	∧
₩eqarray	■	₩parallel	∥	₩wr	≀
₩equiv	≡	₩partial	∂	₩xi	ξ
₩eta	η	₩phantom	◇	₩Xi	Ξ
₩Eta	H	₩phi	φ	₩zeta	ζ
₩exists	∃	₩Phi	Φ	₩Zeta	Z
₩forall	∀	₩pi	π	₩zwsp	(너비가 0인 공백)
₩funcapply	⊛	₩Pi	Π	+-	+-
₩gamma	γ	₩pm	±	<-	<-
₩Gamma	Γ	₩ppprime	‴	<=	<=
₩ge	≥	₩pprime	″	>=	>=
₩geq	≥	₩pprime	″	v	v
₩gets	←	₩prec	≺	⊢	⊢
₩gg	≫	₩preceq	≼	⋮	⋮
₩gimel	ℷ	₩prime	′				
₩hat	^	₩prod	∏	℘	℘
₩hbar	ℏ	₩propto	∝	ϑ	Θ
₩heartsuit	♡			ς	Σ

※ 유니코드 번호와 Alt+X – 기호로 삽입해도 됩니다.

수식 기호

하위 집합을 변경해 다양한 기호를 찾아볼 수 있습니다. 마우스를 기호에 가져다 놓으면 텍스트로 입력할 수 있는 명령어가 표시됩니다.

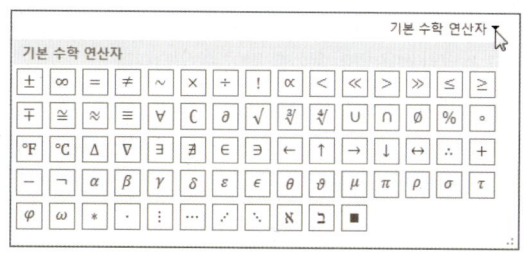

글자 서식 편집하기

수식은 여러 가지 글꼴을 사용할 수 없습니다. 수식에서 사용할 수 있는 글자 서식은 진하게, 로만체, 그리고 진한 로만체뿐입니다. 이 서식은 개체 속성이나 도구에서 지정하지는 않고 수식 편집기의 스크립트 입력창에서 명령어로 지정/해제합니다. ※수식이 제대로 표현되지 않으면 수식 폰트(Windows\fonts폴더의 HYHWPEQ.TTF 파일)가 삭제되었는지 확인해 보세요.

- 글자 서식에 관한 명령어
  - ▶ 'bold'(진하게) : 여러 단어라면 { }를 이용. bold 해제는 Spacebar 나 Tab 예) 'bold A' 〉 '**A**'
  - ▶ 'rm'(로만체) : 기울어진 글꼴을 로만체로 입력합니다. rm 명령어는 뒷 명령어를 모두 로만체로 입력시키기 때문에 필요한 부분만 중괄호로 묶어 지정하거나, 해제 명령을 입력해 주어야 합니다. 예) '{rm A}' 〉 'A' ※로만체 해제 : 'it'
  - ▶ 'rmbold'(진한 로만체) : 예) {rmbold A} 〉 '**A**' ※해제는 rm 명령어를 따로, bold 명령어를 따로 해줍니다. 중괄호로 묶어 사용하면 따로 해제할 필요가 없습니다.

- 항상 로만체로 입력되는 명령어
  - ▶ sin, cos, tan, coth, log, cot, lg, sec, cosec, max, min, csc, arcsin, lim, LIM, arccos, arctan, exp, Exp, arc, sinh, det, gcd, cosh, tanh, mod, if, for, and, hom, ker, deg, arg, dim, Pr, or 명령어는 항상 로만체로만 입력됩니다.

  ※로만체로 입력되지 않아야 한다면 '명령어 입력' 상자에 입력하거나, 스크립트 입력창에서 "sin" 따옴표를 붙여 텍스트로 처리해 주세요.

수식 캡션과 수식 차례

수식은 개체이기 때문에 당연히 캡션과 캡션 번호를 매길 수 있고 스타일 적용 없이 목차를 만들 수 있습니다.

- 캡션 넣기 : 수식을 선택해 마우스 오른쪽 버튼의 '캡션 넣기'를 선택하거나 Ctrl + N, C 단축키를 누르면 입력된 순서대로 번호가 매겨집니다.
- 새 수식 번호 : [쪽]-[새 번호로 시작]-'수식 번호'
- 캡션의 크기 : 수식이 작은 경우 개체 속성에서 여백을 추가하고 '여백 부분까지 너비 확대'를 선택해 너비를 늘릴 수

수식 편집하기 워드

- 글꼴은 바꿀 수 없지만 기타 서식은 [홈]-[글꼴]/[단락]의 서식을 이용해 수정할 수 있습니다. ※예) '굵게'/'기울임꼴'/'줄 간격'/'단락 여백' 등
- 글꼴을 로만체로 입력하려면 " "를 추가하거나, 수식 도구의 '일반 텍스트'를 선택합니다. 항상 로만체로 입력되는 명령어는 한/글과 같습니다.

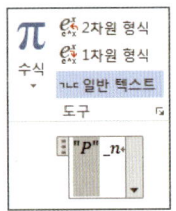

- 수식을 처음부터 이탤릭체로 입력하려면 Ctrl+I 글꼴의 기울임 서식을 선택합니다. 수식 구조 틀을 먼저 만들고 입력하면 자동으로 이탤릭체가 됩니다.

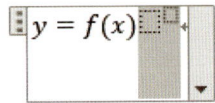

- 수식을 삭제하려면 단락을 선택해 삭제하거나, 수식 콘텐츠 콘트롤 왼쪽의 표시를 선택해 Delete 나 Backspace 합니다. 수식 내용을 삭제하면 수식 콘텐츠 콘트롤도 삭제됩니다.

수식 캡션과 수식 목차

- 수식 캡션 : [참조]-[캡션 삽입]에서 'equation'이나 '새 레이블'로 이름을 정해 번호를 매길 수 있습니다.
- 수식 목차 : [참조]-[그림 목차 삽입]에서 '캡션 레이블'을 선택해 만들면 됩니다. 만약 캡션을 만들지 않았다면 '스타일'을 적용하거나, '목차 항목 표시(Alt+Shift+O)'를 해두고 [그림 목차 삽입]-[옵션]에서 선택해 만듭니다.

수식 참조와 수식 찾기

- 수식 참조 : [참조]-[상호 참조]에서 'equation'을 선택해 '전체 캡션'/'레이블과 번호만'/'캡션 텍스트만'/'페이지 번호' 등을 참조할 수 있습니다. 참조된 내용은 필드 표시되고 대상이 변경되면 함께 적용됩니다.
- 수식 찾기 : 수식은 '이동(Ctrl+G)' 대화 상자에서 '수식'을 선택해 찾아 볼 수 있습니다. 대화 상자를 닫은 후에도 Ctrl+F4 로 다시 찾을 수 있습니다.

있습니다. 수식 끝에 '~'로 빈칸을 넣어 주어도 됩니다.

※ '한 줄로 입력' 등 서식 활용

- 차례 만들기 : 수식은 목차(차례)에 추가할 수 있습니다. [도구]-[차례 만들기]에서 수식을 선택하면 입력된 수식이 자동으로 번호가 매겨지며 차례로 만들어 집니다. 캡션이 있다면 캡션 번호가 표시되고, 캡션이 없다면 자동으로 매겨진 번호가 표시됩니다.

- 차례에서 제외 : 차례에 포함되지 않거나 다른 종류의 개체 차례에 추가하려면, '개체 속성'-'기본'-'번호 종류'를 '수식'에서 '없음' 또는 다른 종류(그림)로 변경합니다.

수식 참조, 하이퍼링크, 수식 찾기

- 수식 참조 : [입력]-[상호 참조](Ctrl+K,R)에서 수식을 선택한 다음 '수식이 있는 쪽 번호'/'수식 번호'/'캡션 내용' 중 골라 참조할 수 있습니다. 참조는 하이퍼링크가 가능하고, 참조할 내용이 변경되면 함께 적용됩니다.

- 수식 하이퍼링크 : [입력]-[하이퍼링크](Ctrl+K,H)로 수식을 문자열에 링크시킬 수 있습니다. 클릭하면 수식으로 이동합니다.

- 수식 찾기 : 문서에 입력된 수식은 '조판 부호 찾아가기(Alt+G)'로 이동할 수 있습니다. 대화 상자를 닫은 후에는 Ctrl+L(다음 찾기), Ctrl+Q,L(거꾸로 찾기)로 계속 찾습니다.

'분수'를 어떻게 입력하는지 고민하는 사용자가 많습니다. 분수나 수학 기호를 사용하는 계산식, 일반 본문에서는 표현할 수 없는 구조의 수학 공식, 함수 등은 수식으로 입력합니다. 최신 버전은 수식을 도구 메뉴를 이용해서 간단히 입력할 수 있고 또 템플릿도 다양하게 준비되어 있어서 숫자만 바꿔 넣으면 완성할 수 있는 경우가 많습니다. 간단한 분수나 수학 기호라도 특수 기호에서 찾지 말고 수식을 이용해 보세요. 모양이 훨씬 예쁘게 입력됩니다.

02-5 파일 합치기

두 문서를 하나로 합치는 일은 간단하지만, 서식/설정을 유지하며 합치는 것은 쉽지 않습니다. 문서를 합치면 여백, 서식, 스타일도 하나로 통일됩니다. 문서의 편집이 흐트러지게 될 수도 있죠. 편집된 문서의 서식을 유지한 채 파일을 합치려면 중요한 서식은 블록 지정해 직접 설정하거나, 스타일을 다른 이름으로 수정해 놓아야 합니다. 한/글과 MS Word의 파일 합치는 방법과, 서식/설정을 유지한 채 합치려면 어떻게 해야 하는지 알아보겠습니다.

1 끼워 넣기/파일 삽입

끼워 넣기 Ctrl + O 한글

끼워 넣기를 이용하면 복잡한 설정 없이 두 파일을 쉽게 합칠 수 있습니다.

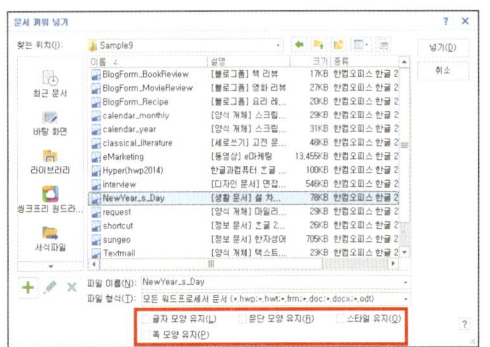

❶ 끼워 넣을 위치에 커서를 가져다 놓습니다.
❷ [입력] 메뉴(Alt + D)의 '끼워 넣기' 또는 Ctrl + O
❸ 끼워 넣을 파일과 아래 옵션을 선택하고 [넣기]

끼워 넣기 옵션

끼워 넣기로 파일을 합치면 블록 지정해서 준 서식은 그대로 유지되며 입력됩니다. 하지만, 스타일로 적용된 서식의 경우 스타일 이름이 같으면 붙여질 곳의 서식으로 대체되어 입력됩니다. 그때 서식을 유지하기 위해서는 '끼워 넣기 옵션'을 선택해야 합니다.

※스타일을 전혀 적용하지 않았다 하더라도 문서의 기본 스타일 '바탕글'이 적용되어 있으므로 스타일이 다르면 서식이 변경되게 됩니다.

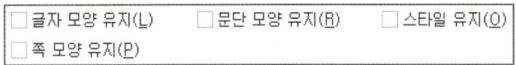

파일 삽입 워드

MS Word에서는 다른 파일의 전체 또는 일부를 문서에 삽입할 수 있습니다. ※파일의 일부만 삽입하려면 미리 가져올 부분을 블록 지정해 [삽입]-[책갈피]를 만들어 놓습니다.

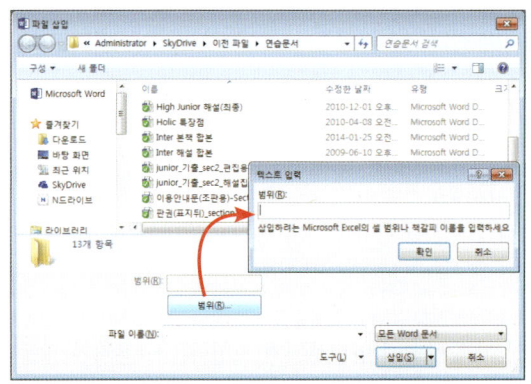

❶ 파일을 삽입할 부분에 커서를 가져다 놓습니다.
❷ [삽입]-[개체]-[파일의 텍스트]로 들어가 가져올 파일을 선택
❸ 파일의 일부분만 삽입하려면 [범위]를 눌러 만들어둔 책갈피의 이름을 똑같이 입력하고 [확인] 후 [삽입]

파일 삽입 시 달라지는 서식과 설정

원본 문서(파일 삽입하는 문서)의 서식과 설정은 대상 문서(기존 문서)를 기준으로 변경될 수 있습니다.

- 사용자가 블록 지정해서 정한 서식은 유지됩니다.
- 스타일을 적용한 단락은,
  ▶ 이름이 다를 경우 원본 서식이 유지됩니다.

- **글자 모양 유지** : 스타일 이름이 같다 하더라도 글자 서식은 유지하며 끼워 넣기 됩니다. 서식만 유지되고 스타일의 이름은 유지되지 않습니다.
- **문단 모양 유지** : 스타일 이름이 같다 하더라도 문단 서식은 유지하며 끼워 넣기 됩니다. 문단 모양에는 '개요 번호', '글머리표'가 포함되므로 '개요 스타일'을 유지하려면 꼭 선택해줘야 합니다. 서식만 유지되고 스타일 이름은 유지되지 않습니다.
- **스타일 유지** : '글자 모양'과 '문단 모양'의 서식 뿐만 아니라 스타일 이름도 유지('사본'으로 표시)되어 입력됩니다. '스타일 유지' 항목이 없는 하위 버전에서 스타일을 유지하려면 '글자 모양 유지'와 '문단 모양 유지'를 모두 선택해 입력합니다.
- **쪽 모양 유지** : 편집 용지(여백)의 모양, 쪽번호의 모양, 배경의 모양이 유지되어 입력됩니다. '머리말'처럼 조판 부호가 있는 명령은 반드시 '쪽 모양 유지'를 선택할 필요는 없지만, 조판 부호가 없는 배경, 바탕쪽, 여백 등은 쪽모양 유지를 선택해 입력해야 합니다. ※쪽 모양 유지는 구역이 나눠져 입력되기 때문에 구역이 필요한 명령(새 쪽번호 모양, 새 개요 번호/모양)에도 필요합니다.

다른 형식의 파일 추가 OLE 개체 Ctrl+N,O [한글]

스프레드 시트, 그림판, pdf 파일처럼 다른 형식의 문서를 해당 프로그램을 직접 사용하여 편집할 수 있도록 개체 형태로 삽입할 수 있습니다. 개체 형태이기 때문에 한 페이지 내에만 표시되고, 해당 프로그램이 설치되어 있어야 도구 메뉴가 바뀌며 편집이 가능해집니다.

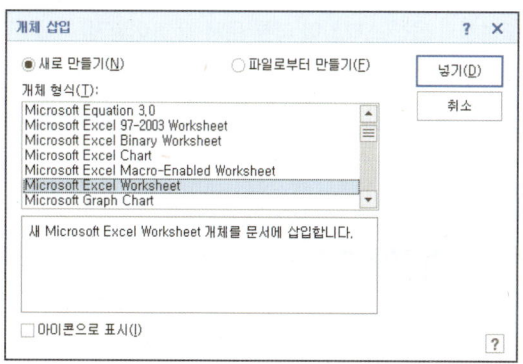

▶ 같은 이름의 스타일이 있는 경우 '대상 스타일 사용'으로 붙여넣기 됩니다.

※스타일을 적용하지 않았다 하더라도, 기본적으로 '표준' 스타일은 적용되어 있다는 것을 주의하여야 합니다.

- **그림, 도형** : 페이지 여백 설정이 다른 문서라면 '위치'가 달라질 수 있습니다.
- **표** : 스타일, 페이지 여백 설정에 따라 모양이 달라질 수 있습니다.
- **구역이 필요한 명령** : 단, 머리글/바닥글, 여백 처럼 구역을 필요로 하는 명령은 모양이 달라질 수 있습니다.

파일 삽입 시 서식/설정 유지하기

- **스타일** : 파일 삽입시 편집이 흐트러지는 가장 큰 원인은 스타일이 다르기 때문입니다. 스타일이 달라지지 않길 바란다면 파일 삽입 전에 스타일 이름을 다르게 변경해 주어야 합니다.
- **표준 스타일** : 표준 스타일은 이름을 변경하면 안됩니다. '새 스타일'을 만들어 '표준 스타일' 전체를 '새 스타일'로 적용해 주세요. ※스타일 바꾸기 참고
- **단/머리글/여백** : 파일 삽입할 문서(책갈피 내)의 앞, 뒤에 구역을 나눠 줍니다. [페이지 레이아웃]-[나누기]-[구역 나누기] ※머리/바닥글의 경우 [다음 페이지 부터] 구역으로 나눠야 합니다.

다른 형식의 파일 추가 [삽입]-[개체] [워드]

개체를 만들어 다른 형식의 문서를 추가합니다. 개체 형태이기 때문에 1 페이지 이상 키울 수 없고, 문서의 일부분만 표시됩니다.

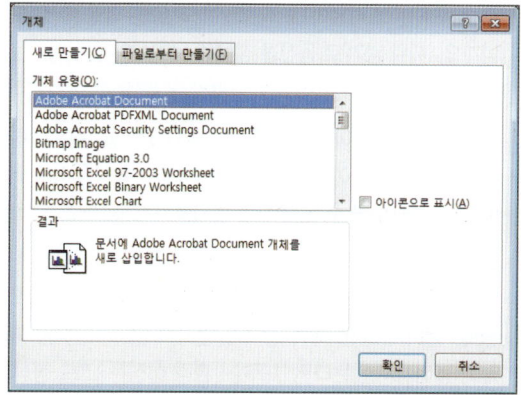

- 새로 만들기 : 개체 형식(개체를 사용할 프로그램)을 선택한 후 [넣기]를 클릭하면 선택한 프로그램이 열립니다. 입력/편집 후 프로그램을 닫으면 한/글에 OLE 개체가 만들어 집니다. 개체는 편집한 문서의 일부분만 한/글에 보여지고, 더블 클릭하면 다시 해당 프로그램을 이용해 수정할 수 있습니다.

- 파일로부터 만들기 : 이미 파일로 만들어진 문서를 OLE 개체로 불러와 표시합니다. 1페이지까지만 표시되고 문서에 포함시키는 방법과 연결만 해놓는 방법이 있습니다. '연결' 상태의 개체는 원본 문서가 수정되었을 때 한/글 개체에도 동일하게 적용됩니다. ※원본문서가 이동/삭제되면 편집되지 않습니다.

- 새로 만들기 : [삽입]-[개체]에서 새로 만들 개체의 프로그램 유형을 선택한 뒤 [확인]을 누르면 해당 프로그램이 도구로 실행됩니다. 편집한 뒤 여백을 클릭하면 본문으로 돌아오며 더블 클릭하면 다시 편집할 수 있습니다. ※만들기할 프로그램이 설치되어 있어야 합니다.

- 파일로부터 만들기 : 다른 형식으로 만들어진 파일을 MS Word 문서에 추가할 수 있습니다. 개체로 추가되기 때문에 여러 페이지에 걸쳐 표시할 수 없고 문서의 일부분만 표시며, 연결 또는 아이콘으로 표시할 수 있습니다.

2 복사해서 붙이기(붙여넣기 옵션)

복사해서 붙이기 Ctrl+C, Ctrl+V 한글

요즘의 워드프로세서들은 다른 문서 또는 다른 형식의 문서에서 복사해 붙여도 형태가 많이 달라지지는 않습니다. 복사해 붙였을 때 서식이나 개체 형태가 달라지는 부분이 있다면 다음 항목을 주의해 보세요.

- 블록 지정해 준 서식 : 블록 지정해서 사용자가 직접 지정한 서식은 다른 버전이나 다른 워드 프로그램으로 붙여넣기해도 일반적으로 해제되지 않습니다. 단, 수많은 서식을 일일이 지정할 수는 없으므로 지정하지 않은 서식은 붙여넣은 곳의 서식으로 적용될 수 있습니다.

- 스타일 : 스타일 또한 버전이나 프로그램이 바뀌어도 유지되는데요. 주의할 것은 이름을 구분해 지정해야 한다는 것입니다. 이름이 같은 스타일은 대체되어 버립니다.

- 바탕글 : 스타일 중 바탕글이 가장 문제가 됩니다. 자동으로 적용되는 스타일이고, 바탕글은 이름을 바꿀 수 없으니까요. '끼워 넣기'로 옵션을 선택해 유지해야 합니다.

- 표 : 표보다 표 안의 서식과 표의 배치를 주의해 붙이기 합니다. 한/글이 아닌 다른 프로그램의 형식을 붙이기 하는 경우 [골라 붙이기](Ctrl+Alt+V)에서 형식을 바꾸어 (예, RTF) 붙여 볼 수 있습니다. ※되돌리기 Ctrl+Z

- 도형, 그림 : 도형이나 그림은 '붙이기 옵션'에서 '원본 형식 유지'를 선택해야 붙이기 할 수 있습니다. Ctrl+V 했을때, '붙이기 옵션' 대화 상자가 열리지 않고 도형 등 개체가 붙여지지 않는다면 [도구]-[환경 설정]-[코드 형식]

복사해서 붙이기 Ctrl+C, Ctrl+V 워드

붙여넣기를 한 후 나타나는 '붙여넣기 옵션 단추'나, 마우스 오른쪽 버튼에 표시된 '붙여넣기 옵션'에서 이용할 수 있습니다. ※'붙여넣기 옵션 단추 표시'와 붙여넣기 기본값은 [Word 옵션]에서 지정할 수 있습니다.

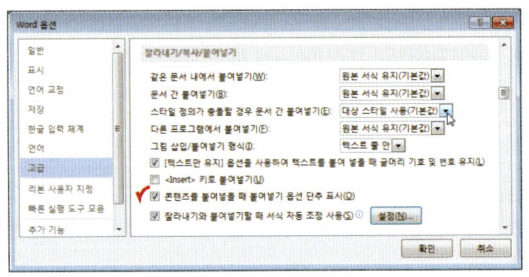

붙여넣기 옵션(스타일이 다른 문서 간 붙여넣기)

붙여넣기 옵션 항목은 상황에 따라 다르게 표시되고, 단락기호를 포함하지 않으면 원본 서식이 유지되지 않습니다.

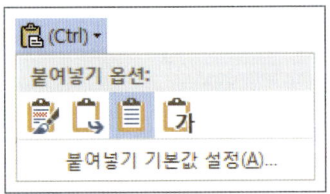

- 사용자가 블록 지정해서 정한 서식은 유지됩니다.

의 '클립보드로부터 붙이기'-'html 문서 붙이기 형식 지정' 옵션을 해제하세요.

※도형이나 그림은 개체 자체는 잘 유지되지만 배치/정렬/위치가 달라질 수 있습니다.

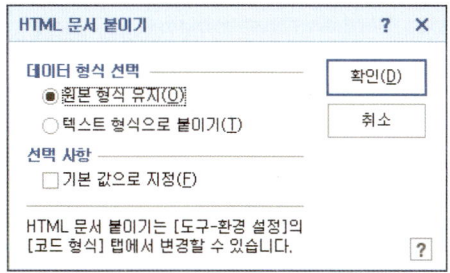

골라 붙이기 Ctrl + Alt + V

복사해 붙이는 경우, 붙이기 되는 내용이 원본과 차이가 난다면 형식을 바꾸어 붙여보는 '골라 붙이기'를 이용할 수 있습니다. [편집]-[붙이기]-[골라 붙이기](Ctrl + Alt + V)

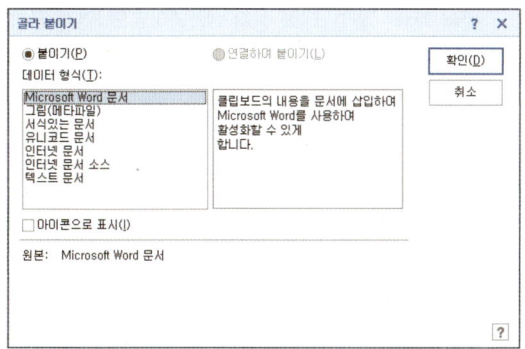

- 붙이는 형식을 바꾸어 붙일 수 있습니다. 예를 들어 '표'를 '그림'으로 바꾸어 붙여 넣으면 모양을 그대로 유지한 채 그림으로 입력할 수 있고, '서식이 있는 텍스트 문서(rtf 문서)'로 붙여 넣으면 호환이 쉬워 때론 편집이 더 수월하도록 붙여지기도 합니다. 붙이는 '데이터 형식'은 복사한 내용에 따라 다르게 표시됩니다.

- 서식을 제거하고 붙일 수 있습니다. '텍스트 문서'로 붙이기 한다면 복잡한 서식이나 설정, 개체는 모두 제외하고 텍스트만 유지하며 붙여집니다. ※커서 위치 스타일 적용

- 연결하여 붙이거나 아이콘으로 표시할 수 있습니다. 원본 파일을 수정했을 때 동일하게 적용되길 바란다면 '연결하여 붙이기'를 선택하고, 내용이 아닌 파일 형식 아이콘으로만 표시하길 바란다면 '아이콘으로 표시'를 선택할 수 있습니다.

- 스타일을 적용한 단락은,
  ▶ 이름이 다를 경우 원본 서식이 유지됩니다.
- 원본 서식 유지 : 서식은 대부분 유지되지만, 스타일이 표준 스타일로 대체(스타일 해제)됩니다. ※스타일이 변경되기 때문에 목록은 사라지거나 변경될 수 있습니다.
- 서식 병합(주변 서식에 맞추기) : 대부분의 서식은 대상 문서의 서식으로 대체되지만, 강조 서식은 남아 있습니다. ※강조 서식 : 블록 지정해 직접 지정한 서식과 스타일 중 진하게, 밑줄, 기울임, 글자 색 등 강조 표시된 서식
- 대상 스타일(테마) 사용 : 스타일은 원본 스타일 그대로 남지만, 충돌하는 스타일(같은 이름)의 경우 대상 문서의 스타일 서식으로 변경될 수 있습니다. 같은 문서 또는 기본 스타일 서식이 같은 문서라면 대상 스타일로 붙여넣으면 스타일과 서식을 모두 유지합니다. ※스타일 때문에 붙여넣은 서식이 변경된다면, 스타일 이름을 변경해 적용하고 '대상 스타일 사용'으로 붙여넣기 해서 스타일 이름과 서식을 유지할 수 있습니다.
- 텍스트만 유지 : 개체(그림, 도형, 표), 목록 등은 제거되고, 텍스트만 남아 커서 위치 서식으로 붙여넣기 됩니다. ※목록의 번호 유지 : [Word 옵션]-[고급]의 '텍스트만 유지] 옵션을 사용하여 텍스트를 붙여 넣을 때 글머리 기호 및 번호 유지'를 선택해 놓으면 유지할 수 있습니다.
- 목록 병합 : 목록 단락을 목록이 있는 단락에 붙여넣기 할 때 표시되고, 대상 문서의 목록으로 적용됩니다.
- 목록 병합 안함 : 원본 문서의 목록으로 적용됩니다.

선택하여 붙여넣기 Ctrl + Alt + V

[홈]-[붙여넣기]-[선택하여 붙여넣기]로 복사한 형식과 다르게 변경해서 붙여넣기를 할 수 있습니다.

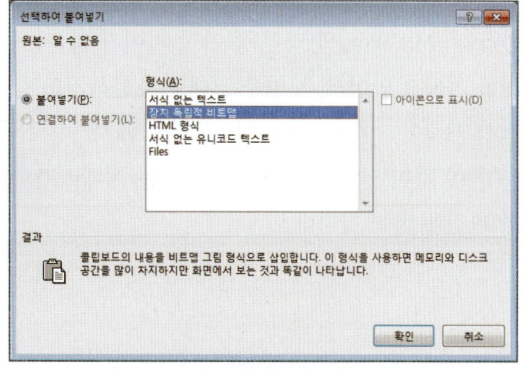

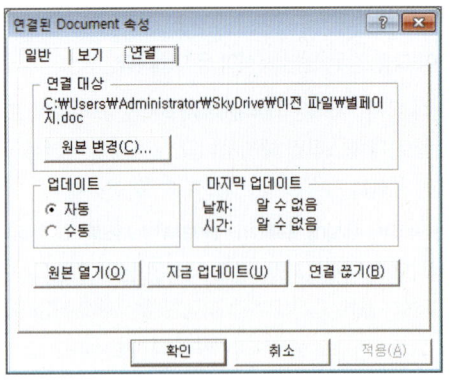

▶ '연결' 상태의 'OLE 개체 속성' 대화 상자

- 붙여넣기 형식은 복사한 내용에 따라 다르게 표시됩니다.
- '연결하여 붙여넣기'는 필드 상태로 붙여넣기되고, 원본 문서의 연결된 부분에 책갈피가 만들어집니다.

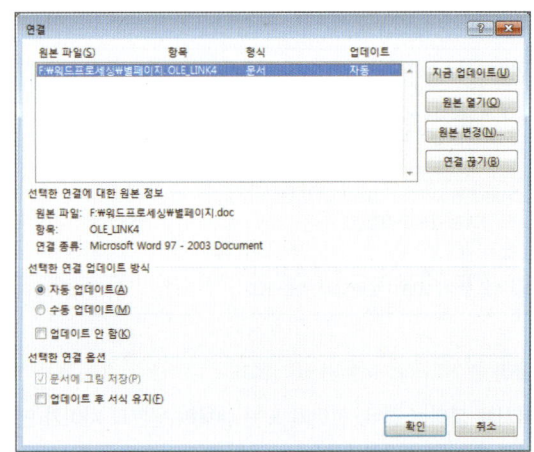

▶ '연결' 상태의 필드에서 마우스 오른쪽 버튼의 '연결된 문서 개체'-'연결' 대화 상자 : '업데이트'와 '연결 끊기' 등을 할 수 있습니다.

끼워넣기/파일 삽입과 몇 가지 붙여넣기 옵션에 대해 설명해 봤습니다. 서로 다른 파일을 합칠 때에는 다른 것도 신경 써야 하지만 특히 스타일을 고려해야 합니다. 특히, 이름이 같은 스타일은 서식이 하나로 합쳐지거나 스타일을 뺀 서식만 남거나, 또는 스타일은 같으나 모양이 다른 상태로 붙여질 수 있습니다. 한/글은 끼워 넣기에서 옵션을 잘 정해서, MS Word는 기준 스타일과 스타일 모음을 잘 고려해서 붙여넣기 해 보시기 바랍니다.

02-6 표

한/글과 MS Word의 명령 중 가장 차이가 많은 것이 표일 것입니다. 두 프로그램의 표는 완전히 다른 성격을 가지고 있어서, 모양을 그대로 호환하기도 힘들고 편집 방법도 많이 다릅니다. 한/글에서의 표는 완전한 개체이기 때문에 그림/도형처럼 배치가 자유롭고 조판 부호를 활용할 수 있는 반면에, MS Word 표는 틀이 없이 단락에 그대로 표시되는 형태이기 때문에 배치/정렬이 자유롭지 않고 단락의 성질을 활용한 편집을 많이 합니다.

1 표 도구와 표 속성

한/글 표 도구 [한글]

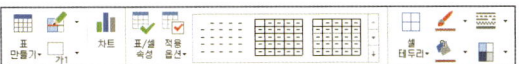

- 표 만들기 : 표 아이콘을 클릭하면 '표 만들기' 대화 상자가 열리고, 아래 화살표를 클릭하면 마우스로 줄/칸 개수를 정할 수 있는 '표 상자'가 나타납니다.
- 표 그리기 : 표 그리기/표 지우개
- 캡션 넣기 : 아이콘은 '캡션 넣기', 화살표는 '캡션 위치'와 '캡션 없음' 지정
- 차트 : 차트를 만들 셀을 블록 지정하여 클릭합니다.
- 표/셀 속성 : 표를 선택하여 클릭하면 표의 개체 속성 대화 상자로, 셀 안이나 셀 블록 상태에서 클릭하면 '셀 속성' 대화 상자로 열립니다.
- 적용 옵션 : 표 스타일에서 표시할 적용 옵션
- 표 스타일 : 예제 표 모양
- 셀 테두리 : 적용할 위치 – '각 셀마다 적용'의 테두리
- 셀 테두리 색/셀 배경 색 : 아이콘을 클릭하면 지정 색 바로 적용, 화살표를 클릭하면 '색상 팔레트'로 색 변경
- 셀 테두리 모양/굵기 : 테두리 선 종류(선없음과 11가지)와 선의 굵기(16가지)
- 셀 음영 : 셀의 밝기 비율을 조절

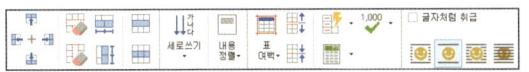

- 줄 추가/칸 추가 : 현재 셀 위/아래/좌/우에 셀 추가
- 줄 지우기/칸 지우기 : 현재 줄 또는 칸 전체 삭제
- 셀 너비 같게([W])/셀 높이 같게([H]) : 셀 블록 상태에서
- 세로 쓰기 : 입력 방향 변경. 영문은 '눕힘'/'세움' 선택
- 내용 정렬 : '셀 세로 정렬'(위/가운데/아래)과 '셀 정렬'(셀 세로 정렬+문단 정렬)
- 표 여백 : 개체 속성 '표 바깥 여백'과 '모든 셀의 안 여백'
- 표 나누기/표 붙이기 : 하나의 표를 두 개로 나누거나, 두 개의 표를 하나로 붙임.

MS Word 표 도구 [워드]

표 디자인 도구

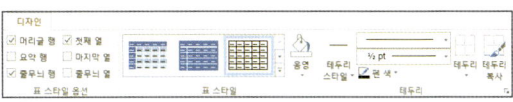

- 표 스타일 옵션 : 표 스타일에 표시할 옵션 선택
- 표 스타일 : 표 디자인/속성을 스타일로 통일할 수 있습니다. 새로 만들기/수정/삭제가 가능합니다.
- 음영 : 선택 셀의 배경색을 지정합니다.
- 테두리 스타일 : Word 2013에 새로 생긴 기능으로 '테마 테두리' 또는 '테두리 견본'(문서에서 견본 찾기)으로 테두리를 쉽게 지정하는 것입니다.
- 펜 스타일/펜 두께/펜 색 : 테두리 종류(테두리 없음과 24가지)/선 굵기(6~9가지)/테두리 테마 색
- 테두리 : 아이콘을 클릭하면 선택한 영역에 바로 적용/취소, 화살표를 클릭하면 적용 영역을 변경할 수 있고, '가로 줄', '표 그리기', '눈금선 보기', '테두리 및 음영' 대화상자를 선택할 수 있습니다.
- 테두리 복사 : 마우스 포인터가 표시되어 설정한 테두리를 바로 적용할 수 있게 됩니다.

표 레이아웃 도구

- 선택 : 셀, 열, 행, 표를 선택합니다.
- 눈금선 보기 : '테두리 없음' 처리된 테두리를 '파란 점선'으로 표시해 줍니다.
- 표 속성 : 표 크기/행 높이/열 너비 지정, 둘러싸기와 위치, 표/셀 옵션 등 표의 속성을 지정합니다.
- 표 그리기/표 지우개 : 마우스로 표를 그리고 지웁니다.
- 삭제 : 셀/열/행/표 삭제
- 행/열 삽입 : 커서가 있는 셀의 위/아래/왼쪽/오른쪽에 셀을 추가합니다.
- 셀 병합 : 두 셀 이상 선택된 셀을 하나로 합칩니다.

- 표 자동 채우기 : 첫 째 셀…의 내용으로 선택 셀 채우기
- 표 계산식 : 셀 내의 숫자를 계산(합/곱/평균)
- 천 단위 자릿점 : 1,000 단위마다 자릿점 넣기/빼기

한/글 표 속성 대화 상자 `한글`

한/글 표에 관한 대화 상자로는 표 '개체 속성', '표/셀 속성', '각 셀마다 적용', '하나의 셀처럼 적용'(한/글 2007까지는 '여러 셀에 걸쳐 적용') 4 가지가 있습니다. 비슷해 보이지만, 서로 다른 설정에 대한 대화 상자이니 차이를 알아두세요.

표/셀 속성(표의 개체 속성)

- 표를 더블 클릭해서 열 수 있는 대화 상자로, 표의 개체 속성을 설정할 수 있습니다. [기본], [여백/캡션], [테두리], [배경], [표] 탭이 있고 '표'의 전체 속성을 지정합니다. ※도형, 그림 등에 사용되는 항목은 비활성으로 사용할 수 없습니다.

[기본] 표의 배치 / 위치 / 번호 종류 설정
[여백 / 캡션] 표의 바깥 여백과 캡션 설정

- 셀 분할 : 셀을 나눕니다.
- 표 분할 : 표를 나눕니다. ※두 표를 합칠 때에는 표 사이 단락 기호를 삭제하면 됩니다.
- 자동 맞춤 : 표 너비를 '내용에 맞추어', '창에 맞추어', '고정 열너비'로 자동 맞춤합니다.
- 행 높이/열 너비 : 표 전체 또는 행/열 전체 또는 일부분의 크기를 조절합니다. 단락 간격, 글자 크기, 표/셀 여백에 영향을 받습니다.
- 행 높이를 같게/열 너비를 같게 : 선택한 셀의 행 높이/열 너비를 동일하게 만들어 줍니다.
- 셀 정렬 : 셀 세로 맞춤과 단락 맞춤을 함께 선택할 수 있습니다.
- 텍스트 방향 : 선택한 셀의 텍스트 방향을 가로/세로 방향으로 변경할 수 있습니다.
- 셀 여백 : 표 전체 기본 '셀 여백'과 '셀 사이 간격', '내용에 맞게 크기 조정'을 선택할 수 있습니다.
- 정렬 : 선택한 셀을 사전/숫자/날짜 등으로 형식을 정해 정렬할 수 있습니다.
- 페이지마다 머리글 행 반복 : 첫 셀과 인접한 셀을 선택해 머리글로 지정하고 매 페이지 반복하도록 설정합니다.
- 텍스트로 변환 : 표의 구분선을 단락/탭/쉼표/사용자 문자로 지정해 문자열로 변환할 수 있습니다.
- 수식 : 숫자가 있는 셀을 함수와 계산 범위를 입력해 계산해 줍니다. 셀 번호는 엑셀의 행/열 번호 방식과 같고 책갈피를 지정해 계산할 수도 있습니다.

MS Word 표 속성 대화상자 `워드`

표 속성 [표 도구]-[레이아웃]-[속성]
배치/위치/정렬/여백/셀 옵션 등을 지정합니다.

[표] 표의 전체 크기 지정, 단락 맞춤과 들여쓰기 값 설정, 둘러싸기와 위치 지정, 표 옵션(전체 여백, 셀 간격, 내용에 따른 크기 조정)

[테두리] 표의 셀 간격 및 개채의 테두리

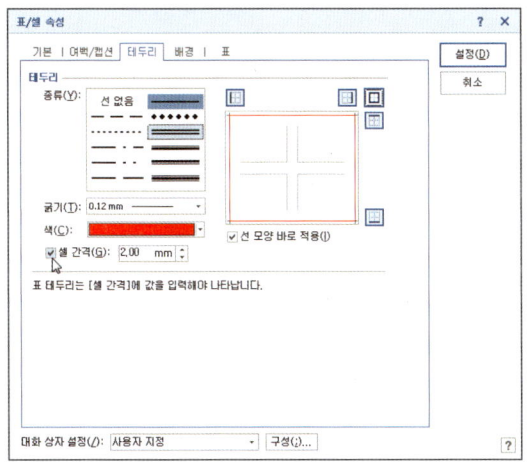

[배경] 표 개체의 전체 배경
[표] 표의 쪽 경계 나눔 및 경계선 설정

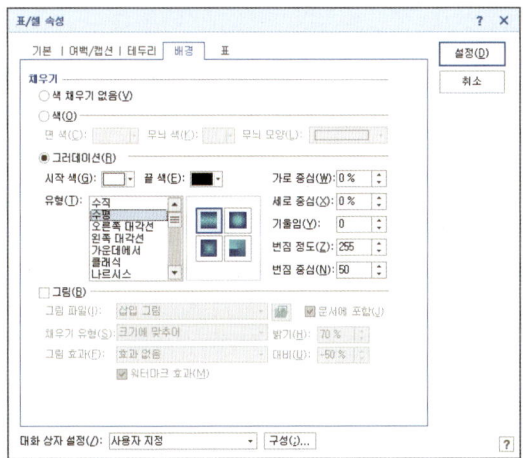

표/셀 속성

셀 안이나 셀 블록 상태에서 열 수 있는 대화 상자로 셀에 관한 설정을 할 수 있습니다. [기본], [여백/캡션], [표] 탭은 표의 개체 속성과 같고 [셀] 탭이 있는 것이 다릅니다.

- 개체 속성 : 표를 선택하고, P 또는 표 도구의 '표/셀 속성', 표 바깥에서 Ctrl+N,K로 대화 상자를 엽니다.

- 표/셀 속성(셀 속성) : 셀 블록 후, P 또는 표 도구의 '표/셀 속성', 셀 안에서 Ctrl+N,K로 대화 상자를 엽니다.

[셀] 선택한 셀의 크기와 내부 여백, 세로 정렬, 한 줄로 입력, 셀 보호 및 제목 셀 설정, 그리고 세로 쓰기 및 필드 이름을 지정

[행] 행 높이(최소/고정) 지정, 페이지 끝에서 행 나눔(해제 시 셀 단위 나눔), 머리글 행 설정

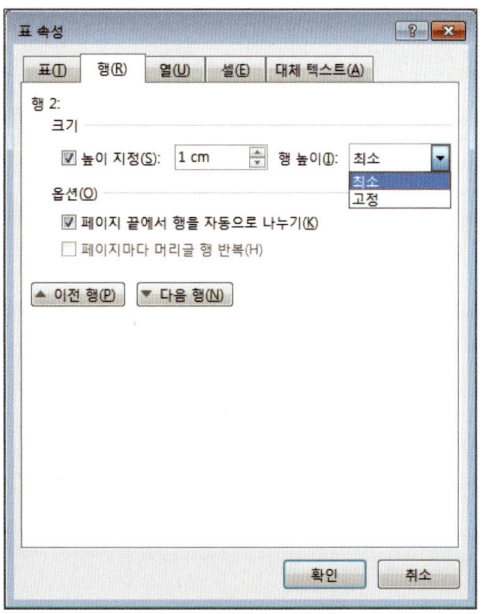

[셀] 열 너비 지정, 셀 세로 정렬, 셀 옵션(셀의 안 여백을 다르게 지정하거나 텍스트 줄 바꿈, 텍스트 자동 맞춤 등)

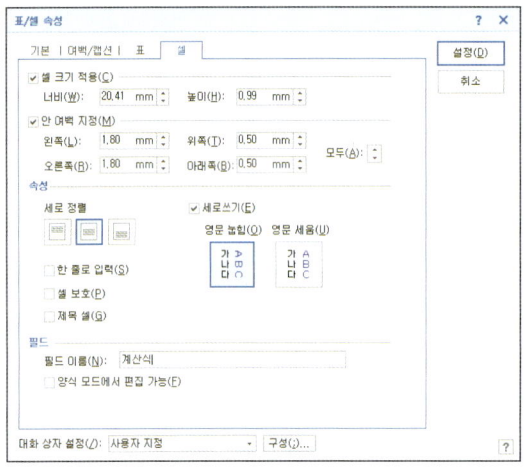

각 셀마다 적용(셀 블록 후 L/C)

일반적인 셀의 테두리/배경을 설정합니다. ※[표 도구]-[테두리], [배경]과 같은 설정입니다.

[테두리] 각 셀의 테두리

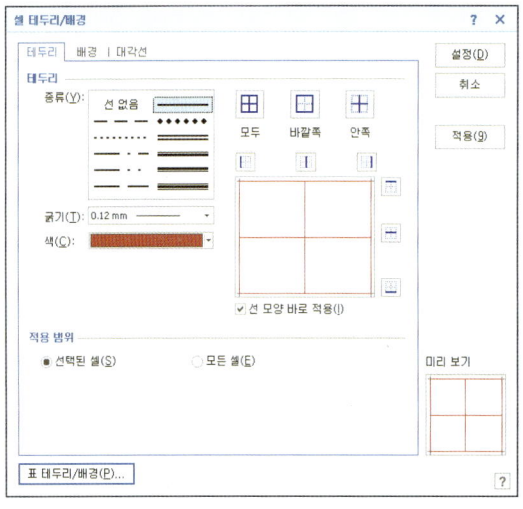

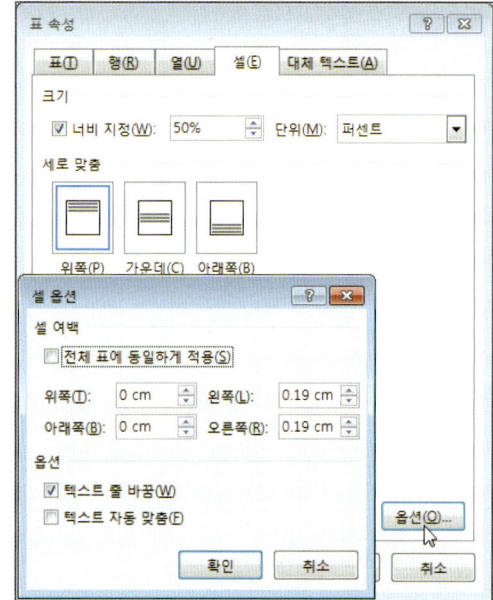

테두리와 음영

[표 도구]-[디자인]-[테두리] 대화 상자 표시 아이콘을 클릭하면 '테두리 및 음영' 대화 상자가 열립니다. 표뿐만 아니라 단락, 텍스트, 페이지의 테두리와 음영도 지정하는 대화 상자이므로 적용 범위를 잘 확인하여 지정해야겠습니다.

[테두리] 테두리 스타일, 색, 굵기 등을 지정하고 미리보기에서 적용할 테두리 영역을 선택하세요.

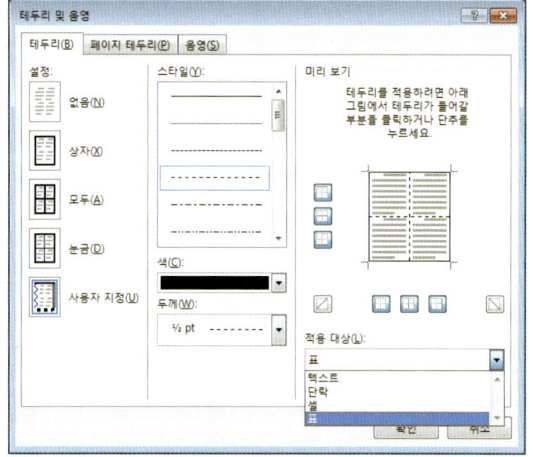

[배경] 각 셀의 배경 설정(단색, 무늬, 그라데이션, 그림 등)

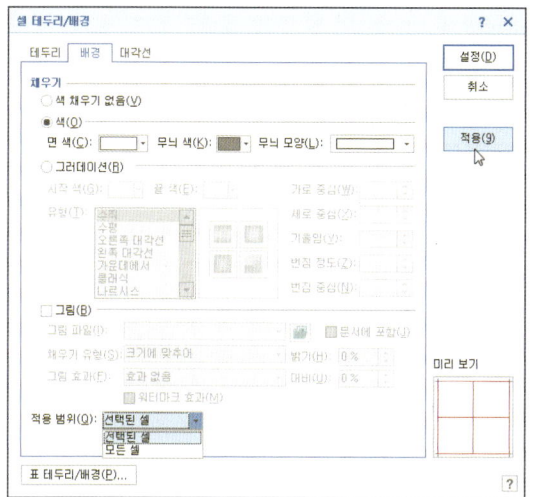

[음영] 적용 범위를 '표' 또는 '셀'로 잘 확인하고 음영 색, 무늬 스타일과 색을 지정하세요

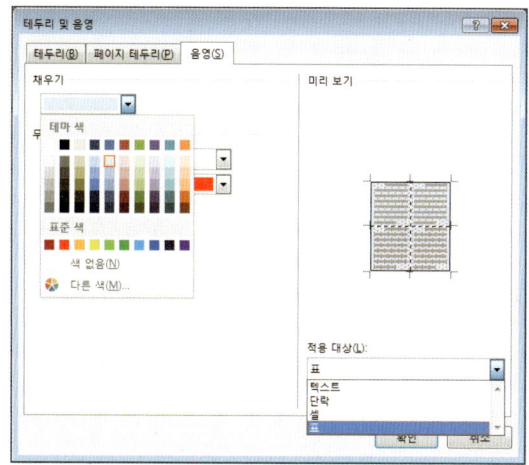

[대각선] 각 셀의 대각선 및 중심선 설정

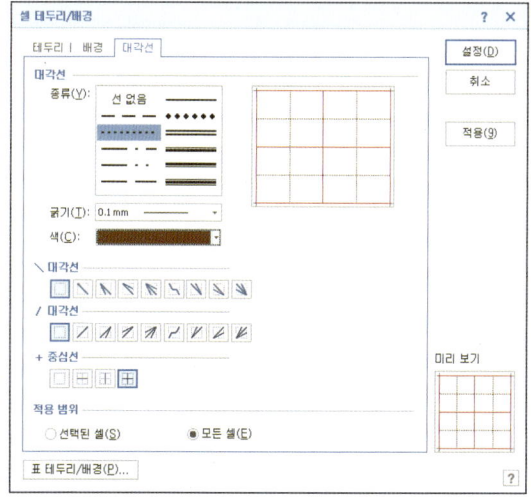

하나의 셀처럼 적용(셀 블록 후 B/F)

여러 셀을 선택했을 경우 지정할 수 있고, 여러 셀을 하나의 셀처럼 지정할 때 씁니다. ※ F5 2번 눌러 셀 선택 시에도 사용할 수 있습니다. 잘못 지정하지 않도록 주의하세요.

[테두리] - 여러 셀의 바깥쪽 테두리

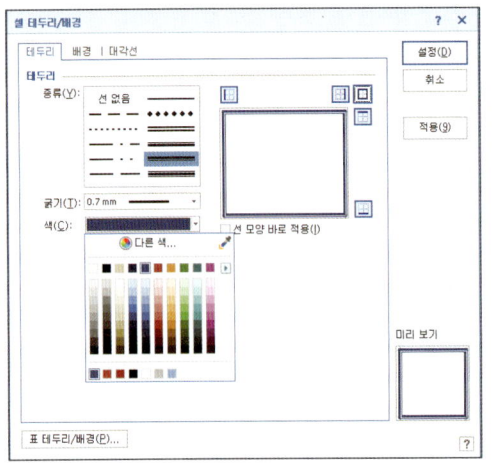

[배경] - 여러 셀에 하나의 면 색/그러데이션/그림 배경

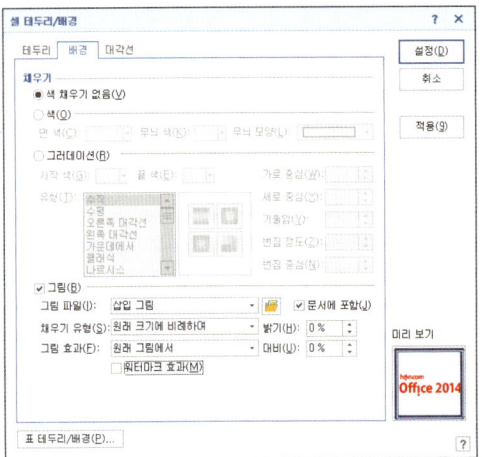

[대각선] - 여러셀에 하나의 대각선

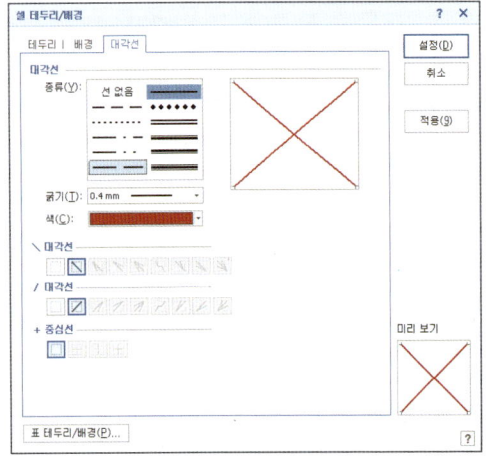

표를 만들 줄 모르는 사용자는 별로 없을 것 같아요.

누구나 표를 만들어 봤고 또 요즘은 쉽게 만들 수 있도록 도구와 스타일이 잘 만들어져 있죠. 하지만 자세히 설정할 때에는 어려움이 많을 거에요. 특히 한/글과 MS Word의 표가 성질이 완전히 달라서 한/글 사용자는 MS Word 표를 다루기 힘들고 MS Word 사용자는 또 한/글의 표를 이해하기 어려울 거라 생각합니다.

표의 속성을 일일이 다 알기 보다, 문제가 생겼을 때 쉽게 찾을 수 있도록 각 속성이 어느 대화 상자에 있는지 알아두세요.

한/글은 표와 셀 속성 대화 상자가 각각 다르고, 테두리/배경도 각 셀과 여러 셀에 대한 대화 상자가 다 다릅니다.

그에 비해 MS Word는 셀 속성이 '표 속성' 대화 상자 안에 있고, 테두리도 '테두리 및 음영' 대화 상자를 함께 사용합니다.

한/글은 속성 대화 상자의 종류를, MS Word는 속성을 적용할 대상을 잘 정해 설정하세요...^^

2 표 관련 단축키

한/글 표 속성 대화 상자 `한글`

한/글은 표를 편집할 때 단축키를 주로 사용합니다. 표를 편집하기 위해 알아야 할 단축키와 마우스 포인터의 종류를 알려드립니다. ※음영 부분은 셀 블록 후 이용할 수 있는 기능입니다.

마우스포인트	기 능	마우스 포인터	기 능
	표 개체 선택(F11)		표 복사(Ctrl)
	표 개체 크기조절		셀 블록/이동(F5)
	셀(줄/칸) 크기 조절		셀 블록/확장(F5 2번)
	표 이동		표 그리기
	수평/수직 이동(Shift)		표 지우개

단축키	기 능	단축키	기 능
Ctrl+N,T	표 만들기	Ctrl+Shift+S	블록 계산식 합계
Shift+Esc	표에서 나가기	Ctrl+Shift+A	블록 계산식 평균
F11	개체 선택	Ctrl+Shift+P	블록 계산식 곱
F5	셀 선택/확장/전체 선택	Ctrl+Shift+H	쉬운 계산식 가로 합계
F5—F7	칸 전체 선택	Ctrl+Shift+V	쉬운 계산식 세로 합계
F5—F8	줄 전체 선택	Ctrl+Shift+J	쉬운 계산식 가로 평균
Ctrl+Enter	줄 추가	Ctrl+Shift+B	쉬운 계산식 세로 평균
Ctrl+Backspace	줄 지우기	Ctrl+Shift+K	쉬운 계산식 가로 곱
Alt+Insert	줄/칸 추가	Ctrl+Shift+N	쉬운 계산식 세로 곱
Alt+Delete	줄/칸 지우기	Ctrl+N,F	계산식
Tab/Shift+Tab	셀 안 – 셀 이동 표 선택 – 표 이동	Ctrl+N,K	개체 속성
Alt+방향키	셀 안 – 셀 이동	P	개체 속성 표 또는 셀을 선택하고
Alt+방향키	현재 줄/칸 크기 조절(표 크기는 고정)	L	표 선택 – 개체 테두리 셀 선택 – 각 셀 테두리
Ctrl+방향키	현재 줄/칸 크기 조절(표 크기 변동)	C	표 선택 – 개체 배경 셀 선택 – 각 셀 배경
Shift+방향키	선택 셀 크기 조절	B	셀 선택 – 여러 셀 테두리
Ctrl+N,A	표 나누기	F	셀 선택 – 여러 셀 배경
Ctrl+N,Z	표 붙이기	M	셀 합치기
Ctrl+N,C	캡션 넣기	S	셀 나누기
Shift+Home	배치 – 글 앞으로	W	칸 너비 같게
Shift+End	배치 – 글 뒤로	H	줄 높이 같게
Shift+Page up	정렬 – 맨 앞으로	A	표 내용 자동 채우기
Shift+Page Down	정렬 – 맨 뒤로	T	표 선택 – 표 뒤집기

MS Word 표 속성 대화상자 워드

MS Word 표는 주로 마우스나 도구 메뉴로 편집합니다. 그래서 표에 관한 마우스 포인터가 아주 다양한 편인데요. 그 차이를 알고 있어야 표를 편집하기가 수월할 것입니다.

마우스포인트	기 능	마우스 포인터	기 능
	표 이동(선택) 핸들		행 끝 표시 (셀 끝 표시)
	셀 선택		표 크기 조정 핸들
	열 전체 선택		표 크기 조절
	셀(행/열) 크기 조절		표 이동
	여백으로 단락(표) 선택		표 둘러싸기 (더블 클릭)
	단락(표) 이동		표 그리기
	단락(표) 복사		표 지우개
	2013 테두리 스타일 - 견본		2013 행/열 삽입 컨트롤
	2013 테두리 복사		

단축키	기능
셀 끝 표시에서 Shift+방향키	셀 단위 선택
Alt+(Num 해제) 5	표 전체 선택
Tab / Shift+Tab	표 안에서 다른 셀로 이동
셀 블록 후 Delete	셀 내용 지우기
표, 셀 블록 후 Backspace	표 지우기 / 셀 지우기
Ctrl+Alt+U	표 서식 업데이트
Alt+Home	현재 행 왼쪽 시작 셀로
Shift+Alt+Home	현재 행 왼쪽 시작 셀까지 선택
Alt+End	현재 행 오른쪽 끝 셀로
Shift+Alt+End	현재 행 오른쪽 끝 셀까지 선택
Alt+Page up	현재 열 맨 윗 셀로
Shift+Alt+Page up	현재 열 맨 윗 셀까지 선택
Alt+Page Down	현재 열 맨 아래 셀로
Shift+Alt+Page Down	현재 열 맨 아래 셀까지 선택
Alt+Shift+↑/↓	행 이동 - 커서가 있는 행을 가지고 이동

3 표 만들기

여러 가지 표 만들기 방법입니다. 표는 대화 상자에 행/열의 수를 정해 만들거나, 마우스로 직접 선을 그려 주거나, 텍스트를 먼저 입력해 놓고 표로 변환하는 등 여러 가지 방법으로 만들 수 있습니다. 각각 특징이 있으니 다양하게 알아두세요.

표 만들기 [입력]-[표] 한글

[표 만들기] 아이콘 아래 화살표를 클릭(표 상자)하여 만들고자 하는 줄/칸의 개수만큼 마우스를 끈 후 클릭합니다. ※줄 : 가로 줄(줄 높이) / 칸 : 세로 칸(칸 너비)

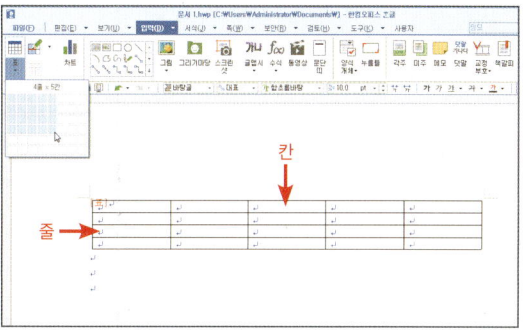

기본으로 만들어지는 표의 속성

- 본문과의 배치 : 자리차지
- 위치 : 가로-'단'의 왼쪽 : 0, 세로-'문단'의 위쪽 : 0
- 바깥 여백 : 왼쪽/오른쪽/위쪽/아래쪽 모두 1mm
- 셀 안쪽 여백 : 왼쪽/오른쪽-1.8mm, 위쪽/아래쪽-0.5mm
- 기본 속성 : 한/글은 기본적으로 바로 앞 조판 부호와 같은 속성으로 다음 개체가 만들어지기 때문에 '배치', '위치', '바깥 여백'은 한 번 지정해 놓으면 문서를 만들며 계속 같은 속성으로 표를 만들 수 있음. '현재 문서'나 '새 문서'의 표 기본 속성은 '표 만들기' 대화상자의 '마우스 끌기로 만들기'의 경우에만 설정할 수 있음.

단축키로 표 만들기 한글

단축키 Ctrl+N,T를 입력하거나, [입력]-[표 만들기] 아이콘을 클릭하면 몇 가지 설정을 먼저 지정하여 표를 만들 수 있습니다.

표 만들기 [삽입]-[표] 워드

[표 추가] 아이콘을 클릭하여 만들고자 하는 행/열의 개수만큼 마우스를 끈 후 클릭합니다. ※행 : 가로 행(행 높이) / 열 : 세로 열(열 너비)

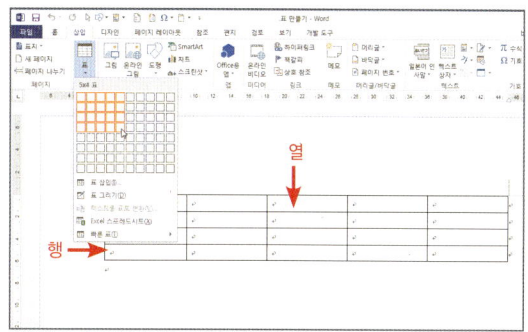

기본으로 만들어지는 표의 속성

- 텍스트 배치 : 없음
- 위치 : '텍스트 배치 없음' 상태에서는 위치를 지정할 수 없음
- 주변 텍스트와의 간격 : 지정할 수 없음('둘러싸기'를 선택하고 '위치' 대화 상자를 열어 지정 가능)
- 셀 안쪽 여백 : 왼쪽/오른쪽-1.9mm, 위쪽/아래쪽-0mm
- 기본 표 스타일 : 표 도구의 표 스타일에서 기본 표('표 구분선' 스타일)를 수정해 기본 표 속성을 바꿀 수 있고, 원하는 표 스타일에서 마우스 오른쪽 버튼의 '기본값으로 설정'으로 '이 문서' 또는 '모든 새 문서'의 기본 표 스타일로 지정할 수 있음.

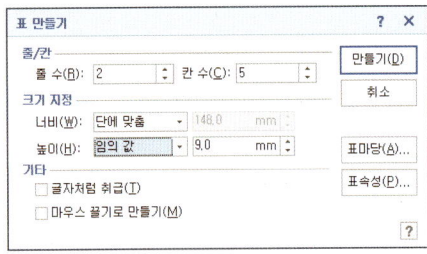

- 줄/칸 : 줄과 칸의 개수를 직접 입력
- 너비 : 단, 문단의 너비에 맞추어 자동으로 만들거나, 임의의 셀 너비 값을 지정
- 높이 : 글자 크기에 따라 자동으로 만들거나, 임의의 셀 높이 값을 지정 ※표의 전체 너비/높이는 '표 만들기' 대화 상자에서만 지정 가능
- 글자처럼 취급 : 표를 글자처럼 취급하여 문단 안에 배치
- 마우스 끌기로 만들기 : 마우스로 표를 끌어 크기와 위치를 자유롭게 지정. 기본값 [도구]-[환경 설정]-[개체]의 '표 위치'에서 지정(가로/세로 '종이'로 지정된 표는 여백 바깥에서 만들 수 있음) ※글자처럼 취급은 해제됨.
- 표마당 : 만들어져 있는 예제 표(=표 도구의 표 스타일)
- 표속성 : 간단한 표의 개체 속성
- 표마당을 제외한 다른 표 만들기 속성은 한 번 정해 놓으면 문서를 만들며 계속 같은 모양으로 만들 수 있음.

표 그리기 한글

- 마우스로 도형을 그리듯이 표를 그려 만듭니다.
- 문단이 아닌 줄 단위로 셀을 그릴 수 있기 때문에 내용이 입력된 상태에서 셀을 나눌 때 편리함.
- 글자 크기 이하로는 줄을 나눌 수 없음.

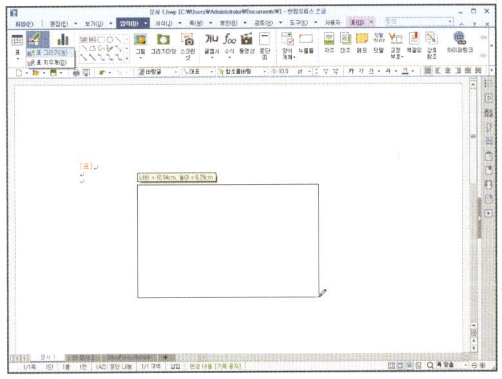

'표 삽입'으로 표 만들기 워드

[표 추가]-[표 삽입]

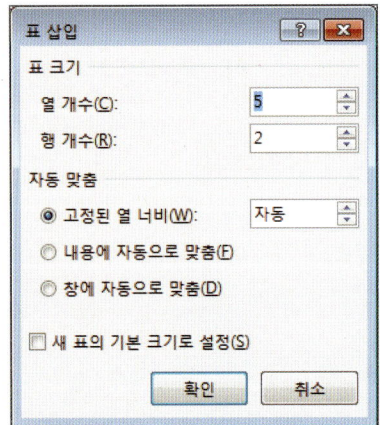

- 표 크기 : 열/행의 개수를 직접 입력
- 표 자동 맞춤 : 열 너비를 지정하거나, '내용에 맞춤', '창에 자동으로 맞춤' 선택(표 도구-레이아웃-자동 맞춤)
- 새 표의 기본 크기로 설정 : 표 자동 맞춤을 기본값으로 설정

표 그리기 워드

마우스로 자유롭게 표를 그립니다.

- 문단이 아닌 줄 단위로 행을 나눌 수 있음.
- 표 그리기로 표 제목 셀을 쉽게 만들 수 있음.
- 단락 높이(줄+단락 간격) 이하로는 행을 나눌 수 없음.

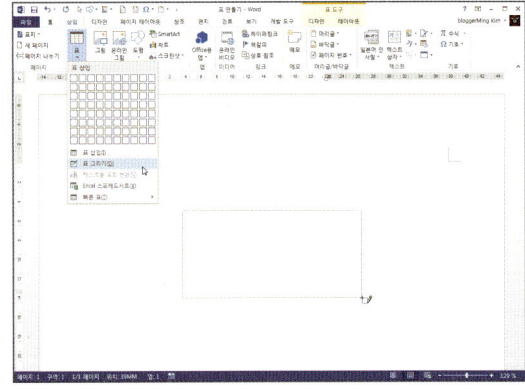

마우스로 도형을 그리듯이 표를 그려 만듭니다.
문단이 아닌 줄 단위로 셀을 그릴 수 있기 때문에 내용이 입력된 상태에서 셀을 나눌 때 편리합니다.

문자열을 표로 `한글`

이미 입력된 문자열을 선택해 표로 만들 수 있습니다. 줄 구분선은 문단(Enter)에 따라 자동으로 나뉘며, 칸 구분선은 자동으로 만들거나, 사용자가 지정할 수 있습니다.

칸 구분자

- 탭, 쉼표, 빈칸, 3칸 이상의 빈칸 : 문자열 사이에 입력된 Tab, 쉼표(,), 빈칸, 3칸 이상의 빈칸 등을 구분자로 하여 칸을 나눔. ※탭, 빈칸은 [보기]-[조판 부호]를 켜서 확인
- 선 그리기 문자 : 한/글 97의 괘선그리기, 문자표(Ctrl+F10)의 선문자로 만든 표 모양을 표로 만듦.
- 기타 문자 : 사용자가 정하는 문자의 사이를 셀로 나눔.
- 문자열 : 사용자가 정한 문자열 뒤를 셀로 나눔.
- 구분자 유지 : 구분자로 사용한 문자를 없애지 않고 남김.

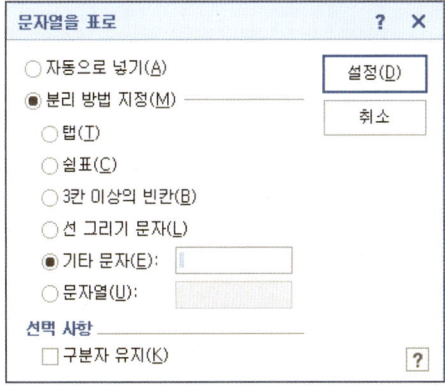

1. 문자열에 칸으로 나눌 구분자가 특별히 없다면 탭 키로 구분자를 표시해 줍니다.
2. 문자열을 선택합니다.
3. [입력]-[문자열을 표로]를 선택해 대화 상자에서 구분자를 지정해 줍니다. 또는 [표 만들기] 아이콘을 클릭해도 자동으로 만들어 집니다.

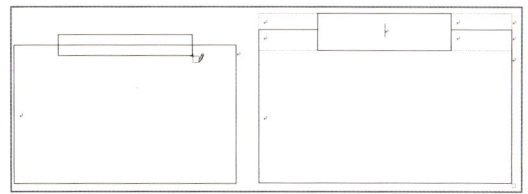

텍스트를 표로 `워드`

이미 입력된 텍스트를 선택해 표로 만듭니다.

행의 개수는 엔터로 자동 지정되고, 열 개수는 사용자가 지정하거나, 특정 기호/문자를 사용해 나눌 수 있습니다.

열 구분 문자

- 단락 기호, 탭, 쉼표 : 문자열 사이사이 입력된 Tab, 쉼표(,), 단락 기호 등으로 열을 나눔. ※입력된 탭의 위치는 [단락]-[편집 기호]를 켜서 확인 가능
- 기타 : 사용자가 입력한 특정 텍스트(빈칸, 기호)를 구분 문자로 열을 나눔. ※1 글자로 복사해 붙여 사용 가능.

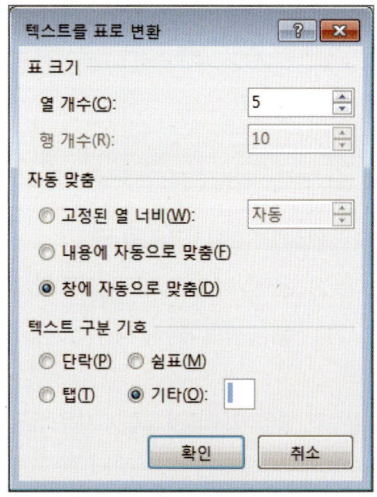

1. 문자열에 칸으로 나눌 구분자가 특별히 없다면 탭 키로 구분자를 표시해 줍니다.
2. 문자열을 선택합니다.
3. [삽입]-[표]-[텍스트를 표로 변환]을 선택해 대화 상자에서 구분 문자를 지정해 줍니다.

줄/칸 추가하기 [Alt]+[Insert] **한글**

- 표 안에서 [Ctrl]+[Enter]로 줄을 추가 가능
- [도구]-[환경 설정]의 '표 안에서 〈Tab〉으로 셀 이동'을 선택해 놓았다면 마지막 셀에서 탭 키로 줄 추가 가능
- [Alt]+[Insert] / 마우스 오른쪽 버튼의 줄 or 칸 추가하기

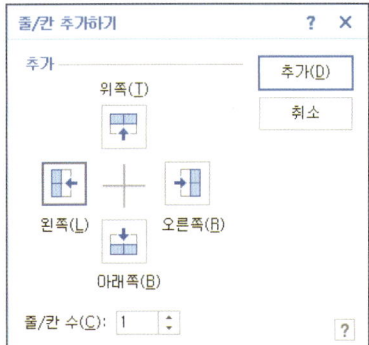

셀 나누기 [F5] (셀 블록)-[S] **한글**

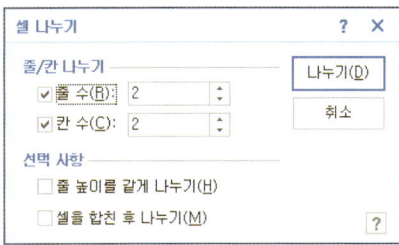

- 나눌 줄 수/칸 수의 확인란을 선택하고 값을 지정
- 줄 높이를 같게 나누기 : 문단 개수가 달라도 높이를 같게
- 셀을 합친 후 나누기 : 선택한 셀의 개수와 상관 없이 줄/칸 개수 다시 설정
- 한/글은 줄/칸 나누기, 줄의 세로 크기 조절이 자유로움

자동 고침 표 **워드**

[Word 옵션]-[언어 교정]-[자동 고침 옵션]-[입력할 때 자동 서식]의 '표' 옵션을 선택해 놓으면 특정 문자열과 [Enter]로 간단한 표를 만들 수 있습니다. ※ + : 세로 선, ─ : 가로 선, 행을 추가할 때는 같은 문자열을 표 아래 다시 입력하고 [Enter]를 누릅니다.

예)

행/열 추가하기 **워드**

- 표 안에서 [표 도구]-[레이아웃]-[행 및 열]
- [Tab] : 가운데 셀에서는 셀 이동으로 마지막 셀에서는 셀 추가로 사용 가능 ※표 안에서의 탭은 [Ctrl] 과 함께 사용
- 편집기호를 켜고, 표 행 끝 표시에서 [Enter]
- 마우스 오른쪽 버튼 또는 표 '미니 도구 모음'의 [삽입]
- 영역 선택 후 [삽입] : 선택한 영역 만큼 행 추가
- Word 2013은 행/열 삽입 컨트롤(⊕)로 추가 가능

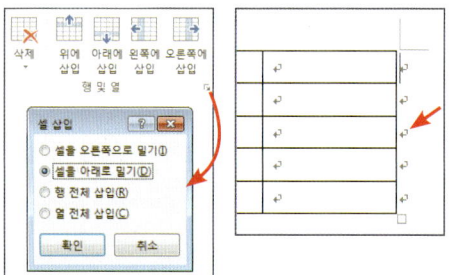

※'셀을 오른쪽으로 밀기', '셀을 아래로 밀기'는 행/열 전체가 아닌 일부 셀만 추가할 수도 있습니다.

셀 분할 **워드**

- 분할하기 전에 셀 병합
  ▶ 선택 시 : '열 개수'는 선택한 셀의 전체 열 개수, '행 개수'는 주변 셀의 개수에 따라 지정
  ▶ 해제 시 : '열 개수'는 한 셀당 열 개수, '행 개수'는 정할 수 없음.

4 표 삭제 하기

표 전체 삭제 [한글]

- 표 바깥 테두리를 선택해서 Delete 또는 Backspace
- 표의 조판 부호를 선택해서 Delete 또는 Backspace
  ※여러 표를 한꺼번에 삭제할 수 있습니다.

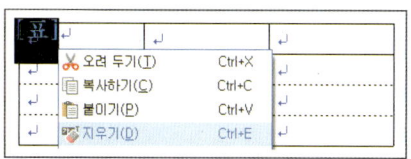

- 표를 문자열로 [입력]-[표]-[표를 문자열로]
  줄은 엔터로, 칸은 특정 문자열로 변환해 표는 없애고 문자열만 남길 수 있습니다.

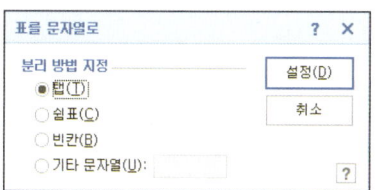

표 전체 삭제 [워드]

- 표 이동 핸들, 크기 조정 핸들을 클릭하여 Backspace
- 표가 위치한 단락을 선택하여 Delete 또는 Backspace

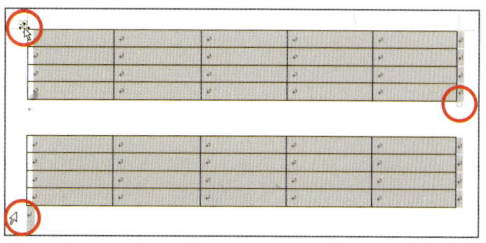

- 표를 텍스트로 변환 [표 도구]-[레이아웃]-[텍스트로 변환]

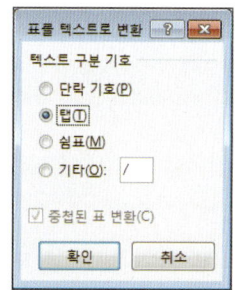

일부 셀 삭제 [한글]

줄/칸 전체를 삭제해야 합니다. 줄/칸의 일부만 삭제하려면 '셀 합치기', '표 지우개', 테두리 '선 없음'을 활용하세요.

- 셀을 선택한 후 Delete

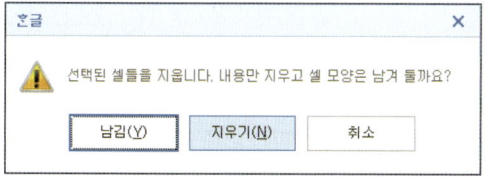

※ '남김'을 선택하면 셀 내용만 삭제됩니다.

- 표 지우개 [입력]-[표](표 도구)-[표 지우개]
  ※셀 구분선을 지울 수 없다면 투명선으로 처리

일부 셀 삭제 [워드]

행은 전체를 삭제해야 하지만, 열은 일부만도 삭제가 가능합니다. 삭제가 안 되는 부분은 '셀 병합', '표 지우개', '테두리 없음'을 활용하세요.

- 셀을 선택 후 Backspace

  ※'셀 삭제' 확인 없이 행 전체를 삭제하려면 '단락' 전체를 선택하거나, '행 끝 표시(↵)'를 함께 선택하여 지우세요.

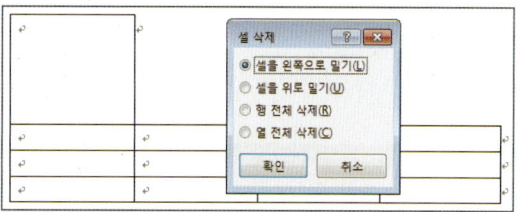

- 표 지우개 [표 도구]-[레이아웃]-[표 지우개]
  ※마우스 클릭 또는 드래그로 삭제 가능

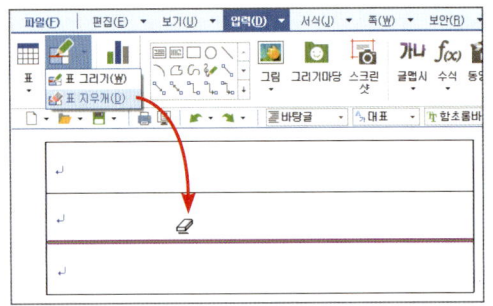

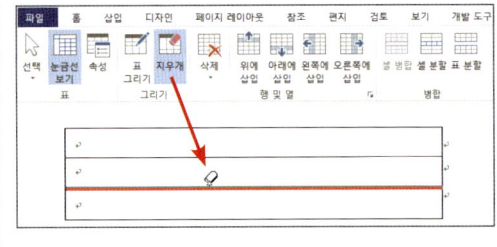

- 표 삭제 [표 도구]-[레이아웃]-[표 삭제]

- 줄/칸 지우기 Alt + Delete

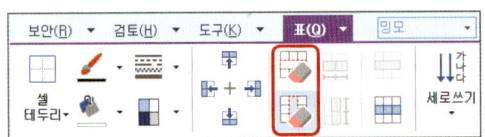

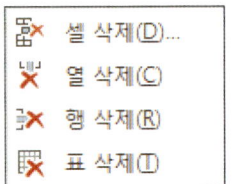

5 표 크기 조절

표 크기 조절 한글

기능키 활용

방법에 따라 차이는 있지만, 셀 크기만 조절하려면 Shift, 표 크기를 함께 조절하려면 Ctrl 을 이용합니다. ※표와 셀은 항상 사각형이어야 합니다.

- Shift : 전체 표는 고정하고 선택한 셀 크기 조절
- Ctrl : 뒷 셀의 크기는 고정하고 선택한 줄/칸의 크기 조절. ※표 크기 변동
- Alt : 표 크기를 고정하고 선택한 줄/칸의 크기 조절

단축키로 크기 조절

단축키는 셀 블록(F5)을 지정했을 경우에만 사용됩니다.

- Shift+방향키 : 선택 셀 크기 조절
  ※한/글은 줄 높이도 자유롭게 조절됨
- Ctrl+방향키 : 선택한 셀이 속한 줄/칸 전체 크기 조절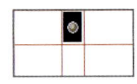
- Alt+방향키 : 표 크기는 고정하고 선택한 셀이 속한 줄/칸 전체 크기 조절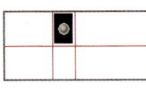

표 크기 조절 워드

기능키 활용

너비는 기능키를 활용할 수 있지만, 행 높이는 기능키, 셀 선택과 관계없이 행 전체로 조절됩니다.

- Shift : 뒷 열의 너비는 고정하고 안쪽 열 너비만 조절
  ※표 크기 변동. 한/글의 Ctrl과 비슷함
- Ctrl : 뒷 열의 너비를 함께 조절
- Alt : 눈금자에 셀 크기 표시/세밀하게 조절

마우스로 열 너비 조절

- 셀 선택 없이 : 표는 고정하고 선만 조절
- 셀 선택 시 : 표는 고정하고 선택 셀의 선만 조절
- Shift와 : 뒷 열의 너비는 고정하고 안쪽 열 너비만 조절 (표 크기 변동)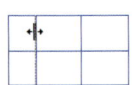
- 선택 셀을 Shift와 : 뒷 열의 너비는 고정하고 선택 셀의 안쪽 열 너비만 조절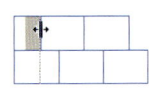

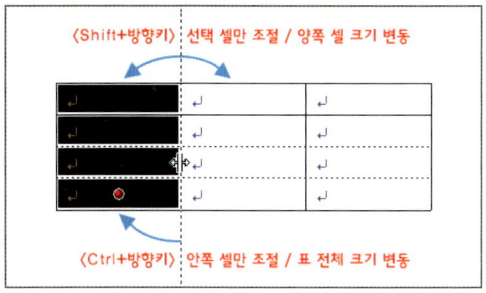

마우스로 크기 조절

마우스로는 셀 블록 없이도 조절됩니다.

- Shift와 : 조절하는 셀 크기만 변경
- Ctrl과 : 줄/칸 전체 크기 조절

표 테두리를 선택해 크기 조절

표의 개체 테두리를 선택해 크기를 조절하면 전체 표의 크기, 전체 줄 높이, 전체 칸 너비를 조절할 수 있습니다.

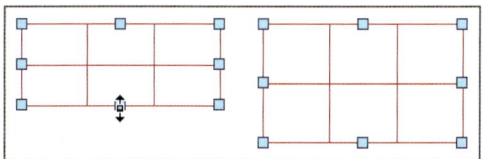

셀 크기 같게

- 셀 너비 같게(F5 - W) : 칸 너비를 같게
- 셀 높이 같게(F5 - H) : 줄 높이를 같게

자동 맞춤

표는 문단의 너비, 단의 너비에 자동으로 맞추어 만들어 집니다. 표를 만들고 나서는 전체 표의 크기는 값으로 조절할 수 없습니다. 셀의 크기를 조절하거나, 마우스로 전체 표의 크기를 조절하세요.

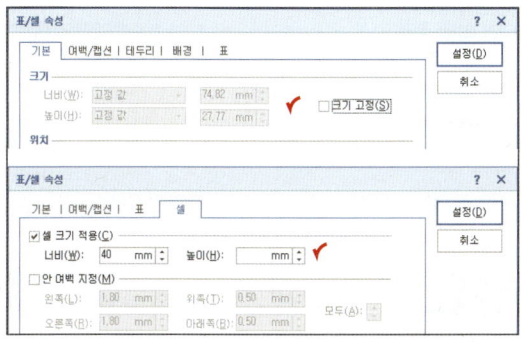

- Ctrl과 : 뒷 열의 너비를 함께 조절 (조절하는 선 이전 셀은 고정)

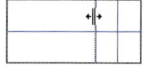

- 선택 셀을 Ctrl과 : 선택 셀과 오른쪽 셀의 열 너비만 조절 (나머지 고정)

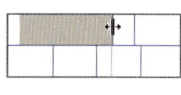

- Alt와 : 눈금자로 셀 크기를 확인 세밀하게 조정

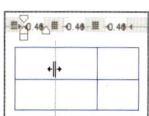

- Ctrl + Shift, Ctrl + Alt, Shift + Alt 함께 사용 가능
- 표 왼쪽 테두리는 표 속성의 '왼쪽에서 들여쓰기'

표 전체 크기 조절

- 표의 오른쪽 아래에 마우스를 가져다 놓으면 나타나는 '표 크기 조정 핸들(□)'로 전체 표의 크기를 조정합니다.
- Shift와 : 표의 가로/세로 비율에 맞추어 조절

눈금자로 표 크기 조절

표 안에 커서를 가져다 놓고 눈금자를 보면, 열 너비를 조절할 수 있는 '표 단 이동' 표시(▥), 행 높이를 조정하는 '표 행 조정' 선이 표시되는데요. 이 표시들로도 셀 크기를 조절할 수 있습니다. 표 크기를 조절하는데 쓰이는 것이기 때문에 셀 선으로 조절하는 것과는 조금 다르게 쓰입니다.

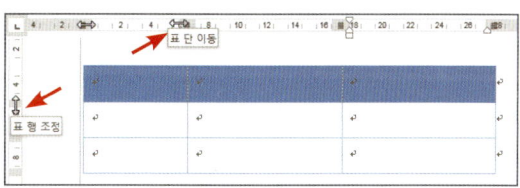

- 셀 선택 없이 : 뒷 열의 너비는 고정하고 왼쪽 열 너비만 조절

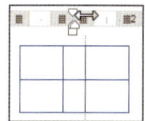

- 셀을 선택 시 : 뒷 열의 너비는 고정하고 선택 셀의 왼쪽 열 너비만 조절

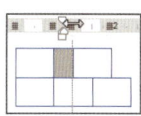

- Shift와 : 표 크기는 유지하고 선택한 셀의 크기만 조절됩니다.

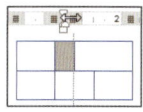

- Alt와 : 셀 크기가 값으로 표시되며 세밀하게 조정됩니다.

같은 크기의 표 다시 만들기

- Ctrl+N,T [표 만들기] 대화 상자에서 임의 값을 주는 방법
- 표를 만들어 상용구에 넣어두고 다시 쓰기 : Alt+I
- [표/셀 속성]-[구성] : 셀 크기/개수가 동일한 경우
- 문단 여백을 같은 크기로 해서 표 만들기 : 같은 표 너비
  ※같은 문단 여백은 스타일을 활용해 보세요.

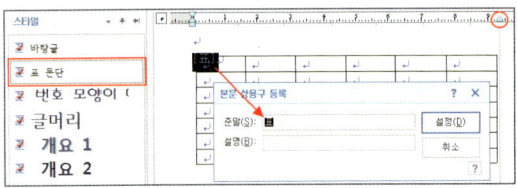

셀 크기를 최소한으로 줄이기

- 글자 크기 줄이기
- 셀 여백 줄이기
- 개체 속성의 표 크기 고정 해제

셀 여백

- [표/셀 속성]-[표] 탭의 '모든 셀의 안여백' : 전체 표의 안 여백
- [표/셀 속성]-[셀] 탭의 '안 여백 지정' : 선택 셀만의 안 여백 – 확인란을 선택하고 지정하면 됩니다.

셀 크기 같게

- 열 너비 같게 : 선택한 셀의 열 너비를 같게 해줍니다.
- 행 높이 같게 : 선택한 셀의 행 높이를 같게 해줍니다.

표 너비 자동 맞춤

표를 만들면서도, 표를 만들고 나서도 표의 전체 크기(너비)를 조절할 수 있습니다. 크기는 'mm'와 '%'로 조절할 수 있지만, MS Word에서 사용하는 단위('pt', 'cm', 'in', 'pi', '글자')를 직접 입력하여 지정해도 상관없습니다.

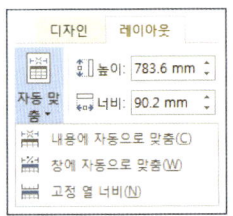

셀 크기 최소한으로 줄이기

- 글자 크기 줄이기
- 단락 줄간격, 단락 여백 줄이기
- 셀 여백 줄이기
- 표 속성의 고정/지정된 행 높이 해제

셀 여백

- [표 속성]-[표] 탭의 [옵션] : 전체 표의 셀 여백
- ([표 도구]-[레이아웃]-[셀 여백])
- [표 속성]-[셀] 탭의 [옵션] : 선택 셀만의 셀 여백 – 확인란을 해제하고 지정하면 됩니다.

6 표 테두리/배경

표 도구 이용하기 [한글]

표 스타일

표 안에서 '표 스타일'의 예제 표에 마우스를 가져다 놓으면 실시간 미리보기를 볼 수 있습니다. 표 스타일은 '적용 옵션'에서 '테두리'/'회색조'/'첫째 칸'/'글자모양'/'문단모양'/'제목 줄'/'마지막 칸'/'셀 배경'/'마지막 줄' 중 선택하여 모양을 바꿔 봅니다.

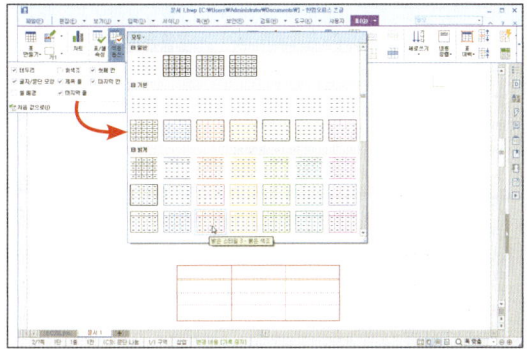

▶ 한/글 2014 하위 버전에서는, [도구]-[사용자 설정]-[명령]에서 '표 마당'을 도구 상자에 꺼내놓고 사용하면 됩니다.

셀 속성 ('각 셀마다 적용'의 속성)

• 셀 테두리 모양과 굵기 : 일부 테두리는 굵기를 너무 줄이면 제대로 표현되지 않을 수 있습니다. 선을 먼저 지정한 후 굵기를 정해 주세요.

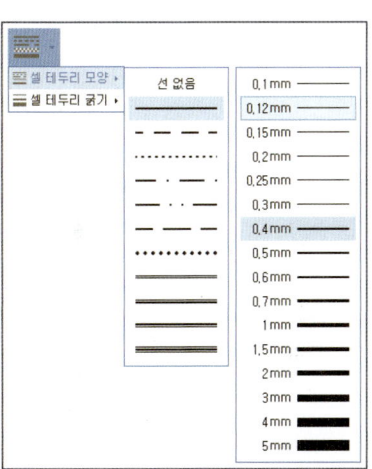

표 도구 이용하기 [워드]

표 스타일

MS Word의 표 스타일은 종류도 다양할 뿐더러 수정/추가/삭제가 가능합니다. 표 스타일이 스타일의 한 종류이기 때문에 서식도 간편하게 추가할 수 있어서 표를 통일하기가 아주 간편합니다.

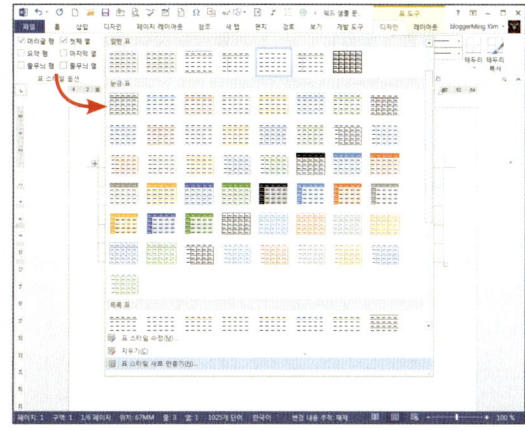

• [표 도구]-[디자인] '표 스타일 옵션'에서 표 스타일에 표시할 행/열을 선택한 후 표 스타일에서 모양을 선택하기만 하면 표의 디자인과 속성이 동일하게 적용됩니다.

• 표 스타일은 '테마', '스타일 모음'에 따라 디자인이 변경됩니다.

표 디자인 도구

MS Word 표 도구 메뉴는 [디자인] 탭과 [레이아웃] 탭으로 나뉘는데, [디자인] 탭에서는 테두리/음영/표 스타일을 지정하고, [레이아웃] 탭에서는 기타 표의 속성을 설정합니다.

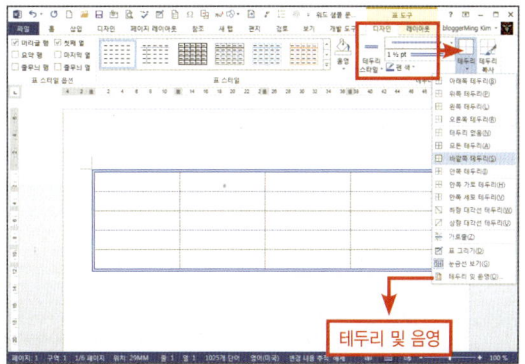

- 셀 테두리 색과 셀 배경색 – 색상 팔레트는 '분리 선'를 잡아 따로 떼어 내어 켜놓고 계속 사용할 수 있습니다.
  ▶ 테두리를 없애려면 '셀 테두리 모양'의 '선없음'을, 배경을 없애려면 '셀 배경색'의 '색 없음'을 선택하세요.

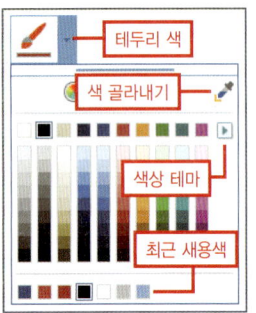 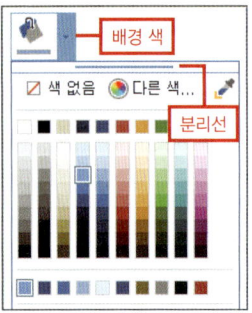

- 셀 테두리 – '테두리 종류'/'테두리 색'을 먼저 정하고 적용할 테두리 위치를 선택. 테두리 아이콘은 클릭할 때마다 선택한 영역에 적용/해제가 반복됩니다.

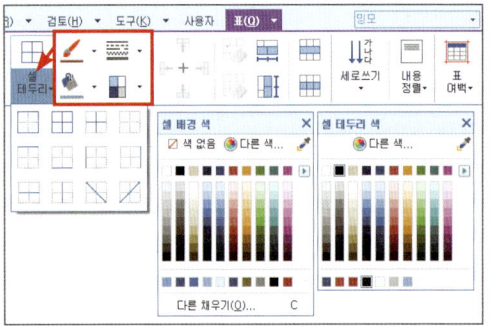

- 표 도구 [디자인] 탭에서는 표의 모양을 지정합니다. 먼저 펜 스타일(테두리 종류)/펜 두께/펜 색을 지정한 후 적용할 테두리 위치를 선택하여 적용하세요.
- 음영 색/펜 색/테두리 위치는 아이콘을 클릭하면 선택된 모양이 바로 적용됩니다.

펜 스타일(테두리 종류)/펜 두께/펜 색

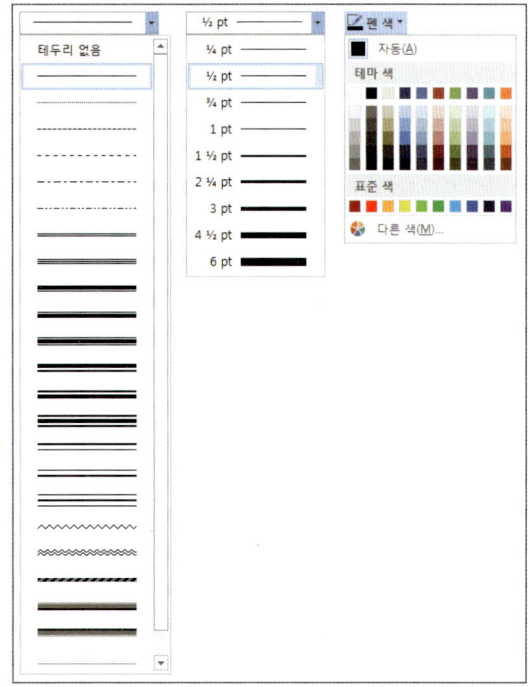

'각 셀마다 적용' 대화 상자 이용하기 「한글」

[테두리] – 셀 블록 Ⓛ

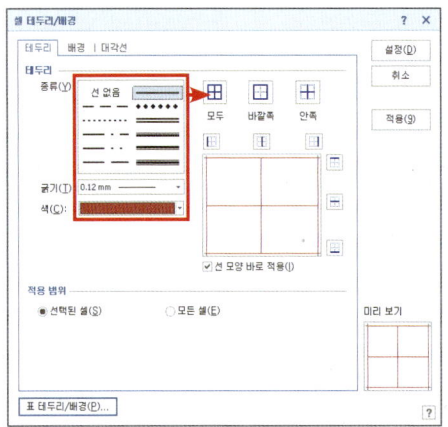

'테두리 및 음영' 대화 상자 이용하기 「워드」

MS Word는 표뿐만 아니라 텍스트/단락/셀/표/페이지의 테두리/음영을 모두 '테두리 및 음영' 대화 상자에서 지정합니다. 한 곳에서 여러 부분의 지정을 한꺼번에 할 수 있는 장점이 있는 대신 '적용 대상'를 확인하지 않으면 원치 않는 곳의 서식이 변경될 수 있다는 것을 주의하세요.

- '선 모양 바로 적용'을 선택하면 선택된 영역에 지정한 선 모양이 바로 적용됩니다. 하지만, 각각의 영역에 다른 테두리를 한 번에 지정하려면 해제하고 사용하세요.
- 블록을 '선택한 셀', 또는 해당 표의 '모든 셀'에 선택하여 적용할 수 있습니다.

[배경] - 셀 블록 ⓒ

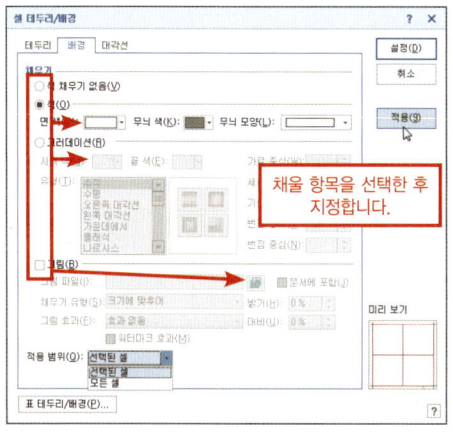

- 색 채우기 없음 : '면 색', '무늬', '그라데이션'이 있을 경우 채우기를 모두 제거합니다.
- 면 색 : 셀의 음영색으로 흰색이 지정되었을 경우 다른 개체와 겹칠 때 주의해야 합니다.
- 그라데이션 : 배경색을 여러 가지 유형에 따라 단계적으로 퍼지게 표현합니다.
- 그림 : 그림을 하나의 셀 안에 가득 채울 수 있습니다.
  ▶ '문서에 포함'을 선택하지 않으면 파일을 이동할 때 그림이 표시되지 않을 수 있습니다.
  ▶ 채우기 유형 : 셀 안에 어떤 방식으로 그림을 채울지 선택합니다. '바둑판 식으로', '크기에 맞추어', '가운데로', '왼쪽', '오른쪽', '원래 크기에 비례하여' 맞출 수 있습니다.
  ▶ 그림 효과 : '회색조', '흑백', '워터마크 효과'를 지정하고 밝기/대비를 조정할 수 있습니다. '워터마크 효과'는 '밝기 70%', '대비 -50%'로 워터마크처럼 뿌옇게 표현됩니다.

[테두리] - [표 도구]-[디자인]-[테두리]-[테두리 및 음영]

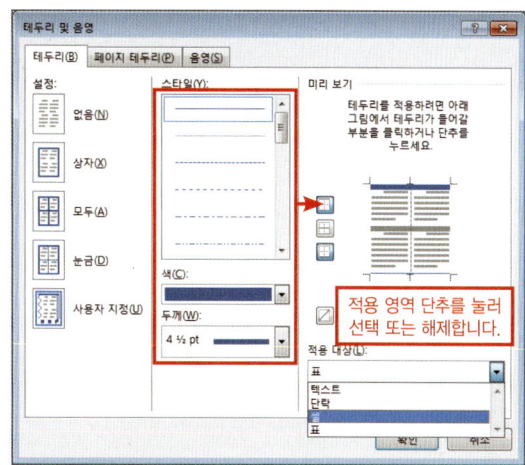

- 적용 대상을 '표'나 '셀'로 선택하고 테두리를 지정하세요. '표'는 표 전체, '셀'은 선택한 셀의 디자인을 변경합니다.
- 지정하려는 대상을 먼저 선택하고 대화 상자를 여세요.
- 영역별로 다른 테두리 모양을 지정할 때에는 '사용자 지정'을 선택합니다.

[음영]

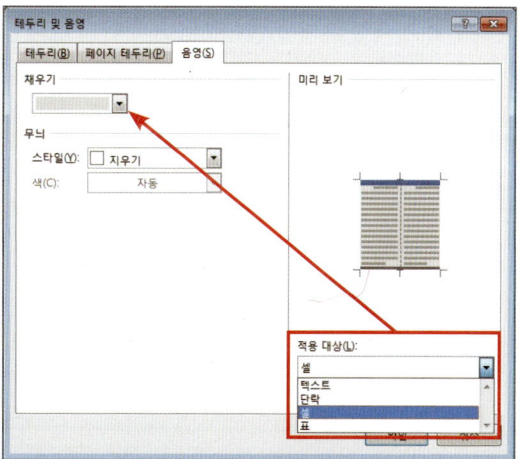

- 선택한 셀에 따라 채우기가 있다 해도 표시되지 않을 수 있습니다. 똑 같은 음영이 있는 셀만 선택해야 음영 색이 표시됩니다. '적용 대상'을 잘 확인하세요.
  ▶ 한/글 등에서 복사해 붙인 표의 경우 채우기 색이 '색 없음'으로 되어 있어도 음영 색 흰색이 표시되는 경우가 있습니다. 주로 '텍스트' 범위에 지정되어 있는데요.

[대각선]

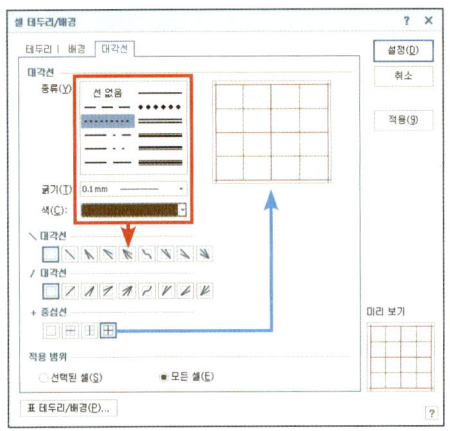

- '중심선'으로는 셀을 나누지 않고도 셀을 나누는 효과를 내며 글씨 쓰기 노트 등을 만들 때 사용할 수 있습니다.
- 대각선이 부족한 하위 버전에서는 셀을 나눠 대각선을 표시하고, 중심선이 없는 버전에서는 같은 표를 2개 만들어 겹쳐 놓은 후 아래에 깔린 표의 셀을 나누어 표시하면 됩니다.

하나의 셀처럼 적용 한글

여러 셀을 선택했을 때 선택한 만큼을 하나의 셀처럼 취급하여 그 바깥 테두리나 전체 배경을 지정합니다.

[테두리] – 셀 블록 B

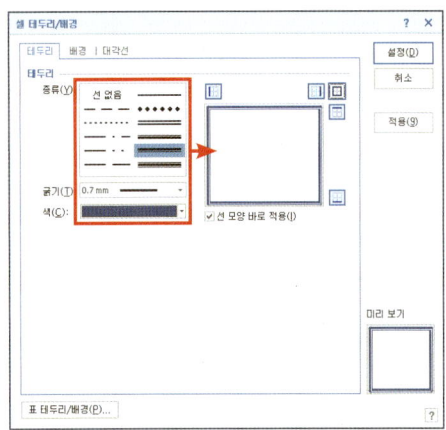

- 지정하는 방법은 '각 셀마다 적용'의 테두리와 같지만, 여러 셀을 하나의 셀처럼 취급하기 때문에 안쪽 테두리를 지정하는 곳이 없습니다.

채우기 색에 '색 없음'이 되어있다 해도 다시 한 번 '텍스트'로 '색 없음', '무늬 지우기'를 선택해 주면 없어집니다. ※ Ctrl + Alt + V 선택하여 붙이기의 '서식이 있는 텍스트(RTF)' 파일 형식으로 붙이기 하면 쓸데없는 서식을 빼고 간단히 붙이기 할 수 있습니다.

'표 스타일 새로 만들기'('새 스타일') 워드

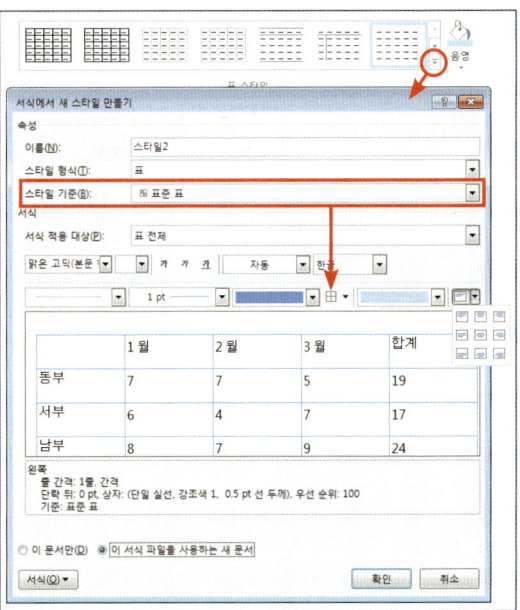

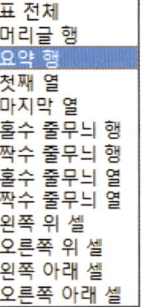

※서식을 적용할 대상을 먼저 선택 후 테두리와 배경을 지정하세요.

- 스타일 이름 : 새로운 이름으로 짓는 것이 좋습니다.
- 스타일 형식 : '빠른 스타일'–'새 스타일'에서 스타일을 만드는 경우 '표'로 선택해야 표 스타일로 만들어집니다.
- 스타일 기준 : 기준이 될 표 스타일을 고릅니다. 기준 표 스타일을 수정하면 하위 표 스타일에도 적용됩니다.
- 서식 적용 대상 : 표 테두리/음영/서식을 적용할 표의 행/열을 선택합니다.

- '하나의 셀처럼 적용'은 '각 셀마다 적용'과 같은 위치에 지정합니다. 두 설정이 모두 적용되었을 경우 한 쪽 설정은 표시되지 않거나, 겹쳐서 표시될 수 있습니다. 셀 테두리를 변경해도 적용되지 않는다면 '하나의 셀처럼 적용', '각 셀마다 적용'을 모두 확인해 보세요.

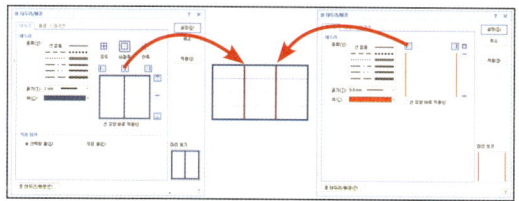

[배경] - 셀 블록 F

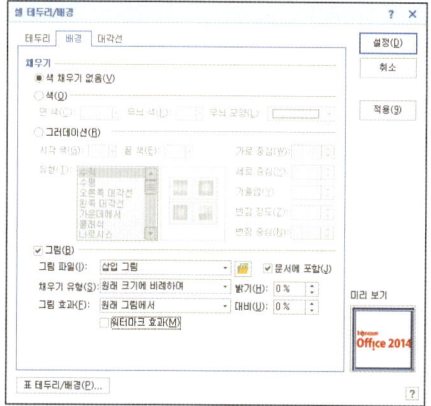

[대각선]

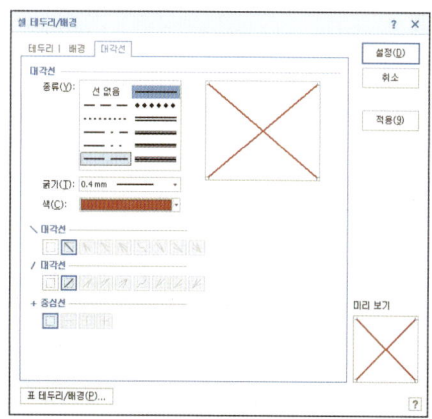

- 테두리와 마찬가지로 블록 지정한 여러 셀에 대한 배경과 테두리입니다.
- '하나의 셀처럼 적용'의 테두리와 배경, 대각선은 선택한 셀에 하나의 모양으로만 표시됩니다. 특히 배경이 자주

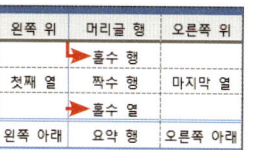 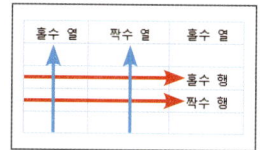

▶ 머리글 행 : 첫째 가로 행 전체

▶ 요약 행 : 마지막 가로 행 전체

▶ 첫째 열 : 첫 번째 세로 열 - 머리글/요약 행 제외

▶ 마지막 열 : 마지막 세로 열 - 머리글/요약 행 제외

▶ 홀수 행 : 머리글 행이 있을 경우 다음 행부터 홀수

▶ 홀수 열 : 첫째 열이 있을 경우 다음 열부터 홀수

- 글자/표 서식과 속성(정렬)은 '서식 적용 대상'을 먼저 선택하고 지정합니다. '표 전체'를 먼저 선택해 서식을 지정하고, '머리글 행' 등을 다시 선택해 서식을 지정하면 됩니다. 테두리는 미리보기를 보고 선택하세요. 한 번 더 누르면 해제됩니다.

- [서식] 단추를 클릭하면 자세한 '표 속성'/'테두리 및 음영'/'줄무늬'/'글꼴'/'단락'/'탭'/'텍스트 효과'를 추가로 지정할 수 있습니다.

- 다른 문서에서도 이 스타일을 사용하려면 '이 서식 파일 (Normal.dotm)을 사용하는 새 문서'를 선택하고 [확인]을 눌러 저장하세요.

'표 스타일 수정하기' 워드

원하는 표 스타일에서 마우스 오른쪽 버튼을 눌러 수정

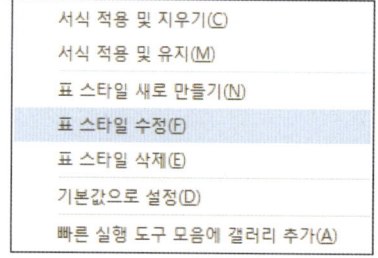

표 스타일 가져오기/내보내기

새로 만든 표 스타일을 다른 컴퓨터에서도 사용하려면 표 스타일을 적용한 파일을 하나 만들어 다른 컴퓨터에서 연 후, 표 안에 커서를 두고 [스타일 적용]

쓰이는데요. 여러 셀에 하나의 그라데이션 배경을 줄 때나 하나의 그림 배경을 줄 때 주로 사용합니다.

개체 속성의 테두리 한글

표 테두리를 더블 클릭해서 여는 개체 속성 대화상자에서 지정하는 테두리는 '셀 간격'을 주었을 때만 표시됩니다.

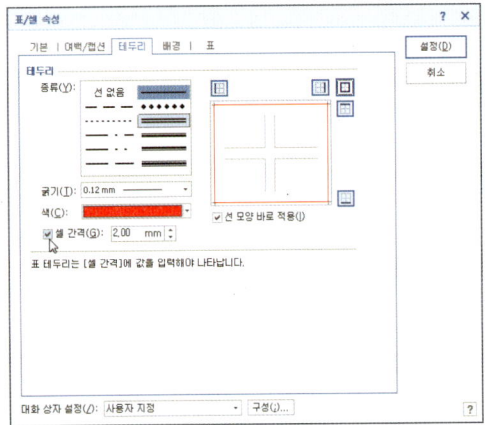

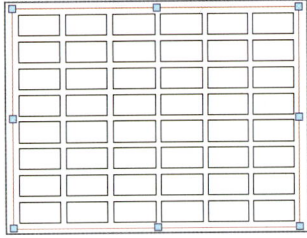

- 셀 간격 : 셀 사이에 간격을 주어 각각 분리합니다.
- 셀이 분리되면 바깥 표의 테두리를 지정할 수 있습니다.
- 셀 간격이 없는 경우 지정해도 표시되지 않습니다.

Ctrl+Shift+S]-[수정]-'이 서식 파일(Normal.dotm)을 사용하는 새 문서'를 선택하고 [확인]을 누르면 됩니다. 또는 '스타일 관리'-'스타일 가져오기/내보내기'도 가능.

7 같은 모양의 표 만들기

상용구에 저장　한글

표를 선택해 '본문 상용구'에 저장하면 다른 문서에서도 같은 모양의 표를 사용할 수 있습니다. 표 안의 서식도 저장이 되기 때문에 미리 스타일이나 서식, 캡션을 적용해 놓은 후 등록하면 편리합니다.

❶ 등록 : 표 또는 표의 조판 부호, 표 주변 문단을 선택하여 [Alt]+[I] ▶ '준말'을 입력한 뒤 [등록]
❷ 입력 : 준말, [Alt]+[I]로 입력

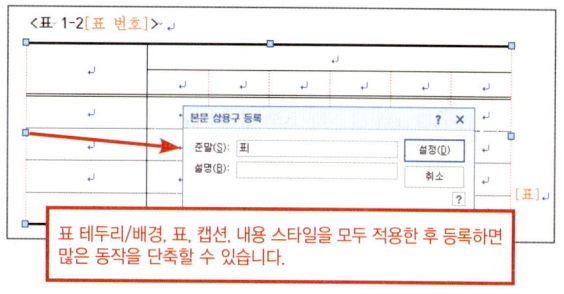

표 구성　한글

한/글 개체 속성 대화 상자는 대부분 [구성]으로 사용자 설정을 저장할 수 있습니다.

개체 속성

- 배치/위치/번호 종류/바깥 여백/캡션 속성/셀 여백/개체 테두리와 배경/표 경계 설정 등 모든 개체 속성이 저장됩니다.

❶ 표의 개체 속성을 편집한 뒤
❷ [구성]-[+추가하기] 이름을 만들고 [설정]
❸ 새 표를 만들어 [개체 속성]을 열고, 저장한 대화 상자 설정을 선택하면 같은 속성으로 만들어집니다.

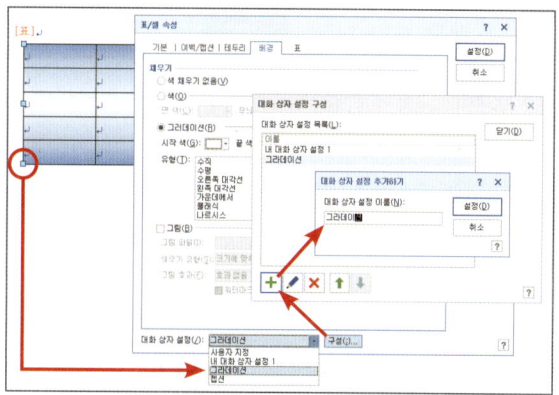

셀 속성

- 개체 속성과 모든 셀 속성(셀 크기/안 여백/세로 정렬 등 셀 속성)이 구성으로 저장됩니다.

- 선택 셀에 공통으로 적용되기 때문에 셀 하나를 편집하여 셀 블록-[P] 셀 속성 대화상자를 열어 [구성]을 추가합니다.

- 셀 크기/여백 등은 구성된 대화 상자를 선택한 후 '확인란'을 선택해 줘야 적용되고, 일부 셀만 선택한 경우 옆 셀의 크기에 따라 적용되지 않는 속성도 있습니다.

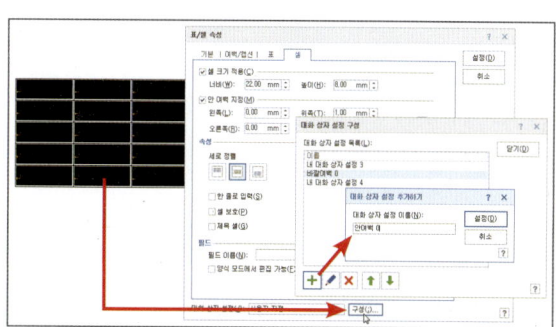

모양 복사 Alt+C 한글

[구성]이 없는 테두리/배경 대화 상자는 모양 복사로 복사해 같은 모양을 만들 수 있습니다. 한/글의 모양 복사는 글자/문단/셀 서식을 모두 복사할 수 있습니다.

❶ 복사할 셀에 커서를 두고 Alt+C
❷ 셀 모양을 복사할 속성을 선택한 후 [복사]
❸ 모양을 붙일 표 또는 셀을 블록 지정하여 Alt+C

※주의 : 모양 복사는 한 셀에 커서를 두고 복사하기 때문에 안쪽 테두리는 복사되지 않습니다. 한 셀만 선택하고 붙이는 경우 복사한 모양이 그대로 붙여지지만, 여러 셀을 선택한 경우는 선택한 영역의 바깥쪽에만 테두리가 적용됩니다. 배경이나 셀 속성은 모두 한 번에 적용됩니다.

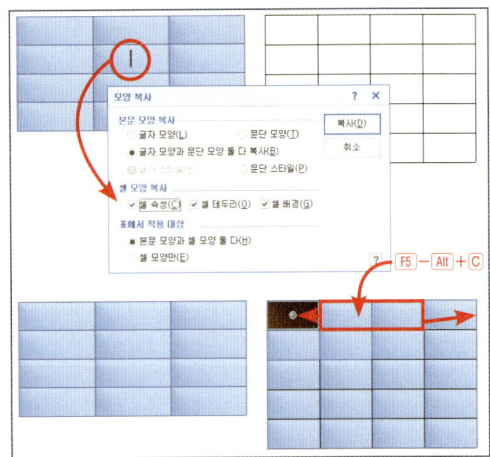

상용구, 빠른 표로 저장 워드

MS Word의 상용구는 명령 별 갤러리로 나누어 저장할 수 있기 때문에 표 상용구는 '표'로 범주를 지정해 만듭니다.

❶ 등록 : 편집한 표 또는 단락을 선택한 후 Alt+F3 (새 블록 만들기) ▶ '이름'과 '갤러리'를 선택한 뒤 [확인]
❷ 입력 : [삽입]-[표]-[빠른 표]에서 찾아 클릭

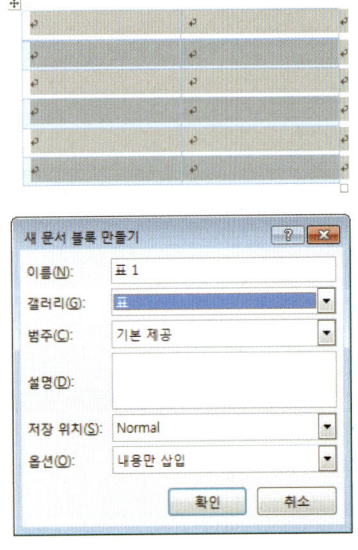
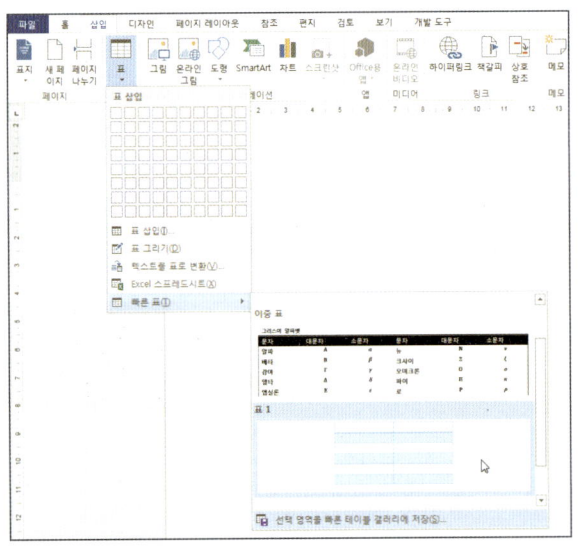

※참고
- '상용구'나 '빠른 문서요소' 등 갤러리를 다른 곳으로 선택해 등록한 경우 '빠른 표'가 아닌 선택한 갤러리에서 찾아 입력합니다.
- MS Word는 '표 스타일'을 만들고, 수정, 저장할 수 있습니다. 표 스타일을 만들어 서식 파일에 저장해 두면 다른 문서나 다른 컴퓨터에 복사하기(스타일 내보내기)가 쉽기 때문에 같은 모양의 표를 간편하게 만들 수 있습니다. '표 스타일' 만들기를 참고해 보세요.

8 표의 배치/정렬/위치와 셀 정렬

한/글의 표는 글과의 배치, 다른 개체와의 정렬, 위치가 자유롭지만, MS Word의 표는 '둘러싸기' 배치와 '위치' 정도만 지정할 수 있을 뿐 자유로운 배치/정렬은 힘듭니다. 그래서 글이나 개체의 위/아래로 표를 자유롭게 겹칠 수가 없죠. MS Word에서 표를 겹쳐 쓰려면 개체인 '텍스트 상자' 안에 넣거나 다른 개체를 조정해 사용해야 합니다.

1) 한/글 표의 배치/정렬/위치

한/글 표의 배치 [한글]

'배치'는 표와 본문(글자)와의 관계입니다. 표를 글자들이 있는 문단 사이에 어떤 형태로 놓을 지를 결정하는 것인데요. 다른 개체와 방법이 동일하니 개체에서도 활용해 보세요. 배치는 개체와 글자와의 관계이기도 하지만, 개체들간의 순위에도 영향을 줍니다. 비슷한 설정인 '정렬'보다 우선 적용되니 정렬보다 배치을 먼저 고려해서 설정해 주세요.

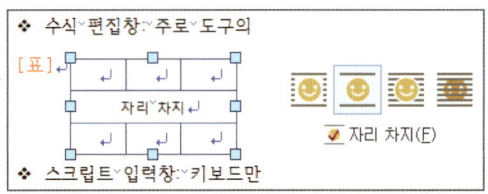

▶ 자리 차지

자리 차지는 한/글 표의 기본적인 배치 방법으로 한 문단을 모두 차지하는 방법입니다. 옆에 글자는 올 수가 없고 다른 개체를 갖다 놓으려면 개체 속성에서 '서로 겹침 허용'을 선택해 놓아야 합니다.

▶ 어울림

글자를 둘러싸고 배치하는 방법입니다. '어울림' 배치를 선택하면 개체 속성에서 '본문 위치'를 지정할 수 있습니다. 마우스로 이동해도 됩니다.

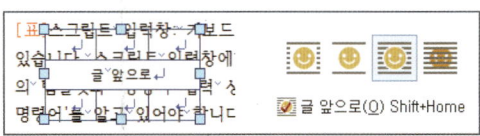

▶ 글 앞으로(Shift + End)

표를 글자나 개체의 위로 배치하는 것입니다. 정렬의 '맨 앞으로'와 혼동하기 쉬운데요. 배치의 '글 앞으로'가 더 우선 적용되기 때문에 다른 배치의 '맨 앞으로' 정렬보다 위에 배치됩니다. 배경색이 없는 표라면 아래 위치한 개체나 글을 투과하여 볼 수 있습니다. '글 앞으로' 배치의 '맨 위로' 정렬이면 제일 위에 표시됩니다.

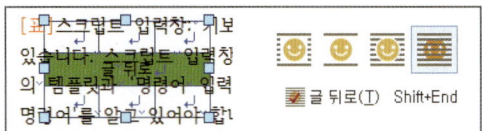

▶ 글 뒤로(Shift + End)

표를 글 보다 아래에 배치해 배경처럼 사용합니다. '글 뒤로' 배치는 '맨 뒤로' 정렬보다 우선 적용됩니다. 표 위에 도형 등을 올려 겹쳐 놓을 때 사용하면 유용한 배치입니다.

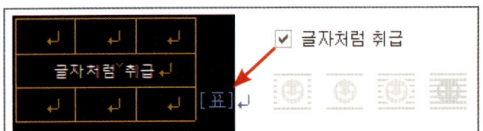

▶ 글자처럼 취급

글자처럼 취급은 표를 글자로 취급하여 문단, 줄에 추가하는 것으로 '글자처럼 취급'을 선택하면 본문과의 배치 방법은 지정할 수 없습니다. '글자처럼 취급'은 조판 부호가 표의 뒤에 붙어 표시(조판 부호는 개체의 왼쪽 위에 주로 위치합니다)되는 것이 특징이고, 표를 쪽 경계에서 나눌 수 없으며 문단 서식을 적용할 수 있습니다.

한/글 표의 정렬 『한글』

정렬이란, 글자가 아닌 개체와 개체간의 앞/뒤 순서를 지정하는 것입니다. 정렬은 배치 방법에 추가로 지정하는 것이기 때문에 같은 배치 방법이 아니면 앞/뒤가 제대로 표현되지 않을 수 있습니다. 주로 한 가지 배치 방법('글 앞으로')을 사용하는 도형의 앞/뒤 순서를 정하는데 쓰이고 표나 그림은 일반적으로 '본문과의 배치'를 사용합니다. 표에는 주로 사용하지 않기 때문에 표 도구에는 없지만, 마우스 오른쪽 버튼이나 단축키 등으로 사용할 수 있습니다.

▶ 앞으로, 맨 앞으로(Shift + Page up)

겹쳐진 여러 개체 중 한 개체를 선택해 순서를 위로 올립니다. 표에서도 사용이 가능해서 "글 앞으로" 배치의 '맨 앞으로' 정렬이라면 어떤 개체보다 위에 표시할 수 있습니다.

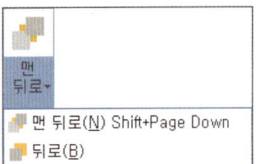

▶ 뒤로, 맨 뒤로(Shift + Page Down)

'뒤로'는 한 단계씩 아래로, '맨 뒤로'는 겹쳐진 개체 중 맨 아래로 정렬됩니다.

'글 뒤로' 배치의 '맨 뒤로' 정렬이라면 어떤 개체보다, 글보다도 가장 아래로 표시됩니다. 배경에 사용할 수 있습니다.

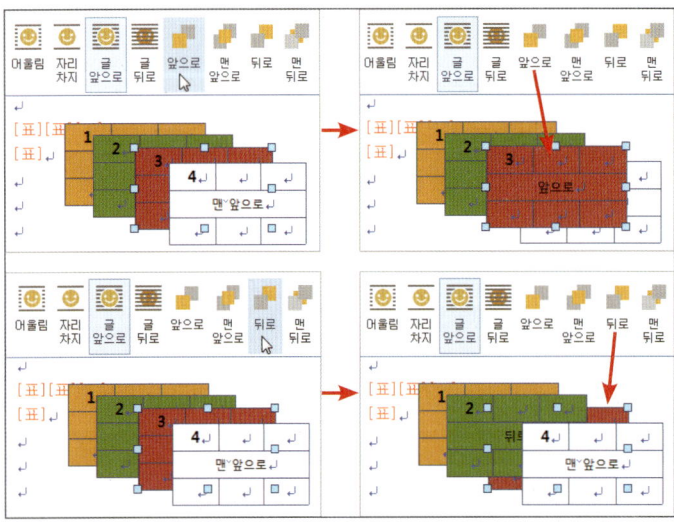

표에서 배치/정렬의 문제 해결

- 모든 배치/정렬/위치는 '글자처럼 취급' 상태에서는 지정되지 않습니다.
- 페이지 경계에서 나눠진 표가 '자리 차지', '어울림' 배치라면 중간 페이지의 '표 위'에는 개체를 추가할 수 없습니다. 개체를 추가하려면 문단 부호가 필요한데 걸쳐진 표의 본문에는 문단 부호가 들어가지 않기 때문입니다. -> '글 뒤로' 또는 '글 앞으로'로 배치해 표 위/아래로 문단 부호를 만들어 주세요. 셀 바깥의 개체는 '본문'에 조판 부호가 생깁니다.
- 표의 셀 안에 개체를 입력하면 '글 앞으로', '맨 앞으로'를 지정한다고 해도 셀 바깥으로 걸쳐져 표시되지 않습니다.
- 표나 개체가 아래 깔려서 선택되지 않는다면 Alt+클릭으로 선택해 배치나 정렬 방법을 바꾸세요.
- 표/개체가 분명히 있는데 보이지 않는다면 [보기]-[조판 부호]를 켜고 조판 부호를 찾아 Ctrl+N,K-'글자처럼 취급' 하세요. 조판 부호의 위치로 돌아옵니다. 또는 위의 개체를 선택해 '글 뒤로' 배치하세요.
- 모든 개체가 다 그렇지만 특히 표는 문단 부호를 많이 넣어두고 입력하세요. 여러 가지 문제가 해결됩니다.

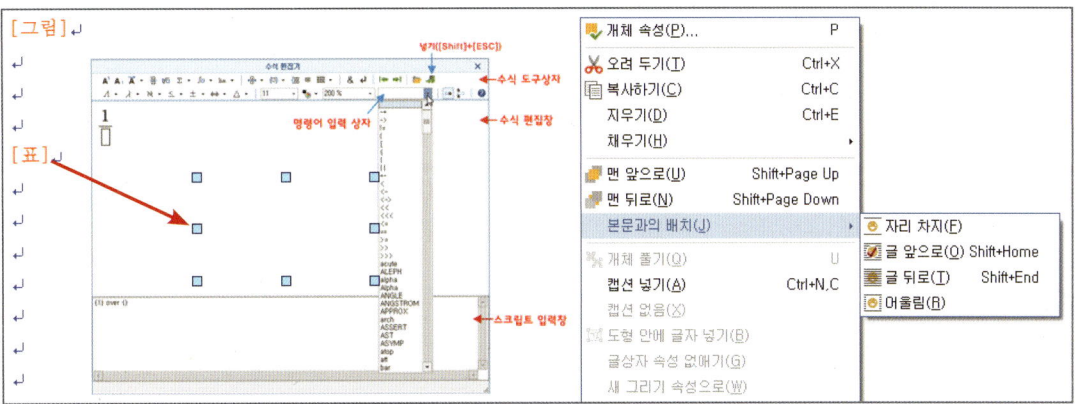

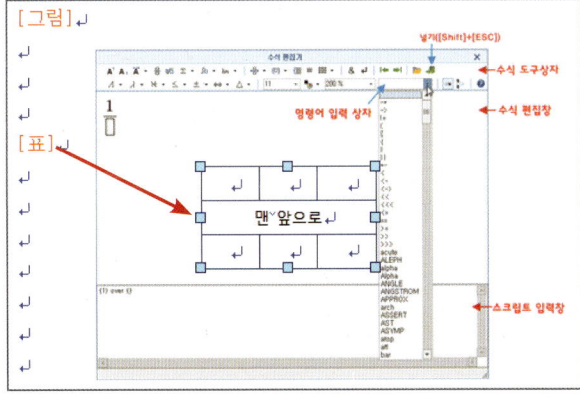

한/글 표의 위치 한글

한/글 표의 경우에는 '배치'가 가능하기 때문에 '위치'를 사용할 일이 별로 없습니다. 위치를 사용하는 경우는 여백으로 표를 보낼 경우, 또는 페이지/여백의 한 부분으로 표 위치를 고정해놓고 싶을 경우, 정확한 자리를 표시하고자 할 경우라고 할 수 있습니다.

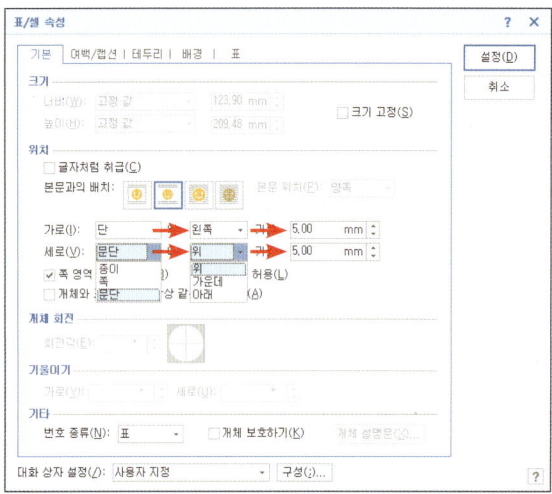

▶ [개체 속성]([표/셀 속성])-[기본]

위치 지정 방법과 활용법

- 기준 : 단/문단/쪽(여백)/종이(용지 전체), 정렬 : 왼쪽/가운데/오른쪽/위/아래, 위치 : 기준/정렬에서부터의 위치를 정확한 값으로 정할 수 있습니다.

  ❶ 가로, 세로 기준을 정한 후
  ❷ 기준에서의 정렬을 정하고
  ❸ 정렬에서부터의 정확한 위치가 필요할 경우 값을 입력하면 됩니다.

- 가로 정렬/세로 정렬을 지정할 수 있습니다. (예, 세로 '쪽'의 '가운데' : 여백 안쪽 세로로 '가운데' 정렬)

- 여백 바깥으로 표(개체)를 보낼 수 있습니다. 가로/세로 기준을 '종이'로 지정하면 마우스로 자유롭게 여백까지 이동이 가능합니다.

- 세로 기준의 '단', '문단' 기준은 본문을 편집할 때 개체도 따라 이동합니다. 그래서 조판 부호가 있는 문단 위쪽의 내용을 편집하면 표의 위치도 자연스럽게 따라서 조정됩니다.

- 세로 기준의 '쪽', '종이' 기준은 본문을 편집해 조판 부호가 이동해도 정해진 값에서 움직이지 않습니다. 마우스로 조정하거나, 조판 부호가 다른 페이지로 넘어가는 정도의 편집을 하지 않는 한, 정해진 위치에 있습니다. 조판 부호가 다른 페이지로 넘어가 버린다 해도 그 바뀐 페이지의 정해진 위치에 그대로 있습니다. 키보드로는 위치가 고정되는 셈이죠.

- 위치는 보통 조판 부호와 멀리 떨어져 있는 경우가 많습니다. 마우스로 개체를 이동하면 문단 부호, 글자가 없는 곳까지는 조판 부호가 따라가기 힘들어서 그렇게 되는데요. 이렇게 조판 부호와 떨어진 경우 조판 부호를 삭제/이동하지 않도록 주의하고, 복사할때 떨어진 채로 복사하지 않도록 주의해야 합니다. 문제가 생기면 항상 [보기]-[조판 부호]를 켜 보세요.

- '글자처럼 취급'된 상태에서는 지정할 수 없습니다.

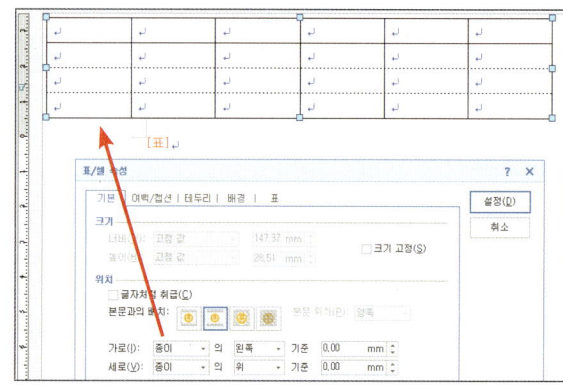

2) MS Word 표의 위치와 둘러싸기

MS Word 표의 위치 워드

MS Word는 '없음'/'둘러싸기' 등 두 가지 텍스트 배치 방법이 있습니다. 그러니까 결국 '둘러싸기' 한 가지 배치 방법이 있는 거죠. 한/글의 '어울림'과 비슷합니다. 일반적인 표는 모두 '없음' 상태인데요. '둘러싸기'를 선택하면 표의 '위치'를 지정할 수 있습니다.

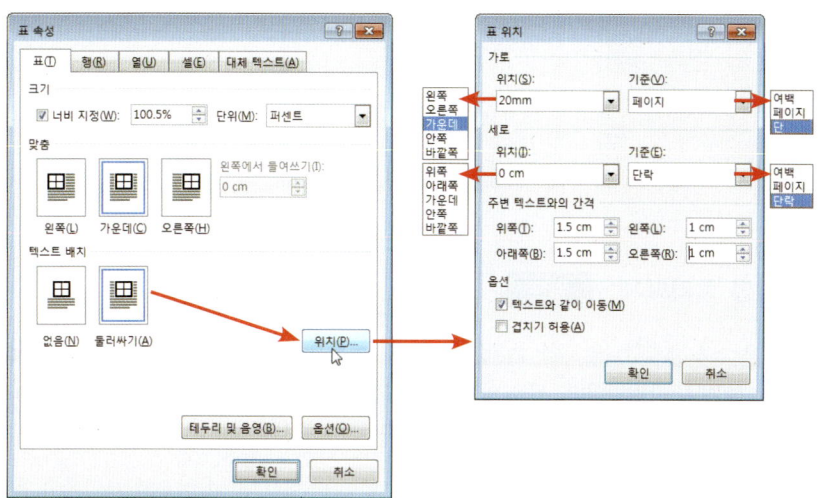

▶ [표 도구]-[레이아웃]-[표 속성]

위치 지정

- '둘러싸기'만 '위치'를 지정할 수 있습니다.
- 기준 : 여백/페이지/단/단락, 기준에서의 정렬/위치 : 왼쪽/오른쪽/가운데/위쪽/아래쪽 또는 값을 입력할 수 있습니다.
  ① 가로, 세로 각각 기준을 정한 후
  ② 정렬 방법이나 위치 값을 직접 입력합니다. (예, '페이지' 기준으로 가로/세로 '가운데'라면 용지 가운데)
- 한/글처럼 '맞춤'의 어떤 '값'으로는 지정할 수 없습니다.
- 세로 기준을 '여백', '페이지'로 지정하면 단락과 같이 이동되지 않기 때문에 세로의 한 위치에 고정이 됩니다. 마우스로 이동하면 이동되지만, 키보드로 입력/편집할 때는 이동하지 않습니다.
- 세로 기준이 '여백'/'페이지'면 '텍스트와 같이 이동'이 해제됩니다. 반대로 '단락' 기준으로 선택하면 자동으로 '텍스트와 같이 이동'이 선택됩니다.
- 표의 바깥 여백이라고 할 수 있는 '주변 텍스트와의 간격'을 지정할 수 있습니다. 둘러싸기가 아닌 표는 바깥 여백을 지정할 수 없고, 표가 있는 주변 단락의 단락 여백만큼 표를 떼어 줍니다.
- 표가 있는 단락이 아닌 다른 곳의 단락으로 선택/이동/삭제 될 수 있으니 주의해야 합니다.

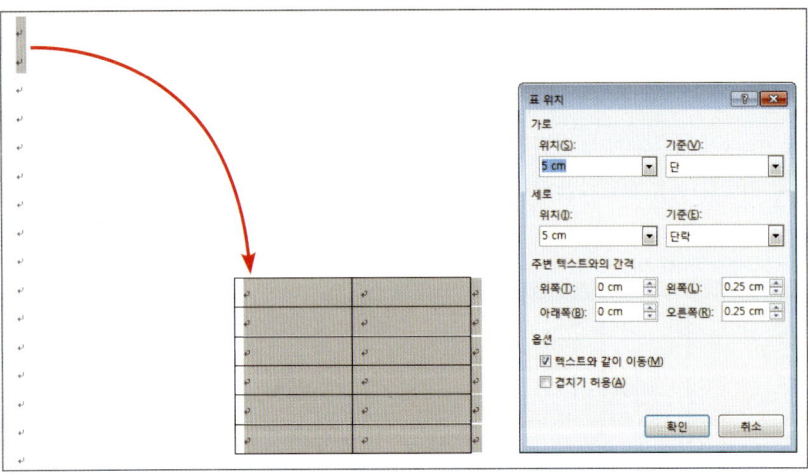

MS Word 표의 유일한 배치 방법 '둘러싸기' 워드

둘러싸기는 글자를 표 주위에 둘러싸도록 배치한다는 것으로 개체로 치면 '정사각형' 배치 방법인데요. MS Word에서는 표의 위치를 정할 수 있는 유일한 배치 방법입니다. 세로 위치를 페이지, 여백을 기준으로 주면 단락과 같이 이동하지 않는다는 것과, '표 이동 핸들'을 잡고 표를 이동하면 자동으로 둘러싸기가 된다는 것을 꼭 기억하세요.

둘러싸기 표의 특이점

둘러싸기 표는 특이한 점이 많습니다. MS Word 표를 편집하며 생기는 대부분의 애로점들은 아마 표를 둘러싸기 배치가 되어 생긴다고 할 수 있으니 둘러싸기 표의 특징을 잘 알아두어야 할 것입니다.

- '표 이동 핸들'을 잡고 옮기면 자동으로 둘러싸기가 되며 가로 위치가 '페이지' 기준으로 정해 집니다.

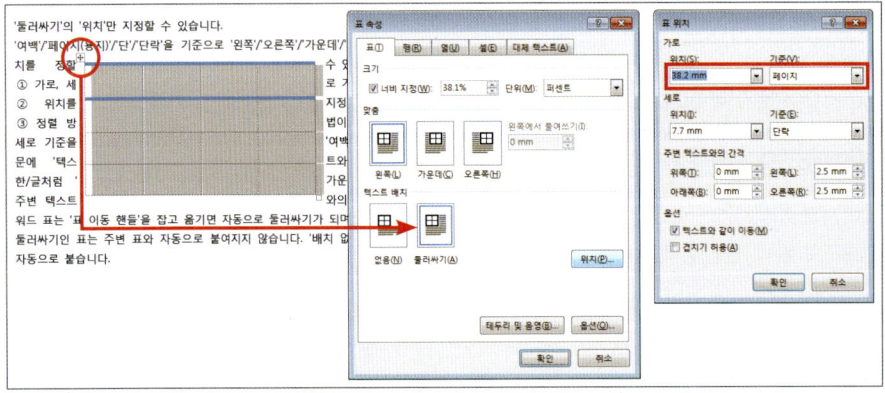

- MS Word 표는 두 표 사이에 낀 단락 기호의 크기를 조절해 표 사이 간격을 조절하고, 단락 기호를 삭제해 하나의 표로 표 병합을 합니다. 그래서 셀 병합은 있지만, 따로 표 병합은 없죠. 하지만, 단락 기호를 삭제하는 경우에도 '텍스트 배치' 상태가 서로 다른 표는 병합되지 않습니다. ※스타일이 다른 표도 붙지 않습니다

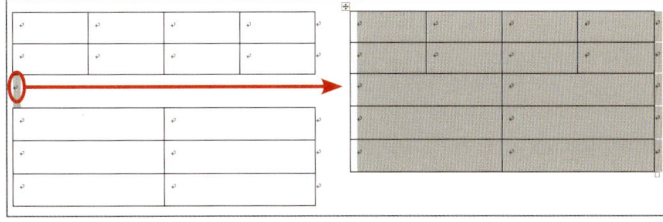

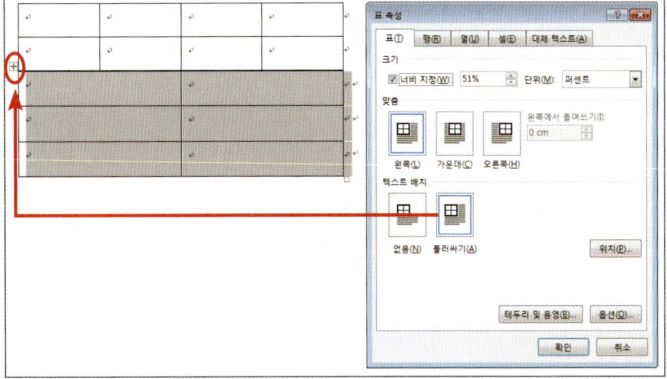

※배치 상태가 같은 표 사이 단락 기호를 삭제하면 표가 하나로 병합됩니다. 이 경우, 하나는 '없음' 하나는 '둘러싸기'인 표는 사이 단락 기호를 삭제해도 서로 붙지 않습니다.

- 복사해 붙일 때에도 하나의 표로 붙여지지 않을 수 있으니 주의해야 합니다.

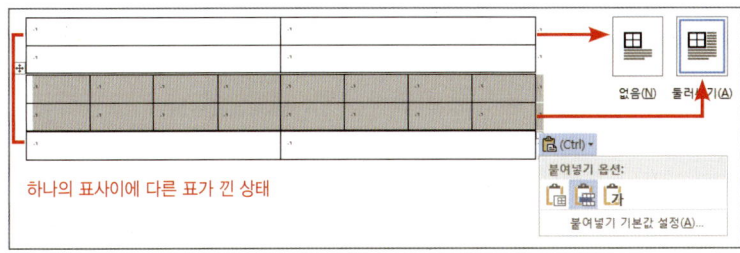

하나의 표사이에 다른 표가 낀 상태

- 페이지 경계에서 나눠지지 않을 수 있습니다. '둘러싸기' 상태이면서 [Word 옵션]-[고급]-[레이아웃 옵션]의 '여러 페이지에 겹쳐진 표를 나누지 않음'이 선택되어 있는 경우는 표가 페이지 경계에서 나눠지지 않습니다. '배치 없음' 표는 옵션이 선택되어 있어도 나눠집니다. ※MS Word는 표를 정렬하지는 않습니다. 표를 텍스트처럼 취급하여 다른 개체의 배치를 조정하세요.

3) 셀 정렬

셀 내용 정렬 `한글`

- 셀안 내용의 정렬은 [표 도구]-[내용 정렬]이나 셀 속성(셀 블록) P -[셀] 탭 대화 상자에서 변경합니다.

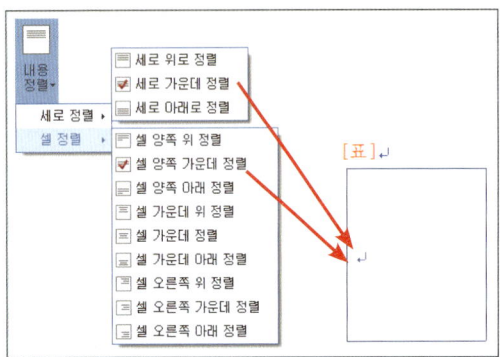

- [도구]-[사용자 설정]-[명령] 탭에 보면 셀 정렬 명령들이 있습니다. 셀 정렬을 자주 사용한다면 도구 상자나 사용자 탭에 추가해서 편집창에 분리해 놓고 쓰세요.

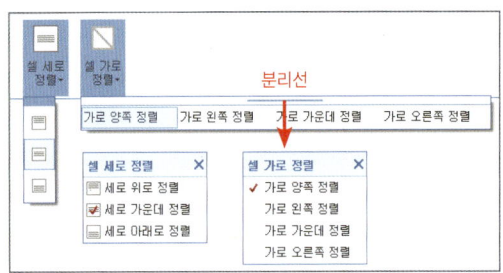

표 문단 정렬과 여백 `한글`

- 글자처럼 취급 : 문단 모양으로 가로 정렬/여백을 줍니다.
- 자리차지/어울림/글 앞으로/글 뒤로 : [표/셀 속성]-[기본]의 '가로' 기준으로 정렬/여백 값을 주거나, [여백/캡션]의 '바깥 여백'을 줍니다.
- 한글은 문단의 줄 간격이나 여백으로 표의 줄 높이가 변동되지 않습니다. 글자의 크기만 영향을 줍니다.

셀 세로 쓰기 `한글`

- 필요한 셀을 블록 지정해 P([표/셀 속성])-[셀]에서 세로 쓰기를 선택합니다. 한글은 한 가지 모양, 영문은 '영문 세

셀 세로 정렬 `워드`

- [표 도구]-[레이아웃]의 셀 맞춤이나 [표 속성]-[셀] 탭의 '세로 맞춤'으로 정렬합니다.

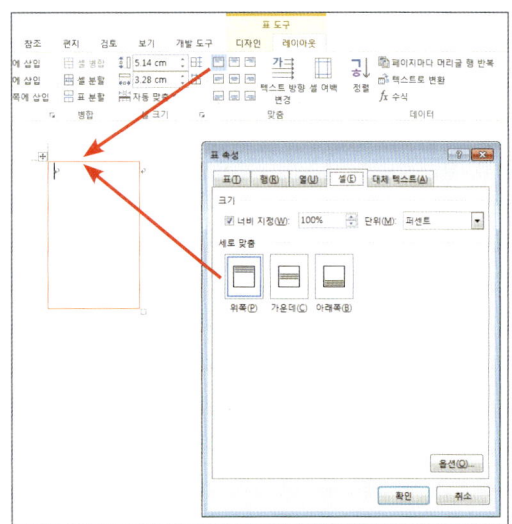

표 단락 맞춤과 여백 `워드`

- 표 속성의 맞춤은 단락의 맞춤으로도 가능합니다.(셀 안을 선택하지 말고 바깥 '행 끝 표시'를 포함해 선택 – 왼쪽 여백을 이용 가능)

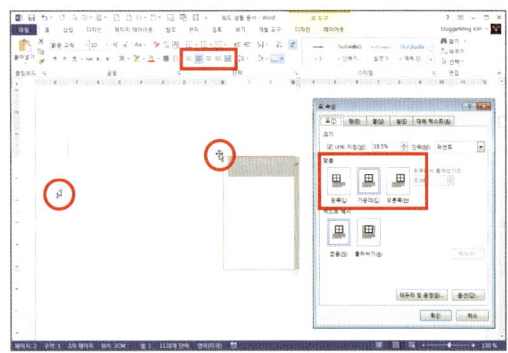

- 셀 맞춤을 가운데로 잘 맞추려면 단락 줄 간격과 앞/뒤 공백도 조정해야 합니다.

움'/'영문 눕힘' 두 가지 모양에서 고를 수 있습니다. ※표나 글상자 안에서는 본문과 다르게 입력 방향을 바꿀 수 있습니다. 본문에서는 구역을 나누어야 합니다.

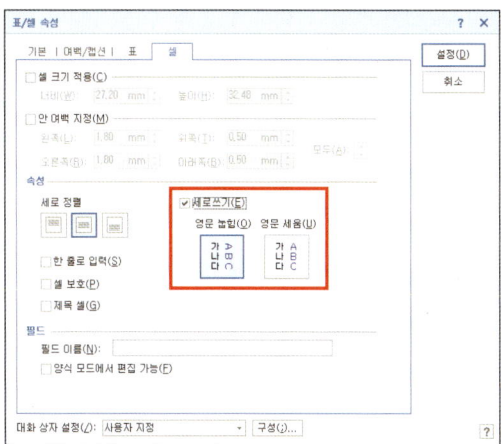

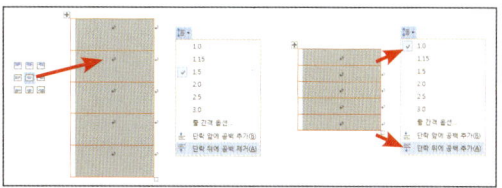

셀 세로 쓰기　워드

- [표 도구]-[레이아웃]이나, [페이지 레이아웃]-[텍스트 방향]에서 조정합니다. 표나 텍스트 상자 안은 세로쓰기가 자유롭습니다. ※본문에서는 구역을 나누어 방향을 조절

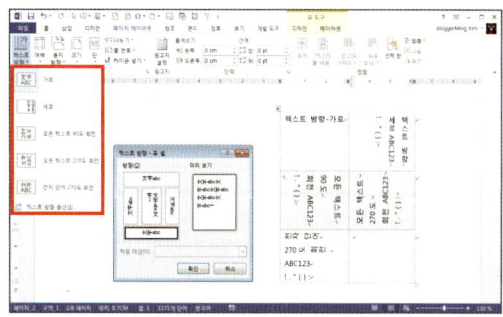

> **TIP**
> - 한/글에는 표 전체의 방향을 돌리는 '표 뒤집기'도 있습니다.
> - [표]-[표 뒤집기] - 입력 방향은 바뀌지 않습니다.
>
>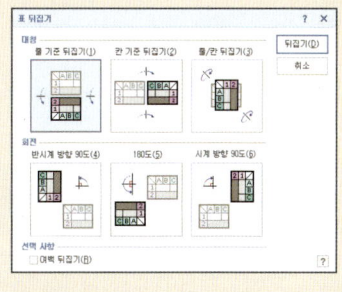

9 표 복사/이동 하기

붙이기 옵션 `한글`

셀 복사는 여러 셀을 블록 지정해서는 붙이기가 안됩니다. 한 셀만 선택하거나, 커서 상태에서 붙이기 하세요. 여러 셀에 같은 내용을 붙여 넣으려면 '셀 내용만' 복사하거나 '표 자동 채우기'를 이용합니다.

▶ 붙여넣기 옵션

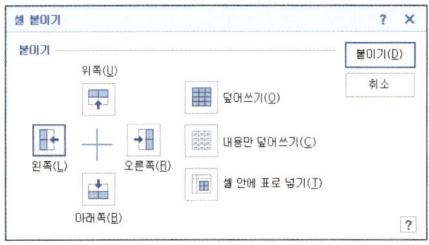

위쪽/아래 쪽에 삽입하기

- 커서가 있는 위/아래 쪽에 표 전체가 원본 그대로 삽입됩니다. 표 크기는 대상표의 너비와 같이 붙여집니다.

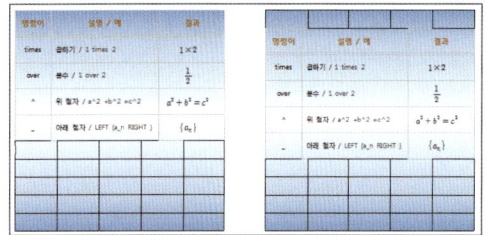

왼쪽/오른 쪽에 삽입하기

- 커서가 있는 왼쪽/오른 쪽에 표 전체가 원본 그대로 삽입됩니다. 줄의 개수는 원본 표 그대로, 표의 높이는 대상표의 높이와 같이 붙여집니다.

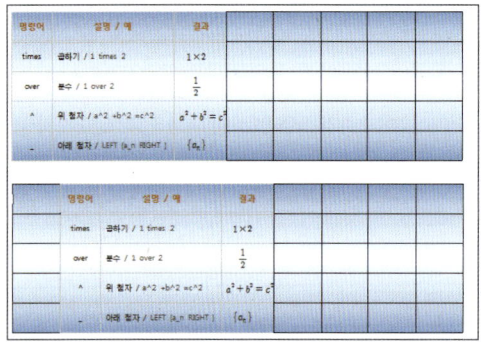

표 복사/붙여넣기 `워드`

MS Word는 셀을 선택하여 붙일 수 있습니다. 셀을 선택한 경우와 선택하지 않은 경우 붙여넣기 옵션이 달라집니다.

▶ 붙여넣기 옵션

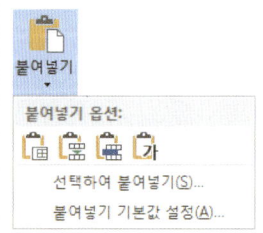

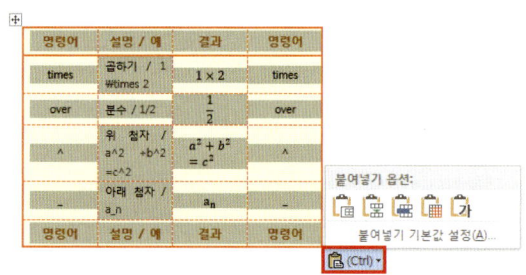

표 중첩

- 셀을 선택하지 않고 붙이기 : 한 셀 안에 '셀 안의 표'로,
- 셀을 선택하고 붙이기 : 선택 셀 모두에 '셀 안의 표'로

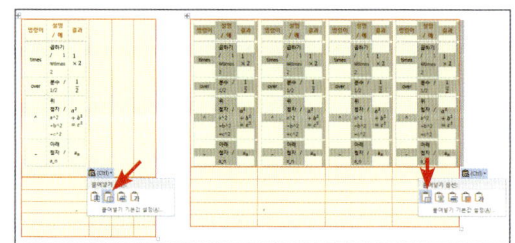

덮어쓰기

- 원본 모양 그대로 대상 표에 덮어씌워집니다. 대상 셀에 내용이 있다면 삭제됩니다.

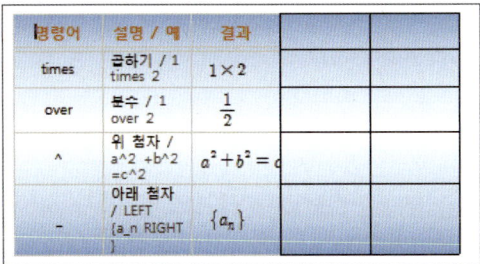

내용만 덮어쓰기

- 원본의 글자 서식은 그대로, 셀 서식은 대상 표의 모양으로 내용만 덮어씌워집니다. 대상 셀에 내용이 있다면 삭제됩니다. 글자 서식은 유지되는 '텍스트만 유지' 옵션이라고 할 수 있습니다.

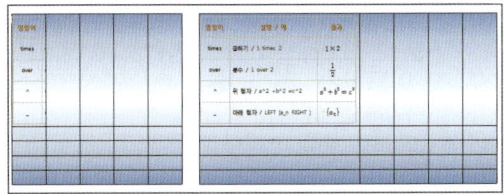

셀 안에 표로 넣기

- 셀 안에 각각의 표로 삽입됩니다. 조판 부호를 켜 보면 셀 안에 붙여진 표의 조판 부호가 있음을 알 수 있습니다.

※ 참고

- 셀을 붙이기 하는 것이기 때문에 개체 속성(예, 배치, 개체 배경)은 변경되지 않습니다.
- 표를 클릭하여 붙이기 하면 각각의 표로 붙이기됩니다.
- 한/글 표는 셀 보다 큰 표나, 그림을 셀안에 붙이기 해도

표 병합

- '행 끝 표시'까지 복사한 경우 : 다음행에 병합하여 추가

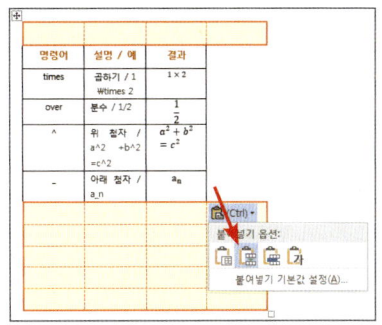

- 셀만 복사한 경우 : 첫 셀에 붙이면 새 열로 병합 삽입, 나머지 셀에 붙이면 내용만 병합되어 추가

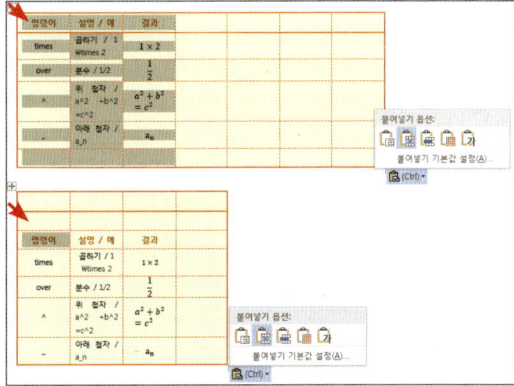

새 행으로 삽입

- 다음 행에 끼어 들어 삽입

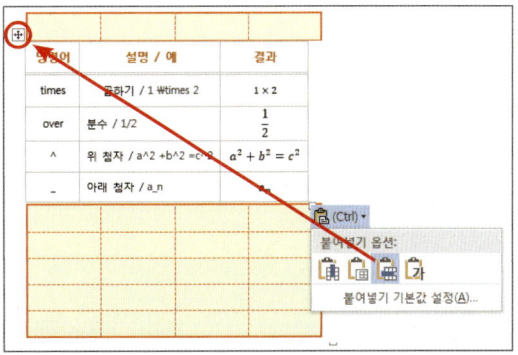

셀 덮어쓰기

- 셀을 블록 지정해야 붙여넣기 옵션에 나타남
- 원본 표의 모양을 유지하며 선택 셀만큼 반복

대상 표의 셀 너비는 변동되지 않습니다. 높이는 원본에 따라 조절됩니다.

- 여러 셀에 같은 글자나 개체를 복사할 경우에는 셀 안의 내용만 복사해 셀 블록 ▶ 붙이기 하거나, 첫 셀에 내용을 두고 셀 블록 ▶ A 자동 채우기를 활용하세요.

표 이동하기　한글

한/글 표는 개체이기 때문에 항상 조판 부호를 활용하고 신경 써서 편집합니다. 조판 부호는 문단 부호를 많이 넣어 놓고 조정해야 한다는 것을 유의하며 표를 이동해 보세요.

- '글자처럼 취급' 표 : 글자를 이동하듯 표를 선택해 커서의 위치를 확인하며 마우스로 끌어 이동합니다.

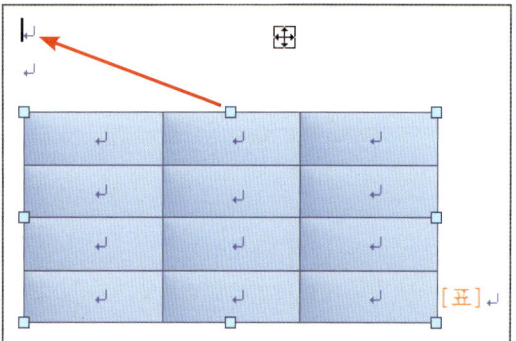

- 기타 배치의 표 : 문단 부호가 없는 곳에선 표와 떨어져 이동될 수 있으므로 문단 부호를 넣고 이동하거나, 오려 붙이기를 이용하는 것이 좋습니다. '글자처럼 취급' 표가 아니라면 방향키로 1pt씩 이동하는 것도 가능합니다.

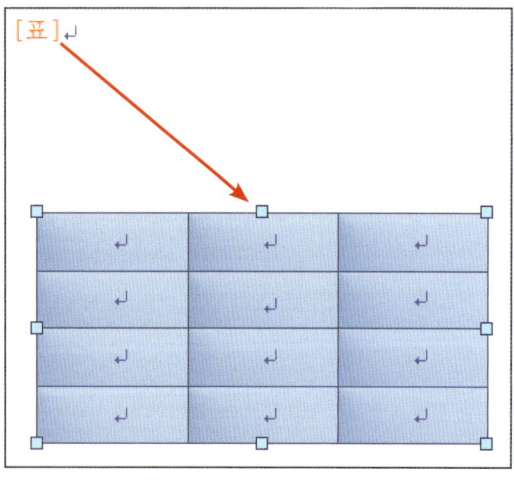

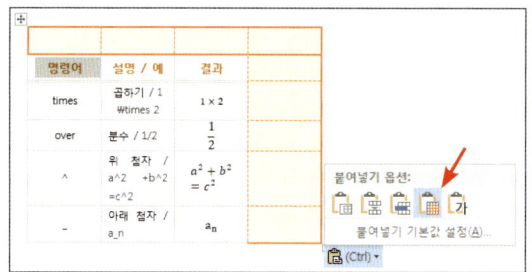

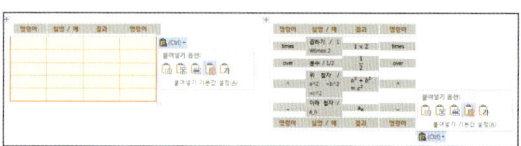

텍스트만 유지

- 셀 선택하지 않고 붙이기 : 한 셀에 텍스트만 붙여넣기
- 셀 선택 후 붙이기 : 선택 셀만큼 대상 스타일로 텍스트만 붙여짐.

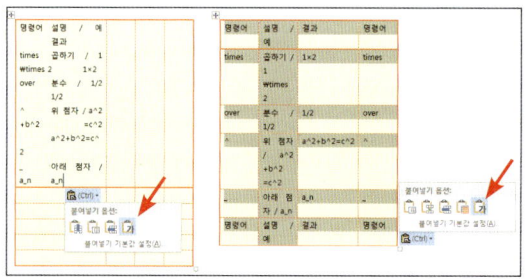

※참고

- 원본 표 모양을 유지하려면 : 복사한 셀 개수만큼 셀을 선택해 '셀 덮어쓰기'로 붙여넣기
- 대상 표 모양에 병합하려면 : 셀만 선택해 복사한 후 '표 병합'이나 '텍스트만 유지'(셀 블록 후)로 붙여넣기

전체 표 이동하기　워드

MS Word 표는 셀을 선택해 이동하도록 합니다. '표 이동 핸들'을 잡고 옮길 경우 '둘러싸기'가 될 수 있으니, 표를 선택한 후 셀을 끌어 이동하시기 바랍니다.

- 조판 부호 활용 : 조판 부호를 선택해 텍스트를 이동하듯 마우스로 끌어 옮겨도 좋고, 오려 붙여도 됩니다.

마우스로 셀 선택

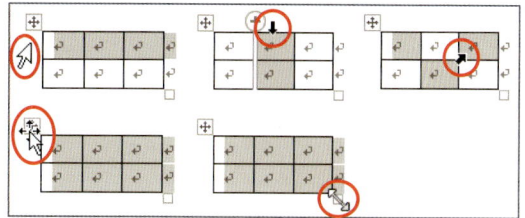

- '표 이동 핸들'로 이동할 경우 : 둘러싸기 배치가 됩니다.

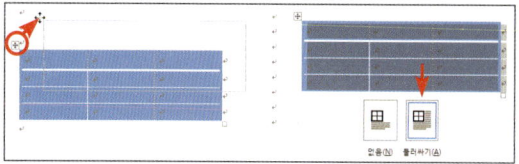

※ 단락 이동 단축키 [Alt]+[Shift]+[↑]/[↓]는 한/글에도 있으나 표의 행 이동에는 적용되지 않습니다. 셀 안/밖에서 단락 이동으로만 사용됩니다.

- 텍스트를 이동하듯 선택한 셀을 클릭해 끌어 줍니다.

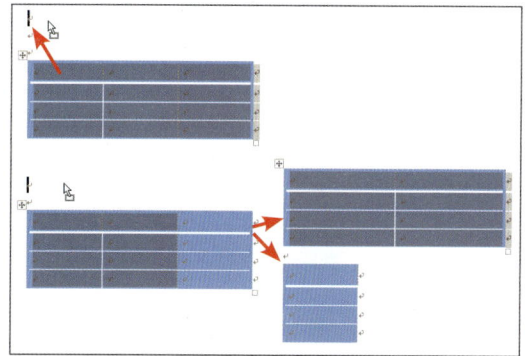

- 단락 이동 단축키 [Alt]+[Shift]+[↑]/[↓]는 행 이동에도 적용됩니다. 표 바깥으로 이동해 새 표로 분리되도록 할 수도 있고, 본문 단락을 셀 안에 넣을 수도 있습니다.

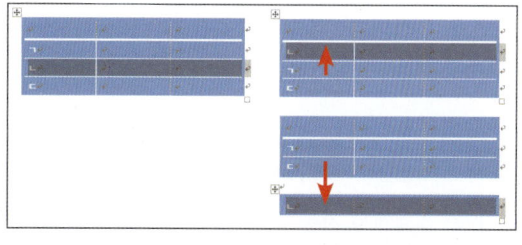

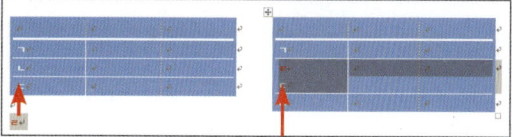

10 표의 제목 셀과 페이지 나눔 설정

표는 보통 페이지 경계에서 자동으로 나눠집니다. 페이지 경계에서 나눠지는 기준과 그 경계선의 설정, 그리고 반복되어 표시될 제목 셀의 설정을 알아봅니다.

쪽 경계 설정 `한글`

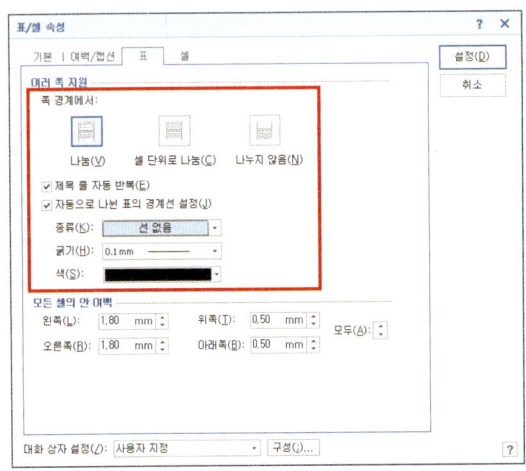

페이지 끝에서 행을 자동으로 나누기 `워드`

MS Word에서는 페이지 경계에서의 나눔 설정이나 경계선 설정은 따로 없고 페이지 끝을 셀로 나눌 것인지, 자동으로 나눌 것인지만 선택할 수 있습니다.

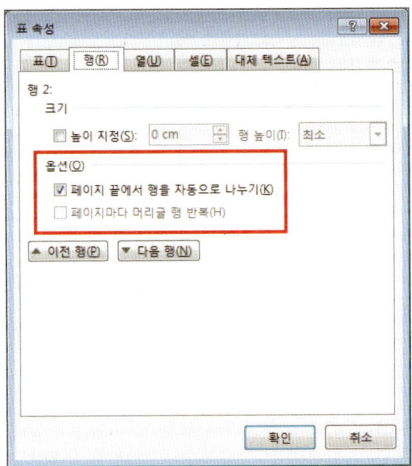

▶ 나눔
쪽 경계에서 자연스럽게 나눔. '자동으로 나뉜 셀의 경계선 설정'이 가능해집니다.

▶ 셀 단위로 나눔
셀이 쪽 경계에 걸린 경우 그 이전 셀 단위에서 나눔

▶ 나누지 않음
표를 페이지 경계에서 나누지 않음. 쪽 경계보다 큰 표는 여백 안으로 숨겨짐

[표 속성]-[행] 탭의 '페이지 끝에서 행을 자동으로 나누기'

- 선택했을 경우 : 페이지 끝에 걸린 위치에서 표를 자동으로 나눕니다.
- 선택하지 않았을 경우 : 페이지 끝에 걸린 셀은 모두 다음 페이지로 넘깁니다.

▶ 자동으로 나눠진 페이지 끝 경계선은 셀의 위/아래 테두리로 표시됩니다.

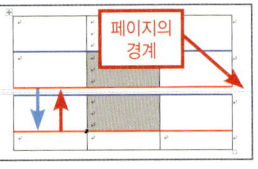

▶ 경계선을 다르게 표시하려면 셀을 나누고 셀 테두리를 지정합니다.

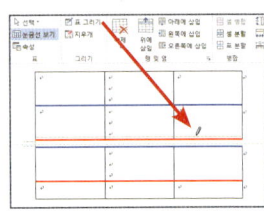

쪽 경계선 설정 `한글`

표가 쪽 경계에서 자동으로 나눠지며 생기는 경계선은 실제 셀이 나눠진 것은 아니고 위/아래 셀 테두리가 표시되는 것뿐입니다. 그래서 셀 테두리로는 지정할 수 없고, 표 속성에서 다양한 선으로 설정이 가능합니다.

▶ 쪽 경계선은 나눠진 셀의 위/아래 셀 테두리로 표시됩니다.

▶ 쪽 경계선 설정은 줄 전체에 적용됩니다. 일부 셀에 적용하려면 셀을 나눠 셀 테두리로 지정하세요.

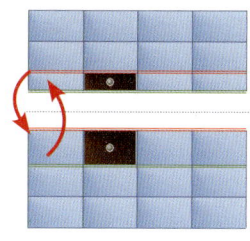

▶ 표 그리기를 이용하세요.

▶ 셀이 나눠지면 셀 테두리를 지정할 수 있습니다.

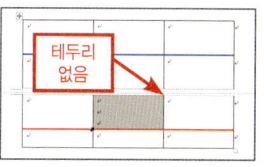

페이지 끝에서 자동으로 나눠지지 않는 표　워드

MS Word 표는 단락 설정도 신경 써야 합니다.

- 우선 [표 속성]-[행]에 있는 '페이지 끝에서 행을 자동으로 나누기'가 선택되어 있어야 합니다.
- [표 속성]-[행]의 행 높이가 지정되어 있거나, '고정'되어 있으면 나눠지지 않습니다. 행 높이 확인란을 해제하세요.
- 표 전체에 '머리글 행'이 지정된 경우 나눠지지 못합니다.
- '겹쳐쓰기' 상태이면서 [Word 옵션]-[고급]-[레이아웃 옵션]의 '여러 페이지에 겹쳐진 표를 나누지 않음'이 선택되어 있는 경우도 표가 나눠지지 않습니다.
- [단락]-[줄 및 페이지 나누기]의 '현재 단락과 다음 단락을 항상 같은 페이지에 배치', '현재 단락을 나누지 않음', '현재 단락앞에 페이지 나누기'가 선택되어 있으면 자연스럽게 셀이 나눠지지 않습니다. 이 설정은 서식기호(■)가 단락 앞에 표시됩니다. ※MS Word 표에는 단락 설정을 자주 사용합니다.
- 표가 '틀'이나 '텍스트 상자' 안에 입력되어도 나눠지지 못합니다. 틀은 [틀 서식]-[틀 제거]로 없앱니다.

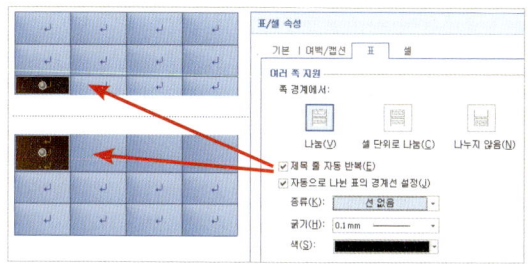

쪽 경계에서 나눠지지 않는 표　한글

쪽 경계에서 자동으로 나누어지지 않는 표는 아래 설정들을 확인해 보세요.

- [표/셀 속성]-[표]의 쪽 경계에서 설정이 '나눔' 또는 '셀 단위로 나눔'이어야 합니다. '나누지 않음'이 선택되어 있다면 쪽 경계에서 나눠지지 않습니다.
- [표/셀 속성]-[기본]의 크기 고정을 해제해야 합니다.
- '글자처럼 취급'이 해제되어 있어야 합니다.
- 표가 나눠지지 않는 글상자나 캡션 안(표의 캡션안에 다시 표를 만드는 경우는 종종 있습니다)에 표가 입력되어 있지 않아야 합니다. ※Ctrl+A로 선택해 보세요.
- 캡션 중 위/아래가 아닌 좌/우 캡션이 설정되어 있으면 표를 나누지 못합니다.
- [표/셀 속성]-[기본]의 '세로' 위치가 '종이' 기준이라면 여백이 아닌 종이 끝에서 표가 나눠집니다.
- 표의 셀 전체를 '제목 셀'로 잘못 지정한 경우도 나눠지지 않습니다.

제목 셀 `한글`

제목 셀은 표의 첫 줄 또는 첫 줄과 인접한 줄을 포함해 설정할 수 있습니다. 제목 셀로 설정된 셀은 표가 쪽 경계에서 나눠지면서 자동으로 반복됩니다.

셀 블록 ▶ P-[셀] 탭의 '제목 셀'을 선택

- 제목 셀을 설정해도 반복되지 않는다면 '첫 줄'이 제목 셀로 선택되어 있는지, [표/셀 속성]-[표]의 '제목 줄 자동 반복'이 선택되어 있는지 확인해 봐야 합니다.

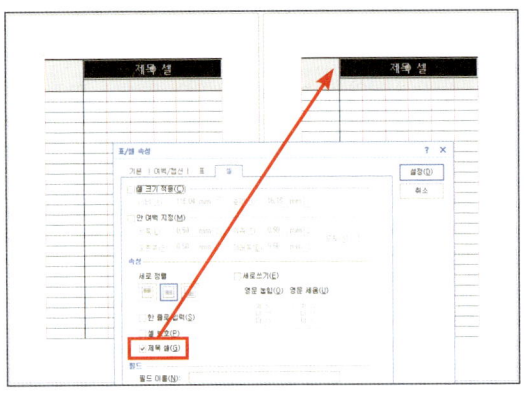

머리글 행 `워드`

표의 첫 행을 반드시 포함해서 필요한 만큼 머리글 행으로 지정하면 매 페이지 시작 셀로 반복됩니다. 머리글 행은 지정한 셀에서만 편집/해제가 됩니다.

[표 속성]-[행]의 '머리글 행으로 반복'

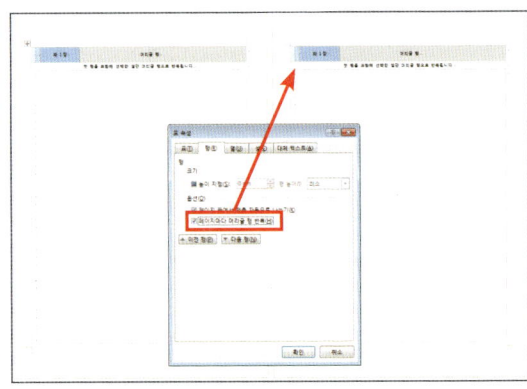

11 표 계산식/표 수식

표 계산식 `한글`

한/글에서 계산식은 [도구]의 '블록 계산'과 [표]의 '계산식'이 있습니다. 블록 계산은 본문 내 숫자만 골라 계산할 수 있고, 표의 계산식은 엑셀처럼 셀 내의 숫자를 계산할 수 있습니다. 한/글의 계산식은 조판 부호가 있고 내용에 글자가 있어도 계산이 된다는 특징이 있습니다.

표 계산식의 종류

- 계산식 Ctrl+N,F : 함수와 범위를 자유롭게 지정해 식을 만들어 계산합니다.

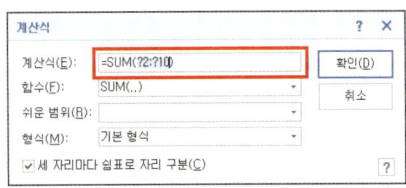

표 수식 `워드`

표 수식은 [표 도구]-[수식]으로 계산합니다. [삽입]-[수식]이 아닙니다. MS Word 표 수식은 셀에 숫자가 아닌 글자(쉼표와 마침표는 상관 없음)가 포함되어 있으면 그 다음 셀부터 계산되니 주의해야 합니다.

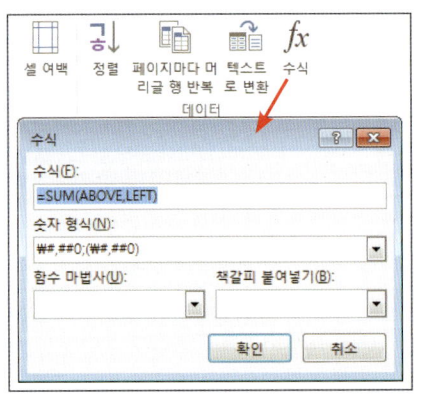

- 블록 계산식 Ctrl+Shift+S/A/P : 블록 지정하여 간편하게 합/평균/곱을 계산합니다. 계산할 셀보다 한 셀 더 블록을 지정하거나, 『답』이 입력될 한 셀을 남겨두고 계산해야 합니다.

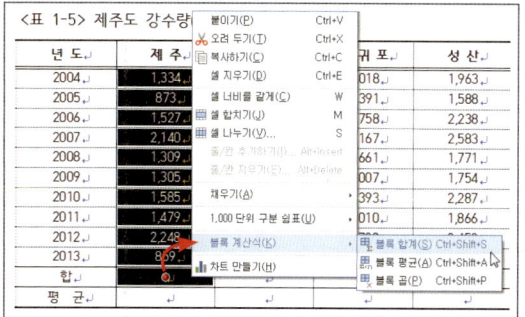

- 쉬운 계산식 Ctrl+Shift+H/V/J/B/K/N : 커서가 위치한 셀의 왼쪽 전체('LEFT'), 위쪽 전체('ABOVE')를 '쉬운 범위'로 선택하여 합/평균/곱을 계산합니다.

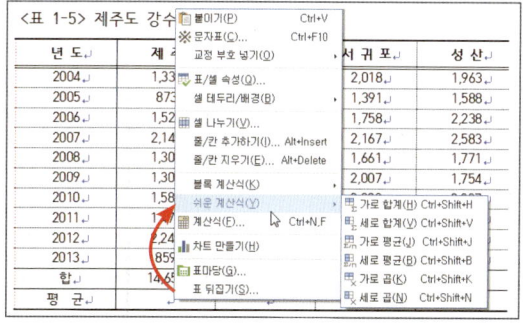

계산식(Ctrl+N,F) 입력하기

- 셀 번호 : 각 셀의 셀 번호는 상황선(B13)에 표시됩니다. 칸(열)이 'ABC~', 줄(행)이 '123~'으로 매겨집니다.

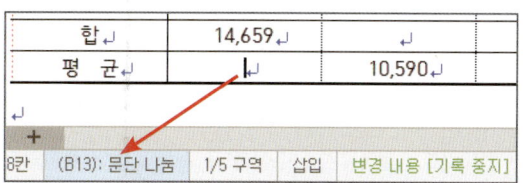

- 함수와 쉬운 범위 : 계산식 대화 상자에 '함수'와 '쉬운 범위'가 표시되어 있습니다. 쉬운 계산식이 '쉬운 범위'(LEFT/RIGHT/ABOVE/BELOW)를 사용한 계산식입니다.

표 수식 입력하기

- 구조 : 한/글과 마찬가지로 '=함수(인수)'를 입력해 계산하며, 여러개의 셀 번호/위치 인수를 계산할 때는 ',' 로, 연결된 범위를 표시할 때는 ' : ' 으로 범위를 정합니다.
- 위치 인수 : ABOVE/BELOW/LEFT/RIGHT 뿐만 아니라 ','를 사용해 'ABOVE,BELOW', 'LEFT,RIGHT', 'LEFT,ABOVE' 등으로 범위를 정할 수도 있습니다. ※위치 인수는 AVERAGE, COUNT, MAX, MIN, PRODUCT, SUM 함수에 사용할 수 있습니다.
- 함수 : ABS, AND, AVERAGE(평균), COUNT, DEFINED, FALSE, IF, INT, MAX, MIN, MOD, NOT, OR, PRODUCT(곱), ROUND, SIGN, SUM(합), TRUE 함수를 사용할 수 있습니다.
- 숫자 형식 : 천 단위, 소수점, ₩, % 등을 추가하여 계산된 값의 형식을 정해 줍니다. '#'과 '0'은 자릿수를 정하는 문자인데, '#'은 내용이 없는 경우 빈칸으로, '0'은 내용이 없는 경우 0으로 표시됩니다. ▶'숫자 형식'에 없는 형식은 '필드 코드'(Shift+F9)를 표시한 후 수정할 수 있습니다. ※'하이퍼링크' 참고

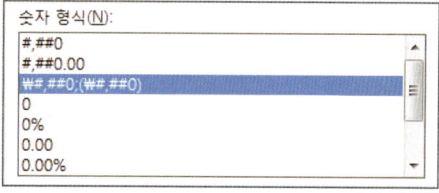

- 책갈피 붙여 넣기 : 다른 표를 참조할 때는 필요한 표에 [삽입]-[책갈피]를 삽입해 놓고 수식의 '책갈피 붙여넣기'에서 찾아 범위로 정할 수 있습니다.

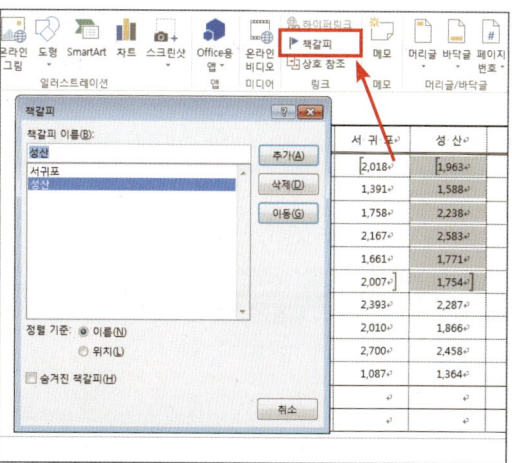

Part II · Section · 02-6 표　215

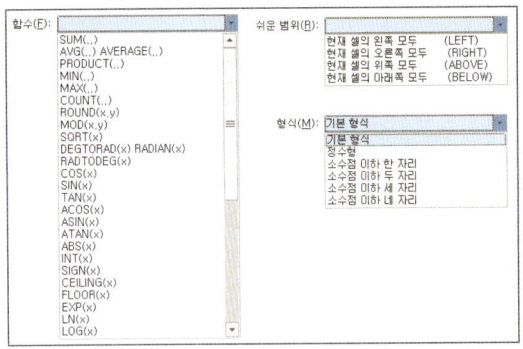

- 계산식 : 계산식 입력란에 '=함수(범위)'로 입력합니다. 함수가 아닌 사칙연산으로 식을 만들어도 상관없고, '=' 대신 '@'를 사용해도 됩니다.
- 범위 지정하기 : 셀 번호를 여러 개 입력하려면 ','를 추가해 입력하고, 범위를 지정하려면 ' : '를 추가합니다.
- 공통된 범위 표시 : 공통으로 들어가는 셀 번호 대신 '?'를 사용합니다. 블록 계산식이 '?'를 사용한 계산식입니다.
  ▶ 가로 계산은 줄(행) 번호에, 세로 계산은 칸(열) 번호에 '?'를 씁니다. ※예, 가로 줄 계산 : '=AVG(B? : E?)', 세로 칸 계산 : '=AVG(?2 : ?11)'
- 쉬운 범위와 '?' 범위로 만든 계산식은 복사해서 다른 셀의 식으로도 활용할 수 있습니다. 셀 번호를 직접 사용한 계산식은 셀을 옮겨도 지정한 셀의 답으로만 표시됩니다.

- 흩어진 여러 셀을 계산하려면 셀에 '필드 이름'을 정해 놓고 계산합니다. 필드 이름은 'All' 함수와 ' : ' 범위만 사용할 수 있습니다. ※예, '=SUM(All : 필드이름)'

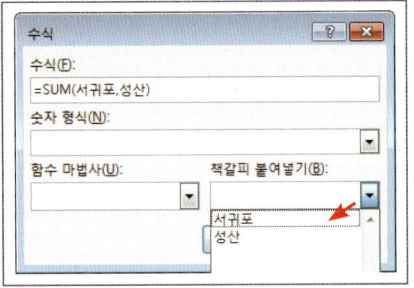

- 필드 코드 편집 : 수식의 답은 필드로 표시됩니다. 마우스 오른쪽 버튼 메뉴의 '필드 코드 토글' 또는 Shift + F9 로 필드 코드를 표시한 뒤 범위, 함수, 형식 등을 수정할 수 있습니다.

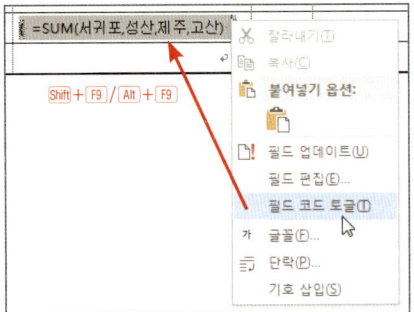

- 표 수식 복사 : 공통된 범위를 계산할 때는 미리 만든 표 수식을 복사해 사용할 수 있습니다. 여러 셀에 붙여 넣을 경우는 셀 블록 후 붙여넣습니다. ※'텍스트만 유지'는 표 수식이 붙여넣기 되지 않습니다.

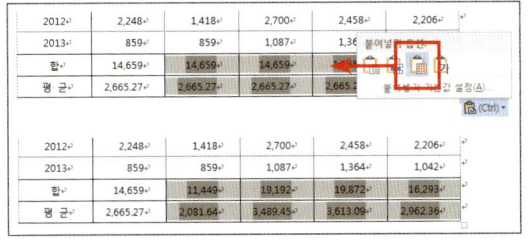

- 업데이트 : 붙여넣거나 수정한 표 수식의 값이 수정되지 않았다면 F9 (필드 업데이트) 해줍니다. 문서 전체 필드를 변경된 값으로 업데이트하려면 Ctrl + A 로 지정한 후 업데이트합니다. 인쇄하기 전에 자동으로 필드를 업데이트하려면 [파일]-[옵션]-[표시]의 '인쇄전 필드 업데이트'를 선택해 둡니다. ※일부 내용이 참조된 필드 등은 업데이트 되지 않습니다. Ctrl + A 로 모두 선택하여 업데이트해야 합니다.

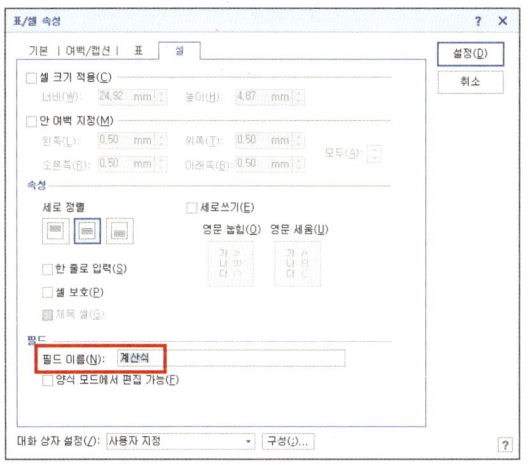

- 계산식 답에 커서를 가져다 놓으면 「」가 표시됩니다.
- 답은 천단위 자릿점을 자동으로 넣을 수 있습니다. 계산식이 아닌 숫자는 셀 블록 ▶ '자릿점 넣기'를 이용

12 차트

차트 만들기 〔한글〕

기본 차트 : [입력]-[차트]를 클릭하면 기본 모양 차트가 만들어지며, '차트 데이터 편집'에서 데이터를 수정해 차트를 완성할 수 있습니다.

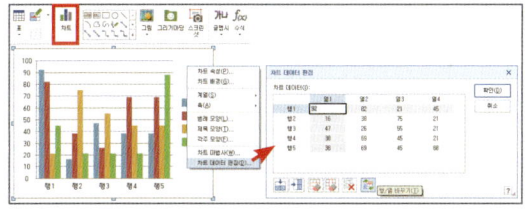

- 표 데이터로 차트 만들기 : 데이터가 입력된 표가 있다면 블록 지정하여 바로 차트를 만들 수 있습니다.

차트 만들기 〔워드〕

[삽입-[차트]를 눌러 차트 종류를 선택합니다. Word 2013부터는 엑셀 프로그램이 따로 열리지 않고 차트 아래 작은 창으로 표시됩니다.

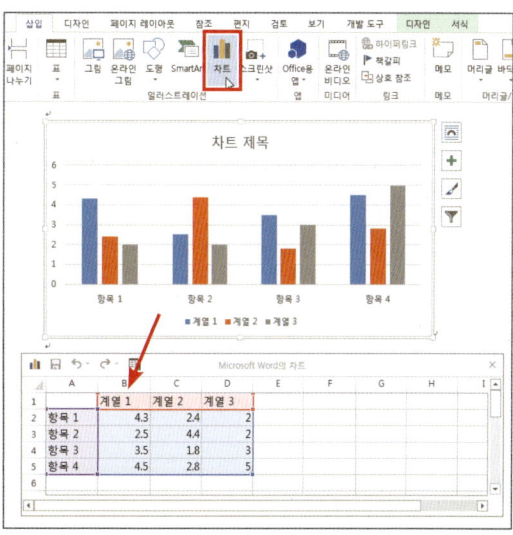

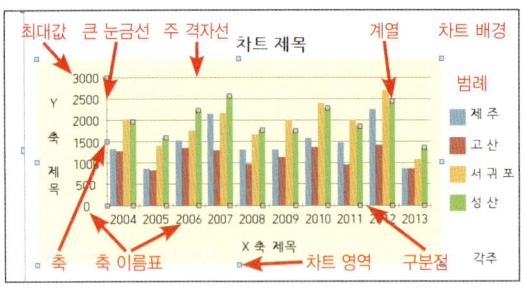

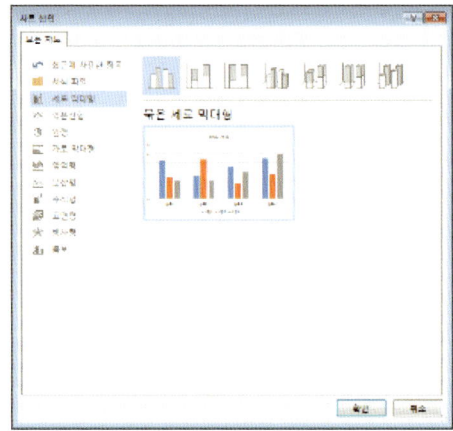

차트 도구 　한글

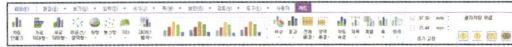

- 차트 만들기와 차트 종류
- 데이터 범위 : 차트 데이터 편집과 행/열 변환
- 차트 디자인 : 스타일, 색상, 효과, 전체 배경, 영역 배경
- 차트 속성 : 모양/위치/배경/선택 사항/3차원 설정/바닥과 벽/등고선
- 차트 제목 : 제목의 위치와 제목 모양(배경/글자/위치)
- 계열 : 계열과 자료점의 모양(선택 사항/선/표식/통계/안내선)과 이름표
- 축 : 축 모양(선택 사항/비례/눈금), 이름표, 축 제목
- 범례 : 범례의 위치와 모양(배경/글자/위치)
- 차트 크기와 배치

차트 빠른 메뉴

차트의 각 항목들은 더블 클릭해서 모양이나 속성을 변경할 수 있습니다. 또는 차트 배경을 더블 클릭한 후 마우스 오른쪽 버튼을 누르면 열리는 빠른 메뉴를 이용할 수도 있습니다. 빠른 메뉴에서는 차트를 단계별로 완성할 수 있는 '차트 마법사'를 이용할 수 있습니다.

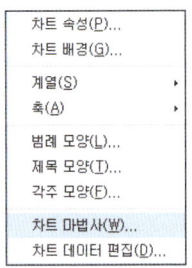

- 엑셀 프로그램을 이용해 차트 데이터를 입력하거나, 미리 만들어 둔 표에서 복사해 붙여 줍니다.

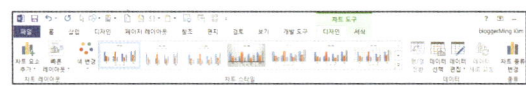

차트 도구 　워드

디자인

- 차트 요소 추가 : 축/축 제목/차트 제목/데이터 레이블/데이터 표/오차 막대/눈금선/범례/선(하강선, 계열선..)/추세선/양선/음선 등을 추가/제거합니다.
- 빠른 레이아웃 : 미리 만들어진 레이아웃으로 간편하게 차트 요소를 추가합니다.
- 차트 스타일 : 빠른 차트 색, 차트 스타일을 변경합니다.
- 데이터 탭 : 행/열 전환, 데이터 선택(데이터 범위 추가, 제거), 데이터 편집, 데이터 새로 고침(업데이트)
- 차트 종류 변경 : 세로 막대형, 꺾은선형, 원형, 가로 막대형, 영역형, 분산형, 주식형, 표면형, 방사형 등의 차트로 종류를 변경합니다. 최근 사용한 차트, 서식 파일로 저장한 차트도 찾아 열 수 있습니다.

- 차트 마법사 : 3단계로 차트 종류, 방향, 구성 항목들을 차례차례 지정해 차트를 만듭니다.

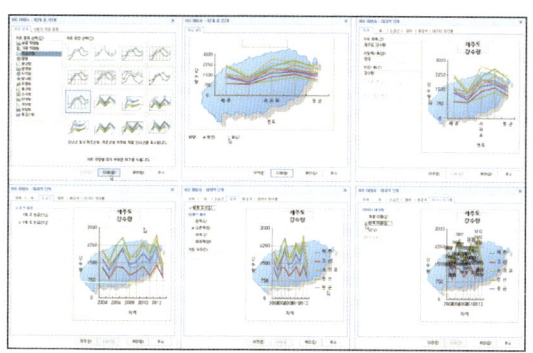

- 차트 속성 : 차트의 모양/위치/배경/선택 사항/3차원 설정/바닥과 벽/표면형 차트의 등고선 등 차트 영역에 대한 설정을 변경합니다. 〈차트 영역을 더블 클릭하면 열립니다.〉

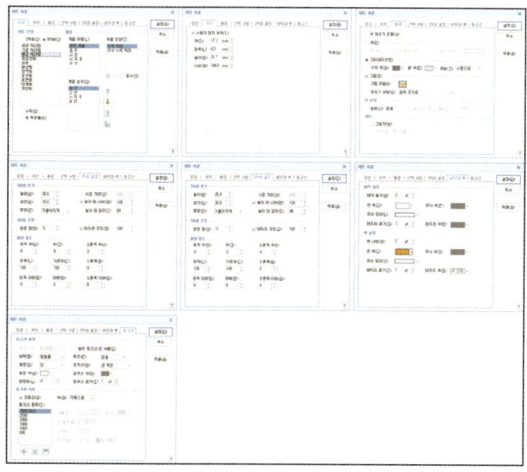

- 차트 배경 : 차트 전체의 배경과 선택 사항(제목, 각주, 범례, 2차 세로 값 축 표시)을 지정합니다. 〈차트의 빈 배경을 더블 클릭〉

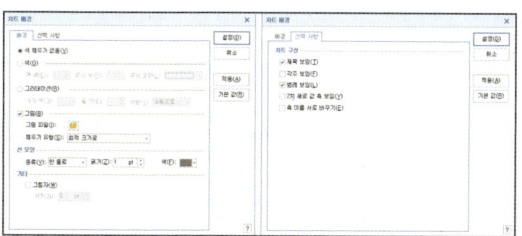

서식

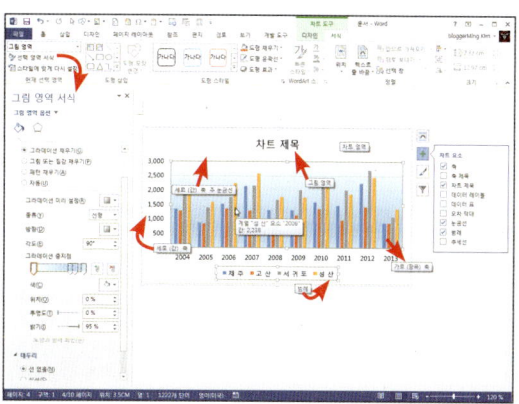

- 차트 요소 : 차트 영역, 그림 영역, 범례, 축, 계열, 눈금선, 제목 등의 차트 요소를 선택합니다.
- 선택 영역 서식 : 선택한 영역의 선, 채우기, 그림자/네온/3차원 서식 등 효과, 텍스트 서식, 축 옵션(눈금, 레이블, 표시 형식)을 작업창으로 열어 수정합니다. 각 영역을 더블 클릭해도 열립니다.
- 스타일에 맞게 다시 설정 : 선택 영역의 사용자 서식을 지우고 적용된 스타일 모양으로 되돌립니다.
- 기타 서식 : 도형 삽입, 채우기, 윤곽선, 효과, WordArt 스타일, 배치, 정렬, 맞춤, 크기 등의 서식을 조정합니다.

차트 서식 작업창

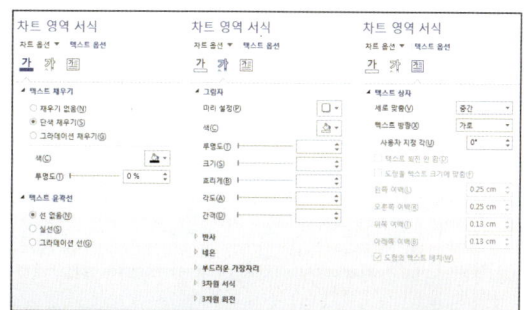

- 계열 : 계열과 자료점(값)의 모양과 이름표를 지정합니다.
  〈각 계열이나 이름표를 더블 클릭〉

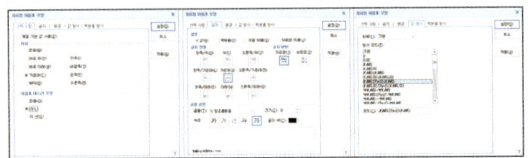

- 축 : 축 모양, 축 이름표, 축 제목을 지정합니다. 축의 눈금 수나 격자선 모양을 지정하려면 '축', 이름표(값/항목)의 배경이나 글꼴을 지정하려면 '축 이름표'를 선택합니다.

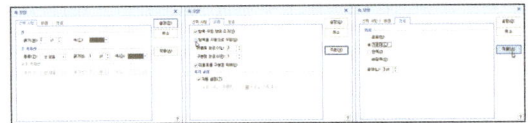

- 범례 모양 : 범례의 배경/글자모양/범례 위치를 조정합니다. 〈범례를 더블 클릭〉 ※제목/각주도 동일함.

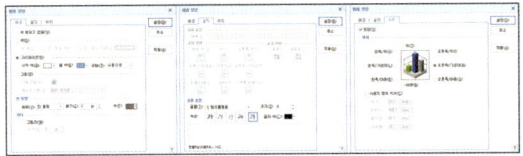

축 눈금 조절하기

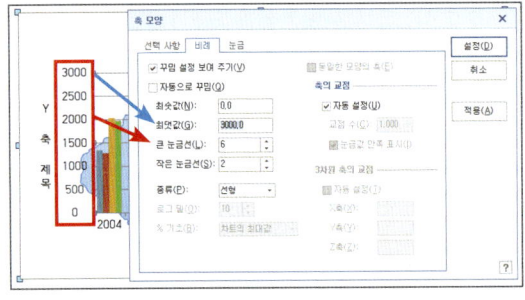

- 축 눈금은 축을 더블 클릭▶[축 모양]-[비례]에서 정합니다.
- 최댓값(축 눈금의 최댓값), 최솟값을 지정한 후,
- 큰 눈금선(최솟값과 최댓값 사이 눈금 수)과 작은 눈금선(큰 눈금선 사이) 수를 정합니다.

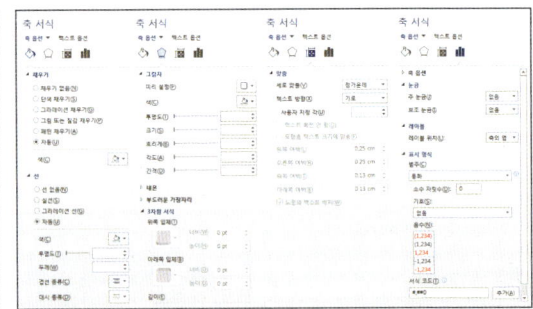

축 눈금 조절하기

- 축 눈금을 더블 클릭하여 축 서식 작업창을 엽니다. 축 옵션 탭을 선택합니다.
- 축 옵션 – 최솟값, 최댓값 : 눈금의 최솟값과 최댓값을 지정합니다.
- 축 옵션 – 단위 : 〈세로 값 축〉 '주' – 최솟값과 최댓값 사이 눈금 개수를 정해줄 주 눈금 단위, '보조' – 주 눈금 사이 눈금 개수를 정해줄 보조 눈금 단위 〈가로 항목 축〉 '눈금 사이에 들어갈 간격'으로 항목의 개수를 조절합니다.
- 눈금 : 주 눈금과 보조 눈금의 방향과 표시를 선택합니다.
- 레이블 : 축 이름표의 위치를 지정합니다.
- 표시 형식 : 레이블의 표시 형식을 지정합니다.

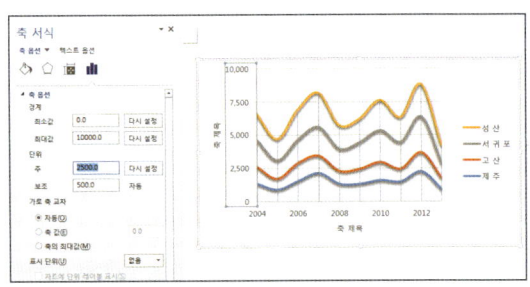

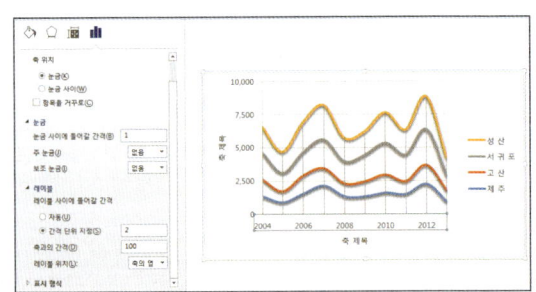

- 눈금선의 격자선은 [선택 사항]의 '주 격자선'/'보조 격자선'으로, 눈금의 모양은 [눈금]에서 위치와 길이로 지정합니다.

13 한/글 표의 자동채우기와 라벨 표

자동 채우기　`한글`

[입력]-[채우기]-[자동 채우기] / 표에서는 셀 블록 ▶ Ⓐ

저장된 '자동 채우기 내용'(목록 사용자 정의 가능)이나 셀에 입력된 연속된 숫자, 글자를 선택한 만큼 채울 수 있습니다.

숫자	숫자가 낀 글자	월	요일	한글 숫자	개체		숫자	숫자가 낀 글자	월	요일	한글 숫자	개체
2000	개구리1마리	January	월요일	하나	반지		2000	개구리1마리	January	월요일	하나	반지
2001	개구리2마리	February	화요일	둘	표	A→	2001	개구리2마리	February	화요일	둘	표
							2002	개구리3마리	March	수요일	셋	반지
							2003	개구리4마리	April	목요일	넷	표
							2004	개구리5마리	May	금요일	다섯	반지
							2005	개구리6마리	June	토요일	여섯	표
							2006	개구리7마리	July	일요일	일곱	반지
							2007	개구리8마리	August	월요일	여덟	표
							2008	개구리9마리	September	화요일	아홉	반지
							2009	개구리10마리	October	수요일	열	표
							2010	개구리11마리	November	목요일	열하나	반지
							2011	개구리12마리	December	금요일	열둘	표

자동 채우기 규칙

- 첫 셀에 반드시 내용이 있어야 하고, 연결해 채우려면 두 셀 이상 입력해 놔야 합니다. (예, '1', '3')
- 선택한 셀 개수가 많은 쪽 방향을 먼저 채웁니다. 입력 방향과 선택 셀 개수를 고려해 자동채우기 하세요.
- 칸과 줄 수가 같으면 칸을 먼저 채웁니다. 반드시 아래쪽 방향으로만 채우지 않습니다.
- 선택된 셀이 저장된 채우기 내용보다 많을 때는 채우기 내용이 반복해서 채워집니다.
- 셀 모양이 삐뚤삐뚤해 옆 셀까지 선택된다면 채우기 되지 않습니다.
- 개체만 있으면 채우기가 되지 않으니 글자나 빈칸을 하나 추가해 자동 채우기 합니다.

라벨 표　`한글`

라벨 문서는 규격이 정해진 라벨 용지에 명함, 주소 등을 입력해 인쇄하는 서식으로 표로 만들어져 있습니다. 이 표는 일반 표와는 다른 성질이 있어서 '쪽 추가'로 같은 표를 쉽게 추가할 수 있고, 메일 머지에서 한 셀에만 '메일 머지 표시 달기'를 입력하면 표 전체에 주소록이 병합되는 등 유용하게 사용할 수 있습니다.

- 라벨 문서는 '라벨 용지 만들기'로 크기를 정해 만들거나, '라벨 용지 편집 하기'로 기존 라벨 문서를 편집해 사용할 수 있기 때문에 반복된 양식을 만드는 데에 사용해도 좋습니다.
- Ctrl+N,K로 개체 속성에 들어가 '크기 고정', '개체 보호하기'를 해제하면 편집할 수 있습니다.
- 여백이 없이 만들어집니다. 필요시 [F7] 편집용지에서 수정하면 됩니다.
- 라벨 문서는 Ctrl+Alt+N 문서 마당 서식 파일이나, [도구]-[라벨]-[라벨 문서 만들기]로 만들 수 있습니다.

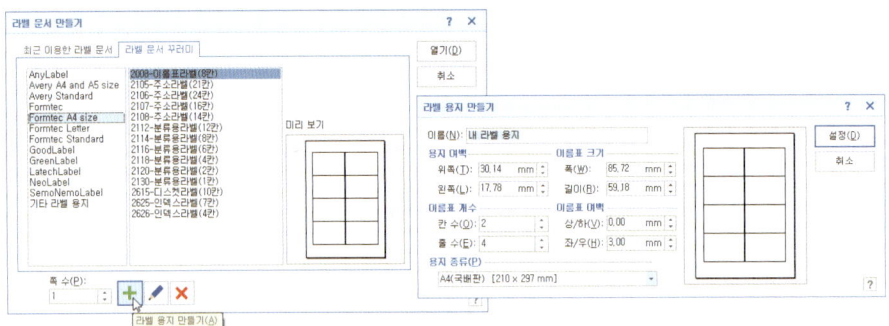

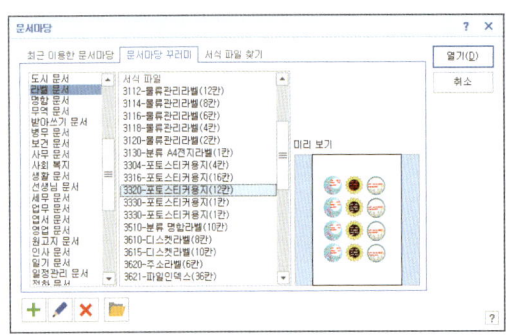
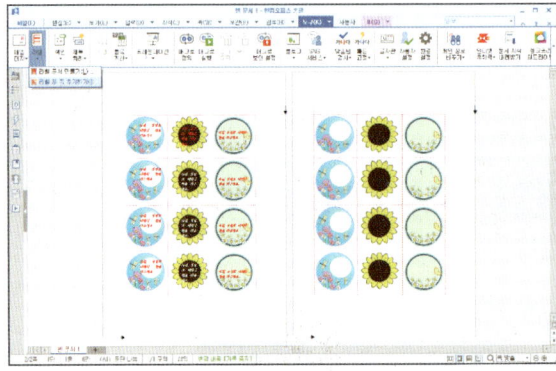

14 표 캡션과 표 목차 만들기

캡션 넣기 　한글

캡션은 표를 선택해 Ctrl+N,C 또는 [표 도구]-[캡션 넣기]로 만듭니다. 한/글의 캡션은 표와 하나의 개체로 만들어지기 때문에 '개체 묶기'가 필요 없습니다.

캡션 번호 　한글

캡션을 입력하면 개체의 종류와 캡션 번호가 자동으로 입력됩니다. 캡션 번호에는 조판 부호가 있어서 종류 별로 번호가 자동으로 매겨집니다.

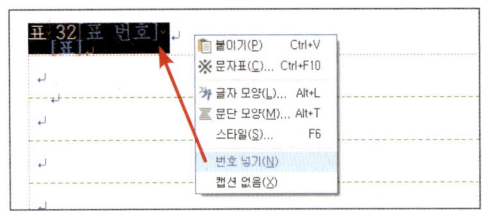

캡션 삽입 　워드

[참조]-[캡션 삽입] 또는 표의 마우스 오른쪽 버튼 메뉴에서 '캡션 삽입'을 선택해 캡션을 추가합니다. 표는 개체가 아닌 본문에 직접 캡션이 추가되고 캡션 스타일이 자동 적용됩니다. 캡션 번호를 넣은 표만 번호가 이어집니다.

캡션 번호 　워드

캡션을 삽입하면 개체의 종류에 따라 캡션 종류와 번호가 자동으로 매겨집니다. 목차를 만들 표에만 캡션을 추가하면 됩니다.

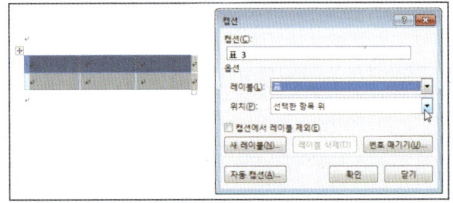

- 캡션 번호의 종류를 바꾸려면 [개체 속성]-[기본]-[번호 종류]에서 개체의 종류를 바꿉니다. 예를 들어, 표를 '그림'으로 선택하면 그림 캡션 번호로 추가됩니다

- 캡션 제외 : 캡션이 있거나 없거나 표는 번호가 자동으로 매겨집니다. 그래서 캡션이 전혀 없어도 표 목차를 만들 수 있습니다. 일부 표의 표 번호를 제외하려면 '번호 종류'를 '없음'으로 선택합니다. 번호 종류가 '없음'으로 지정된 표는 표 번호도 건너뛰고, 표 목차에서도 제외됩니다. 번호만 제외하고 캡션은 넣을 수 있습니다.

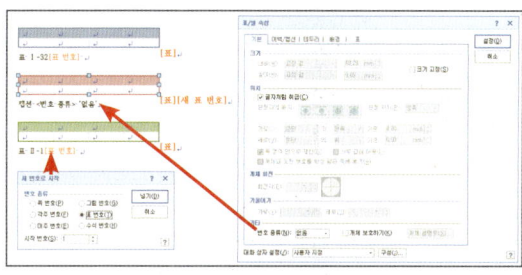

- 새 번호로 시작 : 캡션 번호를 새 번호로 다시 시작하려면 개체의 조판 부호 앞에서 [쪽](모양)-[새 번호로 시작]을 해줍니다. 이후 번호는 새 번호에서 매겨집니다.
- 캡션 번호는 삭제하거나, 다시 넣을 수 있고 본문과 같이 편집할 수 있습니다. 캡션안에 본문을 입력하지 않도록 주의하세요. 캡션은 쪽 경계에서 자동으로 나눠지지 않습니다. ※캡션에서 나가기 Shift + Esc

- 캡션 종류 변경 : 캡션 번호의 종류를 바꾸려면 캡션을 삽입하며 '레이블'을 다른 종류로 선택하거나, [새 레이블]을 선택해 입력합니다.
  - ▶ 캡션의 종류에 따라 캡션 위치 '선택한 항목 위/아래'가 자동으로 조정됩니다. 일반적으로 표는 위쪽에, 그림은 아래쪽에 표시합니다.

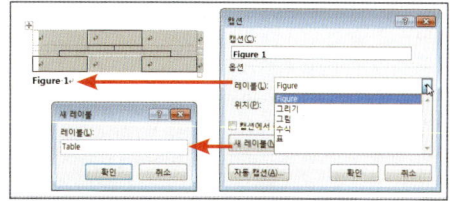

- 장 제목 넣기 : 캡션 번호를 장 별로 다르게 입력할 수 있습니다. '제목' 스타일에 번호 목록이 추가된 경우 그 장 번호와 캡션 번호가 함께 표시되고, 장 마다 새 번호가 매겨집니다.

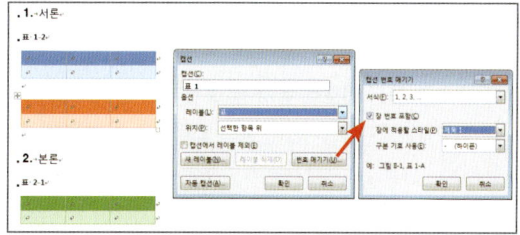

- 새 번호로 바꾸기 : 캡션 번호를 새 번호로 바꾸려면 코드 편집 상태에서 스위치를 추가해 변경해 줍니다.
  - ▶ 캡션 번호는 필드로 되어 있습니다. 선택하여 Shift + F9 또는 마우스 오른쪽 버튼의 '필드 코드 토글'을 선택하면 필드가 코드로 표시됩니다.
  - ▶ 필드 끝에 '\' 스위치와 번호를 입력해 주면 새 번호로 시작됩니다. 예, { SEQ 표 * ARABIC \r 1 }
  - ▶ 필드를 편집한 후에는 다시 Shift + F9 한 후 F9 로 업데이트 해주세요.

캡션 스타일　워드

- 캡션을 입력하면 캡션 스타일이 자동으로 적용됩니다. 캡션 스타일에는 제목스타일과 마찬가지로 [단락]-[줄 및 페이지 나누기]의 '현재 단락과 다음 단락과 항상 같은 페이지에 배치' 옵션이 선택되어 있기 때문에 표와 떨어져

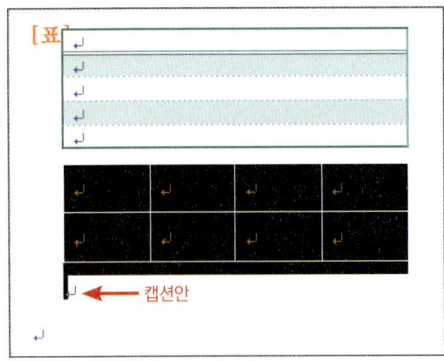

표 차례 만들기 〔한글〕

표 차례는 표 캡션으로 만들 수도 있고 스타일로 만들 수도 있습니다. 대신 표 스타일로는 캡션 번호가 표시되지 않습니다.

[도구]-[차례 만들기]

- 표 번호를 캡션 번호로 넣었다면 '표 차례'로 만드세요.
- 표 번호를 캡션 번호로 넣지 않고 글자로 입력해 놓았다면 스타일을 만들어 적용해 놓고 스타일로 표 차례를 만드세요.
- 캡션 안에서는 '제목 차례(Ctrl+K,T)'는 사용이 불가능합니다.

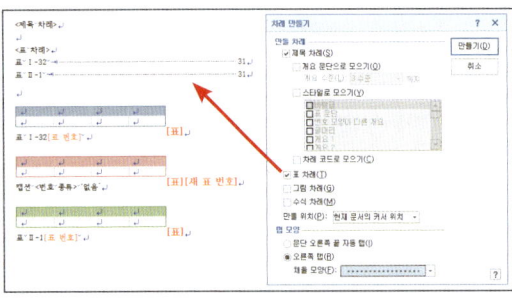

표 목차 만들기 〔워드〕

표 목차는 표 캡션으로도 만들 수 있고, 스타일로도 만들 수 있으며, '목차 항목 표시(Alt+Shift+O)'로도 만들 수 있습니다. 표 제목의 일부만 목차로 만들려면 선택한 후 목차 항목 표시를 해줍니다. 여러 옵션을 합하여 한꺼번에 표 목차를 만들 수 있습니다.

[참조]-[그림 목차 삽입]

- 캡션으로 목차를 만들려면 [참조]-[그림 목차 삽입]으로 목차를 만듭니다. ▶목차 '서식', 입력할 '캡션 레이블', '옵션' 등을 선택해 주세요.
- [옵션]으로는 '스타일'로 적용한 캡션과 '목차 항목 표시'를 선택합니다. 목차 항목 표시는 표시할 때 정해 둔 '목차 식별자'를 선택해 주어야 합니다.
- 목차를 만들면 목차 스타일이 자동으로 만들어져 적용됩니다. 목차 스타일의 서식을 변경하려면 [수정]에서 스타일을 골라 서식을 바꾸면 됩니다.
- 스타일, 목차 항목 표시로 적용한 캡션은 '목차 삽입([참조]-[목차]-[사용자 지정 목차])'로 입력해도 됩니다.
- 목차를 입력한 후 캡션과 페이지 번호가 변경되었다면 목차에서 F9 업데이트 해주면 반영됩니다.

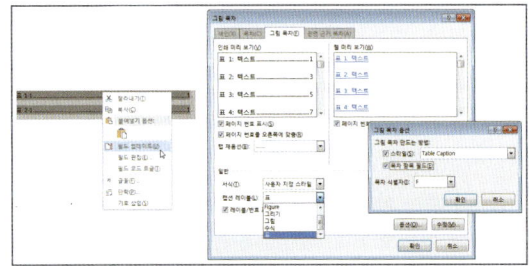

02-7 도형

1 도형 그리기

도형 메뉴 `한글`

[입력]-[도형], [그리기 마당](다른 그리기 조각) 또는 [입력] 드롭다운 메뉴의 [개체]-[그리기 개체]에서 도형을 선택해 입력합니다.

[입력]-[도형]과 [그리기 마당] 대화 상자

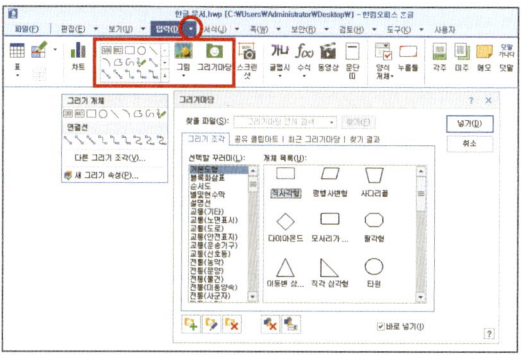

[입력]-[그리기 개체] 대화 상자와 도형 별 조판 부호

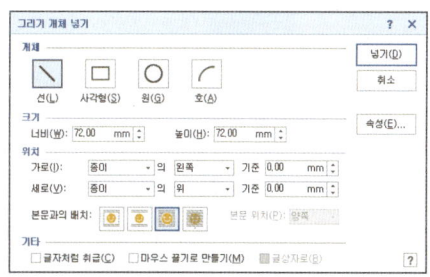

[도형 도구] - 도형을 선택해야 나타납니다. 가려진 명령은 마우스 스크롤로 찾아보세요.

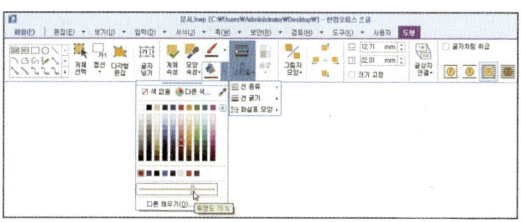

도형 메뉴 `워드`

[삽입]-[도형]에서 선택하여 그리거나, [온라인 그림]에서 검색해 그리기를 넣을 수 있습니다.

[삽입]-[도형]

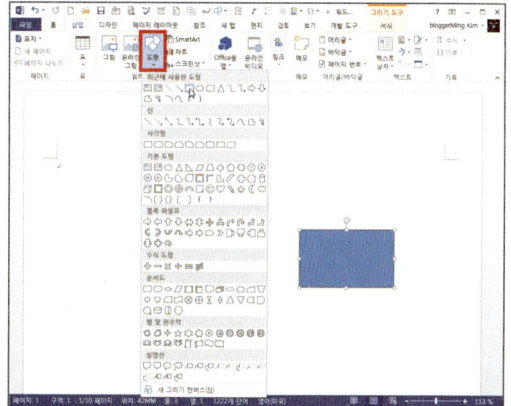

[삽입]-[온라인 그림]

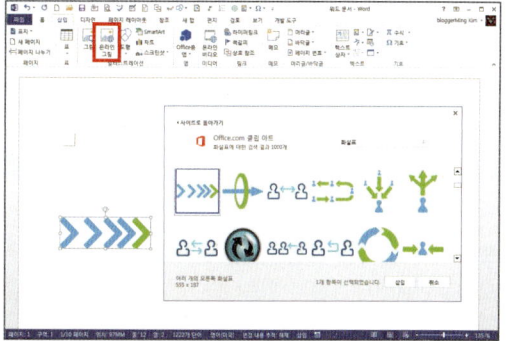

[그리기 도구] 도형을 선택해야 나타납니다.

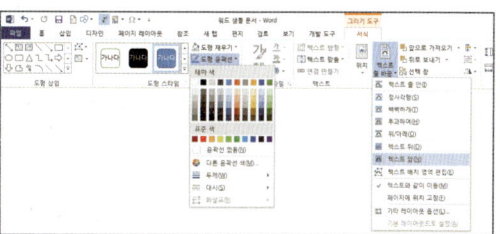

도형 그리기 　한글

- 도형이나 그리기 조각을 선택한 후 본문에 클릭 또는 드래그해서 도형을 그립니다.
- 개체 이동 안내선 : 개체가 이동할 때 여백/종이/다른 개체의 끝이나 가운데와 맞게 되면 안내선이 표시됩니다. 한/글 2010 이상에서 [보기]-[개체 이동 안내선]을 선택해 표시할 수 있고, [개체 이동 안내선 설정]으로 실 선/점 선/개체 크기와 위치 표시를 선택할 수 있습니다.

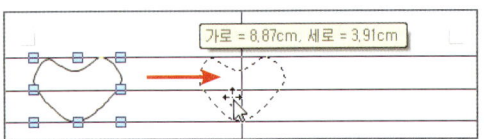

- 다각형 그리기 : 직선, 곡선을 섞어 다양한 모양의 도형을 만듭니다. ▶도형의 꼭지점에는 클릭 ▶곡선을 그릴 땐 마우스 끌기 ▶그리던 부분을 다시 그리고 싶을 땐 Backspace ▶도형을 완성할 땐 더블 클릭 또는 Esc 합니다. 완성한 후 '다각형 편집' 할 수 있습니다.

- 새 그리기 속성 : '새 그리기 속성'이란 도형의 기본 속성 (크기, 배치, 선, 채우기)을 말합니다. 기본 도형은 도형을 편집한 후 마우스 오른쪽 버튼의 '새 그리기 속성으로'를 선택해도 바꿀 수 있습니다.
- 도형 계속 그리기 : 도형을 더블 클릭해서 선택하면 같은 모양을 반복해서 그릴 수 있습니다. ※해제 : Esc

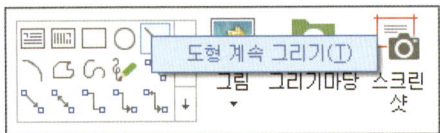

Shift와 함께 그리기

▶ 사각형, 원, 호를 그릴 때 너비/높이가 같도록 그리기

▶ 직선의 각도를 15° 단위로 맞추어 그리기

도형 그리기 　워드

- 도형을 선택한 후 본문에 클릭 또는 드래그해서 그립니다. 클릭하면 기본 도형으로 만들어집니다.
- 도형 모양 조절 핸들 : 모양 조절 핸들(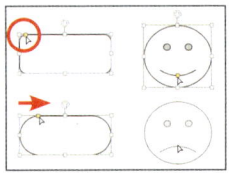)이 있는 도형은 모양을 조절해서 사용할 수 있습니다.

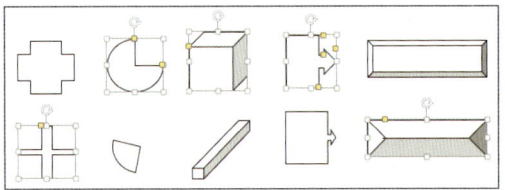

- 맞춤 안내선 사용 : Word 2013은 [그리기 도구]-[맞춤]의 '맞춤 안내선 사용'을 선택해 페이지/여백/단락의 끝이나 가운데로 이동했을 때 안내선을 표시할 수 있습니다

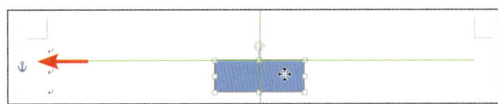

- 자유형 도형 그리기 : ▶직선 꼭지점 부분은 클릭 ▶곡선은 마우스 끌기 ▶도형을 완성할 땐 더블 클릭이나 Esc 해서 그립니다. 완성한 후 '점 편집' 할 수 있습니다.

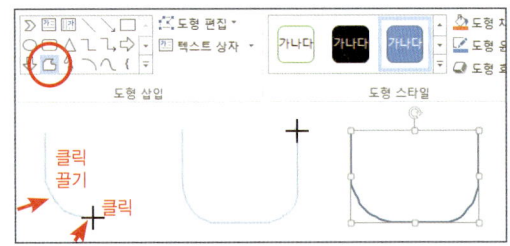

- 기본 도형으로 설정 : 기본 도형의 크기, 텍스트 배치, 선, 채우기 등을 변경하고 싶다면 도형을 먼저 편집한 후 마우스 오른쪽 버튼의 '기본 도형으로 설정'을 선택합니다.
- 그리기 잠금 모드 : 같은 도형을 계속 그리려면 도형에서 마우스 오른쪽 버튼을 눌러 '그리기 잠금 모드'를 선택합니다. ※해제 : Esc

▶ 크기를 조절할 때 가로/세로 같은 비율로 조절

▶ 이동할 때 가로나 세로의 같은 위치로 이동

▶ 여러 개체를 다중 선택

▶ 크기를 가로나 세로 1pt씩 조절 : Shift+방향키

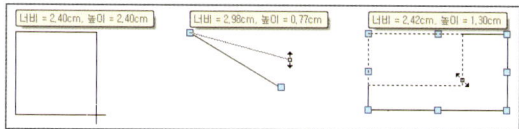

[Ctrl]과 함께 그리기

▶ 그리는 위치를 중심으로 사방으로 확대하며 그리기

• 복사 : 마우스 포인터에 '+' 표시가 나왔을 때 잡고 끌면 복사 ※ Ctrl+Shift : 가로나 세로의 같은 위치로 복사

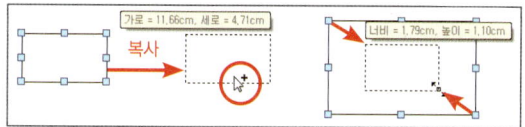

[Alt]와 함께 그리기

▶ 격자나 개체 이동 안내선에 '자석 효과'를 설정해 놓은 경우 일시적으로 해제하고 사용

▶ 화면을 좌우로 이동 : Alt+→/←

▶ 겹쳐진 개체를 선택

그리기 마당(다른 그리기 조각) [한글]

도형 도구에 없는 다양한 도형, 그리기 조각과 클립아트가 있습니다. 그리기 마당 대화 상자는 본문에 개체를 넣을 때에는 그리기에 방해되지 않도록 투명 처리되며, 화면에 띄워 두고 사용할 수 있습니다.

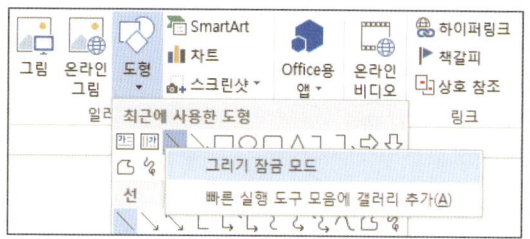

• Shift와 함께 그리기

▶ 너비/높이가 같도록 그리기

▶ 직선의 각도를 45° 단위로 맞추어 그리기

▶ 크기를 조절할 때 가로/세로 같은 비율로 조절

▶ 이동할 때 가로나 세로의 같은 위치로 이동

▶ 여러 개체를 다중 선택

▶ 크기를 좌우/상하 10%씩 조절 : Shift+방향키

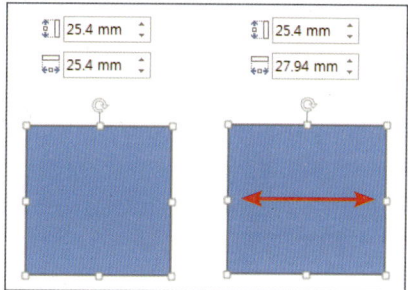

• [Ctrl]과 함께 그리기

▶ 그리는 위치를 중심으로 사방으로 확대하며 그리기

• 복사 : 마우스 포인터에 '+' 표시가 나왔을 때 잡고 끌면 복사 ※ Ctrl+Shift : 가로나 세로 같은 위치로 복사

▶ 선택 도형 복사 : Ctrl+D

▶ 여러 개체를 다중 선택

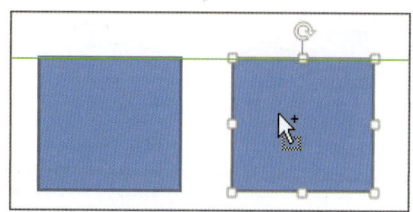

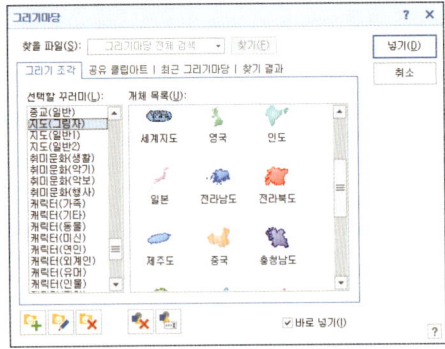

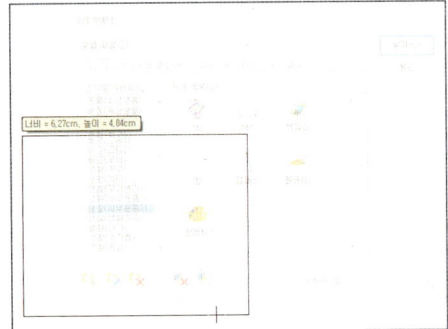

- 그리기 조각이란 : 그리기 조각은 조판 부호가 [그리기]로 표시되는 여러 도형/그리기를 하나로 '개체 묶기([G])' 해 놓은 개체를 말합니다. 그림인 클립아트와는 달리 '개체 풀기([U])'해서 편집할 수 있고 다시 묶어 그리기로 만들 수 있습니다.

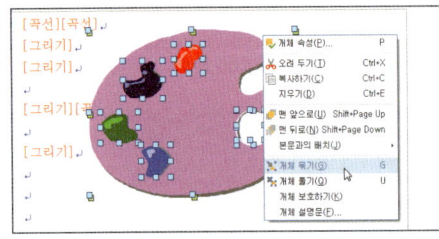

- 그리기 마당에 등록 : 그리기 조각 또는 도형, 글상자, 그림은 그리기 마당에 저장해 두고 다시 사용할 수 있습니다. 개체를 선택한 후 마우스 오른쪽 버튼의 '그리기 마당

- [Alt]와 함께 그리기
  - ▶ 눈금선이 표시되는 경우는 눈금선에 맞추지 않고 이동, 눈금선이 없는 경우는 눈금선에 맞춰 이동
  - ▶ 회전 : [Alt]+방향키

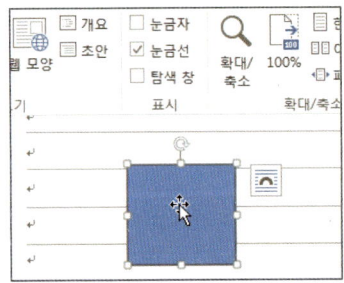

그리기 캔버스 〔워드〕

그리기 캔버스는 도형을 자유롭게 그리고 편집할 수 있는 도형 틀이라고 할 수 있습니다. [Word 옵션]-[고급]의 '도형을 입력할 때 자동으로 그리기 캔버스 만들기'를 선택해 놓으면 자동으로 그리기 캔버스를 이용할 수 있습니다.

- 그리기 캔버스의 장점([도형]-[새 그리기 캔버스])
  - ▶ '그룹'으로 묶지 않아도 도형이 흩어지지 않습니다.
  - ▶ 선을 연결선으로 사용할 수 있습니다.
  - ▶ [홈]-[선택]-[개체 선택] 상태가 아니어도 드래그, [Ctrl]+[A] 등으로 개체 선택이 됩니다.
  - ▶ 하나의 개체로 배치/테두리 등을 지정할 수 있습니다.

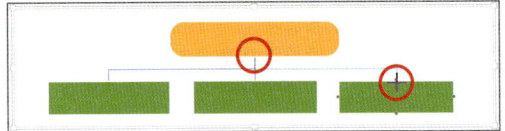

온라인 그림에서의 그리기 〔워드〕

온라인 그림으로 만들어 놓은 도형 이미지를 검색하여 문서에 추가할 수 있습니다. Office.com에는 그림만 있는 것이 아니라 다양한 그리기도 많이 포함되어 있습니다. 그리기는 wmf 그림 형태로 '그림 편집'이 가능합니다. 그림이긴 하지만, '그림 편집' 하면 그리

에 등록'을 선택하고 '꾸러미'와 '이름'을 정해주면 됩니다. 사용자 꾸러미도 만들 수 있으며, 다른 곳의 꾸러미를 등록해 사용할 수도 있습니다. ※표는 글상자에 넣어 등록할 수 있습니다.

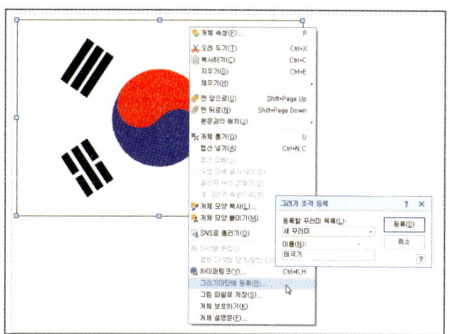

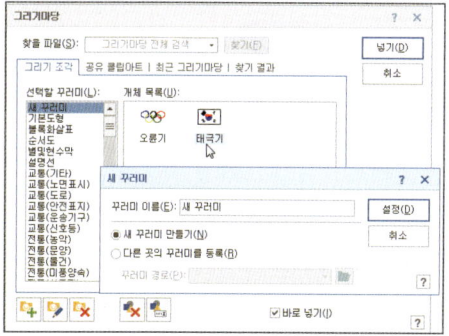

- 그림 파일로 저장 : 한/글의 도형과 그리기는 그림 파일로 저장이 가능합니다. 표나 글자도 글상자에 넣으면 그림 파일로 저장할 수 있습니다.

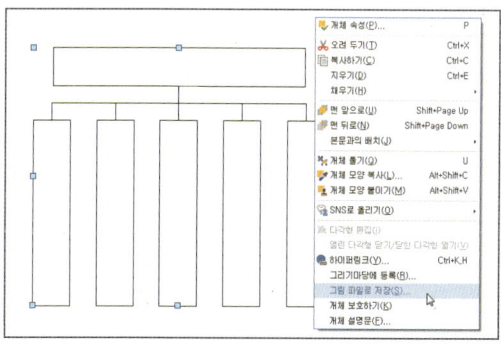

개체 연결선 한글

'선' 중에 양 끝에 네모 표시가 있는 선은 '연결선'이라고 합니다. '직선 연결선', '꺾인 연결선', '구부러진 연결선'이 있는데요. 이 연결선은 도형과 도형(또는 그

기 캔버스에 포함된 도형으로 변환됩니다.

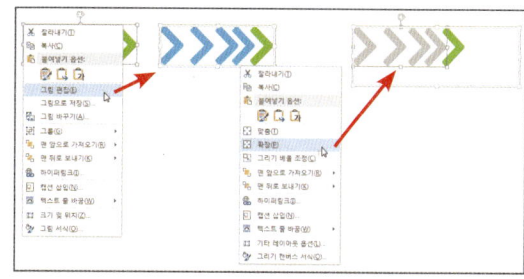

- 편집 가능한 WMF 형식 그림 만들기 : ▶그리기 캔버스에 도형을 완성한 후 ▶복사해서 파워포인트에 붙이고 ▶마우스 오른쪽 버튼의 '그림 파일로 저장' ▶'Windows 메타 파일'(wmf 확장자)로 저장하면 됩니다. ※MS Word에 입력할 땐 [삽입]-[그림]으로 입력합니다.
- WMF 그림으로 저장하지 않고 만든 도형을 저장해 다시 사용하려면 [Alt]+[F3] 상용구에 등록할 수 있습니다.

개체 연결선 워드

Word는 개체 연결선은 그리기 캔버스 안에서만 사용할 수 있습니다. 그리기 캔버스 안에서 그리면 일반 '직선'/'꺾인 연결선'/'구부러진 연결선'이 연결선으로 그려집니다.

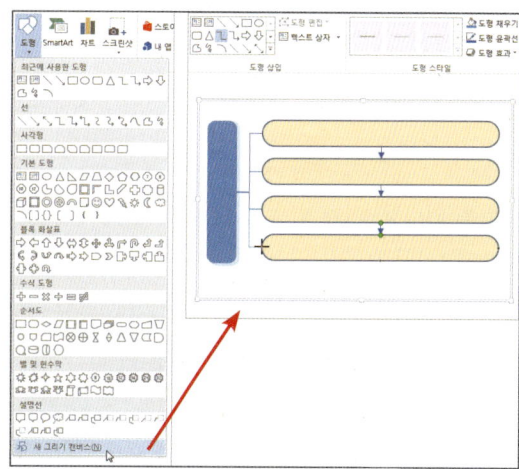

림)을 연결해 한 쪽 도형이 이동하면 따라서 크기가 조절되는 선입니다.

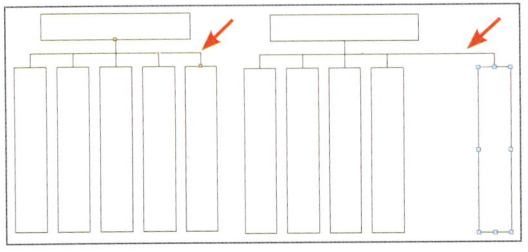

- 연결선은 선에는 연결되지 않고 사각으로 조절점이 표시되는 도형에 연결할 수 있습니다. 각 면의 중심 조절점에 연결하고, 연결이 되면 노란색(연두색)으로 표시됩니다.
- 꺾인 연결선, 구부러진 연결선은 도형의 위치에 따라 구부러진 모양이 자동으로 조정되고 가운데 마름모 조절 표시로 꺾인 정도를 조정할 수 있습니다.

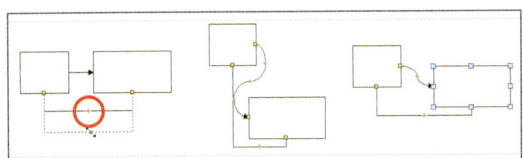

2 도형 편집하기

테두리와 채우기 `한글`

도형을 입력하고 [개체 속성]-[선], [채우기]나, [도형 도구]-[선 스타일], [선 색], [채우기]에서 변경합니다.

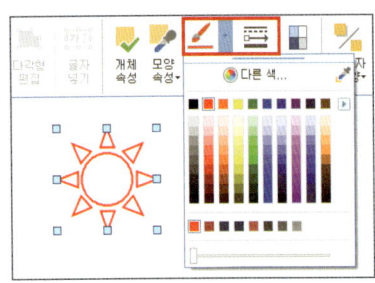

윤곽선과 채우기 `워드`

도형을 선택하고 마우스 오른쪽 버튼의 [도형 서식]-[채우기], [선]이나 [그리기 도구]-[도형 채우기], [도형 윤곽선]에서 테두리와 채우기를 변경합니다.

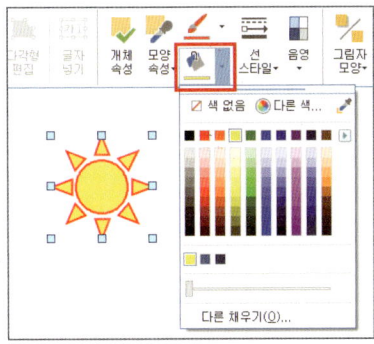

- 개체 속성(P) : 개체를 더블 클릭하거나, Ctrl+N,K로 대화 상자를 엽니다. 도형 개체 속성은 기본적인 배치, 위치/바깥 여백/캡션과 선/채우기/그림자를 지정할 수 있습니다. 호를 부채꼴로 만들거나, 사각형에 곡률을 줄 때, 그림이나 그라데이션 채우기에 개체 속성을 이용합니다.

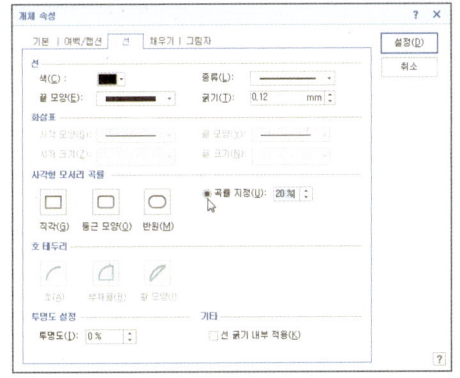

- 선 색/채우기 색 : 선 색과 채우기 색의 '색상 팔레트'는 분리하여 띄워 놓고 사용할 수 있고, '색상 테마'를 변경해 더 다양한 색깔을 찾아 볼 수 있습니다. 또, '사용자 정의 색', '최근 색', '색 골라내기', '투명도'를 바로 이용할 수 있고, '다른 색'에서는 'Html', 'RGB', 'HSL' 값으로 정확한 색상을 찾을 수 있습니다. ▶사진, 그라데이션 채우기 등은 '다른 채우기'(개체 속성)에서 지정합니다.

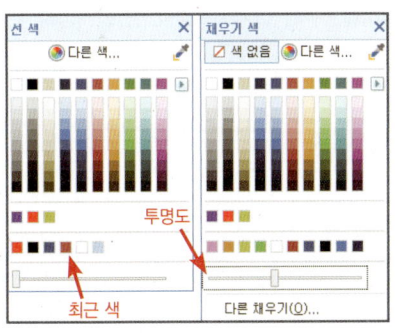

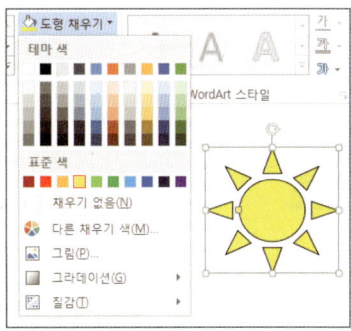

- 도형 채우기/윤곽선 : 도형 채우기로는 채우기 색/그림/그라데이션/질감 채우기를 선택할 수 있습니다. 도형 윤곽선으로는 테두리 색/두께/대시/화살표 종류를 지정합니다. ▶색 팔레트의 색 테마는 [디자인]-[색]에서 바꿀 수 있고(문서를 시작할 때 바꾸세요), '다른 색' 대화 상자를 열어 RGB, HSL 값으로 색을 지정할 수 있습니다.

※RGB-Red, Green, Blue, HSL-색상, 채도, 명도

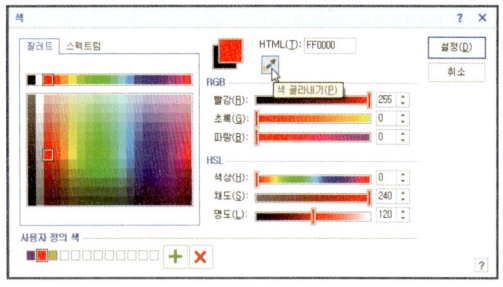

- 도형에 그림 채우기(그림 투명도) : 도형의 [개체 속성]-[채우기]에서 '그림' 옵션을 선택하여 그림을 추가합니다. ▶그림에는 지정할 수 없는 '투명도'를 조절할 수 있습니다. ▶채울 유형과 밝기/대비 값을 지정할 수 있습니다. ※문서 전체의 그림은 [문서정보](Ctrl+Q,I)-[그림정보]에서 확인할 수 있습니다.

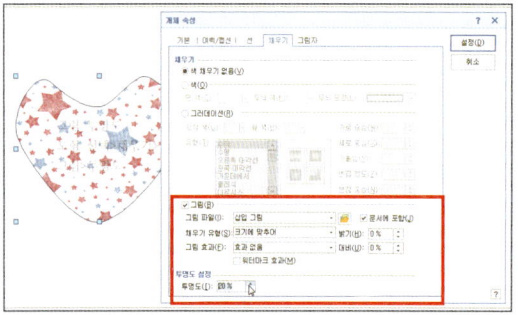

배치/정렬/위치 한글

'배치'는 본문(글자)에 개체를 어떻게 배치하는지 방법을 정하는 것이고, '정렬'은 개체와 개체간의 앞/뒤 순서 표시를 정해주는 것입니다. 도형은 특히 배치와 정렬 두 가지를 모두 조정해 줘야 하는 경우가 많기 때문에 배치/정렬에 대해 정확히 파악하고 있어야 합니다.

'위치'는 종이/여백/문단/단을 기준으로 개체를 정렬하거나 위치시키는 것으로, 대부분의 도형은 '종이'를 기준으로 위치를 정합니다. ※표의 배치/정렬/위치 참고 (p.201)

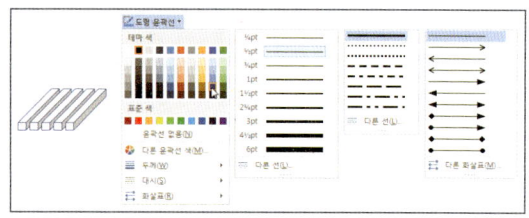

- 도형에 그림 채우기(그림 투명도) : 도형의 배경으로 그림을 채우면 그림에는 지정할 수 없는 투명도를 줄 수 있고, 그림 위에 글도 쓰기도 쉽습니다. ▶[도형 도구]-[채우기]-[그림]이나, [도형 서식]-[채우기]-[그림 또는 질감 채우기]-[파일]로 그림을 불러와 채웁니다. ※ Word 2013에는 [그림 도구]-[색]에 '투명한 색 설정' 옵션이 추가되어 있습니다. 이것은 그림의 투명도를 주는 것은 아니고, 배경 제거로 그림의 일부분을 투명하게 만드는 것입니다. - 파일을 저장하고 실행하세요

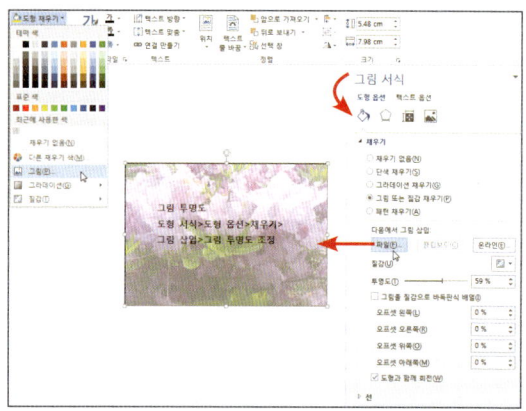

- 도형 서식 : 도형의 속성 대화 상자는 [도형 서식], [기타 레이아웃] 대화 상자가 있습니다. ▶Word 2013의 [도형 서식]은 작업창으로 표시되어, '채우기와 선'/'효과'/'텍스트 상자(세로 맞춤/안 여백)' 속성을 설정합니다. ▶[기타 레이아웃]은 [그리기 도구]의 [위치]나 [텍스트 줄 바꿈], [크기] 메뉴에서 찾아 열고, 도형의 '배치', '위치'와 '텍스트와의 간격(바깥 여백)', '크기'/'회전각' 등을 지정할 수 있습니다.

배치

- **글자처럼 취급** : 도형에 배치 방법을 정하지 않고, 글자로 취급하여 문단에 표시
- **자리 차지** : 한 줄 전체를 개체로 차지하도록 하는 배치
- **어울림** : 글자가 도형을 둘러쌀 수 있도록 하는 배치

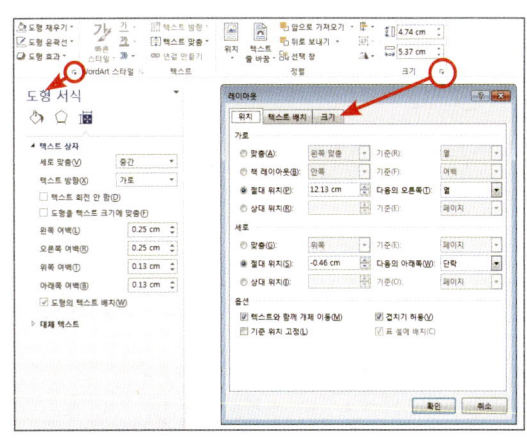

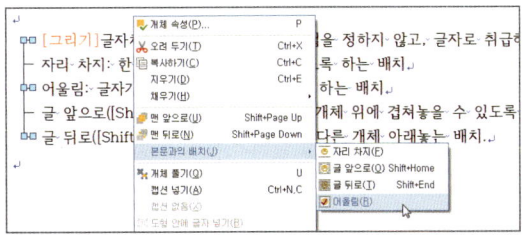

- **글 앞으로(Shift+End)** : 대부분의 도형에 사용하는 배치 방법으로 글자나 다른 개체 위에 겹쳐놓을 수 있도록 하는 배치
- **글 뒤로(Shift+End)** : 도형을 본문이나 다른 개체의 아래에 놓는 배치
- 배치가 통일되지 않은 개체를 '개체 묶기'하면 '글 앞으로'로 배치되고, '개체 풀기'해도 '글 앞으로'가 유지됩니다.
- '글자처럼 취급'된 '그리기' 개체는 '개체 풀기'하기 전에 반드시 배치를 바꾸어 주어야 합니다. 개체 풀기하면 도형 하나하나가 모두 '글자처럼 취급'되기 때문에 모양이 완전히 흐트러지게 됩니다.

정렬

- **앞으로/맨 앞으로(Shift+Page up)** : 아래 깔린 도형을 위로 한 단계씩 높여 표시하거나, 맨 앞으로 올려 표시
- **뒤로/맨 뒤로(Shift+Page Down)** : 위에 올려져 있는 도형을 아래로/맨 밑으로 내려 표시.
- 정렬은 배치 방법 다음으로 적용됩니다. 예를 들어, '글 앞으로'로 배치된 개체는 '맨 앞으로'로 정렬된 다른 어떤 배치의 개체보다도 위에 표시됩니다. 도형의 경우 배치는 '글 앞으로' 하나로 통일하고, 위/아래 겹침은 정렬로 조정하는 것이 좋습니다.

위치

- **기준과 정렬** : 종이/여백/문단/단을 기준으로 왼쪽/오른쪽/위쪽/아래쪽으로 개체를 정렬
- **위치 값** : 기준, 정렬된 개체에 추가로 위치 값을 입력

텍스트 배치/위치/정렬 [워드]

도형의 배치/위치/정렬은 한/글과 대부분 비슷합니다. '텍스트 배치'는 텍스트와 도형 간의 배치 방법이고, '정렬'은 개체간 위/아래 겹친 순서를 조정하는 것입니다. '위치'는 기준에서의 정렬과 위치로, 단락이 기준이라면 '개체 기준 위치(⬇)'를 참고해야 합니다.

▶ Word 2013은 '레이아웃 옵션' 단추로 배치/위치를 바로 지정할 수 있습니다.

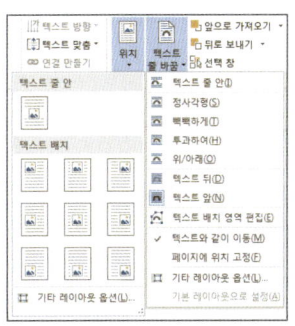 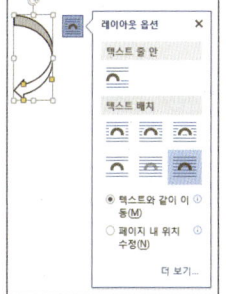

배치

- **텍스트 줄 안** : 도형을 글자로 취급하여 단락 내 표시
- **정사각형** : 도형 주위를 글자가 둘러싸는 배치
- **빽빽하게** : 도형의 모양에 따라 글자를 최대한 빽빽하게 배치(텍스트와의 간격은 '기타 레이아웃 옵션'에서 지정)
- **투과하여** : '빽빽하게'와 비슷하지만 그래픽 안에 열린 공간이 있을 경우 텍스트가 열린 공간을 통해 보이는 배치
- **위/아래** : 한 줄 전체를 도형이 차지하고 있는 배치

- 도형은 기본적으로 '종이' 기준 위치로 만들어지기 때문에 페이지의 어느 부분이나 자유롭게 이동할 수 있고, 본문을 편집해도 위치가 변동되지 않습니다.
- 마우스로 이동하면 위치 값이 자동으로 매겨 집니다. 위치가 정해진 개체를 다른 곳에 옮긴 후 보이지 않을 땐 ▶[보기]-[조판 부호]를 켜고 ▶조판 부호에서 Ctrl+N,K한 다음 ▶개체의 위치를 다시 조정해 주세요.
- 위치는 배치된 개체에 지정할 수 있습니다. '글자처럼 취급' 상태에서는 지정할 수 없습니다.

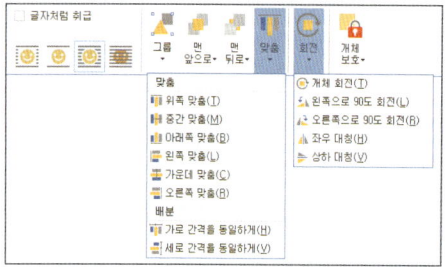

※도형은 '글 앞으로' 배치와 '종이' 위치가 기본값입니다.

맞춤　한글

맞춤은 도형을 가지런히 정리하는 데에 사용합니다. '맞춤'은 두 도형 이상, '배분'은 세 도형이상 다중 선택(Shift+클릭) 했을 때 사용할 수 있습니다.

- 개체 선택 : '개체 선택( )'은 여러 개체를 마우스로 드래그해서 한꺼번에 선택하는 것입니다. 표는 같이 선택되지 않습니다. ※한 개체의 선택과 이동은 F11/Shift+F11을 이용합니다.(이동은 Tab/Shift+Tab도 가능)
  - ▶ 연두색으로 선택된 개체는 맞춤 시 기준이 됩니다.
  - ▶ 선택된 개체를 다시 선택해 기준을 바꿀 수 있습니다.
- Shift와 함께 반복적으로 선택 가능 ※해제 : Esc
  - ▶ 한/글은 '글자처럼 취급'된 개체도 다중 선택할 수 있고 '개체 묶기' 할 수 있습니다.
  - ▶ 개체 선택을 자주 사용한다면 [도구]-[사용자 설정]-[단축키]에서 찾아 단축키를 지정해 놓으세요.

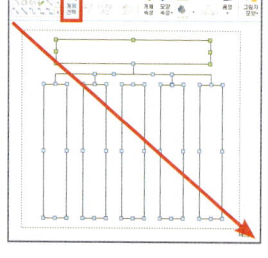

- 텍스트 뒤 : 도형이 글자 아래로 가는 배치
- 텍스트 앞 : 도형이 글자 위로 표시되는 배치
- 텍스트 배치 영역 편집 : 텍스트 배치 영역을 직접 편집

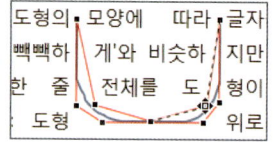

- 편집 방법은 '점 편집'과 동일
- 점을 삭제하려면 Ctrl을 눌러 마우스 포인터에 'X'가 표시되면 클릭
- 텍스트와 같이 이동 : 도형의 기준 위치가 있는 단락과 같이 이동 – 위치의 세로 기준이 '단락'으로 지정됩니다.
- 페이지에 위치 고정 : 위치의 세로 기준이 '페이지'로 지정되어 단락을 이동해도 도형이 이동하지 않습니다. 페이지가 넘어가면 다음 페이지의 지정 위치로 이동됩니다.
- 기타 레이아웃 옵션 : 위치/크기/텍스트 배치의 상세 설정
- 기본 레이아웃으로 설정 : 그림, 차트, 스마트아트에 적용
- 도형을 여러 개 만들어 '그룹'으로 묶으려면 배치는 '텍스트 앞'으로 통일하는 것이 좋습니다. 배치 방법이 다른 도형을 '그룹'으로 묶으면 모두 '텍스트 앞' 배치가 됩니다.
- '정사각형', '빽빽하게', '투과하여' 배치는 [기타 레이아웃]-[텍스트 배치]에서 '텍스트 줄바꿈'과 '텍스트와의 간격'을 지정할 수 있습니다. 텍스트 줄바꿈은 글자를 도형의 어느 쪽에 배치할 것인지 지정하는 것입니다.

정렬

- 앞으로/맨 앞으로 가져오기 : 다른 개체보다 앞으로/맨 앞으로 정렬
- 뒤로/맨 뒤로 보내기 : 다른 개체 뒤로/맨 뒤로 정렬
- 정렬은 '텍스트 줄 안'에서는 선택할 수 없고 배치가 우선 적용되기 때문에 같은 배치에 적용하는 것이 좋습니다.

위치

- 가로/세로 기준에 대한 정렬이나 위치 값을 지정합니다. 세로 기준의 '여백'과 '페이지'는 페이지에 고정되는 효과가 있어, 키보드로는 이동되지 않고 마우스만 이동됩니다. ▶ 세로 기준이 '여백'이나 '페이지'이면 '텍스트와 함께 개체 이동'이 해제됩니다.

- 맞춤 : 기준 개체에 맞춰 다른 개체를 정렬합니다.

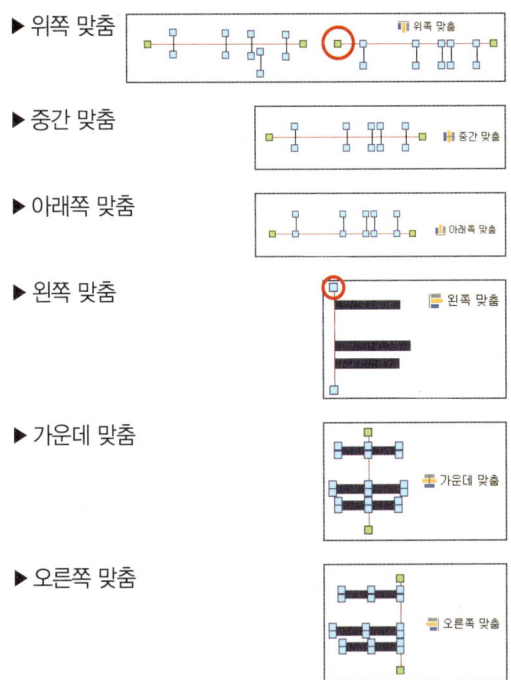

▶ 위쪽 맞춤

▶ 중간 맞춤

▶ 아래쪽 맞춤

▶ 왼쪽 맞춤

▶ 가운데 맞춤

▶ 오른쪽 맞춤

- 배분 : 선택된 양 끝 개체를 기준으로 가운데 개체들을 동일한 간격으로 배분합니다.

▶ 가로 간격을 동일하게

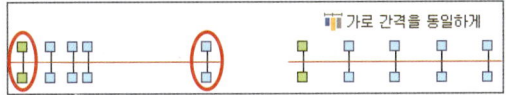

▶ 세로 간격을 동일하게

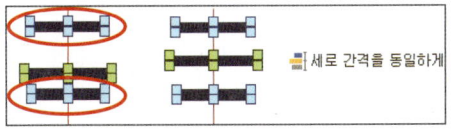

- 한/글 2014 은 '맞춤' 메뉴를 분리해 화면에 띄워 놓고 작업할 수 있습니다. [도형 도구]-[맞춤]에서 마우스 오른쪽 버튼을 열어 '사용자 탭에 추가'한 후 사용자 탭에 있는 맞춤 메뉴를 분리선으로 분리해 보세요.

격자 보기([보기]-[격자 보기]) 한글

도형을 쉽게 배열하기 위해 격자를 화면에 표시합니다.

- '맞춤'/'책 레이아웃'/'절대 위치'/'상대 위치' 옵션 단추 중 하나를 선택하면 해당되는 기준을 지정할 수 있습니다.
- 맞춤 : 왼쪽/가운데/오른쪽 정렬(예, 여백 기준의 가운데)
- 책 레이아웃 : 책으로 인쇄시 안쪽과 바깥쪽(홀짝 페이지에 따라 위치가 달라집니다)
- 절대 위치 : 위치 값(단위 : cm, mm, pt, in, pi(파이카), 글자)을 직접 입력합니다.
- 상대 위치 : 기준에서의 % 값
- 위치는 '텍스트 줄 안' 배치에서는 지정할 수 없습니다.

선택창 워드

'선택창'을 열면 페이지에 입력된 그림과 도형, 그리기 캔버스, 차트가 작업창에 표시됩니다. '숨기기'나 '이름바꾸기' 할 수 있고 Ctrl과 함께 다중 선택할 수 있습니다. 개체가 가려져 있어 선택이 쉽지 않거나, 개체를 숨기고 편집해야 할 때 사용하면 좋습니다.

※Word 2010부터 사용 가능

▶ 선택창에서 '모두 숨기기' 하지 않은 개체가 표시되지 않을 때는 [Word 옵션]-[고급]의 '화면에 그림 및 텍스트 상자 표시'를 선택하세요. 그리기의 인쇄가 안된다면 [Word 옵션]-[표시]의 'Word에서 만든 그림 인쇄'를 선택하세요.

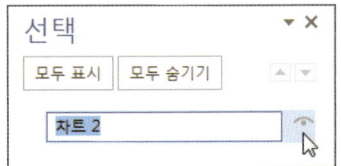

맞춤 워드

- 개체 선택 : [홈]-[선택]-[개체 선택]을 선택하고 마우스로 개체 주위를 드래그해서 선택합니다. ▶페이지 단위로 선택이 가능하며, Shift를 누르고 반복 선택하면 여러 페이지도 다중 선택할 수 있습니다. ▶표와 '텍스트 줄 안' 개체는 선택되지 않는데, 하나의 개체나 셀이라면 바로 앞에 커서를 두고 Shift+→로 선택할 수 있습니다. ※Word 2010에서 '개체 선택'이 되지 않을 경우 '호환 문서(doc)'로 저장하면 됩니다.

▶ 자석 효과 : 개체가 격자 근처에 가면 격자에 붙어 맞춰짐

▶ 자석 효과 범위 지정 가능

▶ 격자 간격/격자 기준과 위치 지정 가능

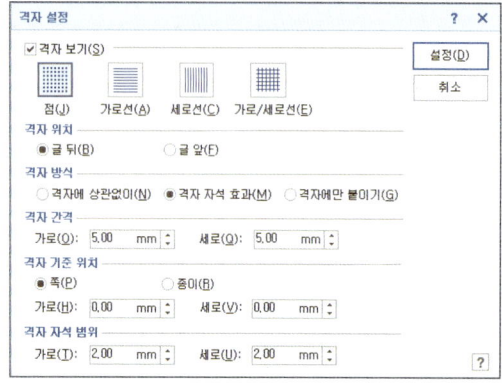

묶기/풀기 <한글>

여러 도형을 이용해 모양을 만들었다면 '개체 선택'해서 하나의 개체로 '개체 묶기'(그룹) 해주어야 합니다.

▶ '개체 묶기'하면 여러 조판 부호가 하나의 [그리기]가 됩니다. 여러 개체를 하나의 그리기로 묶으면 모양이 흐트러질 염려가 없고, 배치/위치를 하나로 지정할 수 있습니다.

▶ 그리기 개체도 다른 도형과 다시 묶을 수 있습니다.

▶ '개체 묶기'하면 '개체 설명문'이 사라지고, 도형을 글상자로 만들 수 없게 됩니다. 도형 안에 글자를 입력하려면 개체를 묶기 전에 글상자로 만든 후 개체 묶기 하세요. 묶고 나서도 글자를 입력하거나 수정할 수 있습니다.

▶ 묶인 개체는 다시 '개체 풀기' 할 수 있습니다. 단, 풀기 전에 개체의 배치는 가급적 '글 앞으로'로 변경한 후 개체 풀기 하는 게 좋습니다.

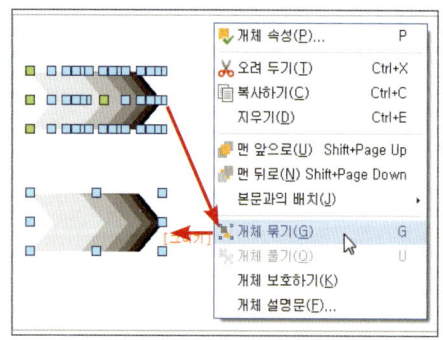

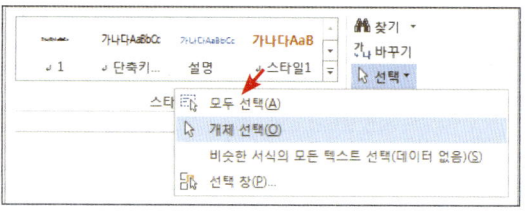

• 맞춤 : 여러 개의 도형을 선택해 위치를 맞추는 것으로 한/글과 방법은 같습니다.

▶ 기준 개체는 정할 수 없고, 선택한 개체 만큼의 바깥, 가운데 등을 기준으로 개체를 맞추게 됩니다.

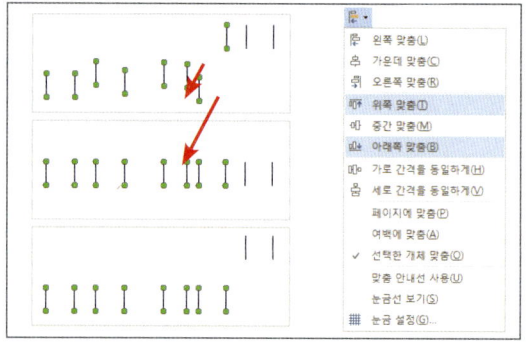

▶ 맞춤이 불가능한 경우는 '그룹'으로 묶어 맞춥니다.

▶ '그리기 캔버스'에서 맞춤이 안되는 경우는 '호환 문서'로 저장하거나, 본문에 오려 붙인 후 맞춥니다.

▶ '텍스트 줄 안'인 개체에는 지정할 수 없습니다.

▶ '맞춤' 메뉴에 '페이지에 맞춤'/'여백에 맞춤'같은 [기타 레이아웃]-[위치]의 일부 옵션이 포함되어 있습니다.

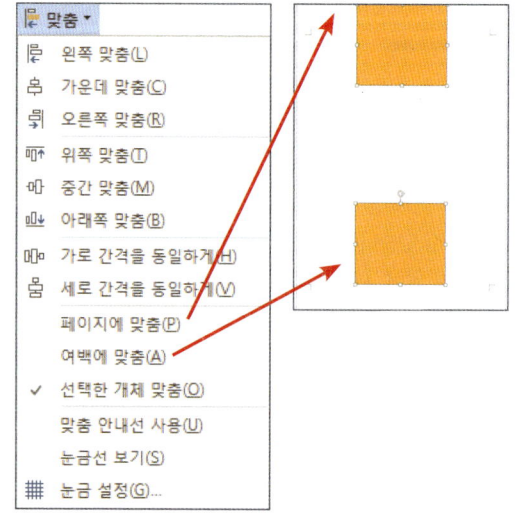

회전 [한글]

▶ 개체 회전 : 회전 중심점을 기준으로 각 조절점을 잡고 개체를 직접 회전합니다. 중심점은 이동할 수 있습니다.

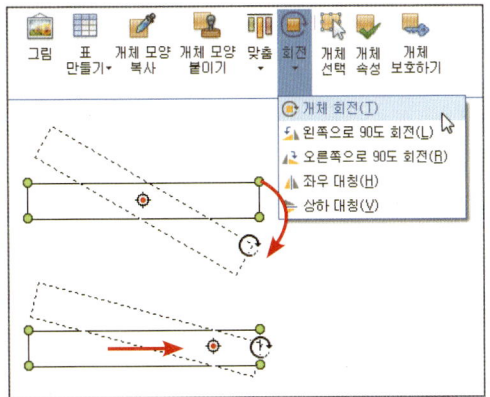

▶ 왼쪽으로 90도 회전

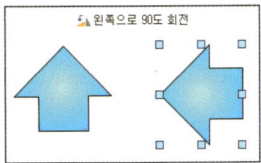

▶ 오른쪽으로 90도 회전

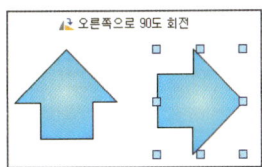

▶ 좌우 대칭

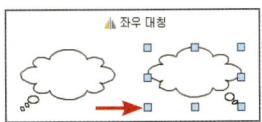

▶ 상하 대칭

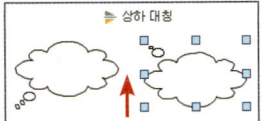

눈금선 보기([보기]-[눈금선]) [워드]

눈금선 설정은 개체 도구의 [맞춤]-[눈금 설정]에서 설정합니다.

▶ 맞춤 안내선 : '페이지', '여백'의 끝과 가운데와 '단락'에 맞춰지면 안내선 표시

▶ 눈금 간격 : 기준 눈금. 눈금선을 표시하지 않고 맞출 눈금

▶ 눈금 시작 위치 : 눈금이 표시될 위치 지정

▶ 눈금 표시 : 눈금 간격 수

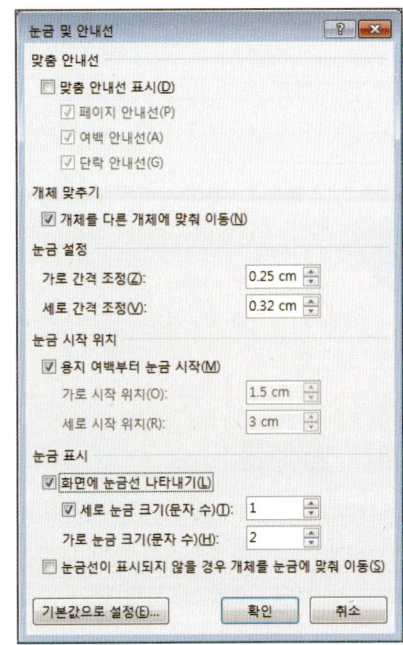

그룹/그룹 해제 [워드]

여러 개의 도형을 개체 선택하여 하나의 개체로 만듭니다.

▶ 그리기나 그림과도 그룹화할 수 있고, 단계적으로 '그룹 해제' 할 수 있습니다.

▶ 배치가 다른 개체는 묶으면 '텍스트 앞' 배치로 바뀝니다.

▶ '텍스트 줄 안' 배치는 '그룹 해제'하기 전에 '텍스트 앞' 등으로 바꿔줘야 합니다.

▶ 그룹화한 상태에서도 각각의 도형을 이동/편집할 수 있고, '텍스트 추가' 가능합니다.

▶ 기울이기(한/글 2014)

개체를 수직이나 수평 방향으로 기울입니다.

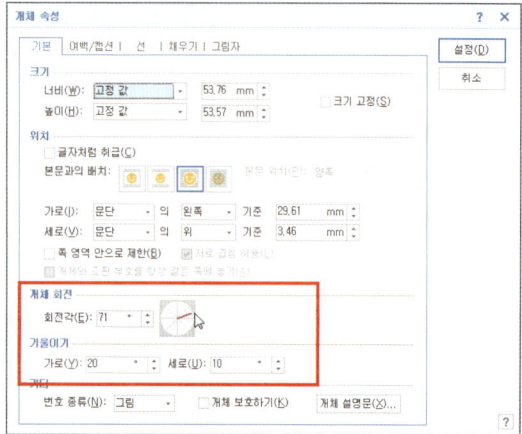

기타 도형 다루기 한글

- 캡션 : 도형의 캡션(Ctrl+N,C)은 '그림'으로 매겨지는데, 번호의 종류는 개체 속성에서 변경할 수 있습니다. 캡션의 새 번호는 [쪽]-[새 번호로 시작]에서 '그림'을 선택해 변경할 수 있습니다.

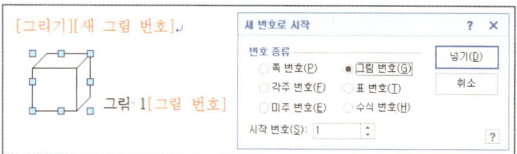

- 다각형 편집 : 다각형, 타원, 호, 곡선, 자유선은 다각형 편집이 가능합니다. ▶조절점 이동 : 조절점에서 마우스 포인터가 이동 표시로 바뀌면 조절점을 끌어 이동합니다.
▶조절점 제거 : Ctrl을 눌러 마우스 포인터에 '-'가 표시되면 클릭해서 조절점을 제거합니다. ▶마우스 포인터에 '+'가 표시될 때 끌어주면 새 조절점이 생깁니다.

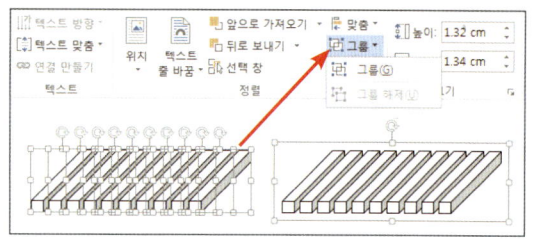

회전 워드

회전 핸들을 잡고 돌립니다. ▶Shift와 함께 조절하면 15° 단위로 각도를 맞출 수 있습니다.(Alt+방향키도 마찬가지) ▶자세한 각도 설정은 '기타 회전 옵션'([기타 레이아웃]-[크기])에서 값으로 지정할 수 있습니다.

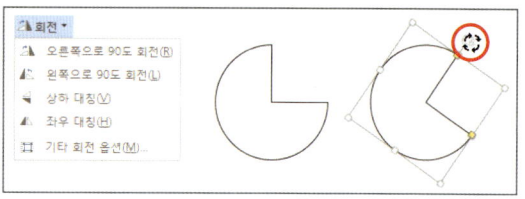

▶ 오른쪽으로 90도 회전

▶ 왼쪽으로 90도 회전

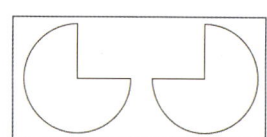

▶ 상하 대칭

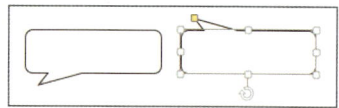

▶ 좌우 대칭

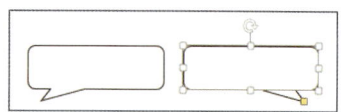

▶ 3차원 회전

[도형 도구]-[도형 효과]와 [도형 서식]-[효과]로 지정

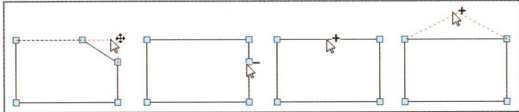

- 다각형 닫기/열기 : 열린 다각형을 선으로 연결해 주거나, 닫힌 다각형의 꼭지점을 열어 줍니다. '다각형 편집' 상태에서 사용할 수 있고, 꼭지점을 미리 선택하고 엽니다.

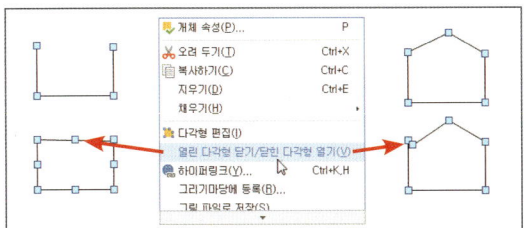

- 개체 모양 복사(Alt+Shift+C) : 도형, 그림 개체의 크기/선/배경/그림자/효과를 복사해 다른 개체에 붙이기(Alt+Shift+V) 할 수 있습니다.

- 도형 크기 : 도형의 크기는 마우스로 조절해도 되지만, Shift+[방향키]를 이용해 1pt씩 조절할 수도 있습니다. 여러 도형의 가로/세로 크기가 같도록 지정하려면 [도형 도구]-[크기]나, 개체 모양 복사를 이용합니다.

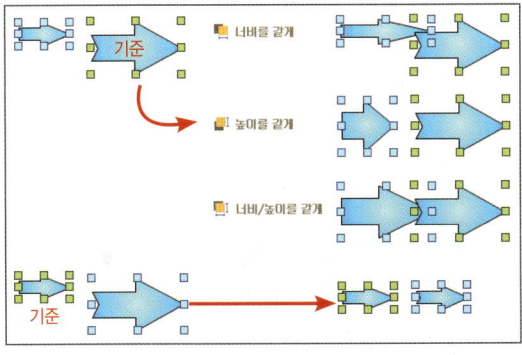

- 도형이 인쇄되지 않을 때 : [인쇄]-[확장]의 '그리기 개체'를 선택해 놓아야 합니다.

도형 효과　워드

Word는 일반 글자, 도형에서도 그림처럼 다양한 효과(반사, 네온, 부드러운 가장자리…)를 지정할 수 있습니다.

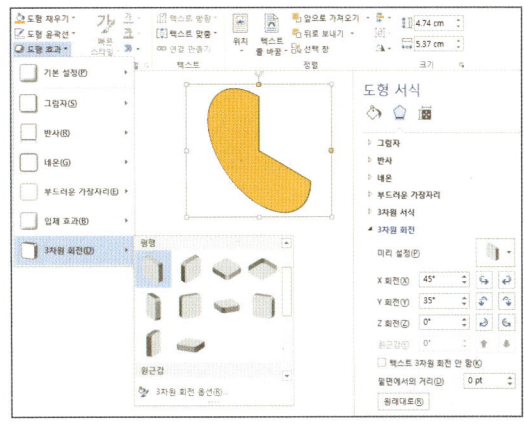

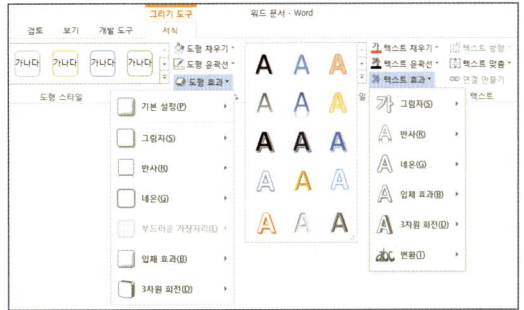

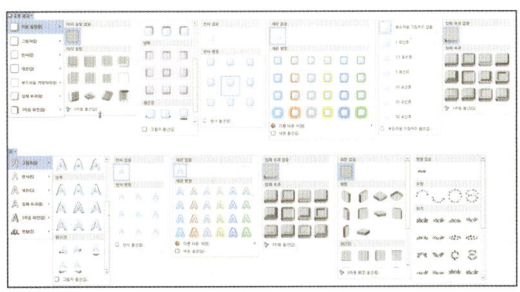

기타 도형 다루기　워드

- 캡션 : [참조]-[캡션 삽입] 또는 마우스 오른쪽 버튼의 '캡션 삽입'을 선택하면 레이블과 번호가 자동으로 매겨집니다.

그리기 따라하기(순서도) [한글]

❶ [입력]-[그리기 마당] 대화 상자를 열어두고 '순서도' 꾸러미에서 도형을 찾아 그린 후 [도형 도구]-[글자 넣기]를 눌러 글상자로 만들어 줍니다. 같은 도형은 Ctrl을 누르며 마우스 끌기로 복사해 놓습니다.

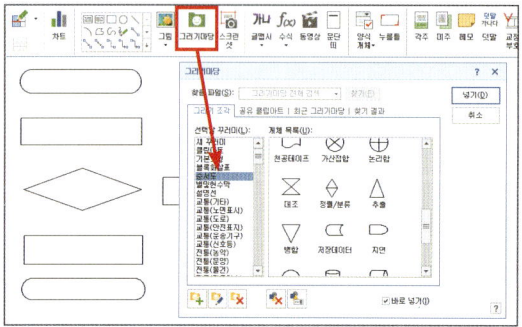

❷ 도형 하나의 크기를 조절하고 크기를 알아둡니다.

❸ [도형 도구]-[개체 선택]으로 나머지 개체를 선택해서 [크기]를 입력해 통일해 줍니다. Alt + Shift + C 개체 모양 복사로 크기를 통일해도 됩니다.

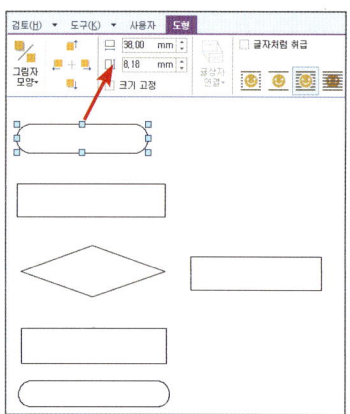

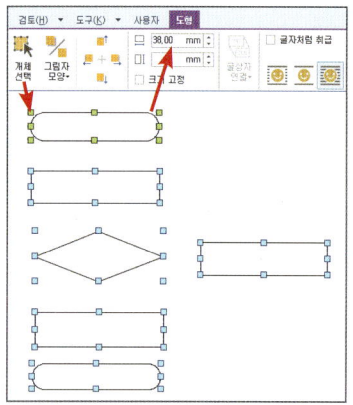

▶ 그리기의 레이블은 '그림' 입니다. 레이블의 종류를 바꾸려면 '새 레이블'을 입력하고 위치를 정해 캡션을 넣은 후 반드시 개체와 함께 '그룹'으로 묶어 줍니다.

▶ MS Word의 캡션은 개체가 배치 상태인 경우 '텍스트 상자' 안에 입력되고, 단락('텍스트 줄안'에 입력된 경우 마찬가지로 본문에 그냥 입력되기 때문에 개체와 떨어질 수 있습니다. 캡션이 개체라면 그룹으로 묶어주고, 본문에 입력된 경우라면 단락 설정의 '현재 단락과 다음 단락을 항상 같은 페이지에 배치'를 꼭 선택해 주어야 합니다. 캡션은 목차를 만들어야 하니 이 설정을 포함해 '스타일'을 만들어 관리하는 것이 좋습니다.

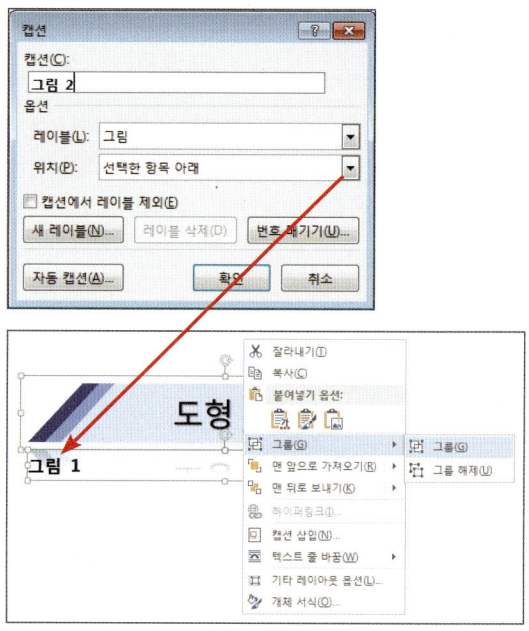

• 점 편집 : 점 편집을 통해 새로운 도형을 만듭니다.

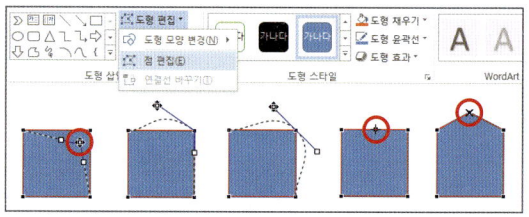

▶ 점 이동 : 검은 점에서 이동 표시(⊕)로 바뀌면 이동

▶ 점 제거 : Ctrl을 누르고 점에 'x' 표시가 나오면 클릭

▶ 점 추가 : 점이 아닌 곳에서 '+' 표시가 나왔을 때 이동

▶ 곡선 : 점을 클릭한 후 양쪽으로 표시되는 흰색 편집 점

❹ 정렬할 도형을 선택해 [도형 도구]-[맞춤]을 이용해 위치를 맞춰 줍니다. 기준 개체(연두색)를 잘 활용해 보세요. 모두 선택한 상태에서 다시 선택하면 기준 개체가 됩니다.

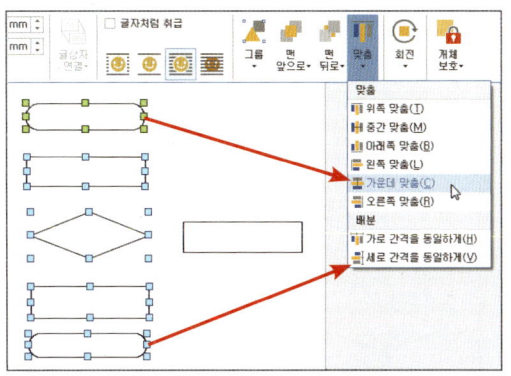

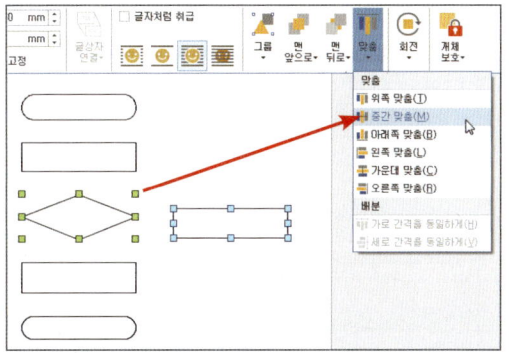

❺ 도형에서 '직선 화살표 연결선', '꺾인 화살표 연결선'을 골라 도형을 연결해 그려 줍니다. 면 가운데쯤에 그리면 자동으로 연결되지만, 연결이 안되었다면 선 끝을 면 가운데로 가져가 연결해 주세요. 노란(연두)색이 연결된 것입니다. ▶화살표 모양을 바꾸려면 개체 속성(P)에서 변경합니다.

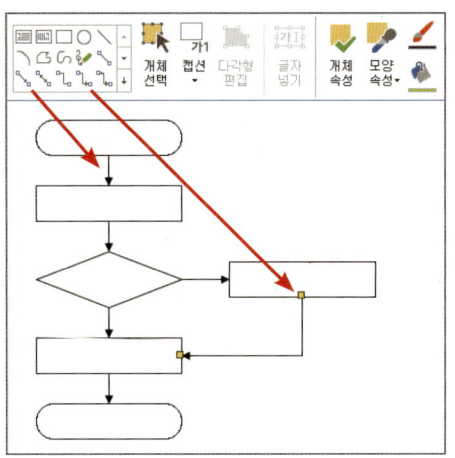

을 잡고 원하는 만큼 조절 - 양쪽을 같은 크기로 조절하려면 Shift를 누르며 조절

▶ Alt : '개체를 눈금선에 맞춤' 설정일 때는 눈금선에 맞추지 않도록, 눈금선에 맞춤 설정이 되어 있지 않을 때는 정해진 눈금 설정에 점이 맞도록 이동합니다.

▶ 그밖에 점 편집 상태에서 볼 수 있는 마우스 오른쪽 버튼 메뉴로 '직선/곡선 세그먼트(선) 만들기나 삭제 등을 이용할 수 있습니다. 점 메뉴와 선 메뉴가 각각 다릅니다.

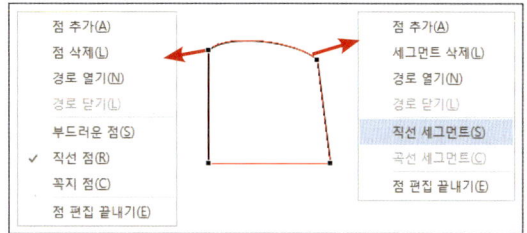

• 개체 복사(Ctrl+D) : 선택한 개체만큼을 추가합니다. 모양을 복사하려면 모양을 지정한 후 바로 다른 개체를 선택해 F4 '다시 실행'을 이용하세요.

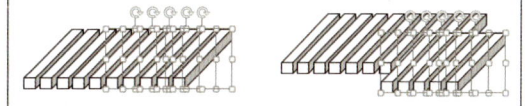

그리기 따라하기(순서도)   워드

❶ [삽입]-[도형]-[순서도]에서 필요한 도형을 골라 입력합니다. 같은 모양의 도형은 Ctrl+D 또는 Ctrl+마우스 끌기로 복사할 수 있습니다.

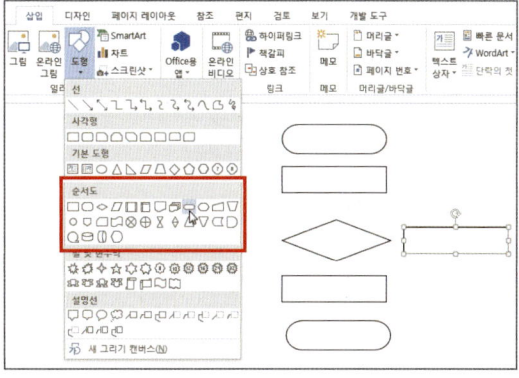

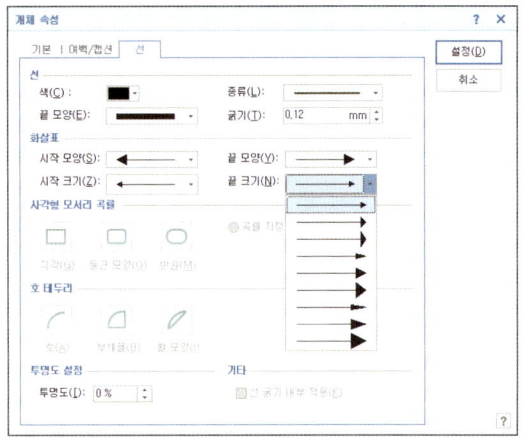

❻ 완성되었다면 전체를 다시 개체 선택해서 하나로 '개체 묶기(G)' 해줍니다.

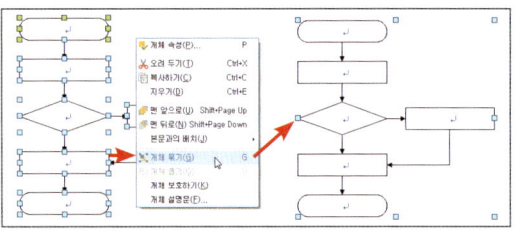

• 도형이 인쇄되지 않을 때 : [인쇄]-[확장]의 '그리기 개체'를 선택해 놓아야 합니다.

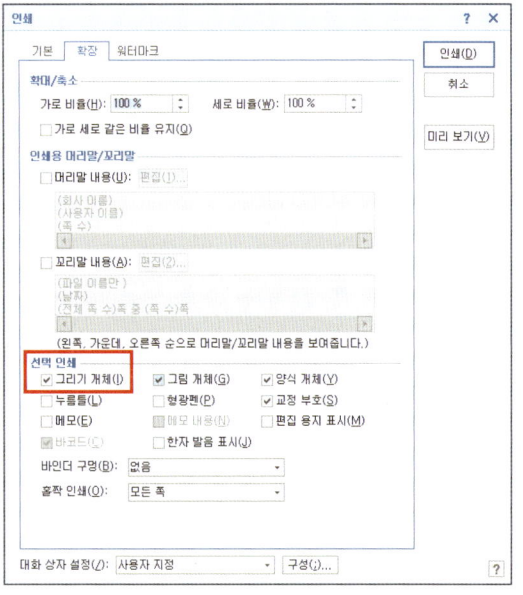

❷ 한 도형의 크기를 조절한 후 나머지 도형을 선택해 F4 (다시 실행)하거나, [도형 도구]에서 크기를 같게 입력해 줍니다. ※[홈]-[선택]-[개체 선택]에서 마우스 오른쪽 버튼을 눌러 '빠른 실행 도구 모음에 추가'를 선택해 빠른 실행 도구 모음에서 개체 선택을 이용하면 편리합니다.

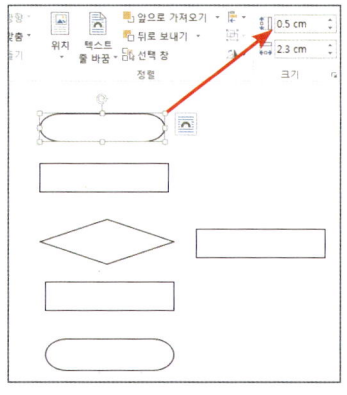

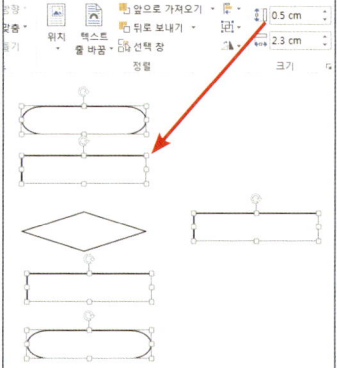

❸ 정렬할 도형을 선택해 [도형 도구]-[맞춤]을 이용해 위치를 조정해 줍니다.

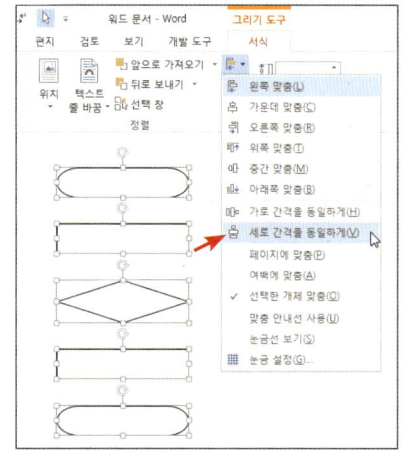

- 그림 파일로 저장 : 한/글 도형은 '그림 파일로 저장'이 가능합니다. 여러 도형이라면 '개체 묶기' 후 그림 파일로 저장하고, 표라면 '글상자' 안에 넣어 그림 파일로 저장할 수 있습니다.

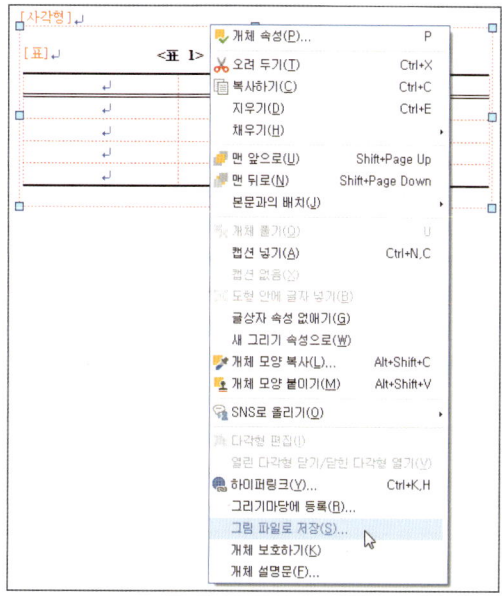

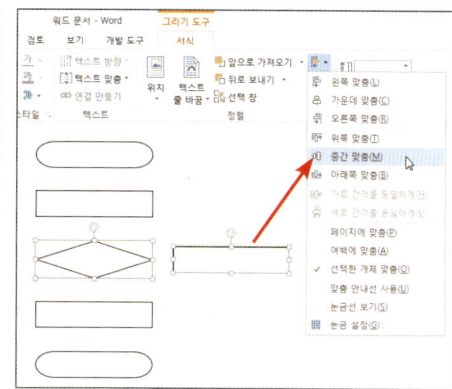

❹ 연결선을 사용하기 위해, [삽입]-[도형]-[새 그리기 캔버스 추가]를 선택하고 그리기 캔버스에 만든 도형을 옮겨 놓습니다. 그리기 캔버스 안에서는 맞춤이 잘 실행되지 않기 때문에 본문에서 도형을 맞추고 옮기는 것이 좋습니다.

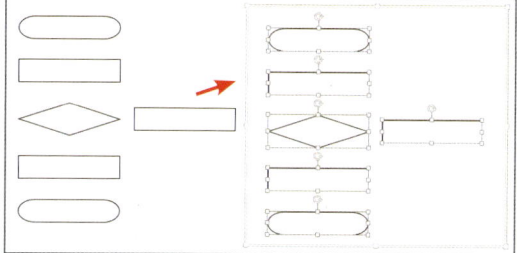

❺ '직선 화살표'나 '꺾인 화살표'를 이용해 연결선으로 도형을 이어 줍니다. 도형 근처에 마우스를 가져다 놓으면 연결선이 연결될 수 있는 점이 표시됩니다. ▶화살표의 모양을 바꾸려면 [도형 서식]-[선]에서 변경할 수 있습니다.

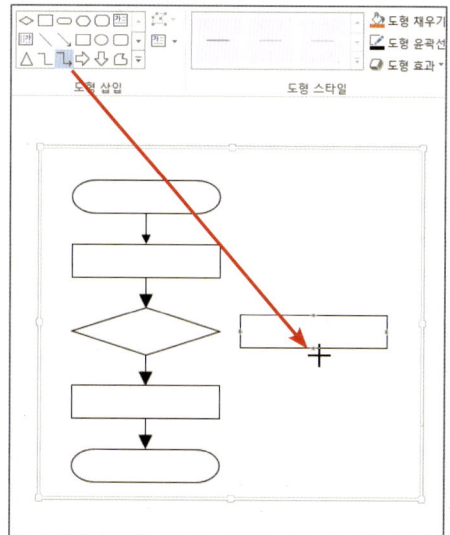

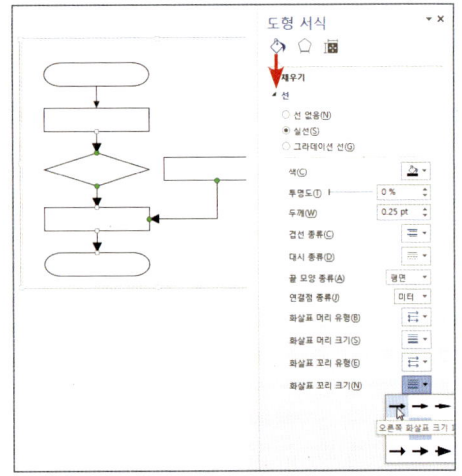

❻ 완성되었다면 그리기 캔버스 테두리에서 마우스 오른쪽 버튼의 '맞춤'을 선택해 딱 맞게 줄여주거나, '그룹'으로 묶어 본문으로 꺼내 놓으면 됩니다.

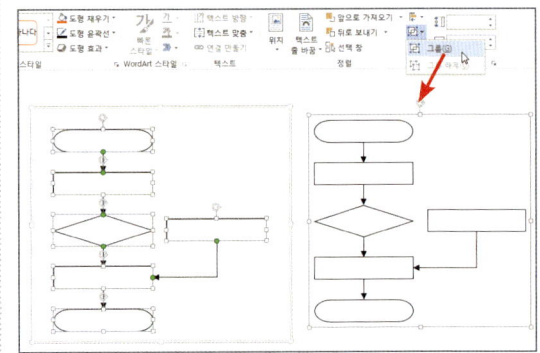

도형, 그림, 차트, 그리고 한/글의 표, MS Word의 그리기 캔버스 등의 개체는 본문과의 '배치'(텍스트 줄 바꿈), 다른 개체와의 '정렬', 기준 지점에서의 '위치' 지정이 가능합니다. 개체가 달라도 배치와 정렬, 위치의 설정 방법은 같습니다. 그래서 도형의 배치, 정렬, 위치는 표나 그림의 것을 참고해도 됩니다. 도형은 '맞춤' 메뉴를 많이 사용하기 때문에 맞춤 메뉴에 대해 더 자세히 설명했습니다. 맞춤, 그룹 역시 다른 개체(표는 제외)에서도 같은 방법으로 사용합니다.

3 글상자/텍스트 상자

글상자 `한글`

'글상자'는 글자를 넣을 수 있는 도형(조판 부호 [사각형])으로 한/글의 글상자에는 표, 그림, 도형, 단 등의 입력이 본문과 같고 배치도 자유로워 표와 혼동되기 쉽습니다. 표와 글상자의 차이를 알아둬야 할 것입니다.

글상자의 속성 `한글`

- 한/글의 글상자는 배치를 바꿔 '새 그리기 속성으로' 지정하면 변경된 배치가 기본 도형에 적용됩니다.
- 배치/위치의 기본값은 '글 앞으로' 배치와 '종이' 위치입니다. 여백으로도 쉽게 이동되는 위치이기 때문에 바탕쪽이나 머리글에서 사용하면 좋습니다.

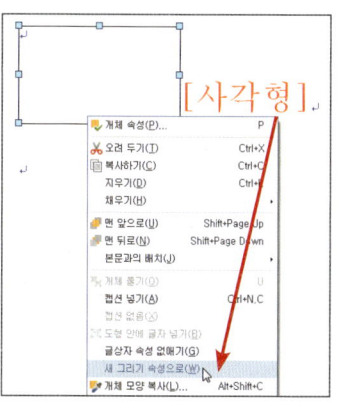

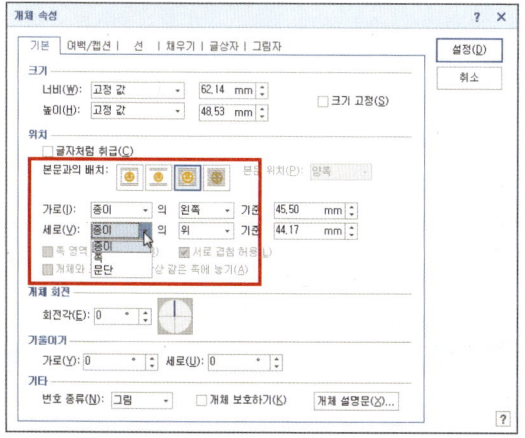

텍스트 상자 `워드`

텍스트 상자 안에는 글자와 개체를 모두 입력할 수 있긴 하지만, 그림, 도형은 '텍스트 줄 안'으로, 표는 '배치 없음'으로만 입력이 됩니다. 단은 만들 수 없습니다.

텍스트 상자 속성 변경하기 `워드`

▶ 배치/위치/크기 : [레이아웃 옵션] 또는 [기타 레이아웃]

▶ 도형 꾸미기/텍스트 상자 옵션 : [도형 서식]-[도형 옵션]

▶ 도형안 텍스트 효과/텍스트 상자 옵션 : [도형 서식]-[텍스트 옵션]

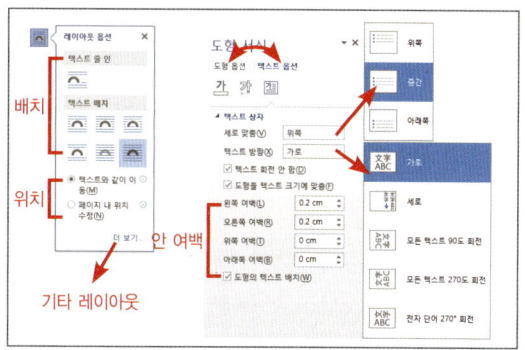

[레이아웃 옵션]

- 기타 레이아웃의 주로 사용하는 옵션을 모아놓은 단추로, 배치와 위치가 포함되어 있습니다.
- 텍스트와 같이 이동 : 세로 기준 '단락'의 위치로 '텍스트와 함께 개체 이동' 옵션이 선택됩니다.
- 페이지 내 위치 수정 : 세로 기준 '페이지'의 위치로 '텍스트와 함께 개체 이동'이 해제되고 기준 위치 앞에 단락을 추가하거나 삭제해도 개체의 위치가 이동되지 않습니다.
- 더 보기 : 배치와 위치의 추가 설정은 '더 보기'를 눌러 '레이아웃 옵션' 대화 상자를 열어 변경합니다.

[도형 서식]-[텍스트 옵션]

- 텍스트 회전 안 함 : 도형이 회전/3차원 회전해도 텍스트는 회전하지 않음.

- 글상자 [개체 속성] : [개체 속성]–[글상자]에서는 글상자 안 여백과 세로 정렬, 한 줄로 입력, 세로 쓰기, 필드 이름을 입력할 수 있습니다. 일반 도형의 개체 속성에는 '글상자' 탭이 없습니다. ※개체 속성은 기본적인 배치와 여백/캡션 탭은 동일하고 나머지는 개체의 종류에 따라 다르게 표시됩니다. 개체 별로 지정이 불가능한 옵션은 비활성 상태로 선택할 수 없습니다.

    ▶ '한 줄로 입력'과 '문단 정렬'

    ▶ 문단 정렬은 [문단 모양]–[줄 나눔 단위]에 따라 다르게 보입니다. 좁은 글상자에서는 '한글 단위'를 '글자'로 지정해 놓으세요. '가운데', '왼쪽' 정렬에서도 가능합니다.

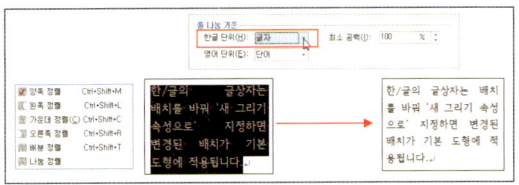

    ▶ 여유 있는 문단을 글상자 너비에 맞추려면 '배분 정렬'을, 칸이 모자란 문단을 글상자 너비에 맞추려면 개체 속성의 '한 줄로 입력'을 사용할 수 있습니다.

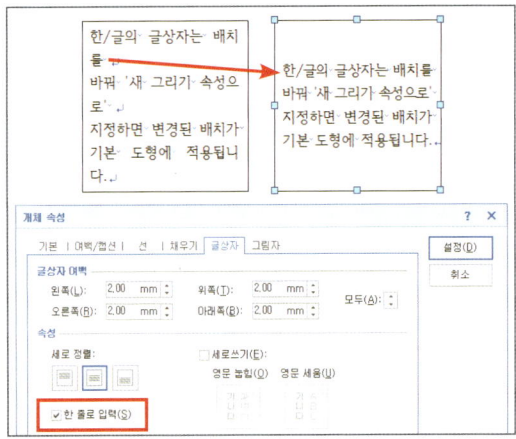

글상자 편집하기   한글

- 글자 넣기 : 선이 아닌 도형에 글자를 넣어 '글상자'로 만들 수 있습니다. [도형 도구]–[글자 넣기]나, 마우스 오른쪽 버튼 메뉴의 '도형 안에 글자 넣기'를 선택합니다. ▶글자가 있는 도형은 테두리가 '선 없음' 상태일 때 표처럼 '투명선'이 표시되고, '글상자 연결'을 사용할 수 있습니다.

- 도형을 텍스트 크기에 맞춤 : 텍스트 상자의 세로 크기를 내용의 크기에 맞춤.
- 도형의 텍스트 배치(텍스트 줄바꿈) : 선택하면 만든 도형 크기에 맞춰 '텍스트 줄바꿈'이 되고, 해제하면 내용에 맞춰 텍스트 상자의 가로 크기가 자동으로 조절되는 옵션

텍스트 상자 편집하기   워드

- 텍스트 추가 : 도형을 선택하여 Enter를 누르면 텍스트 상자로 만들어져 글을 추가할 수 있습니다. ※선은 안됨.
- 텍스트 상자의 여백 : 안 여백은 [도형 서식]–[텍스트 상자]에서 조절하고, 바깥 여백은 [기타 레이아웃]–[텍스트 배치]에서 '어울림'/'빽빽하게'/'투과하여' 배치를 지정했을 때 '텍스트와의 간격'으로 지정합니다.
- 텍스트 상자 연결 만들기 : 텍스트 상자에서 [그리기 도구]–[연결 만들기]를 선택한 후 마우스 포인터가 바뀌면 다른 텍스트 상자를 클릭해 연결합니다. ▶연결된 텍스트 상자는 텍스트가 연결되어 입력되고 다른 텍스트 상자를 다시 연결할 수 있습니다. ▶Ctrl+A로 내용이 전체 선택됩니다. ※연결 해제 : 연결하는 도형에서 '연결 끊기'

- 텍스트 방향(세로 쓰기) : 세로 쓰기 등의 텍스트 방향은 구역 전체에 적용되기 때문에 텍스트 상자나 표의 셀 안에서 주로 사용합니다.

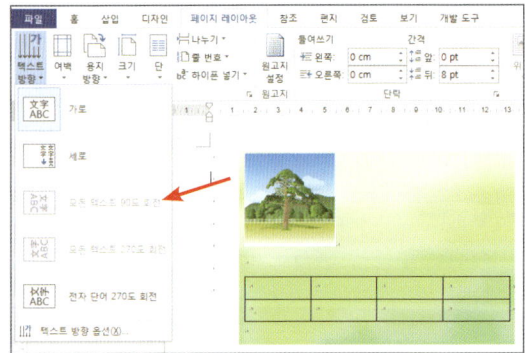

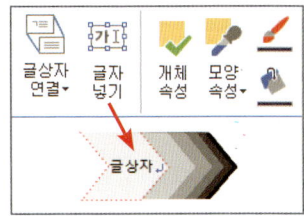

- 글상자 여백 : 글상자의 안 여백은 [개체 속성]-[글상자]에서, 바깥 여백은 [개체 속성]-[여백/캡션]에서 지정합니다.
- 글상자 연결 : 두 개 이상의 글상자를 연결해서 본문을 입력하듯 자연스럽게 입력하도록 합니다. ▶글상자 안에서 '글상자 연결'을 선택한 후 ▶마우스 포인터가 바뀌면 연결할 글상자를 선택합니다.

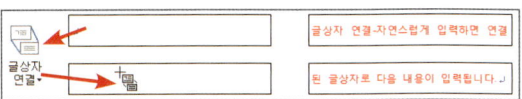

▶ 연결하는 글상자는 '크기 고정'이 지정됩니다.
▶ 연결된 글상자는 다른 글상자와 계속해서 연결할 수 있고, 또 '연결 끊기'도 가능합니다.

글상자와 표의 차이

▶ 한/글의 글상자와 표 안에는 도형, 그림, 표, 다단을 자유롭게 입력/편집할 수 있습니다. 배치나 위치도 모두 가능하나, 한정된 공간이기 때문에 테두리를 벗어나면 표시되지 않습니다. ※조판 부호가 글상자 안에 있으면 글상자 안에만 표시되고 밖에 있으면 글상자와 겹쳐 표시됩니다.

▶ 글상자 안의 그림, 도형도 다중 선택 가능하고 '개체 묶기'가 가능합니다. ※'글자처럼 취급' 상태도 가능

▶ 글상자는 테두리를 각각 지정할 수 없고, 쪽 경계에서 나눠지지 않습니다. 도형이라 곡률을 지정할 수 있습니다.

▶ 글상자의 '선'/'채우기'는 투명도를 지정할 수 있습니다.

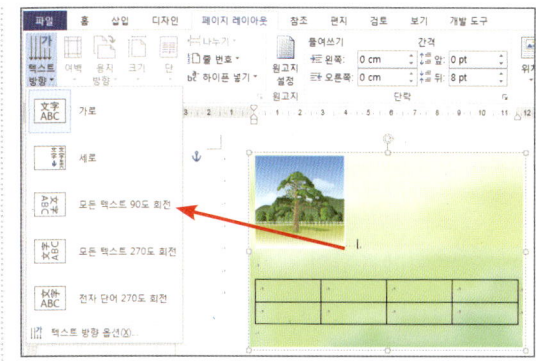

- 텍스트 상자와 표의 차이
  ▶ 텍스트 상자는 페이지 끝에서 나눠지지 않습니다.
  ▶ Word의 텍스트 상자는 안에 개체를 입력하면 모두 텍스트처럼 취급됩니다. 그래서 배치/위치를 정할 수 없고 다중 선택이나 '그룹'/'맞춤'을 이용할 수 없습니다.
  ▶ 텍스트 상자의 테두리는 일부만 변경할 수 없습니다.
  ▶ 텍스트 상자는 '윤곽선 없음'으로 테두리 선을 없앴을 때 표처럼 '눈금선 보기' 기능이 없습니다. 커서가 텍스트 상자 밖에 있다면 테두리가 표시되지 않습니다.
  ▶ 텍스트 상자는 그림을 배경으로 사용할 수 있습니다.

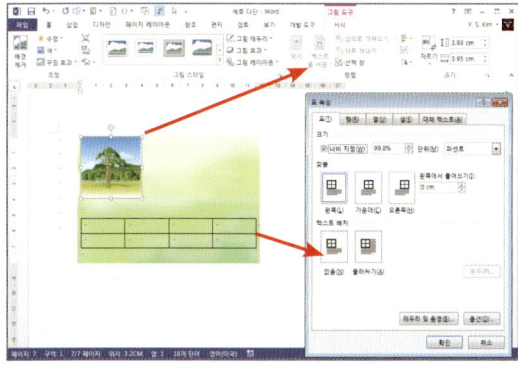

기능 REVIEW | MS Word의 스마트아트(SmartArt)

스마트아트(SmartArt)

SmartArt는 도형을 목록처럼 구조를 만들어 시각적으로 표현하는 것으로, 단계를 만들고 텍스트와 표, 그림을 추가해 완성할 수 있습니다. SmartArt는 그리기 캔버스 안에 만들어지며 만들어져 있는 여러 종류의 레이아웃이 있어서 내용만 입력하면 훌륭한 조직도, 계층 구조를 손쉽게 만들 수 있습니다.

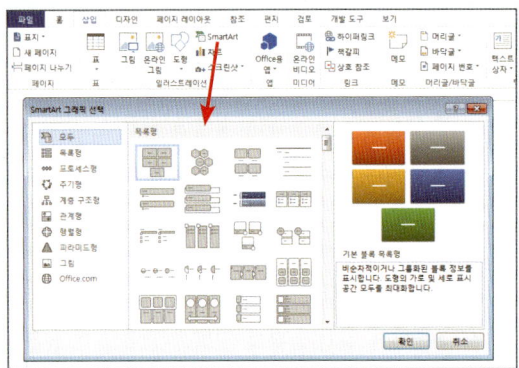

[SmartArt 도구]-[디자인]/[서식]

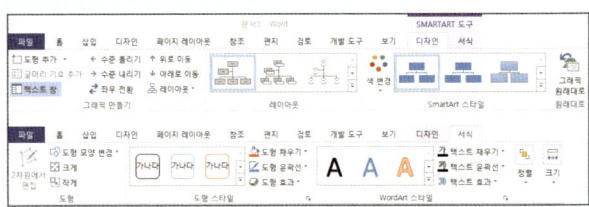

SmartArt 만들기

기능키 사용

- 목록과 도형을 편집할 때 쓰는 기능키 조합을 SmartArt에서도 사용할 수 있습니다.

  ▶ Tab/Shift+Tab : 도형을 선택했을 때는 도형들 간의 이동, '텍스트 창'에서는 수준 변경으로 사용

  ▶ Ctrl/Shift와 클릭 : 다중 선택. Word 2013 버전에서는 드래그해서 선택해도 됩니다. ※ Ctrl+A 전체 선택

  ▶ [방향키] : 도형 이동(연결선이 따라옵니다)

  ▶ Shift+마우스 끌기 : 가로나 세로 한쪽 방향으로만 이동

  ▶ Shift+[방향키] : ← 가로크기 축소, → 가로크기 확장, ↑ 세로크기 축소, ↓ 세로크기 확장

  ▶ Alt+←/→ : 회전

  ▶ Alt+Shift+[방향키] : 도형의 수준 변경

그리기 캔버스

- 그리기 캔버스는 개체 틀입니다. 배치/정렬/위치 조정이 가능하고 '배치 영역 편집'도 가능합니다.

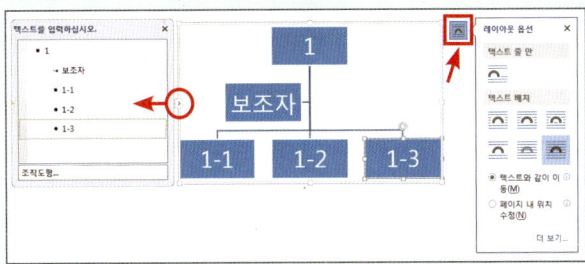

SmartArt 편집하기

- **텍스트 입력** : 텍스트는 도형에 직접 입력해도 되고, '텍스트 창'을 열어 목록처럼 구조를 가지고 입력해도 됩니다.
- **도형 추가** : '텍스트 창'에서는 Enter로 도형을 추가하고, 단락을 Delete해서 도형을 삭제합니다. 도형을 선택해서는 마우스 오른쪽 버튼이나 [SmartArt 도구]의 [도형 추가]로 도형을 추가, Delete로 도형을 삭제합니다. 도형마다 추가할 수 있는 수준이 다르니, 도형을 하나의 다단계 수준이라고 생각하고 해당되는 도형을 선택해 추가하세요.
- **수준 변경** : '텍스트 창'에서는 Tab / Shift + Tab으로 수준을 변경하고, 도형을 선택해서는 [SmartArt 도구]의 '수준 올리기/내리기'로 수준을 변경합니다. ※'위/아래로 이동'은 같은 수준에서 위치만 변경합니다.

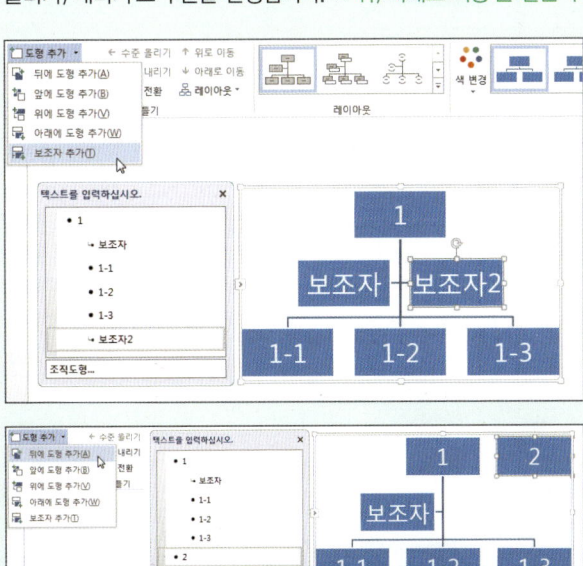

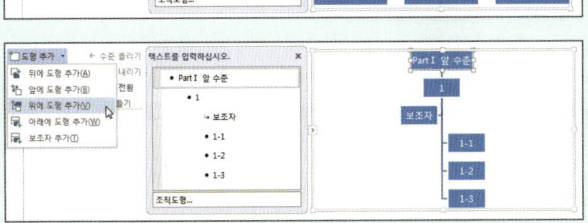

- 레이아웃 배열 : 특정 레이아웃은 배열 방법을 바꿀 수 있습니다.

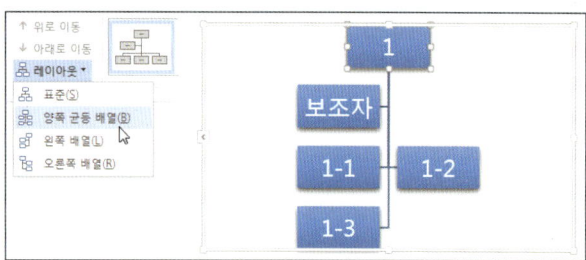

- 레이아웃 종류 : 만들고 나서도 레이아웃은 변경 가능합니다. '기타 레이아웃'에서는 처음부터 다시 종류를 선택합니다.

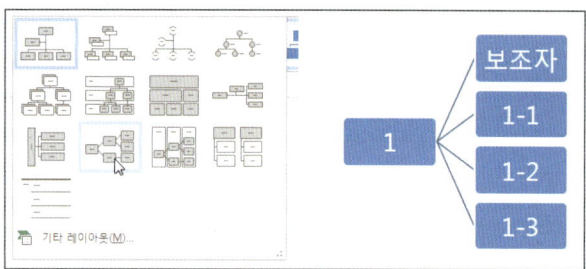

- 디자인 : 전체 모양은 '색상', '스타일'에서 만들어져 있는 디자인으로 쉽게 변경이 가능합니다.

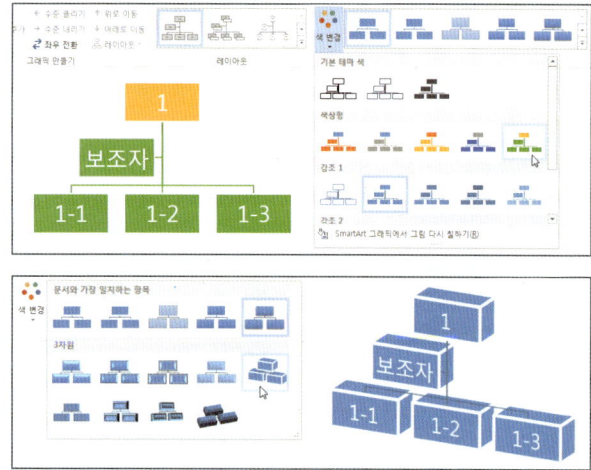

- 도형 서식 : [SmartArt 도구]-[서식]에서는 도형 모양 변경/채우기/윤곽선/텍스트 스타일 등 도형 별 상세 디자인과 도형의 배치/정렬/위치/맞춤/회전/기타 레이아웃 설정을 변경할 수 있습니다.

02-8 그림

1 그림 넣기/그림 편집하기

그림 넣기 『한글』

[입력]-[그림] 또는 Ctrl+N,I로 그림을 넣습니다. 한/글에서 읽을 수 있는 그림 파일 형식은 AI, BMP, CDR, CGM, DRW, DXF, EMF, EPS, GIF, JPG, PCX, PIC, PICT, PLT, PNG, SVG, TIFF, WMF, WPG 등이 있습니다. ▶여러 그림을 한 번에 입력하려면 Ctrl이나 Shift 기능키와 함께 선택하세요.

그림 삽입 『워드』

[삽입]-[그림]이나, [온라인 그림]에서 검색해 그림을 넣을 수 있습니다. MS Word에서 입력할 수 있는 그림 파일 형식은 EMF(확장 메타파일), GIF(graphics interchange format), JPG(Joint Photographic Experts Group), PNG(Portable Network Graphics), Microsoft Windows 비트맵(.bmp, .rle, .dib), WMF(Windows Metafile Graphics), TIFF(Tagged Image File Format), EPS(Encapsulated PostScript) 파일 형식과 그래픽 필터가 설치되어 있다면 CGM, CDR, CDT, CMX, PAT, EPS, PCT, WPG 파일 등을 입력할 수 있습니다. ▶여러 그림을 한 번에 입력하려면 Ctrl이나 Shift 기능키와 함께 선택하세요.

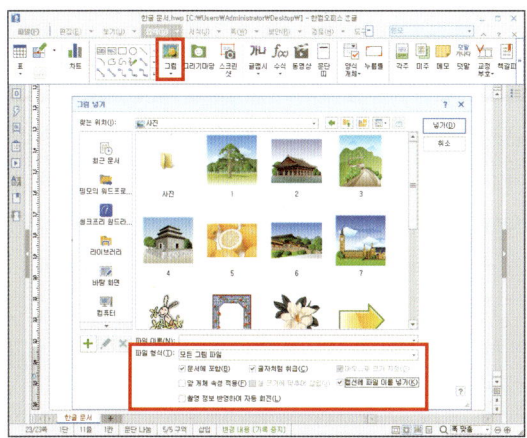

그림 넣기 옵션

- 문서에 포함 : 입력한 그림 파일을 문서에 포함해 넣는 것으로 '문서에 포함'을 해제하고 넣으면 연결 상태로 그림이 입력됩니다. 연결 상태에서는 그림 파일을 지우거나 문서를 옮기면 그림이 표시되지 않습니다. 그림의 용량이 지나치게 많아 일시적으로 연결 상태로 사용할 경우 외에는 반드시 '문서에 포함'을 선택하여 그림을 넣으세요.

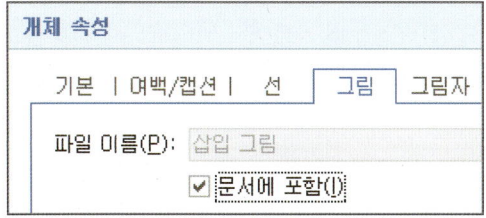

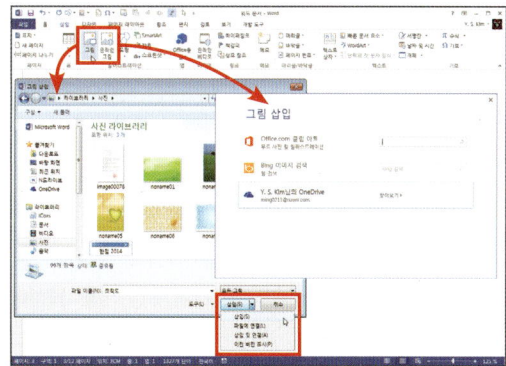

그림 삽입 옵션

- 삽입 : 그림 파일을 문서에 포함합니다.

- 파일에 연결 : 그림 파일을 문서에 포함하지 않고 연결만 시켜 놓습니다. 그림 파일이 삭제되거나 이동되면 문서에 표시되지 않습니다. 대신 문서의 용량이 적어져 편집 속도가 빨라집니다. ▶연결된 그림의 편집된 상태를 문서에 반영하려면 업데이트 F9를 누르세요.

- 글자처럼 취급 : 그림을 글자처럼 문단 내에 입력합니다. '글자처럼 취급'을 선택하면 '마우스로 크기 지정'은 선택할 수 없고, '앞 개체 속성 적용'은 선택해도 배치(글자처럼 취급)는 빼고 나머지만 적용됩니다.

- 마우스로 크기 지정 : 마우스로 크기를 지정해 입력하는 것으로 '앞 개체 속성 적용'은 해제되고 '위치'가 가로/세로 '종이' 기준으로 입력됩니다. 마우스로 크기를 지정하는 개체는 대부분 '종이' 위치로 입력됩니다.

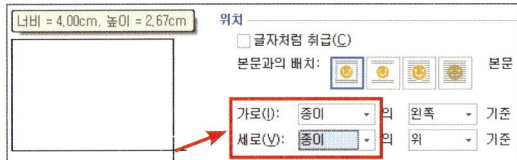

※ '마우스로 크기 지정' 시 배치 변경 단축키

- D '글자처럼 취급'
- S '어울림'/'문단'
- A '어울림'/'쪽'
- V '어울림'/'종이'
- C '자리 차지'/'문단'
- X '자리 차지'/'쪽'
- Z '자리 차지'/'종이'

- 앞 개체 속성 적용 : 앞 [그림] 조판 부호의 속성과 같은 속성으로 그림을 입력합니다. '앞 개체 속성 적용' 옵션이 없는 이전 버전은 원래가 앞 개체의 속성과 같도록 그림이 입력됩니다. 이 옵션이 있는 버전은 선택했을 때만 앞 개체의 속성대로 입력이 되고, 해제했을 경우에는 기본값으로 입력됩니다.

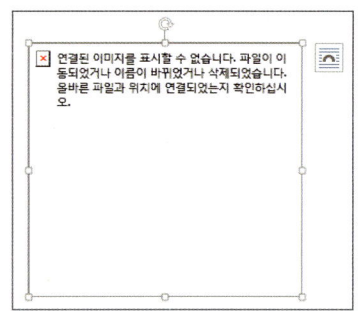

- 삽입 및 연결 : 그림을 문서에 포함하면서 연결 그림이 편집되었을 때 업데이트도 시킬 수 있는 삽입 방법입니다.
- 이전 버전 표시 : 이전 버전이 저장되어 있는 그림은 이전 버전을 찾아 표시할 수 있습니다.

온라인 그림에서의 그리기 　워드

온라인 그림은 'Office.com'이나 'Bing' 사이트에서 검색어로 검색하여 입력하거나, 사용자의 'OneDrive(SkyDrive) 계정'(웹 폴더)에서 찾아 추가할 수 있습니다. '일러스트레이션'은 도형 그리기로 '그림 편집'이 가능하고, '사진'은 편집할 수 없습니다.

※ Word 2013에서는 이전 버전의 클립아트를 사용하지 않고 온라인 그림으로 다운 받아 입력합니다.

[그림 도구]

기능키 사용 　워드

Shift 와 함께 그리기

▶ 크기를 조절할 때 가로/세로 비율대로 조절하지 않고 자유롭게 조절(도형과는 반대)

▶ 이동할 때 가로나 세로의 같은 위치로 이동

▶ 여러 개체를 다중 선택

▶ 크기를 좌우/상하 10%씩 조절 : Shift + 방향키

- 셀 크기에 맞추어 삽입 : 그림을 표의 셀 안에 입력하면, 그림의 가로는 셀의 가로 크기에 맞춰지고 세로는 그림의 비율에 맞춰 입력됩니다. '셀 크기에 맞추어 삽입'을 선택하면 셀의 크기를 늘리지 않고 그 안에 그림이 크기를 줄여 입력됩니다. 그림의 가로/세로 비율은 유지됩니다. '글자처럼 취급'을 선택해야만 선택할 수 있습니다.

- 캡션에 파일 이름 넣기 : 캡션과 캡션 번호도 넣으면서 그림의 파일 이름도 자동으로 추가됩니다. '문서에 포함'을 제외한 나머지 위 옵션들은 한/글 2010 버전부터 선택할 수 있습니다.

- 촬영 정보 변경하여 자동 회전 : 그림 파일 속성에 저장된 사진 촬영 정보(EXIF)의 회전 값을 기준으로 그림 파일을 자동으로 회전하여 삽입합니다. ※ 한/글 2014이상

- 불러오기 대화 상자 편집 : 대화 상자 왼편 '찾는 위치'에 자주 사용하는 폴더를 등록해 편리하게 이용해 보세요.

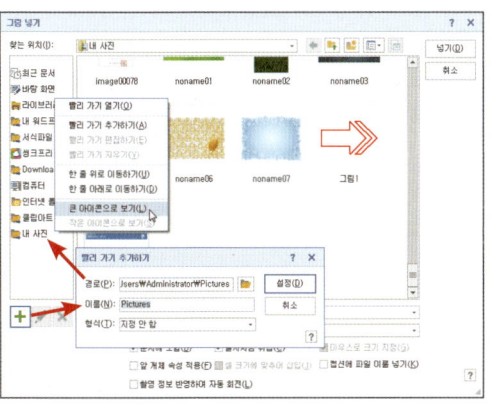

Ctrl과 함께 그리기

▶ 마우스로 크기를 조절할 때 양방향으로 확대/축소

▶ 복사 : 마우스 포인터에 '+' 표시가 나왔을 때 잡고 끌면 복사 ※ Ctrl + Shift : 가로나 세로의 같은 위치로 복사

▶ 선택 도형 복사 : Ctrl + D

▶ 여러 개체를 다중 선택

Alt 와 함께 그리기

▶ 눈금선이 표시되는 경우는 눈금선에 맞추지 않고 이동, 눈금선이 없는 경우는 눈금선에 맞춰 이동

▶ 회전 : Alt + 방향키

그림 테두리와 채우기 　워드

- 그림의 테두리는 [그림 도구]-[그림 테두리]나 [그림 서식]-[선]에서 변경합니다. ▶선 종류는 '대시 종류'와 '겹선 종류'를 각각 지정할 수 있고, 선 색은 단일색인 '실선'과 '그라데이션 선'이 가능합니다.

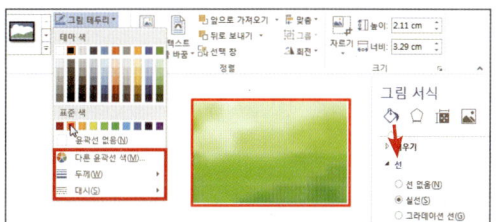

- 그림의 채우기는 배경이 투명한 그림에 표시할 수 있는데요. [그림 서식]-[채우기 및 선]의 [채우기]에서 지정할 수 있습니다. ▶단색/그라데이션/그림/질감/패턴 채우기

[그림 도구]

기능키 사용 `한글`

- Shift 와 함께
  - ▶ 자르기
  - ▶ 가로/세로 비율을 맞추지 않고 자유롭게 크기 조절(도형과 반대)
  - ▶ 이동할 때 가로나 세로의 같은 위치로 이동
  - ▶ 여러 개체를 다중 선택
  - ▶ 크기를 가로나 세로 1pt씩 조절 : Shift +방향키
- Ctrl 과 함께
  - ▶ 마우스로 크기를 조절할 때 양방향으로 확대/축소
  - ▶ 복사 : 마우스 포인터에 '+' 표시가 나왔을 때 잡고 끌면 복사 ※ Ctrl + Shift : 가로나 세로의 같은 위치로 복사
- Alt 와 함께 그리기
  - ▶ 격자나 개체 이동 안내선에 '자석 효과'를 설정해 놓은 경우 일시적으로 해제하고 사용
  - ▶ 겹쳐진 개체를 선택
  - ▶ 화면을 좌우로 이동 : Alt + → / ←

테두리와 여백 `한글`

- 그림의 테두리는 [개체 속성]–[선]이나 [그림 도구]–[선 스타일], [선 색]으로 변경합니다. ▶선 종류를 먼저 지정하고, 선 굵기와 선 색을 변경합니다.

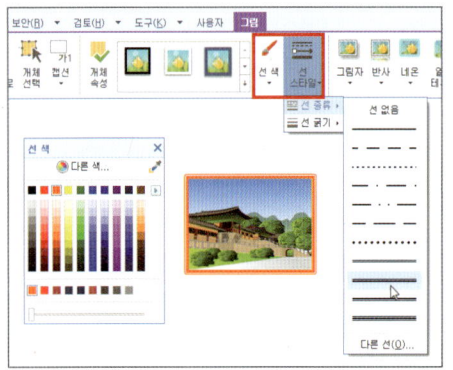

- ▶ 표의 셀에 그림 채우기 : MS Word는 셀 안에는 그림을 채울 수 없습니다. 셀 위에 같은 크기로 그림을 올려 놓거나, 그림을 '텍스트 줄안'으로 배치해 셀 안에 글자로 입력하세요.

- 그림의 여백은 '정사각형', '빽빽하게', '투과하여' 배치에서 지정할 수 있고, 텍스트와의 간격으로 사용됩니다.

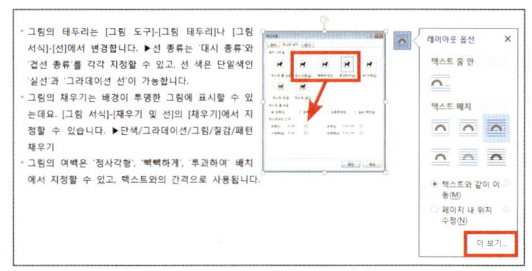

그림 자르기 `워드`

- [그림 도구]–[자르기]를 선택한 후 자르기 핸들을 조절해 그림을 자르면 됩니다. [그림 서식]–[그림]–[자르기]에서는 정확한 값으로 그림을 자를 수 있습니다.

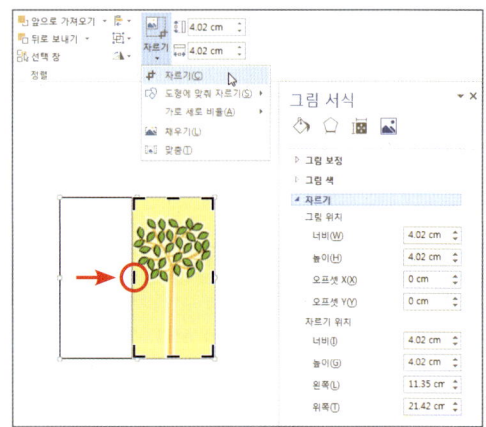

- 바깥으로 자르기 : 자르기 핸들을 그림 바깥으로 늘려 그림 프레임을 크게 늘릴 수 있습니다. 이 간격은 투명하며 채우기 색을 넣을 수 있습니다. [기타 레이아웃]–[텍스트 배치]의 '텍스트와의 간격'과는 다릅니다.

- 그림의 여백은 바깥 개체의 여백과 안쪽 그림의 여백이 서로 다릅니다. ▶개체의 여백은 [개체 속성]-[여백/캡션]에서 지정하고, 그림 여백은 [개체 속성]-[그림]이나 [그림 도구]-[여백]에서 지정합니다. ▶평소에는 차이가 없지만, 테두리를 줘 보면 개체 여백은 테두리 바깥 쪽에, 그림 여백은 테두리 안쪽에 생기는 것을 알 수 있습니다. 개체 여백은 그림이 '글자처럼 취급'이나 '어울림', '자리 차지' 배치일 때 글자/개체와의 간격으로 사용됩니다.

- 도형에 맞춰 자르기 : [삽입]-[도형]에 있는 도형 모양으로 그림을 자를 수 있습니다.

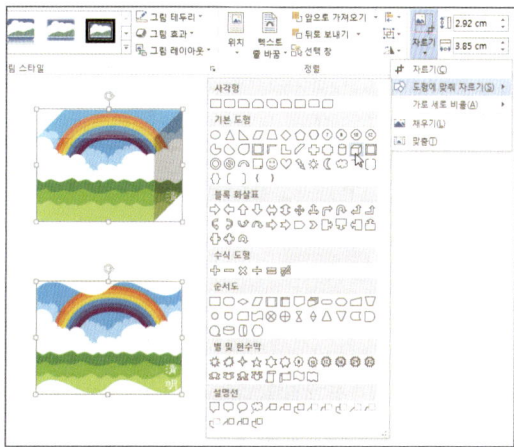

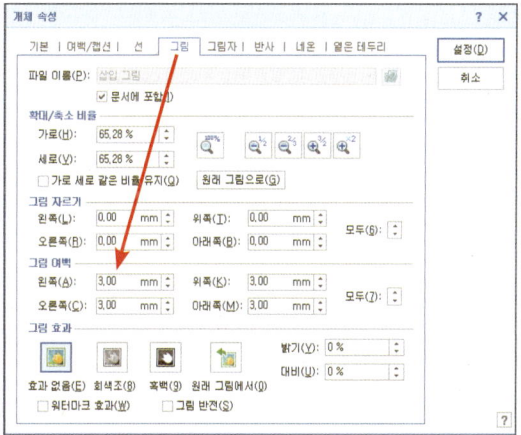

- 가로 세로 비율 : 정사각형(1 : 1), 세로(2 : 3/3 : 4/3 : 5/4 : 5), 가로(3 : 2/4 : 3/5 : 3/3 : 2/16 : 9/16 : 10) 비율로 자르기 합니다.

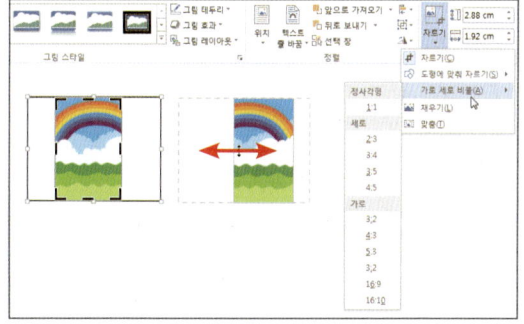

- 채우기 : 원래 틀이 표시되고 다시 채울 수 있습니다.
- 맞춤 : 자른 프레임 안에 사진을 본래 비율대로 맞춥니다

채우기 한글

- 그림에는 채우기가 없습니다. 배경이 투명한 png, wmf 파일 등의 배경을 지정하려면 사각형을 추가해 겹쳐 표현하세요.

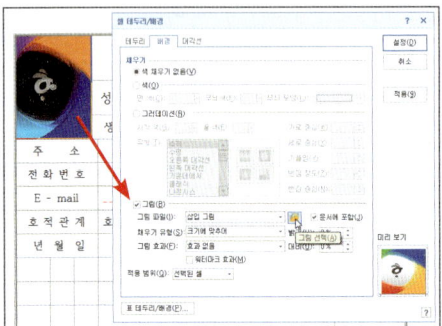

그림 배경 제거 `워드`

- 선택한 그림의 원하는 부분을 투명하게 제거합니다. 보관할 영역과 제거할 영역을 꼼꼼히 선택할 수 있습니다.

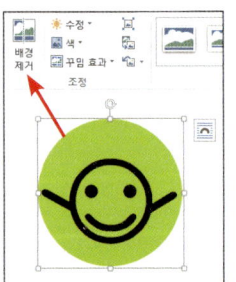

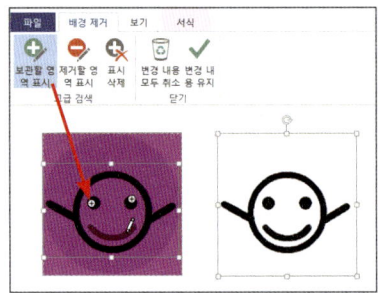

그림 자르기 `한글`

- Shift를 누르거나, [그림 도구]-[자르기]를 선택한 후 자르기 표시를 이동해 그림을 자릅니다. [개체 속성]-[그림]에서는 정확한 값으로 그림을 자를 수 있습니다. ▶자른 그림을 원래대로 하려면 Shift를 눌러 다시 늘려 줍니다. 한/글의 자르기는 원본 이상은 늘어나지 않습니다.

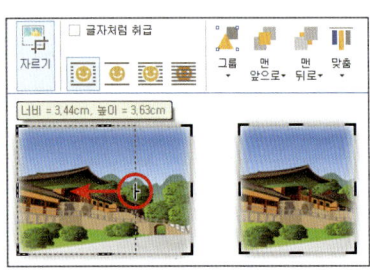

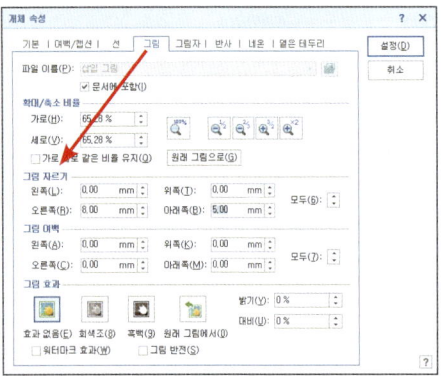

그림 바꾸기/삽입 그림 저장하기 `워드`

- 그림 바꾸기 : 입력된 그림의 속성은 유지한 채 그림을 다른 파일로 변경합니다. MS Word의 그림 바꾸기는 그림의 가로/세로 비율은 유지하기 때문에 크기는 달라질 수 있습니다.

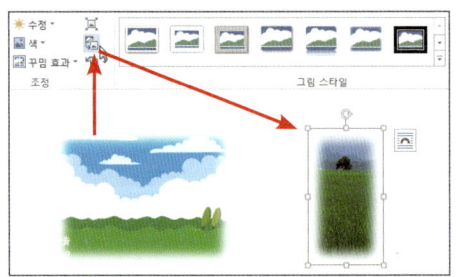

▶'도형에 맞춰 자르기'는 없습니다. 도형을 먼저 만든 후 도형의 채우기를 그림으로 지정하세요.

그림 바꾸기/삽입 그림 저장하기 　한글

- 그림 바꾸기 : 입력된 그림을 속성/크기는 그대로 한 채 그림만 다른 파일로 변경합니다.

- 삽입 그림 저장하기 : '문서에 포함'된 그림을 파일로 저장하고 연결 상태로 바꿉니다. ▶연결 상태의 그림은 [개체 속성]-[그림]에 폴더가 표시되고 '문서에 포함'을 선택해 다시 문서에 삽입할 수 있습니다. ▶연결 그림이 편집되었을 경우에는 [그림 도구]-[그림 넣기]-[연결 그림 새로 고침]으로 문서에도 적용할 수 있습니다. ▶문서 내 모든 그림의 연결/삽입 상태를 바꾸려면 [파일]-[문서 정보]-[그림 정보]를 이용할 수 있습니다.

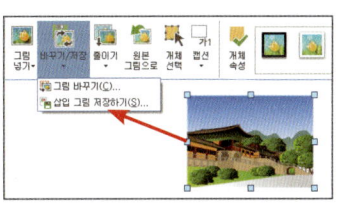

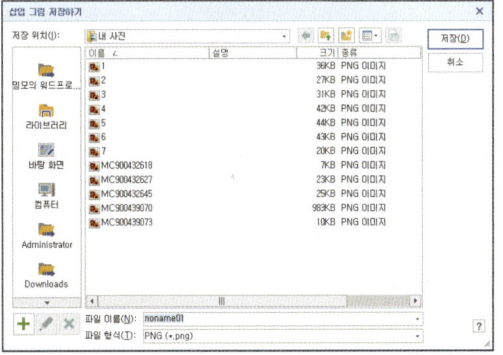

그림 꾸미기

[그림 도구]나, [그림 서식]에서 그림 꾸미기를 설정합니다.

- 그림 스타일 : 만들어진 스타일로 빠르게 꾸미기합니다.

- 기본 설정 : 12가지 기본 설정 효과를 적용할 수 있습니다.

- 그림자 : 그림자 색/투명도/흐리게/크기/각도/간격을 조절합니다.

- 반사 : 반사의 투명도/크기/흐리게/간격을 조절합니다.

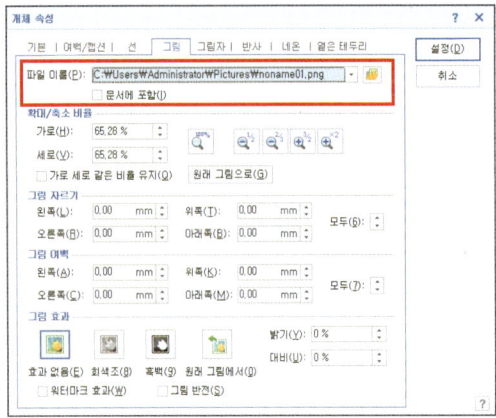

그림 꾸미기 [한글]

[그림 도구]나, [개체 속성]에서 그림 꾸미기를 설정합니다.

- 그림 스타일 : 만들어진 스타일로 빠르게 꾸미기합니다.

- 그림자 : 그림자의 색/투명도/흐리게/크기/거리/기울기/각도 등을 지정합니다.

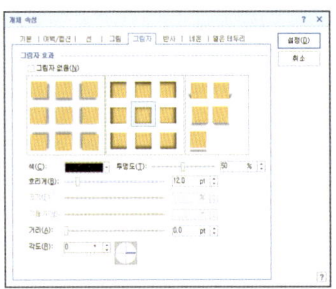

- 네온 : 네온 효과의 색/크기/투명도를 조절합니다.

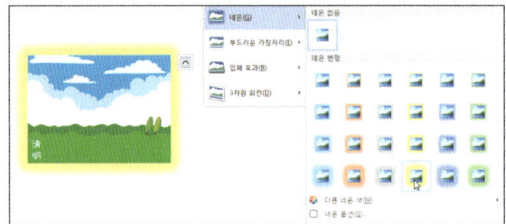

- 부드러운 가장자리 : 크기를 조절할 수 있습니다.

- 입체 효과(3차원 서식) : 위쪽 입체/아래쪽 입체/깊이/외형선/재질/조명을 조절합니다.

- 3차원 회전 : X/Y/Z 회전과 밑면에서의 거리를 조절합니다.

- 반사 : 반사의 크기와 거리를 지정합니다.

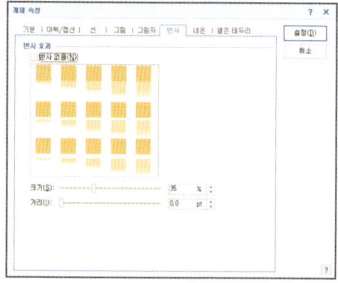

- 네온 : 네온 색/투명도/크기를 지정합니다.

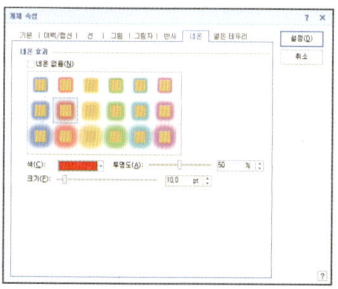

- 옅은 테두리 : 크기를 지정할 수 있습니다.

- 그림 레이아웃 : 그림 스마트아트를 만듭니다.

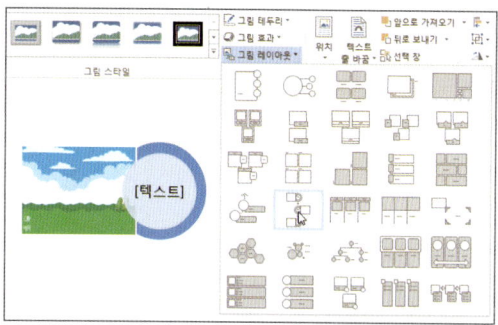

- 꾸밈 효과 : 스케치, 모자이크 등 다양한 효과를 줍니다.
- 그림 서식 : 선명도/밝기/대비/채도/색조 등을 변경합니다.

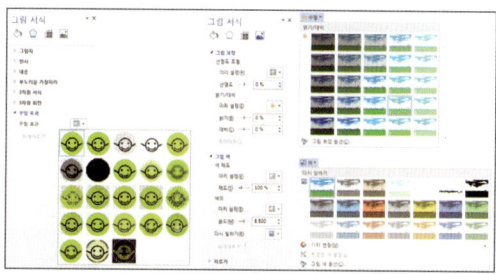

- 그림 원래대로 : 그림의 꾸미기 속성과 크기를 원래대로 바꾸려면 [그림 도구]-[그림 원래대로]의 '그림 원래대로' 또는 '그림 및 크기 다시 설정'을 선택합니다.

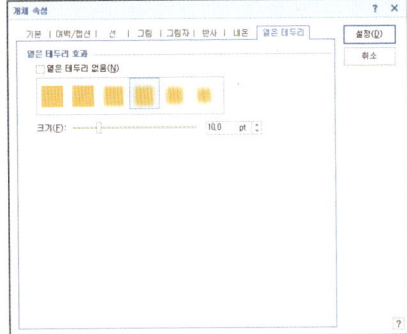

- 색조 조정 : 회색조/흑백/워터 마크 효과를 지정합니다.

- 밝기 : 그림의 밝기를 조절합니다.

- 대비 : 그림의 명암을 조절합니다.

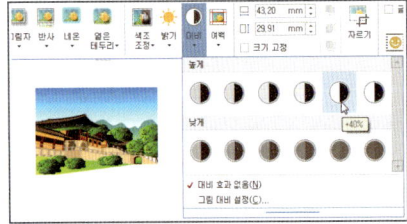

- 꾸미기 속성 없애기 : [그림 도구]-[원본 그림으로]

2 그림의 배치/정렬/위치

배치/정렬/위치 [한글]

배치

- 배치는 본문과의 배치 방법을 정하는 것입니다. 글자에만 영향을 주는 것은 아니고 앞/뒤에 개체가 있다면 다른 개체간의 표시에도 영향을 줍니다. 예를 들어, '글 앞으로' 배치는 '글자처럼 취급'을 비롯해 다른 모든 배치보다 위에 표시됩니다.

  ▶ 글자처럼 취급 : 그림을 문단 줄 안에 글자처럼 표시하는 것으로 조판 부호가 뒤에 오는 것이 특징입니다.

  ▶ 어울림 : 글자가 그림을 둘러쌀 수 있도록 하는 배치로 글자를 왼쪽에만, 오른쪽에만 둘 수도 있습니다.

  ▶ 자리 차지 : 한 줄 전체를 개체로 차지하도록 하는 배치 방법으로 개체끼리는 잘 겹쳐지지 않는 것이 특징입니다. 자리 차지인 두 개체를 겹치고 싶다면 둘 중 하나는 개체 속성에 '서로 겹침 허용'을 선택해 놓아야 합니다.

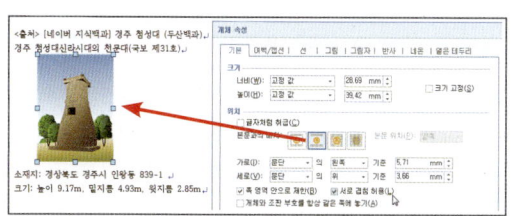

  ▶ 글 앞으로(Shift+End) : 글자나 개체 위에 겹쳐 올릴 수 있도록 하는 배치로 아래의 글자나 개체는 가려져서 보

텍스트 배치/위치/정렬 [워드]

텍스트 배치

- 텍스트 배치는 텍스트와 개체와의 표시 방법으로, 개체가 겹쳐있을 때도 영향을 줍니다. ▶Word 2013은 '레이아웃 옵션' 단추로 배치/위치를 바로 지정할 수 있습니다.

  ▶ 텍스트 줄 안 : 그림을 글자로 취급하여 단락 내 표시

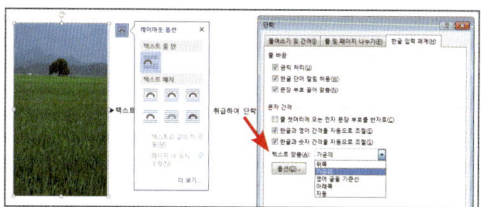

  ▶ 정사각형 : 글자가 그림을 정사각형으로 둘러싸는 배치

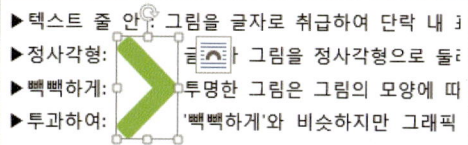

  ▶ 빽빽하게 : 투명한 그림은 그림의 모양에 따라 글자를 최대한 빽빽하게 배치

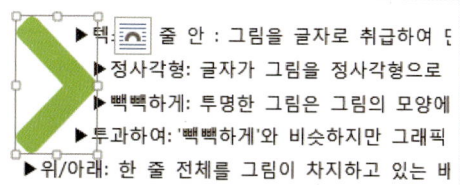

  ▶ 투과하여 : '빽빽하게'와 비슷하지만 그래픽 안에 열린 공간이 있을 경우 텍스트가 열린 공간을 통해 보이는 배치

  ▶ 위/아래 : 한 줄 전체를 그림이 차지하고 있는 배치

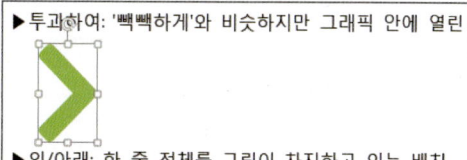

이지 않게 됩니다. ※그림이나 도형이 표 위에 겹쳐 표시되려면 표 바깥에 조판 부호가 입력되어야 합니다.

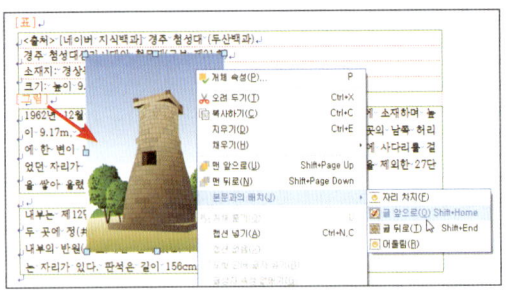

▶ 글 뒤로(Shift+End) : 그림을 본문(개체) 아래 놓는 배치로 그림을 배경처럼 사용할 때 쓸 수 있습니다. 싸인이나 도장을 이름과 겹쳐서 놓을 때도 쓸 수 있겠죠..^^

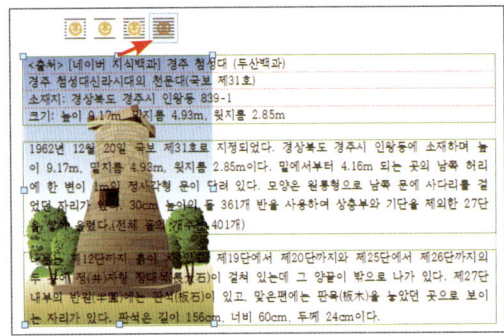

• 정렬(앞으로/맨 앞으로/뒤로/맨 뒤로) : 정렬은 개체와 개체가 겹쳐있을 때 표시할 순서를 정하는 것으로, 배치 방법을 통일하고 지정하는 것이 좋습니다.

• 겹쳐진 개체의 개체 선택 : 선택이 잘 되지 않는 개체는 Alt+클릭 또는 [그림 도구]-[개체 선택]을 이용해 선택하거나, F11을 이용해 선택 후 F11/Shift+F11, Tab/Shift+Tab으로 이동하세요.

▶ 텍스트 뒤 : 그림이 글자나 개체 뒤에 배치

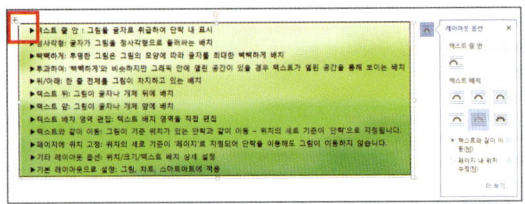

▶ 텍스트 앞 : 그림이 글자나 개체 앞에 가리는 배치

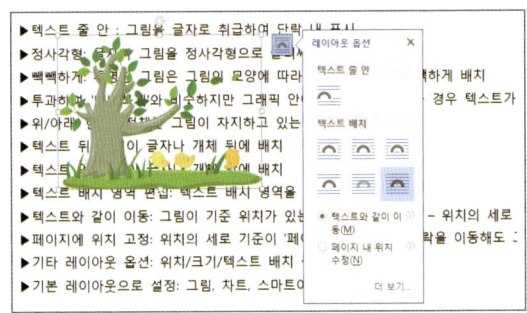

▶ 텍스트 배치 영역 편집 : 텍스트 배치 영역을 직접 편집. 편집 방법은 도형의 '점 편집'과 동일 - 점을 선택하면 이동, 선에서는 '+' 점 추가, Ctrl을 누르면 'X' 점 삭제

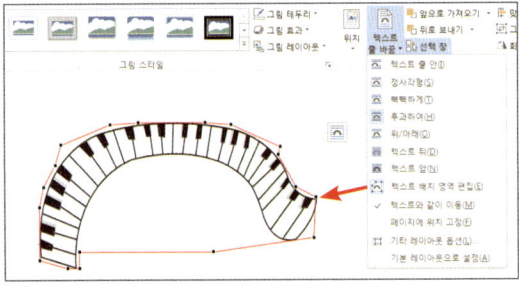

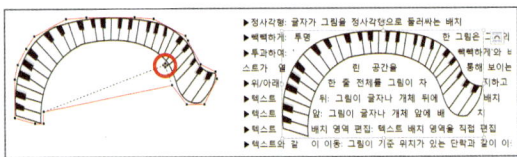

▶ 텍스트와 같이 이동 : 그림이 기준 위치가 있는 단락과 같이 이동 - 위치의 세로 기준이 '단락'으로 지정됩니다.

• 위치 : 기준(종이/여백/문단)을 정하고 정렬을 하거나 위치를 정하는 것으로, 배치가 까다로운 곳에 개체를 가져다 놓거나, 기준의 한 부분에 개체를 고정할 때 사용합니다.

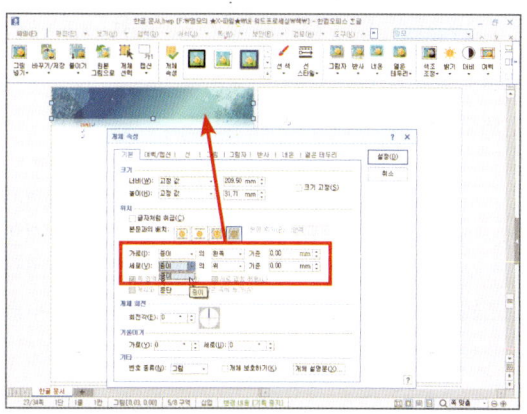

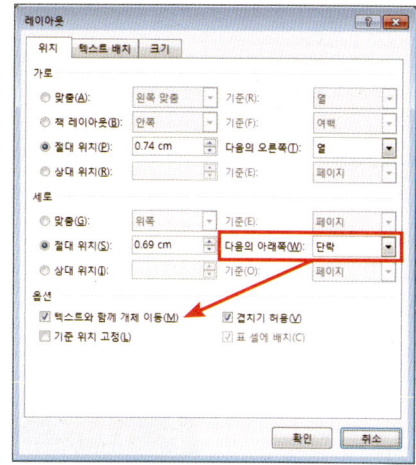

▶ 페이지에 위치 고정 : 위치의 세로 기준이 '페이지'로 지정되어 단락을 이동해도 그림이 이동하지 않습니다. 페이지가 넘어가면 다음 페이지의 지정 위치로 이동됩니다.

▶ 기타 레이아웃 옵션 : 위치/크기/텍스트 배치 상세 설정

▶ 기본 레이아웃으로 설정 : 그림, 차트, 스마트아트에 적용

• 그림을 여러 개 만들어 '그룹'으로 묶으려면 배치는 통일하는 것이 좋습니다. 배치 방법이 다른 도형을 '그룹'으로 묶으면 모두 '텍스트 앞'으로 배치됩니다.

• '정사각형', '빽빽하게', '투과하여' 배치는 [기타 레이아웃]-[텍스트 배치]에서 '텍스트 줄바꿈'과 '텍스트와의 간격'을 지정할 수 있습니다. '텍스트 줄바꿈'은 글자를 그림의 어느 쪽에 배치할 것인지 지정하는 것입니다. '왼쪽'을 선택하면 글자를 그림의 왼편에만 배치합니다.

도형도 여러 도형을 그룹으로 묶어 새로운 도형이나 모양을 흔히 만들지만, 그림 또한 도형이나 다른 그림과 겹친 후 그룹으로 묶어 사용하는 경우가 많습니다. 도형이나 그림을 묶어 사용하면 '그리기'라고 부르거나 '클립 아트'라고도 부릅니다. 한/글에서는 그리기와 클립 아트가 '그리기 마당'에 모아져 있는데요. 풀어서 다시 편집할 수 있는 것은 '그리기 조각', 그림으로 편집할 수 없는 것은 '클립 아트'라고 구분하죠. MS Word는 온라인(Office.com)에서 클립 아트를 다운 받아 사용할 수 있는데, 그리기처럼 묶인 것은 '일러스트레이션'으로 분류되어 그림 편집 또는 그룹 해제하여 편집할 수 있고, 완전한 그림인 '사진'으로 분류된 종류는 역시 편집이 되지 않습니다. 그러니까 '그리기'로 도구가 열리면 모두 그룹을 풀어 다시 편집할 수 있지만, 클립 아트로 불리는 '그림'은 편집이 되는 것도 있고 안 되는 것도 있어요. 편집이 되는 것은 그림을 다른 그림이나 도형으로 다시 그룹화 해놓은 것이지요...^^

3 기타 그림 다루기

기타 그림 다루기 한글

- 캡션 : 그림 캡션(Ctrl+N,C)의 번호 종류는 개체 속성에서 변경할 수 있습니다. ▶캡션의 새 번호는 [쪽]-[새 번호로 시작]에서 '그림'을 선택해 변경할 수 있습니다. ▶구역이 나눠졌다면 Ctrl+N,G(구역 설정)에서 구역의 그림을 새 번호로 시작하도록 정할 수 있습니다.

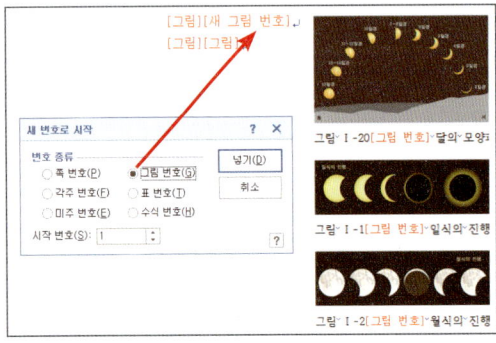

▶캡션의 번호와 내용으로는 '그림 목차'를 만들 수 있습니다. [도구]-[제목 차례]-[차례 만들기]에서 '그림 차례'를 선택해 만들면 됩니다. ※차례만들기 참고.

- 그림 참조 : 본문에 입력된 그림의 그림번호, 내용, 페이지 번호 등을 참조(Ctrl+K,R)해 쓸 수 있습니다. 변경되는 번호, 내용을 반영하고 클릭하면 그림이 있는 곳으로 찾아갑니다. 다른 문서의 그림도 참조가 가능합니다.

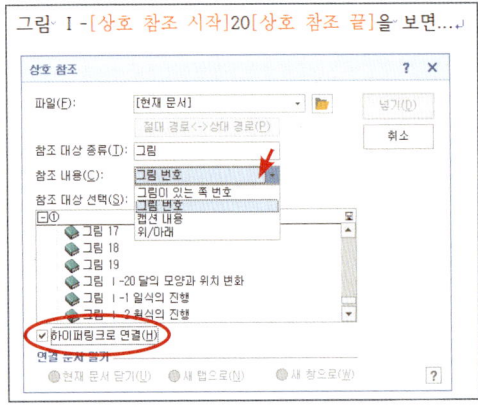

기타 그림 다루기 워드

- 캡션 : [참조]-[캡션 삽입] 또는 마우스 오른쪽 버튼의 '캡션 삽입'을 선택해 '레이블'과 '번호'를 자동으로 붙이세요.

▶캡션이 '텍스트 상자'로 입력된 경우 그림과 다중 선택하여 '그룹'으로 묶어 주고, 단락에 바로 입력된 경우 단락 설정의 '현재 단락과 다음 단락을 항상 같은 페이지에 배치'를 선택해 주세요. 캡션 스타일에는 자동 적용되어 있지만, 그림/표/수식 등 캡션 종류가 여러 가지일 경우 각각 다른 스타일로 만들어 적용하는 것이 좋습니다.

▶새 번호를 주려면 캡션 번호에서 Shift+F9 (필드 코드 표시) 상태에서 스위치 '\r 새 번호'를 넣어 주면 됩니다. 예를 들어, '{ SEQ Figure * ARABIC \r 3 }' 으로 입력되면 그림 번호가 'Figure 3'부터 시작됩니다. 수정했다면 다시 Shift+F9 한 다음 번호를 선택해 F9 해주세요.

- 그림 목차 만들기 : 캡션을 넣고, [참조]-[그림 목차]에서 '캡션 레이블'을 찾아 목차로 만듭니다. ※목차 참고

- 그림 참조 : [상호 참조]로 그림의 번호/내용/페이지 번호 등을 본문 내용에 참조해 쓸 수 있습니다. 참조될 내용이 변경되면 상호 참조에도 반영이 됩니다. ▶[삽입] 또는 [참조]-[상호 참조]에서 참조 대상과 내용을 선택해 입력합니다. ▶필드 업데이트-F9, 업데이트 잠금-Ctrl+F11

- 개체 모양 복사(Alt+Shift+C) : 그림의 크기, 선, 꾸미기 효과를 복사해 다른 개체에 붙이기(Alt+Shift+V) 할 수 있습니다.

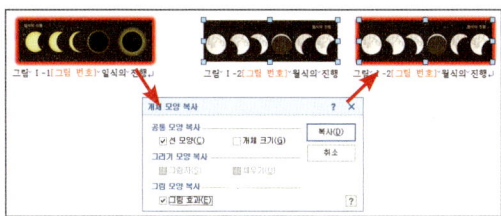

- 그림 파일로 저장하기 : 입력된 그림을 저장하려면 마우스 오른쪽 버튼의 '그림 파일로 저장' 합니다. 한/글은 그림 뿐만 아니라 도형이나 개체 묶기된 그리기도 그림 파일로 저장(꾸미기까지)할 수 있습니다. ▶표나 도형의 채우기로 입력된 그림은 [개체 속성]-[그림]에서 '문서에 포함'을 잠시 해제하여 파일로 저장(원본)합니다. 저장한 후는 '문서에 포함'을 선택해 다시 입력해 줘야 합니다.

- 그림을 다시 사용하기 : '상용구'나 '그리기 마당에 등록'하여 같은 컴퓨터에서 그림을 반복 사용할 수 있습니다.
  - ▶상용구 : 그림을 선택한 후 Alt+I > '준말'을 넣어 [등록]. 입력할 때는 '준말', Alt+I로 입력할 수 있습니다.
  - ▶그리기 마당에 등록 : 그림을 선택해 마우스 오른쪽 버튼의 '그리기 마당에 등록'을 선택하고 등록할 '꾸러미'와 '이름'을 입력해 등록합니다. 사용은 [입력]-[그리기 마당]에서 선택한 꾸러미로 들어가 입력하면 됩니다. 도형은 '그리기 조각'에, 그림은 '클립아트'에 있습니다.
  - ▶'상용구'는 편집된 상태 그대로 저장되고, '그리기 마당'은 원본 모양대로 저장됩니다.

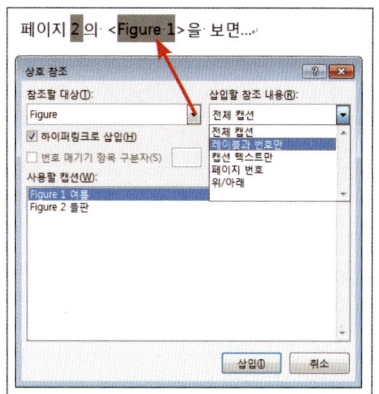

- 개체 복사(Ctrl+D) : 선택한 그림을 복사해 추가합니다.
  ※다시 실행 : F4, 되돌리기 Ctrl+Z

- 그림 파일로 저장하기 : 그림을 선택해 마우스 오른쪽 버튼의 '그림으로 저장'으로 저장할 수 있습니다.

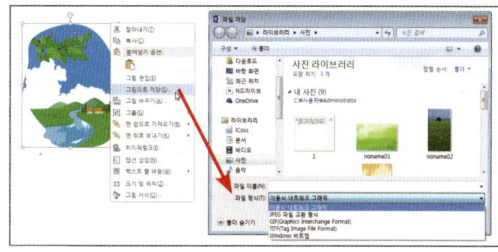

- 그림 다시 사용하기 : 그림을 편집한 후 Alt+F3 '상용구' 또는 '빠른 문서 요소' 등의 갤러리에 저장해 두고 다시 입력할 수 있습니다.

기타 그림 애로 사항 워드

- 그림이 원하는 위치에 이동되지 않을 때 : 그림 또는 다른 개체의 배치 방법을 '위/아래'가 아닌 다른 방법으로 바꿔주세요. ▶'정사각형', '투과하여' 등의 배치라도 개체가 너무 크고 [기타 레이아웃]-[위치]에 '겹치기 허용'이 선택되어 있지 않다면 겹쳐지지 못하게 됩니다.

- 그림이 보이지 않을 때
  - ▶그림이 흔적도 없이 보이지 않을 경우는 [홈]-[선택]-[선택창]을 켜고 [모두 표시]를 선택합니다.

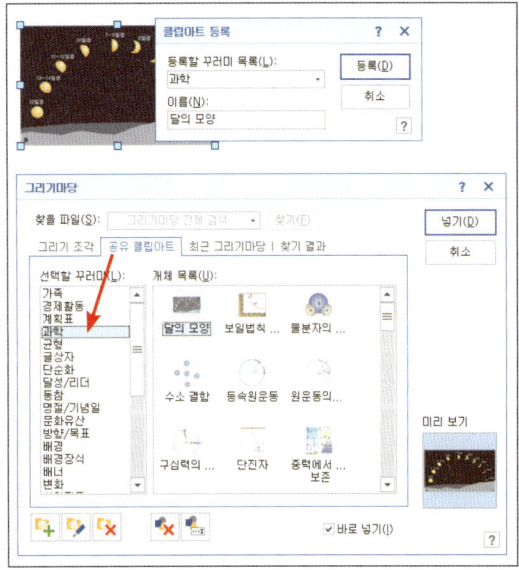

기타 그림 애로 사항 [한글]

- 그림이 원하는 위치에 이동되지 않을 때 : ❶ 문단 부호를 켜두고 그림을 넣을 곳에 엔터를 넉넉히 넣어 놓습니다. ❷ 선택한 그림, 또는 주변 개체의 배치를 하나는 '자리 차지'가 아닌 다른 배치로 바꿔준 후 이동하면 됩니다.

  ▶ 세밀한 조정이 안될 경우는 [Alt]를 누르고 조절하거나, 방향키로 이동하면 됩니다.

- 그림을 복사해 붙였는데 보이지 않을 때 : 하위 버전에서 주로 생기는데, 그림에 위치가 정해져 있기 때문이거나, 자리차지 배치 때문입니다. [보기]-[조판 부호]를 켜고 [그림] 조판 부호에서 [Ctrl]+[N],[K] 개체 속성에서 '위치'를 다시 정하거나, '글자처럼 취급' 합니다.

- 그림을 입력한 자리에 고정하고 싶다면 : 위치만 고정하려면 [개체 속성]에서 '쪽'이나 '종이'의 위치를 정해 주면 됩니다. 마우스로도 이동되지 않도록 하려면 [개체 속성]에서 '개체 보호하기'를 선택해 클릭되지 않도록 합니다.

  ▶ 개체 보호가 되어 선택이 안되는 개체는 조판 부호에서 [Ctrl]+[N],[K]로 개체 속성에 들어가 수정합니다.

- 그림이 보이지 않을 때 : 그림이 X 표시로 테두리만 표시된다면 [보기]-[그림]을 선택해 놓습니다. 입력된 그림의 양이 많아 문서를 빠르게 편집하기 어려울 때 [보기]-[그림]을 해제하고 사용합니다.

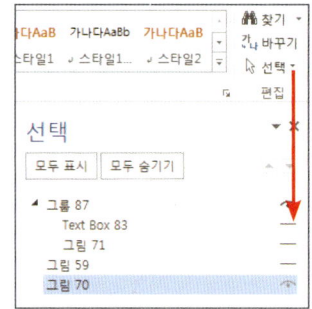

▶ 그림이 틀만 표시되고 보이지 않을 경우는 [파일]-[옵션](Word 옵션)-[고급]의 '그림 개체 틀 표시'를 해제해 놓습니다.

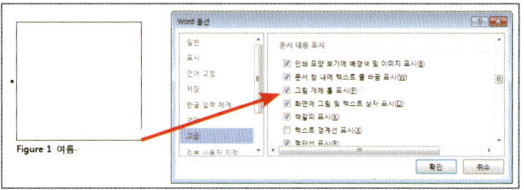

- 그림이 인쇄(미리보기)되지 않을 때 : [Word 옵션]-[표시]의 '배경색 및 이미지 인쇄'를 선택해 놓습니다.

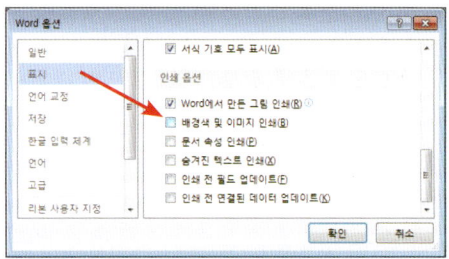

- 그림 용량 줄이기 : [그림 도구]의 [그림 압축]을 선택해 그림의 크기를 줄입니다.

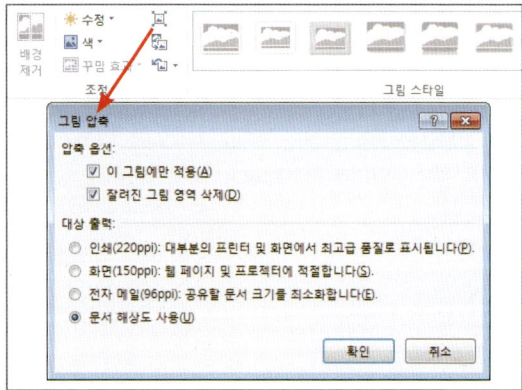

- 그림이 테두리만 있을 때 : X 표시가 없이 테두리만 남은 그림은 대부분 '문서에 포함' 되지 않은 연결 상태의 그림을 삭제하거나, 파일을 이전했기 때문입니다. 이때는 [개체 속성]-[그림]의 연결 폴더를 다시 지정해 주어야 하는데, '문서에 포함'하는 것이 좋습니다. '문서에 포함'이 선택되었지만 안나오는 경우는 지우고 다시 입력합니다.

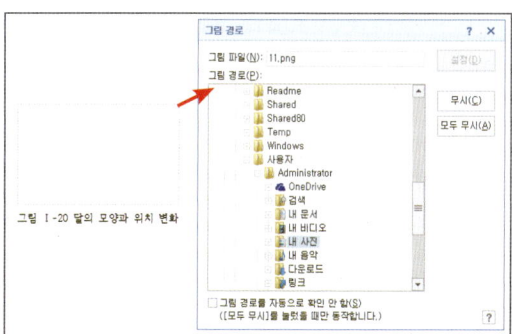

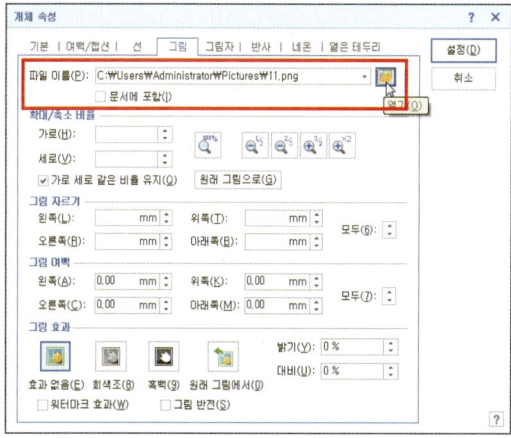

▶ 그림이 인쇄되지 않을 때 : [인쇄]-[확장]의 '그림 개체'를 선택해 놓습니다.

표 셀에 그림 넣기

표의 셀 안에 그림을 넣을 때 그림을 넣은 셀만 크기가 커지는 경우가 생깁니다.

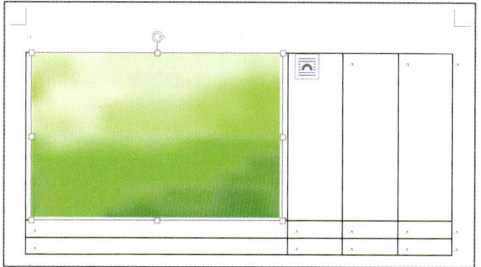

▶ 이것은 '표 옵션'에 '내용에 맞게 자동으로 크기 조정'이 선택되어 있어서 그렇습니다. 해제하면 셀 너비에 그림의 가로 크기가 맞춰져 입력됩니다.

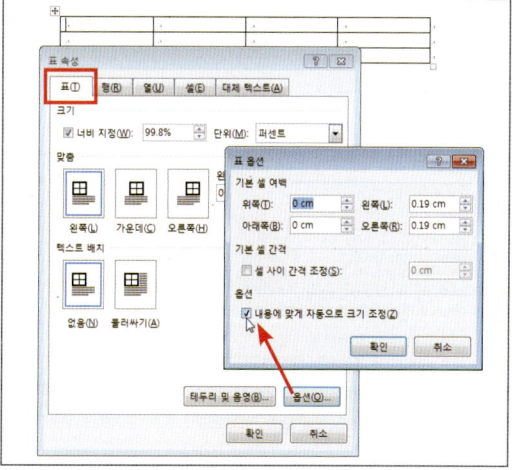

▶ 만약 이 셀의 여백도 없애려면 '셀 옵션'에서 '전체 표와 동일하게 적용'을 해제하고 셀 여백을 없앤 후,

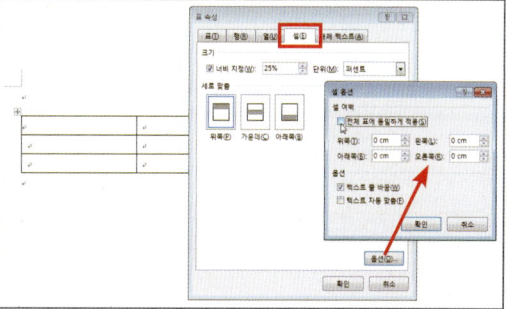

- 삽입 그림 용량 줄이기 : 입력된 그림의 용량을 줄이려면 그림을 선택해 [그림 도구]-[줄이기]-[용량 줄이기 설정] 을 해줍니다.

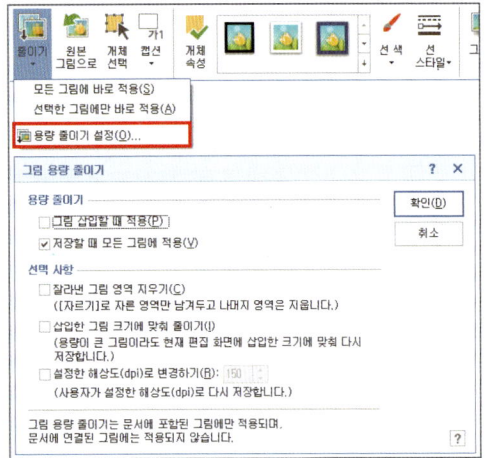

- 스크롤할 때에도 그림을 선명하게 보고 싶다면 : [도구]-[환경 설정]-[개체]에서 '개체 품질 높임'을 선택해 놓습니다.

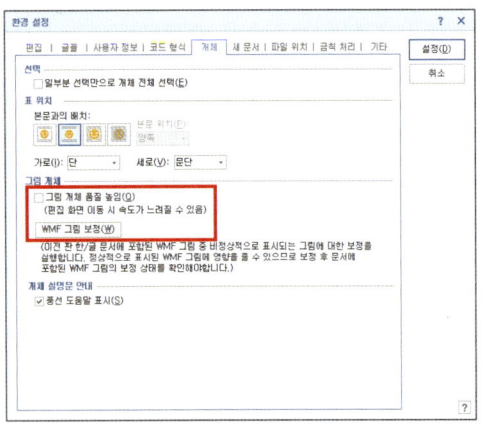

▶ 단락의 줄 간격과 단락 간격도 최소한으로 없애고 입력하면 됩니다. ※그림의 배치는 '텍스트 줄 안'

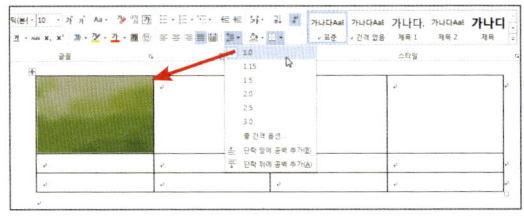

스마트아트(SmartArt) 그림 레이아웃 사용하기

워드

SmartArt 그림 레이아웃은 그림을 쉽게 추가할 수 있도록 콘텐츠 콘트롤이 추가된 SmartArt 레이아웃입니다. 본문의 그림을 도형에 복사해 붙여도 됩니다.

그림 레이아웃

[삽입]-[SmartArt]-[그림]에서 찾아 입력합니다. SmartArt는 그리기 캔버스에 도형으로 되어 있습니다.

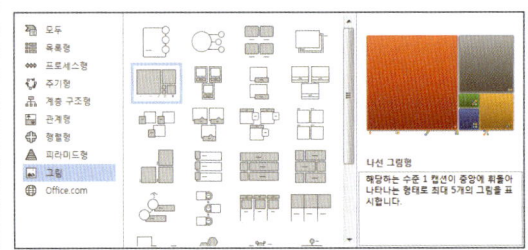

그림 레이아웃 만들기

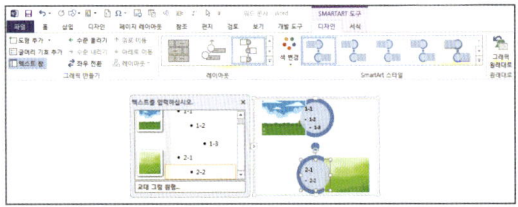

- 그림 삽입 : 그림은 그림 콘텐츠 콘트롤을 클릭해 삽입하고, 내용은 연결된 도형의 [텍스트] 필드에 입력하거나, '텍스트 창'에 목록으로 입력합니다.

그림 활용하기 한글

그림 위에 글자 넣기

- 그림을 '글 뒤로' 배치하여 본문 글자 아래에 놓는 방법
- 글상자를 이용하는 방법 : ▶테두리 선이 없는 글상자를 만들어 그림 위에 정렬하고 ▶다중 선택(Shift+클릭) ▶개체 묶기를 이용해 하나의 개체로 만듭니다.

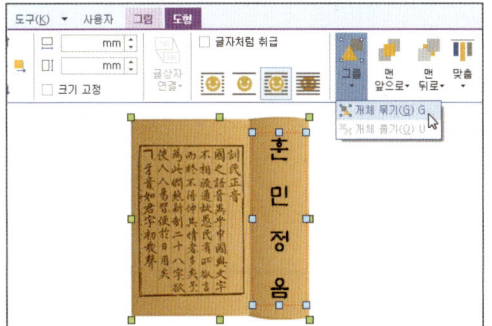

- 캡션을 이용하는 방법 : 캡션의 위치를 '- 값'으로 지정해 그림 안에 캡션이 입력되도록 할 수 있습니다. ※캡션을 따로 사용하지 않을 때 사용

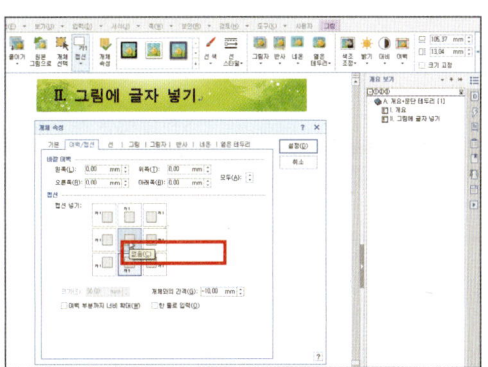

그림을 배경으로 사용하기

- 문서의 배경 : [쪽]-[쪽 테두리/배경]-[배경]에서 '그림'을 선택해 추가하거나, [바탕쪽], [머리말]안에서 그림을 입력하여 배경으로 만들 수 있습니다. [쪽 테두리/배경]과 [바탕쪽]은 구역을 나누어 모양을 바꾸고, [머리말]은 새 머리말로 다른 모양을 만들 수 있습니다.
- 워터마크 : [파일]-[인쇄]-[워터마크]에서 '그림 워터마크'를 추가해 문서의 글 앞이나 뒤로 표시할 수 있습니다.
- 페이지의 배경 : 한 페이지의 배경으로 그림을 사용하려면 입력해 위치를 조정한 후 '글 뒤'로 배치합니다.

- 수준 변경 : '텍스트 창'에서는 Tab/Shift+Tab으로 변경하고, 도형은 선택해서 Alt+Shift+[방향키]로 이동해서 변경합니다.
- 도형 추가 : 추가하려는 도형을 먼저 선택해 '도형 추가' 합니다.
  - ▶추가 도형의 위치 : 앞/뒤에 추가되는 도형은 같은 수준의 다른 목록이고, 위/아래 추가되는 도형은 상위 또는 하위 수준의 연결된 목록입니다. '텍스트 창'을 열어 자세한 구조를 확인하세요.
- 레이아웃 속성 : [SmartArt 도구]-[디자인]에서, 도형, 텍스트의 속성은 [SmartArt 도구]-[서식]에서 변경합니다.

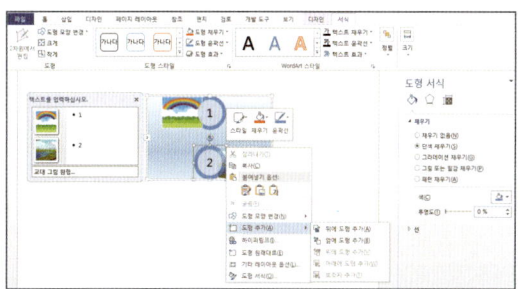

- 그림으로 저장 : SmartArt는 그리기 캔버스 안에서만 표시됩니다. SmartArt를 개체로 본문에 입력하거나, 그림으로 저장하려면 MS Word에서는 불가능하고 ▶복사한 후, 파워포인트에 붙여넣어 '도형으로 변환' 혹은 '그림으로 저장' 할 수 있습니다. '도형으로 변환' 후 다시 MS Word로 옮겨 편집할 수 있고, WMF(Windows 메타파일) 그림 파일로 저장하면 [삽입]-[그림]으로 입력해 '그림 편집' 할 수도 있습니다.

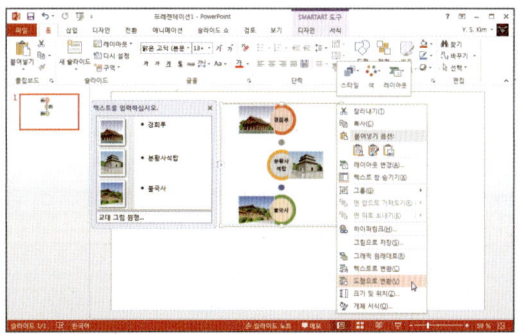

- 표의 배경 : 표나 셀을 선택하여 ⓒ 또는 Ⓕ로 '배경 그림' 을 채울 수 있습니다. ※셀 선택-ⓒ는 셀 단위로(각 셀마다 적용) 각각 그림이 채워집니다.

- 도형이나 그리기의 배경 : 도형(글상자)이나 묶음 그리기 도 채우기(ⓒ)에서 그림을 불러와 채울 수 있습니다.

- 글자의 배경 : 일반 글자는 사용할 수 없고 [입력]-[개체]-[글맵시]의 배경(채우기)으로 지정할 수는 있습니다.

Section 3 쪽/페이지

쪽/페이지에 관한 명령들은 주로 배경과 편집 용지에 관련된 명령들로 문서나 구역 전체에 반영되고, 페이지에 반복해서 표시되는 것들입니다. 한글은 [쪽](한/글 2007은 [모양]) 메뉴에 주로 모여 있고, MS Word는 [삽입], [디자인], [페이지 레이아웃] 메뉴에 페이지에 관련된 명령들이 포함되어 있습니다.

03-1 쪽 번호와 페이지 번호

한/글 쪽 번호 `한글`

쪽 번호는 '쪽 번호 매기기'와 '머리말/꼬리말'로 넣을 수 있습니다. '쪽 번호 매기기'는 페이지에 정해진 곳에만 입력이 가능하고 구역이 바뀌지 않으면 모양을 바꿀 수 없습니다. 머리말로는 '쪽 번호 넣기'로 입력할 수 있고 구역이 필요 없이 변경해야 할 곳에 새 머리말을 입력해 넣으면 됩니다.

쪽 번호 매기기 `Ctrl`+`N`,`P`의 특징 `한글`

- [쪽](한/글 2007이하는 [모양])-[쪽 번호 매기기]로 입력
- 쪽 번호는 머리말처럼 직접 편집은 할 수 없고 정해진 10곳에만 입력이 되며 구역 전체에 입력됩니다.
- 구역이 나눠지지 않으면 새 모양으로 바꿀 수 없습니다.
- 페이지의 첫 부분, 구역의 첫 부분으로 자동 입력되며 같은 구역이라면 여러 번 넣어도 하나로 변경됩니다.
- 조판 부호를 이동해 앞 쪽은 표시하지 않을 수 있습니다.
- 서식은 '스타일'의 'Page Number' 스타일로 수정합니다.
- 번호의 모양이나 새 번호로 변경, 감추기는 머리말과 같습니다. 새 번호는 [쪽]-[새 번호로 시작], 감추기는 `Ctrl`+`N`,`S`로 한 페이지씩 쪽 번호를 감춥니다.
- 조판 부호가 [쪽 번호 위치] 입니다. 머리말이나 바탕쪽에 추가하는 [쪽 번호] 코드 넣기와는 조판 부호가 다르다는

MS Word 페이지 번호 `워드`

페이지 번호는 [삽입]-[페이지 번호]로 입력하고 머리글(바닥글) 안에 표시됩니다. 머리글 안에 표시되기 때문에 서식과 위치를 자유롭게 편집할 수 있습니다.

페이지 번호의 특징 `워드`

- 머리글/바닥글에 페이지 번호가 포함된 것이 '페이지 번호'입니다. '페이지 번호' 갤러리에 위치 별로 저장되어 있습니다. '현재 위치'로 입력하면 커서가 있는 위치에 페이지 번호 블록이 입력됩니다. X/Y 페이지 번호는 '현재 페이지 번호'/'전체 페이지 번호' 형식입니다.
- 페이지 번호는 본문('현재 위치')에 입력할 수도 있습니다.
- 페이지 번호는 `Alt`+`Shift`+`P` 단축키가 있습니다.
- 페이지 번호의 번호/모양/서식은 구역을 나누고 연결을 끊어 줘야 각각 변경이 됩니다.
- 감추기는 따로 없고 첫 페이지는 머리글 설정으로 다르게 입력할 수 있습니다.
- 페이지 번호의 번호 모양과 새 번호는 '페이지 번호 서식'에서 변경합니다.

것을 알아두세요.

- '쪽 번호 매기기'와 '새 번호로 시작'은 바탕쪽이나 머리말 내에는 입력되지 않으므로 본문에 나와 넣어야 합니다.

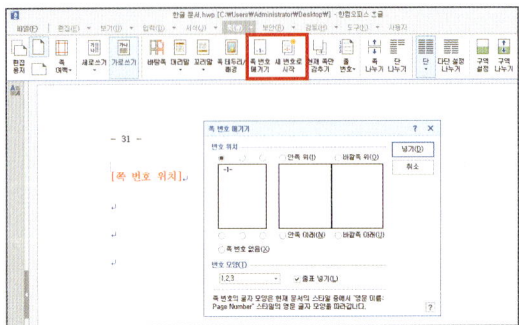

쪽 번호 매기기 한글

❶ [쪽]-[쪽 번호 매기기] 또는 Ctrl+N,P 단축키를 이용해 쪽 번호 매기기 대화 상자를 엽니다.

❷ 쪽 번호를 넣을 위치를 선택합니다. 안쪽/바깥쪽은 홀, 짝 쪽 번호 위치를 다르게 매길 때 선택합니다.

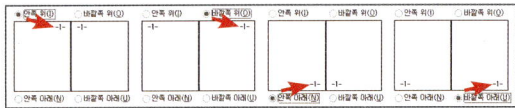

❸ '번호 모양'을 정하고, '줄표' 추가 여부를 선택한 후 [넣기] 하면 구역의 첫 페이지부터 쪽 번호가 매겨집니다.

새 번호로 시작 한글

- 쪽 번호의 번호를 새 번호로 바꾸려면 [쪽]-[새 번호로 시작]에서 변경합니다. ※조판 부호 [새 쪽 번호]

- 한/글 2014부터는 쪽 번호를 '0'번부터 매길 수 있습니다. 첫 페이지를 '감추기' 할 때 활용해 볼 수 있습니다.

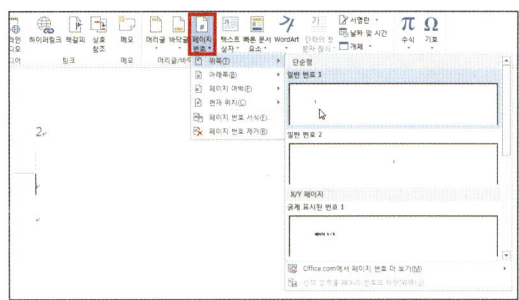

페이지 번호 삽입 워드

❶ [삽입]-[페이지 번호]에서 위치와 모양을 바로 선택해 줍니다. 또는 머리글(바닥글) 위치를 더블 클릭해서 머리글을 만든 후, Alt+Shift+P나 [페이지 번호]-[현재 위치]로 입력해도 됩니다.

❷ 페이지 번호의 위치는 머리글 내에서 자유롭게 편집할 수 있습니다. 머리글을 벗어나 본문이나 좌우 여백 등으로 입력하려면 '텍스트 상자'를 만들어 그 안에 페이지 번호 코드를 넣습니다. ※홀/짝 페이지 번호를 다르게 넣을 경우에도 텍스트 상자에 넣어 표시하는 것이 좋습니다.

❸ 번호의 모양은 [페이지 번호]-[페이지 번호 서식] 대화 상자를 열어 설정합니다.

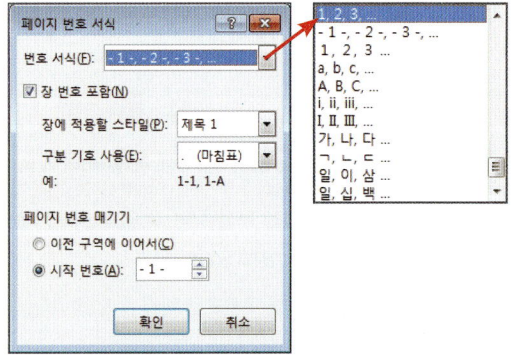

페이지 번호 서식 대화 상자

- 번호 서식 : 번호의 모양

- 장 번호 포함 : 문서에 제목 스타일(번호 목록이 포함되어 있어야 함)이 적용되어 있는 경우 제목의 번호와 구분기호를 페이지 번호에 함께 표시할 수 있습니다.

- 이전 구역에 이어서 : 페이지 번호의 번호를 이전 구역의 번호와 이어서 매깁니다. 번호의 종류나 서식이 아니라 번호만 이어집니다.

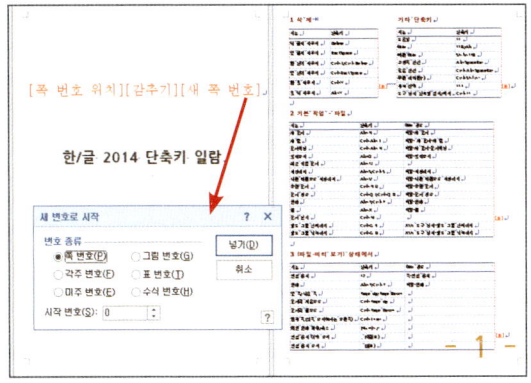

- 시작 번호 : 번호를 새 번호로 지정합니다.

시작 번호 워드

- 페이지 번호의 시작 번호를 바꾸려면 [페이지 번호]-[페이지 번호 서식]에서 '시작 번호'를 변경합니다.
- 페이지 번호는 구역 전체 시작 번호로 지정되고 연결되던 번호와 다르게 새 번호로 시작하려면 구역을 나눠야 합니다.
- '이어서 구역'이라거나 '표지'가 있을 경우, 또는 '첫 페이지를 다르게 지정'을 선택하는 경우 시작 번호를 '0'번으로 해주면 좋습니다.

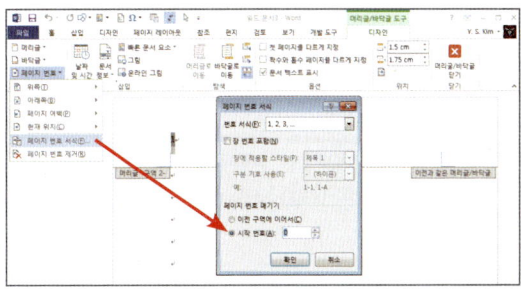

구역 시작 쪽 번호 바꾸기

- '새 번호로 시작'을 하지 않고 Ctrl+N,G 구역 설정으로 쪽 번호를 바꿀 수 있습니다. '시작 쪽 번호'를 사용자 번호로 바꾸고 적용 범위를 '새 구역으로'로 지정하면 됩니다.

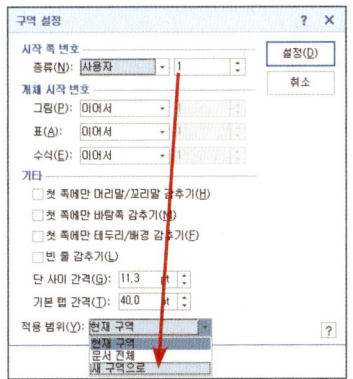

페이지 번호의 서식 워드

- 페이지 번호는 머리글에 입력되기 때문에 '머리글' 스타일이 적용됩니다. 머리글이라 서식은 자유롭게 편집 가능하나, 기본적인 서식을 변경하려면 '머리글' 스타일을 '수정'하면 됩니다.

- 문서 전체의 구역 시작 쪽 번호를 한 번에 바꿀 수도 있습니다. 적용 범위를 '문서 전체'로 지정하면 구역이 나뉜 곳은 모두 새 번호로 적용됩니다.

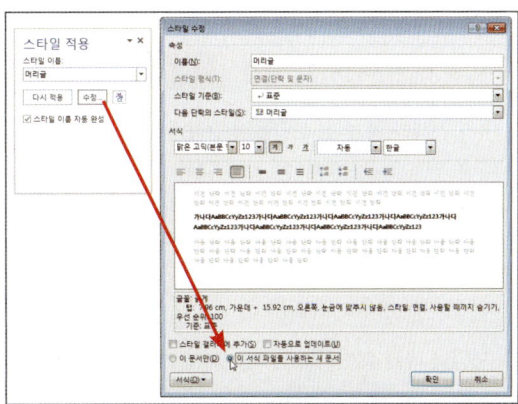

- 옵션으로 '이 서식 파일을 사용하는 새 문서'를 선택하면 모든 새 문서에서 수정된 스타일을 사용할 수 있습니다.

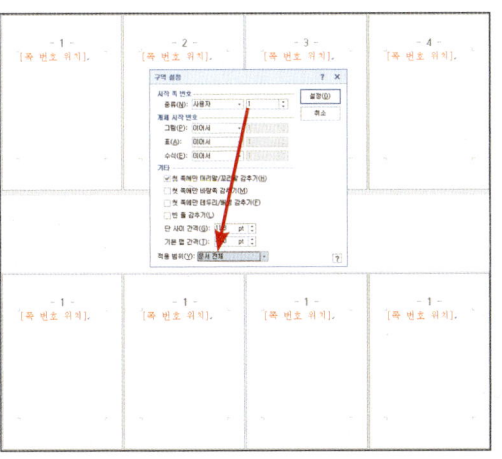

쪽 번호 서식 바꾸기 **한글**

- 쪽 번호의 서식은 [스타일([F6])]-[쪽 번호] 스타일로 변경합니다. 한글 이름과는 상관없이 영어 이름 'Page Number' 스타일을 찾아 [편집하기]하면 됩니다.

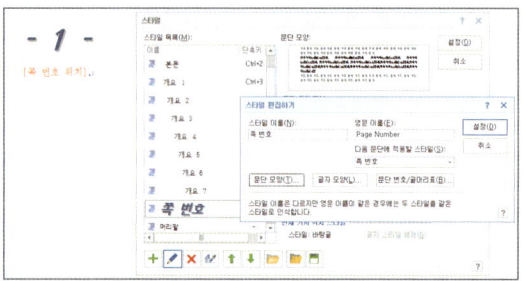

- 쪽 번호 스타일 만들기 : 스타일 대화 상자에서 [+추가하기]로 쪽 번호 스타일을 만듭니다. 영어 이름을 대소문자, 빈칸을 구분해 'Page Number'로 입력한 후 서식을 정하면 됩니다. 단, 이미 'Page Number' 스타일이 있다면 다시 만들 수 없습니다.

  ▶ 쪽 번호의 위치는 스타일로 적용되지 않기 때문에 한/글 2014부터는 쪽 번호 스타일이 '글자 스타일'입니다. 문단 스타일로 변경한다 해도 쪽 번호 위치는 문단 서식으로 적용되지 않습니다. [Ctrl]+[N],[P]로 변경하세요.

- 스타일은 구역을 나눠 다른 모양으로 바꿀 수 없습니다. 한 문서에 두 가지 이상의 쪽 번호 서식을 써야 한다면 쪽 번호를 매기지 말고, 구역과 스타일 서식에 영향을 받지 않는 '머리말/꼬리말'([Ctrl]+[N],[H])을 이용하세요.

쪽 번호 모양/위치 바꾸기 **한글**

- 구역 전체의 쪽 번호 모양을 바꾸려면 구역 아무 곳에서나 쪽 번호 매기기([Ctrl]+[N],[P])를 다시 실행합니다.
- 일부 쪽의 쪽 번호 모양/위치를 바꾸려면 구역을 나눈 뒤 바꿔야 합니다.

쪽 번호 모양 바꾸기 따라하기

1. 모양을 바꿀 페이지의 전 페이지 끝에 구역 나누기([Alt]+[Shift]+[Enter])를 넣습니다.
2. [Ctrl]+[N],[P] 쪽 번호 매기기 대화 상자를 열어 번호 모양이나 위치를 변경합니다.
3. 새 번호가 필요하다면 [쪽]-[새 번호로 시작]으로 번호를 지정해 줍니다.

페이지 번호 모양/번호/서식 바꾸기 **워드**

페이지 번호 뿐만 아니라 머리글의 일부라도 수정하려면 구역을 나누고 연결을 끊어 줘야 새 모양으로 바꿔 적용할 수 있습니다.

- 구역 나누기 : 구역은 [페이지 레이아웃]-[나누기]-[구역 나누기]에서 선택해서 나눕니다. 머리글의 모양은 '이어서' 구역을 선택해도 바꿀 수 있지만, 페이지 번호를 변경하려면 페이지가 나뉘는 세 가지 구역 중에 골라 나누는 것이 좋습니다. ▶ 편집 기호를 켜 놓으면 구역이 나뉜 곳을 쉽게 알아볼 수 있습니다.

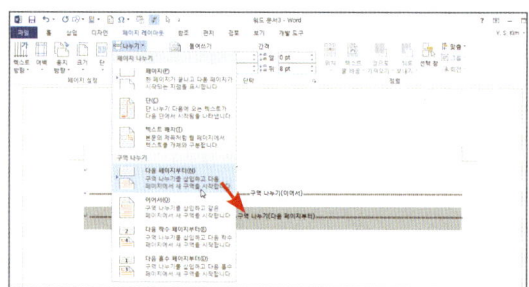

- 이전 머리글에 연결 끊기 : 구역만 나눈다고 머리글을 각각 다르게 만들 수는 없습니다. 구역을 나누어도 앞 구역의 머리글이 그대로 표시되어 있는데요. '이전 머리글에 연결' 단추를 해제하여 현재 구역만 단독으로 변경이 가능하도록 해주어야 합니다. 머리글/바닥글의 연결을 각각 끊어 줘야 하고, 두 구역 사이 머리글을 변경하려면 뒷 구역도 연결을 끊어 줘야 합니다.

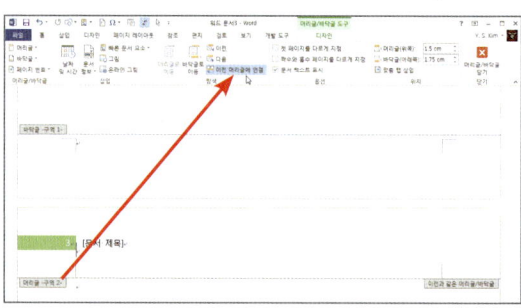

페이지 번호 모양 바꾸기 따라하기

1. 머리글을 바꿀 곳의 전 페이지 끝에서 구역을 나눕니다. [페이지 레이아웃]-[나누기]-[다음 페이지부터]
2. 머리글 또는 바닥글을 더블 클릭해 들어갑니다.
3. '이전 머리글에 연결'을 해제합니다. 머리/바닥글 각각

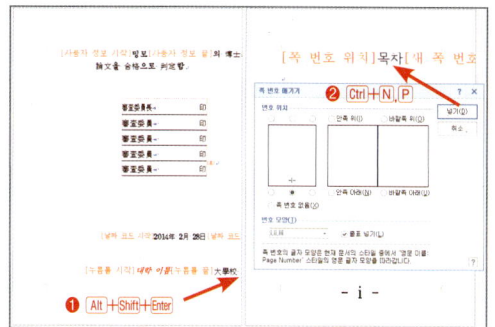

▶구역이나 조판 부호는 복사해서 다시 사용할 수 있습니다. 상용구(Alt+I)로 등록도 가능합니다. 반복되는 쪽 번호는 조판 부호를 활용해 동일하게 적용하세요.

구역 설정 Ctrl+N,G

- 구역 설정 대화 상자를 열어서는 단순한 구역 나누기뿐만 아니라 구역의 여러 속성들을 지정할 수 있습니다.
- 시작 쪽 번호 : 구역을 나누며 쪽 번호를 특정 번호로 시작되도록 지정합니다.
- 개체 시작 번호 : 구역마다 그림/표/수식의 캡션 번호를 특정 번호로 시작하도록 지정합니다.
- 머리말/바탕쪽/쪽 테두리 등 배경의 첫 쪽 감추기 : 감추기 없이 첫 쪽 배경을 감춥니다.
- 쪽 경계의 빈 줄 감추기 : 쪽 경계에 빈 문단 부호가 있을 경우 다음 페이지로 넘어가지 않고 2개까지 감춥니다.
- 기본 탭 간격 설정 : Tab 키로 건너뛰어지는 기본 탭 간격을 조절합니다.
- 적용 범위 : 적용 범위를 선택해 '현재 구역'/'문서 전체'/'새 구역으로'로 적용할 수 있습니다. ※새 구역으로 : 구역 나누기 Alt+Shift+Enter

한/글 구역의 특징

- 구역 확인 : 한/글의 구역은 페이지를 나누는 구역만 있습니다. 구역은 상황선에 표시되어 있습니다. ※쪽 윤곽을 해제하면 붉은 실선으로 표시됩니다.
- 구역 찾아가기 : [찾아가기(Alt+G)]-[구역]
- 구역 삭제 : 뒤쪽 구역에서 Backspace 로 지웁니다.
- 문서의 구역 한 번에 지우기 : [편집]-[조판 부호 지우기]
- 한/글은 구역을 삭제하면 앞 구역의 속성대로 구역이 통일됩니다. 구역이 나뉘며 바꾼 모양들은 모두 윗 구역의 속성으로 적용됩니다.

④ 머리글 모양, '페이지 번호 서식' 등을 변경합니다.
▶구역을 나누고 연결을 끊어도 페이지 번호는 연결됩니다.

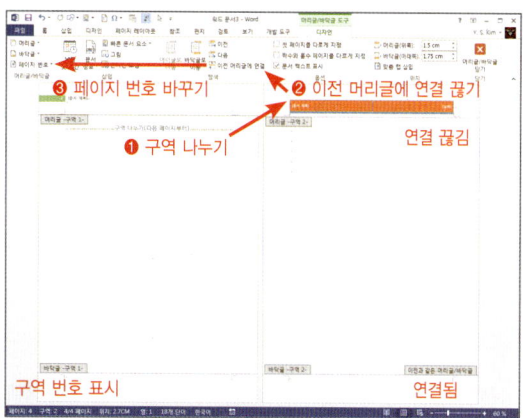

페이지 번호 모양 저장하기 [워드]

페이지 번호의 모양은 '페이지 모양 갤러리'에 저장할 수 있습니다. 상용구와 마찬가지로 '새 블록 만들기(Alt+F3)'에서 갤러리, 범주와 이름을 지정해 주면 됩니다. ▶페이지 번호를 선택한 후 각 갤러리 하단의 '선택 영역을 페이지 번호로 저장'을 선택해도 됩니다.

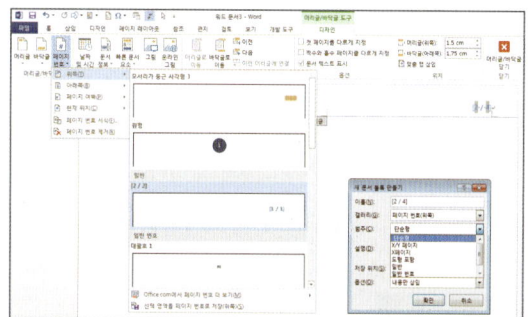

블록 삭제하기

만든 갤러리의 블록을 마우스 오른쪽 버튼으로 선택해 '구성 및 삭제'를 선택하면 편집이나 삭제할 수 있습니다.

▶[삽입]-[빠른 문서 요소]-[문서 블록 구성 도우미]를 선택해 들어간 후 찾아서 삭제해도 됩니다.

- 구역이 사용되는 명령은 편집 용지 설정(여백, 용지, 줄/글자 격자), 바탕쪽, 쪽 테두리/배경, 단, 쪽 번호 매기기, 줄 번호, 개요, 각주/미주 등이 있습니다.

쪽 번호 없애기 　한글

- [보기]-[조판 부호]를 켜고 [쪽 번호 위치] 조판 부호를 찾아 지우면 구역 전체에 쪽 번호가 없어집니다.

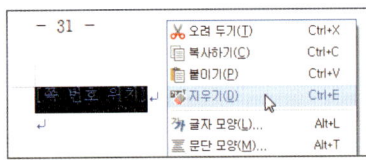

- 쪽 번호를 표시하다가 없애려면 '구역 나누기(Alt+Shift+Enter)'를 하고 Ctrl+N,P 쪽 번호 매기기 대화 상자에서 '쪽 번호 없음'을 선택합니다.

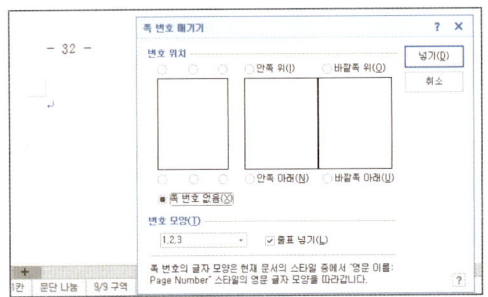

- 구역의 앞부분만 쪽 번호를 없애려면 조판 부호를 켜고 [쪽 번호 위치] 조판 부호를 선택해 오려두기(Ctrl+X)한 후, 쪽 번호를 시작할 페이지에 붙이기(Ctrl+V)하면 됩니다. 문단을 편집하며 이동하거나 삭제될 수 있는 곳이라면 구역을 나눈 후 넣어 주는 것이 좋습니다.

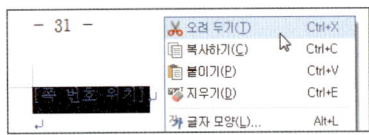

- 한 페이지만 쪽 번호를 없애려면 '감추기(Ctrl+N,S)'를 이용합니다. 감추기는 페이지마다 매번 해줘야 하기 때문에 여러 페이지 감춰야 한다면 [쪽 번호 위치] 조판 부호를 옮기거나, 구역을 나눠 다시 입력하세요. 조판 부호는 글자와 같이 이동하거나 삭제될 수 있습니다. 조판 부호가 이동되면 감추려는 페이지가 아닌 다른 페이지 쪽 번호가 감춰집니다.

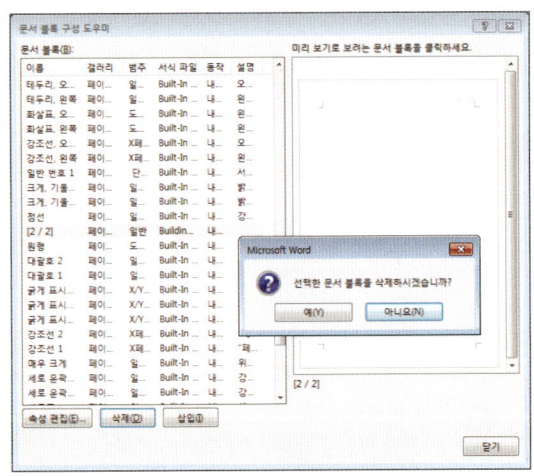

페이지 번호 없애기 　워드

- 페이지 번호를 없애려면 머리글(바닥글)을 없애면 됩니다.
  ▶ 머리글 안에서 페이지 번호를 직접 삭제해도 되고,
  ▶ [삽입]이나 [머리글 도구]의 [머리글]-[머리글 제거]를 선택해 머리글과 함께 삭제해도 됩니다.

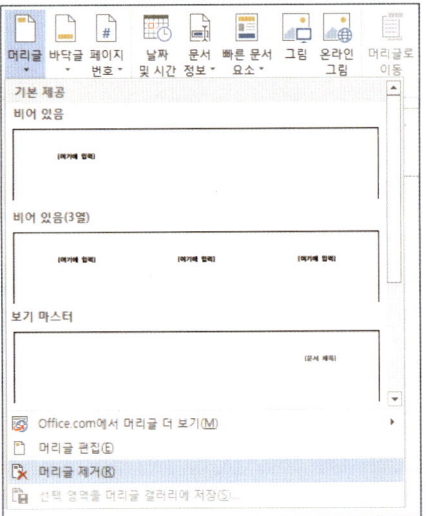

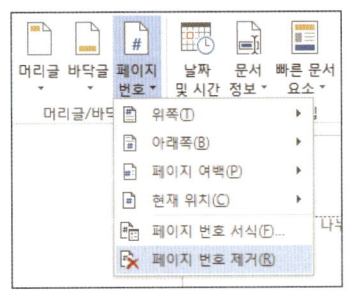

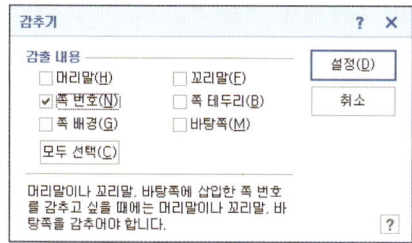

- 여러 구역에 입력된 '쪽 번호 매기기'를 모두 삭제하려 한다면 [편집]-[조판 부호 지우기]에서 '쪽 번호 위치'를 찾아 한 번에 삭제할 수 있습니다.

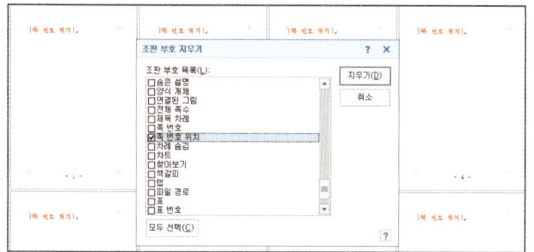

03-2 머리말(꼬리말)과 머리글(바닥글)

머리말/꼬리말([쪽]-[머리말/꼬리말]) 한글

머리말 영역은 본문의 위쪽부터 여백까지, 꼬리말 영역은 본문의 아래쪽부터 여백까지의 공간을 말합니다. 한/글의 머리말에는 개체와 글자를 본문처럼 어느 부분에나 자유롭게 입력할 수 있습니다. 꼬리말보다 머리말에서 자유롭게 입력이 가능합니다. 꼬리말은 개체는 자유롭게 입력할 수 있지만, 글자는 영역을 벗어나면 종이 아래쪽으로 숨게 됩니다.

머리말/꼬리말 여백 한글

한/글은 위쪽 여백과 머리말 여백/아래쪽 여백과 꼬리말 여백을 따로 지정합니다. 머리말의 내용이 늘어난다 해도 머리말/꼬리말 여백이 늘어나지는 않습니다.

※머리말 여백 설정 : F7(편집 용지 설정)에서 머리말과 꼬리말 여백을 지정합니다. 세로 눈금자로도 조정 가능합니다.

머리글/바닥글([삽입]-[머리/바닥글]) 워드

머리글/바닥글은 MS Word의 배경으로 머리/바닥글을 포함해 페이지 번호, 워터마크, 원고지가 모두 머리글로 편집합니다. 머리/바닥글 여백은 따로 지정하지 않고, 용지 가장자리에서 머리/바닥글이 시작하는 위치만 지정합니다.

※[페이지 레이아웃]-[페이지 설정]-[레이아웃]에서 지정합니다.

용지 여백과 머리/바닥글 위치 워드

- 용지 여백 : 용지 가장자리에서 본문까지의 크기

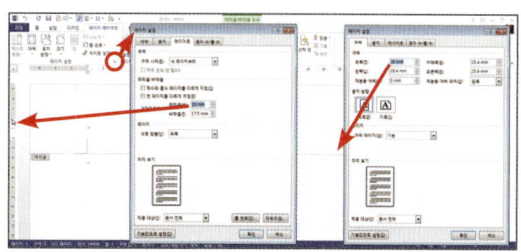

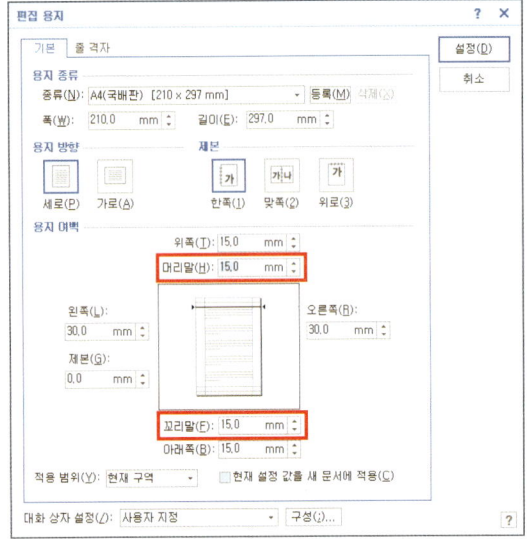

- 머리/바닥글 시작 위치 : 용지 '가장자리에서' 머리/바닥글이 시작되는 위치. 영역은 지정하지 않습니다.
  - ▶ 머리글 시작 위치를 용지 위쪽 여백보다 작게(글자가 들어갈 수 있을 정도) 지정해야 합니다.
  - ▶ 머리/바닥글은 여백 안에만 표시되지는 않고, 내용이 늘어나면 본문까지 내려와 표시됩니다. 개체는 배치를 '텍스트 뒤'로 지정하고, 표나 텍스트는 '텍스트 상자'에 넣어 배치할 수 있습니다.

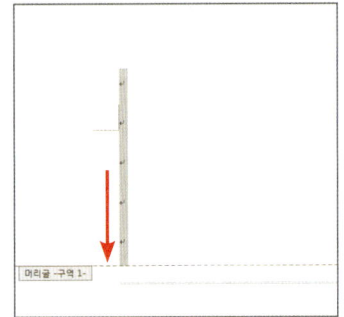

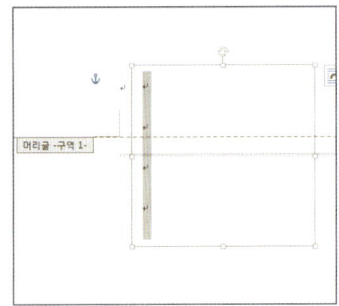

머리말의 특징　한글

한/글의 머리말은 '쪽 번호 매기기'나 'MS Word의 머리글'과는 다른 독특한 특징이 있습니다.

- 머리말은 완벽한 배경으로 사용할 수 있습니다. 한/글에는 '바탕쪽'으로 배경 명령이 따로 있기는 하지만, 머리말 또한 배경으로 사용합니다. 표, 도형, 그림, 글을 여백이나 본문 상관없이 자유롭게 입력할 수 있습니다.
- 머리말은 구역이 필요 없습니다. 원하는 페이지에 머리말을 입력하면 그 페이지부터 새로운 머리말이 적용됩니다.
- 바탕쪽에 입력된 내용은 뿌옇게 표시되지만, 머리말에 입력된 내용은 본문과 똑같이 표시됩니다.
- 머리말은 바탕쪽보다 일반적으로 위에 표시됩니다.
- 쪽 번호나 사용자 정보 등 코드를 입력할 수 있습니다.

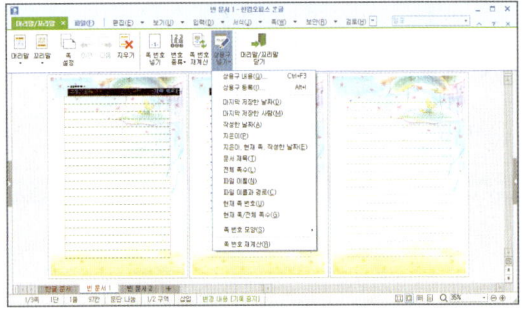

머리글의 특징　워드

- 머리글은 MS Word의 유일한 '배경'이라고 할 수 있습니다. 입력할 수 있는 배경은 모두 머리글입니다.
- 머리/바닥글은 구역별로 통일되어 표시됩니다.
- 머리글은 실제로는 그렇지 않지만 뿌옇게 표시됩니다.
- 머리/바닥글 갤러리가 있어 다양한 디자인을 손쉽게 골라 넣을 수 있고, 만들어 저장할 수도 있습니다.
- 머리글 내에서 '첫 페이지를 다르게 지정', '짝수와 홀수 페이지를 다르게 지정'을 선택할 수 있습니다.
- 페이지 번호, 문서 정보등 필드를 입력할 수 있습니다. '만든이'는 [Word 옵션]-[일반]의 '사용자 이름', 문서 정보는 백스테이지([파일]탭)의 '문서 속성'에서 변경합니다.

머리말/꼬리말 입력하기 〔한글〕

- 입력할 페이지에서 [쪽]-[머리말]((Ctrl)+(N),(H))을 선택해 입력합니다. 제공되는 모양에서 찾아도 되고, '모양 없음(없음)'으로 만든 후 코드나 텍스트를 추가해도 됩니다.

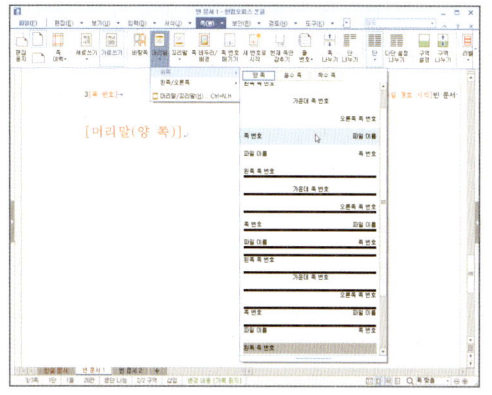

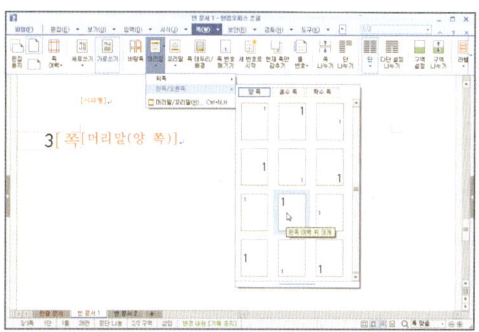

- 머리말/꼬리말은 같은 대화 상자를 사용합니다. 머리/꼬리말에 추가된 선은 '문단 띠((Ctrl)+(N),(L))'로 사각형이고, 음영은 문단 모양((Alt)+(T))의 '문단 테두리' 입니다.

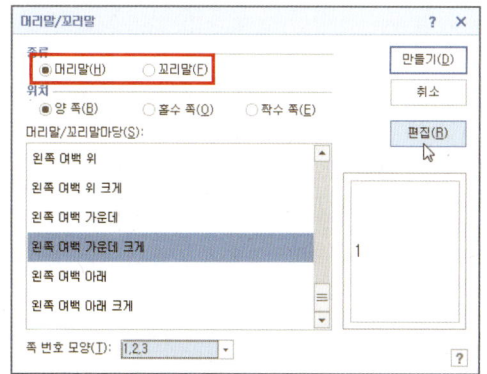

- 머리말에서 나올 때는 [머리말 도구]-[머리말 닫기]나 (Shift)+(Esc) 단축키로 '나가기' 할 수 있습니다.

머리/바닥글 입력하기 〔워드〕

- 머리글은 문서 전체, 구역이 있다면 구역 전체에 입력됩니다. [삽입]-[머리글/바닥글], 또는 [페이지 번호]에서 원하는 모양을 골라 선택합니다.
- 머리글이 입력되지 않았어도 머리글/바닥글 영역을 더블 클릭해 들어가서 입력해도 됩니다.
- 텍스트와 서식, 표, 개체는 본문처럼 자유롭게 입력할 수 있기는 하나, 크기가 머리글 영역보다 크다면 '텍스트 상자'에 넣는 것이 좋습니다.
- 머리/바닥글에서 본문으로 나갈 때는 본문을 더블 클릭하거나 (Esc) 또는 [머리글/바닥글 닫기]를 이용합니다.

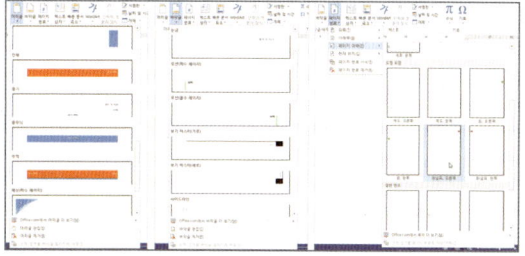

머리글 도구

▶ 머리글/바닥글/페이지 번호 : 머리/바닥글 모양을 다른 디자인으로 변경합니다. '페이지 번호' 갤러리에는 페이지 번호가 포함된 블록들이 위치 별로 저장되어 있습니다. 페이지 번호의 모양과 새 번호는 '페이지 번호 서식'에서 변경합니다.

▶ 필드 : '날짜 및 시간' - '자동 업데이트'를 선택하면 문서를 열어보는 날짜와 시간으로 적용됩니다. '문서 정보' - '만든 이', '파일 이름' 기타 문서 속성이 콘텐츠 컨트롤로 입력됩니다. '필드' - 다양한 필드 옵션을 선택해 코드를 확인하고 스위치를 추가할 수 있습니다.

▶ 빠른 문서 요소/그림/온라인 그림 : [삽입] 메뉴에서 찾아 입력해도 됩니다. ※빠른 문서요소 - 상용구 블록 입력

▶ 이전/다음 : 머리/바닥글이 여러 개인 경우 '이전' 또는 '다음' 영역으로 이동합니다. 마우스로 스크롤해서 이동해도 됩니다.

머리말 도구

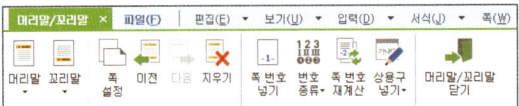

- ▶ 머리말/꼬리말 : 머리/꼬리말 모양을 변경합니다.
- ▶ 쪽 설정 : 편집 용지를 다시 설정합니다. 구역이 나눠져 있지 않다면 문서 전체 용지 설정이 변경됩니다.
- ▶ 이전/다음 : 머리말이 여러 개인 경우 이동합니다.
- ▶ 지우기 : 현재 머리말을 삭제합니다.
- ▶ 쪽 번호 넣기 : 머리말 안에 쪽 번호를 넣습니다. [입력]-[상용구]에서 찾아 넣어도 됩니다. '쪽 번호 넣기'의 조판 부호는 [쪽 번호]로 '현재 쪽' 상용구와 같습니다. '쪽 번호 매기기'와는 다르다는 것을 알아두세요.
- ▶ 쪽 번호 종류 : 쪽 번호를 다른 모양으로 입력합니다. 쪽 번호가 이미 입력되어 있다면 선택한 후 [쪽 번호 종류]를 바꾸어 줍니다.
- ▶ 상용구 넣기(코드 넣기) : '전체 쪽'이나 '파일이름', '사용자 정보', '날짜' 등의 코드를 입력합니다. '지은이'는 [환경 설정]-[사용자 정보]에서 변경하고, '문서 제목'은 [문서 정보(Ctrl+Q,I)]-[문서 요약]에서 변경합니다.
- ▶ 쪽 번호 재계산 : 쪽 번호가 변경되어 상황 선에 '?'로 표시될 경우 쪽 번호를 다시 계산해 줍니다.

머리말 바꾸기 `한글`

- 머리말을 수정하려면 더블 클릭해 들어갑니다.
- 새 머리말로 바꾸려면 필요한 페이지에서 머리말을 다시 입력합니다. 구역도 필요 없고 연결을 끊을 필요도 없습니다. 한 페이지에 머리말이 여러 개라면 맨 마지막에 입력된 머리말 조판 부호가 표시됩니다.

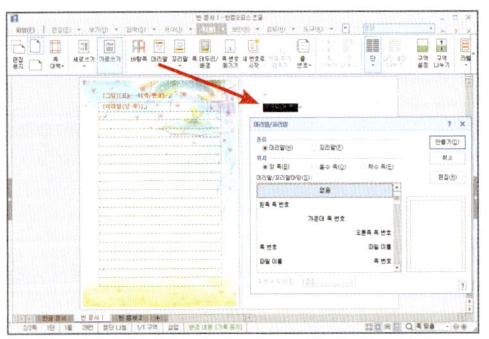

- ▶ 이전 머리글에 연결 : 머리글 간의 연결을 끊어 새로운 모양으로 만들 수 있도록 합니다. 바닥글에도 각각 적용됩니다. ※기본적으로 선택(연결)되어 있어서 연결을 끊으려면 해제해야 합니다. 첫 구역에서는 선택할 수 없습니다.
- ▶ 첫 페이지를 다르게 지정 : 구역 없이 첫 페이지 머리/바닥글을 다르게 지정합니다.
- ▶ 짝수와 홀수 페이지를 다르게 지정 : 홀수 짝수 페이지의 머리글을 다르게 지정합니다.
- ▶ 문서 텍스트 표시 : 머리글 내에서의 본문 표시/숨기기를 선택합니다.
- ▶ 머리글/바닥글 위치 : 머리/바닥글이 용지 가장자리에서부터 시작되는 위치를 변경합니다. 세로 눈금자를 직접 조정해 변경해도 됩니다.
- ▶ 맞춤 탭 삽입 : 머리글에서 유용하게 사용될 왼쪽/가운데/오른쪽 맞춤 탭을 추가합니다.

머리글 바꾸기 `워드`

- 머리글을 변경하면 구역 전체의 모양이 변경됩니다.
- 일부만 머리글을 변경하려면 구역을 나누고 연결을 끊어 줘야 합니다.
- 구역은 [페이지 레이아웃]-[나누기]-[다음 페이지부터]로 나눕니다.
  - ▶ 구역을 나누면 머리글 내 머리글 영역 표시에 구역 번호가 표시됩니다. ※본문에는 '구역 나누기' 편집 기호

- 구역별 연결을 끊으려면 [머리글 도구]-[이전 머리글에 연결]을 해제합니다. ※바닥글도 따로 해제
  - ▶ 연결 상태의 머리글은 머리글 영역 표시에 '이전과 같은 머리글/바닥글'이라고 표시되고, 연결이 해제된 머리글은 아무 것도 표시되지 않습니다.
  - ▶ 머리글을 다시 이전 머리글과 연결하려면 '이전 머리글에 연결'을 다시 선택하거나, Alt+Shift+R 단축키를 이용합니다.

- 머리말 안에서는 [이전], [다음] 단추로 머리말을 옮겨 다닐 수 있습니다. 이전 머리말에서 내용을 복사해 다음 머리말에 붙이면 같은 서식으로 수정할 수 있습니다.

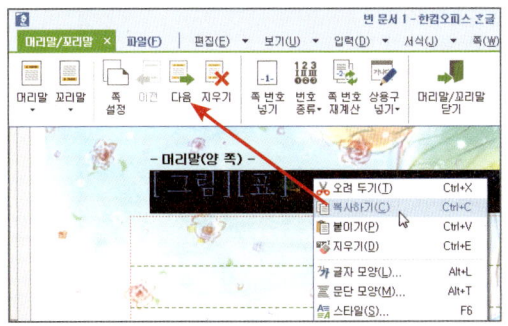

- 머리말 조판 부호를 복사해 붙이고 수정할 수도 있습니다.

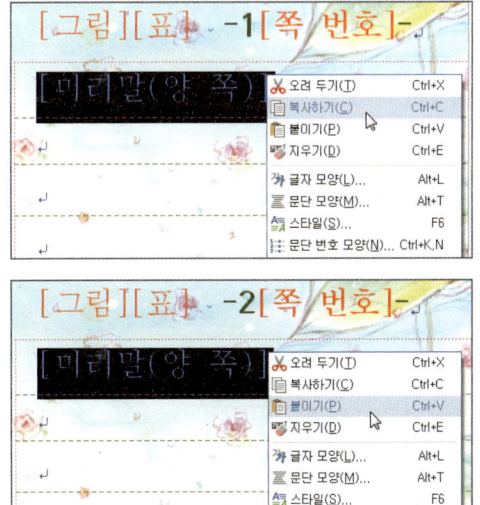

- 쪽 번호의 새 번호는 본문에서 [쪽]-[새 번호로 시작]으로 바꿉니다. 머리말 모양은 같고 쪽 번호만 바뀝니다.

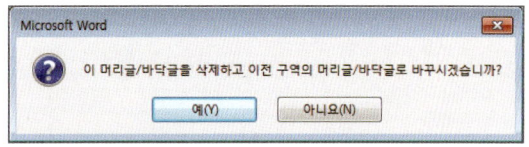

페이지 번호의 종류(현재/전체/구역 페이지 번호)

MS Word는 구역 페이지 번호 필드 코드가 있고, 또 머리글 내에서도 스타일 페이지 번호를 참조할 수 있기 때문에 다양한 페이지 번호를 활용할 수 있습니다.

- 현재 페이지 번호 : [페이지 번호]의 'X 페이지 번호'가 현재 쪽입니다. Alt + Shift + P로도 입력할 수 있습니다.

- 전체 페이지 번호 : [페이지 번호]의 'Y 페이지 번호'가 전체 쪽이고 [머리글 도구]-[페이지 번호]-[문서 정보]-[필드]에서 'NumPages' 필드로 입력해도 됩니다. [삽입]-[빠른 문서 요소]-[필드]도 가능하고, Ctrl + F9 로 필드 삽입 후 마우스 오른쪽 버튼의 '필드 편집'으로도 가능합니다.

- 구역 페이지 번호 : 구역이 있는 경우 구역의 전체 페이지 번호를 표시합니다. 구역이 없는 경우는 문서 전체 페이지가 표시됩니다. [필드]에서 'SectionPages'로 입력할 수 있습니다.

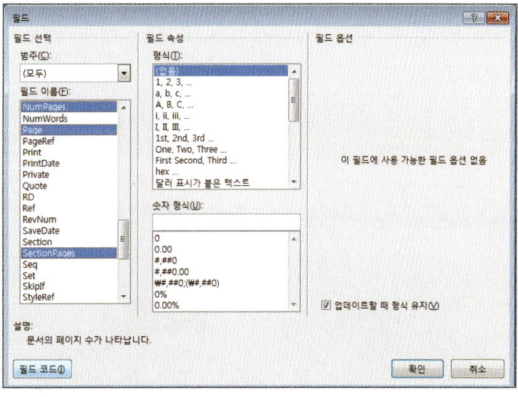

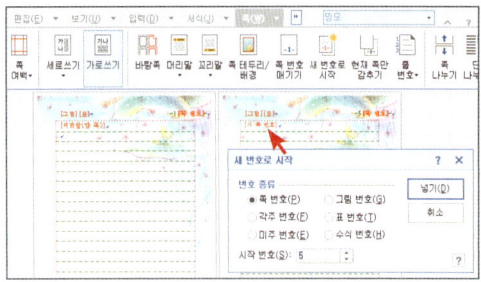

'현재 쪽/전체 쪽' 쪽 번호

- 전체 문서의 페이지 번호를 표시하려면 '쪽 번호 매기기'에서는 안되고 '머리/꼬리말' 내에서만 가능합니다.
- 머리말 도구의 '상용구 넣기'(코드 넣기) 또는 [입력]-[상용구]에서 찾아 넣고 구분자나 서식을 편집하면 됩니다.
- 조판 부호가 붙은 번호만 이어서 매겨지고 조판 부호가 없는 번호나 문자는 같은 내용으로 매 페이지 반복됩니다. 장 번호도 문자로 추가해야 합니다.
- '전체 쪽'의 쪽 번호는 수정할 수 없습니다. 전체 쪽의 쪽 번호를 수정하려면 문서를 완성한 뒤 문자로 입력합니다.

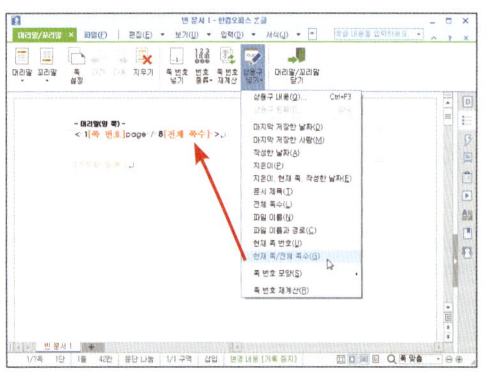

홀수/짝수 머리말 따라하기 〔한글〕

❶ Ctrl+N,H – 홀수 쪽 머리말과, 짝수 쪽 머리말을 각각 입력합니다. 한 페이지에 입력해도 상관없습니다.

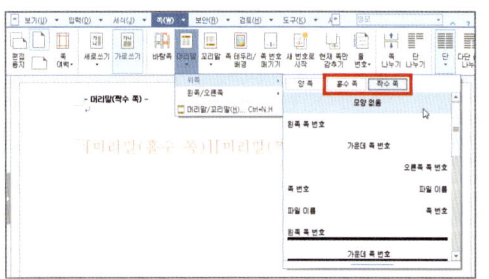

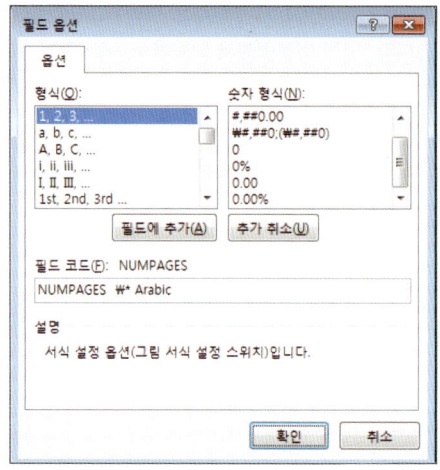

홀수/짝수 머리글 따라하기 〔워드〕

❶ 머리글 위치를 더블 클릭해서 머리글을 만듭니다.
❷ [머리글 도구]에서 '짝수와 홀수 페이지를 다르게 지정'을 선택합니다. 홀수 짝수 머리글은 문서 전체에 적용됩니다. ※모양은 변경 가능합니다.

▶ 짝수/홀수 머리글은 머리글 영역 표시에 '짝수 페이지 머리글'/'홀수 페이지 머리글'이 표시됩니다. 홀수/짝수는 페이지 번호로 적용되고 짝수-짝수, 홀수-홀수로 페이지 번호가 매겨지면 가운데 빈 페이지가 생겨 인쇄됩니다.

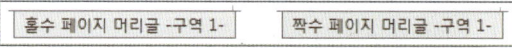

❸ 머리글을 편집합니다. '머리글'이나 '페이지 번호'-'위쪽' 갤러리에서 짝수/홀수 머리글 블록을 찾아 각각 적용할 수도 있습니다.

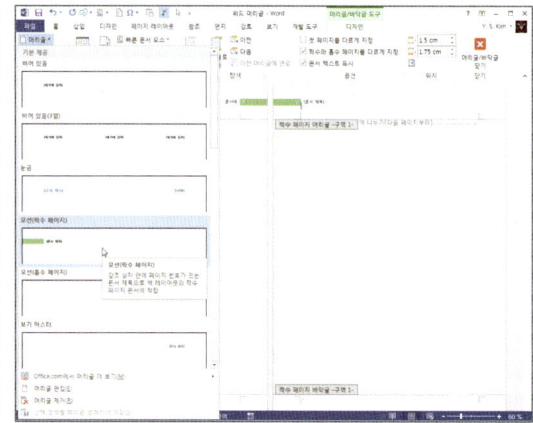

❷ 머리말을 편집합니다. 좌우 여백 부분에 쪽 번호를 넣고 싶다면 '글상자'를 만들어 글상자 안에 쪽 번호 코드를 넣습니다. '줄표'나 '장 번호'가 필요하면 [쪽 번호] 옆에 직접 글자로 입력합니다.

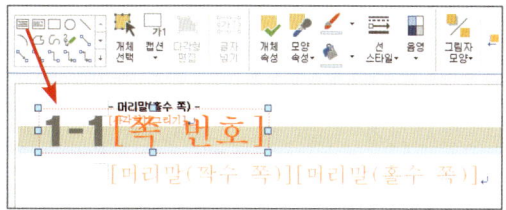

▶ '홀수 쪽' 머리말을 완성했으면, [Ctrl]+[A]로 모두 선택해 복사한 후 [머리말 도구]-[다음]/[이전]을 눌러 '짝수 쪽'에 붙이고 수정합니다. 쪽 번호는 알아서 매겨집니다.

▶ 개체의 위치를 맞추려면 [개체 속성]으로 들어가 '가로/세로 위치'를 같도록 지정하면 됩니다. '종이' 위치여야 여백으로 보낼 수 있습니다.

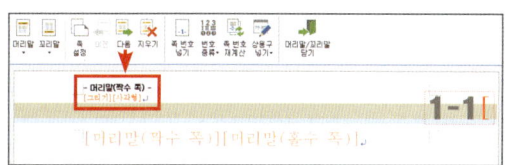

모양을 바꿔야 한다면

• 조판 부호를 이용합니다. ❶ 조판 부호를 복사해 붙이고 ❷ 머리말에 들어가 수정하면 다른 머리말에 영향을 주지 않습니다. ※같은 모양을 계속 사용해야 한다면 머리말 조판 부호를 상용구([Alt]+[I])에 저장해 사용합니다. 다른 문서에서도 사용 가능합니다.

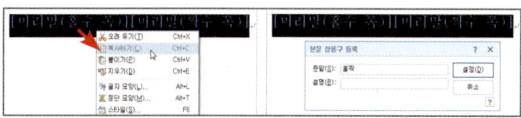

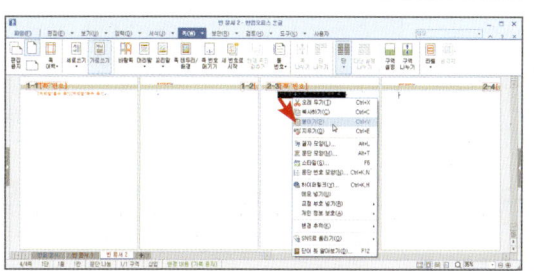

머리글의 모양을 바꾸거나, 감추거나, 제거하려면

• 구역을 나눕니다. ❶ [페이지 레이아웃]-[나누기]-[구역 나누기] ❷ 구역 간의 연결을 끊고 편집합니다. [머리글 도구]의 '이전 머리글에 연결' 해제 ※홀수/짝수 페이지 각각 연결을 끊어 주세요.(바닥글도 바꾸려면 바닥글도 연결을 해제합니다)

머리글에 본문의 스타일 제목 넣기

홀짝 머리글의 경우 왼쪽은 문서 제목, 오른쪽은 현재 장 제목을 넣는 경우가 많은데요. 그 경우 스타일을 참조하면 쉽습니다. [필드]의 'StyleRef' 필드에서 제목 스타일을 찾아 선택해 주면, 해당 페이지에 적용된 장 제목(일반 스타일 가능)이 참조됩니다. ※'스타일 참조'는 구역 없이 변동 적용됨.

첫 페이지를 다르게 지정 워드

MS Word는 머리글 도구에 '첫 페이지를 다르게 지정' 하는 옵션이 있고 구역 없이 각각 다르게 입력할 수 있습니다. 이 옵션을 선택하면 머리글 영역 표시에 '첫 페이지 머리글'이라고 표시됩니다.

▶ MS Word의 구역은 새 구역을 나눌 때 이전 지정한 속성을 계속 유지한 채 만들어집니다. 한번 이런 옵션을 선택해 놓으면 새 구역을 나눠도 선택되어 있으니 주의하세요.

MS Word의 구역 워드

• MS Word의 구역은 '다음 페이지부터', '이어서', '다음 짝수 페이지부터', 다음 홀수 페이지부터' 4가지가 있습니다. '이어서' 구역 나누기를 제외한 나머지는 모두 페이지가 나눠집니다.

▶ 다음 페이지부터 : 지정한 곳부터 페이지와 구역을 나누어 새로운 페이지 속성을 사용할 수 있게 합니다. 구역 별로 달리 지정할 수 있는 명령은 페이지 설정(여백, 용지, 줄/문자 수), 머리/바닥글, 워터마크, 페이지 테두리, 단, 줄 번호, 각주/미주 등이 있습니다.

머리말/꼬리말 감추기 `한글`

- 머리말을 한 페이지씩 감추고 싶다면 Ctrl+N,S 감추기를 필요한 페이지마다 넣어 줍니다.

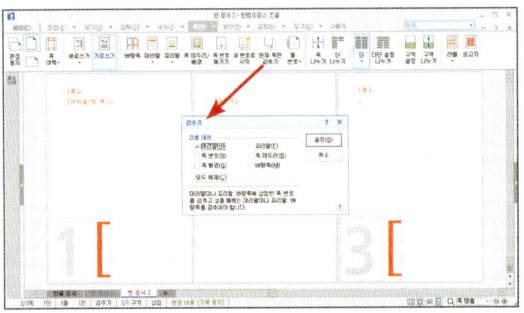

- 머리말을 감춰야 할 페이지가 많다면 여러 페이지 감추기를 넣기보다 빈 머리말을 추가합니다.

❶ '머리말 조판 부호'를 감출 페이지와 다시 표시할 페이지에 각각 복사해 붙입니다.

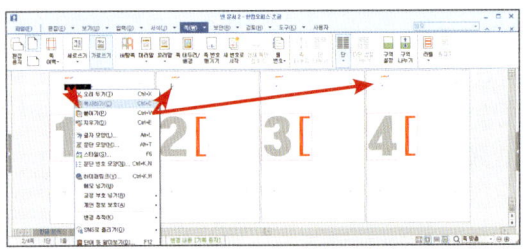

❷ 감출 페이지 머리말에 들어가 Ctrl+A - Delete

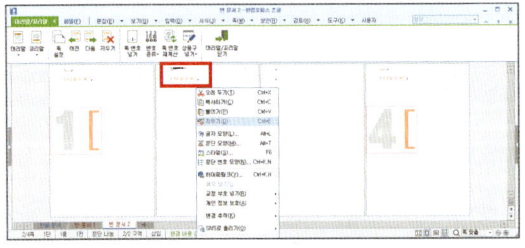

- 구역의 첫 페이지만 머리말을 감추려면 '구역 설정(Ctrl+N,G)'에서 '첫 쪽에만 머리말/꼬리말 감추기' 할 수 있습니다. '적용 범위'를 '문서 전체'로 지정하면 문서의 모든 구역 첫 페이지 머리말을 감출 수 있습니다. ※주의 : 조판 부호가 없습니다.

▶ 이어서 : '이어서' 구역은 페이지를 나누지 않고 구역을 단락 내에 입력하는 것입니다. 페이지 설정도 일부 바꿀 수 있지만, 주로 '단' 설정이나 '줄 번호' 설정을 바꿀 때 사용됩니다. ※페이지 설정은 다음 페이지부터 적용되지만, 구역이 앞 페이지부터 있기 때문에 입력은 앞 페이지를 기준으로 입력해야 됩니다. 그래서, 페이지 번호를 바꾸려면 번호를 하나 적게 입력합니다. 예를 들어 '0' 번으로 입력하면 다음 페이지가 '1' 번으로 시작됩니다.

▶ 다음 짝수 페이지부터 : 페이지를 나누며 다음 페이지를 짝수 페이지부터 입력합니다. 구역을 입력한 곳이 짝수 페이지라면 중간에 편집할 수 없는 빈 홀수 페이지가 생기고 빈 페이지로 인쇄됩니다. 표시되지 않는 빈 페이지를 편집하려면 '구역 나누기' 표시를 다음 페이지로 넘겨 (Ctrl+Enter) 페이지를 만든 후 편집할 수 있습니다. 일반 구역에서는 그렇지 않지만, '다음 짝수/홀수 페이지부터' 구역이나 '짝수와 홀수 페이지를 다르게 지정' 옵션을 지정하고 홀수-홀수 페이지, 짝수-짝수 페이지가 연이어 매겨지면 그 사이 페이지에 빈 페이지가 만들어집니다.

▶ 다음 홀수 페이지부터 : 페이지를 나누며 다음 페이지를 홀수 페이지로 시작합니다. 장이나 챕터가 바뀔 경우 항상 짝수나 홀수로 시작해야 한다면 '홀수/짝수 페이지부터' 구역으로 나눌 수 있습니다.

- 페이지 설정 : 구역 나누기는 [페이지 레이아웃]-[페이지 설정] 대화 상자에서도 나누고 수정할 수 있습니다. 구역 나누기 옆 괄호 안에 표시된 구역의 종류는 구역 나누기 다음의 구역 종류입니다. 해당 구역으로 커서를 이동 후 [페이지 설정]-[레이아웃]에서 구역 종류를 변경할 수 있습니다.

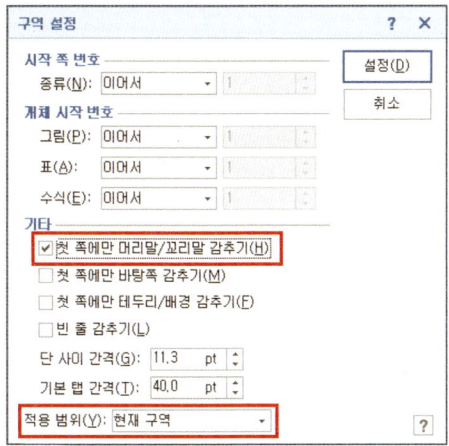

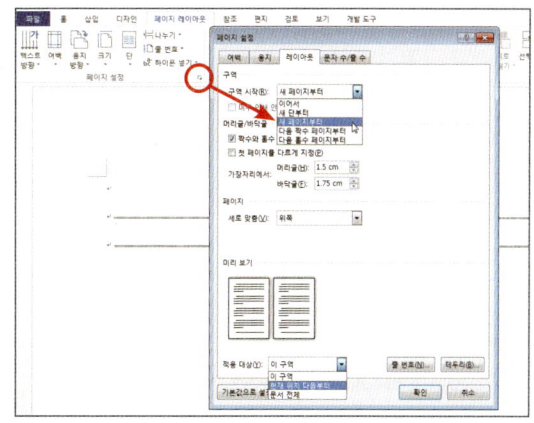

MS Word 구역의 특징

- 구역 확인 : 구역이 나뉜 곳과 구역의 종류가 글자로 표시됩니다. 편집 기호(Ctrl+*)를 켜면 볼 수 있습니다.

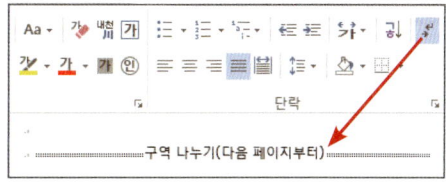

- 구역 나누기가 글자로 표시되기 때문에 복사해 다시 사용할 수 있습니다.

- 구역 찾아가기 : [이동(Ctrl+G)]–[구역]으로 찾아갑니다.

- 구역 삭제 : 앞 구역에서 Delete로 지웁니다.

- 문서의 구역 한 번에 지우기 : [바꾸기(Ctrl+H)]에서 '찾을 내용'에 '^b'를 입력, '바꿀 내용'은 공란으로 두고 '모두 바꾸기' 합니다.

- MS Word는 구역을 삭제하면 뒤쪽 구역의 속성으로 적용됩니다. 뒤쪽 구역의 단 설정, 여백, 페이지 번호/머리글 설정, 배경 등이 앞쪽에도 그대로 반영됩니다.

  ▶ 특히, 홀/짝수 페이지의 경우, 뒷 구역이 짝수부터 시작된 페이지 번호라면 구역을 삭제했을 때 첫 번호가 짝수가 됨을 주의해야 합니다. 페이지 번호를 바꿔도 적용되지 않는다면 '페이지 설정'에서 해당 구역의 종류를 '새 페이지부터'로 바꿔 주면 됩니다.

- 머리글 영역 표시에는 구역의 종류에 대해 표시되어 있습니다. 구역 번호와 홀/짝수 페이지, 이전 머리글에 연결 상태, 첫 페이지를 다르게 지정된 구역인지 설명되어 있으니 반드시 참고해야 합니다

머리말/꼬리말 지우기 `한글`

- 머리말을 삭제하려면 머리말 조판 부호를 삭제합니다. 머리말 조판 부호는 '찾아가기(Alt+G)'에서 '조판 부호'로 찾을 수 있습니다.

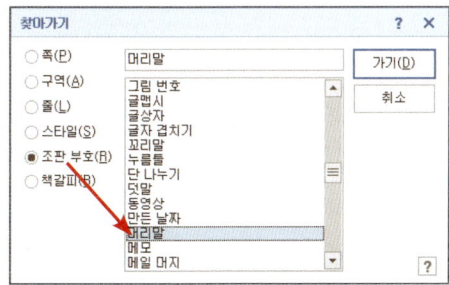

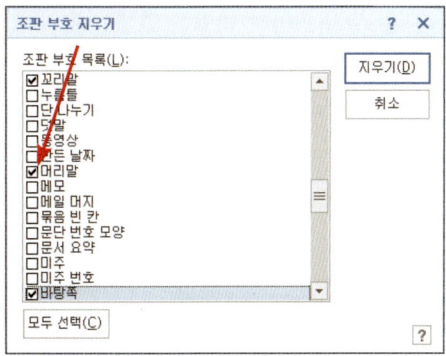

- 문서에 입력된 머리말을 모두 삭제하려면 [편집]–[조판 부호 지우기]를 이용합니다. ※쪽 번호, 배경과 관련된 조판 부호로는 감추기/꼬리말/머리말/바탕쪽/새 쪽 번호/전체 쪽 수/쪽 번호 위치/쪽 번호 등이 있습니다.

- 중간 쪽부터 없애려면 새 '없음' 머리말을 넣으면 됩니다.

머리말 애로사항 **한글**

- 한/글 2007은 [편집 용지(F4)] '머리말 여백' 값이 '0'이면 머리말이 표시되지 않습니다. 조금이라도 있어야 합니다.
- 또, 한/글 2007은 표 안에 머리말을 넣으면 표가 있는 페이지만 머리말이 표시됩니다.
- 조판 부호는 그 활용 방법이 다양하기도 하지만, 문단에 입력되기 때문에 이동될 수가 있습니다. [머리말] 조판 부호가 페이지를 넘어 이동되면, 입력한 페이지가 아닌 다른 페이지부터 머리말이 표시됩니다. ※감추기, 쪽 번호 등 다른 명령도 조판 부호가 이동되거나 삭제되지 않도록 주의하세요.
- 위치가 지정된 개체를 머리말에 복사해 붙일 때는 위치를 다시 조정해 주세요. 머리말은 머리말 영역 안쪽부터 '0' 값으로 시작되고 여백 부분은 '-' 값이 됩니다.

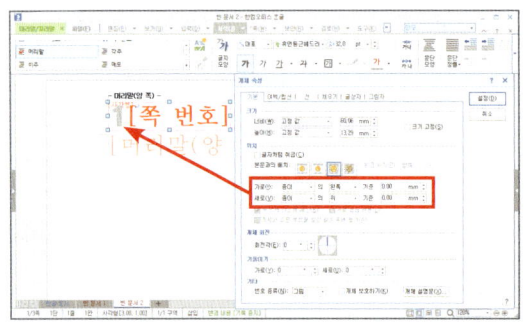

한/글과 MS Word는 페이지 번호의 사용법이 조금 다르죠. 한/글은 쪽 번호와 머리말이 별개인데 반해, MS Word는 머리글 안에 페이지 번호가 포함되어 있습니다. 한/글은 쪽 번호를 입력할 수 있는 배경이 여러 가지인 것도 배경의 다른 점입니다. MS Word는 모든 배경을 머리글에 입력하기 때문에 대부분의 배경을 비슷한 방법으로 변경합니다. 한/글은 배경마다 변경하는 방법이 달라서 입력된 쪽 번호나 배경에 따라 다른 방법으로 작업해야 합니다. 가장 간편하고 쉽게 만들 수 있는 배경이라면 MS Word와 마찬가지로 머리말이라고 할 수 있습니다. 작업자에 따라 쉽게 변경되지 않도록 하려는 의도가 아니라면 가급적 배경은 머리말로 입력해야 다양하게 활용할 수 있습니다.

기타 페이지 번호의 표시는 '활용' 편의 '다양한 페이지 번호 표시' 부분을 참고해 보세요. 구역 별로 다른 페이지 번호나 장 제목을 머리글에 추가하는 방법 등이 설명되어 있습니다.

03-3 바탕쪽과 워터마크

바탕쪽 `한글`

바탕쪽은 말 그대로 본문의 배경이 되는 페이지인데요. 성질은 MS Word의 머리글과 비슷하다고 할 수 있습니다. 구역을 나누고 연결을 끊으면 새 바탕쪽을 사용할 수 있고, '구역 첫 쪽/끝 쪽/임의 쪽'에만 다른 모양의 바탕쪽을 만들 수 있습니다. 본문의 위로 올릴 수도 있기 때문에 [인쇄]-[워터마크]를 대신해 사용해도 됩니다. 한/글의 원고지가 바탕쪽입니다. 조판 부호가 없습니다.

바탕쪽 만들기 `한글`

- [쪽](모양)-[바탕쪽]을 선택해 만듭니다. 구역이 있는 경우 구역 전체, 구역이 없는 경우 문서 전체에 적용됩니다.

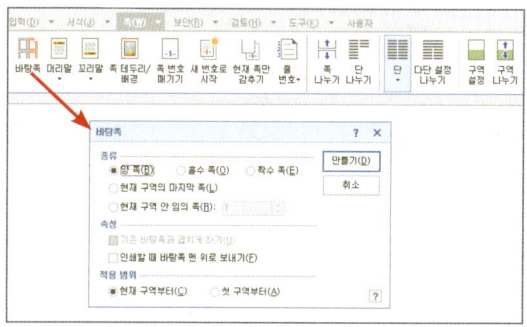

▶ 종류 : 바탕쪽이 표시될 페이지를 지정합니다.

▶ '인쇄할 때 바탕쪽 맨 위로 보내기' – 워터마크처럼 본문을 가리며 위에 표시할 수 있습니다. ※개체라면 투명도, 워터마크 효과 지정 가능

- 바탕쪽은 머리말과 달라서 본문을 보고 편집하지 않고 따로 바탕쪽 영역 안에서 편집하고 '닫기(나가기)' 합니다. 대신 본문과 똑같은 조건으로 편집할 수 있습니다. 본문 첫 페이지 전체를 복사해 바탕쪽에 붙이면 본문과 바탕쪽이 완전히 겹치는 것을 알 수 있습니다. 표를 바탕쪽과 겹치도록 입력해 두고 양식으로 사용할 수도 있습니다.

워터마크 `워드`

워터마크는 문서의 본문 배경에 로고나 텍스트를 표시하는 것으로 보통 반투명의 회색 WordArt를 사용합니다. MS Word는 워터마크도 머리글에 입력됩니다. 예) '기밀', '일급 비밀', '대외비', '긴급', '복사 방지', '초안'
※프린터 설정으로 워터마크를 넣을 수도 있습니다.

워터마크 만들기 `워드`

- 워터마크는 [디자인](Word 2010은 [페이지 레이아웃])-[워터마크]에서 선택해 입력합니다.

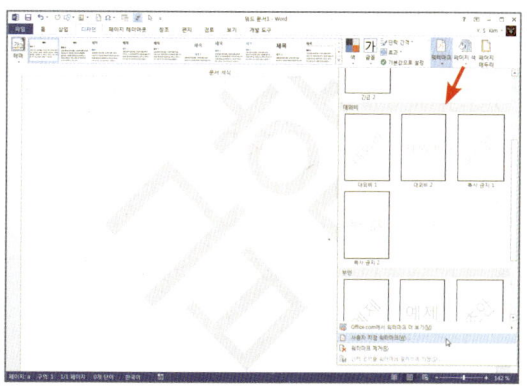

- 그림이나 텍스트의 편집은 '사용자 지정 워터마크'로 입력합니다.

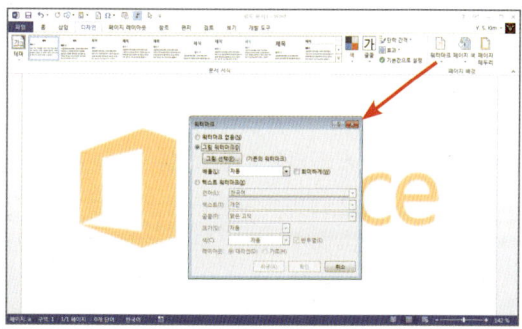

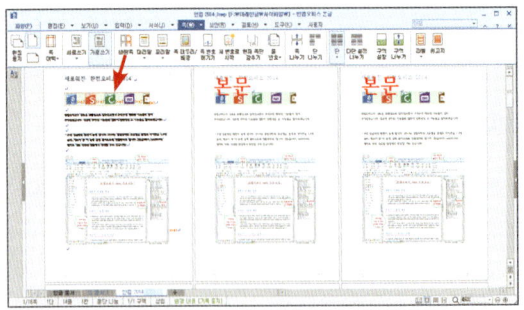

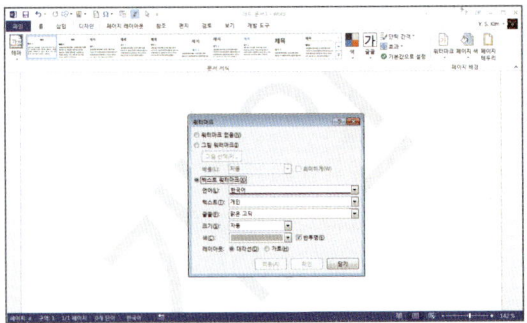

- 바탕쪽은 본문에서 보면 조금 뿌옇게 보입니다.
- 바탕쪽을 일부에만 입력하려면 먼저 구역을 나눠두고 구역 안에서 바탕쪽을 만드는 것이 좋습니다.
- 바탕쪽은 본문과 똑같이 글자, 표, 도형, 그림을 입력할 수 있지만, 여백 부분에 쪽 번호를 입력하려면 '글상자'를 만들어 글상자 안에 쪽 번호 코드를 넣어 줍니다.

바탕쪽 도구

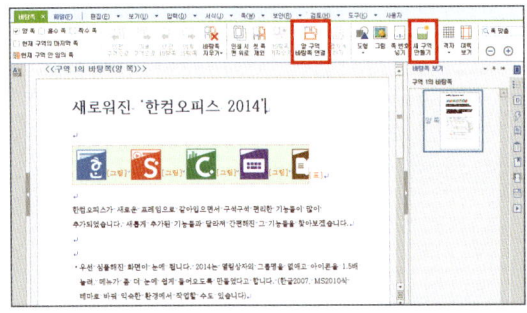

- ▶ 바탕쪽 만들기 : '양쪽' – 구역 전체, '현재 구역의 마지막 쪽' – 구역 바탕쪽 안에 구역 마지막 쪽에 대한 바탕쪽을 따로 만듭니다. '현재 구역 안 임의 쪽' – 구역 바탕쪽 안에 한 페이지 바탕쪽을 따로 만듭니다.
- ▶ 이전/다음 구역으로 : 구역이 있는 경우 이동합니다.
- ▶ 이전/다음 바탕쪽 : 다른 바탕쪽이 있는 경우 이동합니다. '바탕쪽 보기' 작업창의 쪽 모양을 클릭해도 이동됩니다.
- ▶ 바탕쪽 지우기 : 현재 바탕쪽, 구역 전체 바탕쪽, 문서 전체 바탕쪽을 선택해 지울 수 있습니다.
- ▶ 인쇄 시 맨 위로 : 워터마크처럼 본문 위로 표시
- ▶ 첫 쪽 제외 : 첫 페이지는 바탕쪽에서 제외
- ▶ 바탕쪽 가져오기 : 다른 구역 바탕쪽을 복사
- ▶ 앞 구역 바탕쪽 연결(사용) : 해제되어 있어야 구역 별로 다른 바탕쪽을 만들 수 있습니다.

- 머리글에서 직접 WordArt나 그림을 추가해도 됩니다.

워터마크 편집하기 워드

- 머리글을 더블 클릭해 들어가 개체를 선택하고 편집할 수 있습니다.

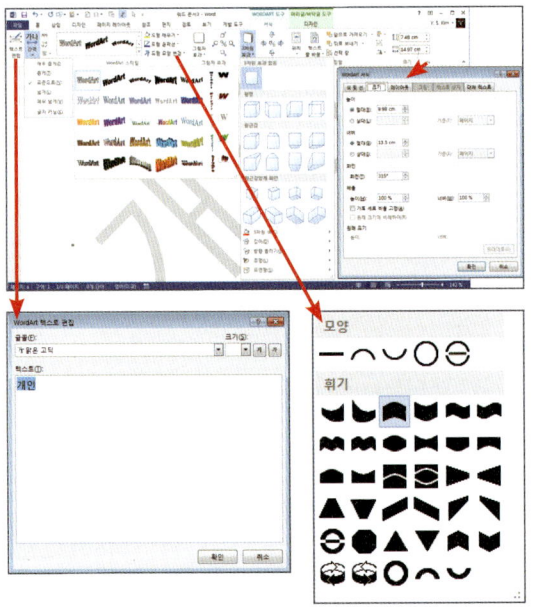

- 그림이나 WordArt를 직접 입력해 워터마크로 만들 수도 있습니다.
  - ▶ [삽입]–[그림] 또는 [WordArt]를 입력
  - ▶ 그림 : [그림 도구]–[색]('희미하게') 또는 [그림 서식]–[그림]의 밝기/대비를 조정해 워터마크 효과를 냅니다.
  - ▶ 워드아트, 도형 : 채우기 색을 지정하고 투명도를 조절해 줍니다.
  - ▶ 회전 : '기타 레이아웃(크기)'에서 회전 각도(예, 315°)를

- ▶ 겹치게 하기 : '구역 마지막 쪽/임의 쪽'은 구역의 다른 바탕쪽과 겹치도록 선택할 수 있습니다.
- ▶ 쪽 번호 넣기 : 상용구의 '현재 쪽'. 상용구의 사용자 정보나 기타 입력, 서식을 모두 사용할 수 있습니다.
- ▶ 구역 : 한/글 2010부터는 바탕쪽 안에서 구역을 나누고 다른 바탕쪽을 쉽게 만들 수 있습니다.
- ▶ 격자, 여백 : 개체를 맞추거나 본문과의 위치를 맞추는 데 사용합니다.
- ▶ 닫기 : 바탕쪽에서 나가려면 '닫기' 또는 바탕쪽 도구의 'X', 또는 Shift+Esc 를 이용하면 됩니다.

줍니다. 직접 회전 핸들을 잡고 조절해도 됩니다.

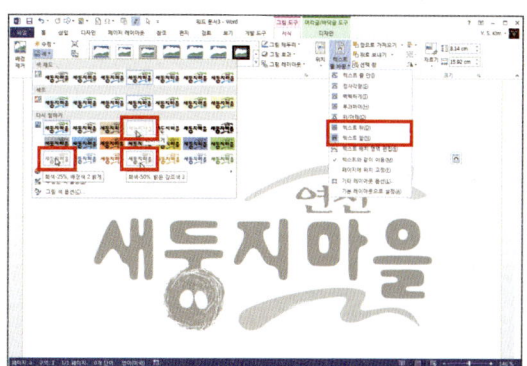

한/글 워터마크   한글

[인쇄]-[워터마크]

- ▶ 그림과 글자로 입력할 수 있고, 투명도, 워터마크 효과, 크기, 각도를 지정할 수 있습니다.
- ▶ '글 뒤로', '글 앞으로'(본문 위)로 배치를 조정할 수 있고, '종이'와 '쪽'으로 기준 위치를 조정해 볼 수 있습니다

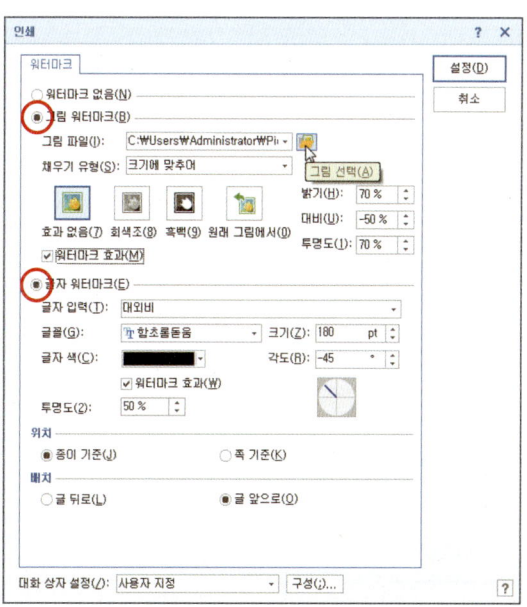

워터마크 바꾸기   워드

- 워터마크를 일부에만 입력하려면
    - ▶ 본문에서 구역을 나누고([페이지 레이아웃]-[나누기]-[다음 페이지부터])
    - ▶ 머리글을 더블 클릭해 들어가 '이전 머리글에 연결'을 각각 해제한 후
    - ▶ 워터마크를 지우거나 바꾸면 됩니다.
    - ▶ 안 되면 WordArt를 올려놓고 지정한 후 붙여넣습니다.

03-4 원고지 사용

바탕쪽 · 한글

한/글의 원고지는 바탕쪽의 표입니다. 원고지 문서는 [쪽]-[원고지] 또는 '문서마당(서식 파일)(Ctrl+Alt+N)의 '원고지 문서' 꾸러미에서 선택합니다.

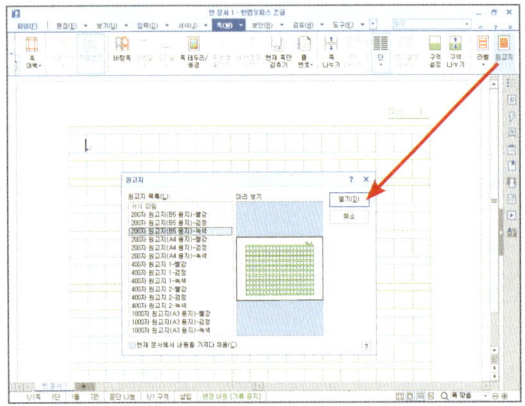

원고지 설정

- 원고지는 문단 모양의 들여쓰기와 편집 용지(F7)의 줄/글자 격자가 지정되어 있습니다.
- 일반 문서를 원고지 문서로 바꿀 경우 원고지 파일을 열 때 '현재 문서에서 내용을 가져다 채움'을 선택합니다.
- 원고지 정서법 : '마침표/쉼표/영숫자' 등을 입력할 경우, 한 칸에 두 글자씩 입력되거나 위치가 조정됩니다. 줄 끝에 걸릴 경우 다음 줄로 보내지 않고 줄 바깥에 표시합니다.

  ▶ '원고지 정서법' 적용

  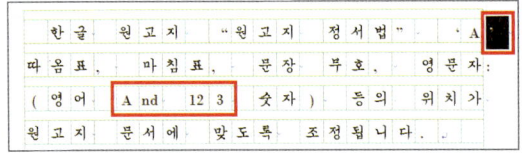

  ▶ '원고지 정서법' 해제

  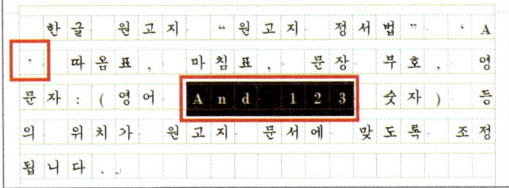

머리글 · 워드

MS Word의 원고지는 머리글 내의 그리기 묶음입니다. 편집은 머리글로 가능하지만, 위치는 변경하지 않아야 합니다.

- 원고지는 [페이지 레이아웃]-[원고지]에서 선택합니다.

  ▶ 원고지 추가 기능 다운로드 : Microsoft Download Center

  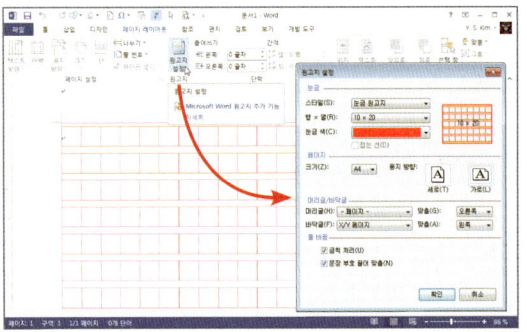

  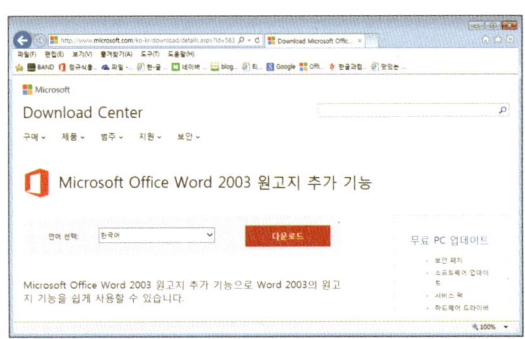

원고지 설정

- 원고지 종류 : 눈금/밑줄/윤곽선 원고지가 있습니다.

  ▶ 용지 방향을 '가로/세로'로 바꿀 수 있으며, 줄 수를 10*20과 20*20줄로 선택할 수 있습니다.

  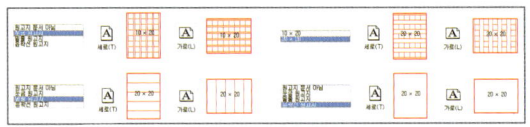

  ▶ 20줄 원고지의 경우 '접는 선'을 표시할 수 있습니다. '접는 선'은 400자 원고지를 한 페이지에 200자씩 두 페이지를 접어 연결하는 것입니다.

기타 원고지 편집

- 원고지 표의 편집은 [쪽]-[바탕쪽]에서 합니다.
  - ▶ 원고지 표를 이동하거나 크기를 조절하게 되면 본문의 '여백/글자 크기/줄 격자' 등을 조절해 배경과 다시 맞춰 줘야 합니다. 그래서 가능한 서식만 편집하는 것이 좋습니다.
  - ▶ 쪽 번호 : [입력]-[상용구]

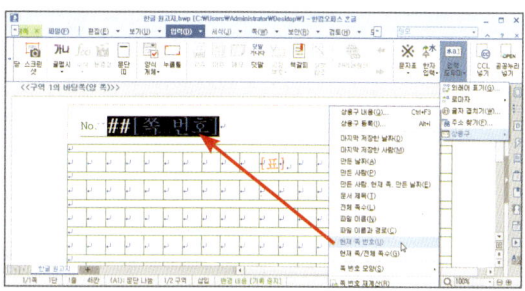

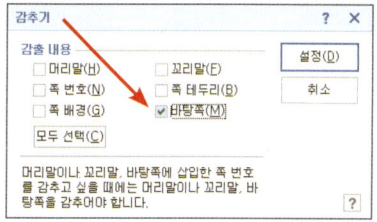

- 원고지 분량 : [문서 정보]([Ctrl]+[Q],[I])-[문서 통계]에서 일반 문서를 원고지로 환산한 장 수를 확인할 수 있습니다.

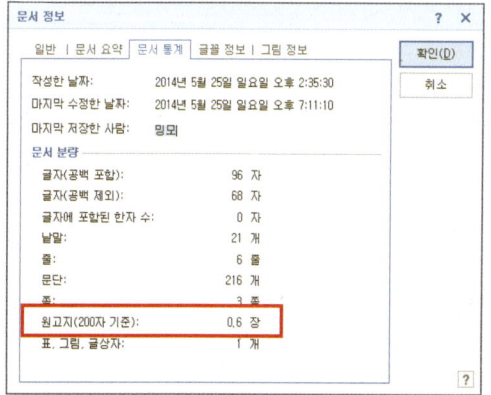

원고지 해제

- 줄 격자 : 원고지는 배경(바탕쪽)과 줄 격자를 모두 해제해야 합니다. 줄 격자는 일부를 선택해 문단 모양에서 해제하거나, 구역을 나누어 구역 단위로 해제할 수 있습니다.
  - ▶ 문단 해제 : 문단 모양의 '편집 용지의 줄 격자 사용' 해제

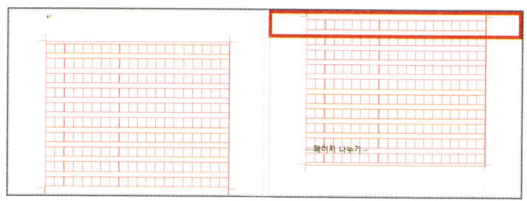

- 머리글/바닥글 설정 : 페이지 번호/원고지 행×열/날짜/작성자 등을 정하고 위치를 정렬할 수 있습니다.

※ X/Y page : 현재/전체 페이지 번호

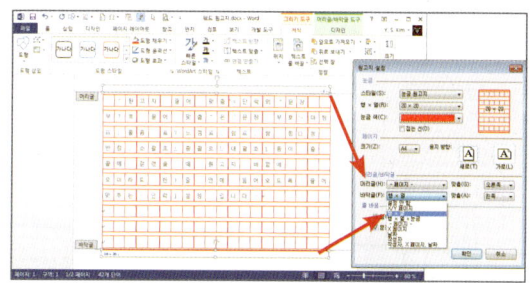

- 문장 부호 끌어 맞춤 : 닫기 괄호와 ']', ')', 문장 부호 '.', ',', '?'가 줄 끝에 왔을 경우 다음 줄로 넘기지 않고 원고지 바깥에 표시하더라도 한 줄로 끌어 맞춥니다.

▶ '문장 부호 끌어 맞춤' 설정

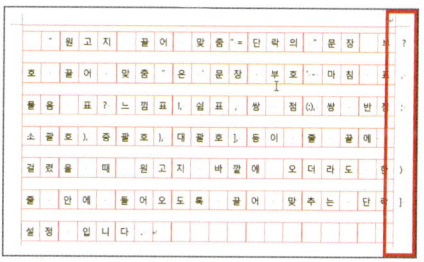

▶ 해제

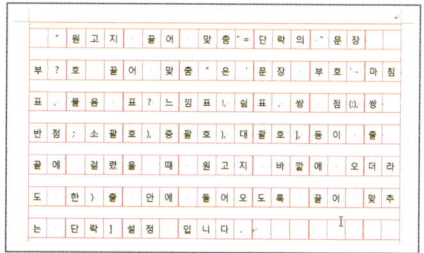

기타 편집

- 원고지는 [페이지 레이아웃]-[페이지 설정]에서 [문자 수/줄 수]가 지정되어 있습니다.

▶ 여러 페이지 해제 : 편집 용지(F7)에서 적용 범위를 '새 구역으로' 정하고 '줄 격자'를 해제

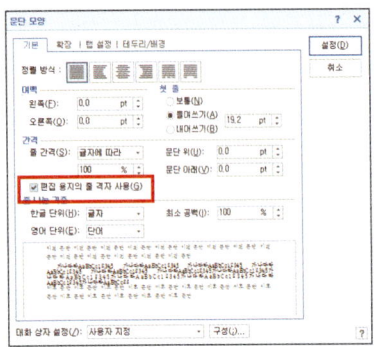

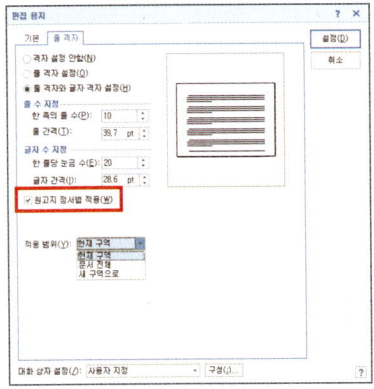

- 배경 해제 : ▶한 페이지 : 감추기(Ctrl+N,S) – '바탕쪽'

  ▶ 여러 페이지 : 한/글 2010이상 – 바탕쪽에서 [새 구역 만들기]–'기본 바탕쪽 만들기'. 한/글 2007이하 – 본문에서 구역을 나누고, 바탕쪽에서 '이전 구역 바탕쪽 사용' 해제

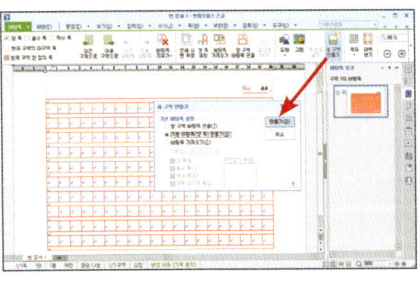

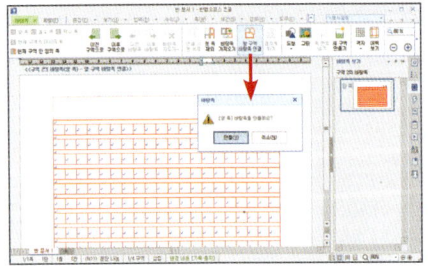

- 비활성 메뉴 : 원고지는 모양이 흐트러지면 안 되기 때문에 페이지 설정/글자 크기/단락 정렬/스타일 등 조정할 수 없는 메뉴들이 많습니다. 조정할 수 있는 것도 꾸미기 서식 정도만 변경해야 하고, 줄 간격이나 단락 여백과 같은 줄/문자 간격에 영향을 주는 서식은 변경하지 말아야 합니다.

  ▶ 스타일 기본값으로 줄 간격/단락 여백이 지정된 '스타일 모음'을 사용하는 경우 [디자인](페이지 레이아웃)–[단락 간격]–[기본 단락 간격]을 조정해 줄 간격만 1줄로 조정해 주어야 정해진 '줄 수'를 사용할 수 있습니다.

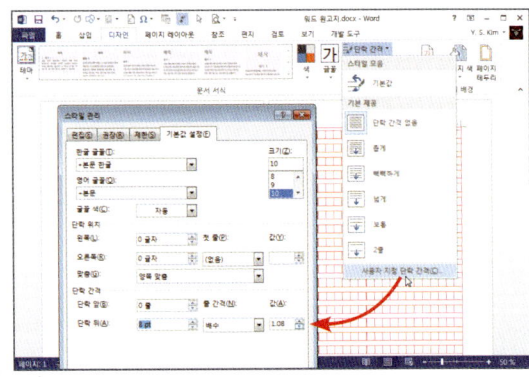

  ▶ 원고지 도형의 편집은 머리글을 더블 클릭하여 편집할 수 있습니다. 위치는 움직이지 않은 채로 서식만 편집하세요

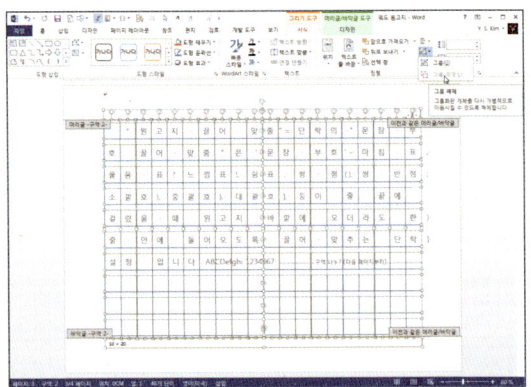

원고지 해제

- 원고지 전체 해제 – ▶[페이지 레이아웃]–[원고지]에서 '원고지 아님'을 선택, ▶[페이지 설정]–[문자 수/줄 수]의 '기본 문자 수와 줄 수 사용'을 선택합니다.

- 두 문서 합치기 : 원고지 표제지 문서 뒤에 원고지 문서를 추가하는 것처럼, 일반 문서와 원고지 문서를 하나로 합치려면 '끼워 넣기(Ctrl+O)'를 이용합니다. 끼워 넣기 대화상자 아래의 모든 유지 옵션을 선택해 합쳐야 합니다.

- 일부 단락 해제 – [단락](Alt+O,P) – '[페이지 설정]에서 지정된 문자 수에 맞춰 문자 간격 조정'을 해제합니다.
- 일부 페이지 해제 – [페이지 레이아웃]-[나누기]-[다음 페이지부터] 구역을 원고지 앞/뒤에 나누고, 일반 문서에서 [삽입]-[개체]-[파일의 텍스트]로 원고지를 삽입합니다

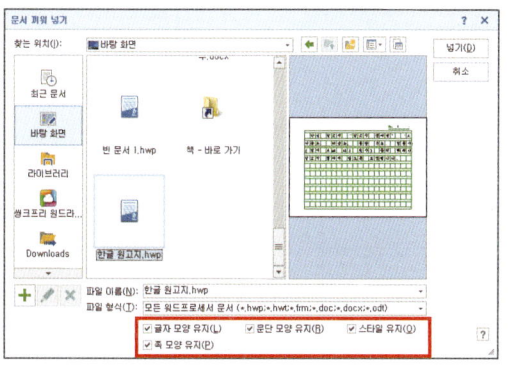
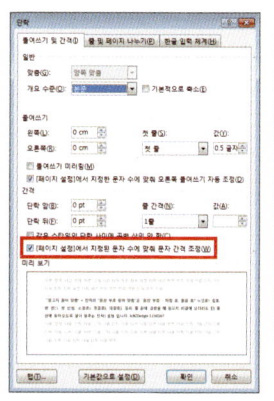
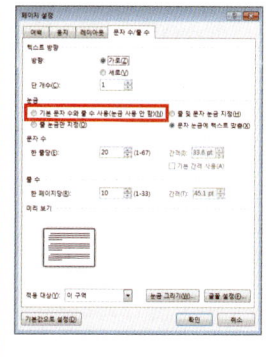

03-5 쪽 테두리/배경과 페이지 테두리/페이지 색

쪽 테두리/배경 만들기 [한글]

쪽 테두리/배경도 배경으로서 문서 전체 또는 지정한 구역에 매 페이지 반복되어 표시됩니다. 일부만 지정하려면 구역을 나눠야 하고 바탕쪽처럼 연결을 해제할 필요는 없습니다. 배경으로는 단일 색, 그라데이션, 그림이 가능하고 테두리/종이/쪽에 맞출 수 있습니다.

① 쪽 테두리 또는 배경을 넣을 페이지가 일부분이라면 미리 구역(Alt+Shift+Enter)를 넣어 두는 것이 좋습니다.
② [쪽]-[쪽 테두리/배경]을 선택해 테두리와 배경을 지정합니다.

쪽 테두리

▶ 테두리 배경 종류 : '양쪽' – 구역 전체, '홀수/짝수 쪽' – 구역내 홀수 쪽이나 짝수 쪽을 각각 다르게 지정합니다.

▶ 테두리 : 종류와 굵기, 색을 정하고 표시할 영역을 지정해 줍니다.

▶ 위치 : '종이' 또는 '쪽(여백)'을 기준으로 떨어진 정도를 지정해 줍니다. ※쪽 기준은 머리/꼬리말 포함 선택 가능

페이지 테두리 [워드]

[삽입]-[페이지 테두리]([테두리 및 음영])로 만듭니다.

① 페이지 테두리가 문서의 일부분에만 들어간다면 구역을 나눠 줍니다. '구역 전체', '구역의 첫 페이지만' 또는 '구역의 첫 페이지를 제외하고 모두' 만들 수 있습니다.
② [테두리 및 음영]-[페이지 테두리]에서 테두리 모양, 적용 영역을 선택한 뒤 '적용 대상'과 '옵션'을 정해 줍니다.

페이지 테두리 옵션

▶ 여백 : 본문 또는 페이지 가장자리에서부터 테두리가 그려질 거리를 정해 줍니다.

▶ 기준 : '텍스트' – 본문, '페이지 가장자리' – 용지 기준

▶ 옵션 : '단락 테두리와 표 모서리를 페이지 테두리에 맞춤' – '텍스트' 기준에서 선택할 수 있고, 표의 바깥 테두리가 페이지 테두리 근처에 있을 경우 생략하고 페이지 테두리만 표시합니다. '항상 앞에 표시' – 페이지 테두리를 머리말보다 앞에 표시합니다. '머리/바닥글 포함' – 머리 바닥글의 시작 위치까지 포함해 '여백'을 정합니다. ※'페이지 가장자리' 기준에서는 '항상 앞에 표시' 옵션만 선택할 수 있습니다.

▶ 적용 쪽 : 첫 쪽을 제외하거나, 첫 쪽의 테두리만 지정할 수 있습니다. '적용 범위'에서 현재 구역을 선택하면 커서가 위치한 구역에만 테두리를 줄 수 있습니다. '새 구역으로'는 커서 이후에 구역 나누기를 넣고 다음 구역에 테두리를 지정합니다.

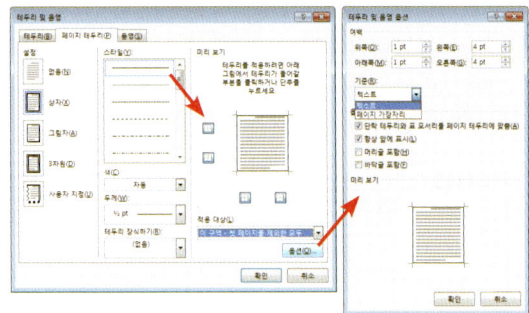

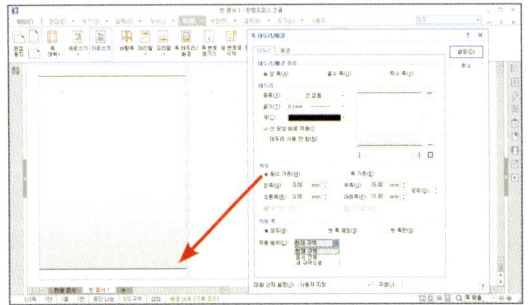

※ '페이지 테두리'는 여백 부분에 만들어집니다.

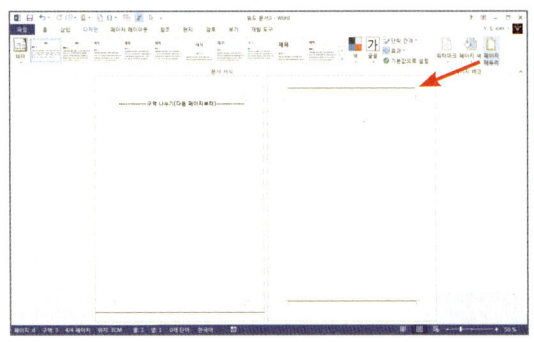

※ 쪽 테두리 해제 : '테두리 사용 안함'

쪽 배경

▶ 색 : 단일 면 색과 무늬, 무늬 색을 지정합니다.

▶ 그라데이션 : 시작 색과 끝 색을 정하고 유형을 선택합니다.

▶ 그림 : 확인란을 선택하고 '그림 선택'으로 그림을 불러옵니다. '문서에 포함'을 선택하지 않으면 그림이 파일에 포함되지 않고 연결만 됩니다. ※ 워터마크 효과 : 그림이 뿌옇게 표시되도록 밝기/대비가 조정됩니다.

▶ 적용 쪽 : '채울 영역' - 종이(용지 전체), 쪽(여백), 테두리(지정한 쪽 테두리에 맞춰 배경 채움)

페이지 색 워드

페이지 색은 문서 전체에 적용됩니다. 일부만 구역을 나눠서 바꿀 수 없습니다. [디자인]([페이지 레이아웃])-[페이지 색]에서 페이지 배경 색을 지정합니다. 페이지 색은 머리글, 페이지 테두리보다 아래에 표시됩니다.

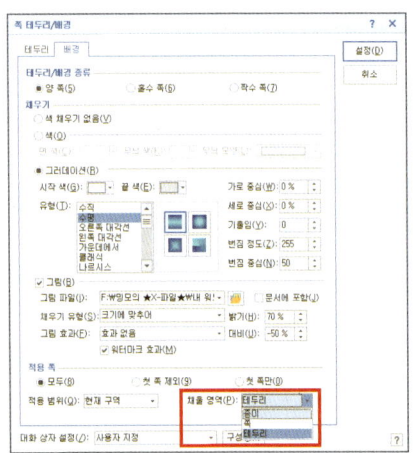

※ 쪽 배경 해제 : '색 채우기 없음', '그림' 해제

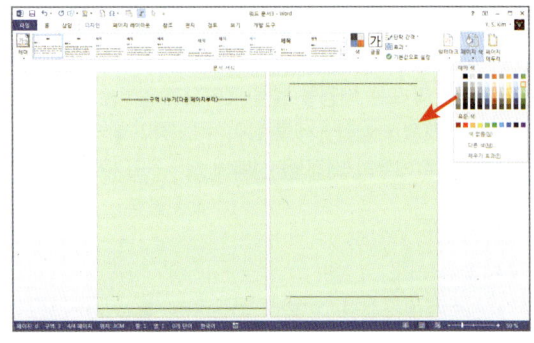

쪽 테두리/배경의 특징 **한글**

한/글에는 머리말, 바탕쪽, 워터마크, 쪽 테두리/배경 등 배경이 다양합니다. 배경을 쉽게 알아볼 수 있는 방법을 알려드리겠습니다.

▶ 쪽 테두리/배경 : 쪽 테두리는 테두리와 배경색, 배경 그림을 넣는 것으로, 테두리가 여백에서 용지 가장자리 사이에 만들어지는 특징이 있습니다. 테두리는 바탕쪽보다 위로, 배경은 맨 아래로 표시됩니다. 배경 면색을 지정하면 본문의 여백 표시가 보이지 않게 됩니다.

▶ 바탕쪽 : 바탕쪽은 그림, 테두리가 자유롭게 입력되고 쪽 번호를 많이 추가 합니다. 본문에서 보면 뿌옇게 보입니다. 보통은 머리말 아래로 표시되지만, '인쇄 시 맨 위로'를 선택했다면 머리말 보다 위로 표시할 수 있습니다.

▶ 머리말 : 머리말은 조판 부호가 있고 본문처럼 진하게 표시됩니다. 일반적으론 다른 배경보다 위에 표시됩니다.

▶ 워터마크 : 인쇄의 워터마크, 프린터 설정의 워터마크는 본문에서는 보이지 않고 미리보기에서만 보입니다. 문서 전체에 표시되고 모든 배경, 본문의 맨위로 또는 모든 배경의 맨 아래로 표시할 수 있습니다.

※ '바탕쪽'과 '쪽 테두리/배경'은 조판 부호는 없지만, '찾아가기'와 '조판 부호 지우기'로 찾아 지울 수 있습니다.

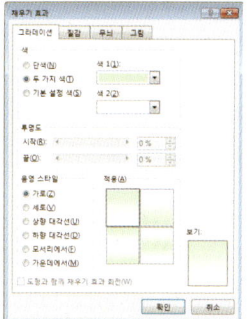

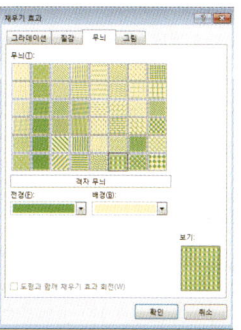
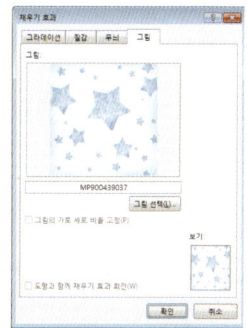

※ 페이지 색을 일부 페이지에만 표시하려면 구역을 나누고 머리글 안에 도형을 용지 크기만큼 만들어 넣어 줍니다.

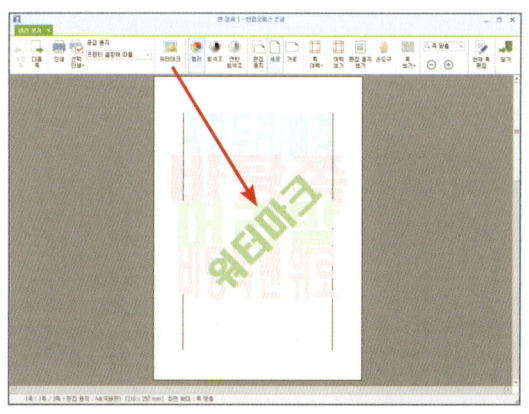

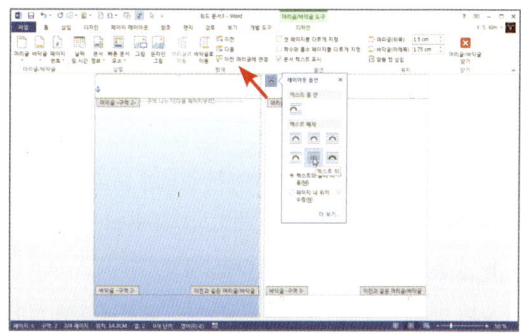

03-6 다단

단 설정은 페이지의 세로를 여러 조각 나누어 쓰는 것을 말합니다. 하나가 아닌 여러 개의 단을 '다단'이라고 부릅니다. 신문이나 시험지를 만들 때 사용하곤 합니다.

다단 만들기 [한글]

다단은 문서 전체로 나눌 수도 있고, 일부분만 나눌 수도 있습니다. 구역은 필요 없고 블록 지정해 단을 설정하거나, 단 설정을 다시 하면 됩니다.

- 단 설정 : [쪽](모양)-[단]에서 지정합니다. [단] 도구 아이콘을 클릭하면 '단 설정' 대화 상자가 열립니다.

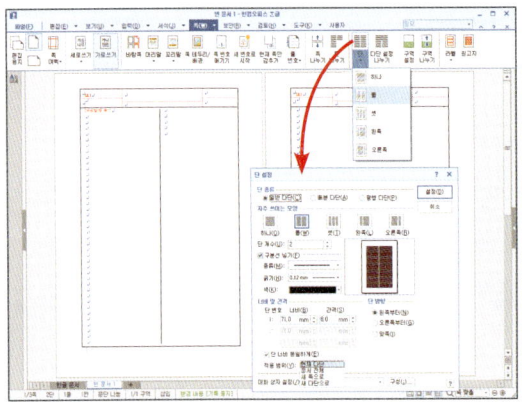

- '단 설정' 대화 상자 : 단의 자세한 설정과 새로운 모양으로 바꿀 경우에 대화 상자를 열어 지정합니다.
  - ▶ 단 종류 : 일반 다단/배분 다단/평행 다단이 있습니다.
  - ▶ 단 개수 : 다단의 개수를 용지 크기, 용지 방향에 따라 여러 개로 지정할 수 있습니다.
  - ▶ 구분선 넣기 : 단의 경계에 구분선을 넣습니다. 구분선이 없는 다단은 가로 눈금자를 보면 다단임을 알 수 있고, 여백, 너비를 조절할 수 있습니다.
  - ▶ 단 너비 : 각 단의 너비를 정합니다.
  - ▶ 단 간격 : 단과 단 사이 간격을 정합니다.
  - ▶ 단 너비 동일하게 : 각 단의 너비를 동일하게 조절합니다. '단 너비 동일하게'가 선택되어 있으면 단이 많아도 단 너비/간격이 한 가지만 표시됩니다.
  - ▶ 단 방향 : '왼쪽부터' – 일반적인 단, '오른쪽부터' – 오른쪽에서부터 입력하는 단, '맞쪽' – 홀수 쪽에는 '왼쪽부

다단 만들기 [워드]

MS Word는 일반 다단만 있습니다. '단 나누기'는 한/글과 같고 단의 모양을 바꿀 때에는 '이어서' 구역 나누기를 해줍니다.

- 단 설정 : [페이지 레이아웃]-[단]에서 종류를 바꾸고, [기타 단]에서 자세한 옵션을 변경합니다.

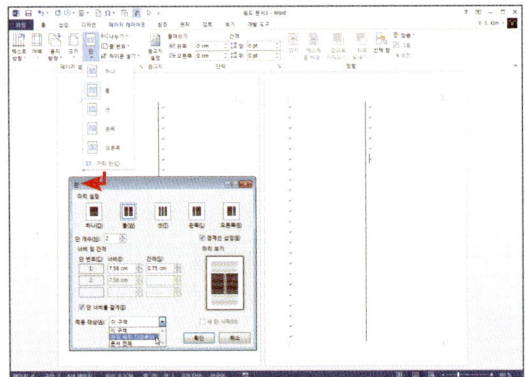

- '기타 단' 설정 대화 상자 : 구분선이나 너비/간격, 새 단 모양으로 바꿀 때 대화 상자를 열어 지정합니다.
  - ▶ 단 개수 : 미리 설정된 단 모양에서 선택해도 되고 개수로 정해 너비/간격을 지정해도 됩니다. [페이지 설정]-[문자 수/줄 수]에서도 단의 개수를 지정할 수 있습니다.
  - ▶ 경계선 삽입 : 단 사이 간격에 경계선을 표시합니다.
  - ▶ 단 너비 : 각 단의 너비를 조절합니다.
  - ▶ 단 간격 : 단 사이 간격을 조절합니다.
  - ▶ 단 너비 같게 : 각 단의 너비와 간격이 동일하게 되도록 설정합니다. '단 너비 같게'가 선택되어 있으면 단이 많아도 단 번호는 한 가지만 표시됩니다. '단 너비 같게'를 해제하면 단 별로 너비와 단 사이 간격을 조절할 수 있습니다.
  - ▶ 적용 범위 : 구역이 있거나, 본문을 선택한 상태에 따라

터' 입력하고, 짝수쪽에는 '오른쪽부터' 입력하는 단 모양
▶ 적용 범위 : 상황에 따라 여러가지 범위로 지정할 수 있습니다. 본문의 일부를 선택한 상태라면 '선택된 문자열'로 표시되고 블록을 지정한 부분만 단이 만들어집니다. 단에서는 특히 적용 범위를 유의해서 설정해 주세요.

'단 나누기'와 '단 설정 나누기'   한글

- 단 나누기(Ctrl+Shift+Enter) : 입력하던 단의 나머지를 입력하지 않고 다음 단으로 넘깁니다. 단이 하나라면 페이지 나눔과 같습니다. ▶'찾아가기', '조판 부호 지우기'가 가능합니다.

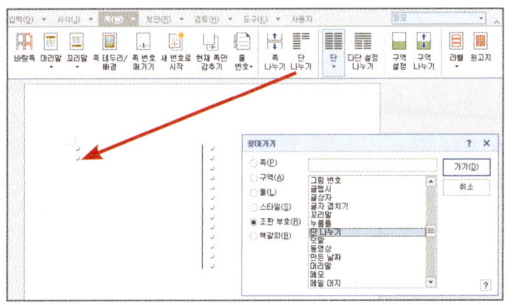

- 단 설정 나누기(Ctrl+Alt+Enter) : 입력하던 단의 설정을 끝내고 새로운 모양으로 바꿀 수 있도록 단을 나눕니다. ▶'단 설정 나누기'는 문단 사이에 작은 간격이 생깁니다. 단 구분선을 표시하지 않거나, 평행다단에서는 '단 설정 나누기'를 구분하기가 어려우니 문단 부호를 꼭 켜놓고 작업해야 합니다. ▶설정이 다른 단의 사이 간격은 '구역 설정(Ctrl+N,G)'-'단 사이 간격'으로 조절할 수 있습니다. ▶나눠진 단 설정을 합치려면 나뉜 앞/뒤 문단을 선택해 삭제해 줍니다. ※'단 설정 나누기'는 단에서는 MS Word의 '이어서' 구역 나누기와 비슷합니다.

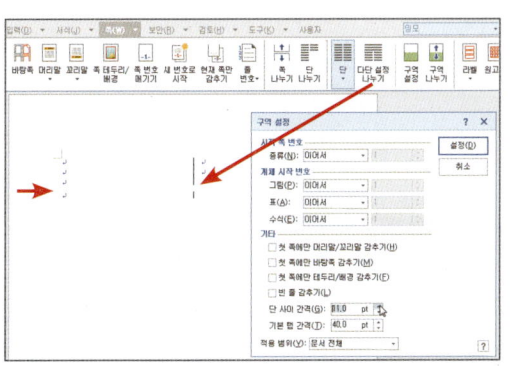

적용 범위가 달라집니다. '현재 위치 다음부터'는 '이어서' 구역이 나눠지며 단을 새로운 모양으로 바꿀 수 있고, '새 단 시작'을 선택할 수 있습니다.
▶ 새 단 시작 : 페이지와 구역이 나눠지고, '구역의 끝' 편집 기호가 표시됩니다. [페이지 레이아웃]-[페이지 설정] 대화 상자에서 '새 단부터' 구역을 선택하고, '현재 위치 다음부터'로 적용하는 것과 같습니다

'단 나누기'와 '이어서 구역 나누기'   워드

- 단 나누기(Ctrl+Shift+Enter) : 입력하던 단의 나머지를 입력하지 않고 다음 단으로 넘깁니다. 단이 하나라면 페이지 나눔과 같습니다. ▶'탐색창(Ctrl+F)'이나 '찾기/바꾸기(Ctrl+H)'에서 '^n'으로 찾을 수 있습니다.
- 이어서 구역 나누기 : 구역을 나누고 단의 모양으로 바꿀 수 있습니다. '적용 범위'에서 '현재 위치 다음부터'를 선택해 나눠도 되고, [페이지 레이아웃]-[나누기]-[구역 나누기]에서 '이어서' 구역으로 나누고 단 모양을 바꿔도 됩니다. ▶'탐색창', '찾기/바꾸기'에서는 '^b' 구역으로 찾습니다.

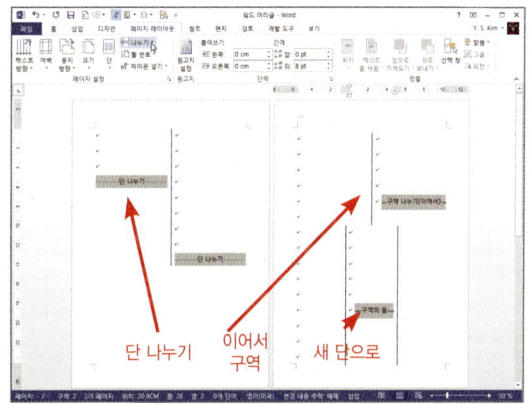

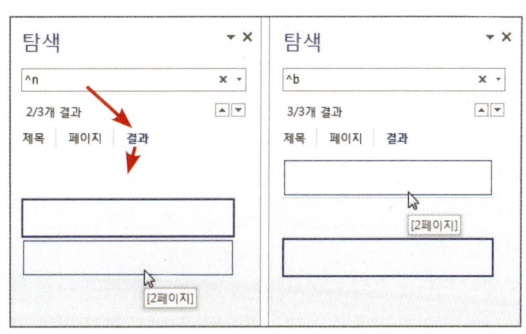

- 단 이동(Ctrl+Alt+[→]/[←] 또는 마우스) : 단을 이동하는데 단 나누기를 사용해서는 안됩니다. 단을 이동할 땐 마우스나 방향키를 이용하세요. 단 나누기는 단을 구분할 때, 단 설정 나누기는 단의 종류를 바꿀 때에만 사용합니다.
- 쪽 나누기(Ctrl+Enter/Ctrl+J) : 쪽 나눔은 다단에서도 단의 종류와 상관없이 앞 페이지와 구분되어 새 페이지로 나눠 집니다. 단의 종류도 그대로입니다.
- 구역 나누기(Alt+Shift+Enter) : 구역 나누기도 역시 단의 종류와 상관없이 새 구역(페이지)으로 나눠집니다. 구역이 나뉘었으니 단의 종류도 바꿀 수 있습니다.

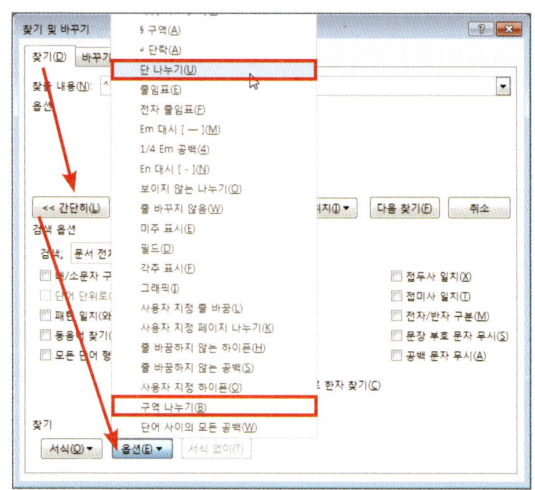

단의 종류　한글

한/글은 단의 종류와 설정이 다양합니다. 특히나 '평행 다단'이 있어서 단 별로 각각의 파일처럼 입력할 수도 있습니다. 단은 쉽게 본문을 나눠 사용할 수 있지만, 눈에 보이지 않는 설정이 있어서 때에 따라서는 표보다 조정이 어려울 수 있습니다. 단의 종류와 설정을 정확히 알아두세요.

일반 다단

- 일반적으로 사용하는 다단으로 '단 나누기'를 했을 때 쓰던 단의 나머지를 비워두고 다음 단으로 넘어갑니다.
- '단 방향'이 '왼쪽'이라면 왼쪽 단〉오른쪽 단〉다음 페이지 왼쪽 단〉오른쪽 단의 순서로 입력됩니다.

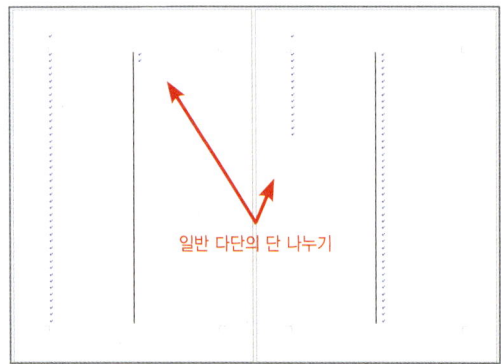

- 일반 다단의 왼쪽 단에서 '단 설정나누기'를 하면 단을 끝내는 것이기 때문에 '배분 다단'처럼 잘린 곳까지 양쪽 단 높이가 맞춰집니다.

- 페이지 나누기(Ctrl+Enter) : 다단과 상관없이 페이지를 나눕니다. [페이지 레이아웃]-[나누기]-[페이지]
- 기타 구역 나누기 : 다단과 상관없이 구역을 나눕니다. 단 모양을 변경할 수 있습니다. [페이지 레이아웃]-[나누기]-[구역 나누기]
    ▶ MS Word는 구역을 삭제할 때 주의해야 합니다. 뒷 구역의 모양이 앞 구역에 적용됩니다. 여러가지 설정이 있겠지만, 특히 단이 있다면 뒷 구역의 모양으로 앞 구역을 덮어써도 될지 생각해 보고 구역을 삭제하세요.

단 다루기　워드

단의 입력 방향

단은 왼쪽 단에서부터 오른쪽 단 방향으로 입력되고 다음 페이지로 넘어가서도 왼쪽에서부터 오른쪽으로 한 단씩 입력되어집니다. ※한/글의 일반 다단과 같지만, 한/글처럼 단 방향을 바꿀 수는 없습니다.

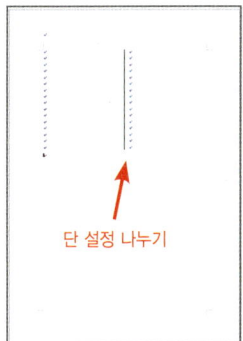

단 설정 나누기

배분 다단

- 배분 다단은 왼쪽단과 오른쪽단의 길이를 맞춰가며 작성하는 것입니다. 맞추다 남는 한 줄 정도는 차이가 날 수는 있지만, 보통 2줄 이상은 벌어지지는 않습니다.
- 배분 다단은 단마다 한 줄씩 단이 늘어납니다.
- 배분 다단에서 '단 나누기'를 하면 마치 '단 설정 나누기'를 한 것처럼 단이 잘려 보입니다.

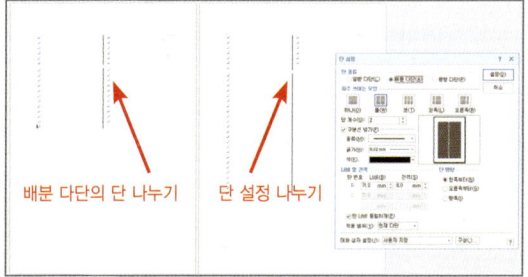

배분 다단의 단 나누기 / 단 설정 나누기

평행 다단

- 각각의 단이 따로 따로 입력됩니다.
- 평행 다단에서는 '단 나누기', '단 설정 나누기'를 해도 단 구분선이 잘리지 않습니다. '단 나누기'를 하면 왼쪽 단에선 오른쪽 단으로, 오른쪽 단에서는 왼쪽 단으로 나눠집니다. '단 설정 나누기'는 모두 왼쪽 단 아래로 새 단 설정이 시작됩니다.

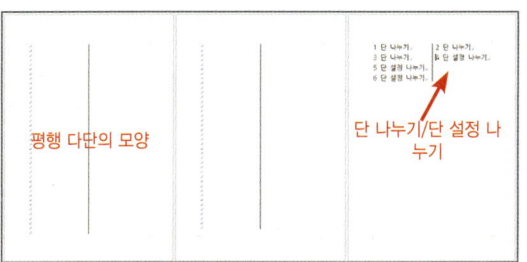

평행 다단의 모양 / 단 나누기/단 설정 나누기

경계선과 단 너비/간격

경계선의 세로 길이는 단의 길이에 따라 자동으로 조절됩니다. 경계선의 위치는 단의 너비와 간격으로 이동됩니다.

- 단 너비 : '단 너비 같게'를 해제하면 가로 눈금자(단 표시기)로 단 경계선 위치(너비)를 조정할 수 있습니다.

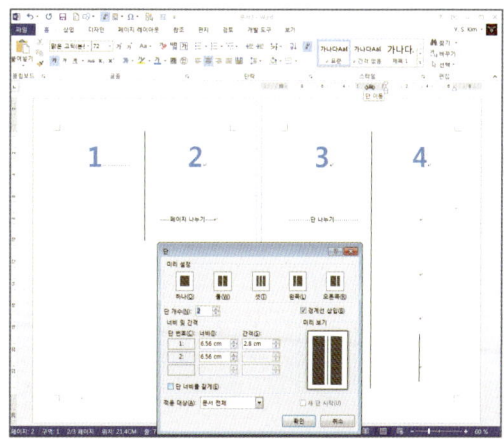

- 단 간격 : 가로 눈금자의 단 경계 부분에는 '단 이동' 표시(┌┐)가 있습니다. '단 너비 같게' 선택 상태에서는 너비가 같도록 여백(간격)이 조정되고, '단 너비 같게' 해제 상태에서는 단 별로 각각 여백을 조정할 수 있습니다.

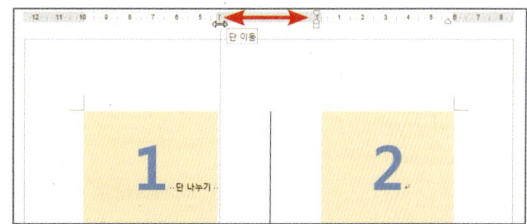

단에서의 개체 다루기

- 그림/표 : 단의 너비 안에 입력되도록 크기가 조절됩니다.

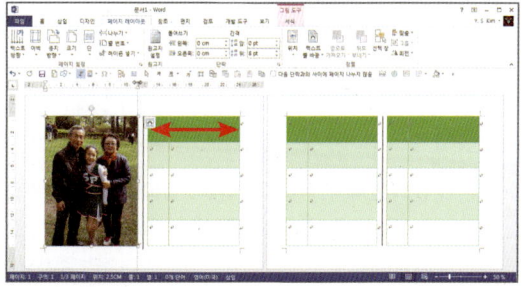

다단 다루기 `한글`

한/글 다단은 다양한 설정이 있어 활용 방법이 많은 대신, 편집 기호가 없어서 문단 부호, 눈금자로만 단의 상태를 파악해야 하고 개체를 넣을 경우 조판 부호 때문에 여러 문제가 생길 수 있습니다. 단을 다루는 방법을 알아보겠습니다.

단 나누기

단을 나누는 두 가지 방법인 '단 나누기'와 '단 설정 나누기' 완전히 다른 나누기로, 특징을 잘 알아두어야 합니다. ▶단 나누기는 구분선이 잘리지 않고 다음 단으로 넘어가는 특징이 있고, 단 설정 나누기는 대부분 구분선이 잘리고 왼쪽 단으로 단이 나눠집니다.

단 너비와 간격

단 너비와 간격은 '단 설정'과 '가로 눈금자'로 조정할 수 있습니다.

- '단 너비 동일하게' 선택시 눈금자 : 간격만 동일하게 조정

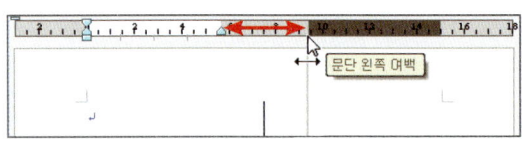

- '단 너비 동일하게' 해제시 눈금자 : '단 이동' 표시( )가 있어 단의 너비를 각각 다르게 조정할 수 있습니다. 간격은 동일하지만 한쪽 단의 크기만 조정됩니다. ※너비를 값으로 보려면 Alt 를 누르며 마우스로 조절하세요.

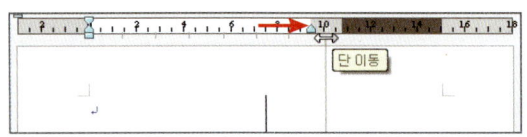

단에서의 개체 다루기

단에서의 개체는 '글자처럼 취급'된 경우가 아니라면 조판 부호를 항상 염두에 두고 편집해야 합니다. 조판 부호는 개체가 움직일 때마다 따라 움직이고, 또 위치가 정해진 경우는 개체와 많이 떨어져 있는 경우도 있습니다.

- 오른쪽 단의 개체를 구분선에 너무 가까이 가져가면 조판 부호는 왼쪽 단으로 넘어가 버립니다. 마우스나 방향키로 조판 부호가 따라올 때까지 구분선에서 떨어뜨려 주세요

- 도형은 단과 상관없이 자유롭게 그려집니다.
- 단을 가로지르는 개체 : 단의 전체를 가로질러 제목이나 개체를 입력할 경우는 '이어서' 구역으로 단을 나누고 단 종류를 바꿔 입력해야겠지만, 경우에 따라서는 개체의 배치를 조정해 자리만 차지할 수도 있습니다. 단의 내용이 개체를 피해 입력됩니다.
  - ▶도형('텍스트 상자')이나 그림은 '정사각형'이나 '위/아래' 배치를 적용해 볼 수 있습니다.
  - ▶표는 '둘러싸기'로 배치해 볼 수 있습니다.

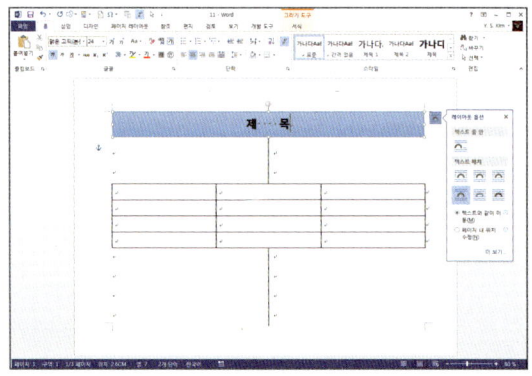

단 모양 바꾸기 `워드`

단의 모양을 바꾸기 위해서는 구역이 필요합니다. 단을 나누면서 구역을 같이 나눌 수도 있고, 구역을 나눈 후 단 모양을 바꿔도 됩니다. 또, 일부분 단 모양을 바꾸는 경우 블록을 지정해 모양을 바꿔도 됩니다. 자동으로 앞/뒤에 '이어서' 구역이 나눠집니다.

- ▶구역을 먼저 나눌 경우 : ❶ [페이지 레이아웃]-[나누기]-구역 나누기]-'이어서' 구역 ❷ 단 모양 변경
- ▶단 설정 대화 상자를 이용할 경우 : ❶ [기타 단]에서 단을 선택 후 ❷ 적용 범위를 '현재 위치 다음부터'로 선택
- ▶블록 지정해서 단 모양을 바꿀 경우 : ❶ 모양을 바꿀 영역을 선택 ❷ 단 모양 변경 ※편집 기호를 켜고 구역 나누기를 잘 확인하세요.

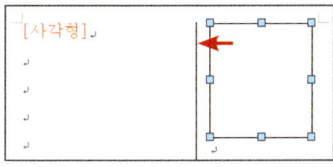

- 개체가 문단과 함께 이동되지 않을 경우는 '개체 속성'에서 위치 기준을 '단'과 '문단'으로 바꿔 주세요.

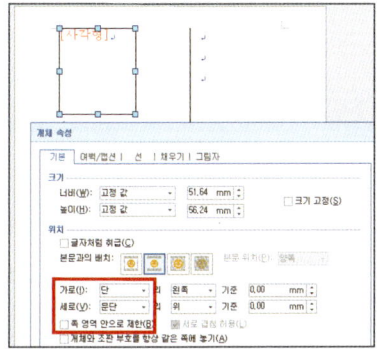

- 표가 쪽 경계에서 자동으로 나눠질 때 넘어간 셀을 입력하던 단 밑에 이어지도록 하려면 '개체 속성'의 '쪽 영역 안으로 제한'을 해제해 놓으면 됩니다.

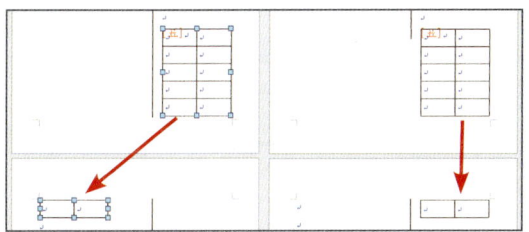

- 표나 글상자를 단 사이에 걸쳐 놓으려면, 배치를 '자리 차지'나 '어울림'으로 합니다. 개체를 건너뛰고 본문이 입력됩니다. ※본문과의 간격은 개체 속성의 바깥 여백

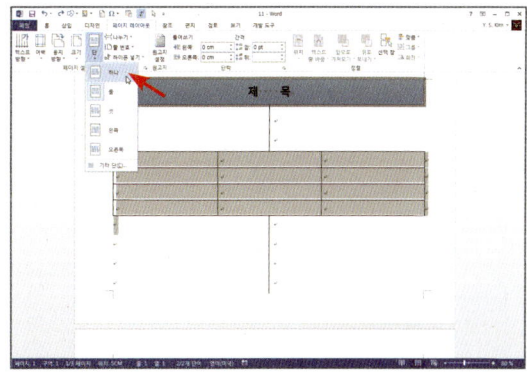

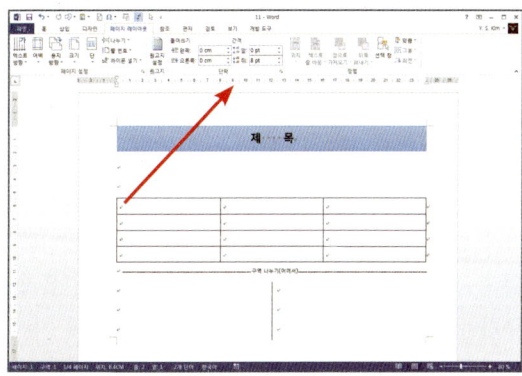

기타 단 모양

- 다단의 한 쪽 단을 다시 나누고 싶을 땐 : 3~4 등 단 개수를 늘린 후 단 너비를 각각 조절해 사용하세요.

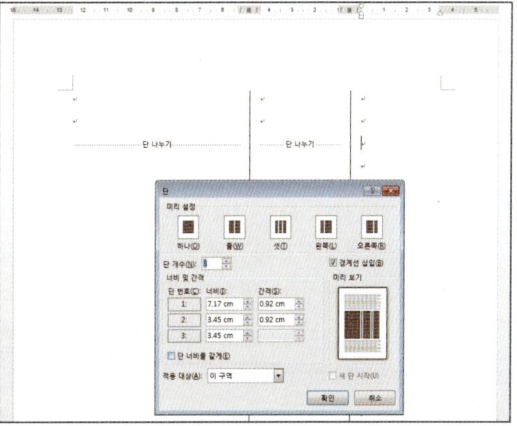

- 세로도 단을 나누고 싶을 땐 : 세로로 나누는 다단은 없습니다. ▶표를 단처럼 만들어 사용하거나, ▶[페이지 설정]-[여백]의 '여러 페이지'를 이용하세요.

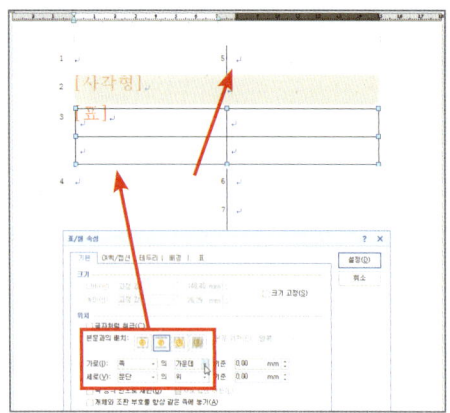

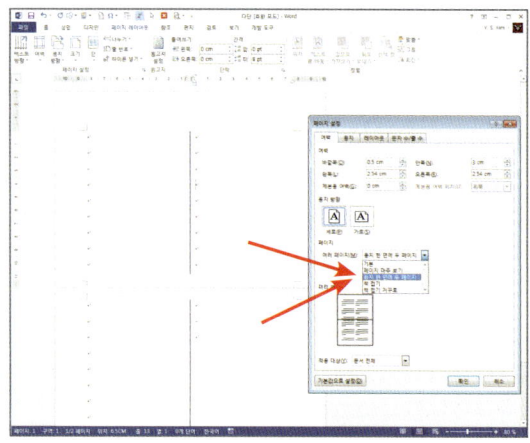

단 모양 바꾸기 `한글`

입력 중인 단의 모양을 바꾸려면 커서만 위치해 놓고 다른 단을 선택하거나 '단 설정'을 다시 하면 됩니다. 입력 중인 단의 모양은 놔두고 새로운 모양의 단을 만들려면 새 단으로 다시 시작해야 하는데요. 몇 가지 방법이 있습니다.

- ▶ 단 설정 나누기 : ❶ Ctrl + Alt + Enter를 한 후 ❷ 단 모양을 바꿉니다. 페이지가 나눠지지 않고 바로 다음 단에서 모양을 바꿀 수 있습니다. ※단의 사이에 다른 단 모양을 만들려면 '단 설정 나누기'를 2번 준 후 커서를 나눈 단 사이로 옮기고 변경하면 됩니다.

- ▶ 구역 나누기 : ❶ Alt + Shift + Enter를 한 후 ❷ 새 모양으로 바꿉니다. 페이지가 나눠지며 단 모양을 바꿀 수 있습니다. ※ Ctrl + Enter 쪽 나눔은 페이지만 나눠지기 때문에 전체 단 모양이 바뀝니다.

- ▶ 단 설정 대화 상자 : ❶ '단' 아이콘을 클릭 ❷ 대화 상자에서 단 모양을 바꾸고 ❸ 적용 범위를 '새 단으로' 지정하면 단 설정 나누기가 되며 다른 모양이 적용됩니다.

- ▶ 블록 지정해서 바꾸기 : ❶ 모양을 바꿀 문단을 선택한 뒤 ❷ 단 모양을 바꿉니다. ※주의 : 선택 문단 앞/뒤로 '단 설정 나누기'가 입력됩니다.

- 단 별 페이지 번호는 불가능 합니다. 여러 페이지를 한 장에 인쇄하거나, 표와 번호 매기기를 이용해 볼 수 있습니다.

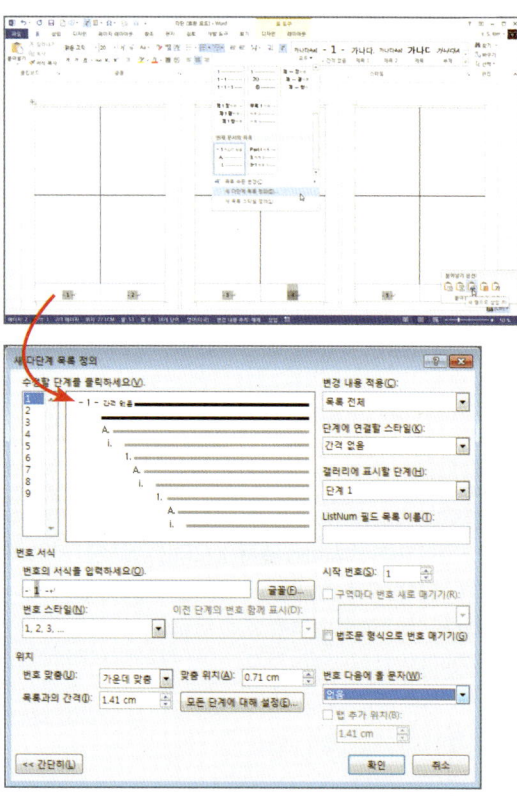

- 표나 텍스트 상자에서 단 : MS Word는 개체나 머리말 등에서는 단을 사용할 수 없습니다.

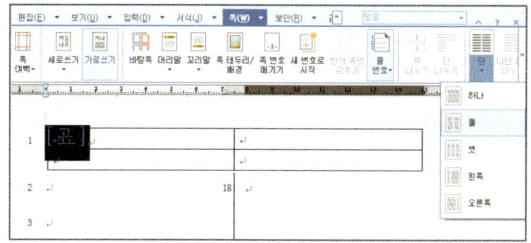

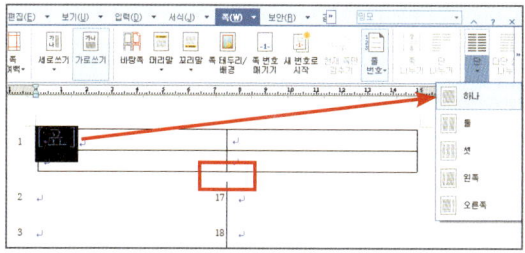

단의 주의사항 　한글

- 단에 개체를 복사해 붙였는데 사라져 버렸다면 조판 부호에서 Ctrl+N,K - '글자처럼 취급' 하거나 위치를 다시 지정해 주세요. ※예, '단'의 '왼쪽' - '0'/'문단'의 '위쪽' - '0'

- 단은 '가로 눈금자'를 참고해야 합니다. 단의 개수/너비/여백이 표시됩니다. ※단 너비가 아닌 여백은 Ctrl+1

- 단에 표를 입력할 때, 단에 여유가 많은 데도 불구하고 다음 단으로 넘어가는 경우가 있습니다. 그런 경우 대부분은 표의 캡션 때문입니다. 캡션에서 나와 입력하세요.

- 개체 속성의 '쪽 영역 안으로 제한'을 해제하면 표가 왼쪽 단에 있을 경우도 끝 단 바로 아래로 이어집니다. 오른쪽 단에서만 사용하세요.

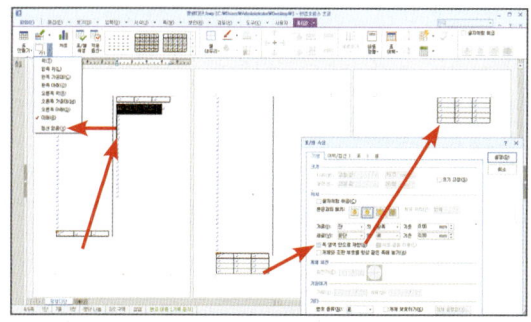

- 세로로도 단을 나누고 싶다면 F7 편집 용지의 '맞쪽'을 지정하고 [인쇄]의 '모아찍기'를 사용해 보세요. 또는 [도구]-[라벨 문서]의 '라벨 용지 만들기'도 이용해 볼 수 있겠습니다.

기능 REVIEW | 한/글의 '평행 다단'과 '단 방향'

한/글 단에는 MS Word에는 없는 '단 종류'와 '단 방향'이 있습니다. 한/글의 다단 문서를 MS Word 등 다른 형식으로 변환할 경우 단의 종류와 방향을 확인하고 변환해야 합니다. '일반 다단'의 '왼쪽 부터'인 경우에만 제대로 변환이 됩니다.

평행 다단

페이지 번호나 각주, 개요 등 문서 속성을 한 페이지에 다르게 설정할 수 있는 것은 아니지만, 마치 두 개의 문서처럼 다른 단에 영향을 받지 않고 각각 입력/편집할 수 있는 것이 '평행 다단'입니다. 평행 다단은 모든 '단'이 아래로 입력됩니다.

평행 다단 만들기

- 평행 다단의 오른쪽 단은 왼쪽 단에서 '단 나누기(Ctrl+Shift+Enter)' 해서 만들거나, 마우스로 더블 클릭해 만들 수 있습니다. 평행 다단은 오른쪽 단이 별개로 입력되긴 하지만, 왼쪽 단에서 나눠진 단이라는 것을 기억하세요.
- 두 문서를 하나의 평행 다단 문서로 만들려면 평행 다단을 만든 후 단마다 Ctrl+O '끼워 넣기'를 하면 됩니다. 개체의 '크기'와 '위치', 문단의 '여백'을 주의해서 끼워넣기 또는 붙여넣기 하세요.

평행 다단의 주의 사항

- 구분선 : 평행 다단에서는 구분선이 잘리지 않습니다. 그래서 문단 부호의 간격을 주의깊게 봐야 합니다. 특별히 줄 간격이 다른 곳이 있다면 '단 나누기'나 '단 설정 나누기'가 입력되어 있을 수도 있습니다.
- '단 나누기'는 다음 단으로 나눠지고, '단 설정 나누기(Ctrl+Alt+Enter)'는 왼쪽 단 아래로 나눠집니다.
  '단 나누기(Ctrl+Shift+Enter)'는 다음 단으로 넘어가기 때문에, 단이 두개인 평행 다단에서는 단을 왔다갔다 이동하게 됩니다. 하지만, 단 나누기는 이동에 쓰이는 명령은 아닙니다. 이동하려면 단 나누기를 하지 말고, 마우스나 방향키, Ctrl+Alt+[방향키]로 이동하세요. ▶'단 나누기' 된 곳은 옆 단의 내용이 늘어나면 같이 늘어나 높이를 맞춥니다.
- 평행 다단이 없는 MS Word로 변환되면 평행 다단은 일반 다단으로 표시됩니다. 단 나누기가 없는 문서라면 왼쪽 단이 일반 다단으로 모두 표시된 후 오른쪽 단이 뒤에 표시됩니다. ※단 나누기는 그대로 단 나누기로 변환됩니다.

평행 다단의 단 나누기

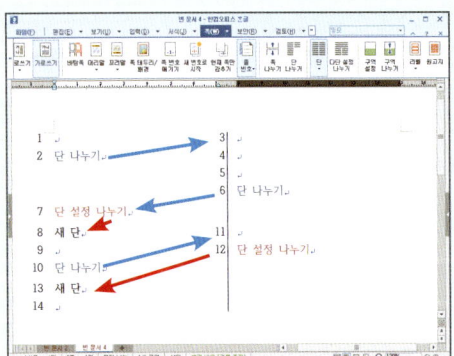

일반 다단으로 바꾼 모양

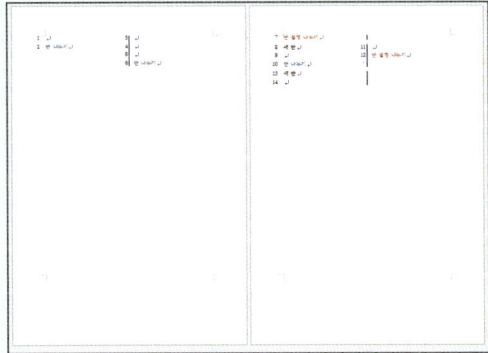

평행 다단의 단 나누기 예)

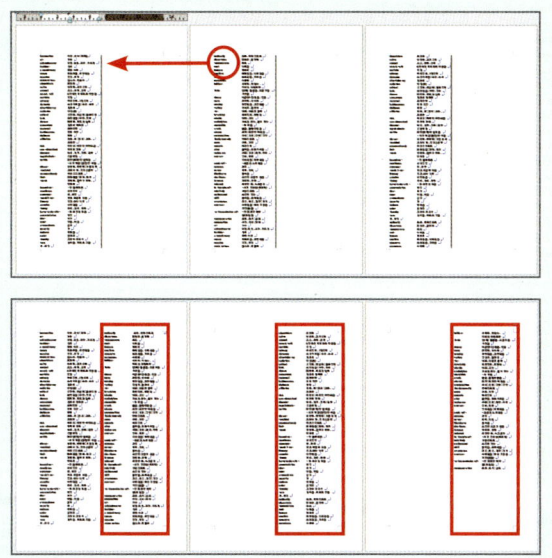

단 방향

단 방향은 '왼쪽부터'/'오른쪽부터'/'맞쪽' 방향이 있습니다. 일반적으로 사용하는 것은 '왼쪽부터'이고, '오른쪽부터'는 오른쪽에서 왼쪽 방향으로 단이 입력되는 방식입니다. 글자의 입력 방향이 바뀌는 것은 아니고 단의 진행 방향이 오른쪽 부터 입니다. '맞쪽'은 책을 만들 때 활용할 수 있는 방향으로 홀수 쪽은 '왼쪽부터', 짝수 쪽은 '오른쪽부터' 방향이 적용됩니다. 본문에서 세로로 입력해 보면 지그재그로 입력방향이 바뀌는 것을 알 수 있습니다.

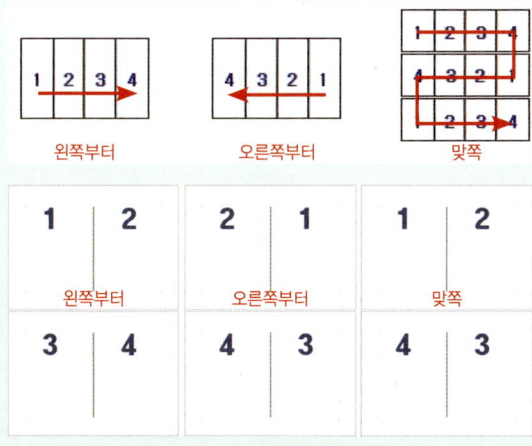

기능 REVIEW | 단 나누기 지우기

'단 나누기' 지우기 [한글]

'단 나누기'를 지우면 단의 일부만 입력하고 남겨 뒀던 빈 공간이 다음 단의 내용으로 채워집니다.

- 단의 나뉜 부분에서 Delete 또는 다음 단의 처음에서 Backspace 하면 이어집니다.
- [편집]-[조판 부호 지우기]-[단 나누기]

'단 설정 나누기' 지우기 [한글]

'단 설정 나누기'를 지우면 단 모양이 하나로 합쳐져 뒷 단의 모양이 앞 단의 모양을 따르게 됩니다.

- 단 설정이 나뉜 앞/뒤 문단을 선택해 지웁니다.

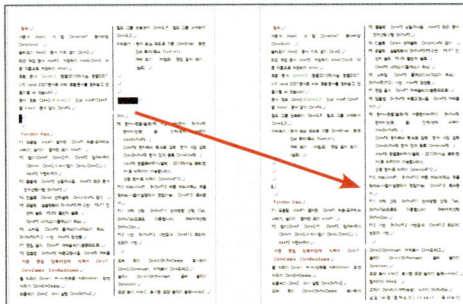

- '단 설정' 대화 상자를 열어 단 모양을 정하고 적용 범위를 '문서 전체' 또는 '현재 구역'으로 지정하면 단 설정 나누기가 지워지며 단 모양이 변경됩니다. ※블록을 지정해서 바꾸면 앞/뒤로 또 다른 '단 설정 나누기'가 생깁니다.

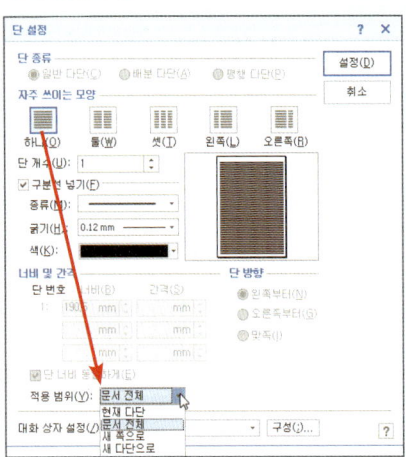

'단 나누기' 지우기 [워드]

- 편집 기호를 켜고 글자로 표시된 '﹘﹘단 나누기﹘'를 삭제합니다.
- [보기]-[탐색창] 또는 [찾기]/[바꾸기]에서 '^n'으로 찾아 지워도 됩니다.

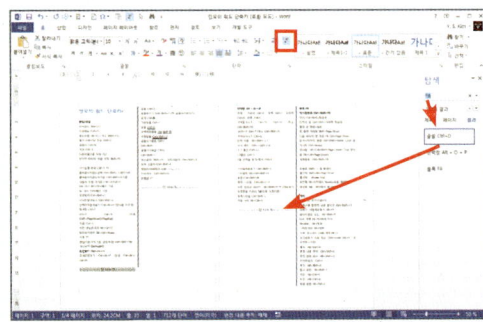

'구역 나누기' 지우기 [워드]

단 설정을 새로 바꾸면 '이어서 구역 나누기'가 자동으로 나눠집니다. 이 구역을 지우면 뒷 단의 모양이 앞 단에도 적용된다는 것을 주의하며 구역을 지우세요.

- 편집 기호 '═이어서 구역 나누기═'를 찾아 삭제하세요.
- [보기]-[탐색 창] 또는 [찾기]/[바꾸기]에서 '^b'로 찾아 삭제해도 됩니다. '이어서' 구역만 찾을 수는 없고 구역 나누기 전체가 찾아지니 다른 구역이 지워지지 않도록 주의하세요.

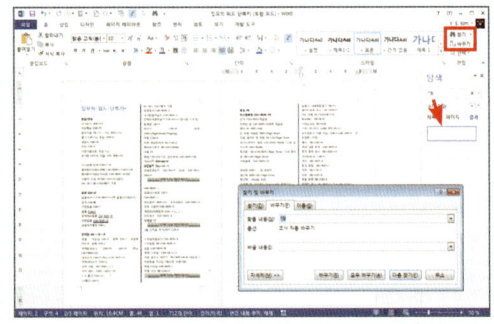

03-7 인쇄

1 한/글 인쇄하기 Alt + P (Ctrl + P)

1) 기본

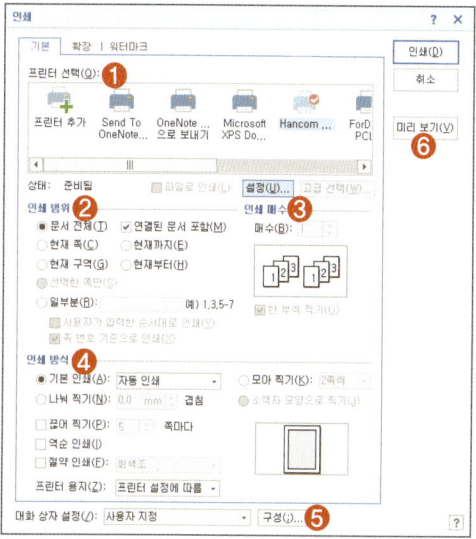

❶ 프린터 선택

프린터를 추가하면 [프린터 선택]에 목록으로 나타납니다. 프린터 모델에 맞는 최신 드라이버를 설치 후 목록에서 찾아 선택하세요. 'PDF 저장', '그림으로 저장하기', '팩스로 보내기'를 이용할 수도 있습니다([파일]-[다른 이름으로 저장] 또는 [보내기]로도 가능합니다).

- PDF 저장 : [도구]-[환경 설정]-[기타]의 'PDF 드라이버'에서 PDF 드라이버를 선택합니다.
- 그림으로 저장 : 인쇄하지 않고, 'BMP', 'GIF', 'PNG', 'JPG', 'WMF' 등의 그림 파일로 저장합니다.
- 파일로 인쇄 : 인쇄하지 않고, *.prn 파일로 저장합니다.
- 프린터 [설정] : 해상도(인쇄 품질), 인쇄 방향, 유지 보수 등 프린터 설정과 용지/여백, 회전/대칭, 양면 인쇄, 워터마크 등 프린터 레이아웃을 조정합니다.
- [고급 선택] : [프린터별 고급 선택 사항]으로 '유니코드 추가 문자를 그림으로 인쇄', '외곽선을 직접 인쇄', 'HTF(한컴 전용 글꼴)를 다른 방법으로 인쇄', '반투명/투명 개체를 불투명으로 인쇄' 등을 지정할 수 있습니다.

❷ 인쇄 범위

- 문서 전체 : 문서 전체를 인쇄합니다. '문서 전체'는 연결된 문서를 포함해 인쇄 할 수 있습니다.
- 연결된 문서 포함 : [파일]-[문서 연결] 또는 [문서 정보]-[일반]-[문서 연결]에서 연결한 문서를 함께 인쇄합니다. 연결된 문서에 '쪽 번호', '각주'가 있는 경우 '문서 연결' 설정으로 번호를 이어 인쇄할 수 있습니다. 연결된 문서는 경로를 변경하지 말아야 합니다. 또, 설정에 따라 '쪽 번호'가 연결된 번호로 자동 변경될 수 있으니, 원치 않는 부분은 미리 새 번호를 넣어 주세요.

- 현재 쪽 : 커서가 위치한 현재 쪽을 인쇄합니다.
- 현재까지 : 커서가 위치한 쪽까지 인쇄합니다.
- 현재 구역 : 커서가 위치한 현재 구역을 인쇄합니다.
- 현재부터 : 커서가 위치한 현재 쪽부터 인쇄합니다.
- 선택한 쪽만 : 블록을 지정해 선택한 쪽만 인쇄합니다.
- 일부분 : 입력한 쪽만 인쇄합니다. 쉼표(',')와 하이픈('-')으로 범위를 정합니다. 예를 들어, 3쪽부터 5쪽까지 인쇄는 '3-5'로 입력, 3쪽 이후 전체는 '3-'로 입력합니다. 입력한 순서대로 인쇄하거나, 쪽 번호 순서대로 인쇄를 선택할 수 있습니다.
  ※범위 지정은 본문에서 정한 '쪽 번호'를 사용합니다.

❸ 인쇄 매수

- 매수 : 여러 장씩 인쇄할 경우 정합니다. '한 부씩 찍기'를 선택할 수 있습니다.
- 한 부씩 찍기 : 선택한만큼 한 부씩 인쇄합니다(2매 인쇄시 1-2-3쪽, 1-2-3쪽 인쇄). 이 옵션을 해제하면 페이지별로 매수만큼 인쇄합니다(2매 인쇄시 1-1쪽, 2-2쪽, 3-3쪽 인쇄).

❹ 인쇄 방식

- 기본 인쇄 : '자동 인쇄', '공급 용지에 맞추어'를 선택할 수 있습니다.
- 모아 찍기 : 두 페이지 이상 여러 페이지를 한 장에 인쇄합니다. '2쪽씩', '3쪽씩', '4쪽씩', '6쪽씩', '8쪽씩', '9쪽씩', '16쪽씩'을 선택할 수 있습니다. ※'2쪽씩'의 경우 용지 방향이 자동으로 변경됩니다. 예를 들어, '세로 방향'의 문서를 2쪽씩 '모아 찍기' 할 경우는 '가로 방향'의 용지에 2쪽이 세로로 인쇄됩니다. 이 방향을 바꾸려면 '프린터 [설정]'에서 '인쇄 방향'을 바꾸어야 합니다.
- 나눠 찍기 : 한 페이지를 여러 장으로 나누어 인쇄합니다. [인쇄]-[확장]의 '확대/축소'로 확대하여 나눠 찍거나, 큰 용지의 문서를 작은 '프린터 용지'로 나누어 찍을 수 있습니다. 나눠 찍기를 선택한 경우 '겹침 정도'를 지정할 수 있습니다. ※모든 데스크톱 프린터는 여백에 인쇄되지 않는 부분이 있습니다.
- 소책자 모양으로 찍기 : 한/글 2014 버전부터 있으며, 인쇄된 용지를 접어 책처럼 만들 수 있도록 용지 한 면에 두 쪽(양 끝부터)을 인쇄합니다. 프린터가 자동 양면으로 설정된 경우에만 활성화됩니다.
- 끊어 찍기 : 일정한 페이지까지 인쇄하고 사용자의 확인을 기다립니다.
- 역순 인쇄 : 끝 페이지부터 거꾸로 인쇄합니다.
- 절약 인쇄 : '회색조' 또는 '연한 회색조'로 인쇄합니다.
- 프린터 용지 : 프린터 설정에 정해진 용지를 따르거나, 특정 용지 크기를 지정할 수 있습니다. '프린터 설정에 따름'이 선택된 경우는 문서의 편집 용지에 상관없이 프린터 설정 용지에 자동으로 맞추어 인쇄됩니다.

❺ 구성(대화 상자 설정)

인쇄하기 대화 상자의 설정을 저장하여 다시 사용할 수 있도록 '설정 목록'으로 추가합니다. 자주 사용하는 인쇄 방식이 있다면 '구성'을 만들어 사용해 보세요.

❻ 미리 보기

설정한 옵션대로 인쇄되는 모양을 미리 확인합니다. 인쇄 설정은 '미리 보기'나 '인쇄'를 누르면 다음에도 같은 설정으로 인쇄할 수 있습니다. 만약 특정 인쇄 방식을 한 번만 사용한다면 인쇄 후 설정을 취소하고 '미리 보기'를 해 두는 것이 좋습니다.

■ '모아 찍기'와 '나눠 찍기' 예

▶ 모아 찍기 : '가로 방향' 문서 2 쪽을 모아 찍기 하면 세로 방향 용지 1장에 인쇄가 됩니다. 미리 보기에서 '편집 용지 보기'를 선택하면 녹색 선으로 페이지 경계선이 표시됩니다(인쇄 안 됨).

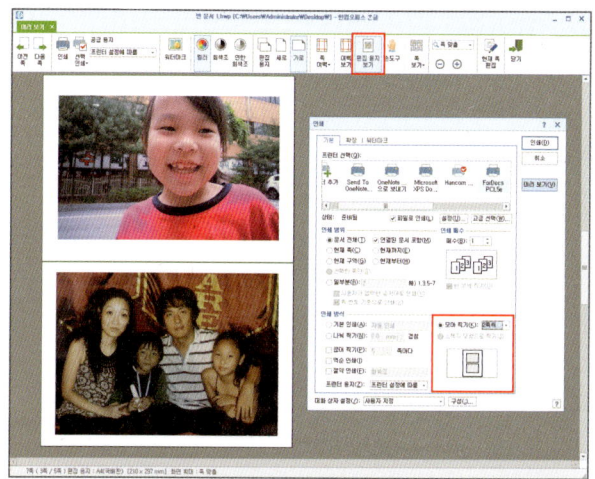

▶ 나눠 찍기 : 용지의 크기를 확인하여 나눠 찍기 해보세요. 예를 들어 A3 용지는 A4 용지 2장과 크기가 같습니다. 또는 인쇄 확대 후 나눠 찍기 할 수도 있습니다(A4를 가로/세로 200% 확대하면 A4 4장).

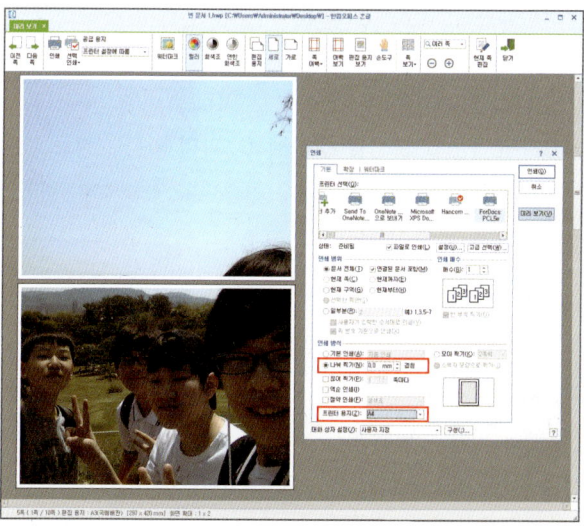

2) 확장

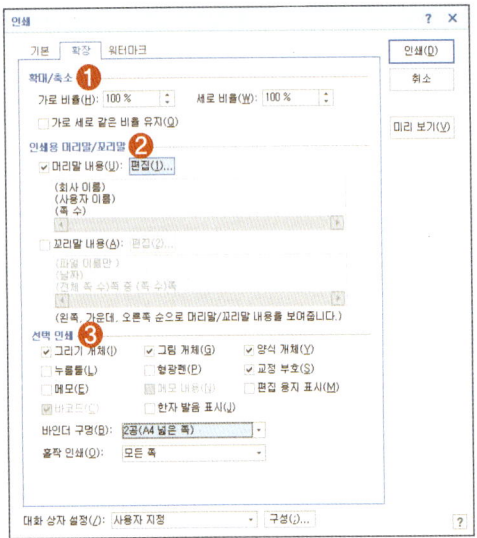

❶ 확대/축소
왼쪽 위를 기준으로 해서 가로/세로를 확대합니다. 왼쪽과 위쪽으로는 확대하지 않기 때문에 오른쪽/아래쪽 여백이 큰 경우 활용할 수 있습니다.

❷ 인쇄용 머리말/꼬리말
본문의 머리말 꼬리말과 별개로 인쇄하며 머리말/꼬리말을 추가할 수 있습니다. '머리말 내용' 또는 '꼬리말 내용' 확인란을 선택한 후 '편집'을 눌러 해당 위치에 들어갈 코드를 정하세요. '파일 이름', '경로', '날짜', '쪽 수', '전체 쪽 수', '사용자 이름' 기타 '회사 이름', '주소' 등을 선택할 수 있습니다. ※본문에는 나타나지 않으니 '미리 보기'를 확인하세요.

❸ 선택 인쇄
- 그리기 개체 : 도형, 그리기 등의 그리기 개체의 인쇄를 선택합니다. 해제시 인쇄되지 않습니다.
- 그림 개체 : 그림의 인쇄를 선택합니다. 해제하면 테두리만 표시됩니다.
- 양식 개체 : '선택 상자', '라디오 단추' 등 [입력]-[양식 개체]의 인쇄를 선택합니다.
- 누름틀 : 빈 누름틀(Ctrl+K,E 누름틀)을 인쇄합니다. 내용이 있는 경우 해제해도 인쇄됩니다.
- 형광펜 : [서식](모양)-[형광펜]이 사용된 부분을 그대로 인쇄합니다.
- 교정 부호 : [입력]-[교정 부호]가 사용된 부분을 그대로 인쇄합니다.
- 메모 : 메모가 있는 경우 메모를 포함하여 인쇄합니다. 메모가 오른쪽 여백의 바깥쪽에 표시되므로 본문은 축소되어 인쇄됩니다. '메모'를 선택하면 '메모 내용'이 활성화됩니다.
- 메모 내용 : 메모의 내용만 모아 추가로 인쇄됩니다.
- 바코드 : 바코드가 인쇄 가능한 문서에서 활성화되며, 인쇄물 오른쪽 윗부분에 2차원 바코드로 인쇄합니다
- 한자 발음 표시 : [보기]-[한자 발음 표시]가 선택되어 있는 경우 표시된 한자 음도 함께 인쇄됩니다.

- 바인더 구멍 : 바인더를 뚫을 수 있도록 구멍이 표시됩니다. '2공', '3공', '4공' 등을 넓은 쪽/ 짧은 쪽으로 선택하여 표시할 수 있습니다.
- 홀짝 인쇄 : 양면 인쇄가 지원되지 않는 프린터에서 '홀수 쪽'을 따로, '짝수 쪽'을 따로 인쇄할 수 있습니다. 홀수 쪽을 인쇄한 후, 뒤집어 짝수 쪽을 인쇄하면 양면 인쇄와 같은 결과를 얻을 수 있습니다.

3) 워터마크

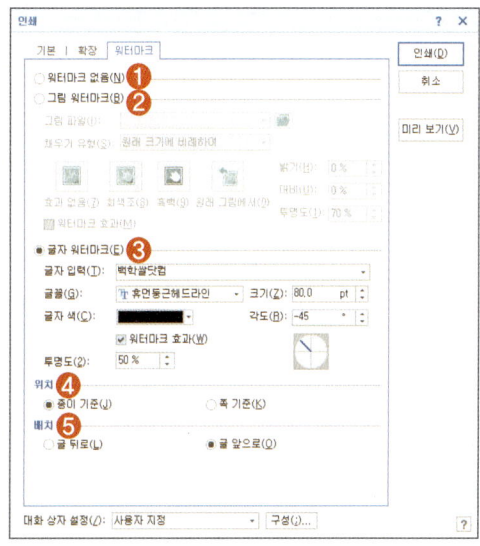

❶ 워터마크 없음

'인쇄하기'에 워터마크가 있는 경우 워터마크를 해제합니다. 워터마크는 프린터 설정에도 되어 있을 수 있습니다. 인쇄하기에서 워터마크를 해제해도 나타나는 경우는 [기본]-[설정]의 프린터 워터마크와 본문의 바탕글/머리글/쪽 배경 등의 배경을 확인해 삭제하세요.

❷ 그림 워터마크

워터마크는 로고나 주의 문구를 본문과 겹쳐 표시하는 것입니다. 로고의 경우 '그림 워터마크'로 넣을 수 있는데요. 인쇄하기에서 정해 놓으면 인쇄하는 모든 문서에 똑같이 적용되어 나타납니다. 필요 없는 경우 해제하고 '미리 보기'를 눌러 주세요.

워터마크 효과 : 워터마크 효과는 그림의 투명도를 지정하는 것이 아니고, 뿌옇게 되도록 '밝기'와 '대비'를 조정하는 것입니다. '밝기'는 70%, '대비'는 '-50%'로 지정되어 있습니다.

❸ 글자 워터마크

글자를 입력하여 워터마크로 표시합니다. '글꼴'과 '글자 색', '크기', '각도', '투명도', '워터마크 효과' 등을 지정할 수 있습니다.

❹ 위치

종이 기준 : '종이' 전체를 채울 수 있도록 용지 가장 자리를 기준으로 위치시킵니다.

쪽 기준 : 여백 안쪽 '쪽'을 기준으로 위치를 정합니다.

❺ 배치

글 뒤로 : 본문보다 '뒤로' 배치해 본문을 가리지 않도록 합니다.

글 앞으로 : 본문 '앞으로' 배치해서 본문보다 우선적으로 보이게 합니다. '글 앞으로'로 선택하면 본문과 머리글/바탕쪽 등 모든 배경보다 위로 인쇄됩니다. 워터마크가 '글 앞으로' 올라가는 경우 '투명도'를 지정해 주세요.

2 MS Word 인쇄하기 Ctrl+P

[파일]-[인쇄]

MS Word 2007은 [파일] 메뉴 대신 '오피스 단추'를 선택합니다. 인쇄에 필요한 각 세부항목은 앞서 설명된 한/글의 항목들과 대동소이하므로 참고하시기 바랍니다.

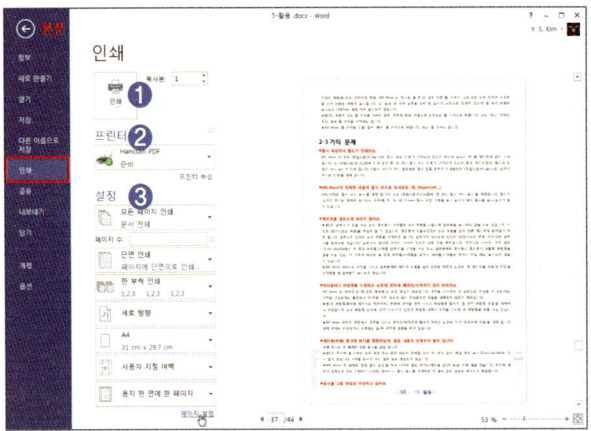

❶ 인쇄

프린터 설정과 인쇄 설정에 따라 인쇄를 시작합니다.

- 복사본 : 여러 페이지를 인쇄할 때 지정합니다.

❷ 프린터

설치된 프린터 드라이버 중에서 인쇄할 프린터를 선택합니다. 파일로 인쇄(*.prn)와 'PDF'로 인쇄([파일]-[다른 이름으로 저장])도 가능합니다. 프린터가 표시되지 않을 경우 '프린터 찾기' 합니다(Office, 프린터 드라이브 등을 항상 최신 상태로 유지하세요. 제조업체의 웹 사이트에서 쉽게 업데이트 할 수 있습니다).

- ⓘ : 마우스를 올려놓으면 현재 선택된 프린터의 상태(상태/종류/위치)를 보여줍니다.
- 프린터 속성 : 프린터의 설정을 변경할 수 있습니다(한/글 [인쇄]-[기본]-[설정]과 같음).

❸ 설정

- 인쇄 범위 : '모든 페이지 인쇄', '선택 영역 인쇄', '현재 페이지 인쇄' 등 인쇄 범위를 지정합니다.
- 사용자 지정 인쇄 : 특정 페이지나 구역 등 인쇄 범위를 입력합니다.

- ▶ 아래 '페이지 수' 란에 쉼표(,)나 하이픈(-)을 이용하여 범위를 입력합니다.
- ▶ 구역 범위 : 'p-페이지 번호', 's-구역 번호'를 이용하여, 'p1s2'(2 구역의 1 페이지), 'p1s2-p5s2,p10s3'(2구역의 1페이지부터 5페이지까지와 3구역의 10페이지) 등으로 범위를 정합니다. 한 구역 전체를 인쇄하려면 구역 번호('s3')만 입력합니다. ※범위는 본문에서 정한 '페이지 번호'를 사용합니다.

- 문서 정보 : 문서에 사용된 속성들을 인쇄합니다.
  - ▶ 문서 정보 : '파일 이름', '경로', '만든 이', '만든 날짜', '페이지 수' 등이 포함된 문서 속성을 인쇄합니다. 지정한 범위를 인쇄하면서 문서 속성을 항상 함께 인쇄하려면 [파일]-[옵션]-[표시]의 '문서 속성 인쇄'를 선택합니다.
  - ▶ 표식 목록 : '변경내용추적' 중인 문서에서 변경 내용 목록만을 인쇄합니다.
  - ▶ 스타일 : 사용된 스타일의 목록을 인쇄합니다.
  - ▶ 상용구 항목 : 저장된 상용구([삽입]-[빠른 문서 요소]-[상용구]) 목록을 인쇄합니다.
  - ▶ 키 할당 : 사용자가 정한 '바로 가기 키'([파일]-[옵션]-[리본 사용자 지정]-[바로 가기 키])의 목록을 인쇄합니다.
  - ▶ 변경 내용 인쇄 : '변경 내용 추적' 중인 문서의 경우 변경 내용(삽입/삭제/메모)를 모두 포함하여 인쇄합니다. '변경 내용 추적' 중이 아니라 하더라도, '메모'가 있는 경우 메모 내용이 여백에 모두 추가되어 인쇄됩니다.
  - ▶ 홀수 페이지만 인쇄 : 홀수 페이지만 인쇄합니다.
  - ▶ 짝수 페이지만 인쇄 : 짝수 페이지만 인쇄합니다. 양면 인쇄가 안되는 경우 활용할 수 있습니다.
- 단면 인쇄 : 한 쪽 면에만 인쇄합니다.
  - ▶ 수동으로 양면 인쇄 : 양면 인쇄가 되도록 메시지가 표시되면 용지를 다시 넣습니다.
- 한 부씩 인쇄 : 여러 복사본을 인쇄할 때, 지정한 범위만큼 한 부씩 인쇄합니다(1-2-3, 1-2-3).
  - ▶ 한 부씩 인쇄 안 함 : 한 페이지를 복사본 만큼 인쇄하고, 다음 페이지를 인쇄합니다(1-1, 2-2, 3-3)
- 방향 : '페이지 설정'의 세로/가로 인쇄 방향을 바꿉니다.
- 용지 : '페이지 설정'의 용지 크기를 변경합니다.
- 여백 : '페이지 설정'의 용지 여백을 변경합니다.
- 용지 한 면에 한 페이지 : 용지 한 면에 '한 페이지', '두 페이지', '네 페이지', '여섯 페이지', '여덟 페이지', '16페이지' 등으로 여러 페이지를 모아 찍습니다(한/글의 모아 찍기). '두 페이지'는 용지 방향이 바뀌어 인쇄됩니다.
  - ▶ 인쇄할 용지 크기 : '페이지 설정'의 용지 크기와 다른 용지 크기로 인쇄 합니다. 텍스트가 재배치 되지 않고 자동으로 확대/축소되어 인쇄됩니다.
- 페이지 설정 : '여백', '여러 페이지'(마주 보기/책 접기), '용지 크기', '구역'/'페이지 맞춤', '단', '줄/문자 눈금' 등을 설정합니다. [페이지 레이아웃]-[페이지 설정]

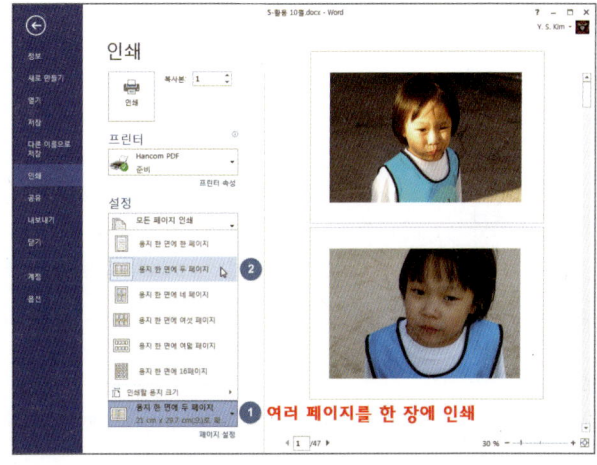

- 기타 설정 : [파일](오피스 단추)-[옵션](Word 옵션)의 [표시], [고급]에도 '인쇄' 옵션이 있습니다. 예, '문서 속성', '숨겨진 텍스트', '인쇄전 필드 업데이트', '값 대신 필드 코드 인쇄', '기본 용지함' 등

03-8 편집 용지/페이지 설정

1 한/글 편집 용지 F7

1) 기본

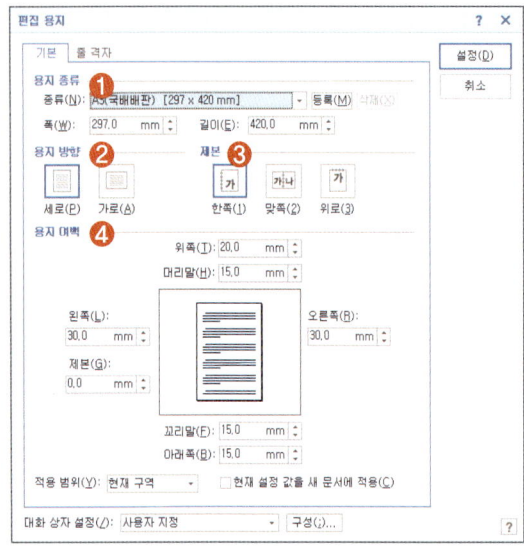

용지 종류	폭×길이[단위 : mm]
프린트 132	335.3×279.4
레터	215.9×279.4
B5(46배판)	182×257
B4(타블로이드판)	257×364
A4(국배판)	210×297
A3(국배배판)	297×420
리갈	215.9×355.6
A6(문고판)	105×148
A5(국판)	148×210
신국판	148×225
크라운판	176×248
Executive	184.1×266.7
Executive(JIS)	216×329.9
Envelope DL	110×220
Envelope C5	162×229
Envelope B5	176×250
Envelope Monarch	98.4×190.5
점자출력용지	230x279.4
16절지(국판)	159x234
사용자 정의	최대 1188×1188, 최소 20×20

❶ 용지 종류

종류 : 기본 용지 종류에서 선택하거나, '사용자 정의'로 '폭'과 '길이'를 지정해 용지 크기를 정할 수 있습니다. 또, [등록] 단추를 이용해 새 용지 종류로 등록할 수 있습니다.

❷ 용지 방향

'세로 방향'이 기본 설정이고 '가로 방향'으로 변경할 수 있습니다. '적용 범위'를 지정해 설정하면 일부분에만 모양을 바꿀 수도 있습니다. 용지의 종류와 방향, 여백 등을 일부만 다르게 설정하기 위해서는 '구역'(Alt + Shift + Enter)이 필요합니다(상황선 아래 참고).

❸ 제본

- 한쪽 : 기본 모양으로 홀/짝 구분없이 편집합니다.
- 맞쪽 : 홀수/짝수 쪽을 구별하여 편집합니다. 맞쪽을 지정한 경우에는 '왼쪽'/'오른쪽' 여백이 '안쪽'/'바깥쪽'으로 바뀝니다.
- 위로 : 위로 넘기는 방식으로 편집합니다.

❹ 용지 여백

- 위쪽 : 용지 위쪽 가장자리부터 머리말 전까지의 여백입니다.
- 머리말 : 위쪽 여백 끝부터 본문 시작전까지 여백으로 '머리말'을 입력하면 이 위치에 입력됩니다.
- 꼬리말 : 본문 아래 끝부터 아래쪽 여백이 시작하기 전까지 여백으로 '꼬리말'을 입력하면 이 위치에 입력됩니다. ※[쪽]-[머리말/머리글] 참고
- 아래쪽 : 꼬리말 아래쪽부터 용지 아래 가장자리까지의 여백입니다.
- 왼쪽 : 용지 왼쪽부터 본문까지의 여백입니다.
- 오른쪽 : 본문 오른쪽부터 용지 오른쪽 가장자리까지의 여백입니다.
- 제본 : 인쇄물을 묶을 수 있도록 하는 제본 여백입니다. 제본 종류에 따라 위치가 달라집니다.
- 적용 범위 : 설정한 값을 '문서 전체'에 지정하거나, '현재 구역', '선택된 구역', '새 구역으로', '선택된 문자열' 등의 구역별로 지정할 수 있습니다.
- 현재 설정 값을 새 문서에 적용 : 설정한 값을 모든 새 문서(Normal)에 적용합니다. 이 옵션이 없는 버전에서는 [도구]-[환경 설정]-[새 문서]에서 편집 용지 모양을 지정해 놓으세요.
- 구성 : 설정한 대화 상자 값을 다음에도 사용할 수 있도록 '구성'을 만듭니다.

2) 줄 격자

줄 격자는 원고지를 사용하는데 주로 쓰이는 설정으로, 페이지에 일정한 줄 수만 입력하거나, 한 줄에 일정한 글자 수만 입력하도록 하는 설정입니다. 그래서 지정한 줄 간격(문단 모양)이나 자간(글자 모양) 등이 제대로 적용되지 않을 수 있습니다.

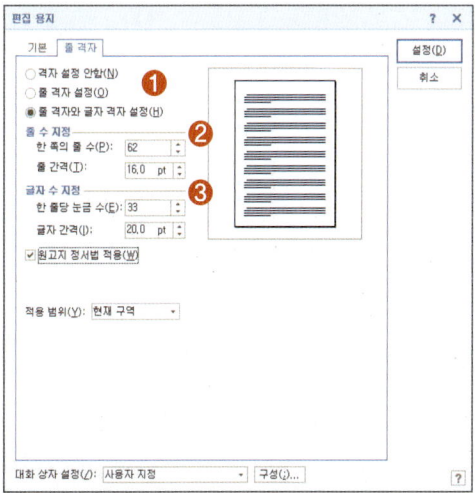

❶ 줄/글자 격자 설정

- 격자 설정 안함 : 줄, 글자 격자를 해제합니다.
- 줄 격자 설정 : 한 페이지에 일정한 줄 수만 입력하도록 하는 줄 격자를 설정합니다. 줄 격자를 일부 문단에만 해제하려면 '문단 모양'(Alt+T)의 '편집 용지의 줄 격자 사용'으로 해제할 수 있습니다.
- 줄 격자와 글자 격자 설정 : 줄 격자와 글자 격자를 모두 설정합니다('줄 수 지정'과 '글자 수 지정' 모두 활성화).

❷ 줄 수 지정

- 한 쪽의 줄 수 : 줄 격자 수를 지정합니다. 글자 크기, 줄 간격에 따라 설정이 정확히 나타나지 않을 수도 있습니다.
- 줄 간격 : 지정한 줄 격자의 사이 간격을 정합니다. 줄 수가 자동으로 따라 조정됩니다.

❸ 글자 수 지정

- 한 줄당 눈금 수 : 한 줄에 입력될 글자 눈금의 수를 정합니다. 글자 크기, 글자 간격에 따라 다르게 표시될 수 있습니다.
- 글자 간격 : 글자 눈금 사이 간격을 정합니다. 글자 간격을 조정하면 글자 수도 따라 조정됩니다.
- 원고지 정서법 적용 : 줄/글자 격자는 원고지에 주로 사용되는 설정으로 원고지를 작성하는 기준인 '원고지 정서법'의 적용을 설정/해제할 수 있습니다. 원고지 정서법을 선택하면 숫자/영문(소문자)이 글자 한 눈금씩을 차지 하지 않고 하나의 글자 눈금 안에 두 글자씩 입력됩니다. 또, 쉼표/마침표 등 일부 기호가 줄 끝에서 다음 줄로 넘어가지 않고 줄 끝 눈금 바깥에 입력됩니다.
- 적용 범위 : 설정한 값을 '문서 전체'에 지정하거나, '현재 구역', '선택된 구역', '새 구역으로', '선택된 문자열' 등의 구역별로 지정할 수 있습니다. '새 구역으로', '선택된 문자열'은 자동으로 구역이 나뉘며 설정됩니다.

※ '줄 격자/글자 격자'가 제대로 설정되지 않는 경우

줄 격자는 글자 크기와 줄 간격에 따라 설정이 달라집니다. 또 '줄 격자' 설정의 '줄 간격', '글자 간격'에 따라서도 설정이 달라집니다. 줄 격자를 지정했는데 그대로 설정이 되지 않았다면 글자 크기, 줄 간격 등을 최소한 조정해 보세요. 이것은 MS Word의 경우도 마찬가지입니다. 줄 격자는 구역이나 문단 설정에 따라 일부분을 해제할 수 있습니다.

2 MS Word 페이지 설정

한/글의 '편집 용지'와 같은 MS Word의 '페이지 설정'은 바로 가기 키는 따로 없고 Alt 를 눌러 메뉴에서 찾아 들어가는 방법으로 열 수 있습니다. Alt+P, S, P를 사용하는데요. 마우스로는 아래 대화 상자 열기 아이콘으로 엽니다.

1) 여백

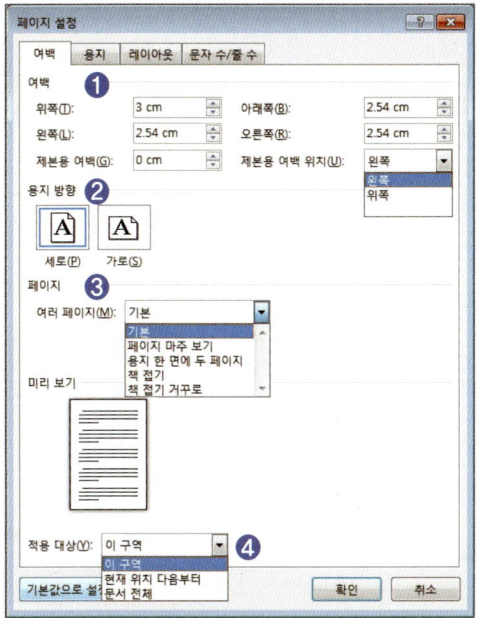

❶ 용지 여백

- 위쪽 : 용지 위쪽 가장자리부터 본문 시작 전까지의 간격입니다. ※머리글 간격 포함.
- 아래쪽 : 본문 아래쪽 끝부터 용지 아래 가장자리까지의 간격입니다. ※바닥글 간격 포함.
- 왼쪽 : 용지 왼쪽 가장자리부터 본문 까지의 여백입니다.
- 오른쪽 : 본문 오른쪽 끝부터 용지 오른쪽 가장자리 까지의 여백입니다.
- 제본용 여백 : 책을 만들 경우 접힐 부분을 여백으로 정해줍니다.
- 제본용 여백 위치 : '기본' 페이지 모양의 경우 제본 여백의 위치를 '왼쪽' 또는 '위쪽'으로 정합니다. '페이지 마주 보기', '용지 한 면에 두 페이지' 등의 페이지 모양은 자동으로 제본 여백 위치가 정해집니다.

❷ 용지 방향

- 세로 : 용지를 세로 방향으로 길게 놓고 입력합니다.
- 가로 : 용지를 가로 방향으로 놓고 넓게 입력합니다.

❸ 페이지

- 기본 : 한 면에 한 페이지를 인쇄하는 기본 페이지 모양입니다.
- 페이지 마주 보기 : 양면으로 인쇄하는 책의 경우 마주 보는 페이지로 안쪽 여백과 바깥쪽 여백을 정할 수 있습니다. 제본 여백이 안쪽으로 조정됩니다.
- 용지 한 면에 두 페이지 : 용지 한 장에 두 페이지를 모아 찍을 수 있도록 페이지 모양이 바뀝니다. 세로 방향 두 페이지를 인쇄하면 편집 용지는 가로 방향으로 입력됩니다.
- 책 접기 : 양면 인쇄하여 접으면 쉽게 소책자를 만들 수 있도록 설정합니다. '책 접기' 또는 '책 접기 거꾸로'를 선택하면 '책자당 용지' 수를 '모두/4/8/12/16'으로 선택할 수 있습니다. 지정한 페이지 수 보다 많으면 여러 부의 소책자로 인쇄됩니다.

• 책 접기 거꾸로 : 오른쪽에서 왼쪽으로 넘기는 소책자로 만들 수 있습니다.

❹ 적용 대상

• 적용될 범위를 지정합니다. 구역이 있는 경우 '이 구역', '선택한 구역'으로 지정할 수 있고, 구역을 나누어야 하는 경우 '현재 위치 다음부터', '선택한 텍스트'로 나누며 설정을 적용할 수 있습니다. '문서 전체'로 정하면 모든 구역에 동일한 설정을 적용합니다.

• 기본값으로 설정 : 지정한 페이지 설정을 새 문서에 공통적으로 적용되도록 '기본값으로 설정' 합니다.

2) 용지

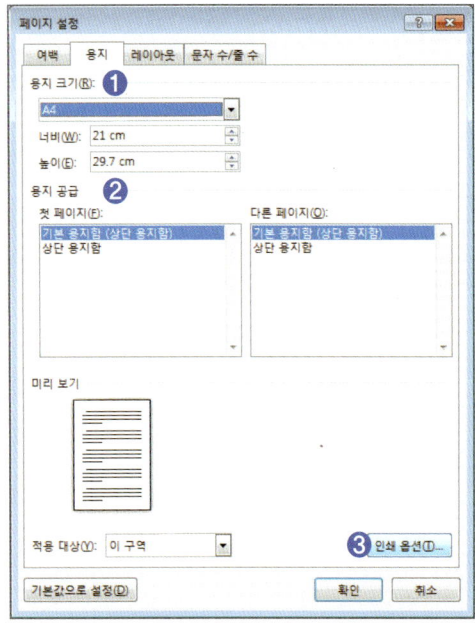

❶ 용지 크기

• 용지 크기 : 작성할 용지의 크기를 변경합니다. 용지 크기를 바꾸면 지정해 놓았던 여백이 기본값으로 초기화됩니다. ※용지 크기는 '한/글의 용지 종류' 참고

• 너비/높이 : 용지의 가로/세로 크기를 새로 정할 경우에 입력합니다. 자동으로 '사용자 지정 크기'로 변경됩니다.

❷ 용지 공급

문서의 '첫 페이지'와 '다른 페이지'를 다른 용지로 출력할 경우에 지정합니다.

❸ 인쇄 옵션

[파일]-[옵션](Word 옵션)의 인쇄 옵션들을 다시 설정합니다.

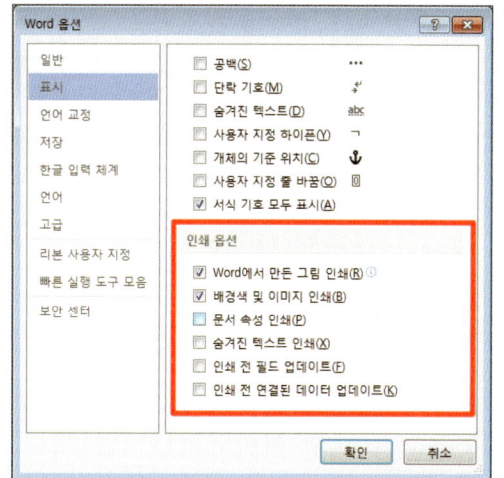
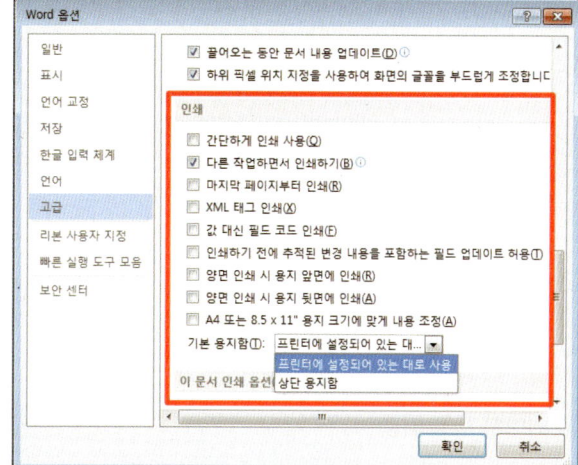

3) 레이아웃

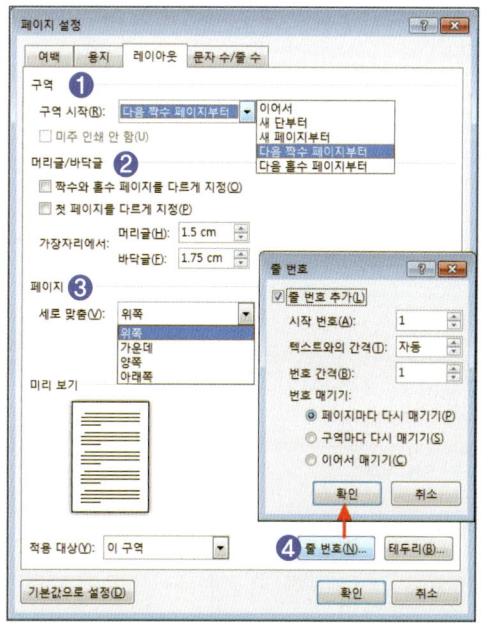
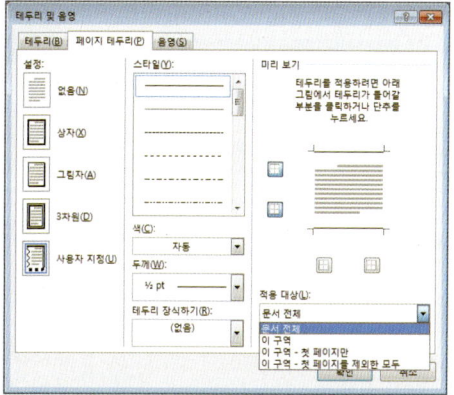

❶ 구역

현재 구역, 문서 전체 구역, 새 구역 등을 설정합니다. [페이지 레이아웃]-[나누기]의 [구역 나누기]를 이용해도 되지만, 하나뿐인 구역의 성질을 바꾸고자 할 경우는 이 페이지 설정의 구역으로 변경해야 합니다.

❷ 머리글/바닥글

- 짝수와 홀수 페이지를 다르게 지정 : 홀수와 짝수 페이지의 머리글/바닥글을 다른 모양(페이지 번호 위치, 내용, 디자인 등)으로 만들 경우 지정합니다.

- 첫 페이지를 다르게 지정 : 표지 또는 장이 바뀌는 첫 페이지 등의 구역의 첫 페이지를 다른 모양의 머리글/바닥글로 만들고자 할 경우 구역 없이 지정할 수 있습니다.
- 가장자리에서 머리글 : 용지 위쪽 가장자리에서 머리글이 시작되는 위치까지의 간격을 정합니다. '머리글'은 '위쪽' 여백 안에 포함되어 있지만, 머리글의 시작 위치가 큰 경우 여백 바깥으로 본문을 밀고 늘어날 수 있습니다. 머리글이 본문 안쪽으로 밀려 내려온 경우 머리글의 시작 위치를 다시 조정하고, 머리글 안 필요없는 단락 기호를 없애거나, 머리글의 내용을 '텍스트 상자' 안에 넣어 '텍스트 뒤' 등으로 배치해야 합니다. 개체의 경우는 본문이나 좌우 여백에도 자유롭게 배치할 수 있습니다.
- 가장자리에서 바닥글 : 용지 아래쪽 가장자리에서 바닥글이 시작되는 위치까지의 간격을 정합니다. 바닥글의 내용이 늘어나면 본문 위쪽으로 밀고 올라가며 표시됩니다. 바닥글이지만 개체의 경우는 본문이나 좌우 여백으로 자유롭게 배치할 수 있습니다.

❸ 페이지 세로 맞춤

본문 내용을 '텍스트 상자'의 '텍스트 맞춤'처럼 페이지 안쪽에 세로로 정렬합니다. 한/글에서는 없는 설정입니다.

❹ 줄 번호와 테두리

- 줄 번호 : 입력된 줄 수를 표시하는 것으로 '페이지 마다', '구역마다' 새 번호로 표시할 수 있고, 일부 줄은 건너띄고 매길 수 있습니다. '시작 번호'를 새 번호로 매기려면 구역을 나누어야 합니다.
- 테두리 : 페이지 테두리를 정합니다. 페이지 테두리도 구역별로 다른 모양으로 만들 수 있고, [옵션]으로 위치를 정할 수 있습니다.

4) 문자 수/줄 수

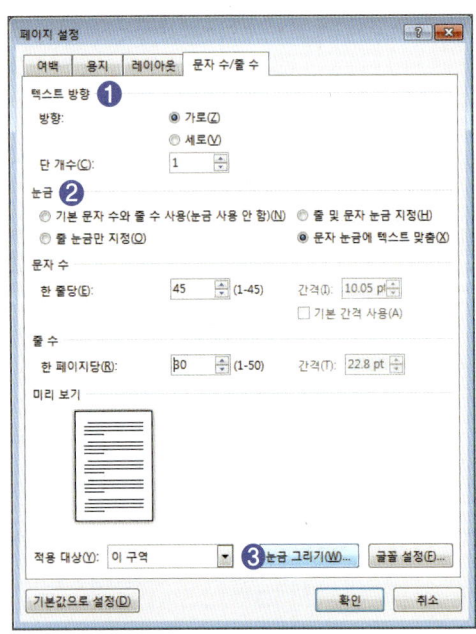
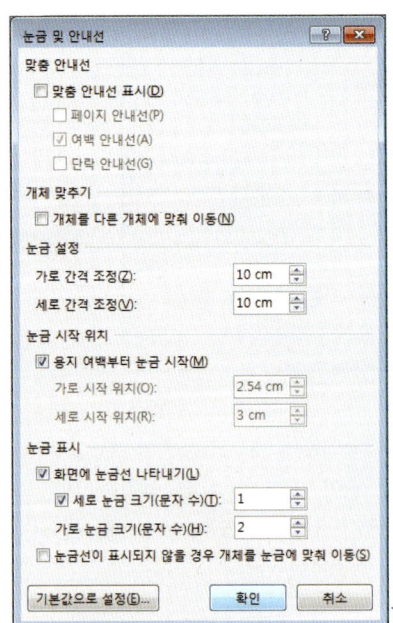

❶ 텍스트 방향
- 텍스트 방향 : '가로 쓰기'/'세로 쓰기' 방향을 정합니다. 구역 전체나 텍스트 상자, 표의 셀 전체에 적용됩니다.
- 단 개수 : 다단을 입력하고자 할 경우 단의 개수를 2개 이상으로 지정합니다. 단도 일부에만 적용하려면 구역을 나누어 지정합니다. 단은 보통 '이어서' 구역으로 나누어 구분합니다.

❷ 눈금
- 기본 문자 수와 줄 수 사용(눈금 사용 안 함) : 줄 눈금과 문자 눈금을 모두 해제합니다. 줄/문자 눈금은 한/글의 줄/글자 격자와 같습니다.
- 줄 및 문자 눈금 지정 : '줄 눈금', '문자 눈금' 수 와 간격을 지정할 수 있습니다. 수와 간격은 자동으로 조절됩니다. '문자 눈금'은 빈칸을 제외한 글자 수로 지정됩니다.
- 줄 눈금만 지정 : 한 페이지의 줄 수를 제한하여 설정합니다. 하지만, '글자 크기'와 '줄 간격'이 기본값보다 커지면 정해진 줄 수대로 표시되지 않게 됩니다. 정해진 줄 수에 맞도록 입력하려면 '글자 크기'와 '줄 간격'도 함께 조절해 주세요. '줄 번호' 참고.
- 문자 눈금에 텍스트 맞춤 : 빈칸도 문자 눈금으로 맞춥니다.
- 한 줄당 문자 수 : 한 줄에 입력될 문자 수를 정합니다. 문자 수를 정하면 간격이 자동으로 조정됩니다.
- 한 페이지당 줄 수 : 간격을 조정하면 줄 수도 자동으로 조정됩니다. 글자 크기, 글꼴, 줄 간격, 단락 여백 등에 따라 정해진 줄 수로 표시되지 않을 수 있습니다. 정해진 줄 수(간격) 이하의 [단락]-[줄 간격]은 적용되지 않습니다.

❸ 눈금 그리기와 글꼴 설정
- 눈금 그리기 : 눈금 및 안내선([페이지 레이아웃]-[맞춤]-[눈금선 설정]) 설정으로 한/글의 [보기]-[격자]와 같습니다. 눈금과 안내선이 표시되는 경우 개체를 이동하면 눈금에 맞춰 이동되는 것이 보통인데요. 자유롭게 이동하려면 [Alt]를 눌러 옮깁니다.
- 글꼴 설정 : [홈]-[글꼴] 대화 상자를 엽니다.

고급 기능

04-1 차례/목차 만들기

한/글의 차례 `한글`

차례는 개요나 스타일 또는 제목 차례 표시, 개체의 캡션으로 만들 수 있습니다. 차례에는 제목 번호, 제목, 탭(채울 모양), 페이지 번호가 포함되어 만들어집니다. 한/글 2014 VP는 차례 스타일과 하이퍼링크, 차례 새로 고침이 가능합니다.

차례 만들기에 필요한 것들

차례는 개요, 스타일, 차례 코드 중 하나를 본문에 적용해 두어야 자동으로 만들 수 있기 때문에, 차례를 만들기 전에 먼저 문서에 입력된 제목에 이 서식들이 잘 적용되어 있는지 확인합니다.

- 개요(Ctrl+Insert) : 개요가 적용되어 있는지 보려면 [문단 모양]-[확장]에 '개요 문단'으로 선택되어 있는지 보거나, 작업창의 '개요 보기'를 켜보면 됩니다. 한글은 스타일의 '개요1~7' 스타일을 사용하면 번호와 함께 개요 문단으로 자동 적용됩니다. ※번호 편집은 Ctrl+K, O

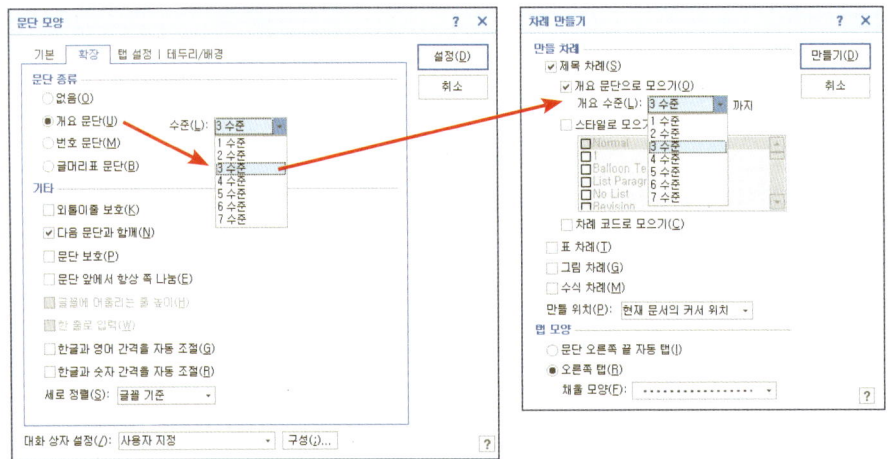

- 스타일(F6) : 개요가 아니면서 스타일이 적용되어 있으면 그것도 차례로 만들 수 있습니다. 번호 문단(문단 번호)이나, 번호가 매겨지지 않는 상위 제목, 부록, 참고 문헌 같은 제목은 스타일을 적용하고 차례에 추가하면 됩니다. ※주의! 스타일 형식은 '문단 스타일'이어야 합니다.

  ▶제목 적용 팁! ❶ 화면을 줄인 후, ❷ 스타일 작업창을 열고 ❸ 제목마다 이동해 스타일을 클릭하면 쉽습니다.

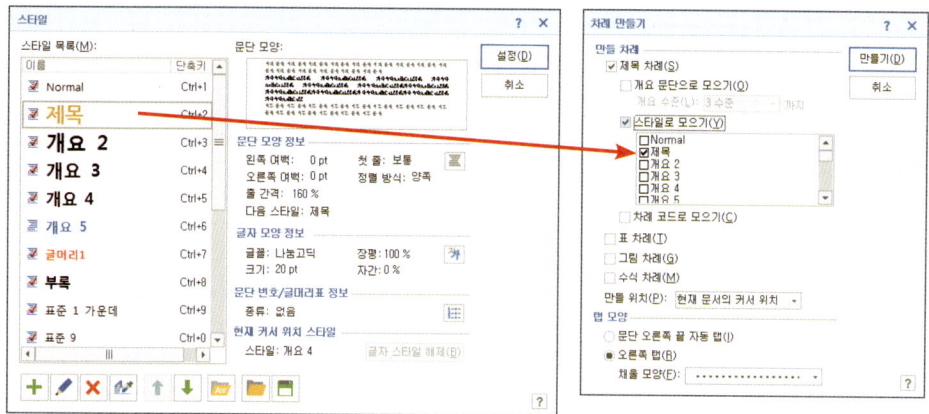

- 제목 차례 표시(Ctrl+K,T) : 개요와 스타일이 만들어져 있지 않은 문서라면 필요한 문단에만 '제목 차례 표시'를 달아 빠르게 차례를 만들 수 있습니다.

▶ 제목 차례 표시는 조판 부호가 있습니다. [제목 차례], [차례 숨김] – 조판 부호를 켜야 표시를 볼 수 있습니다.

▶ 차례 숨기기(Ctrl+K,S) : 개요나 스타일을 포함해 차례를 만들 경우, 필요없는 제목에 표시하면 그 문단은 제목에서 제외됩니다.

▶ 표, 글상자 안에는 입력할 수 없습니다. ※ '차례 코드로 모으기'로 차례를 만듭니다.

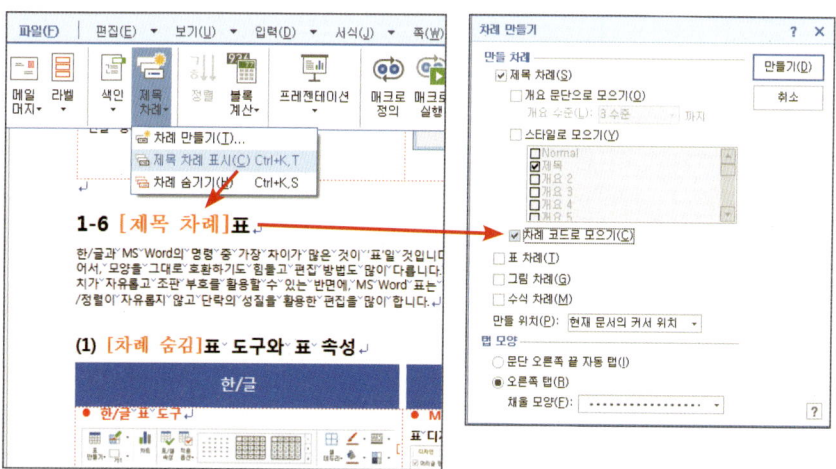

차례 만들기 한글

제목이 준비되었다면 차례를 만듭니다. 한/글 2014까지의 차례는 새로고침이 되지 않기 때문에 변경된 내용, 페이지가 있다면 차례를 지우고 다시 만듭니다. 한/글 2014 VP 버전부터는 '차례 새로고침/차례 스타일/차례 하이퍼링크' 등이 가능합니다.

제목 차례 만들기

❶ [도구]-[제목 차례]-[차례 만들기]를 선택해 대화 상자를 엽니다.

❷ 만들 차례 : '개요'/'스타일'/'차례 코드 모으기' 중 하나 이상을 선택합니다. 개요는 차례에 표시할 '개요 수준까지'를 선택하고, 스타일은 필요한 스타일 이름의 확인란을 선택해 줍니다.
❸ 만들 위치 : '새 문서'에 만들 것인지, '현재 문서의 커서 위치'에 만들 것인지를 선택해 줍니다.
❹ 탭 모양 : '문단 오른쪽 끝 자동 탭' – 차례에 오른쪽 끝 자동 탭을 넣어 쪽 번호를 오른쪽으로 정렬합니다. '오른쪽 탭' – 오른쪽 탭을 넣고 채울 모양을 지정합니다. 오른쪽에 쪽 번호가 정렬되는 것은 같으나, 실제 탭이 입력되는 것이기 때문에 탭 위치를 조절(Alt + T)할 수 있습니다.

※주의
▶문서를 완성한 후 만드세요.
▶제목 끝에 불필요한 빈칸을 만들지 마세요.

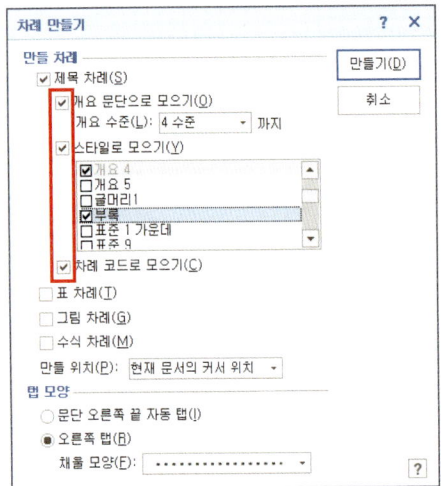
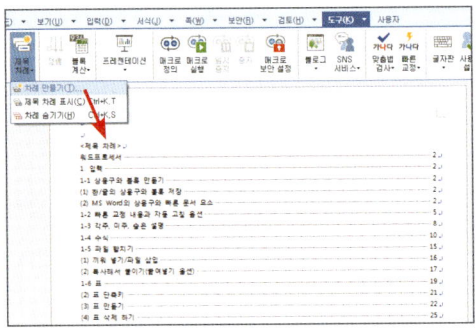

캡션 차례 만들기 　한글

표, 그림, 수식 차례를 만들기 위해서는 먼저 캡션이 입력되어 있어야 합니다. 캡션이 아닌 본문에 입력해 놓았다면 '스타일'을 적용시켜 놓고 스타일로 차례를 만듭니다. 캡션과 스타일, 차례 코드 등은 동시에 선택하여 만들 수 있고, 만든 후 수정이 필요하면 본문을 편집하듯 작업할 수 있습니다.

개체의 캡션 Ctrl + N, C

캡션은 개체에 입력하고 캡션 번호가 자동으로 매겨집니다. 한/글의 개체는 캡션을 추가하지 않아도 자동으로 번호가 매겨지긴 하지만, 캡션에 제목/설명을 추가하고, 번호를 수정하기 위해서는 캡션을 입력해야 합니다.

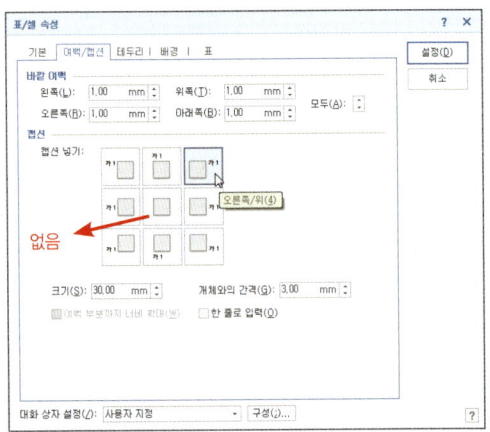

- 한/글 캡션은 개체에 포함됩니다. 그래서 '개체 묶기'가 필요 없습니다.

- 캡션의 위치 : 개체 위/아래, 왼쪽 위/아래/가운데, 오른쪽 위/아래/가운데에 위치시킬 수 있습니다.

- 캡션의 크기 : 위/아래 캡션은 개체의 가로 크기만큼, 좌/우 캡션은 개체의 세로 크기만큼 넣을 수 있습니다. ※크기를 늘리려면 위/아래 캡션은 좌/우 바깥 여백을 넓혀 놓고 '개체 여백부분까지 너비 확대'를 선택하면 되고, 좌/우 캡션은 캡션의 '크기'를 조정하면 됩니다.

- 개체와의 간격 : 개체와 캡션과의 간격으로 ' – 값'으로 지정하면 개체 안쪽으로 입력됩니다.

- 한 줄로 입력 : 표의 셀이나 문단 설정처럼 캡션의 한 문단을 한 줄 안에 모두 입력합니다. 한 줄이 넘는 내용만 자간을 줄여 넣어 주고, 글자 크기는 줄이지 않습니다.

- 나가기 : 캡션에서 본문으로 나가려면 Shift+Esc. 모든 개체에서의 '나가기/닫기'와 같습니다. 마우스나 방향키를 이용해 본문으로 나가도 됩니다.

- 캡션 번호 서식 : 캡션의 앞/뒤로 글자를 직접 입력해 꾸며 줄 수 있습니다. ※'표 1-개체 번호.' 등으로 글자를 입력해 놓고 스타일을 적용한 뒤, 선택하여 Alt+I 상용구로 등록해 놓고 사용하면 편리합니다.

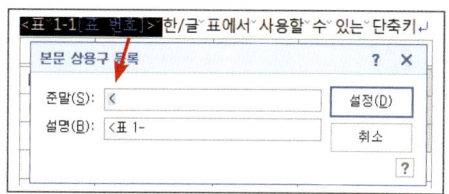

- 캡션 종류 변경 : 차례에서 제외하는 개체나, 번호 종류를 바꿀 개체는 [개체 속성]-[기본]의 '번호 종류'를 '없음' 또는 원하는 개체 종류로 바꾸어 놓습니다. 번호를 건너뛰거나, 다른 종류의 캡션 번호와 연결됩니다. ※'셀 안의 표는 '없음'으로 지정

- 캡션의 새 번호 : [쪽]-[새 번호로 시작]에서 종류를 지정하고 새 번호를 매겨줍니다. ※개체의 조판 부호 앞에 새 번호를 주어야 합니다.

개체의 캡션으로 차례 만들기

표 따로, 그림 따로, 수식 따로 차례를 만드세요.

❶ [도구]-[제목 차례]-[차례 만들기]
❷ '표 차례', '만들 위치', '탭' 종류와 '채울 모양' 선택

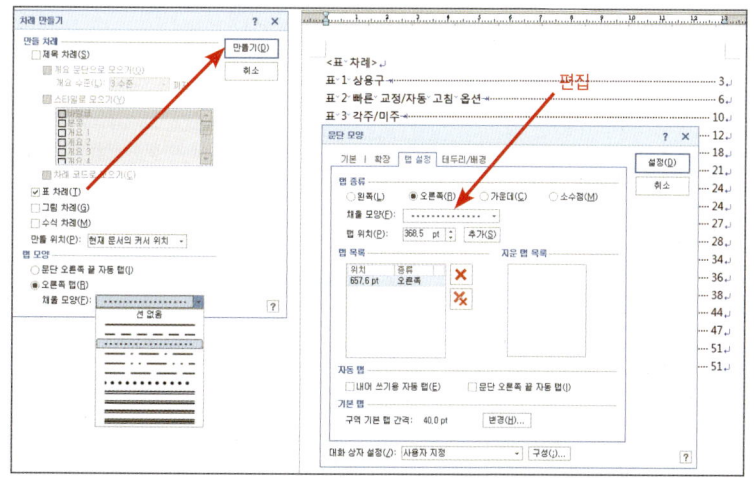

스타일(F6)로 개체 제목 만들기

캡션으로 개체 제목을 입력하지 않았다면 스타일을 만들어 적용해 놓고 차례를 만들어도 됩니다.

- 번호를 글자로 입력해 놓은 경우나 문단 번호 등으로 입력해 놓았을 경우 사용할 수 있습니다.
- 개체와 문단이 쪽 경계에서 분리되지 않도록 [문단 모양]-[확장]의 '다음 문단과 함께'를 선택해 주면 좋습니다.
- 캡션 번호에 적용한 스타일을 차례로 만들면 캡션 번호는 차례로 만들어지지 않습니다.
- 스타일로 만든 개체 제목은 개체 차례로 선택하지 말고 '스타일 모으기'에서 선택하여 차례를 만듭니다.

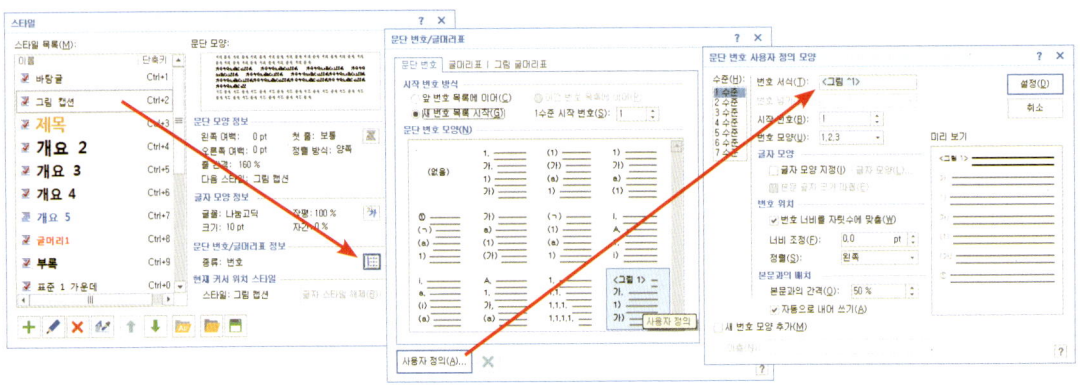

차례 새로 고침(차례 업데이트) 한글

- 한/글 2014 : 한/글 2014까지는 차례 새로 고침이 안되기 때문에 변경된 내용은 차례를 지우고 새로 만듭니다.
- 한/글 2014 VP : 한/글 2014 VP는 차례 새로 고침이 추가 되어 본문을 수정 한 뒤 내용이나 쪽 번호를 단축키 하나로 차례에 바로 반영할 수 있습니다. 차례가 여러 개인 경우 '모든 차례 새로 고침'도 가능합니다.
- '차례 새로고침'을 사용하기 위해서는 차례 만들기의 '코드로 넣기'를 선택하여 만들어야 합니다. 차례 필드는 하위 버전에서 제대로 열리지 않을 수 있으므로(업데이트 필요) 하위 버전에서 열어야 할 문서라면 '문자열로 넣기'로 만드세요.

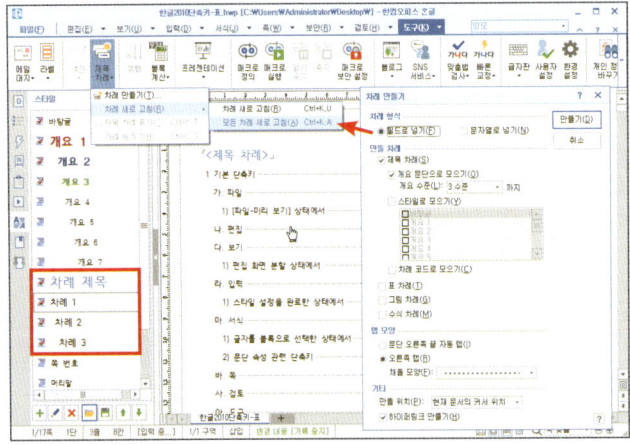

차례 스타일 한글

- 한/글 2014 : 한/글 2014까지의 차례는 스타일이 따로 만들어지지 않습니다. 차례는 새로 만들어야 하는 경우가 많으니 '차례 스타일'을 만들어 적용하는 것이 좋습니다.
- 한/글 2014 VP : 한/글 2014 VP에는 스타일에 '차례 스타일'이 추가되었습니다. 차례를 만들면 자동으로 적용됩니다.

※차례 스타일 : '제목 차례/차례 1~3' 등의 스타일이 있습니다. 개요는 3수준까지 자동 적용되고, 스타일이나 코드는 '차례 1' 스타일로 적용됩니다.
※2014 VP 버전인데 '차례 스타일'이 없다면 [스타일 가져오기]로 Normal 파일에서 차례 스타일을 복사하여 추가하세요.

차례 스타일 만들기(없는 경우)

❶ 수준별로 편집한 서식에서 그대로 [F6] – [스타일 추가]
❷ 만든 새 스타일로 차례를 적용해 줍니다.

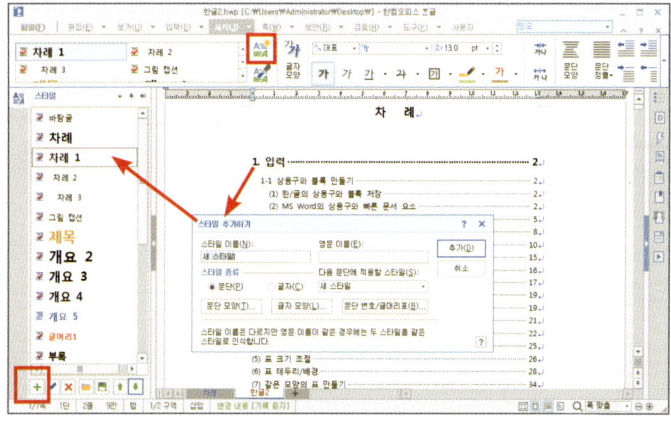

스타일 수정

- 차례 제목, 차례 1수준처럼 위/아래 문단과 간격을 주고 싶은 문단은 문단 '위/아래' 여백을 주면 좋습니다.
- '오른쪽 탭'의 위치를 조정하려면 [문단 모양] – [탭 설정]에서 탭 위치를 다시 지정해 [추가]하면 됩니다.
- 스타일 수정은 [F6]에서 스타일을 골라 [편집하기] 단추를 눌러 수정해도 되지만, 본문의 서식을 수정한 후 [서식] 메뉴의 [현재 모양으로 바꾸기]를 눌러 수정해도 됩니다.

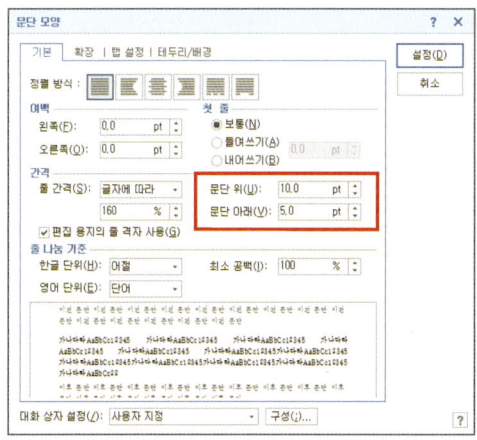
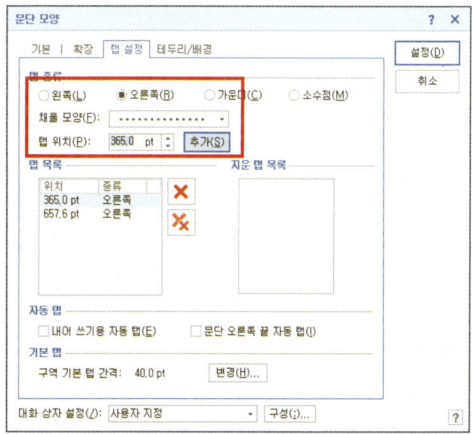

차례 만들기는 스타일, 개요, 캡션, 탭설정 등의 명령을 같이 알고 있어야 쉽게 만들고 수정할 수 있습니다. 이런 명령들을 잘 모른다면 '개요 스타일'(MS Word의 경우 '다단계 목록'의 '장 제목')을 적용하여 차례를 만드세요.

한/글 2014는 차례의 업데이트와 스타일이 적용되지 않으니 한컴오피스 2014 사용자는 한컴 고객센터-다운로드-패치 업데이트에서 '한컴오피스 2014 VP' 버전으로 업데이트 하시기 바랍니다.

MS word의 목차 워드

MS Word의 목차도 개요 수준/스타일/목차 항목 표시/캡션으로 만듭니다. 목차는 '자동 목차'와 '목차 삽입'(사용자 지정 목차), '그림 목차 삽입'(개체 캡션)으로 만들 수 있고, 목차 스타일 적용, 하이퍼링크, 업데이트가 가능합니다.

목차 만들기 전에 필요한 것들

- 개요 수준(Alt+Shift+[→]/[←]) : 개요 수준은 '단락' 대화 상자와 '탐색창'에 표시됩니다. 개요 수준으로는 '자동 목차'를 만들 수 있습니다.
    - ▶ '다단계 목록'만 만들고 제목 스타일을 연결해 놓지 않았다면 개요 수준은 적용되지 않습니다. 그런 경우는 [보기]-[개요 보기]에서 개요 수준을 넣어 줍니다.
    - ▶ 제목 스타일을 적용하면 개요 수준은 포함되나 번호가 매겨지지 않습니다. 일일이 번호를 재적용해주거나, '새 다단계 목록 정의'에서 수준별로 제목 스타일을 연결해 주어야 합니다.

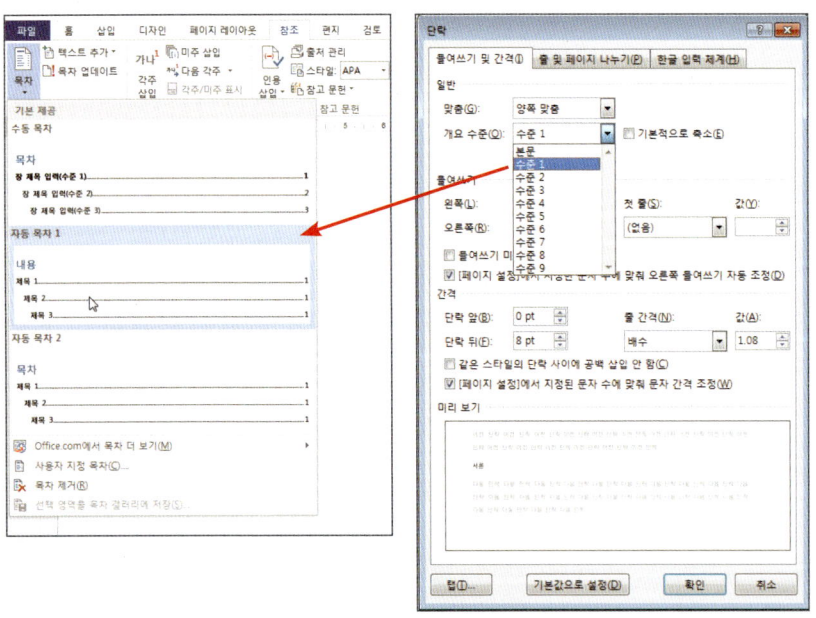

- 스타일 : 개요 수준이나 제목 스타일(Ctrl+Alt+1~3)이 아닌 스타일도 목차를 만듭니다. 번호가 포함되지 않는 제목은 스타일을 적용해 두고 목차에 추가합니다. 개요 수준이 없는 스타일은 '자동 목차'는 불가능하고 '목차 삽입(사용자 지정 목차)'으로 목차를 만듭니다.

※ '문자 스타일'은 목차로 만들 수 없습니다.

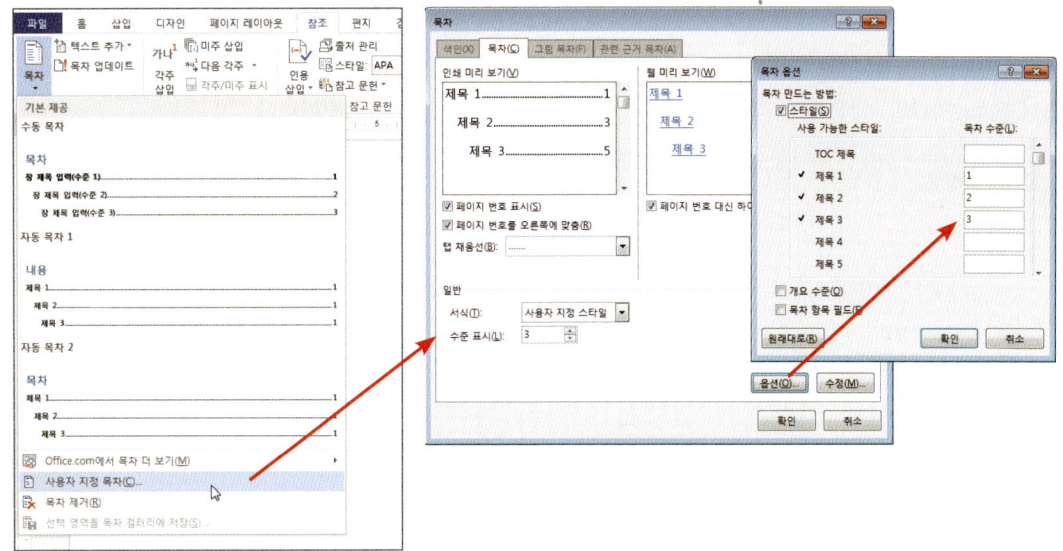

- 목차 항목 표시(Alt+Shift+O) : 개요나 스타일없이 이미 편집이 완료된 문서나, 단락의 일부만 목차에 표시할 경우 목차 항목 표시를 사용할 수 있습니다.

❶ Alt+Shift+O. 대화 상자는 띄워놓고 지정합니다.
❷ 목차에 필요한 부분을 선택해 목차 항목 표시의 '항목' 란을 클릭하면 선택한 내용이 입력됩니다.
❸ '목차 식별자'(예, 목차-C, 그림-F, 표-T)와 '수준'(목차 스타일의 수준)을 지정한 후 [표시]를 클릭합니다.

▶ 목차 항목 표시를 지정하면 본문에 'TC 필드'가 입력됩니다. 텍스트로 스위치와 수준 등을 편집할 수 있고 편집 기호를 끄면 보이지 않습니다.

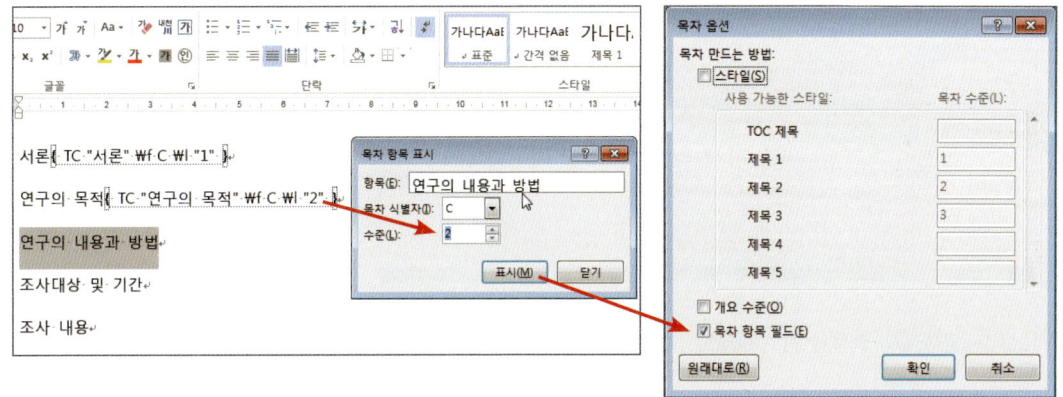

목차 만들기　워드

MS Word에는 '자동 목차', '수동 목차', '사용자 지정 목차'가 있습니다. 목차는 만들고 나서 업데이트가 가능하고 목차 스타일이 있기 때문에 서식을 반복해서 사용할 수 있습니다. 문서 작성 중간에 목차를 만들어보는 것도 좋습니다.

수동 목차([참조]-[목차]-[수동 목차])

목차의 내용은 지정되지 않았고 목차 양식만 제공합니다. 제목과 페이지는 직접 입력합니다. ▶또는 번호매기기나 제목, 책갈피, 캡션 등이 적용되어 있다면 '상호 참조'로 참조해 놓아도 됩니다.

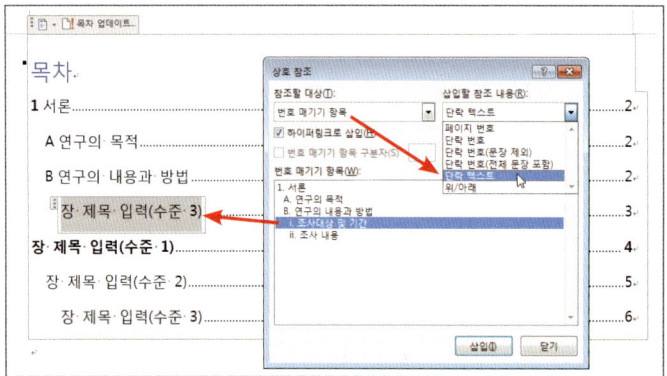

자동 목차([참조]-[목차]-[자동 목차])

개요 보기나 제목 스타일, 또는 '단락' 대화 상자의 '개요 수준'으로 지정된 개요의 3수준까지를 목차로 만듭니다.

- Ctrl+클릭으로 본문 단락을 찾아갈 수 있고(하이퍼링크), 본문 내용이 수정되면 F9 업데이트가 가능합니다.

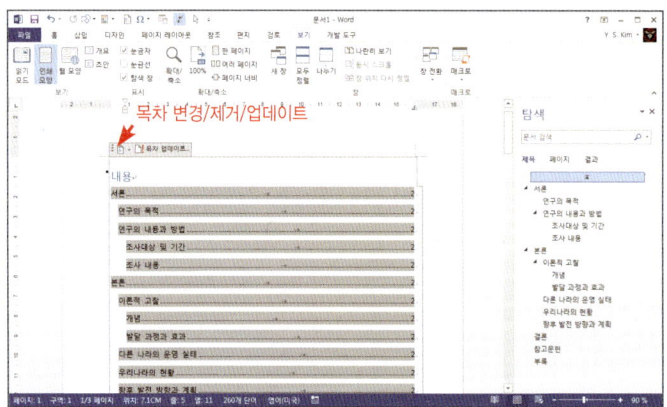

- [보기]-[탐색창]의 '제목'을 참고 하세요. ※수준을 조정하려면 Alt+F9 한 다음 수준을 바꾸고 다시 Alt+F9 – F9 업데이트 하면 됩니다.

사용자 지정 목차([참조]-[목차]-[사용자 지정 목차])

개요나, 스타일, 목차 항목 표시를 목차로 만들 수 있습니다. 목차를 만들 수준을 선택할 수 있고, 자동으로 만들어지는 목차 스타일의 서식을 변경할 수 있습니다. ※Word 2010에서는 '목차 삽입'

- 서식 : 이미 만들어진 서식(기본형, 장식형, 정형…)은 스타일을 수정하지 못하고 '사용자 지정 스타일'은 목차 스타일을 [수정]할 수 있습니다. 목차를 만들며 스타일을 변경해 놓으면 앞으로 만들 목차도 계속 같은 스타일로 적용되기 때문에 편리합니다. 미리 보기를 참고하세요.
- 수준 표시 : 목차를 만들 수준을 정합니다. 스타일로 목차를 만들 경우 스타일 옆에 목차로 만들 수준을 숫자로 지정해 줍니다. 수준 표시에서 정한 수준 내의 숫자로 지정해 줘야 합니다. 그 수준별로 목차 스타일이 자동 적용됩니다.
- 하이퍼링크 : 목차 전체에 하이퍼링크를 지정할 때 선택합니다. ※하이퍼링크를 선택하면 목차 스타일에 별도로 하이퍼링크 스타일(문자)이 이중으로 적용됩니다. 스타일을 찾거나 수정하기 곤란하니 하이퍼링크는 해제해도 좋겠습니다. 해제해도 페이지 번호에는 하이퍼링크가 적용됩니다.

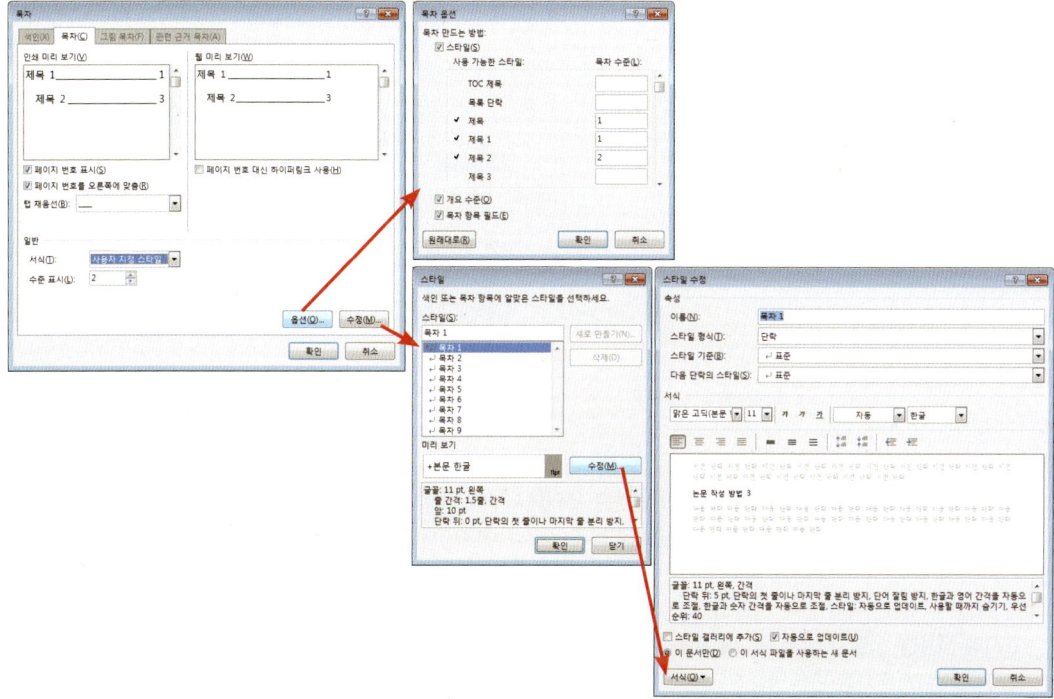

그림 목차 삽입 워드

표, 그림, 수식 등의 목차는 [참조]-[그림 목차 삽입]으로 만듭니다. 문서에 입력된 캡션으로 만들기 때문에 캡션이 없다면 미리 적용해 놓아야 합니다. 캡션이 아닌 '스타일'이나 '목차 항목 표시'로도 목차를 만들 수 있으나, '스타일'과 '캡션 레이블'은 동시에 선택해 만들 수 없습니다.

MS Word의 캡션

- 입력 : [참조]-[캡션 삽입]으로 입력합니다. 배치가 지정된 개체의 경우 텍스트 상자로, 배치가 없는('배치 없음'/'텍스트 줄 안') 표, 개체의 경우 본문 단락에 입력됩니다.
- 캡션 종류 : 기본 캡션 종류(그림/표/수식)에 없는 레이블은 '새 레이블'을 만들어 적용합니다. 레이블 종류별로 위치를 정해 놓으면 계속 같은 위치로 만들어집니다.
- 캡션 번호 : 캡션 번호에는 장 제목의 번호를 추가할 수 있고('번호 매기기'), 번호 모양을 변경할 수 있습니다. 또한 필드 코

드로 표시(Alt+F9)해 스위치를 추가(예, 새 번호 '₩r 번호')/변경할 수도 있습니다. 자세한 변경은 필드에서 마우스 오른쪽 버튼 [필드 편집]([필드 코드]-[옵션])에서 수정할 수 있습니다.

- 캡션 스타일 : 캡션을 입력하면 캡션 스타일이 자동으로 적용됩니다. 캡션 스타일을 수정하려면 Ctrl+Shift+S 스타일 적용에서 [수정]을 선택하세요. 캡션이 개체 위 단락에 입력될 경우 [단락] 옵션의 '현재 단락과 다음 단락을 항상 같은 페이지에 배치'가 선택되어 단락 왼쪽에 서식 기호가 표시됩니다.

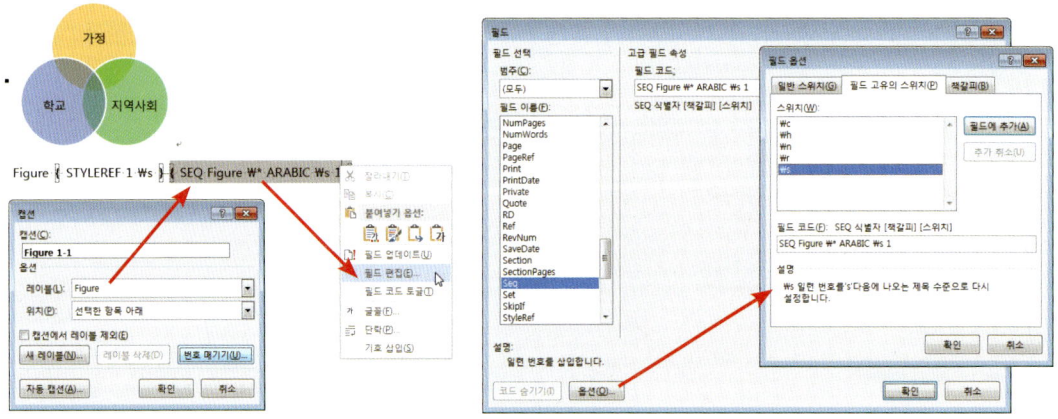

캡션으로 그림(표) 목차 만들기

❶ [참조]-[그림 목차 삽입]
❷ 목차의 '서식' 선택. '사용자 지정 스타일'은 [수정] 가능
❸ 목차의 종류 '캡션 레이블' 선택. 레이블과 번호를 목차에서 제외하려면 '레이블/번호 포함'을 해제합니다. 다른 번호를 매기려면 목차 스타일에 '번호 매기기'를 추가합니다.
❹ '스타일'과 '목차 항목 필드'도 목차에 추가하려면 [옵션]에서 선택. ▶'스타일'과 '캡션 레이블'은 동시에 선택하여 목차를 만들 수 없고, '목차 항목 필드'와 '캡션 레이블'은 합하여 목차를 만들 수 있습니다. ▶'목차 항목 필드'는 목차 항목 표시에 적용한 '식별자' 별로 목차를 만듭니다.
❺ [확인]을 눌러 목차를 만든 후, 적용된 목차 스타일을 수정(업데이트)하여 목차 서식을 바꿀 수 있습니다. ※하이퍼링크 옵션('문자 스타일' 적용)은 해제하는 것이 좋습니다.

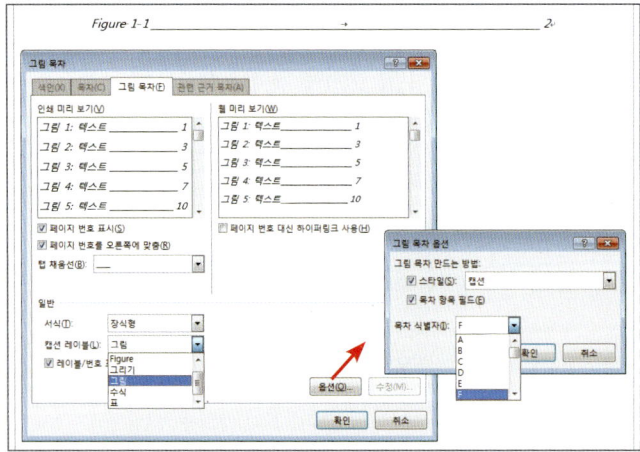

스타일로 개체 목차 만들기

캡션은 '캡션' 스타일이 자동 적용되기 때문에 '캡션 레이블'이 아닌 스타일에서 선택해 목차를 만들어도 됩니다. 그래서 '목차 삽입(사용자 지정 목차)'에서 선택해 목차를 만들 수도 있고, '그림 목차 삽입'에서 선택해 만들 수도 있습니다. ▶'목차 삽입'에서 추가하면 제목 사이의 한 수준으로 캡션 스타일을 삽입할 수도 있습니다.

목차 수정과 제거   워드

목차 서식

- 목차에는 '목차 1~9', '그림 목차' 스타일이 자동 적용되는데, 한 단락의 서식을 변경하면 해당 수준 전체에 적용이 됩니다. 단락을 포함하지 않고 블록을 정해 변경하거나, 변경한 후 Ctrl+Z를 한 번 눌러 일부만 수정할 수 있습니다. 전체를 변경한 때는 스타일을 '업데이트' 해주세요.
- 목차 스타일 수정 : 목차 스타일을 찾을 수 없으면 '스타일 적용'에서 [수정] 하세요. '문자 스타일'인 '하이퍼링크'가 동시 적용되어 있는 경우는 단락 기호까지 선택하여 Ctrl+Shift+S 하면 목차 스타일을 찾을 수 있습니다.

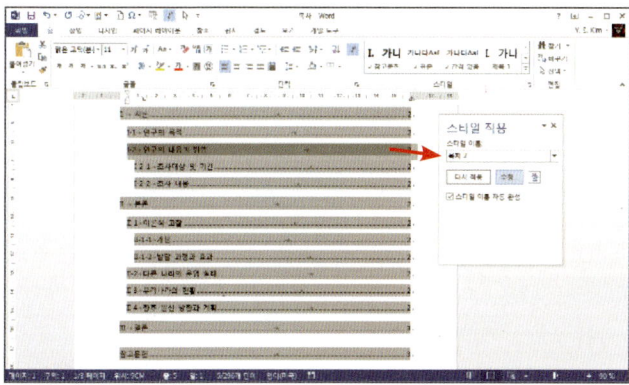

▶ 왼쪽 여백, 탭 등은 가로 눈금자를 이용하면 쉽습니다.

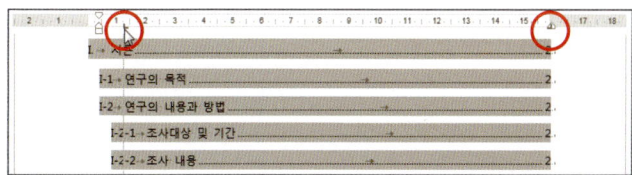

목차 내용 수정

- 목차의 내용은 본문 제목과 반드시 같아야 합니다. MS Word는 목차 업데이트가 가능하니, 목차를 수정하지 말고 본문을 수정한 후 목차를 업데이트(F9) 해주세요.
  - ▶ 제목 끝의 쓸데없는 빈칸과 강제줄바꿈(Shift+Enter)은 목차에 적용되지 않습니다. '목차 항목 표시'를 제외한 모든 목차 항목은 단락 전체가 입력됩니다.
  - ▶ 목차에만 '대문자'/'작은 대문자' 등의 서식을 사용해야 해서 목차를 편집해야 한다면 가능한 그 서식들을 목차 스타일에다가 지정해 놓으세요. 스타일 [수정]-[서식]에서 글꼴/단락/탭/테두리/번호 매기기 등을 정할 수 있습니다.

목차 제거

- '자동/수동 목차'는 [참조]-[목차]에서 [목차 제거]
- '목차 삽입'으로 입력된 목차는 단락을 선택하여 Delete
    ▶ 목차가 여러 페이지라면 Shift + F9 해서 TOC 필드를 선택해 삭제하세요.
- 새 목차로 교체 : 새 목차를 만들며 "선택한 목차를 바꾸시겠습니까?"란 확인 메시지에서 [예]를 선택합니다. ▶[아니요]를 선택하면 커서 위치에 하나 더 만들어집니다.

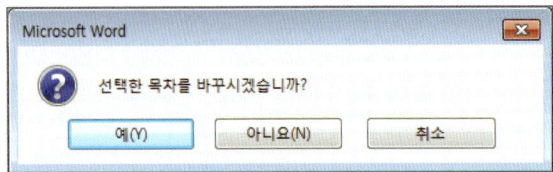

목차 업데이트 F9 워드

목차 업데이트는 목차 전체를 업데이트 할 수도 있고, 페이지 번호만 업데이트 할 수도 있습니다. 페이지 번호만 업데이트하면 변경해 놓은 목차의 내용이나 서식은 유지하며 페이지 번호만 변경됩니다.

- 인쇄전 자동 업데이트 : [Word 옵션]-[표시]의 '인쇄전 필드 업데이트'를 선택해 놓으면 목차 필드 등 대부분의 필드를 자동으로 업데이트할 수 있습니다. 목차 필드는 업데이트 확인 대화 상자가 열립니다. ※내용을 참조한 필드, 업데이트 잠금된 필드 등 일부 필드는 업데이트에서 제외됩니다.
- 업데이트 잠금 : 블록 지정해서 Ctrl + F11
- 업데이트 잠금 해제 : 블록 지정해서 Ctrl + Shift + F11

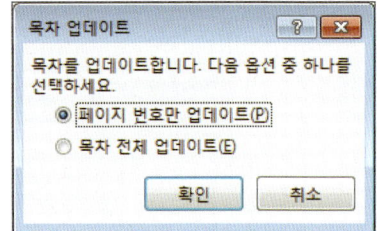

04-2 색인 항목 표시 및 색인 만들기

색인은 본문에 나온 중요한 용어를 모아 페이지와 함께 표시하는 것으로 '인덱스' 또는 '찾아보기'라고도 합니다.

1 한/글의 색인

색인 표시 Ctrl + K , I

본문의 중요한 용어를 선택하여 '색인 표시'를 해 놓습니다. 작업창의 '빠른 실행'을 켜놓고 색인 표시를 반복해 보세요. 같은 색인이라면 조판 부호를 복사해 붙여도 됩니다. ※[보기]-[조판 부호]를 켜고 보세요.

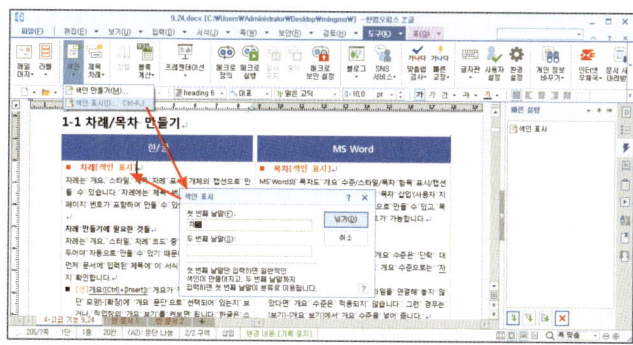

색인 만들기

[도구]-[색인 만들기]를 선택하면 새 문서에 표시해둔 색인이 쪽 번호와 함께 만들어집니다. 다단이 필요하다면 [쪽](모양)-[단]에서 개수를 정해줍니다.

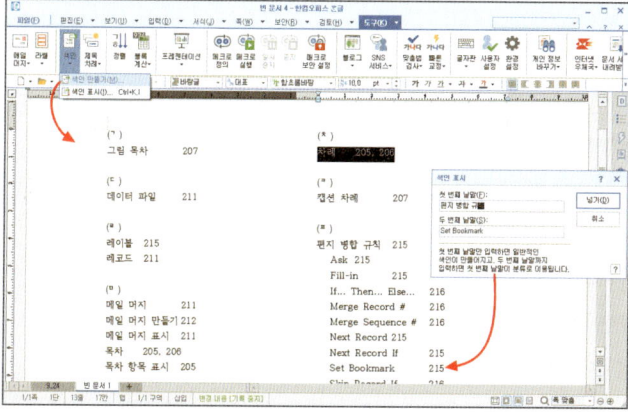

색인 편집하기

색인의 쪽 번호를 차례처럼 오른쪽에 정렬하고자 한다면 색인을 전체 선택하여 [문단 모양]-[탭 설정]의 오른쪽 탭을 [추가] 합니다. 탭([Tab])이 이미 입력되어 있기 때문에 쉽게 색인의 쪽 번호를 정렬할 수 있습니다.

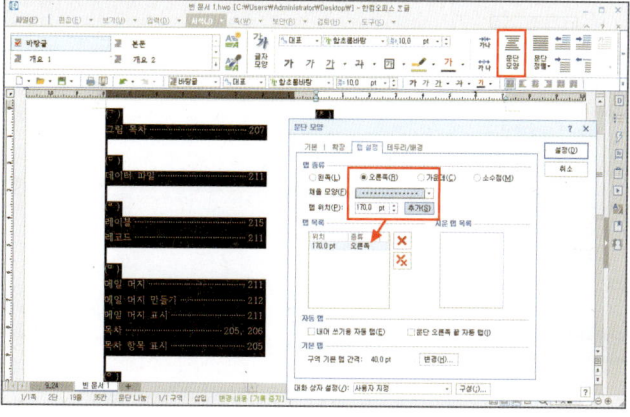

2 MS Word의 색인

색인 항목 표시 [Alt]+[Shift]+[X]

[참조]-[항목 표시] 대화 상자를 연 후, 필요한 부분을 선택하여 '주 항목' 입력란을 클릭합니다. 선택 부분이 잘 입력되었다면 [표시]를 눌러 'XE' 필드를 표시합니다. ※'색인 항목 표시' 대화 상자는 열어두고 계속 표시하면 됩니다. 같은 용어에 색인 표시를 전부 하려면 [모두 표시]를 누릅니다.

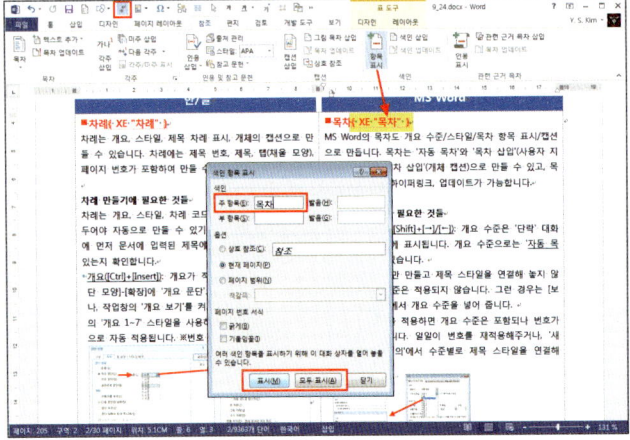

색인 삽입

색인을 입력할 부분(보통 문서의 끝)에 커서를 옮겨 놓고, [참조]-[색인 삽입]을 누릅니다. '페이지 번호', '단 개수' 등의 옵션을 선택하여 [확인]을 누르면 색인이 삽입됩니다. ※[색인 삽입] 대화 상자 안의 [항목 표시]는 [참조]-[항목 표시]와 같습니다.

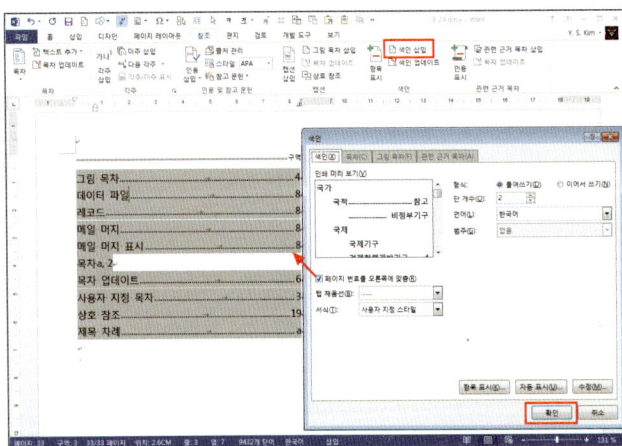

색인 편집하기

- 표시 : '색인 항목 표시'는 편집 기호([Ctrl]+[*])를 켜면 표시됩니다. 업데이트할 때는 편집 기호를 꺼야 합니다.
- 업데이트 : '색인 항목 표시'를 수정한 후 색인에 적용하려면 [F9]를 눌러 업데이트합니다.

- 페이지 번호 위치 : 색인의 페이지 번호를 '오른쪽 탭'을 이용해 정렬했을 때, 정렬이 똑바르지 않다면 '내어쓰기'([단락]-[첫 줄])를 줄여 탭을 맞춥니다.
- 인쇄 : 'XE' 색인 표시처럼 '숨겨진 텍스트'로 표시된 필드는 [파일]-[옵션]-[표시]의 '숨겨진 텍스트 인쇄'로 인쇄할 수 있습니다.

04-3 메일 머지

메일 머지는 '편지'와 '주소록'을 서로 병합해 많은 편지를 자동으로 완성하는 것입니다. 편지에 표시한 '필드 표시'에 주소록의 이름/주소/전화 번호 등의 주소 필드가 병합되어 받는사람 만큼의 편지가 만들어집니다.

데이터 파일(주소록) 한글

메일 머지의 '데이터 파일'은 윈도우의 주소록과 Outlook 주소록, 한/글 파일(*.hwp), DBF 파일(*.dbf), 한/셀(*.cell)/넥셀 파일(*.nxl)과 엑셀 파일(*.xls) 등이 가능합니다.

필드와 레코드

데이터 파일은 필드와 레코드로 구분해 입력해야 하는데요. 필드는 '이름', '주소', '우편 번호' 등 하나하나의 요소이고, 레코드는 하나의 필드 집합입니다.

데이터 파일 입력하기

- 한셀/엑셀 파일 : 필드는 '열'별로 같은 종류가 되도록 입력합니다. 한 행이 한 레코드가 됩니다. 여러 시트가 입력된 경우 주소록으로 사용할 시트 번호를 알아두세요.

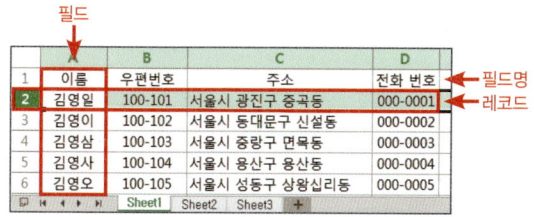

데이터 파일 워드

MS Word의 '데이터 파일'은 Outlook 연락처 목록, Excel 워크시트, Access 데이터베이스, Word 표나 텍스트 파일 등이 가능하고 없는 경우 새로 입력(.mdb) 할 수도 있습니다.

데이터 파일 만들기

- 엑셀 파일, 아웃룩 : 한/글과 같습니다.
- 워드 표 : 엑셀과 같은 방식으로 워드 표의 열을 필드로, 행을 레코드로 해서 같은 종류로 입력해 놓습니다.
- 텍스트 파일 : 필드와 레코드를 쉼표나 Tab, Enter 키 등으로 구분해서 입력해 놓습니다. ▶필드와 레코드를 구분할 수 있는 텍스트로는 ', . ! @ # $ % ^ & ( ) * + - _ / : ; 〈 = 〉 ? [ ] ` ~ { } |' 등이 있습니다. ※첫 줄 필드명 단락

이름 →	우편번호 →	주소 →	전화번호↵
김영일 →	100-101 →	서울시·광진구·중곡동 →	000-0001↵
김영이 →	100-102 →	서울시·동대문구·신설동 →	000-0002↵
김영삼 →	100-103 →	서울시·중랑구·면목동 →	000-0003↵
김영사 →	100-104 →	서울시·용산구·용산동 →	000-0004↵

- 한/글 파일 : 한/글 파일로도 주소록을 만들 수 있습니다. ▶한/글에서는 필드와 레코드를 Enter로 구분하고 ▶메일 머지될 순서에 맞도록 입력합니다. 또 ▶문서의 처음에 '한 레코드 안의 필드 수'를 숫자로 입력해 줘야 합니다. 만약 한 편지에 두 레코드가 입력된다면 두 레코드의 필드 수을 입력해 놓습니다.

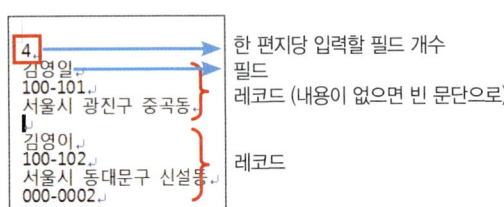

메일 머지 표시 Ctrl+K, M 한글

메일 머지가 될 편지(봉투, 라벨..) 문서에는 '메일 머지 표시'를 해놓습니다. 주소록이 한글 파일이라면 번호로 매겨놓고, 기타 한셀/넥셀, 엑셀(xls), DBF 파일 등이라면 만들어져 있는 이름 필드에서 골라(또는 만들어서) 메일 머지 표시를 달아줍니다. ※[도구]-[메일머지]-[메일 머지 표시]

- 한셀/엑셀/기타 파일 : 메일 머지 표시를 입력할 곳에 커서를 가져다 놓고, ▶'메일 머지 표시 달기(Ctrl+K, M)' 대화 상자를 열어 '주소록 필드 선택하기'에서 해당되는 필드 이름을 선택합니다. ▶필요한 필드만큼 메일 머지 표시를 해줍니다.

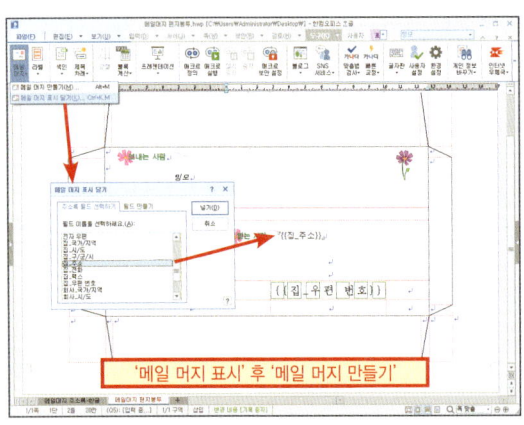

편지 병합 마법사 워드

리본 메뉴 [편지]에는 [편지 병합 시작]부터 [완료 및 병합]까지 편지 병합에 필요한 메뉴들이 순서대로 준비되어 있습니다(편지 병합을 시작하면 활성화 됨). [편지 병합 시작]-[단계별 편지 병합 마법사]를 실행하는 경우는 편지 병합 작업창이 열립니다. 메뉴와 같은 순서의 총 6단계 병합 과정을 '다음'/'이전' 단계로 옮겨가며 수행할 수 있습니다.

1단계(문서 종류)

- 편지/봉투/레이블 등 종류를 정합니다. ※편지를 끝내려면 '기본 Word 문서'를 선택합니다.

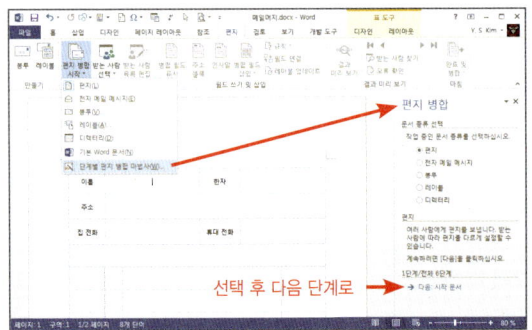

2단계(시작 문서)

- 편지 파일을 선택합니다. 현재 문서를 그대로 사용하거나, 서식 파일(Office.com에서 다운로드 가능) 또는 기존 워드 파일로 시작할 수 있습니다.

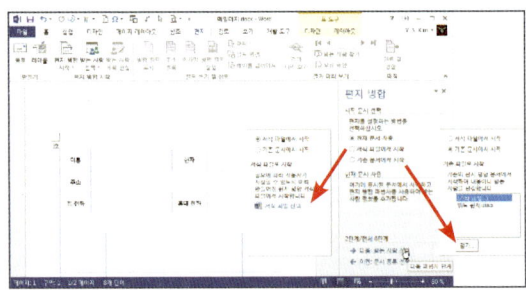

3단계(받는 사람)

- 주소록 파일을 선택합니다. [편지] 메뉴의 [받는 사람 선택]/[받는 사람 목록 편집]과 같습니다.
  ▶ 기존 목록 사용 : 사용했던 목록이 없다면 '찾아보기'

- 한/글 파일 : 커서를 가져다 놓고 ▶Ctrl+K,M - '필드 만들기'에서 입력한 한/글 파일의 필드 순서대로 번호를 매겨 메일 머지 표시를 만들어줍니다.

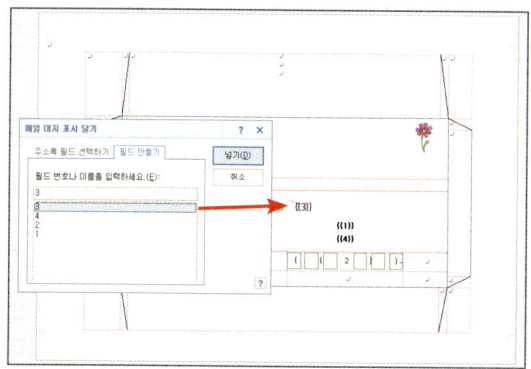

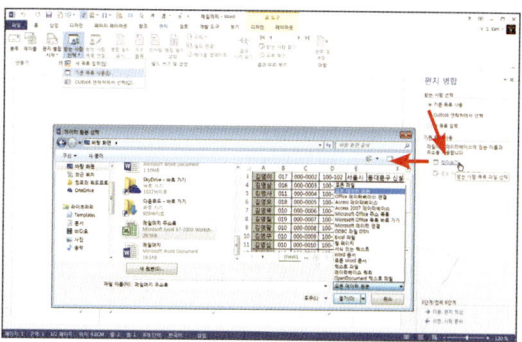

▶ 엑셀 파일 : 입력된 시트와 병합할 레코드를 선택

메일 머지 필드 표시 서식 편집하기

메일 머지를 하기 전에 메일 머지 필드 표시를 선택해 미리 서식을 편집해 줍니다. 스타일을 만들어 적용해 두어도 좋습니다. ▶서식을 적용할 때는 조판 부호를 켜고 [메일 머지 시작] 조판 부호를 꼭 포함해 적용해 주세요. ▶내용이 병합되며 늘어날 공간을 마련해 주세요. ▶메일 머지 '출력 방향'은 '파일'로 해야 결과를 편집할 수 있습니다.

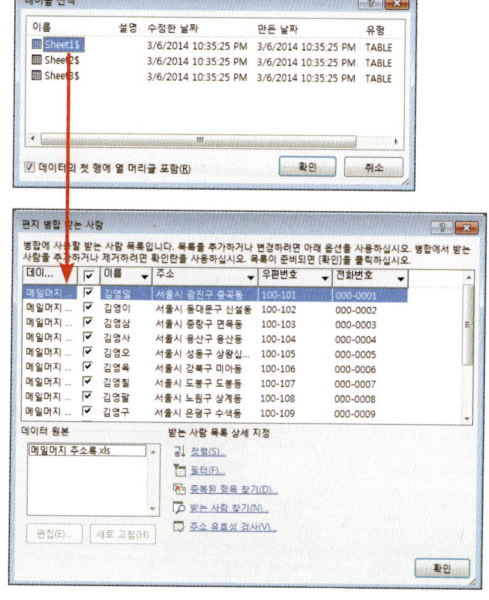

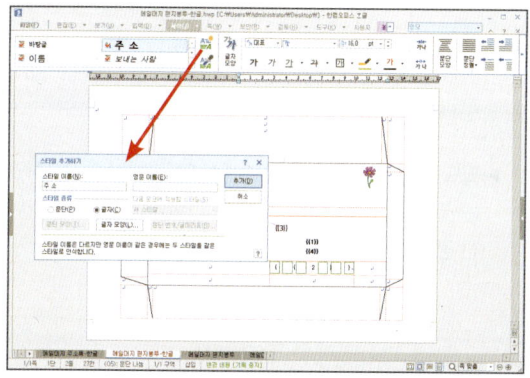

▶ 아웃룩 연락처 : '연락처 폴더 선택'으로 주소록 가져오기

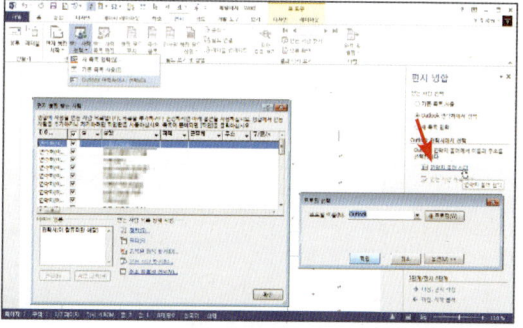

▶ 새 목록 입력 : MS Office 주소 목록(.mdb) 파일로 저장

Part II • Section • 04-3 메일 머지 339

메일 머지 만들기 Alt + M 한글

- 한셀/엑셀 파일 : ❶ Alt + M ▶ 대화 상자에서 주소록의 파일 선택 ▶ '출력 방향' 선택 – 편집하려면 '파일'로 선택하고 저장 '파일 이름' 만들기

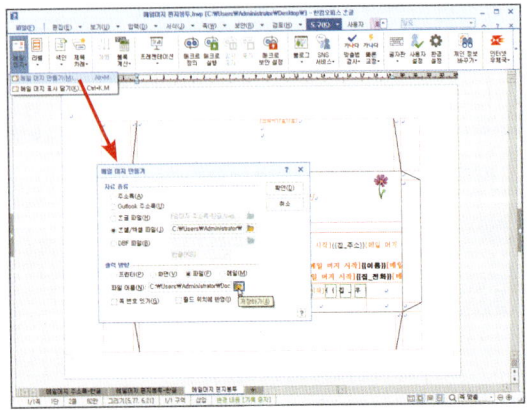

❷ 병합할 시트와 레코드 선택(Ctrl, Shift로 다중 선택)

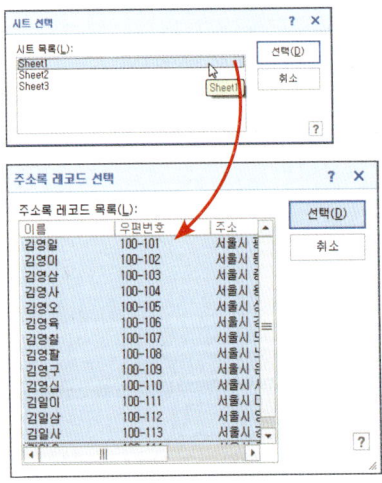

❸ 주소록의 필드와 편지의 '메일 머지 필드 표시'를 각각 연결해 줍니다.

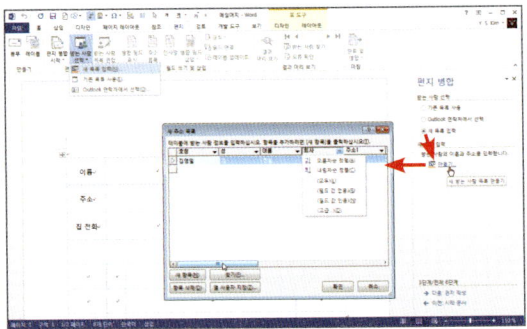

4단계(편지 작성)

- 편지에 병합 필드를 삽입합니다. [편집]메뉴의 [병합 필드 삽입]/[주소 블록]/[인사말]/[규칙]/[필드 연결]이 모두 포함되어 있습니다.

  ▶ 기타 항목(병합 필드 삽입) : 이름, 주소 같은 데이터 파일의 필드가 병합되도록 편지에 병합 필드를 삽입합니다.

  − 데이터베이스 필드 : 실제 주소 파일의 필드명 표시
  − 주소 필드 : 기본적인 주소 필드 종류

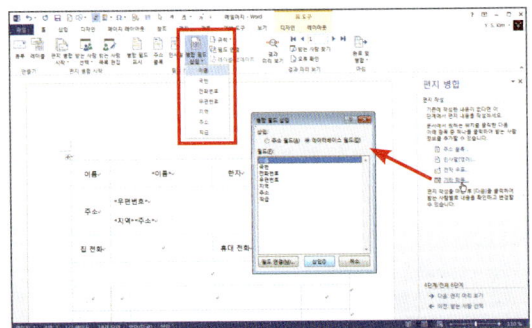

  ▶ 필드 연결 : 기본 주소 필드에 데이터베이스에 실제 있는 필드를 연결합니다. 이름이 다르거나, 분류가 나눠진 경우 연결해 줄 수 있습니다.

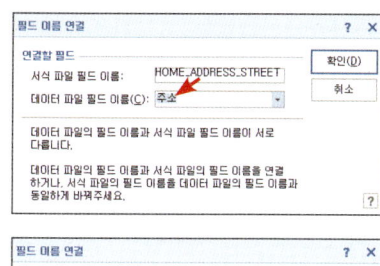

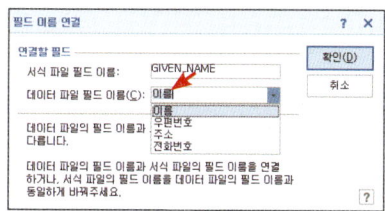

❹ 파일로 저장했다면 파일을 불러오고, 인쇄나 미리 보기 화면, 메일로 출력했다면 메일 머지 결과를 확인합니다.

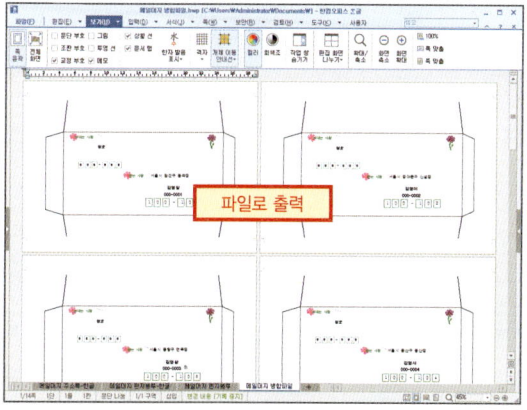

메일 머지 주의 사항 〔한글〕

- 같은 메일 머지 표시에는 같은 내용이 입력됩니다.
- 한 편지에 여러 레코드를 입력하는 경우 주소록이 '한/글 파일'이면 가능합니다. 단, 한/글 파일 맨 위 숫자를 '입력 레코드×필드 수'로 입력해 두어야 합니다.
- 편지 문서가 '라벨 문서'라면 메일 머지 표시는 첫 셀에만 입력해 놓아야 합니다. 셀마다 표시해 놓으면 모두 같은 레코드로 병합됩니다. ▶라벨 문서는 [도구]-[라벨]-[라벨 문서 만들기]로 만들 수 있고, [라벨 새 쪽 추가하기]가 있어서 같은 모양의 표를 쉽게 다시 만들 수 있습니다.

▶ 주소 블록 : 주소/이름 등의 필드를 하나로 묶어 표시

«AddressBlock»

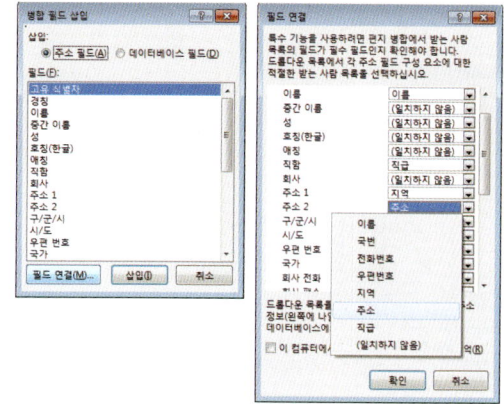

▶ 인사말 : 이름과 호칭, 인사말을 병합 필드로 삽입

«GreetingLine»

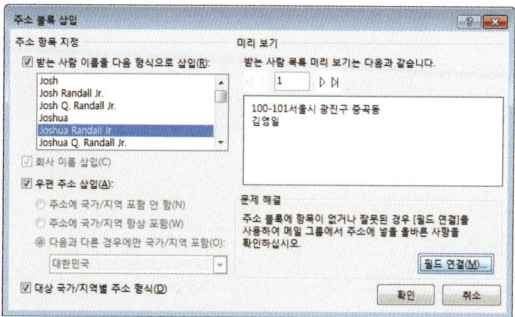

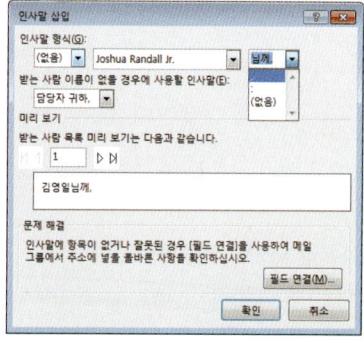

▶ 병합 필드 표시 : 필드를 음영으로 표시해 줍니다.

▶ 레이블 업데이트 : 레이블의 경우 첫 셀의 변경된 내용을 나머지 셀에도 동일하게 적용되도록 업데이트합니다.

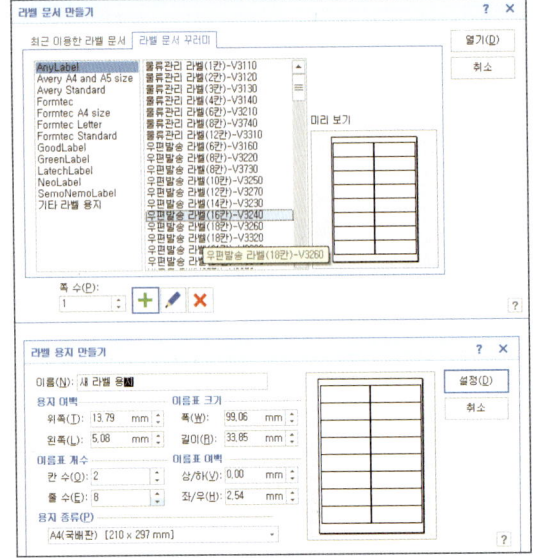

5단계(편지 미리 보기)

- [편지] 메뉴에서는 [결과 미리 보기]를 켜고, [←]/[→](이전/다음 레코드)로 결과를 확인할 수 있습니다. ※[결과 미리 보기]를 끄면 삽입한 병합 필드 이름이 표시됩니다. '필드 코드 표시' – Alt + F9

▶ '받는 사람 목록 편집'과 '받는 사람 제외'(현재 레코드 제외)로 병합될 목록을 다시 변경할 수 있습니다.

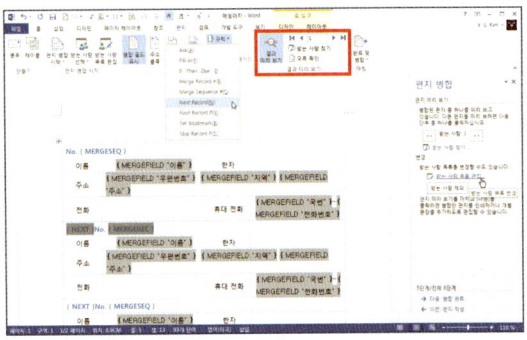

6단계(병합 완료)

- 병합을 완료하여 '개별 문서로 편집'(Alt + Shift + N) 하거나 '인쇄'(Alt + Shift + M) 할 수 있습니다. ※수정하려면 [← 이전]

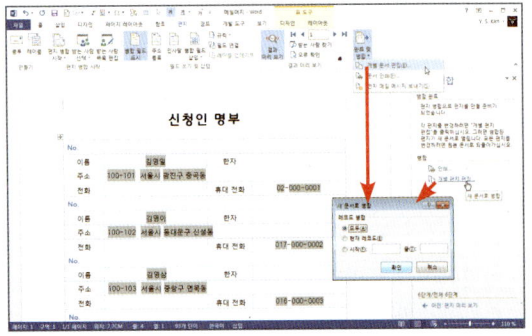

※참고 : 이메일 주소록을 '아웃룩' 연락처로 저장하기

❶ 이메일 계정 '주소록 내보내기'(예, 'Outlook CSV' 형식)

❷ 아웃룩 : [파일]–[열기 및 내보내기]–[가져오기/내보내기]

▶가져오기/내보내기 마법사 : 가져올 파일 선택(예, '다른 프로그램이나 파일'–'쉼표로 구분된 값'–[찾아보기])으로 파일을 찾아, 저장할 대상 폴더(연락처)를 정해주면 됩니다.

▶주소록과 대상 폴더의 필드 이름이 다르다면 '사용자 지정 필드 매핑'으로 연결시켜 주어야 합니다.

메일 머지는 병합될 문서(편지)에 메일 머지 표시를 달고 데이터 파일(주소록)의 필드를 병합해서 각각의 편지로 만드는 것을 말합니다. 메일 머지를 할 때 가장 많이 하는 실수는 같은 메일 머지 표시를 여러 번 달아 놓는 것입니다. 라벨 문서의 경우 첫 셀 하나에만 메일 머지 표시(병합 필드 표시)를 달아 놓습니다. 편지의 경우도 하나의 편지만 만들면 내용이 같은 편지가 주소록 선택 레코드 만큼 자동으로 만들어집니다. 물론 한 병합 필드가 여러 번 반복되어야 한다면 메일 머지 표시도 같은 것으로 여러 번 달아도 됩니다. 단, 같은 이름의 메일 머지 표시는 같은 내용으로 병합된다는 걸 꼭 기억해 두세요.

기능 REVIEW | MS Word의 편지 병합 규칙

편지 병합 규칙

MS Word는 필드를 사용해 병합 방법을 다양하게 제어할 수 있습니다. 편지 병합에 사용되는 필드는 [편지]-[규칙] 메뉴에 모아져 있고, [삽입]-[빠른 문서 요소]-[필드]에서 찾아 입력해도 됩니다. 또는 Ctrl+F9로 빈 필드를 삽입 중괄호({ }) 안에 필드 명과 책갈피, 스위치 등을 직접 텍스트로 입력하고 업데이트(F9)해 완성할 수도 있습니다.

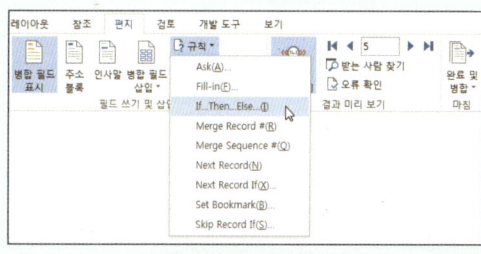

Ask

병합 과정에서 텍스트 입력을 요구하는 필드로 책갈피가 만들어지고, 참조로 문서에 표시합니다.

- Ask 필드 삽입
  ▶ [책갈피 이름] – 책갈피로 자동으로 만들어질 이름
  ▶ [제시어] – 입력 대화 상자에 표시될 제시어/질문
  ▶ [기본 책갈피 텍스트](\d) – 기본적으로 예시될

Next Record

한 편지 안에 여러 개의 레코드를 병합할 때에 사용하고, 다음 레코드를 건너뛰고자 할 때에도 사용할 수 있습니다. 예를 들어, 짧은 편지라면 편지와 편지 사이에 '{ NEXT }' 필드를 삽입해 한 페이지에 여러 편지를 넣을 수 있습니다. Next 필드를 사용하지 않으면 같은 레코드가 병합됩니다.

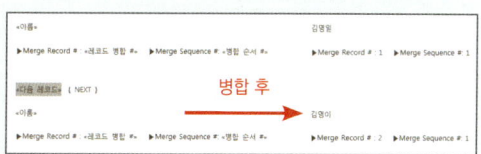

레이블

[편지 병합 시작]-[레이블]의 레이블 문서를 선택(Alt+F9)해보면 첫 셀 이외의 셀에 모두 '{ NEXT }' 필드가 삽입되어 있는 것을 볼 수 있습니다. 레이블 문서는 첫 셀에만 내용과 병합 필드를 삽입해 '레이블 업데이트'하면 전체 레이블 표에 첫 셀의 내용이 모두 덮어써집니다. Next 필드가 있어서 같은 레코드로 병합되지는 않습니다.

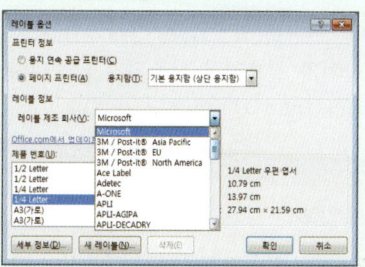

텍스트

▶ [한 번에 표시](Wo) – 병합시 한번만 입력하도록 설정 ※Ask 필드의 텍스트 입력 대화 상자는 F9 를 누르거나, 편지 병합시에만 나타납니다. – 코드 표시 Alt + F9

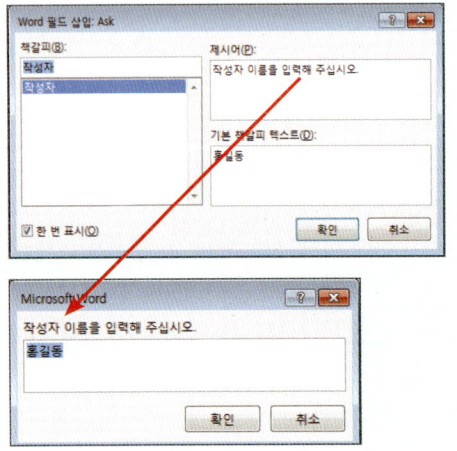

- Ask 필드 표시 : 상호 참조('REF' 필드)
  ▶ [삽입]-[상호 참조]나, [삽입]-[빠른 문서 요소]-[필드]
  ▶ 직접 입력 : Ctrl + F9 – 'REF 책갈피 이름' – F9

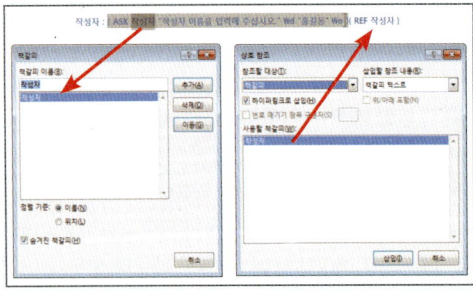

Fill – in

Ask 필드처럼 텍스트 입력을 요구하는 필드이긴 하지만, 책갈피가 필요없고 참조되지 않습니다. 여러 곳에 입력하려면 참조할 수 있는 Ask 필드를 사용하세요.

- Fill-in 필드 입력
  ▶ 대화 상자의 '제시어' 등 입력은 Ask 필드와 같습니다.

Next Record If

비교값과 비교해서 조건에 맞으면 그 레코드는 병합하지 않고 다음 레코드로 이동합니다.

Set Bookmark

책갈피를 지정합니다. 표시는 상호 참조를 이용합니다.

- Set 필드 삽입(Set, Ask 필드는 책갈피가 만들어집니다.)
  ▶ 책갈피 이름 : 빈칸을 포함하지 않고 문자로 시작
  ▶ 값 : 문자나 빈칸을 포함할 경우 " "를 해줍니다. 필드가 만들어지면 이중으로 표시된 " "는 삭제하고 업데이트(F9) 합니다. ※빈칸이 없는 숫자는 " " 필요 없음.
  ▶ 직접 입력 : Ctrl + F9 – 'SET 책갈피명 "책갈피 텍스트"' 입력 후 F9 로 업데이트하면 책갈피가 만들어집니다.

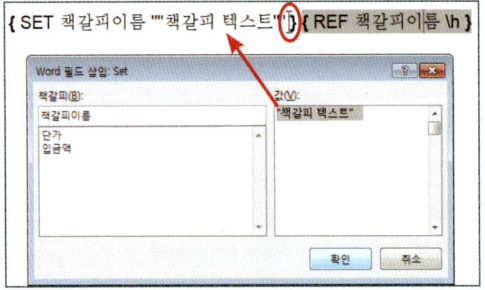

- Set 필드 표시 : 상호 참조('REF' 필드)
  ▶ 직접 입력 : Ctrl + F9 – 'REF 책갈피 이름' – F9 업데이트

▶ 직접 입력 : [Ctrl]+[F9]-'FILLIN "제시어"' 입력-[F9] ※'기본 채우기 텍스트'를 추가하려면 '₩d' 스위치와 "텍스트"를 입력합니다. '₩o'는 '한 번만 표시' 예, { ASK 책갈피 "제시어" ₩d "기본 책갈피 텍스트" ₩o }

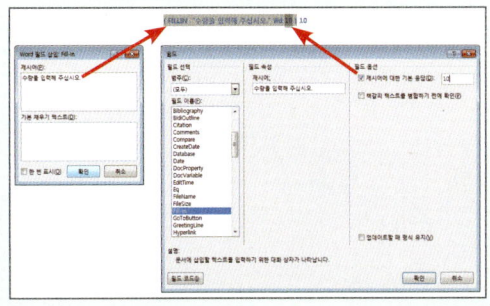

If... Then... Else...

데이터 필드를 '비교'하여 '비교값'과 일치하면 '조건을 만족할 경우 삽입할 텍스트'를, 일치하지 않으면 '조건을 만족하지 않을 경우 삽입할 텍스트'를 입력하는 필드입니다.

- IF 필드 입력

  ▶ 필드 이름 : 데이터 파일의 필드명을 선택

  ▶ 비교 : '='/'〈〉'/'〈'/'〉'/'〈='/'〉='/'공백임'/'공백이 아님' ※'공백임'/'공백이 아님'은 비교값을 공백으로 둠.

  ▶ 비교값 : 데이터 파일의 선택한 필드 내용 중 하나여야 하고, 필드가 구분되어 있어야 합니다.

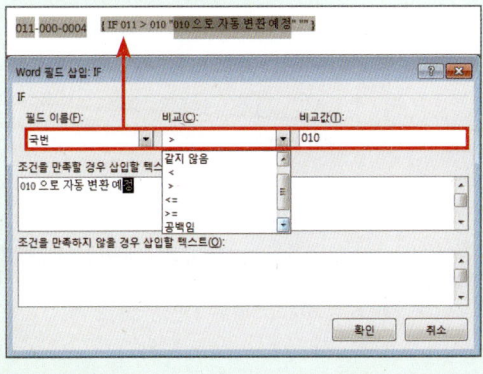

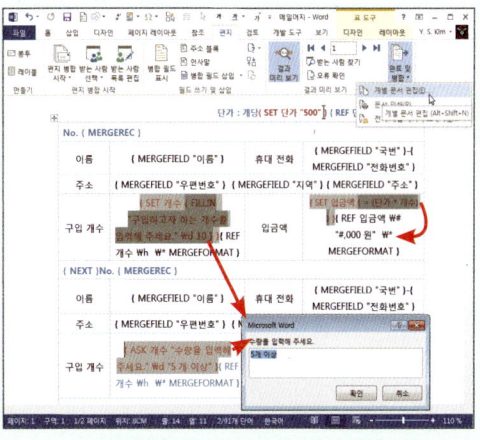

▶ Set 필드 안에 다른 필드를 추가해도 됩니다. 예에서는 Fill-in과 계산 필드가 중첩되었는데요. Set 필드 대신 Ask 필드를 사용한다면 Fill-in 필드 추가는 필요없겠습니다.

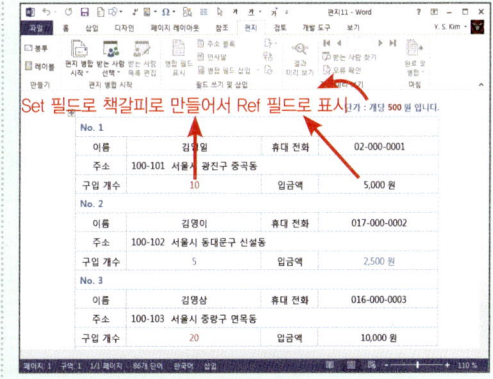

Skip Record If...

조건과 맞으면 그 레코드는 건너뛰는 필드입니다. 예를 들어 특정 필드에 내용이 없으면 그 레코드 전체를 건너뛰고 다음 레코드를 병합합니다. ※'비교'가 공백....이면 "비교값"도 공백으로 두어야 합니다.

Merge Record

데이터 파일에 정렬된 레코드 순서(위치)를 번호로 표시합니다. 병합 필드 표시는 '≪레코드 병합 #≫'으로 표시되고 필드 코드(Shift+F9)는 '{ MERGEREC }'로 표시됩니다. ※필드 복사 가능

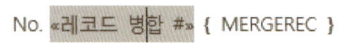

Merge Sequence

병합 문서에 병합된 순서를 표시합니다. '결과 미리 보기'로는 표시되지 않고, '완료 및 병합'을 마쳐야 확인할 수 있습니다. 병합 필드 표시는 '≪병합 순서 #≫'로, 필드 코드는 '{ MERGESEQ }'로 표시됩니다. ※Ctrl+F9→{ MERGESEQ }

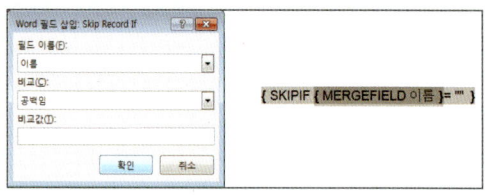

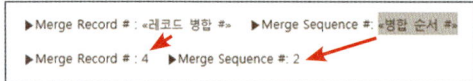

기능 REVIEW | MS Word의 필드 코드와 스위치

필드 코드

- 필드는 MS Word에서 텍스트, 그래픽, 페이지 번호 등의 데이터가 문서에 자동으로 삽입되도록 지정하는 코드 집합입니다. 필드는 메뉴([삽입]-[빠른 문서 요소]-[필드])에서 선택해 삽입해도 되고, 빈 필드 틀을 삽입하여 텍스트를 직접 입력해 완성해도 됩니다.

- 필드 내의 필드 코드는 { 필드 이름, 명령, 선택적 스위치 }로 구성되는데요. '필드 이름'은 아래 '필드 코드 목록'의 이름과 같고, '명령'은 필드의 종류에 따라 필요할 수도 필요 없을 수도 있는데 특별한 식별자나 책갈피 등을 입력합니다. 그리고 역시 필요에 따라 선택할 수 있는 '필드 스위치'는 필드 작업의 특정 동작이나 서식, 표시 형식 등을 지시하는 것으로 스위치의 종류에 따라 필드 명령의 수행 결과가 다르게 나타나게 됩니다.

- 필드 코드는 중괄호 틀에 표시되고, Alt+F9(일부 Shift+F9)를 써서 결과로 전환(토글 스위치)하여 편집할 수 있습니다. 빈 필드 틀(중괄호)은 Ctrl+F9로 삽입하고, 텍스트를 입력한 후 F9 업데이트하면 완성됩니다.

- 필드를 찾아가려면 F11, 찾기/바꾸기에서는 '^d'로 찾을 수 있습니다. 필드 내에 커서를 가져다 놓으면 표시되는 회색 음영은 [Word 옵션]-[고급]에서 '필드 음영'으로 변경 가능합니다.

'필드 코드' 목록

AddressBlock 주소 블록 필드	IF 필드	RD 참조 파일 필드
Advance 텍스트 이동 필드	IncludePicture 그래픽 파일 읽기 필드	Ref 책갈피 필드
ASK 필드		RevNum 수정 횟수 필드
Author 만든 이 필드	IncludeText 문서 파일 읽기 필드	SaveDate 마지막으로 저장한 날짜 필드
AutoNum 자동 No. 필드	Index 색인 필드	
AutoNumLgl 자동 No. legal 필드	Info 요약 정보 필드	Section 구역 필드 field
AutoNumOut 자동 No. outline 필드	Keywords 키워드 필드	SectionPages 구역의 페이지 수 필드
AutoText 상용구 필드	LastSavedBy 마지막으로 저장한 사람 필드	
AutoTextList 자동 텍스트 목록 필드		Seq 일련 번호 필드
	ListNum 번호 목록	SET 필드
BIBLIOGRAPHY 필드	MacroButton 매크로 단추 필드	SKIPIF 필드
CITATION 필드	MERGEREC 필드	StyleRef 스타일 참조 필드
Comments 메모 필드	MERGESEQ 필드	Subject 주제 필드
Compare 값 비교 필드	NEXT 필드	Symbol 기호 필드
CreateDate 만든 날짜 필드	NEXTIF 필드	TA 관련 근거 목차 항목 필드
Database 데이터베이스 필드	NoteRef 각주/미주 참조 필드	TC 목차 항목 필드
Date 날짜 필드	NumChars 문자 수 필드	Template 서식 파일 필드
DocProperty 문서 속성 필드	NumPages 페이지 수 필드	Time 시간 필드
DocVariable 문서 변수 필드	NumWords 단어 수 필드	Title 제목 필드
FileName 파일 이름 필드	Page 페이지 필드	TOA 관련 근거 목차 필드
FileSize 파일 크기 필드	PageRef 페이지 참조 필드	TOC 목차 필드
FILLIN 필드	Print 인쇄 필드	UserAddress 사용자 주소 필드
EQ = 수식 필드	PrintDate 마지막으로 인쇄한 날짜 필드	UserInitials 사용자 이니셜 필드
GoToButton 이동 단추 필드		UserName 사용자 이름 필드
Hyperlink 하이퍼링크 필드	Private 문서 데이터 저장 필드	XE 색인 항목 필드
	Quote 텍스트 인용 필드	

필드 스위치

필드 스위치는 '₩' 표시와 함께 입력하고 필드 코드의 종류에 따라 지정할 수 있는 명령이 다릅니다. 기본적으로는 '₩*' 서식, '₩#' 숫자 형식, '₩@' 날짜/시간에 관한 형식 스위치가 있습니다.

- 서식 : ₩*

  ▶ 대/소문자 : '₩* Caps' – 단어의 첫 글자를 대문자로, '₩* FirstCap' – 첫 단어의 첫 글자를 대문자로, '₩* Upper' – 모두 대문자로, '₩* Lower' – 모두 소문자로 표시합니다. ※'작은 대문자'가 설정되어 있으면 적용되지 않습니다.

  ▶ 숫자 : '₩* alphabetic' – 결과를 영문자로('1' 대신 'A'), '₩* Arabic' – 기수 형식의 아라비아 숫자로('1'), '₩* CardText' – 기수로('90' 대신 'ninety'), '₩* Hex' – 16진수로('90' 대신 '5A'), '₩* OrdText' – 서수로('ninetieth'), '₩* Ordinal' – 서수 형식의 아라비아 숫자로('90th'), '₩* roman' – 로마 숫자로 표시('90' 대신 'xc')

  ▶ 문자 서식 : '₩* Charformat' – 필드의 첫 글자 서식으로 결과 서식 지정, '₩* MERGEFORMAT' – 업데이트 전 서식을 유지(기본적으로 포함됨. 취소하려면 '필드 편집' 대화 상자에서 '업데이트할 때 형식 유지' 취소)

- 숫자 형식 : ₩#

  ▶ 자리수 : '0(영)' – 결과 자리에 해당되는 숫자가 없으면 0(영)으로 표시('₩# 00.00'은 '09.10'), '#' – 결과 자리에 해당되는 숫자가 없으면 공백으로 표시('₩# ##.##'은 ' 9.1 '), 'x' – 'x' 왼쪽까지 숫자는 생략. 소수점 이하에서는 그 자리까지 반올림, 0이면 표시하지 않음('₩# 0.0x%'는 '9.1%'), '.(소수점)' – 소수점 위치를 지정, ',(쉼표)' – 천단위 자릿점 지정(값이 없으면 생략), '-(음수 부호)' – 결과가 음수이면 음수 부호를 추가하고 결과가 양수이거나 0(영)이면 공백을 추가, ';' – 결과값이 여러 가지 일 때에 사용, "작은 따옴표" – 텍스트 추가, 번호가 매겨진 항목의 번호 삽입(예를 들어, 'table'은 표의 캡션 번호를 삽입), 기타 '%, $, *' 등 문자를 추가하면 결과에 함께 표시됩니다.

- 날짜/시간 스위치 : ₩@

  ▶ 날짜 : 'y' 연도, 'M' 월, 'd' 일 스위치를 사용하고 문자 개수에 따라 다른 형식으로 표시됩니다. '₩@ yy'는 2자리 연도 표시('09'), '₩@ yyyy'는 4자리 연도 표시('2009'), '₩@ gg yyyy'는 단기('4342'), '₩@ M'은 1~12월 표시('9'), '₩@ MM'은 01~12 월 표시('09'), '₩@ MMM'은 영어 약자 월 표시('Jan'), '₩@ MMMM'은 영어 전체 월 표시('January') – 시간의 '분'과 구분하기 위해 대문자를 사용합니다. '₩@ d'는 1~31 일 표시('9'), '₩@ dd'는 01~31 일 표시('09'), '₩@ ddd'는 영어 약자 요일 표시('Mon'), '₩@ dddd'는 영어 전체 요일 표시('Monday'), '₩@ aaa'는 한국어 약자 요일 표시('월') 입니다. (예, '{ DATE ₩@ "yyyy년 M월 d일 aaa요일" }'
  ▶ '2014년 4월 10일 목요일' – 빈칸이 있으면 " "로 묶어 줍니다. ※필드의 날짜와 시간은 자동 업데이트 됩니다. 고정된 날짜/시간을 입력하려면 [삽입]-[날짜 및 시간] 대화 상자의 '자동으로 업데이트'를 해제하고 입력하세요. 입력된 날짜는 오려서 텍스트로 붙여넣기 합니다.)

  ▶ 시간 : 'h' 시간, 'm' 분, 's' 초 스위치를 사용하고 문자 개수, 대/소문자에 따라 다른 형식으로 표시됩니다. '₩@ h'는 12시간제 시간 표시('9'시), '₩@ hh'는 12시간제 2자리수 시간 표시('09'시), '₩@ H'는 24시간제 시간 표시('21'시), '₩@ HH'는 24시간제 2자리수 시간 표시(오전 '09'시), '₩@ m'은 분 표시('9'분), '₩@ mm'은 2자리수 분 표시('09'분), '₩@ ampm(AMPM)' 오전/오후 표시('오전'), '₩@ am/pm(AM/PM)' AM/PM 표시('AM'-대문자) ※예, '{ TIME ₩@ "yyyy/M/d ddd AMPM hh : mm" }' ▶ '2014/4/10 Thu 오후 01 : 53' – 텍스트나 번호 참조는 ' '로, 빈칸이 있으면 " "로 묶어 줍니다.

필드 스위치 예 〈'StyleRef' 스타일 참조 필드〉

- StyleRef 필드 : 본문에 적용된 스타일의 내용을 참조하는 필드로, 머리글/바닥글에서 각 페이지의 제목을 참조해 표시할 때 사용할 수 있습니다.
- StyleRef 필드 입력 : [삽입]-[빠른 문서 요소]-[필드]에서 'StyleRef'와 '스타일 종류'를 정하고, 단락 번호 등 스위치가 필요하면 [필드 코드]-[옵션]을 선택해 지정합니다.

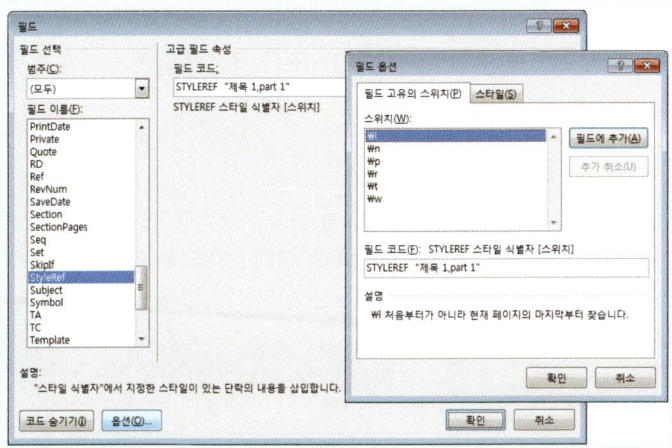

▶ 직접 입력 : Ctrl+F9로 빈 필드를 삽입해 '스타일 이름'과 '스위치'를 입력한 후 F9로 업데이트합니다. 스타일 이름은 " "로 묶어 줍니다. { STYLEREF "스타일 이름" 스위치 }

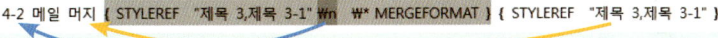

- StyleRef 필드에 사용 가능한 스위치 : '₩l' - 페이지 아래에서 위로 스타일 검색 '₩n' - 스타일에 번호가 있는 경우 해당 단락 번호만 삽입 '₩p' - 단락 위치 삽입(위/아래) '₩r' - 관련 단락 번호(입력 위치에 따라 선택 스타일의 관련 번호를 다르게 표시) '₩t' - 모든 비구분 문자 생략(번호만 표시. ₩n/₩r/₩w 스위치를 사용할 때, 번호외의 텍스트나 구분자는 생략하고 번호만 표시합니다.) '₩w' - 선택 스타일의 상위 수준 번호까지 전체 단락 번호를 삽입

04-4 책갈피/상호 참조/하이퍼링크

1 책갈피

책갈피 Ctrl+K, B 〔한글〕

책갈피는 위치를 기억해놓고 빠르게 찾아 볼 때나 '상호 참조'에서 위치나 내용을 참조해 입력할 때, 또 '하이퍼링크'/'자료 연결'에서 연결할 위치가 필요할 때 입력합니다.

책갈피 넣기

- 위치 : 커서를 위치시키고 [입력]-[책갈피] 대화 상자를 열면 커서 앞/뒤의 문자열이 자동으로 책갈피 이름으로 표시되어 쉽게 책갈피를 만들 수 있습니다. 빈 문단 부호에서 책갈피를 만들때는 이름을 입력해 줍니다. ※범위를 지정하지 않은 책갈피의 조판 부호는 [책갈피] 입니다.
- 범위 : 블록 지정해 입력하면 선택한 문자열이 이름으로 자동 지정되고, 상호 참조에서 선택한 범위를 '책갈피 내용'으로 참조해 쓸 수 있습니다. ※조판 부호는 [책갈피 영역 시작], [책갈피 영역 끝] 두 개가 만들어집니다.

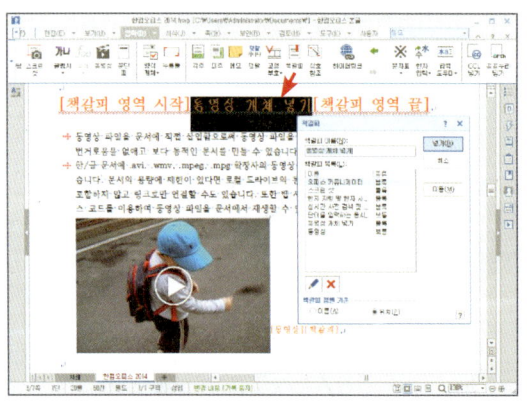

- 이름 : 책갈피 이름은 숫자, 영문, 빈칸, 특수 문자 등을 자유롭게 지정할 수 있습니다.

책갈피 작업창

- 한/글 2014는 '책갈피' 작업창이 추가되어 본문을 선택하거나 커서를 가져다 놓고 '책갈피 이름'을 클릭 - [넣기] 하면 쉽게 책갈피를 만들수 있습니다.

책갈피 Ctrl+Shift+F5 〔워드〕

MS Word의 책갈피는 위치 이동이나 하이퍼링크, 상호 참조에 이용할 수 있는 것 외에, 범위로 지정해서 '파일 삽입'이나 '표의 계산식' 등에서 사용할 수 있습니다.

책갈피 삽입

- 위치 : 커서를 가져다 놓고 [삽입]-[책갈피]([하이퍼링크]-[책갈피])로 대화 상자를 열어 '이름'을 정하고 추가합니다. 그림 등 개체도 책갈피에 추가할 수 있습니다.

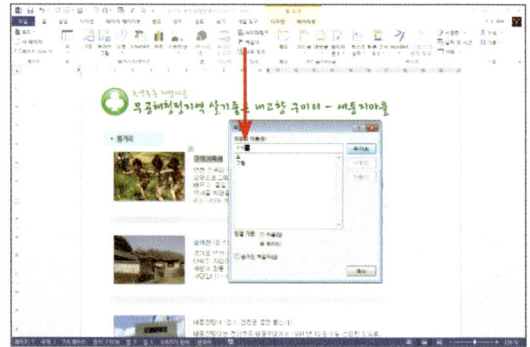

- 범위 : 블록을 지정해 책갈피를 삽입하면 상호 참조에서는 내용으로 참조할 수 있고, '표 수식'에서는 계산 범위로 사용되고, '파일 삽입'에서는 끼워넣을 파일의 일부분 '범위'로 사용할 수 있습니다.
- 책갈피 이름 : 첫 글자를 숫자로 시작할 수 없고 빈칸을 추가할 수 없습니다. 한글이나 영문 문자로 시작해 빈칸 없이 입력해 주세요. 숫자를 중간에 추가하는 것은 가능하고, '_' 표시는 입력할 수 있습니다.
- 숨겨진 책갈피 : 하이퍼링크, 상호 참조, Toc(목차) 등 위치를 참조하는 명령은 자동으로 숨겨진 책갈피가 만들어집니다. 책갈피 대화 상자의 '숨겨진 책갈피'를 선택하면 찾아볼 수 있고 이름이 '_'로 시작됩니다. ※책갈피 대상이 삭제되면 '오류! 책갈피가 정의되어 있지 않습니다.'라고 표시됩니다.

- 책갈피 이름을 더블 클릭하면 책갈피 위치로 이동되고 Ctrl+Q, P하면 다시 원래의 곳으로 이동합니다.

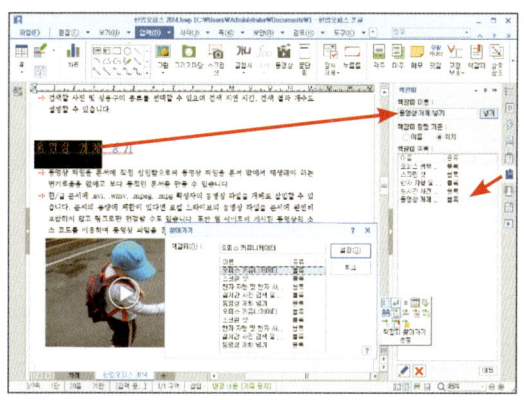
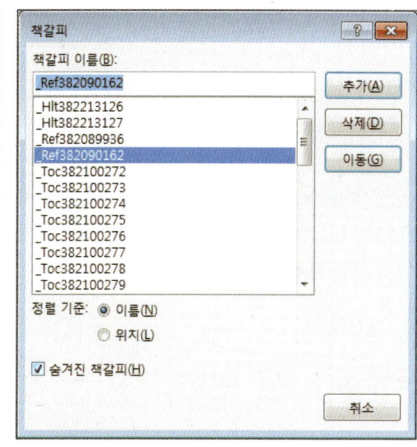

책갈피 찾아가기

- 책갈피 대화 상자를 열어 '이동'하거나, '작업창'의 '책갈피'에서 이름을 더블 클릭해 이동할 수 있습니다.
- 상황선을 클릭해 '찾아가기(Alt+G)'의 '책갈피'로 이동하거나, 세로 이동 막대의 '보기 선택 아이콘'-'책갈피 찾아가기 설정' 단추로도 이동할 수 있습니다.

책갈피 이동

- 책갈피는 한 가지 이름으로 하나의 책갈피만 만들 수 있기 때문에 복사는 불가능합니다. 본문을 이동하면 책갈피도 따라서 이동됩니다.
- 내용은 말고 책갈피의 위치만 이동하려면 [책갈피] 조판 부호를 선택해 오려 붙이면 됩니다.
- 범위로 지정된 책갈피는 내용과 같이 오려서 붙여야 이동이 되는데, 앞/뒤 조판 부호를 모두 선택해 옮겨야 이동되고 한 쪽 조판 부호만 오려서 붙이면 해제되어 버립니다.

책갈피 지우기

- 책갈피 대화 상자 또는 책갈피 작업창에서 삭제할 수 있습니다.
- 문서 전체의 책갈피는 [편집]-[조판 부호 지우기]를 이용해 지웁니다. ▶MS Word 문서나 형식이 다른 문서를 불러올 경우 만들지 않은 책갈피가 제목 등에 자동으로 생길 수 있습니다. 이럴때 '조판 부호 지우기'를 이용해 보세요.

- 책갈피 표시 : 책갈피를 입력한 곳은 책갈피 표시가 생깁니다. 위치만 기억시켰을 경우는 I 하나로 책갈피 표시가 생기고, 범위로 지정했을 경우는 [ ]앞/뒤로 책갈피 표시가 생깁니다. ▶책갈피 표시는 [파일]-[옵션]-[고급]의 '책갈피 표시'로 표시/해제할 수 있습니다. ※'숨겨진 책갈피'는 표시되지 않습니다.

참고 문헌

책갈피 찾아가기

- 책갈피 대화 상자를 열어 책갈피 이름을 선택한 뒤 '이동'을 클릭합니다.
- F5 (Ctrl+G, 상태 표시줄 클릭) 찾아가기에서 '책갈피'를 선택하여 이동할 수 있습니다.
- 책갈피로 이동했다가 원래 작업하던 위치로 이동하려면 Shift+F5를 누릅니다. 최근 작업 위치 4곳으로 번갈아가며 이동됩니다. ※파일 열기에선 마지막 작업 위치

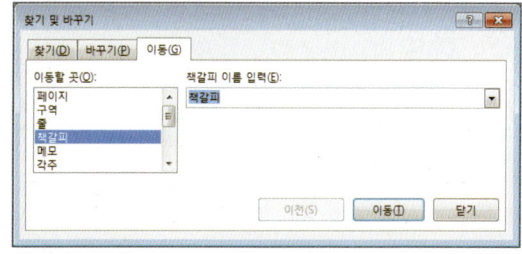

책갈피 이동

- 책갈피는 위치를 이동해 같은 이름의 책갈피를 다시 추가하면 위치가 이동됩니다.

쉬운 책갈피(위치 기억/기억된 위치로 이동) 〔한글〕

위치를 기억했다가 쉽게 찾아갈 수 있는 명령입니다. 위치가 문서에 표시되고 단축키를 사용할 수 있습니다.

- 위치 기억하기 : Ctrl+K, 1에서 0까지 10가지 단축키로 10곳의 위치를 기억할 수 있습니다. 위치가 기억된 문단은 앞에 노란 위치 기억 표시가 나타납니다.

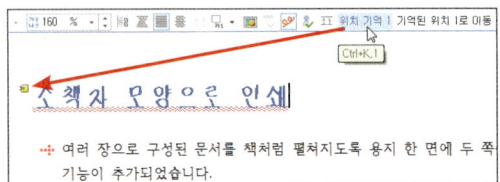

- 위치 찾아가기 : 기억한 단축키의 K 대신 Q를 사용하여 위치를 찾아갑니다. 예를 들어, 'Ctrl+K, 1'으로 기억시켰다면, 'Ctrl+Q, 1'으로 찾아갑니다. 기억된 위치로 찾아 갔다가 원래의 자리로 돌아가는데는 Ctrl+Q, P 단축키를 사용합니다. ▶'위치 기억(쉬운 책갈피)'과 '기억된 위치로'는 [사용자 설정]-[명령]에서 명령을 찾아 도구 상자에 꺼내놓고 사용할 수 있습니다.

- 기억된 위치 지우기 : 위치 기억을 다시 지정하면 없어집니다. 위치 기억 표시는 인쇄되지 않습니다.

- 또는 책갈피 표시를 옮겨 이동해도 되는데, 위치만 표시된 I 모양의 책갈피는 책갈피 표시만 옮겨서 이동할 수 있고, 범위가 지정된 [ ] 대괄호 형태의 책갈피는 양 쪽 괄호를 모두 포함하여 선택한 후 이동해야 합니다.

책갈피 삭제

- 책갈피 대화 상자를 열어 이름을 선택한 뒤 '삭제'를 클릭합니다.

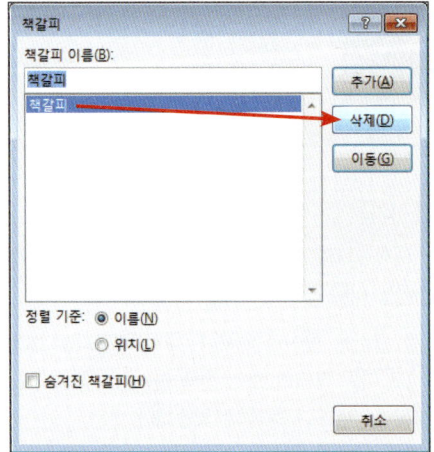

2 상호 참조

상호 참조 넣기 Ctrl+K, R 〔한글〕

상호 참조는 문서에 입력된 특정 대상의 쪽번호, 내용 등을 참조해 표시하는 것입니다. 상호참조는 조판 부호가 있고, 참조 대상의 내용이 변경되었을 때 똑같이 적용됩니다.

① 상호 참조가 입력될 곳에 커서를 가져다 놓고 [입력]-[상호 참조](Ctrl+K, B)로 대화 상자를 엽니다.
② 참조 대상을 찾을 '파일'을 선택합니다.
③ '참조 대상 종류'를 고른 후 '참조 대상 선택' 화면에서 필요한 참조 대상을 선택합니다.
④ '참조 내용'을 선택하고 [넣기]
  ▶ 클릭해 찾아가기 하려면 '하이퍼링크' 선택
  ▶ 연결 문서 열기 : 다른 문서를 하이퍼링크로 연결한 경우 활성화 됩니다.

상호 참조 넣기 〔워드〕

① [삽입](참조)-[상호 참조]를 선택해 대화 상자를 엽니다.
② '참조할 대상'을 고른 후 문서에 입력된 대상 항목 중 사용할 항목을 선택합니다.
③ 참조할 내용을 선택한 다음 [삽입]하면 문서에 참조 내용이 필드로 입력됩니다.
  ▶ 클릭해서 위치를 찾아갈 수 있도록 하려면 '하이퍼링크'를 선택해 둡니다.
  ▶ 번호를 참조하는 경우 추가로 '위/아래 포함'을 선택해 번호와 함께 참조할 수 있습니다. 페이지 번호는 번호에 '페이지 참조', 단락 번호는 '위/아래 참조'가 추가됩니다.
  ▶ 번호 매기기 항목 구분자 : '단락 번호(전체 문장 포함)'으로 번호를 입력할 경우는 번호 매기기 항목 사이사이에 입력한 구분자를 추가합니다.

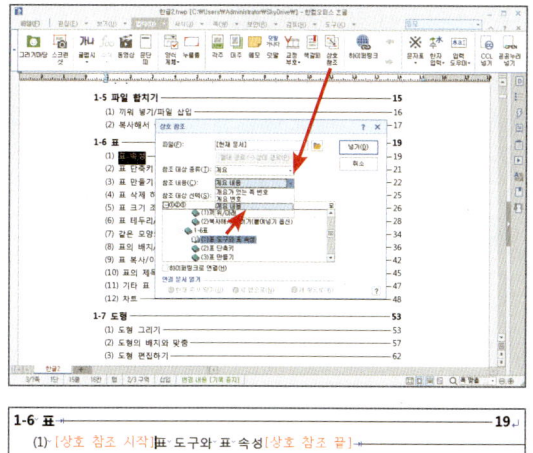

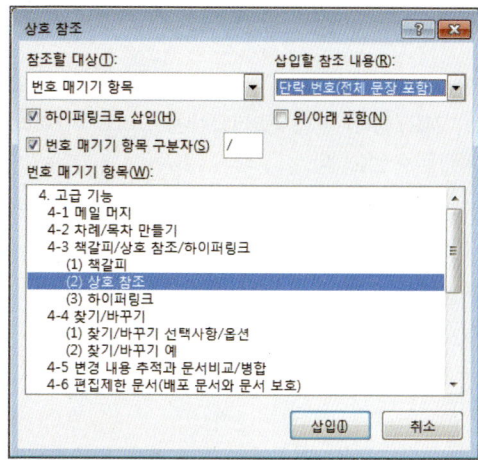

상호 참조 수정

- 업데이트 : 상호 참조된 부분은 문서를 저장하거나, 인쇄, 미리 보기 했을 경우 변경된 내용으로 업데이트 됩니다.

- 수정 : 상호 참조의 대상 종류나 내용을 고치려면 상호 참조에서 Ctrl + N, K 고치기로 다시 열어 편집합니다.

- 삭제 : 상호 참조를 업데이트하지 않고 텍스트로 남기려면 조판 부호를 삭제하세요.(문서 전체는 [편집]-[조판 부호 지우기]) ※내용까지 모두 삭제하려면 조판 부호를 포함해 블록 지정한 뒤 삭제하세요..

참조 대상 종류   한글

- 참조할 수 있는 대상은 표/그림/수식 등의 개체, 각주/미주, 개요와 책갈피를 참조할 수 있습니다.

- 다른 문서의 개체/주석/개요/책갈피도 참조가 가능합니다.

- '참조 대상 선택' 상단 메뉴로는 개요의 '수준'과 '클립 보드에 저장하기'를 선택할 수 있습니다. 클립보드에 저장했다가 본문에 붙여 넣으면 개요 보기처럼 입력된 참조 대상을 확인하는데 도움이 될 수 있을 것입니다.

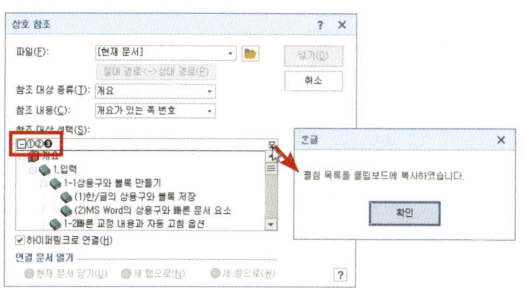

상호 참조 업데이트

- 업데이트(F9) : 커서를 필드 내에 가져다 놓고, 또는 블록을 지정해서 F9 하면 최신 내용으로 업데이트가 됩니다.
  ▶ 문서 전체를 선택하고 F9 하면 문서의 모든 필드가 업데이트됩니다. ▶업데이트를 하지 않을 필드는 선택하여 Ctrl + F11 업데이트 잠금을 해놓으세요.

참조할 대상   워드

'참조할 대상'을 선택하면 아래 창에 '번호 매기기 항목', '사용할 제목/캡션' 등 문서에 입력된 내용이 표시됩니다.

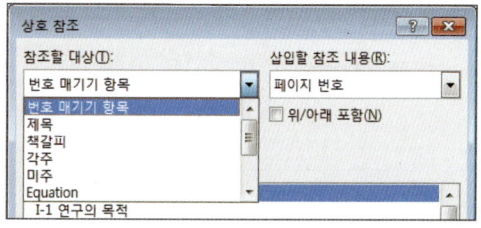

- '참조할 대상'은 번호 매기기/제목/책갈피/각주/미주/개체의 캡션이 문서에 입력되어 있어야 합니다.
  ▶ 번호 매기기 : 다단계 목록이나, 번호 매기기
  ▶ 제목 : [홈]-[스타일]의 제목1~9 스타일
  ▶ 책갈피 : [삽입]-[책갈피]가 입력되어 있어야 합니다.
  ▶ 각주/미주 : [참조]-[각주 삽입/미주 삽입]
  ▶ 개체 : 캡션이 있는 개체만 참조할 수 있습니다.

참조 내용 (한글)

- 참조할 수 있는 내용으로는 '쪽 번호', '개요/캡션/주석의 번호', '개요/캡션/주석/책갈피의 내용' 그리고 '위/아래'로 지정할 수 있습니다.
- 참조할 수 있는 내용은 참조할 대상에 내용이 있는지, 번호가 있는지에 따라 다르게 표시됩니다.
  - ▶ 번호 참조 : 책갈피를 제외한 모든 종류(표/그림/수식/각주/미주/개요)는 번호가 있습니다. ※개체의 경우 캡션이 없어도 번호는 매겨져 있습니다. 단, 번호만 있으므로 내용은 참조할 수 없습니다.
  - ▶ 내용 참조 : 캡션 내용이 있는 개체, 개요, 블록 책갈피는 내용을 참조할 수 있습니다.
  - ▶ 위/아래 : 위/아래는 참조할 대상이 이동할 수 있는 경우 입력합니다. 아래 참조할 대상을 선택하여 입력해 놓으면 본문에 '아래'라고 표시되고 좌우로 조판 부호가 생깁니다. 참조 대상을 위로 이동시킨 후 저장을 누르면 '아래' 상호 참조가 '위'로 변경됩니다.

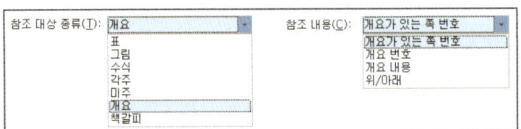

참조 예 (한글)

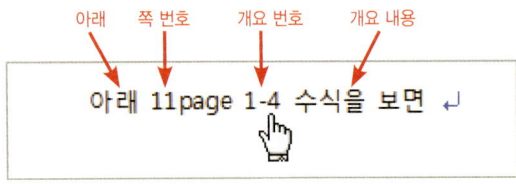

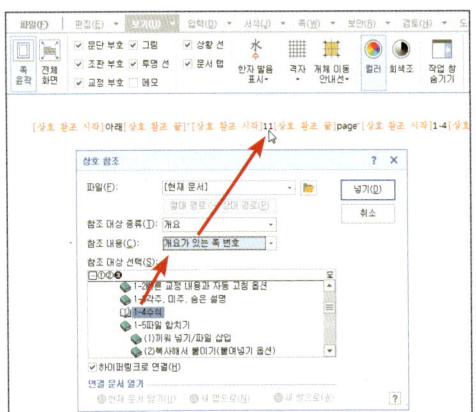

삽입할 참조 내용 (워드)

참조할 대상의 입력 상태에 따라 다릅니다. '페이지 번호', '대상 번호', '대상 내용'과 '위/아래 참조' 중 선택합니다.

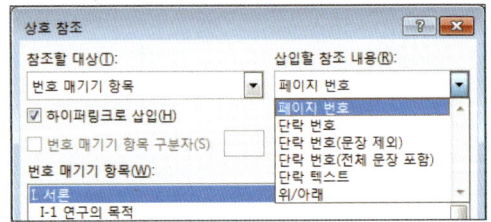

- 번호 매기기 : 목록 단락에 참조하는 경우 아래와 같이 다르게 표시됩니다. 단, 1.1.1. 형식의 목록은 모두 동일합니다. ※번호의 마지막 마침표는 참조되지 않습니다.
  - ▶ 단락 번호 : 참조 단락의 번호를 입력 위치에 따라 다르도록 관련 번호와 함께 입력합니다. – 필드 스위치 '₩r'
  - ▶ 단락 번호(문장 제외) : 참조하는 수준의 번호만 입력합니다. – 필드 스위치 '₩n'
  - ▶ 단락 번호(전체 문장 포함) : 참조하는 대상의 상위 수준까지 전체 번호를 삽입합니다. – 필드 스위치 '₩w'

- 제목 : 제목 스타일에서 선택하는 것으로 번호가 없는 스타일이면 제목 번호는 '0'번으로 삽입됩니다.
  - ▶ 표 안에 적용된 번호 목록은 참조할 수 없으니 제목 스타일을 적용해 참조하세요. ※'스타일 참조(StyleRef 필드)'도 제목 참조와 비슷한 기능을 합니다. 삽입 페이지에 해당되는 스타일 내용(번호)으로 표시해 주기 때문에 머리글에 추가하면 유용하게 사용할 수 있습니다. 제목 스타일이 아니어도 참조할 수 있습니다.
- 책갈피 : 위치만 표시한 책갈피의 경우 '책갈피 텍스트'는 삽입할 수 없고, 범위를 지정한 책갈피는 범위를 '책갈피 텍스트'로 삽입할 수 있습니다.
- 각주/미주 : '각주/미주 번호(서식 적용)' 참조는 서식까지 그대로 적용(위첨자)해 주기 때문에 같은 주석 번호를 재

입력 해야할 때 사용할 수 있습니다.
- 개체 : 캡션이 있어야 합니다. (Equation/수식-수식, Figure/그림-그림, Table/표-표, 그리기-도형)

다른 파일의 참조

다른 문서의 대상을 참조하려면 대상 문서를 '하위 문서(개요보기-마스터 문서)'로 추가해 참조할 수 있습니다.

3 하이퍼링크

하이퍼링크는 문자열이나 웹 주소를 링크해 놓고 클릭 또는 Ctrl+클릭으로 바로 이동할 수 있도록 하는 명령을 말합니다. 개요나 책갈피에 연결할 수 있고, 웹 주소나 메일 주소는 입력 시 자동으로 적용됩니다.

하이퍼링크 연결하기 Ctrl+K, H 한글

웹 주소로 연결하기

- 메일이나 웹 주소는 입력하거나 복사해 붙이고 빈칸을 한 칸 입력하면 하이퍼링크가 자동으로 만들어집니다.

- 특정 문자열이나 개체에 웹 주소를 연결하려면 ❶ 문자열이나 개체를 선택한 뒤 [입력]-[하이퍼링크] ❷ '연결 종류'를 '웹 주소'로 선택하고 ❸ '연결 대상'에 웹 주소를 입력(복사해 붙이기) - [넣기] 하면 됩니다. ※연결 대상 창에는 인터넷 연결 '즐겨 찾기'가 표시되어 있습니다.

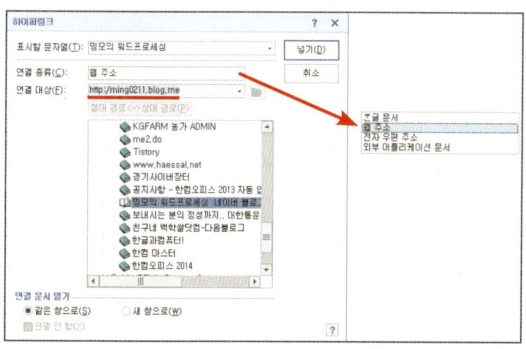

책갈피/개요/개체로 연결하기

- 특정 문자열이나 개체를 문서의 다른 개체나, 책갈피, 개요로 이동하도록 하이퍼링크를 설정할 수 있습니다.
    ▶ 개체 : 문서에 입력된 표, 그림(도형), 수식을 링크할 수 있습니다. ※조판 부호로 찾아갑니다.

하이퍼링크 추가 Ctrl+K 워드

웹 주소로 연결하기

- 메일이나 웹주소는 끝에서 Enter나 Spacebar를 누르면 자동으로 하이퍼링크로 입력됩니다.

- 특정 문자열이나 개체를 웹 주소와 연결하려면 ❶ 문자열을 선택하고 [삽입]-[하이퍼링크] ❷ '기존 파일/웹 페이지'의 '주소' 란에 웹 주소를 복사해 붙인 후 [넣기]를 선택하면 문자열에 하이퍼링크가 지정됩니다.

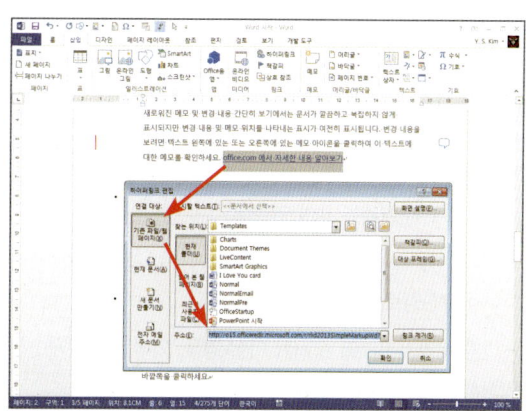

책갈피/제목 스타일로 연결하기

- 특정 문자열이나 개체를 문서에 입력/적용된 책갈피, 제목 스타일로 연결하려면, 하이퍼링크의 '현재 문서'를 선택하여 입력된 책갈피나 제목 스타일을 찾으면 됩니다.
    ▶ 책갈피 : [입력]-[책갈피]에서 이름을 문자로 입력하여 만듭니다.

▶ 책갈피 : 책갈피를 입력하지 않았더라도 '문서의 처음'은 책갈피 되어 있습니다. 특정 위치에 개요나 개체가 없다면 Ctrl+K, B 또는 책갈피 작업창으로 책갈피를 입력한 후 하이퍼링크로 연결하세요.

▶ 개요 : 반드시 개요 스타일이 연결 가능한 것이 아니라 '개요 수준'이 있는 문단이 연결 가능합니다.

▶ 제목 스타일 : [홈]-[빠른 스타일]의 '제목1~9' 스타일을 적용한 단락은 하이퍼링크의 대상으로 사용할 수 있습니다. 개요 수준이 아닌 '제목 스타일'입니다.

▶ 개체로는 연결할 수 없습니다. ※책갈피 활용

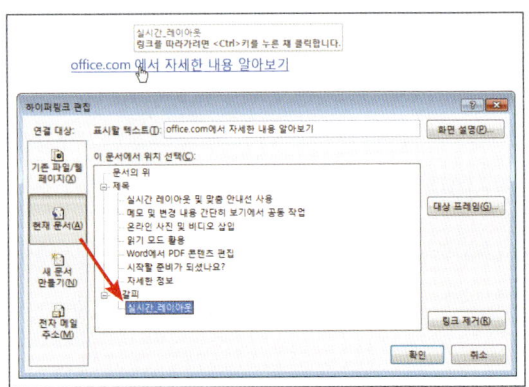

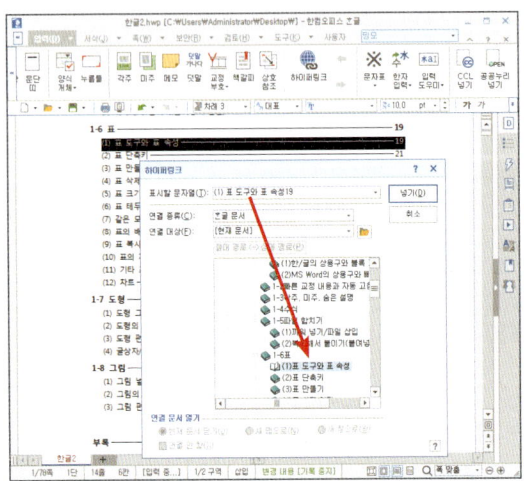

- 하이퍼링크가 연결된 문자열은 앞/뒤로 조판 부호가 입력되고 마우스 포인터가 손 모양으로 표시됩니다.

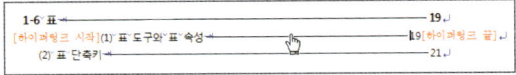

다른 문서의 책갈피/개요/개체를 연결해서 열기

- 다른 문서의 연결 대상으로 링크하려면 ❶ 연결 대상에서 '파일 선택'으로 파일을 연결해 놓고 ❷ 연결된 파일의 책갈피/개요/개체를 찾아 연결해 주면 됩니다.

- 한/글 2014는 다른 한/글 문서를 연결할 경우 '절대 경로〈-〉상대 경로'를 선택할 수 있습니다.

- 다른 문서가 한/글 문서가 아닐 경우 '외부 어플리케이션 문서'로 선택하여 연결합니다.

- 연결된 문서가 삭제되거나 이동되면 하이퍼링크로 연결되지 않습니다.

다른 문서의 책갈피로 연결해서 열기

다른 문서는 '기존 파일'에서 선택하거나, '새 문서'를 만들어 지정할 수 있습니다.

- 기존 파일 : [기존 파일]-[현재 폴더]에서 디렉토리를 찾아 파일을 선택한 후 해당 문서에 책갈피가 있다면 [책갈피]를 선택해 열기 위치를 정합니다.

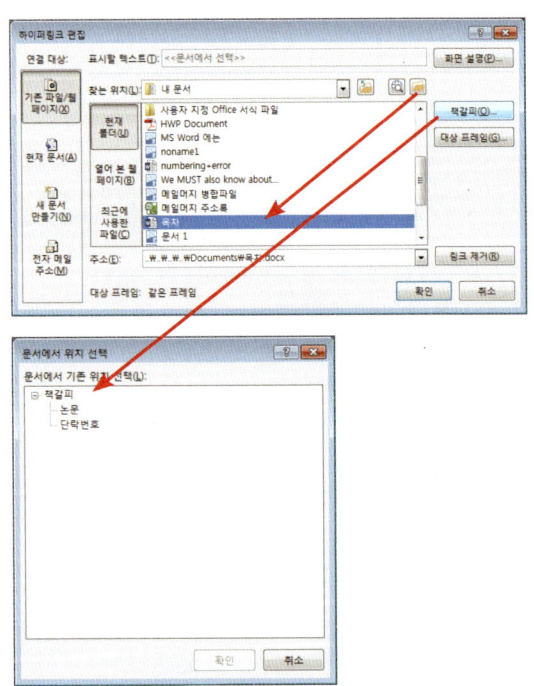

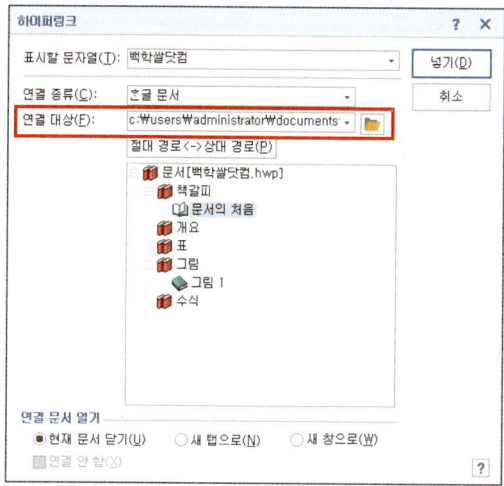

- 새 문서 : [새 문서 만들기]-[변경]으로 위치와 '파일 이름'을 정해 저장한 후, '문서를 나중에 편집' 또는 '문서를 지금 편집'을 선택하고 [확인]해서 연결합니다.

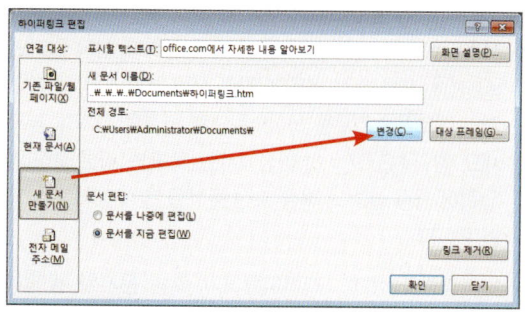

하이퍼링크 다루기 `한글`

- 하이퍼링크는 Alt+G 찾아가기나, 입력 메뉴의 하이퍼링크 '이전'(Ctrl+Q,B), '다음'(Ctrl+Q,R) 아이콘과 단축키로 찾을 수 있습니다.

- 개체에 하이퍼링크를 연결한 경우 개체 선택이 쉽지 않을 수 있습니다. 이럴 경우 F11로 선택하거나, Alt를 누른 채 클릭하면 됩니다.

- 하이퍼링크의 서식은 보통 열어 보지 않은 링크는 파란색, 열어본 링크는 보라색인데요. 이 서식은 그대로 인쇄도 됩니다. 서식을 변경하려면 [도구]-[환경 설정]-[기타]의 '하이퍼링크 글자 모양'으로 지정합니다.

하이퍼링크 다루기 `워드`

- 하이퍼링크는 필드이기 때문에 F11/(Shift+F11)/Alt+F1 (Alt+Shift+F1/Ctrl+Page Down/Page up) 등의 이동키로 찾을 수 있습니다.

- 텍스트 편집이나 개체 선택이 필요하여 하이퍼링크로 바로 연결되지 않도록 설정하려면 [Word 옵션]-[기타]의 〈Ctrl〉 키를 누른 상태로 클릭하여 하이퍼링크로 이동'을 선택해 놓습니다. 'Ctrl+클릭'했을 경우만 이동됩니다.

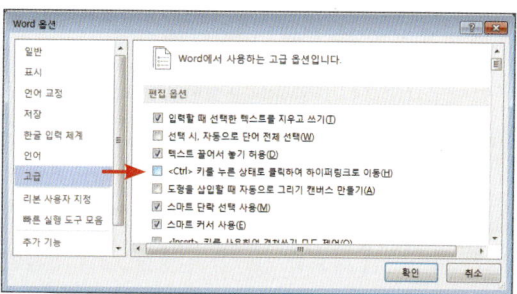

- 입력하면서 자동으로 하이퍼링크가 되는 것을 해제하려면 [Word 옵션]-[언어 교정]-[자동 고침 옵션]의 '입력할 때 자동 서식'에서 '인터넷과 네트워크 경로를 하이퍼링크로 설정'을 해제해 놓으면 됩니다.

- 웹 주소가 너무 길어 단어 사이 간격이 비정상적으로 늘어나 보일 때는 [문단 모양]의 '영어 줄 나눔 기준'을 '글자'로 지정해 줄 끝에서 자연스럽게 나눠지도록 하세요.
- 웹 주소나 메일 주소를 입력할 때 자동으로 하이퍼링크가 적용되는데요. 만약 하이퍼링크로 지정하고 싶지 않다면 Shift+F8 빠른 교정 내용의 '입력 자동 서식'에서 '웹 페이지와 네트워크 경로를 하이퍼링크로 연결'을 해제해 놓으세요. 한/글 2007 이하 버전에서는 [도구]-[빠른 교정]의 '입력어 자동 실행'과 '빠른 교정 동작'을 함께 해제해 놓으면 됩니다.
- 하이퍼링크 삭제 : 하이퍼링크가 있는 문자열 옆에서 Delete나 Backspace를 누르면 하이퍼링크를 삭제할 수 있습니다. 문자열은 남기고 하이퍼링크 속성(조판 부호)만 삭제됩니다. 문서 전체의 하이퍼링크를 삭제하려면 [편집]-[조판 부호 지우기]에서 찾아 삭제합니다.

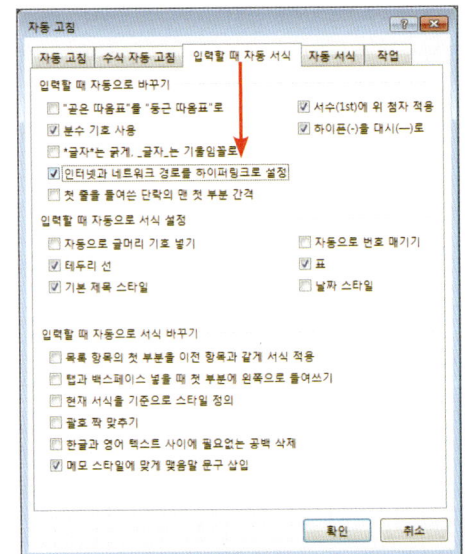

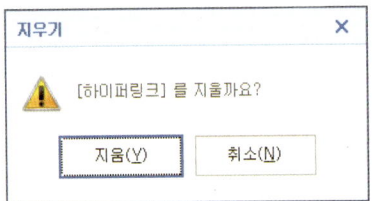

- 하이퍼링크에 마우스를 올려놓으면 웹 주소나 책갈피 이름 같은 설명이 표시됩니다. 그 설명은 [Word 옵션]-[표시]의 '가리키면 문서 도구 설명 표시'가 선택되어 있어서 가능한데요. 선택했을 경우 나타나는 설명을 특별히 다른 내용으로 표시하려면 하이퍼링크 대화 상자에서 [화면 설명]을 입력해 놓으면 됩니다.

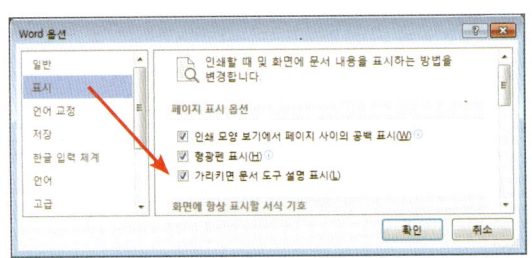

교정 부호의 '자료 연결' `한글`

하이퍼링크의 다른 종류로 [입력](검토)-[교정 부호]-[자료 연결]이 있습니다. 자료 연결은 하이퍼링크 문자열을 교정 내용으로 추가하면서 하이퍼링크의 기능을 똑같이 지정할 수 있습니다. 문서의 참고할 부분이나 웹 자료를 간단한 설명과 함께 연결할 수 있습니다.

- 자료 연결은 문자열을 먼저 블록 지정해야 선택할 수 있고, 회색 음영으로 표시됩니다.
- 교정 부호를 표시하지 않으려면 [보기]-[교정 부호]를 해제합니다.
- 교정 부호를 인쇄하지 않으려면 [인쇄]-[확장]의 '교정 부호'를 해제 합니다.
- 자료 연결은 '조판 부호 지우기'로 지워지지 않습니다.

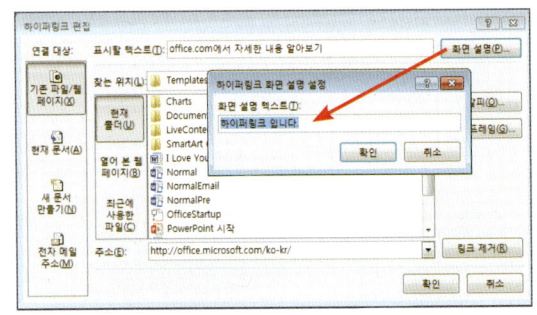

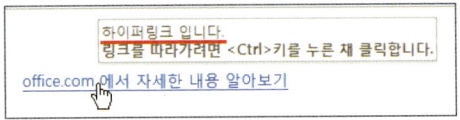

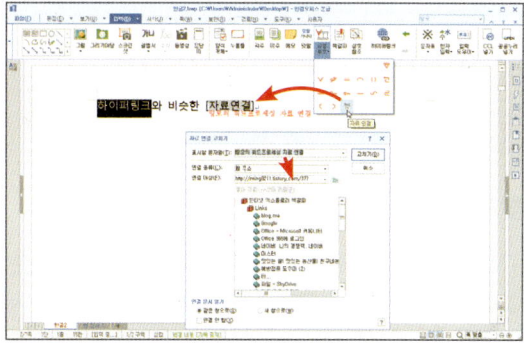

- 하이퍼링크의 서식 : 자동 적용되는 '하이퍼링크' 문자 스타일로 적용됩니다. 문자 스타일이라서 단락 스타일과 이중으로 적용될 수 있습니다. Ctrl+Shift+S 스타일 적용에서 수정할 수 있습니다.

- 하이퍼링크 표시 : 하이퍼링크는 '필드 음영 표시'가 되며 필드 코드로 표시될 수 있습니다. ※해제 : Alt+F9

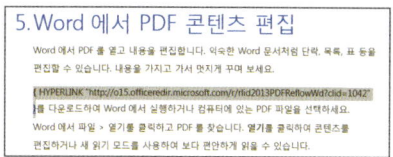

- 하이퍼링크 제거 : 하이퍼링크 대화 상자를 열어 [링크 제거] 하거나, 마우스 오른쪽 버튼의 '하이퍼링크 제거' 또는 Ctrl+Shift+F9로 텍스트만 남길 수 있습니다.

- 문서 전체의 하이퍼링크 삭제 방법

    ▶ 내용은 남기기 : '하이퍼링크' 문자 스타일을 삭제

    ▶ 내용도 모두 지우기 : Alt+F9 '필드 코드 표시' 상태에서 Ctrl+H 바꾸기 대화 상자를 열어 '찾을 내용'에 '^d hyperlink'로 찾아 문자열까지 삭제할 수 있습니다. ※'필드 코드 표시'를 잘 보고 필드이름을 입력하세요. 예를 들어 '{HYPERLINK'라면 빈칸 없이 '^dhyperlink'로 찾아야 합니다. 코드 부분(^d)은 소문자로 입력합니다.

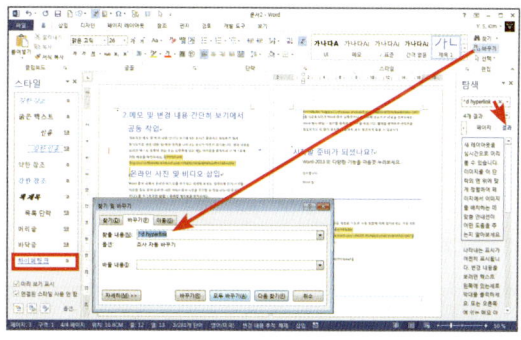

04-5 찾기/바꾸기

1 찾기/바꾸기 선택 사항과 옵션

찾기 Ctrl+Q, F, Ctrl+F [한글]

- [편집]-[찾기]로 문자열이나 서식을 찾을 수 있습니다.
- 한/글 2014는 열림 상자 위쪽에, 한/글 2010은 [편집] 메뉴 안에 '찾기' 입력란이 있습니다. F2로 찾아갑니다.
- '찾을 내용'은 문자와 '서식 찾기'로 찾을 수 있고, '선택 사항' 옵션을 지정할 수 있습니다.
- '찾기'에서 찾을 내용을 '모두 찾기' 한 후 내용/서식을 바꾸려면 '바꾸기'를 선택해 바꾸기 대화 상자를 엽니다.
- 머리말/꼬리말과 바탕쪽, 덧말 등의 내용도 찾아집니다.

찾기 Ctrl+F [워드]

- Word 2010부터는 '문서 구조' 창이 '탐색 창'으로 변경되면서 '찾기'가 탐색창의 '결과' 탭으로 이동되었습니다. '문서 검색' 상자에 찾을 내용을 입력하면 해당 텍스트가 본문에 노란색으로 표시되고 '탐색' 각 탭에도 표시됩니다.
- 자세한 옵션을 지정해 찾으려면 [홈]-[찾기]-[고급 찾기]를 이용합니다. F5나 Ctrl+H를 사용해도 됩니다.
- 머리말, 각주, 윗주, 필드 내의 내용도 찾아집니다.

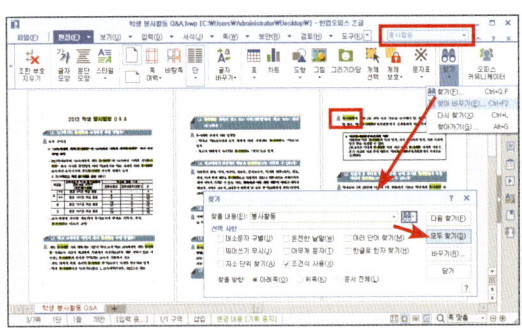

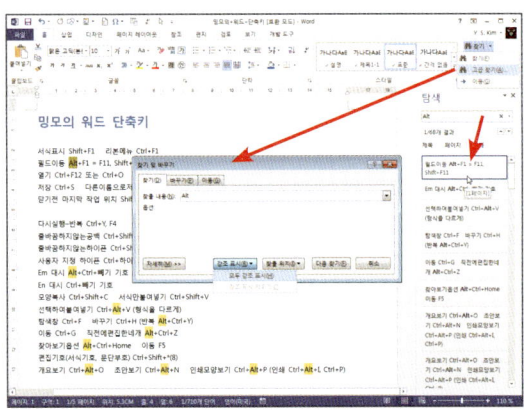

서식 찾기 [한글]

- '서식 찾기'로는 탭(^t)/문단 끝(^n)/강제 줄 나눔(^l)/고정 폭 빈칸(^s)/묶음 빈칸(^r)과, 글자 모양/문단 모양/스타일 등 서식이 적용된 텍스트를 찾을 수 있습니다.

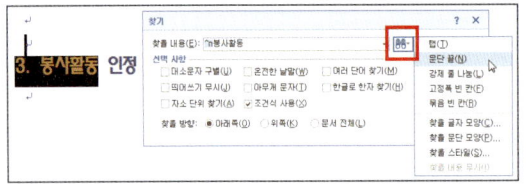

- 서식 찾기를 선택한 메뉴 앞에는 ✓ 표시가 생깁니다.
- 내용 무시 : 글자 모양/문단 모양/스타일 서식 찾기를 선택한 경우, 찾을 내용과 바꿀 내용에 입력된 내용은 무시하고 서식만 찾으려면 '찾을 내용 무시'/'바꿀 내용 무시'를 선택합니다.

탐색창 찾기 [워드]

- 탐색창은 문서 구조(개요/제목)와 쪽 모양(페이지), 검색 결과를 나타내 줍니다. 탐색창의 목록을 클릭하면 해당 페이지, 단락으로 이동합니다. 제목의 경우 마우스 오른쪽 버튼 메뉴도 있어서 수준 변경, 제목 전체 선택 등으로 유용하게 사용할 수 있습니다.
- 문서 검색 : 탐색창 위쪽의 '문서 검색' 상자로는 '찾기'를 이용할 수 있는데요. 텍스트나 와일드 카드, 코드 등을 입력하면 본문에 찾은 내용이 강조되며 탐색창 각 탭에 결과가 표시됩니다. ▶'제목'에는 결과가 있는 제목이 강조되고, ▶'페이지'에는 결과가 있는 페이지가 표시, ▶'결과'에는 결과가 있는 단락이 미리 보기로 표시됩니다. 클릭하면 직접 찾아가 선택됩니다.

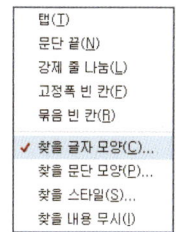

- 서식 찾기 예 : 선택한 것/해제한 것/지정하지 않은 것

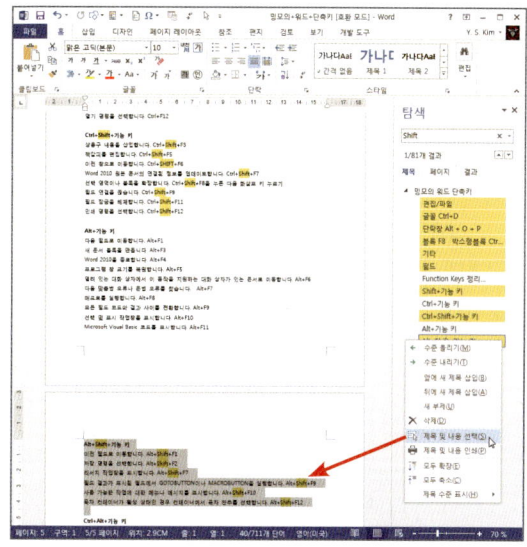

찾기 선택 사항 옵션 한글

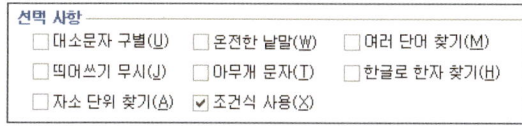

- **대소문자 구별** : 영문의 대/소문자를 '찾을 내용'에 입력한 대로 구분하여 찾습니다.
- **띄어쓰기 무시** : '찾을 내용'의 띄어쓰기는 무시하고 찾습니다. ※예, '봉 사 활 동'으로 찾으면 '봉사활동'과 '봉사 활동', '봉 사활 동' 등이 모두 찾아집니다. '찾을 내용'에 있는 띄어쓰기를 무시한다는 것이 MS Word와 조금 다릅니다.
- **자소 단위 찾기** : '~ㄹ동' 처럼 자소단위 찾기가 됩니다.
- **온전한 낱말** : 앞/뒤에 빈칸이 있는 낱말로만 찾습니다.
- **여러 단어 찾기** : ' , ' ';'를 추가해 여러 단어를 찾습니다.

아무개 문자

- 특정 글자가 아닌 아무개 문자로 찾습니다. 아무개 문자를 선택하면 조건식 사용이 해제됩니다.
  - ▶ ? : 어떤 문자(빈칸 안됨)이건 1 글자를 찾습니다.
  - ▶ * : 낱말 내 모든 문자를 찾습니다. ※예, '*니다.^n' 라면 '합니다.' '갑니다.' '있습니다.' 같은 '니다.'로 끝나는 모든 문단이 찾아지게 됩니다.
- '아무개 문자'를 선택하면, '띄어쓰기 무시'는 선택할 수 없고 '한글로 한자 찾기'는 한자가 제대로 찾아지지 않을 수 있습니다.

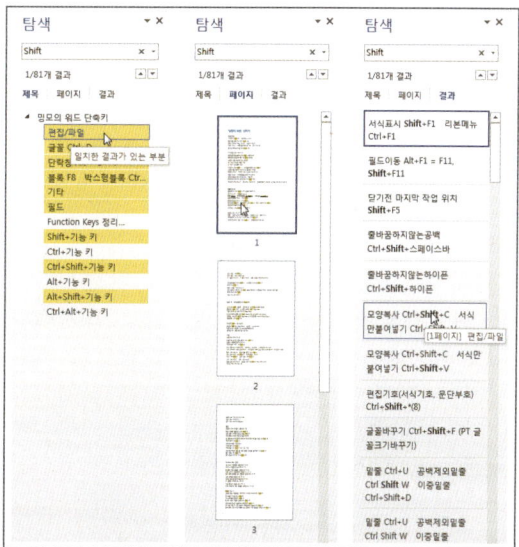

- **개체 검색** : 탐색창에서는 텍스트 뿐만 아니라, 그래픽, 표, 수식, 각주/미주, 메모도 찾을 수 있습니다. '문서 검색' 상자 오른쪽의 돋보기 표시나 화살표를 누르면 되는데요. 개체가 있는 제목과 페이지를 보여줍니다.

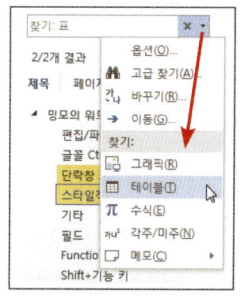

조건식 사용

- 특정한 패턴을 가진 문자열을 기호를 사용해 조건식을 만들어 찾습니다.
- 조건식을 사용하려면 [바꾸기] 대화상자에서는 선택할 수 없고 [찾기] 대화상자에서 선택해 놓아야 합니다.
- 조건식과 함께 사용 가능한 찾기 선택 사항은 '대소문자 구별'과 '온전한 낱말' 뿐입니다.
- 조건식 : 바꿀 내용에서는 문자 처리 됩니다.

.	모든 단일 문자 찾기 ※빈칸, 탭 포함. 줄 나눔 문자 제외
?	? 앞의 식(문자)이 한번도 맞지않거나, 한번은 맞는 경우
*	* 앞의 식을 0번 이상 찾음
+	* 앞의 식을 1번 이상 반복해서 찾음
[ ]	[ ] 안에 지정한 문자 중 하나를 찾음
-	[ ] 안에 지정하는 문자의 범위를 지정
^	[ ] 안에서, ^ 다음의 문자 집합에 없는 문자를 찾음(맨 앞에 ^를 입력하면 단어의 처음)
( )	패턴식을 그룹화함
₩	₩ 다음의 문자를 조건식이 아닌 일반 문자로 찾음
{ }	{ }안의 식에 일치하는 텍스트를 찾아 태그를 지정
₩n	태그로 정한 n번째와 같은 문자를 찾음(n은 0, 1, 2~9 순서) 예, '{₩d}{-}{.}₩2₩1₩0'은 '1-AA-1' '2-가가-2' 등(찾기만 가능)
|	패턴식 조합. 앞뒤의 식을 찾음(그룹에서 자주 사용)
₩b	빈칸이나 탭 문자
₩a	알파벳이나 숫자
₩d	숫자
₩z	숫자로 된 단어
₩c	알파벳
₩w	알파벳이나 한글 문자로 된 단어
₩k	한글 문자
₩h	16진수에서 사용되는 문자를 찾음

찾을 방향

- 커서 위치에서 아래쪽/위쪽 방향을 먼저 찾거나, 문서 전체에서 찾습니다. 일부만 찾았다면 나머지를 더 찾을지 물어봅니다.
- 블록을 지정해 찾으면 선택된 부분을 먼저 찾습니다.

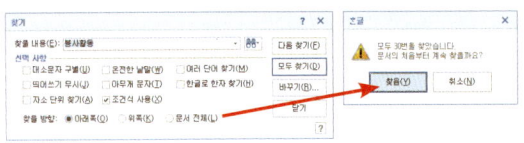

서식 찾기 [워드]

- 찾기 대화 상자의 '자세히'를 눌러보면 찾을 내용에 적용할 '옵션'과 '서식'을 선택할 수 있습니다.
- '서식'으로는 글꼴/단락/탭/언어/틀(가로 틀)/스타일/강조(형광펜) 부분을 찾을 수 있습니다. ※해제 : '서식 없이'
- '옵션'은 '패턴 일치 사용' 선택 여부에 따라 다르게 찾을 수 있는데, 문자열의 패턴이나 기호를 식으로 만들어 찾고 바꿀 때 활용합니다.

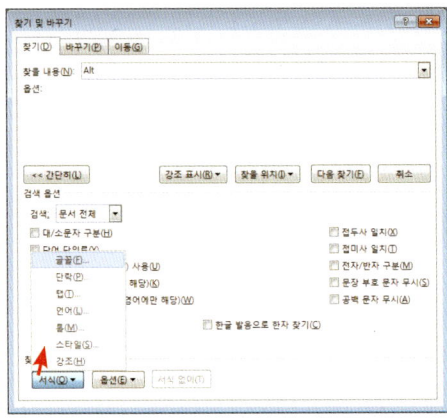

검색 옵션 [워드]

- 검색 방향 : 아래쪽/위쪽/문서 전체/블록 선택 부분을 먼저 찾을 수 있습니다.
- 대/소문자 구분 : 찾을 내용에 입력된 대로 대/소문자를 구분해 찾습니다.
- 단어 단위로 : 조사나 다른 단어와 붙은 문자열은 제외하고 단어(기호 포함)만 단독으로 있는 경우를 찾습니다.
- 동음어 찾기 : 같은 발음의 단어도 찾아줍니다.
- 모든 단어 형태 찾기 : 명사, 동사, 복수 등 여러가지 형태로 입력된 단어를 모두 찾습니다.
- 접두사/접미사 일치 : 접두사/접미사까지 같은 경우만 찾습니다.
- 전자/반자 구분 : 전자 문자는 본문의 입력된 내용을 복사해 붙여 찾으세요. ※키보드 특수문자 사용 가능
- 문장 부호 문자 무시 : ',' '.' ':' 등 문장 부호는 무시하고 찾습니다. 경우에 따라 '공백 문자 무시'와 함께 사용하세요.
- 공백 문자 무시 : '찾을 내용'에 공백이 없어도 공백이 포

모두 찾기

- 찾을 방향의 찾을 내용을 모두 찾습니다. 모두 찾기로 선택된 부분은 연두색 음영으로 표시됩니다. 찾은 내용의 서식이나 문자열을 바꾸려면 '바꾸기'를 누르세요.

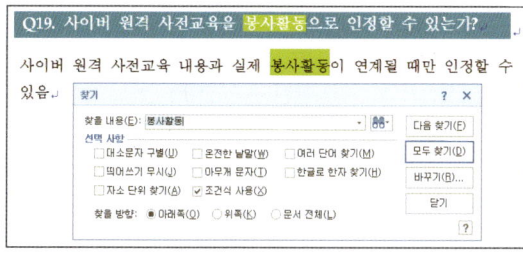

기타 찾기 [한글]

조판 부호 지우기

찾기/바꾸기에서 찾을 수 없는 명령의 코드는 '조판 부호 지우기'를 이용합니다. 조판 부호(Control Code)는 사용자가 입력하는 대부분의 명령을 문자로 표시합니다.

- 조판 부호는 빨간색 대괄호([쪽 번호])나 조판 부호 표시(Ⅱ)로 표시되고 인쇄되거나 자리를 차지하지 않습니다.
- 조판 부호는 [보기]-[조판 부호]를 선택해 볼 수 있고, [편집]-[조판 부호 지우기]로 삭제합니다.
- 조판 부호가 텍스트 양 옆에 있는 명령의 경우 조판 부호를 지우면 내용은 텍스트로 남고 조판 부호만 지워집니다.
- 조판 부호가 텍스트와 붙어있거나 조판 부호만 있는 명령은 글자와 함께 조판 부호의 명령 전부가 삭제됩니다. ※예, 덧말, 쪽 번호, 캡션 번호, 개체, 머리말, 교정 부호 등
- 조판 부호 지우기로는 바탕쪽, 단 나누기처럼 조판 부호가 없는 명령도 일부 지울 수 있습니다.
- 조판 부호 지우기 항목 : 각주, 각주 번호, 감추기, 계산식, 교정 부호, 구역 시작, 그리기, 그림, 그림 번호, 글맵시, 글상자, 글자 겹치기, 꼬리말, 누름틀, 덧말, 작성한 날짜, 머리말, 메모, 메일 머지, 문서 요약, 미주, 미주 번호, 사용자 번호, 삽입 그림, 상호 참조, 새 각주 번호, 새 그림 번호, 새 단 정의, 새 미주 번호, 새 수식 번호, 새 쪽 번호, 새 표 번호, 수식, 수식 번호, 숨은 설명, 연결된 그림, 쪽 번호, 쪽 번호 위치, 찾아보기, 파일 경로, 표, 표 번호, 하이퍼링크, 현재 날짜, 홀수 쪽 시작, OLE 개체, 동영상

함된 문자까지 함께 찾아줍니다.

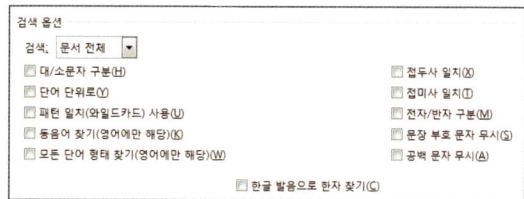

패턴 일치(와일드카드) 사용

- '패턴 일치 사용' 선택 시 사용 가능한 와일드카드

기호	설명
?	임의의 한 문자 - 공백도 포함됩니다.
*	임의의 문자열 - 공백 포함됩니다.
〈	단어의 시작 - '〈단어'로 찾으면 '단어'로 시작되는 단어만 찾고 중간이나 끝에 낀 '단어'는 찾지 않습니다.
〉	단어의 끝 - 기호는 무시됩니다.
[ ]	[ ] 사이에 입력된 문자 중 하나라도 있으면 찾습니다.
[-]	[ ] 사이에 범위를 정해 찾습니다. 예, [0-9]
[!x-z]	[ ] 안의 '!'다음 문자(범위)는 제외하고 찾습니다.
{n}	{ } 사이에 숫자를 넣어 그만큼만 반복되는 문자를 찾습니다. 예, '10{2}'로 찾으면 '100'만 찾아 집니다.
{n,}	{ } 안의 숫자 이하로 반복되는 문자를 모두 찾습니다.
{n,m}	{ } 안의 n번에서 m번까지 반복되는 문자를 모두 찾습니다. 예, '10{1,3}'이면 10, 100, 1000을 모두 찾습니다.
@	앞 문자(식)이 한번 이상 반복되는 경우를 찾습니다. 예, 'coo@l'이면, cool, coool, cooooool이 모두 찾아집니다.

옵션 사용

- '패턴 일치'의 선택 여부에 따라 다르게 표시되고, '찾을 내용'에만 사용 가능한 항목도 있습니다.

▶ '패턴 일치 사용' 선택에 따라 다른 '찾을 내용' 옵션

개인 정보 찾아서 보호

- [보안]-[개인 정보 찾아서 보호]에서는 개인 정보에 해당되는 문자열을 찾아 보호할 수 있습니다.
- 문서를 열지 않고 여러 파일을 찾아 보호할 수도 있습니다. [한컴 개인 정보 탐색기]

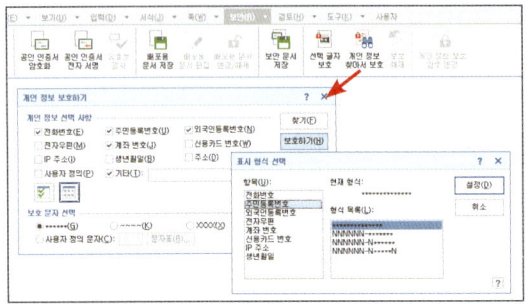

문서 찾기

한컴오피스에는 문자열로 문서를 찾는 '문서 찾기'가 포함되어 있습니다. 한/글 파일 뿐만 아니라, MS office 파일, 기타 문서파일에 포함된 문자열을 검색해 파일을 찾을 수 있고, 그림 등 문서가 아닌 파일은 제목이나 폴더 위치를 찾을 수 있습니다.

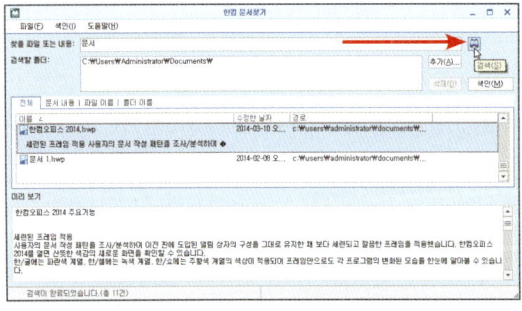

바꾸기 [Ctrl]+[H], [Ctrl]+[F2] 한글

- **찾을 내용** : '찾기'와 동일한 방법으로 문자열이나 서식을 지정합니다. ※'조건식 사용'은 찾기에서 선택
- **바꿀 내용** : 서식 찾기의 코드가 아닌 '아무개 문자'나 '조건식'은 바꿀 내용에서는 텍스트로 적용됩니다.
- **서식 찾기** : 찾을 내용과 동일 ※문단 부호, 탭, 강제 줄 바꿈, 고정폭 빈칸, 묶음 빈칸, 글자/문단 모양, 스타일
- 서식만 바꾸려면 바꿀 내용은 비워둡니다.
- 바꾸기의 선택사항은 '조사 자동 교정'만 적용되고 조건식

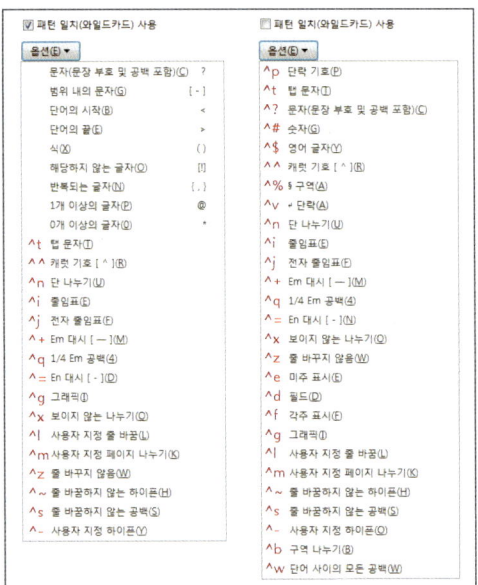

▶ '패턴 일치 사용' 선택에 따라 다른 '바꿀 내용' 옵션

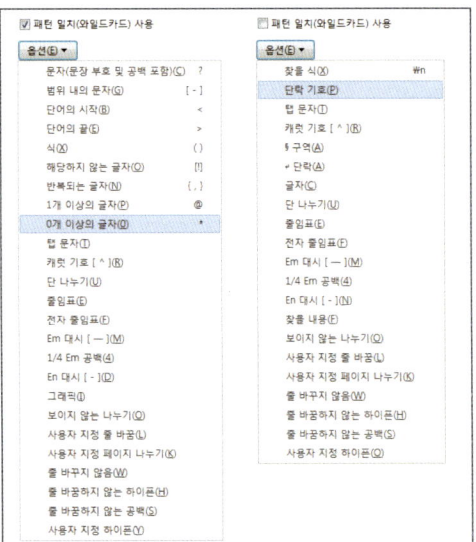

- **단락 기호 찾기/바꾸기** : 일반적인 단락 기호는 '^p'로 찾고 바꾸지만, '패턴 일치 사용'을 선택했을 경우는 '^13'으로 검색합니다. ▶'바꿀 내용'에는 '^p'로 사용해야 서식 지정 정보를 포함한 정상적인 단락으로 바꾸기 됩니다.
- '^v' 단락과 '^%' 구역은 [기호]-[특수 문자]의 단락과 구역입니다. ※특수 문자 : '줄임표', 'Em 대시', '보이지 않는 나누기', '줄 바꾸지 않음', '줄 바꾸지 않은 하이픈' 등
- '옵션' 사용 불가능 : '동음어 찾기', '모든 단어 형태 찾기'

은 적용되지 않습니다. ▶조사 자동 교정 : 바꿀 문자열에 맞게 조사를 자동으로 교정해줌.

- 잘못 바꾸기했을 때는 바로 [Ctrl]+[Z] 하세요.

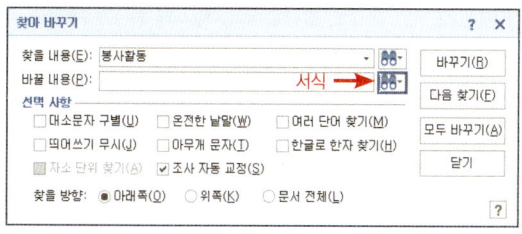

모두 찾기/찾을 위치

- 모두 찾기 : '강조 표시'의 '모두 강조 표시'를 선택하면 입력한 문자열이 형광펜 표시됩니다.
- 찾을 위치 : 주 문서/머리글/바닥글/텍스트 상자/선택한 영역/각주/메모 등 위치를 지정해 찾을 수 있습니다.
- 다시 찾기 : [Shift]+[F4], [Ctrl]+[Alt]+[Y] 또는 [Ctrl]+[Page up]/[Page Down] 으로 다시 찾기가 가능합니다.

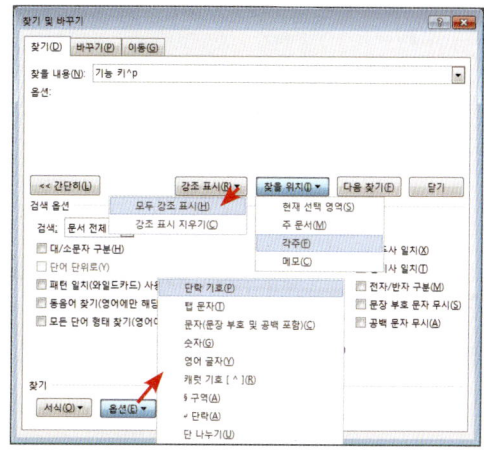

바꾸기 [Ctrl]+[H] 워드

- 바꾸기에서 사용 가능한 코드

코드	설명
^p(^13)	단락 기호(패턴 일치 사용 시 ^13으로 검색)
^t(^9)	탭
^nnn	ASCII 문자(nnn은 문자 코드)
^0 nnn	ANSI 문자(0은 숫자, nnn은 문자 코드)
^+	Em 대시
^=	En 대시
^^	캐럿 기호
^l(^11)	사용자 지정 줄 바꿈
^n(^14	단 나누기
^12	페이지/구역 나누기(바꾸기에서는 페이지 나누기)
^m	사용자 지정 페이지 나누기(패턴 일치 해지 시에는 구역 나누기를 찾거나 바꾸는데도 사용)
^s	줄 바꿈하지 않는 공백
^~	줄 바꿈하지 않는 하이픈
^-	사용자 지정 하이픈

- 바꿀 내용에서만 사용할 수 있는 코드 : 클립보드 내용(^c), '찾을 내용' 상자의 내용(^&)
- 바꿀 검색 옵션은 '조사 자동 바꾸기'만 적용됩니다.
- 되돌리기 : 잘못 바꾸기 되었을 경우는 바로 [Ctrl]+[Z]나 [Alt]+[Backspace] 합니다.

2 찾기/바꾸기 예

빈 문단 없애기 `한글`

- 여러 빈 문단(^n)을 찾아 하나의 '문단 끝'으로 바꿉니다.
- 문단이 합쳐지며 스타일이 바뀔 수 있습니다.

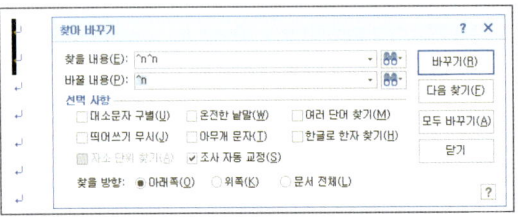

숫자/한글/영어 찾기 `한글`

- '조건식 사용'을 선택하고, ▶숫자 '₩d', 한글 '₩k', 영어 '₩c', 영문/숫자 '₩a'로 찾습니다.
- 범위로 찾아도 됩니다. 예) 숫자 '[0-90-9]*', 한글 '[가-힣]', 영어 '[a-zA-Z]'

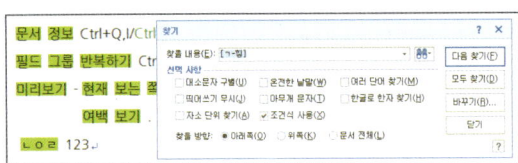

한자/일어 등 유니코드로 찾기 `한글`

- 문자표 한 영역의 시작 문자와 끝 문자로 한자/일어 등을 찾을 수 있습니다. 한자 같은 경우 새로운 한자로 업데이트가 자주되니 영역을 잘 선택해 범위를 정하세요.
- 한/글은 대화 상자 안에서 Ctrl+F10 문자표나 Ctrl+F9 한자 부수 찾기 등 단축키 사용이 가능합니다.

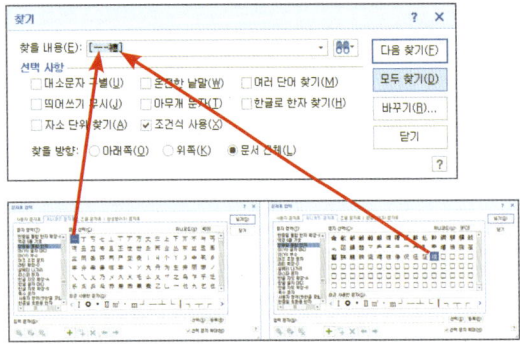

인라인 상태의 그림, 그리기 삭제하기 `워드`

- 배치 상태의 개체는 불가능하고, '텍스트 줄 안' 상태의 그림과 그리기는 삭제할 수 있습니다.

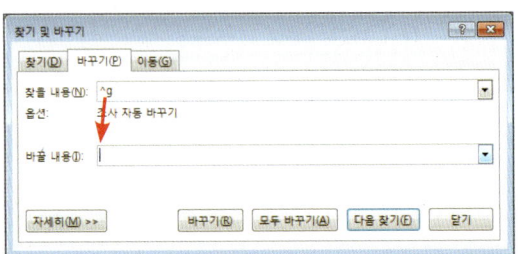

날짜 형식 바꾸기 – '패턴 일치 사용' `워드`

- 날짜의 형식에 따라 '([0-9]{4}). ([0-9]{1,2}). ([0-9]{1,2}).' 등으로 식을 만들어 찾은 후, 바꾸기에서 그룹('()')별로 '₩2. ₩3. ₩1.' 순서를 바꿔 줍니다. ※'{1,2}' : 1~2번 식을 반복

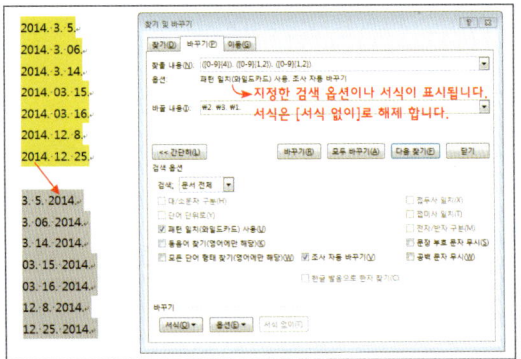

- 2자리수 앞의 '0' 지우기 예 : 찾을 내용-'(0)([1-9]).', 바꿀 내용-'₩2.' 또는 앞에 빈칸이 있다면 ' 0'으로 찾아 '빈칸'으로 바꾸기 ※미리 강조 표시해 본 후 '모두 바꾸기'
- 1자리수 앞에 '0' 추가하기 예 : 찾을 내용-' ([1-9]).', 바꿀 내용-' 0₩1.' ※공통적으로 입력된 문자를 활용하세요.

괄호 안에 한글, 영어는 빼고 찾기 `워드`

- 제외 문자-'[!-]', 1번이상 반복-'@'를 써서 '₩([!a-zA-Z가-힣]@₩)' ※뺄 문자를 '[ ]'의 '!' 다음에 모두 추가하세요.

괄호 안에 문자열 중 숫자, 영어는 빼고 찾기 `한글`

- [ ]안의 문자 찾기-'[ ]', 제외-'^범위', 1번이상 반복-'+', 괄호를 문자로-'₩(', '₩)' ※예, '₩([^0-9a-zA-Z]+₩)'

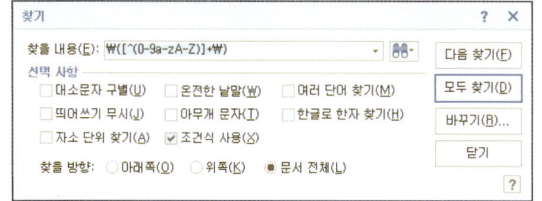
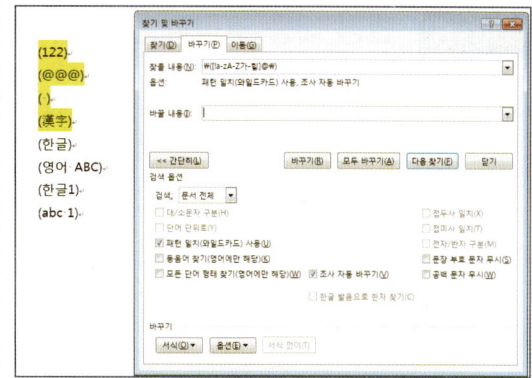

찾기/바꾸기는 완성된 문서를 교정볼 때 무척 유용하게 사용됩니다. 조건식(옵션), 아무개 문자 등을 사용하면 선택 사항에 없는 다양한 문자열을 찾을 수 있는데요. MS Word는 옵션에 설명이 있어서 식을 만들기가 많이 어렵지는 않은데, 한글은 조건식을 만드는 구문이 찾기 대화 상자에 표시되어 있지 않아서 일반 사용자는 잘 사용하지 못하는 경우가 많습니다. 자주 사용하지 않는다면 다 외우기도 어렵구요.

한/글 찾기에서 패턴식(정규식)을 만드는 기호를 알아보려면 Ctrl+F 찾기 대화 상자 오른쪽 아래에 있는 [?] 도움말을 눌러보세요. 해당되는 도움말로 바로 연결됩니다. [선택 사항]을 눌러보면 조건식 구문이 표시되어 있습니다.

MS Word의 경우 Office.com에서 '정규식' 또는 '바꾸기'로 검색하여 '정규식을 사용하여 텍스트 찾기 및 바꾸기'나 '와일드카드를 사용하여 텍스트 바꾸기' 등을 찾아보세요. 종류와 자세한 사용 방법을 참고할 수 있습니다.

04-6 변경 내용 추적과 문서 비교/병합

'변경 내용 추적'은 교정(변경)할 내용을 문서에 바로 적용하지 않고 사용자가 알아볼 수 있도록 표시만 해 놓는 명령으로 '적용'을 해야 문서에 그대로 반영됩니다. 그리고 '문서 비교'는 두 문서를 비교하여 변경된 내용을 문서에 표시해 주는 명령으로 보기 방법/적용 방법은 '변경 내용 추적'과 같습니다. '문서 병합'은 비교한 두 문서를 하나로 병합하는 것입니다.

1 변경 내용 추적

변경 내용 추적 시작하기 [한글]

변경 내용 추적은 한/글 2010SE 버전부터 메뉴에서 사용할 수 있습니다.

- [검토]-[변경 내용 추적] 아이콘을 클릭하거나, 상황선의 '변경 내용 추적 [기록 중지]'를 클릭해 시작합니다.
- 상황선에서 마우스 오른쪽 버튼을 눌러 '변경 내용 추적'을 해제할 수 있습니다.

변경 내용 추적 시작하기 Ctrl+Shift+E [워드]

- [검토]-[변경 내용 추적] 아이콘을 선택하거나, 상태 표시줄의 '변경 내용 추적 : 해제'를 클릭해 시작합니다.

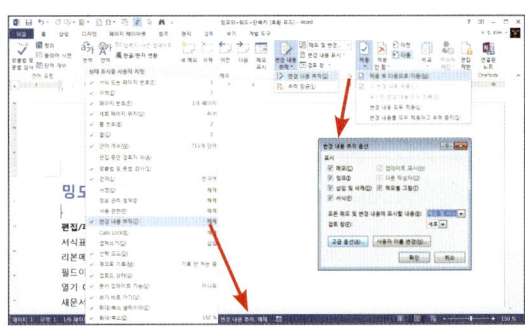

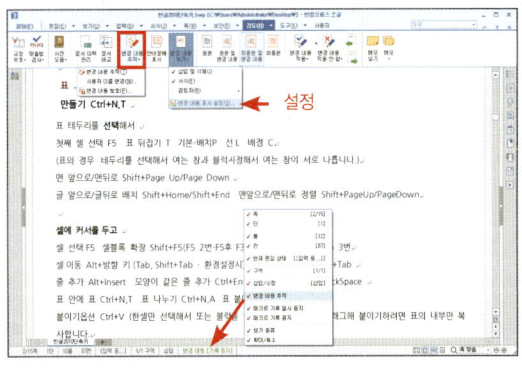

변경 내용 추적 [기록 중] [한글]

변경 내용 추적이 시작되면 상황선에 `변경 내용 [기록 중]` 으로 표시되고 문서에 입력/삭제/편집된 곳은 지정된 서식으로 대체되어 표시됩니다.

- 삽입 : [변경 내용 보기]-[삽입 및 삭제]가 선택되어 있다면 일반적으로 빨간 글씨의 실선 밑줄로 표시됩니다.
- 삭제 : [변경 내용 보기]-[삽입 및 삭제]가 선택되어 있다면 일반적으로 빨간 글씨의 취소선으로 표시됩니다.
- 서식 : [변경 내용 보기]-[서식]이 선택되어 있다면 본문에 서식이 그대로 적용되어 보여집니다.

변경 내용 추적 설정 [워드]

변경 내용 추적이 시작되면 `변경 내용 추적: 설정` 이 상태 표시줄에 표시됩니다. 메뉴 아이콘 색을 항상 확인하세요.

- 삽입 : 빨간색 글씨에 밑줄이 표시됩니다.
- 삭제 : 빨간색 글씨에 취소선이 표시됩니다.
- 서식 : 보통 여백 바깥에 풍선 도움말로 표시됩니다.
- 바깥 테두리 : 변경된 부분에만 표시됩니다. 개체의 경우 테두리만 표시될 수도 있으니 주의하세요.

- 변경된 부분에는 보통 빨간 테두리가 표시됩니다.
- 개체 편집은 표시가 안될 수도 있으니 주의합니다.

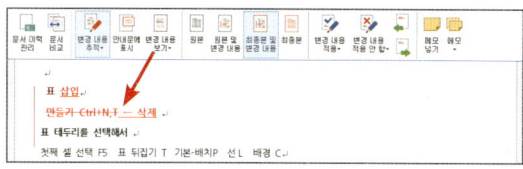

안내문에 표시

- 삭제 : [안내문에 표시]가 선택되어 있으면, 삭제가 적용된 모양으로 보이고 여백 바깥으로 안내문이 표시됩니다.
- 서식 : 본문에 적용되어 보이고 안내문이 표시됩니다.
- [안내문 표시]가 선택되어 있으면 변경 내용 추적을 기록할 수 없으므로 해제한 후 기록해야 합니다.

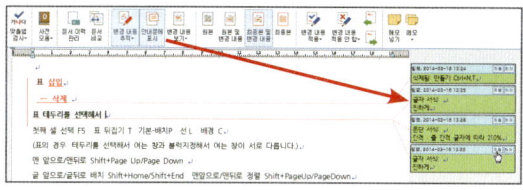

변경 내용 표시 설정 `한글`

변경 내용 표시(밑줄, 취소선, 테두리 등)는 [변경 내용 표시]-[변경 내용 표시 설정]으로 서식을 변경합니다.

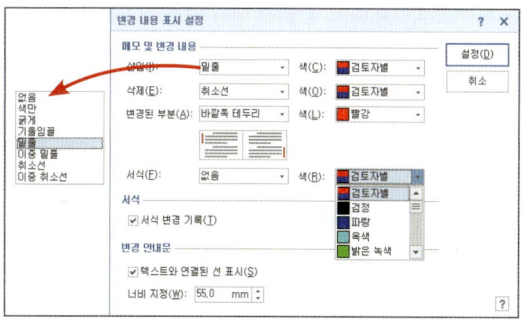

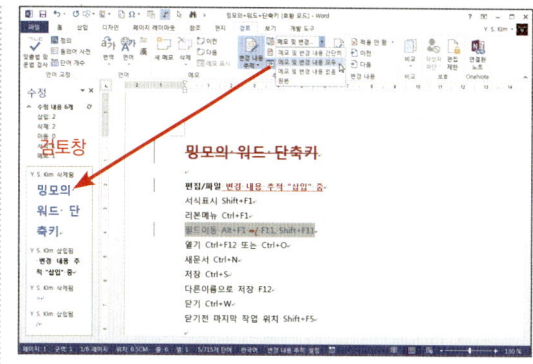

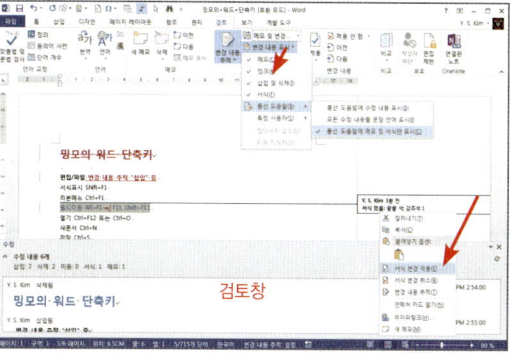

'검토창'과 '풍선 도움말' 표시

- 검토창 : 변경 내용을 작업창으로 찾아볼 수 있도록 세로/가로 검토창을 선택할 수 있습니다. 변경 내용이 없으면 메모가 표시됩니다.
- 풍선 도움말 : 서식 등 변경 내용을 문장 안에 표시하지 않고 여백 바깥으로 하나씩 표시합니다. ※선택-적용

변경 내용 표시 설정 `워드`

Word 2010은 [변경 내용 추적] 드롭다운 메뉴를 내려 옵션을 변경하고, Word 2013은 [변경 내용 추적] 대화 상자 열기 표시로 열어 옵션을 변경할 수 있습니다.

- 고급 옵션 : 삽입/삭제/서식의 표시 방법, 변경 내용 테두리, 표의 셀 삽입/삭제 셀 표시 등을 설정합니다.
- 사용자 이름 변경 : [Word 옵션]-[일반]의 MS Office 개인 설정으로 사용자 이름을 변경합니다.

변경 내용 추적 보기/끝내기 [한글]

- 보기 : 변경 내용 추적은 '원본'/'원본 및 변경 내용'/'최종본 및 변경 내용'/'최종본' 보기가 있습니다. 이것은 보기 방법일 뿐 적용되는 것은 아닙니다. '최종본' 보기 상태는 저장했다가 다시 열어도 추적이 계속됩니다.
- 끝내기 : [검토]-[변경 내용 추적] 또는 상황선의 '변경 내용 추적 [기록 중]' 표시를 클릭해 해제합니다.
- 기록을 중지했다고 변경 내용이 표시되지 않는 것은 아닙니다. 변경 내용 추적을 완전히 완료하려면 변경 내용을 반드시 '적용' 또는 '적용 안 함' 해주어야 합니다.
- 변경 내용 추적이 없는 하위 버전에서는 추적 중인 문서가 최종본 상태로 적용되어 열립니다. 이것은 [환경 설정]의 '변경 내용 저장 시 최종본 함께 저장'을 선택했을 때 가능하며, 선택하지 않고 저장한 경우 하위 버전에서 변경 내용 추적 중인 문서를 열 수는 없습니다.
- '한/글 3.0'으로 저장하면 최종본 상태로 적용/저장됩니다.

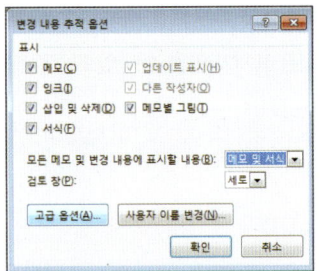

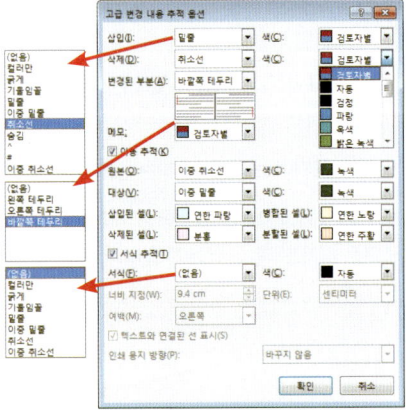

변경 내용 추적 내용 '적용'/'적용 안 함' [한글]

변경 내용 추적의 적용(완료하기)

- 교정 부분은 변경 내용 추적을 해제하고도 반드시 '적용' 또는 '적용 안 함' 둘 중 하나를 선택해야 완료가 됩니다.
- [다음]/[이전] 단추를 눌러 이동한 후 [적용]/[적용 안 함]
- [적용]/[적용 안 함] 메뉴 화살표 부분을 눌러 선택
- 변경 부분을 블록 지정하여 [적용]/[적용 안 함] 선택
- 한/글 2014는 '변경 내용 보호'가 가능합니다.

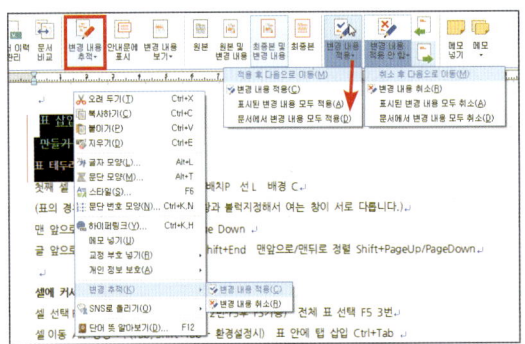

변경 내용 추적 보기/끝내기 [워드]

Word 2013은 2010의 '변경 내용 추적 보기'(원본/최종본 등) 메뉴가 '검토용 표시'로 변경되었습니다.

- 검토용 표시 : ▶'메모 및 변경 내용 간단히'-변경된 부분 테두리와 메모 말풍선만 표시하고 나머지는 적용상태로 보여집니다. ▶'메모 및 변경 내용 모두'-문장안에 모두 표시합니다. ▶'메모 및 변경 내용 없음'-적용상태로 보여주고 표시는 안함 ▶'원본'-원본 상태를 표시합니다.
- 변경 내용 표시 : '메모'/'잉크'/'삽입 및 삭제'/'서식'/'풍선 도움말'/'특정 사용자'별 변경내용을 선택할 수 있습니다.
- 끝내기 : [변경 내용 추적] 아이콘을 클릭해 해제하거나, 상태 표시줄을 선택해 '변경 내용 추적 : 해제'로 만듭니다.
- 인쇄 : 변경 내용을 인쇄하지 않으려면 [인쇄]-[설정]의 '변경 내용 인쇄'를 해제합니다.
- Word 2013은 '추적 잠금'이 있습니다.

변경 내용 추적 내용 '적용'/'적용 안 함' [워드]

- '변경 내용 추적'을 해제해도 [적용] 또는 [적용 안 함]을 선택해 주어야 변경 내용 추적이 완료됩니다.

▶ [다음]/[이전]으로 이동 후 [적용]/[적용 안 함] 클릭

▶ [적용]/[적용 안 함] 메뉴 화살표 부분을 눌러 선택

▶ 변경 부분을 블록 지정하여 [적용]/[적용 안 함] 선택

• [적용]/[적용 안 함] 한 후에는 다시 변경 상태로 돌릴 수 없습니다. ※바로 되돌리기(Ctrl+Z)는 가능

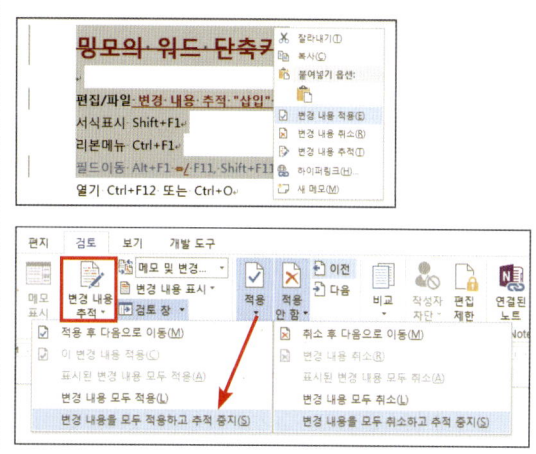

2 문서 비교/병합

같은 문서이지만, 서로 다른 파일로 편집한 경우 '문서 비교'로 변경된 부분을 확인하고 원본을 적용할지, 수정본을 적용할지 결정할 수 있습니다. 문서를 다른 작업자와 각각 편집했거나, 이전 작업 파일을 참고해야 할 때 이용할 수 있습니다.

'문서 비교'와 '버전 비교' 한글

한/글 2010SE 버전부터는 [검토] 메뉴에 [문서 이력 관리]가 추가되어 있습니다. 2007까지는 [파일]-[버전 정보/비교]로 사용할 수 있습니다. 비슷한 기능입니다.

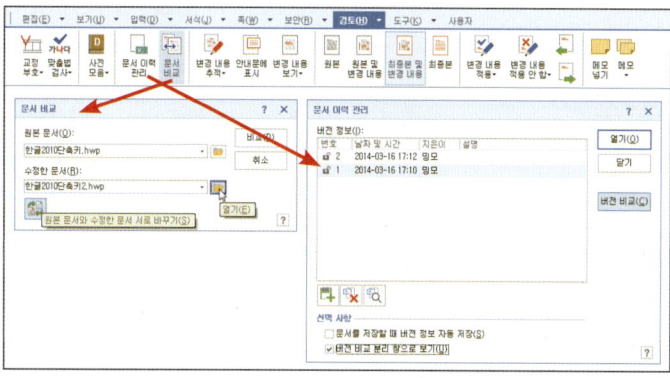

문서 비교

두 파일로 된 문서의 다른 부분을 비교합니다.

- 원본 문서와 수정한 문서를 각각 불러와
- 수정된 부분을 '메모로 보기'나 '교정 부호로 보기'로 확인(나란히 이동)한 후, 인쇄해 볼 수 있습니다.

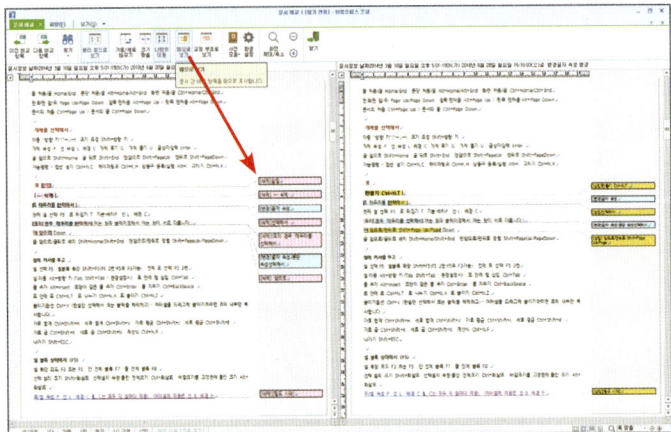

버전 비교

한 문서 안에 저장한 다른 버전을 비교합니다.

- [문서 이력 관리] 대화 상자를 열어, [+] 새 버전 저장하기로 버전을 저장합니다. ※매번 저장할 때마다 버전을 저장하려면 '문서를 저장할 때 버전 정보 자동 저장'을 선택해 볼 수 있는데, 파일 용량이 늘어납니다.
- 버전을 비교하려면 버전을 하나 선택한 후 [버전 비교]
- 인쇄만 할 수 있는 '읽기 전용'으로 열립니다.

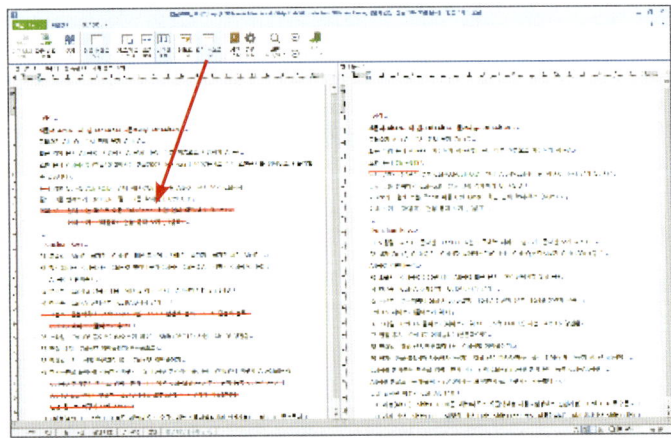

부호	이름	부호	이름	부호	이름
∨	띄움표		뺌표		칭찬표
∨	넣음표	=	지움표	—	줄표
∧	부호 넣음표	⌒	붙임표		자리 바꿈표
	줄 바꿈표		줄 붙임표		줄 서로 바꿈표
×	줄 비움표		줄 이음표		오른 자리 옮김표
	메모 고침표		톱니표		왼 자리 옮김표
	고침표		생각표		자료 연결

문서 비교/병합   워드

MS Word의 문서 비교/병합은 변경 내용 상태로 비교되고 변경 내용을 '적용'하거나, '적용 안 함' 할 수 있습니다. 또한 편집도 가능하고 '원본 문서'/'수정된 문서'/'비교/병합'된 문서를 각각 '저장'/'다른 이름으로 저장' 할 수도 있습니다.

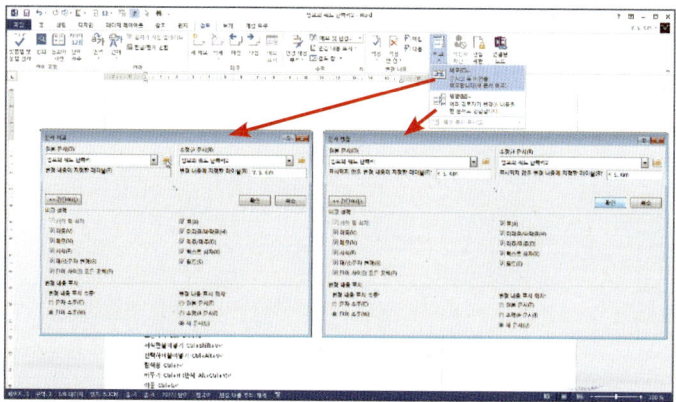

문서 비교

두 파일을 비교해서 원본 문서에 표시하거나, 수정된 문서, 또는 새 문서로 변경 내용을 표시해 보여줍니다.

- 변경 내용 추적의 [적용]/[적용 안 함], [검토창]을 똑같이 사용합니다. 블록 지정해 적용할 수도 있습니다.
- 원본 문서/수정된 문서/비교 중인 문서는 '나란히 보기'와 '동시 스크롤'이 되고, 문서를 닫아 하나의 문서만 확인할 수 있습니다.

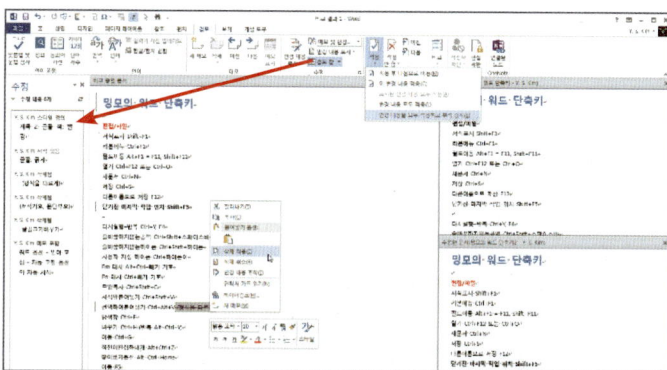

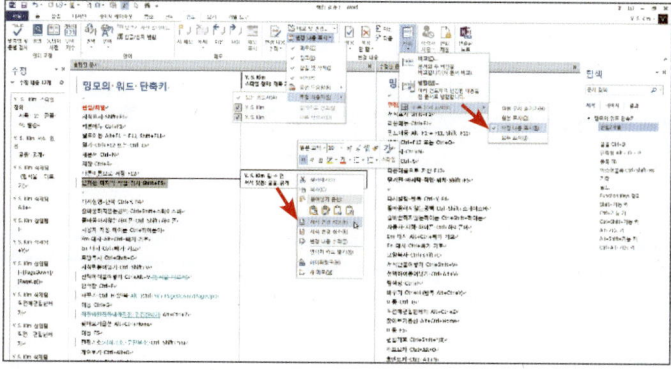

PROCESS

PART III

활용

예제 익히기

01-1 띠 제목 만들기

1 도형을 이용한 띠 제목 만들기

도형으로 모양 만들기 　한글

곡선이 필요할 때, 여러 가지 모양을 묶어 하나로 만들고자 할 때 도형을 사용해 그리기를 만들어 보세요.

> **I. 도형 활용하기**
> 도형은 모양을 변형할 수도 있지만, 겹쳐서 새로운 모양을 만들 수도 있습니다. 배치/정렬을 고려하여 모양을 완성한 후 '개체 묶기' 하세요.

❶ 글상자 그리기 – 글상자(Ctrl+N, B)를 그리고 선/채우기 등을 지정한 후, Ctrl을 누르며 마우스로 끌어 복사합니다.
▶도형 하나는 높이를 반으로 줄이고 ▶도형 하나는 개체 속성(P)에서 모서리를 '반원'으로 지정합니다.

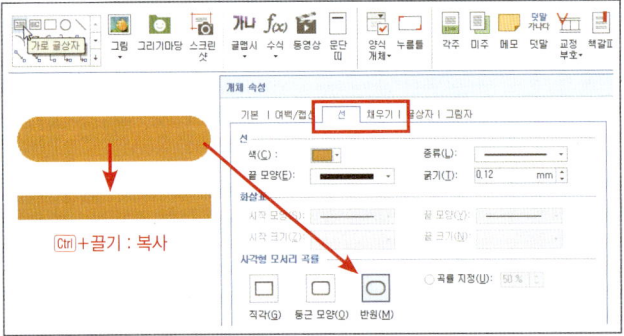

❷ 두 도형을 겹쳐놓고 '반원' 도형이 위(Shift+Page up)로 올라가도록 합니다. ▶겹칠 때에는 [보기]–[개체 이동 안내선]을 켜고 옮기면 위치를 맞추기 쉽습니다. 두 도형을 Shift로 다중 선택 후 [도형 도구]–[맞춤]–[위쪽 맞춤], [가운데 맞춤]을 이용해도 됩니다. ▶배치는 '글 앞으로'로 통일하고, 정렬로 위/아래를 정해야 합니다.

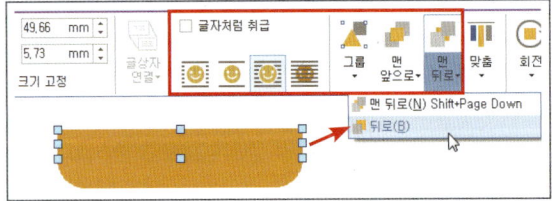

❸ Shift로 두 도형을 모두 선택하여 G '개체 묶기' 합니다. ▶글상자가 아닌 사각형이라면 개체 묶기 전에 '글상자로' 만들어야 합니다. ※도형이 잘 선택되지 않으면 Alt + Shift + 클릭 하거나, [도형 도구]-[개체 선택]을 이용하세요.

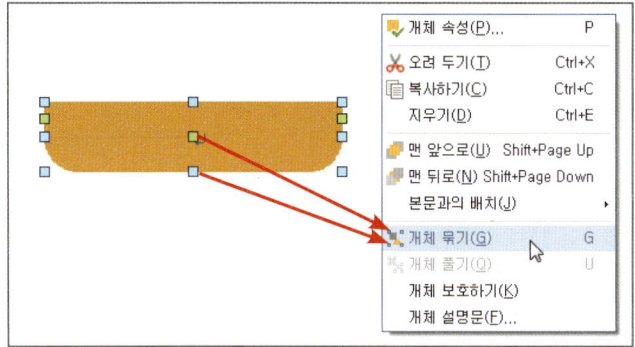

❹ 배경이 될 도형 만들기 - 배경이 될 글상자를 만들어 선/채우기 등을 정하고, 먼저 만든 '그리기'와 겹쳐 놓습니다.

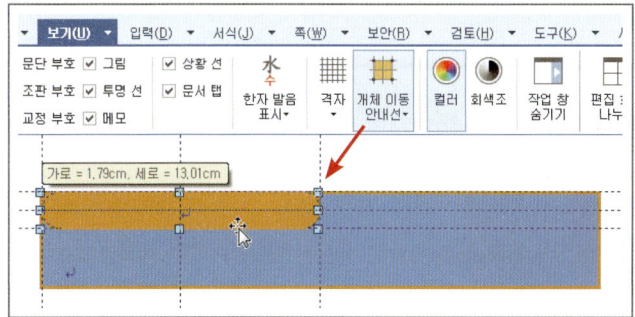

❺ 개체 묶기 - 완성된 도형을 다중 선택(Shift)-G로 묶어 줍니다.
❻ 내용 입력 - 번호가 필요하면 개요 스타일(F6)을 편집하여 적용하면 좋습니다. ▶글상자의 세로 정렬은 [개체 속성](P)-[글상자]에서 변경합니다.

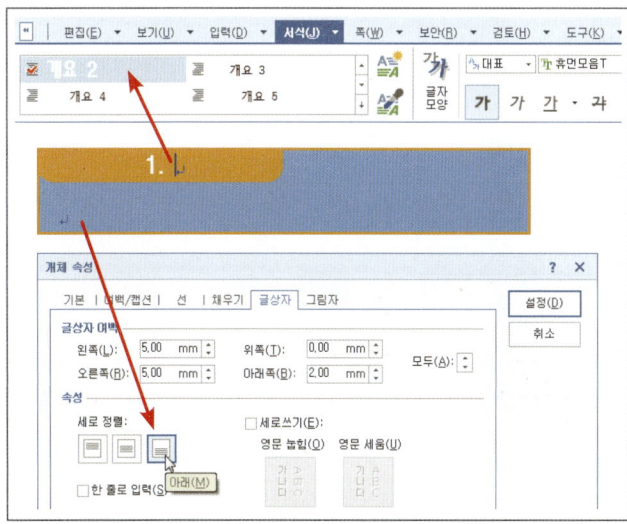

❼ 다시 쓰기 – 도형은 상용구(Alt+I)에 추가할 수도 있지만, '그리기 마당에 등록' 할 수도 있습니다. ▶그리기 마당에 등록 : 마우스 오른쪽 버튼의 '그리기 마당에 등록'에서 '꾸러미 목록'과 '이름'을 정한 후–[등록] ▶입력 : [입력]–[그리기 마당]에서 찾은 후, 본문을 클릭하면 원본 크기대로 만들어집니다.

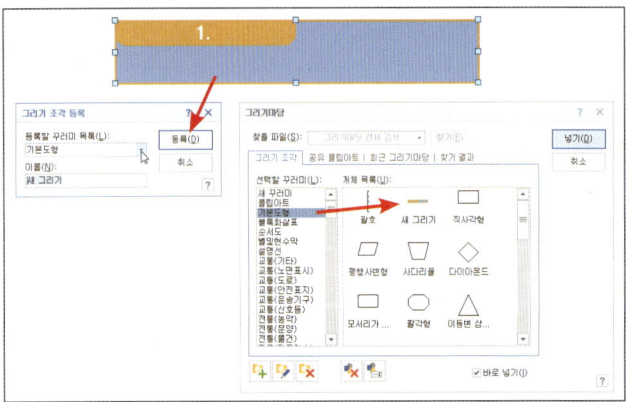

도형으로 모양 만들기　워드

도형은 배치/정렬이 모두 가능하기 때문에 글이나 다른 개체의 위/아래에 자유롭게 놓을 수 있습니다.

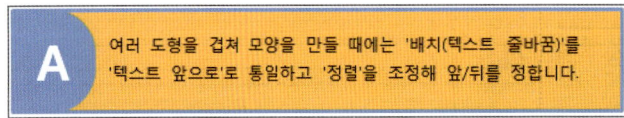

❶ 도형 그리기 – [삽입]–[도형]의 '모서리가 둥근 직사각형'으로 도형을 하나 그린 후, Ctrl과 마우스 끌기로 복사합니다.
　▶모양 조절 핸들을 마우스로 조정해 모양을 변형시킵니다. ※Shift를 누른 채로 그리면 각각 정사각형, 정원이 됩니다.

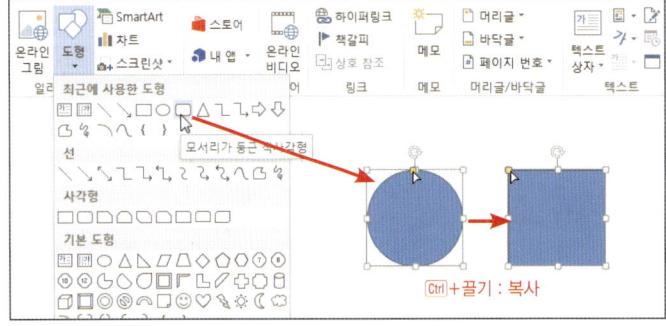

❷ 위치 – 한 도형은 크기를 줄여 두 도형을 서로 겹쳐 놓고, [그리기 도구]-[맞춤]을 이용하여 위치를 맞춰 줍니다.

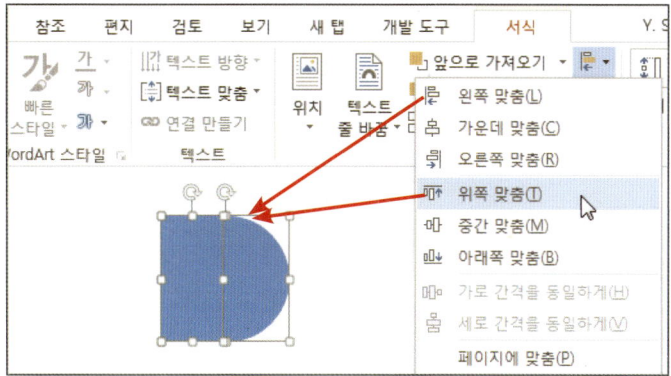

❸ Shift로 다중 선택하여 같은 채우기와 윤곽선 색을 줍니다. ▶[그리기 도구]-[그룹]으로 묶어 하나로 만듭니다.

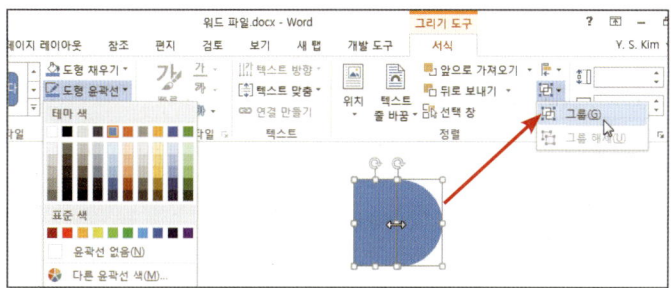

❹ 글자가 들어갈 도형은 '텍스트 추가'로 텍스트 상자로 만들어서 '앞으로 가져오기'로 위로 정렬해 줍니다.

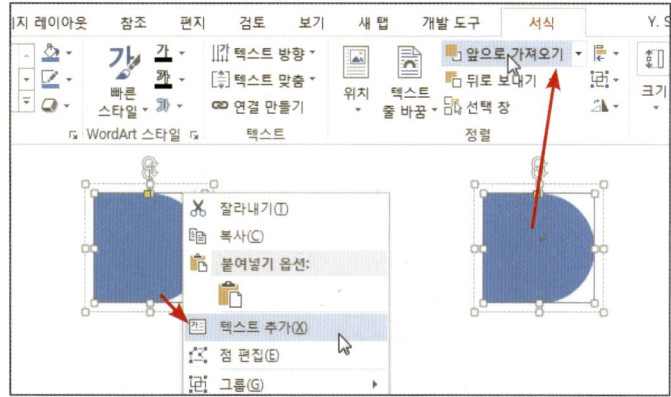

❺ 배경이 될 도형을 만들어 윤곽선/채우기를 정하고 먼저 만들어 놓은 그리기와 겹쳐 놓습니다. ▶도형은 '텍스트 줄 바꿈'은 '텍스트 앞'으로 통일하고 정렬을 앞/뒤로 조정하는 게 좋습니다. ▶Shift로 다중 선택하여 '재그룹' 합니다.

❻ 내용 입력 – 텍스트 상자 세로 맞춤은 [그리기 도구]-[텍스트 맞춤]에서 정하지만, 글꼴/줄간격/단락 여백/도형 여백 등으로도 조정합니다.

 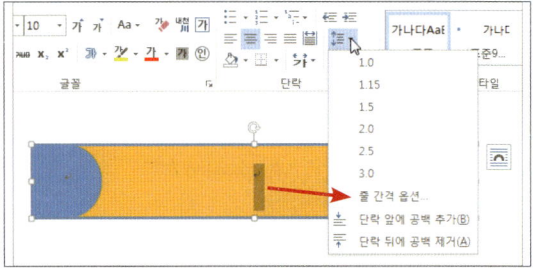

❼ 번호가 필요하면 '번호 매기기'나 '새 다단계 목록 정의'에서 번호를 정하고 스타일과 연결해 줍니다.

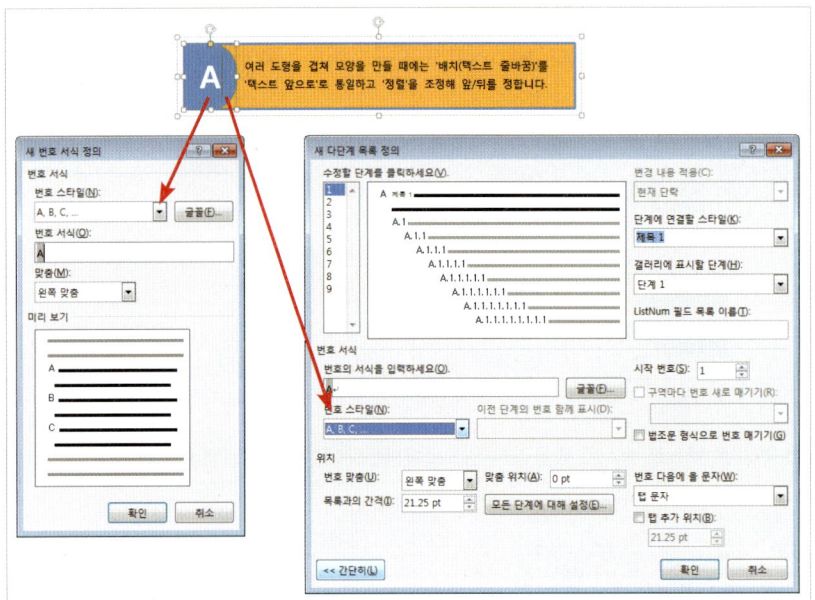

❽ 다시 쓰기 – 스타일 서식까지 적용해 완성한 후 이 그리기 전체를 선택하여 '새 문서 블록 만들기'(Alt + F3)로 저장하세요. 갤러리를 정해 저장하면 해당 갤러리에서 찾아 쉽게 다시 사용할 수 있습니다. ▶상용구 블록으로 저장하려면 제목을 길게 만드세요. 제목의 시작 2~3 글자를 입력해 상용구를 삽입합니다.

2 표를 이용한 띠 제목 만들기

표로 모양 만들기 한글

표는 곡선을 사용할 수는 없지만, 페이지 경계에서 나눌 수 있고, 안정적으로 사용할 수 있습니다.

❶ [입력]-[표 만들기] - 표는 '자리 차지' 배치가 좋습니다.

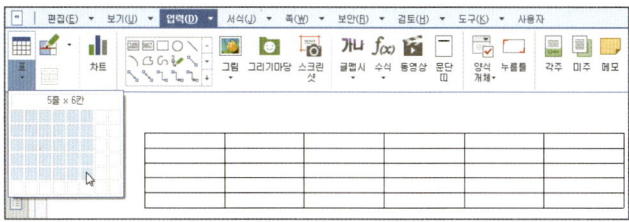

❷ 표 크기/테두리 없음 - 셀을 블록 지정(F5) 후 Ctrl+방향키로 크기를 줄이고 '테두리 없음'을 선택

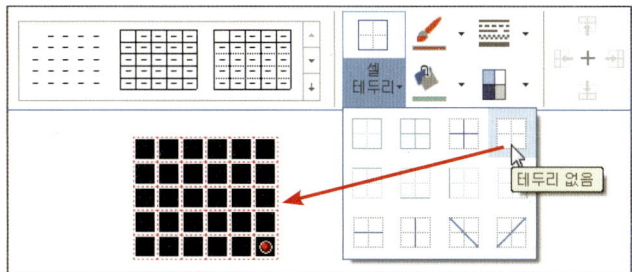

❸ 테두리 모양/색을 고른 후 셀을 선택해 '셀 테두리'에서 바깥쪽/왼쪽/위쪽 테두리 등을 지정

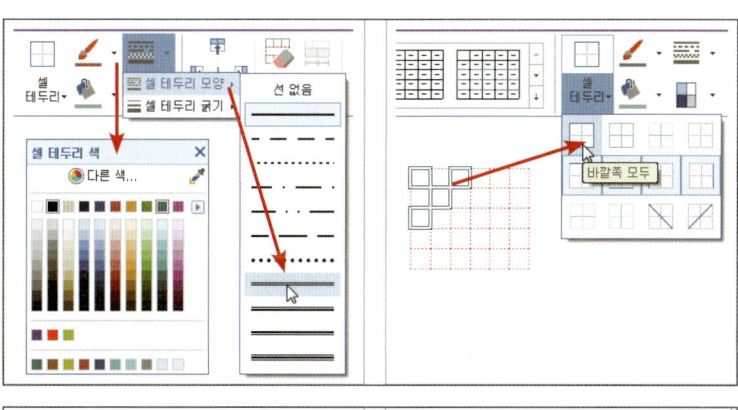

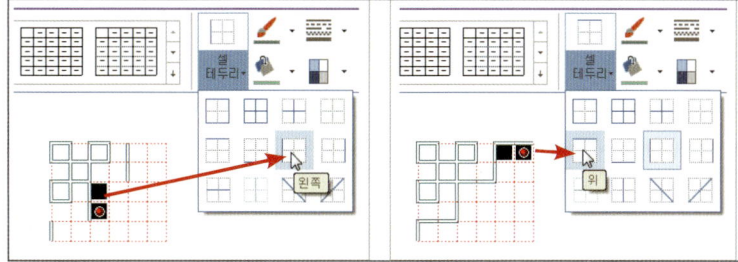

❹ 복사/표 뒤집기 – 표를 선택하여 Ctrl+마우스 끌기로 복사한 후, T 표 뒤집기(1)
❺ 표 붙이기 – 위쪽 표에 커서를 두고 Ctrl+N, Z 표 붙이기 ※'글자처럼 취급'된 표는 붙지 않을 수 있습니다.

❻ 같은 모양 복사해 붙이기 – 표를 복사해 붙인 후 표 뒤집기(T)로 뒤집고 다시 오려(Ctrl+X) 놓습니다.

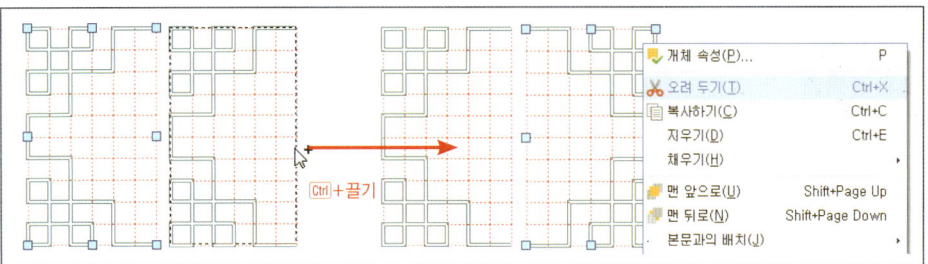

❼ 왼쪽 표 맨 오른칸에 커서를 놓고 오려낸 표를 끼워 넣기로 붙이기(Ctrl+V) 합니다.

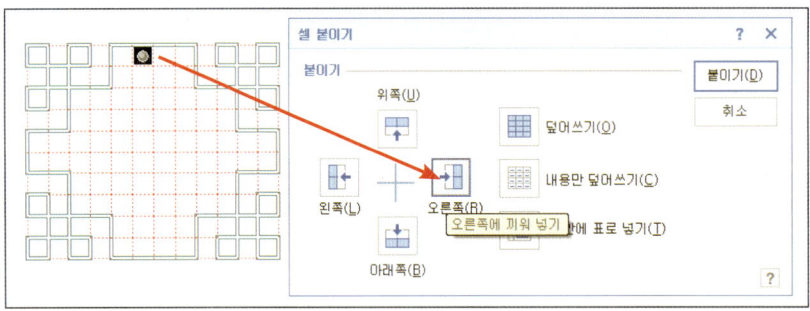

❽ 셀 정리하기 – 글자가 들어갈 가운데 셀을 블록 지정한 후 M으로 셀 합치기 합니다.
　셀 여백 – 셀 블록(F5 3번) 후 개체 속성(P)에서 '셀 여백'을 모두 없앱니다. 글자 크기를 '1' 로 합니다.
　셀 크기 – 셀 블록 상태에서 Ctrl+방향키로 셀 크기를 조정합니다.

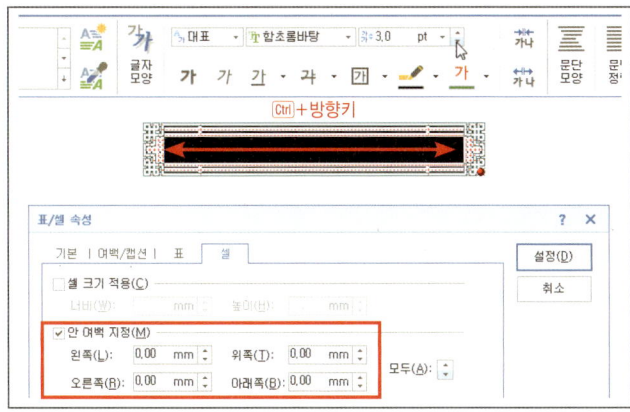

스타일 추가

❾ 글자 입력 - 반복되는 서식은 스타일(F6 - Insert)을 만들어 적용합니다. 내용에 번호를 추가하려면 '개요 스타일'을 편집하여 적용하는 것이 좋습니다. ※번호 모양은 Ctrl + K, O에서 변경합니다.

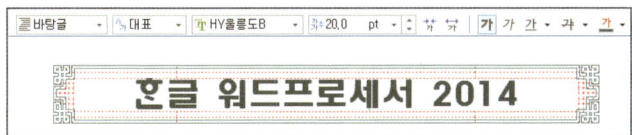

상용구 등록

❿ 서식, 개체 속성까지 완성된 표는 상용구로 등록해 다시 사용합니다. ▶등록 : 블록-Alt + I - 준말 입력 후 [설정]
▶사용 : 준말 입력 후 Alt + I

표로 모양 만들기   워드

표는 도형과 달리 일부만 테두리를 바꿀 수 있습니다. 또 머리글 행(제목 셀)을 만들 수 있고 계산 수식, 차트를 만들 수 있습니다. 어떤 모양을 만들 때 도형으로 할 것인지 표로 할 것인지 결정하려면 먼저 테두리의 모양과 여러 페이지에 걸쳐 있어야 하는지부터 고려하세요.

❶ [삽입]-[표 만들기] - 행/열의 개수는 중요하지 않습니다.

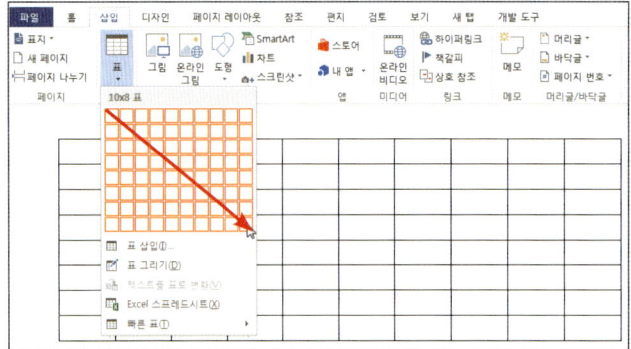

❷ 테두리 - [표 도구]-[디자인]-[테두리]에서 '테두리 없음'으로 모두 지운 후, 필요한 셀만 선택해 테두리를 그립니다.

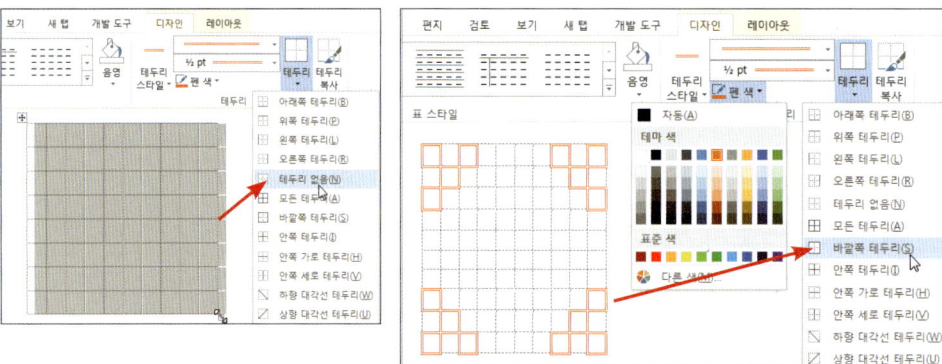

▶ 같은 모양 반복 : MS Word에 표 뒤집기는 없습니다. 대신 반복되는 기능은 F4 재실행으로 쉽게 다시 할 수 있습니다. 같은 모양의 테두리는 필요한 셀을 선택해 F4로 반복하세요. ※ Ctrl + Y, Alt + Enter로도 반복됩니다.

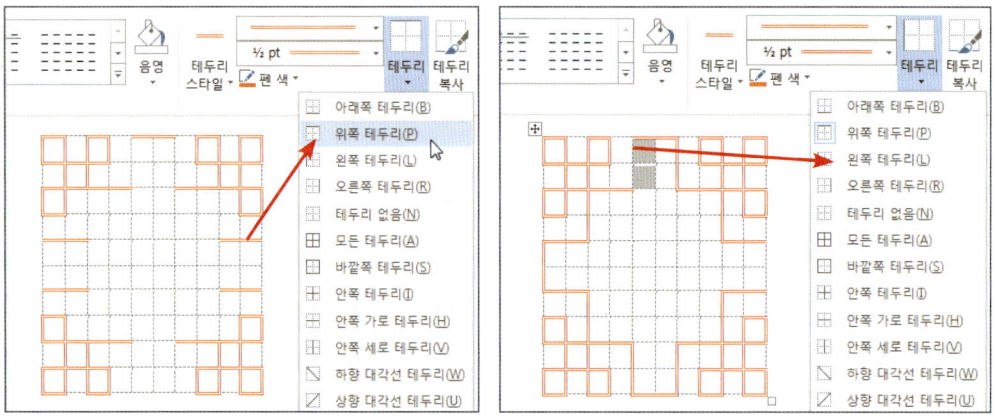

❸ 셀 추가 - [표 도구]-[삽입] 또는 행 끝 표시에서 Enter로 추가합니다.
  셀 삭제 - 필요 없는 셀을 선택 후 Backspace로 삭제합니다. 행의 경우 행끝 표시까지 선택하면 더 간편합니다.
  셀 병합 - 선택 후 [표 도구]-[레이아웃]-[셀 병합]으로 여러 셀을 하나로 만듭니다.

④ 제목이 들어갈 셀을 선택해 Shift+마우스 끌기로 너비를 넓혀줍니다.

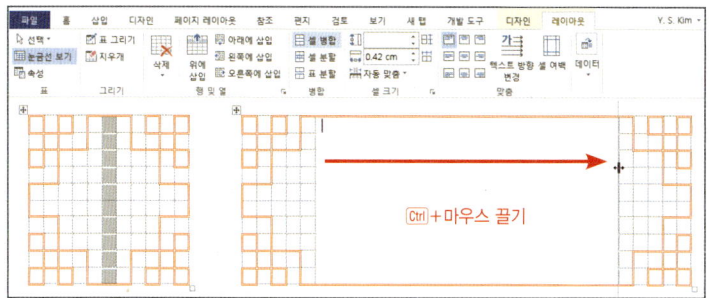

⑤ 좌우 셀들을 선택해 셀 크기를 정해 줍니다. 행 높이는 고정으로 지정할 수 있습니다. 셀 너비는 표 탭의 표 크기를 해제해야 정확한 너비로 적용할 수 있습니다. ※필요한 셀을 Ctrl로 다중 선택 후 너비를 정하세요.

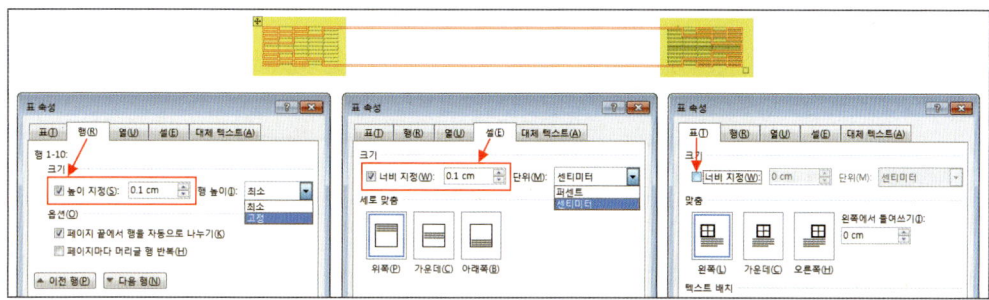

⑥ 표 여백 – 표 여백은 표 전체의 여백으로 [표 속성]-[표]-[옵션]에서 정합니다.
셀 여백 – 셀 여백은 표 여백과는 별도로 선택한 셀에만 지정하고 [표 속성]-[셀]-[옵션]에서 정합니다.

서식 추가(스타일 적용)

⑦ 제목의 서식은 스타일로 적용하고, 제목에 번호가 필요하다면 [홈]-[다단계 목록]에서 '장 제목'을 적용한 후 '새 다단계 목록 정의'에서 번호의 모양을 수정합니다. '장 제목'은 제목 스타일과 자동으로 연결되어 있는 번호 목록 입니다.

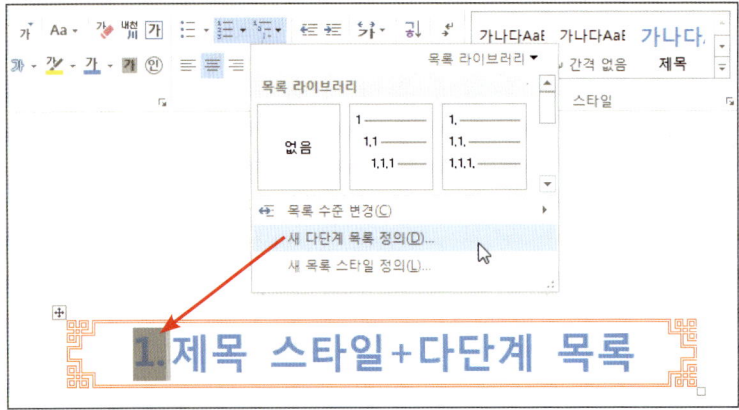

상용구에 등록 [Alt]+[F3]

❽ 서식까지 완성한 후 상용구 등의 블록으로 저장해 놓으면 간단하게 다시 사용할 수 있습니다. 표 전체를 블록 지정하여 '새 문서 블록 만들기'([Alt]+[F3]) 하세요. 갤러리를 '상용구'로 정하면 입력하면서 자연스럽게 삽입할 수 있습니다.

▶ 이름을 입력하고 메시지가 표시되면 [Enter]를 누릅니다.

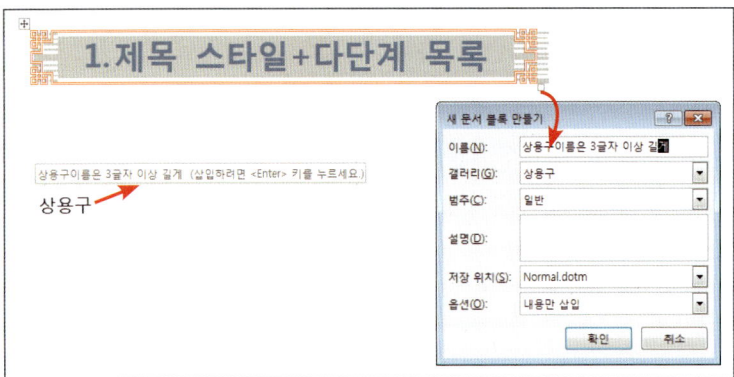

3 서식을 이용한 띠 제목 만들기

서식을 이용하여 모양을 만들면 스타일로 저장할 수 있기 때문에 제목을 적용하기가 쉽습니다.

서식으로 모양 만들기   한글

▶ 사용된 명령 : 글자 모양, 문단 모양(개요, 문단 테두리), 스타일, 쪽 번호 상용구

Alt + L 글자 모양

❶ [기본] – 크기, 글꼴, 진하게, 그림자, 글자 색 등
❷ [확장] – 그림자, 그림자 색, 그림자 크기 조절

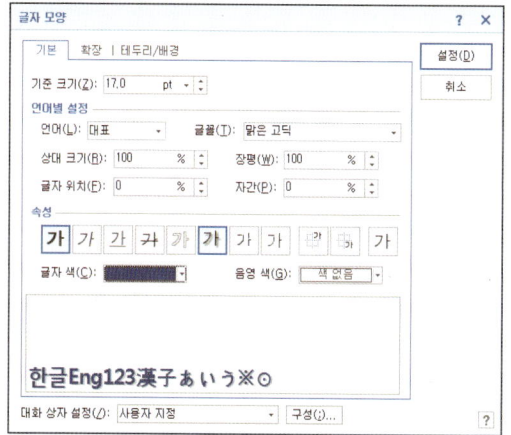 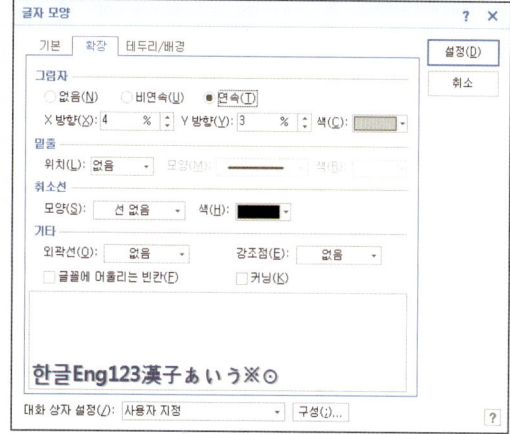

Alt + T 문단모양

❸ [기본] – 문단 왼쪽 여백, 문단 오른쪽 여백, 문단 위 간격, 문단 아래 간격, 줄 간격 지정
❹ [확장] – 개요 1 수준과 기타 제목 문단에 필요할 옵션 선택(다음 문단과 함께, 문단 보호, 문단 앞에 항상 쪽 나눔…)

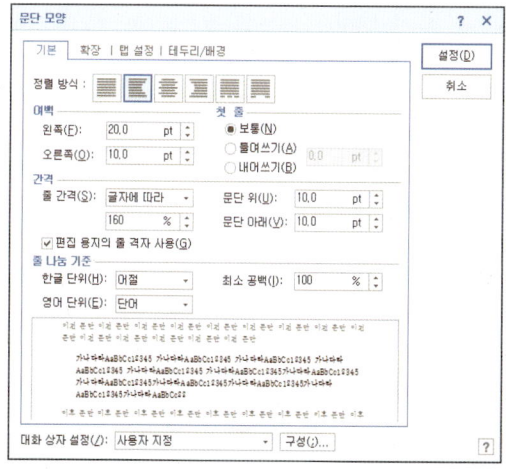 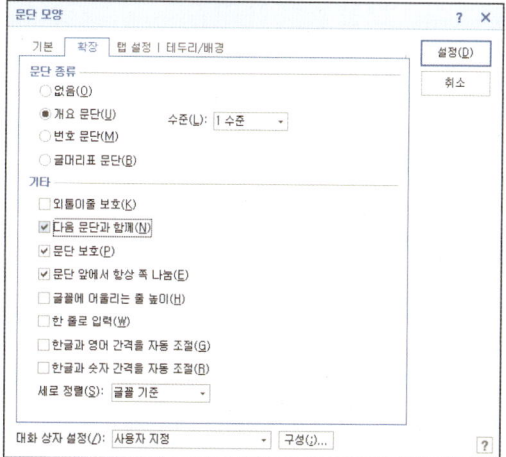

❺ [테두리/배경] – 테두리 종류/굵기/색을 정하고 적용 영역 선택
   옵션 – '문단 테두리 연결'/'문단 여백 무시'를 선택하고, 문단과의 '간격'을 조정

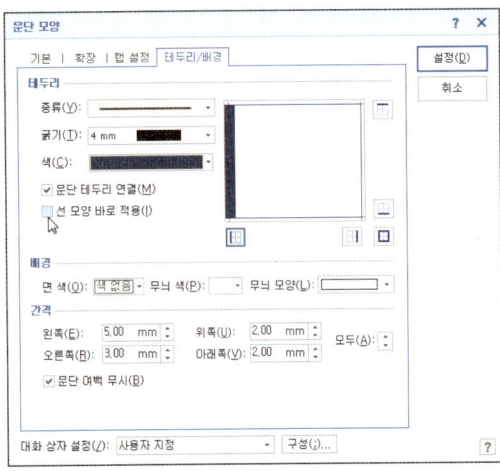

Ctrl+K, O 개요 번호 모양

❻ [사용자 정의] – 1수준의 '번호 모양'을 'A'로 변경 후 [설정]-[설정]

▶ 번호는 가급적 개요로 지정합니다. 개요는 스타일에서 번호 모양을 정하지 않습니다.

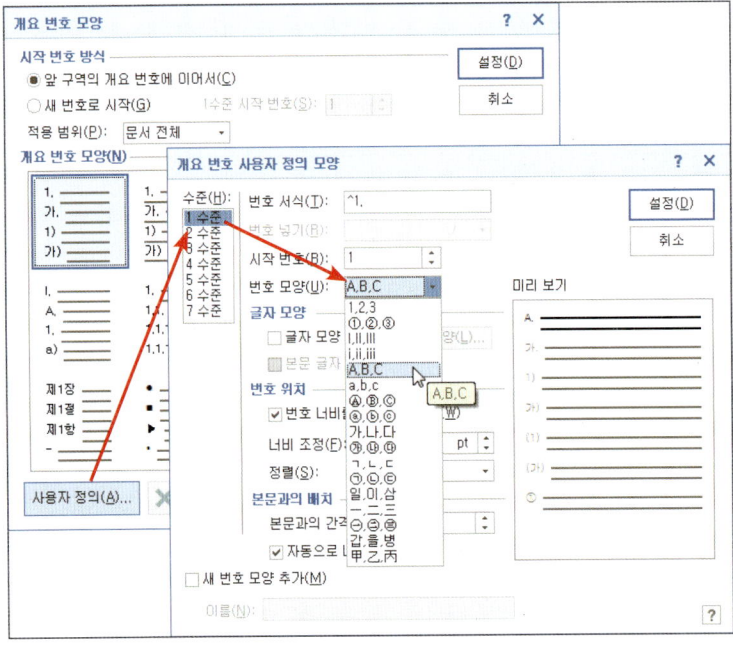

F6 스타일

❼ 완성된 서식에 커서를 가져다 놓고, F6 〉 '개요 1'을 선택 〉 '현재 모양으로 바꾸기'로 서식을 반영합니다.

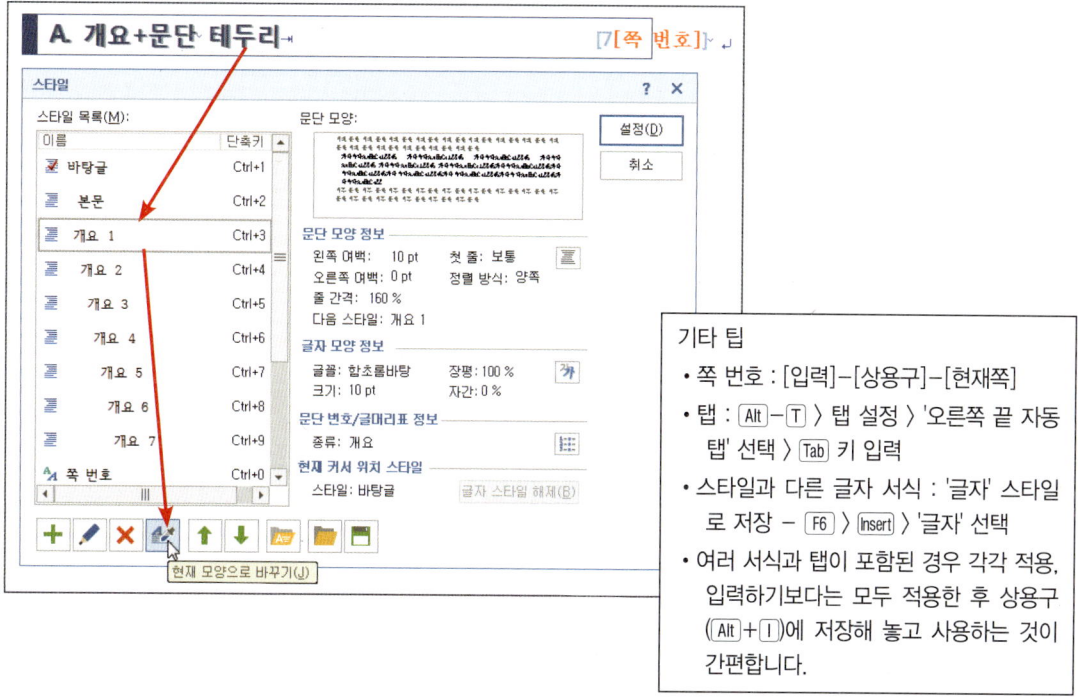

기타 팁
- 쪽 번호 : [입력]-[상용구]-[현재쪽]
- 탭 : Alt - T 〉 탭 설정 〉 '오른쪽 끝 자동 탭' 선택 〉 Tab 키 입력
- 스타일과 다른 글자 서식 : '글자' 스타일로 저장 - F6 〉 Insert 〉 '글자' 선택
- 여러 서식과 탭이 포함된 경우 각각 적용, 입력하기보다는 모두 적용한 후 상용구(Alt + I)에 저장해 놓고 사용하는 것이 간편합니다.

제목의 적용

❽ '개요 1' 스타일에 반영했기 때문에 적용은 '개요 1' 스타일로 적용합니다. 단축키 Ctrl + 3 (변경 가능)을 사용하거나 스타일 작업창 또는 도구 메뉴의 스타일에서 선택하면 됩니다.

서식으로 모양 만들기 워드

A. 다단계 목록+단락 테두리 [7]

▶ 사용된 명령 : 글꼴, 단락, 새 다단계 목록 정의, 테두리 및 음영, 스타일, 페이지 번호 필드

Ctrl + D 글꼴

❶ [글꼴] - 글꼴, 진하게, 크기, 글꼴 색 등 지정(그림자는 '텍스트 효과') ※글꼴은 '한글 글꼴'/'글꼴'을 모두 정함.

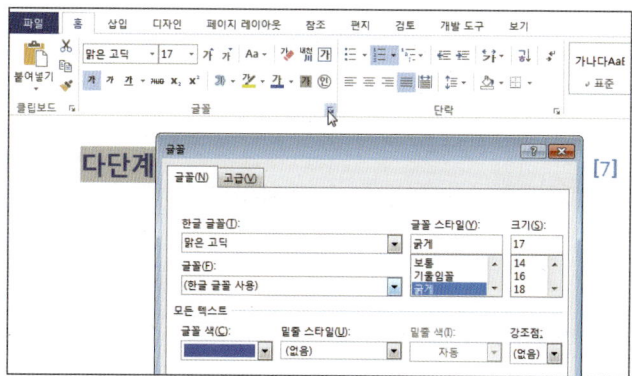

새 다단계 목록 정의

❷ [홈]-[다단계 목록]에서 '장 제목'을 선택후 '새 다단계 목록 정의'에서 번호 스타일을 변경합니다.

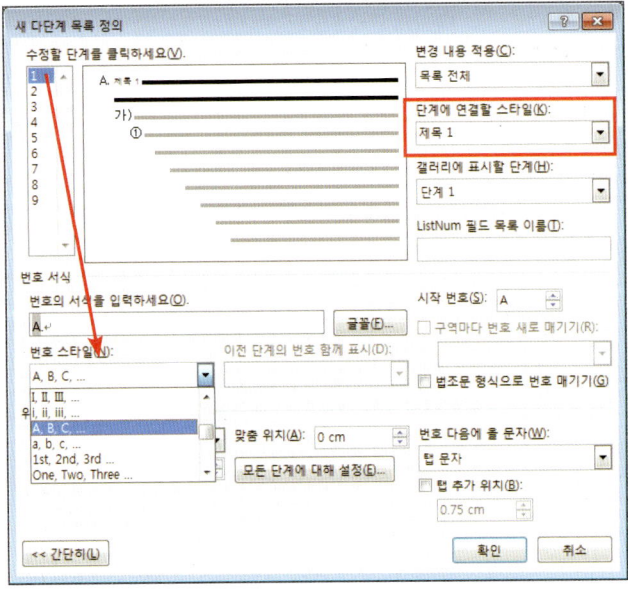

Alt + O , P 단락

❸ [들여쓰기 및 간격] – 왼쪽, 오른쪽, 둘째 줄 이하 들여쓰기(내어쓰기)와 단락 앞/뒤 간격, 줄 간격 등 지정
❹ [줄 및 페이지 나누기] – 제목에 필요한 페이지 매김 옵션 선택 ※단락 왼쪽 여백에 작은 서식 기호(■)가 표시됩니다.

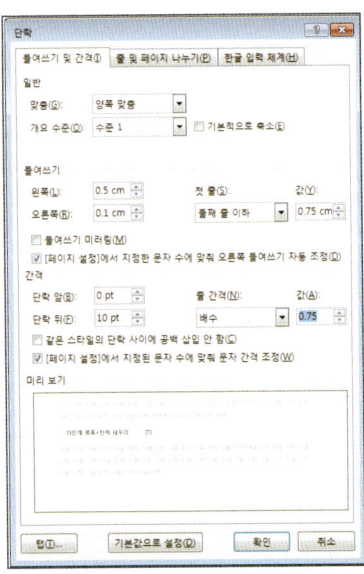 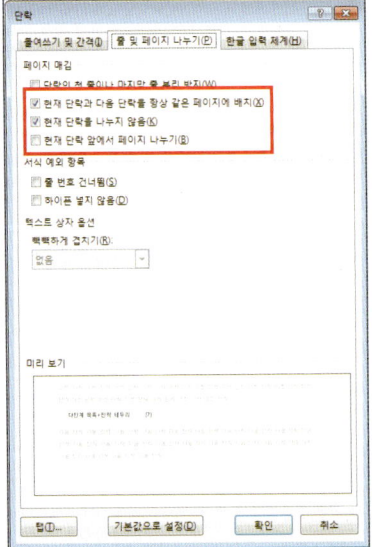

테두리 및 음영

❺ [단락]-[테두리]-[테두리 및 음영] – '적용 대상'을 '단락'으로 선택 〉 테두리 종류/색/굵기 지정 〉 적용 영역 선택

▶ [옵션] – 테두리와 본문과의 간격을 설정합니다. ※단락 테두리는 반드시 '단락 기호'를 선택한 후 지정합니다.

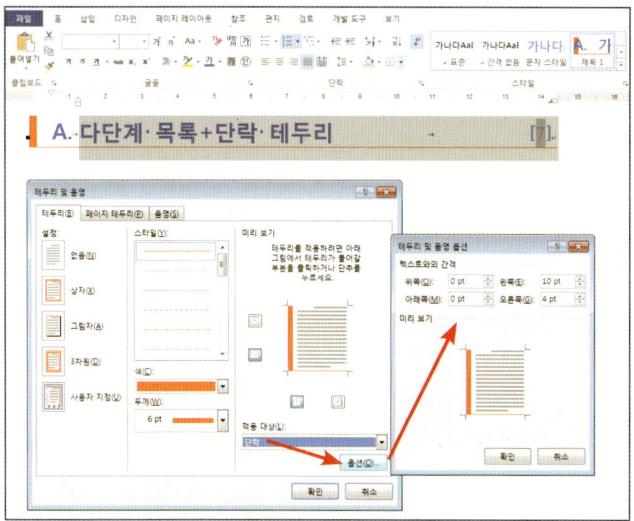

Alt + Ctrl + Shift + S 스타일

❻ [업데이트] – 변경된 서식으로 '제목 1' 스타일 업데이트

TIP 페이지 번호 필드 : Alt + Shift + P
    탭 : Alt + O + P 〉 탭 위치 지정 〉 오른쪽 〉 [설정] – [확인] 〉 Tab 입력
    스타일과 다른 글자 서식 : '문자' 스타일로 저장 – [새 스타일] 〉 '문자' 선택 〉 [확인]
    ▶ 문자 스타일은 Ctrl + Spacebar 로 해제

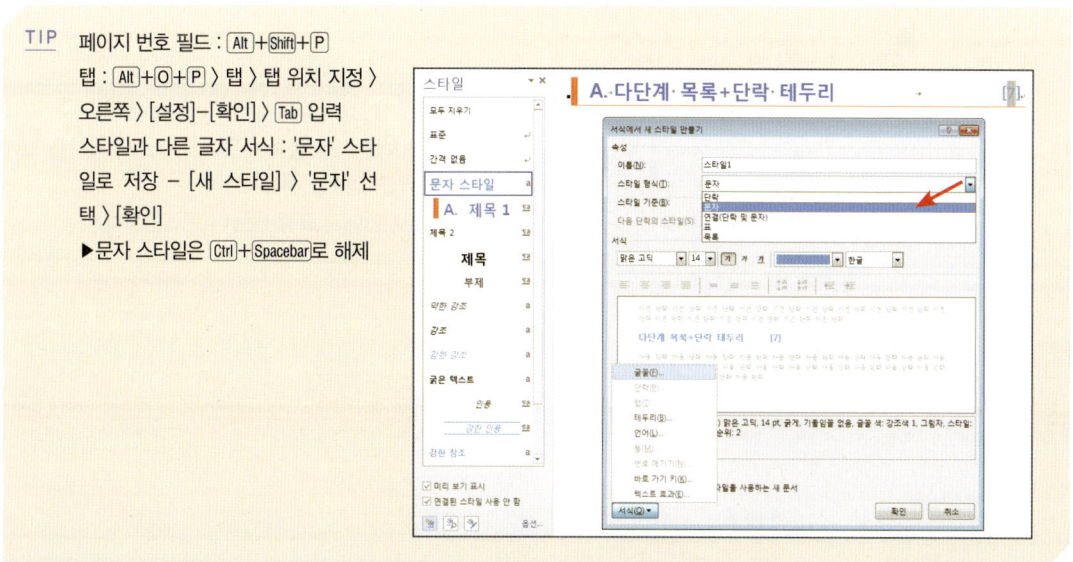

01-2 노트 만들기

노트, 편지지 등을 만들 때는 배경을 활용하면 좋습니다. 배경은 페이지마다 양식을 만들지 않아도 자동으로 반복되고 본문을 자유롭게 입력할 수 있습니다. 내용을 입력할 수 있는 배경으로는 머리글(머리말)과 한/글의 바탕쪽이 있습니다.

한/글 배경 `한글`

한/글에는 자유롭게 입력 가능한 배경이 머리말과 바탕쪽 등의 두 가지가 있습니다. 머리말은 본문을 보면서 편집할 수 있는 장점이 있고, 바탕쪽은 본문과 똑같은 서식/여백을 이용할 수 있는 장점이 있습니다.
※바탕쪽을 이용해 노트를 만드려면, 바탕쪽에는 표를, 본문에는 줄 수만큼의 [편집용지]-[줄격자]를 주면 됩니다.

머리말 `한글`

머리말은 머리말 스타일과 머리말 여백이 있기 때문에 본문과의 위치를 맞추기가 쉽지 않습니다. 대신 본문을 보며 편집할 수 있습니다. 본문 문단을 참고해 만드세요.

❶ 먼저 본문을 편집하여 엔터를 1 페이지 가득 넣습니다.
❷ [쪽]-[머리말]-[없음]((Ctrl)+N,H)을 선택합니다.

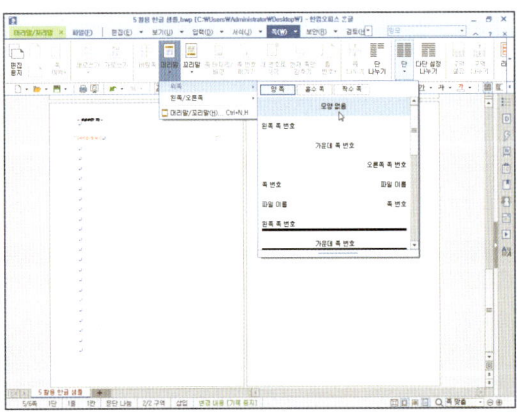

머리글 `워드`

MS Word에서 자유롭게 입력할 수 있는 배경은 머리글밖에 없습니다. MS Word의 머리글에는 표나 텍스트는 자유롭게 입력할 수 없습니다. 배경으로 겹쳐지지 않고 머리글 영역이 늘어나기 때문입니다. 그래서 머리글을 이용해 노트 배경을 만드려면 배치가 자유로운 도형을 사용하거나, 도형(텍스트 상자) 안에 표를 넣어야 합니다.

❶ 본문을 편집하고 엔터를 1 페이지 가득 넣어 둡니다.

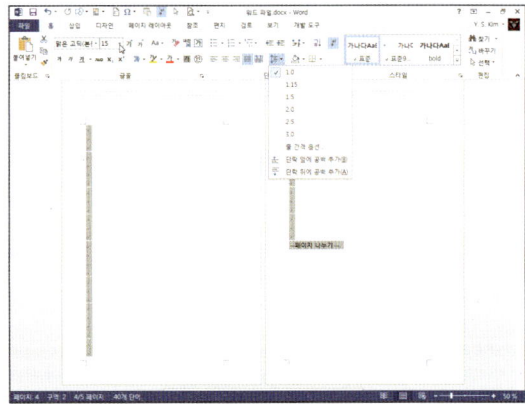

❷ 머리글 위치를 더블 클릭해 들어가 텍스트 상자를 크게 넣고 '윤곽선 없음'을 지정합니다.
❸ 텍스트 상자안에서 표를 만들어 편집합니다.

❸ 머리말에 표를 1칸으로 여러 줄(엔터 만큼) 만듭니다.

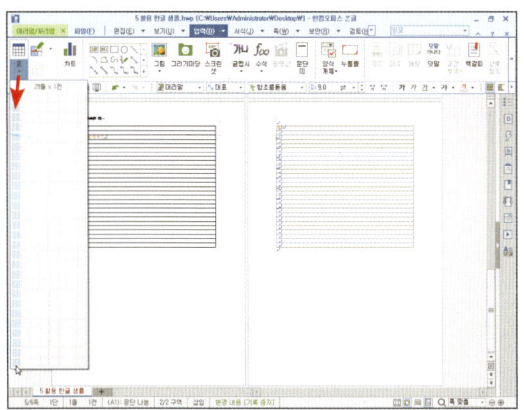

❹ 표 안 문단 부호와 본문 문단 부호가 겹쳐지도록 표 크기를 조절합니다.

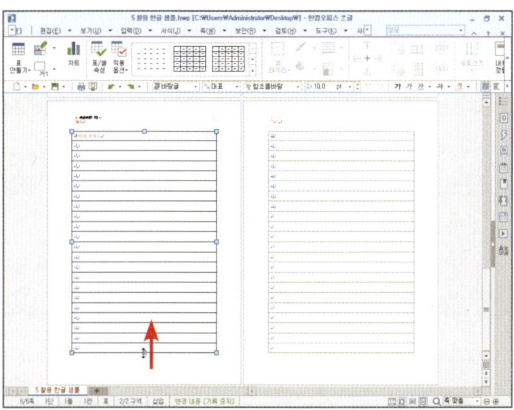

❺ 표를 편집합니다.

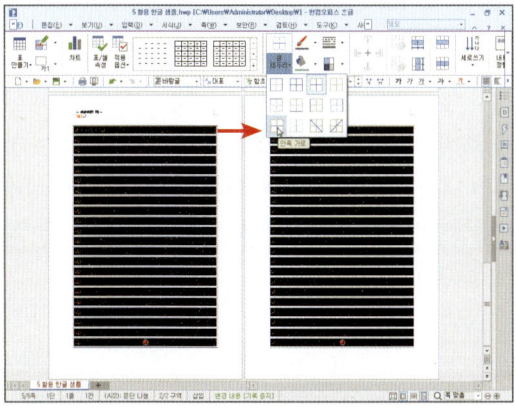

❹ 표를 조절해 본문의 단락과 행 높이를 맞춥니다. 단락 기호를 잘 보고 겹쳐지도록 만들면 됩니다. ※표의 행높이는 오른쪽 아래 '크기 조절 핸들'을 잡고 조정합니다.

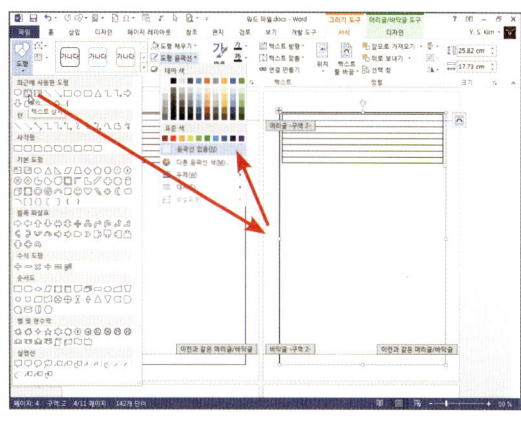

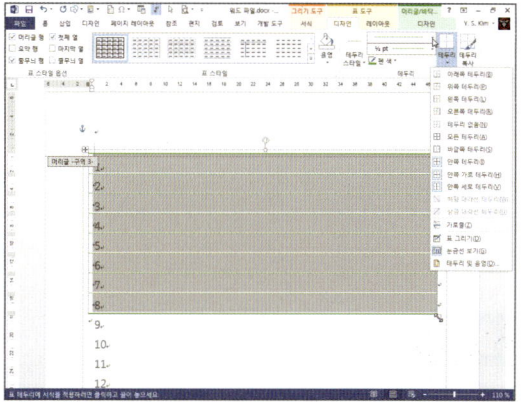

❺ 가운데 셀을 선택해 [표 도구]-[아래에 삽입]으로 셀을 추가합니다. 페이지를 넘긴 셀은 선택하여 Backspace로 지웁니다.

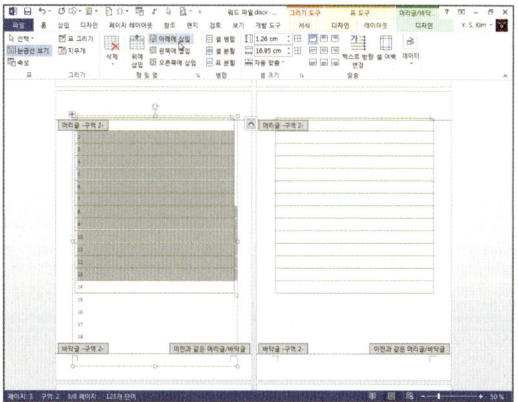

❻ Shift + Esc 로 본문에 나오면 배경은 페이마다 자동 반복이 되고, 본문은 자유롭게 입력할 수 있게 됩니다.

❻ 본문을 더블 클릭하여 머리글에서 나온 뒤 본문을 자유롭게 입력합니다.

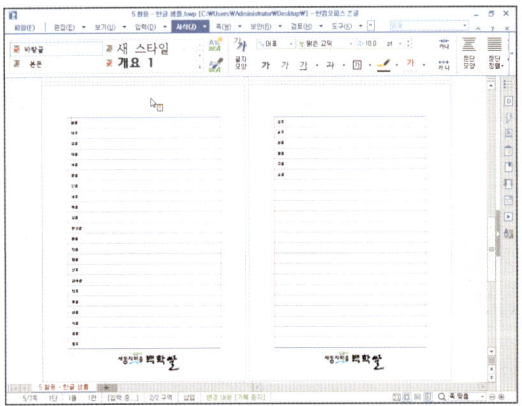

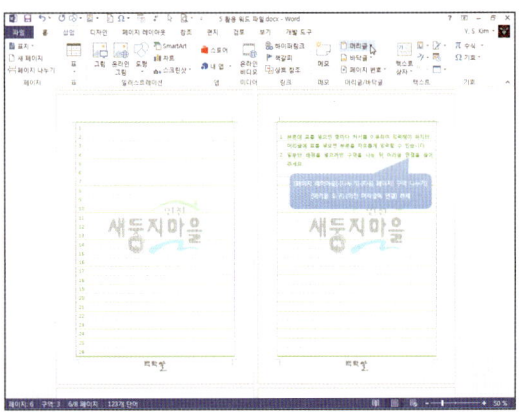

머리말 배경 제거하기 　한글

- 1 페이지 : Ctrl + N, S 감추기를 합니다.
- 여러 페이지 : 새 '없음' 머리글을 입력합니다.

머리글 배경 제거하기 　워드

- 구역 첫 페이지 : [머리글 도구]-[첫 페이지를 다르게 지정]
- 여러 페이지 : ❶ 본문에 먼저 구역을 나누고([페이지 레이아웃]-[나누기]-[다음 페이지부터]) ❷ [머리글 도구]-[이전 머리글에 연결]을 해제한 뒤 ❸ 머리글을 편집합니다.

01-3 주소 레이블 출력

라벨 문서에 주소를 병합(메일 머지)하여 출력하기 위해서는 라벨 문서와 주소록(xls 파일)이 필요합니다.

라벨 문서 　한글

인쇄될 라벨 용지와 같은 라벨 문서를 [도구]-[라벨 문서 만들기]에서 찾습니다. 제조사 사이트에서 직접 라벨지 양식을 다운 받을 수도 있습니다. 인쇄 용지가 라벨지가 아니더라도 라벨 문서를 편집하거나 새로 만들 수 있습니다. 라벨 문서는 첫 셀만 입력해서 주소록과 병합합니다.

편지-레이블 　워드

인쇄될 레이블을 [편지]-[편지 병합 시작]-[레이블]에서 찾습니다. [세부 정보]로 편집하거나 [새 레이블]로 새로 추가할 수도 있습니다. 레이블 문서는 첫 셀에 내용을 입력하고 '레이블 업데이트'로 전체 셀에 적용합니다. ※레이블은 첫 셀을 제외하고 모두 'Next 필드'가 입력되어 있습니다.

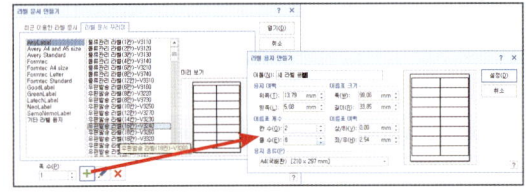

주소록 `한글`

한셀/엑셀 프로그램을 이용하는 것이 편리합니다. 필드 별로 채워 레코드를 완성해 놓습니다. cell/nxl/xls 파일이 가능하고 xlsx 파일은 다른이름으로 저장해 놓아야 합니다.

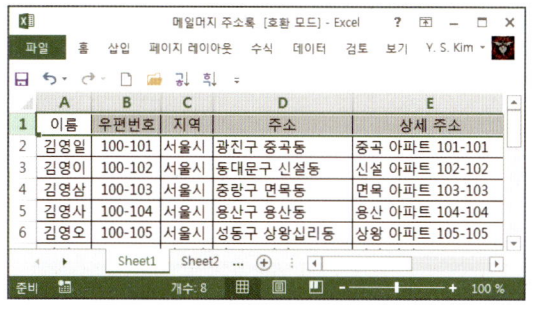

메일 머지 표시하기 `한글`

라벨 문서의 주소록과 병합될 곳에는 메일 머지 표시(Ctrl+K, M)를 해둡니다. 메일 머지 표시는 [보기]-[조판 부호]로 조판 부호를 확인할 수 있습니다.

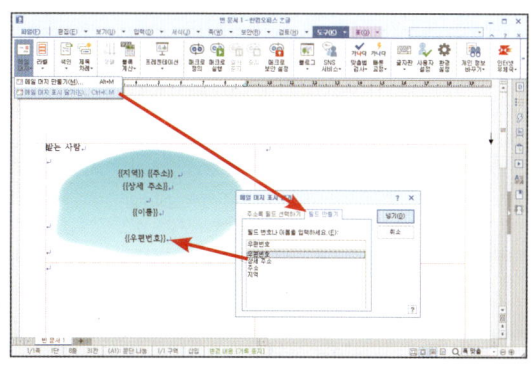

- 서식 꾸미기 : 메일머지 표시를 포함하여 모든 내용을 병합 전에 꾸며 놓습니다. 그림 같은 개체의 경우 표 안에서 입력하거나, 셀 배경으로 포함할 수 있습니다.
- 메일 머지 표시 : 주소록의 필드 이름과 동일하게 메일 머지 표시를 달아 줍니다. 기본 필드와 연결해 주려면 '주소록 필드 선택하기'에서 선택하고, 주소록의 필드 명을 그대로 지정하려면 '필드 만들기'에서 추가합니다. 주소록이 한글 파일이면 '필드 만들기'에서 숫자로 추가해 줍니다.

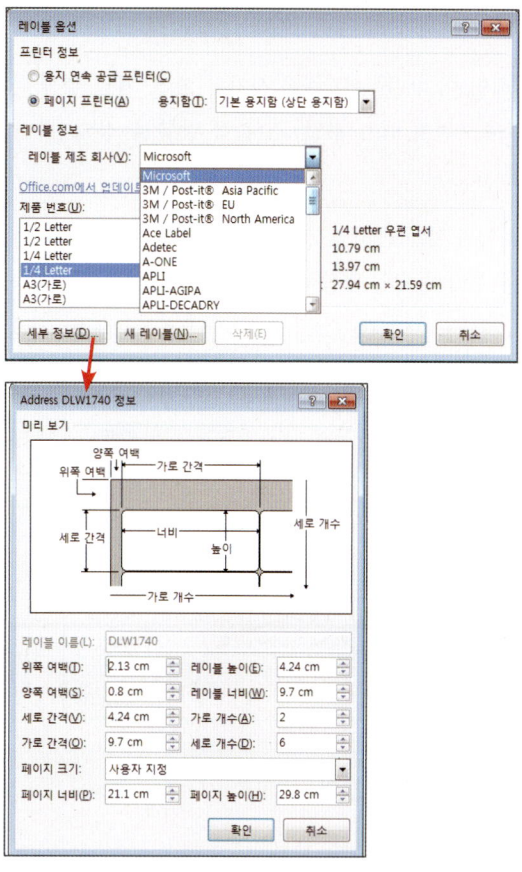

주소 파일 `워드`

엑셀 파일을 사용한다면 열을 필드로 행을 레코드(필드 모음)로 데이터를 만들어 놓습니다. 데이터 파일이 준비 되었다면 [편지]-[받는 사람 선택]-[기존 목록 사용]으로 파일을 연결합니다.

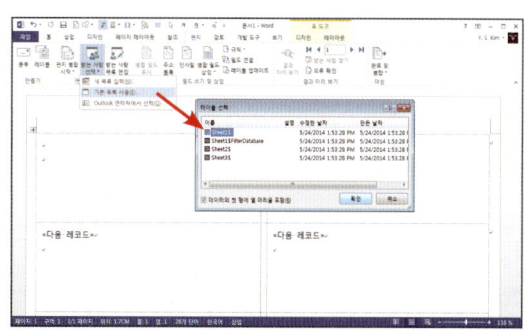

메일 머지 만들기 [Alt]+[M] 　한글

[메일 머지 만들기] 대화 상자를 열어 '자료 종류'(주소록–'한셀/엑셀 파일')과 '출력 방향'을 정해 [확인]을 누릅니다.

출력 방향을 '파일'로 정하려면 '저장 하기'로 파일 이름을 정해 줍니다. 편집하려면 파일로 출력해야 합니다.

- 엑셀 자료의 경우 시트와 병합 레코드를 선택해 줍니다.

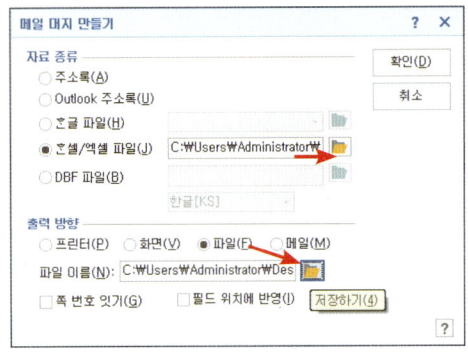

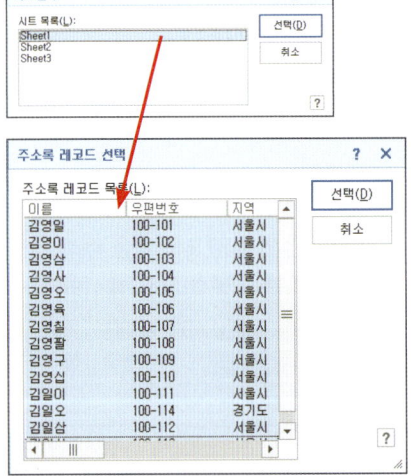

- 병합 필드를 '주소록 필드 선택하기'로 표시한 경우 주소록의 필드명과 같도록 병합 필드 이름을 맞추어 줍니다.

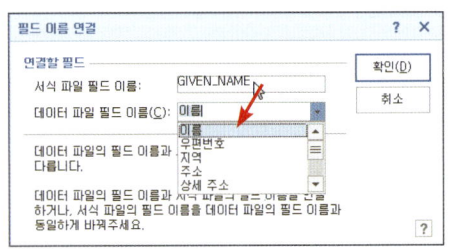

병합 필드 삽입 　워드

주소 파일에 지정된 필드 이름은 [편지]–[병합 필드 삽입]에 모두 표시되어 있습니다. 필요한 곳에 병합 필드를 삽입하고 내용을 완성합니다.

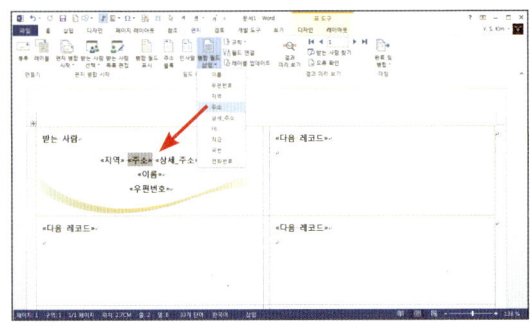

레이블 업데이트 　워드

레이블은 업데이트가 가능해서 첫 셀에만 내용과 병합 필드를 삽입하면 됩니다. 첫 셀을 제외한 모든 셀에는 Next 필드가 입력되어 '≪다음 레코드≫'로 표시되어 있습니다.

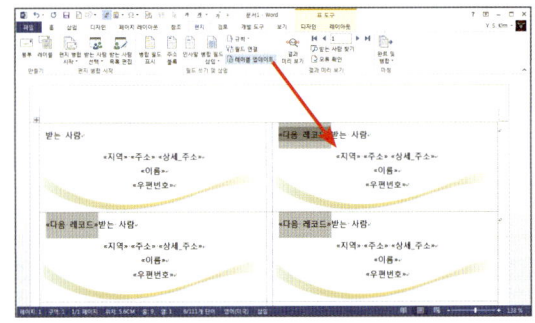

결과 및 병합 [Alt]+[Shift]+[N] 　워드

입력된 병합 필드 표시에 병합된 결과를 미리보려면 [결과 미리 보기]를 선택합니다. 결과가 만족스럽다면 파일(개별 문서 편집) 또는 문서 인쇄([Alt]+[Shift]+[M]) 등으로 병합을 완료합니다. 파일로 병합하면 완료된 문서가 자동으로 열려 병합 결과를 확인/편집할 수 있습니다.

메일 머지 결과 확인하기 `한글`

프린터, 화면, 메일로 결과를 출력하는 경우 바로 결과가 나타나지만 파일의 경우 아무 결과 화면이 없어 당황할 수도 있습니다. 저장한 폴더의 파일을 열어 메일 머지 결과를 확인하고 재편집 후 인쇄하면 됩니다.

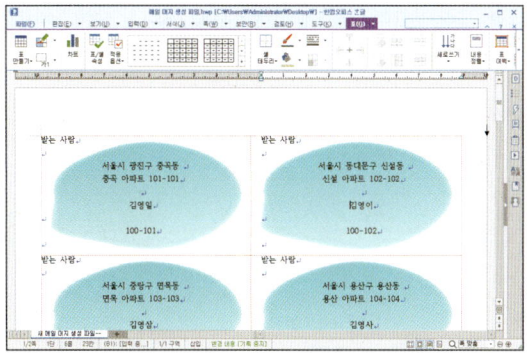

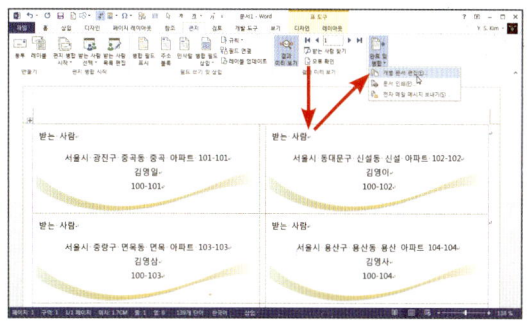

편지 병합 끝내기 `워드`

편지 병합을 위해 받는 사람인 데이터 파일과 연결을 해놓으면 그 파일은 다음에 열어도 같은 주소로 계속 편지 병합을 수행할 수 있습니다. 편지 병합을 완전히 끝내 다시 사용하지 않는다면 일반 Word 문서로 돌려놓아야 합니다.

▶[편지]-[편지 병합 시작]-[기본 Word 문서]를 선택합니다.

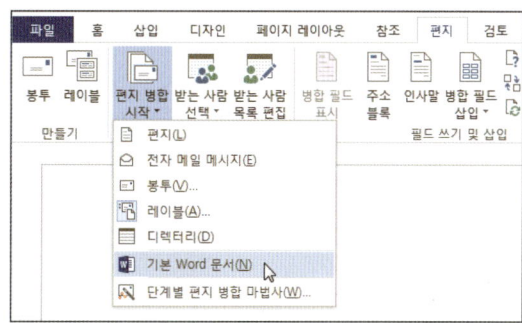

01-4 벤다이어그램 만들기

도형 그리기 〔한글〕

❶ [도형]-[타원]을 선택해 Shift를 눌러 원을 그립니다.
❷ Ctrl을 누른채 마우스로 끌어 복사합니다.

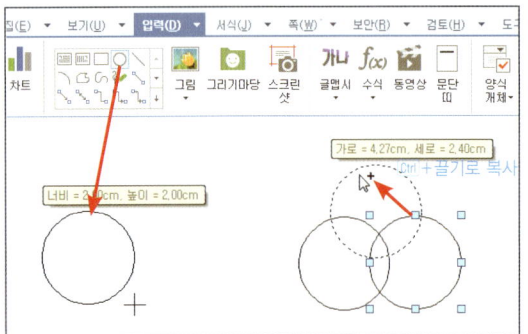

❸ 아래 두 원을 Shift로 다중 선택하여 [맞춤]-[위쪽 맞춤]
❹ 아래 원을 '개체 묶기(G)'하고 위쪽 원과 다시 [맞춤]

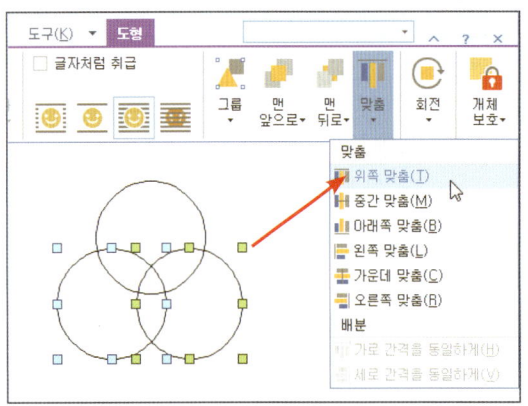

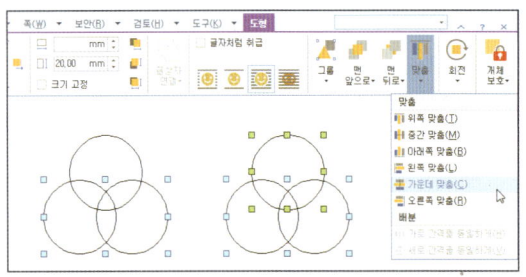

❺ 묶인 도형을 '개체 풀기([U])'하여 각각 선과 채우기 지정
  ▶ 채우기 투명도를 지정하면 배경 도형이 나타납니다.

SmartArt로 삽입 〔워드〕

❶ [삽입]-[SmartArt]에서 '관계형' 목록 중 '기본 벤형'을 선택합니다.
  ▶ '그리기 캔버스' 안에 만들어지고, 그리기 캔버스의 크기를 조절하면 도형의 크기가 따라서 조정됩니다.

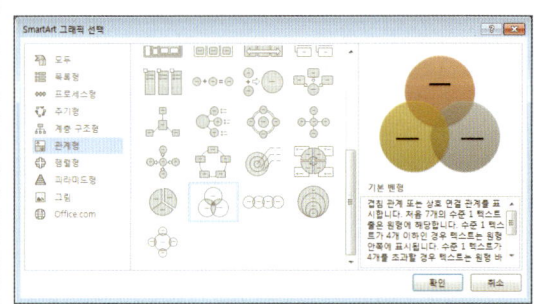

❷ 텍스트 입력 : [텍스트] 부분을 직접 클릭해 입력해도 되고, [텍스트 창]을 열어 목록으로 입력해도 됩니다.
  ▶ 목록은 Enter로 추가하고 Tab으로 수준을 내립니다.

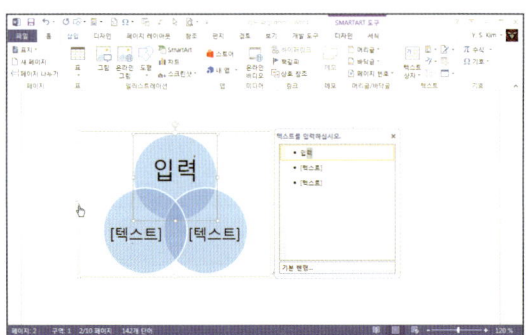

❸ 꾸미기 편집 : [스마트아트 도구]-[디자인]에 보면 미리 꾸며진 레이아웃/색/스타일들이 있습니다. 개별 도형의 편집은 [서식]에서 크기/서식/워드아트/정렬 등을 수정합니다.

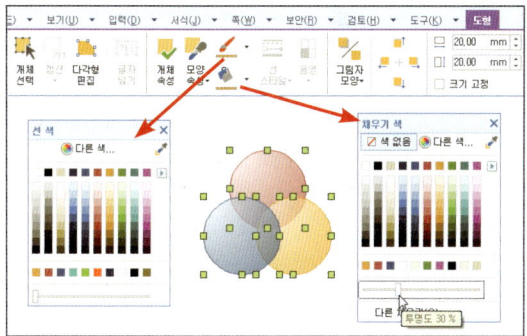

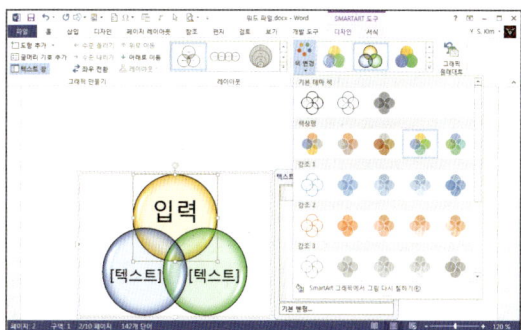

❻ 글을 입력해야 한다면 '글상자'로 만들거나, 글상자를 올려 놓고 선/채우기 색을 없앤 후 모두 선택하여 G 묶기

❹ 수준/위치 변경 : 마우스 오른쪽 버튼 메뉴나, [디자인]-[그래픽 만들기] 메뉴를 이용합니다. 텍스트 창에서 변경할 수도 있습니다. 텍스트 창에서는 '다단계 목록' 수준을 변경하듯이 Tab/Shift+Tab 키를 이용해 수준을 변경합니다.

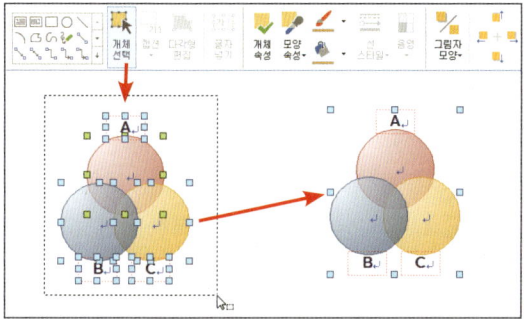

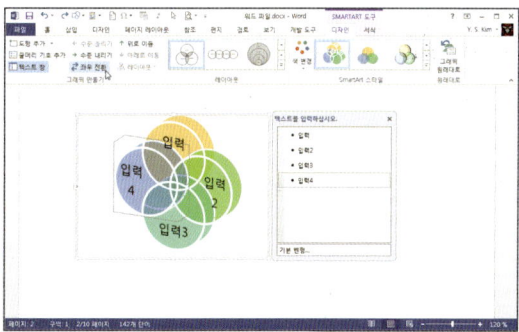

그리기 마당 　한글

그리기 마당에 보면 벤다이어그램에 대한 그리기가 있습니다. 선택해서 편집하면 쉽게 만들 수 있습니다.

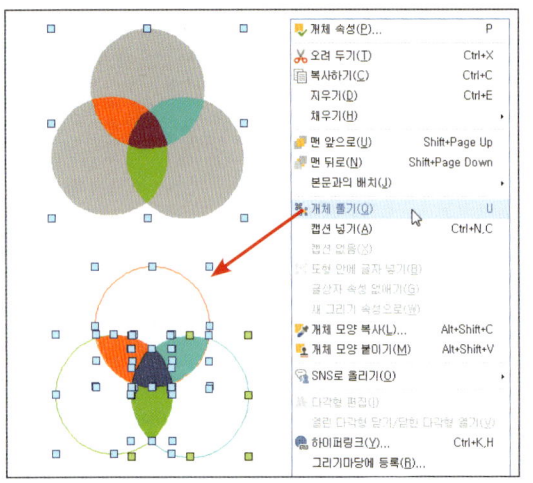

01-5 참고 문헌 만들기

'참고 문헌'은 인용된 문서나 사이트 등의 출처를 표기하는 것입니다. 참고 문헌이 문서에 여러 번 표기되거나, 다른 문서에서도 사용된다면 등록하여 사용하여야 할 텐데요. 참고 문헌을 등록하는 메뉴는 MS Word에만 있습니다.

각주 저장하기 `한글`

참고 문헌을 각주에도 표시하고, 문서 끝에도 표시해야 한다면 각주를 파일로 저장하여 추가할 수 있습니다.

❶ 각주를 모두 입력한 뒤 [주석]-[주석 저장하기]에서 저장 경로를 정해 파일로 저장합니다.

▶ 주석의 새 번호는 [쪽]-[새 번호로 시작]으로 합니다. 번호를 바꿀 주석 앞에서 지정하여 같은 번호를 여러 번 만들 수 있습니다.

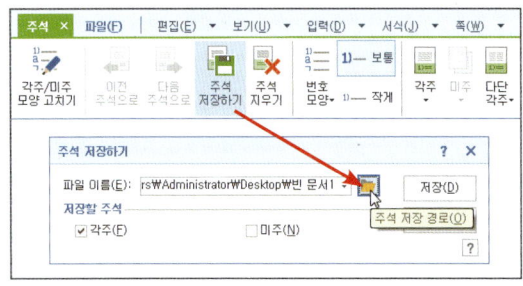

인용 및 참고 문헌 `워드`

참고 문헌의 출처는 [참조]-[인용 삽입]-[새 출처 추가] 또는 [출처 관리]-[새로 만들기]에서 합니다. 출처 유형과 저자/제목/날짜/발행처 등을 입력하고 컨텐츠의 언어를 지정해 주면 됩니다. 한글로는 일부 알려진 오류들이 있습니다.

❶ 출처 관리 : '현재 목록'에서 사용된 출처는 ✔ 표시됩니다.

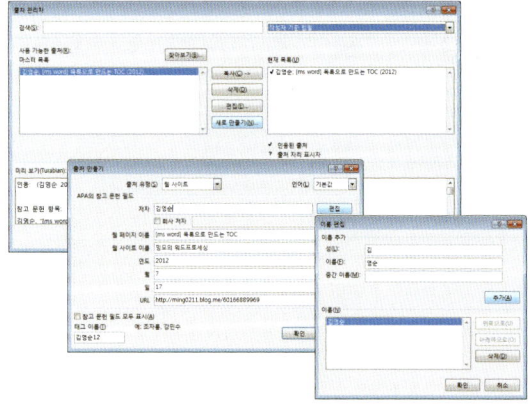

❷ 문서 끝에서 '끼워 넣기(Ctrl+O)'로 저장한 문서를 끼워 넣습니다. ※유지 옵션은 모두 해제합니다.

기타 명령 활용하기　한글

- 참고 문헌 번호 : '문단 번호'를 활용할 수 있습니다.

  ▶ [스타일 추가하기]-[문단 번호/글머리표]-[사용자 정의]에서 모양을 정해 스타일로 입력하면 좋습니다. 새 번호는 '문단 번호 모양(Ctrl+K, N)'에서 변경합니다.

  ▶ 본문의 각주 번호는 흰색으로 감추어 '글자 스타일'로 저장할 수 있습니다.

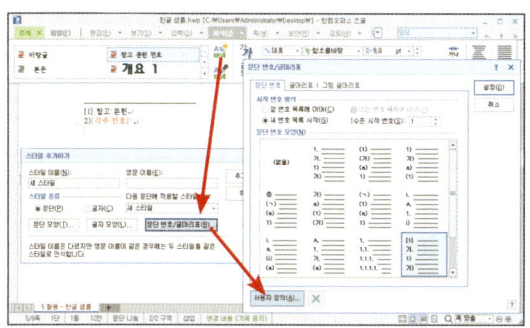

- 상용구 활용하기 : 번호와 서식을 모두 정한 뒤 선택하여 상용구로 등록하면 다른 문서에서도 입력할 수 있습니다.

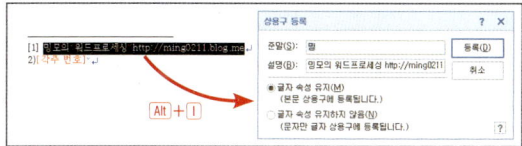

❷ 스타일 : 참고 문헌은 저자/발행처/연도 등의 항목을 몇 가지 순서나 서식(기울임꼴/굵게/내어쓰기), 문장 부호(큰따옴표/겹낫표)를 추가해 표기합니다. 그 대표적인 형식이 스타일로 모아져 있습니다. 스타일은 APA/Chicago/GB7714/GOST/Harvard/IEEE/ISO 690/MLA/SIST02/Turabian이 있고, 이 중 'IEEE'/'ISO 690-숫자 참조'는 번호가 추가됩니다.

▶ 스타일을 변경하면 입력된 참고 문헌에 자동 적용됨.

❸ 참고 문헌 삽입 : 본문 표기는 [인용 삽입]에서 선택하고, 전체 참고 문헌은 [참고 문헌]-[참고 문헌 삽입]에서 합니다. [참고 문헌]의 '기본 제공' 목록에서 선택하면 제목(제목 1)과 함께 미리 꾸며진 형식으로 추가할 수 있습니다.

▶ '인용 삽입(번호)' 업데이트 : Ctrl+A-F9

▶ 참고 문헌을 다른 문서에서도 사용하려면 선택하여 Alt+F3-'참고 문헌' 갤러리에 저장합니다.

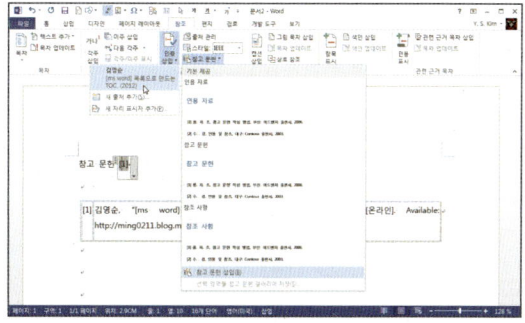

01-6 공유하기

1 파일 공유 링크 만들기

Thinkfree OneDrive(https://1drive.thinkfree.com)

`한글`

❶ [도구]-[원 드라이브] 또는 '다른 이름으로 저장(Alt+V)'에서 '1Drive'를 선택합니다.
❷ 회원 가입/로그인 후 필요한 클라우드에 저장합니다.

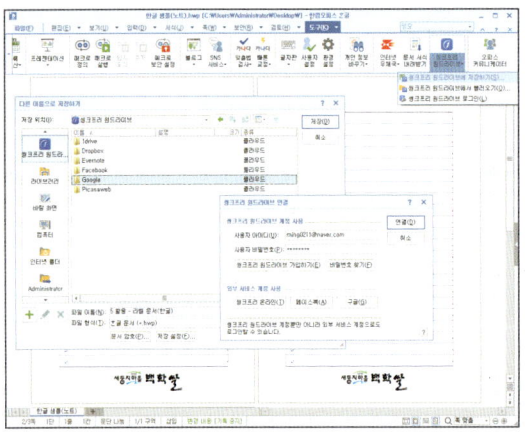

❸ 파일을 선택하여 [Share]-[Get Link]-링크를 복사합니다.

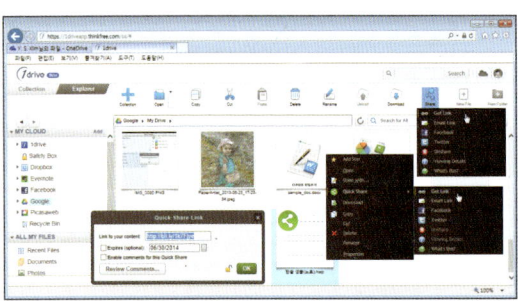

▶ 씽크프리 원드라이브 계정 : 1Drive를 클라우드로 사용할 수도 있지만, Google Drive, Box.net, Dropbox, Evernote, Facebook, Twitter, Picasaweb 등에 계정이 있다면 [Explorer]-[My Cloud]에 추가해 사용할 수도 있습니다. 1Drive 계정 하나로 모두 로그인이 가능합니다. 씽크프리 원드라이브에서는 'Thinkfree Office'로 MS Office, 텍스트 문서를 작성/편집/저장할 수 있습니다. 'hwp'는 읽기만 가능합니다.

OneDrive(SkyDrive – https://onedrive.live.com)

`워드`

❶ [파일]-[공유]-[클라우드에 저장]을 선택합니다.
❷ 회원 가입/로그인 후 저장합니다. 다운로드 받은 동기화 폴더(OneDrive)가 있다면 '다른 이름으로 저장(F12)'으로 폴더를 선택해 저장합니다.
❸ [공유 링크 가져오기]-[링크 만들기]로 만들어 복사해 사용합니다. 링크는 보기와 편집 링크가 있습니다.

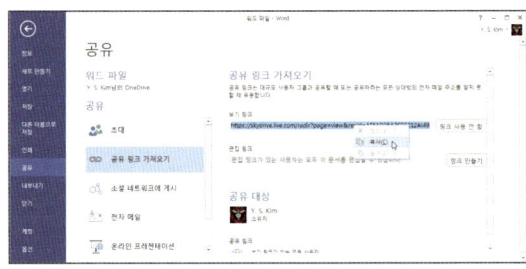

▶ OneDrive의 파일에서 마우스 오른쪽 버튼을 눌러 [공유] 링크를 만들 수도 있습니다.

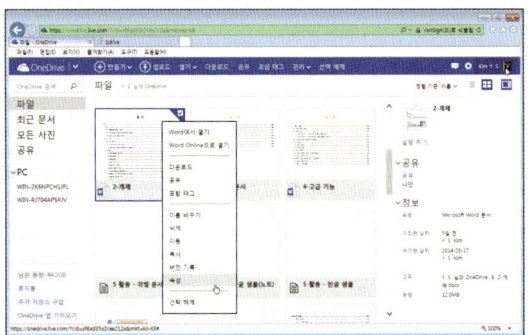

▶ OneDrive에서도 PC Word처럼 문서를 열어 편집할 수 있습니다. 특히, 파일을 마우스 오른쪽 버튼으로 선택해 '버전 기록'을 살펴보면 문서의 이전 저장 상태를 알아 볼 수 있고 다시 편집해 저장할 수 있습니다. Word Online이나, Office Mobile에서의 문서는 PC에서와 동일하게 보이지는 않습니다. 또, 자동 저장되기 때문에 저장이 따로 없습니다. 만약 기존 문서가 변형될까 걱정된다면 복사하여 복사본을 편집하는 것이 좋습니다.

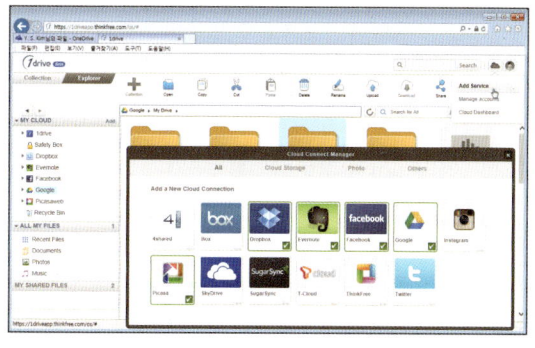
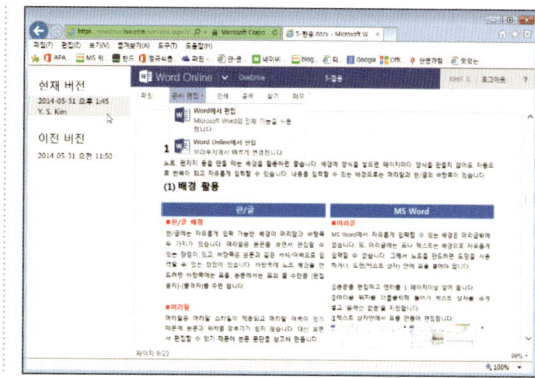

2 다른 사람과 협업하기

오피스 커뮤니케이터 [한글]

[편집]-[오피스 커뮤니케이터] 또는 작업창의 [오피스 커뮤니케이터]에서 [협업 시작]-'초대할 사용자' 메일 주소를 입력 후-[협업 초대]로 두 명 이상의 사용자가 한 문서를 공동으로 편집할 수 있습니다. ※안 된다면 업데이트

다른 사용자와 공유 [워드]

[파일]-[공유]-[다른 사용자와 공유]('클라우드에 저장')에서 공동 작업자(메일 주소를 입력해 링크를 보냄)를 초대한 후 공동 편집할 수 있습니다. ※클라우드에서 편집합니다.

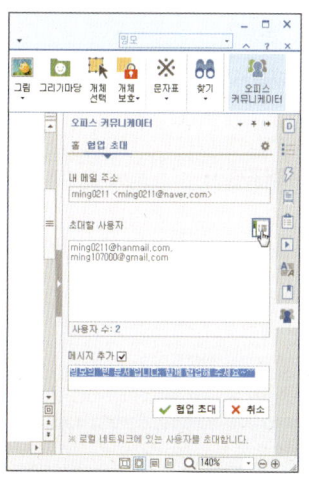

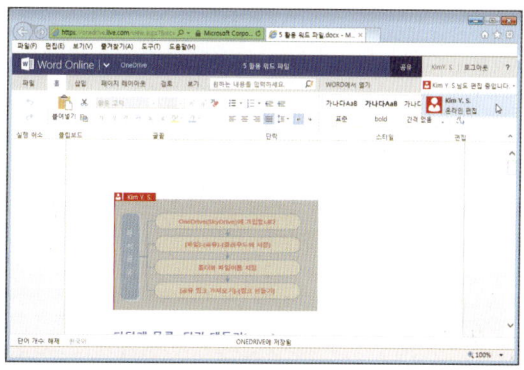

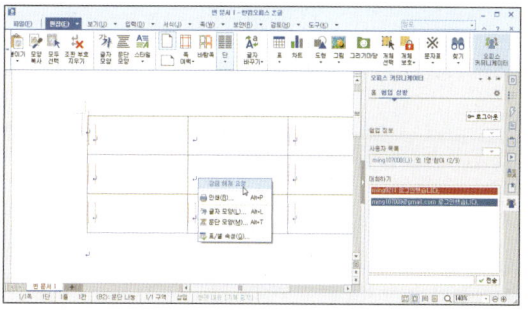

3 블로그에 게시

블로그로 올리기 [한글]

❶ 한/글 : [도구]-[블로그]-[블로그 계정 관리]-[+](계정 등록하기)-'API' 종류를 'Meta Weblog API'로 선택
❷ 블로그 : [관리]-[API 설정](글 설정)에서 'API 주소'와 'API 연결 암호'를 각각 복사해 한/글 블로그 계정 등록하기에 붙입니다. ※'API 연결 암호'는 블로그의 로그인 암호를 사용하기도 합니다.

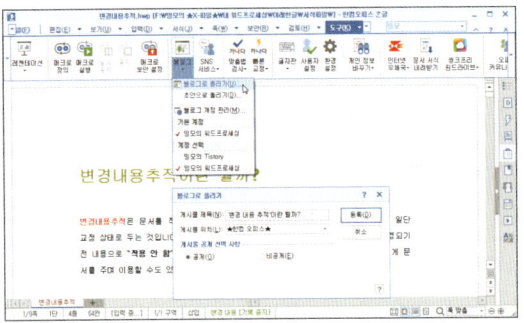

❸ [도구]-[블로그]-[블로그로 올리기]로 게시

블로그에 게시 [워드]

❶ MS Word : [파일]-[공유]-[블로그에 게시]

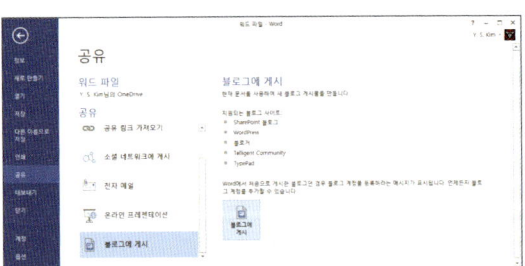

❷ 블로그 계정 등록 ※블로그의 API연결 URL과 암호 등록

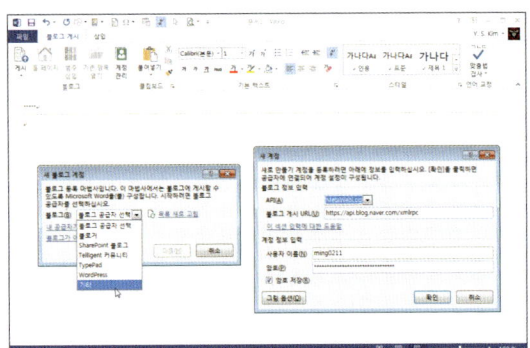

❸ [블로그에 게시]-[게시]

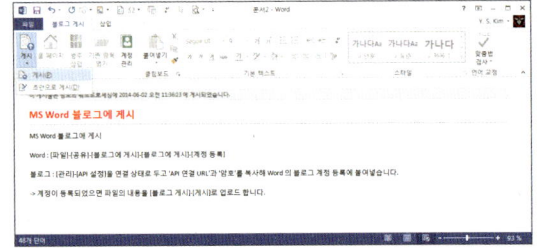

4 편집 제한 문서 만들기

1) 한/글의 편집 제한 문서

배포용 문서

배포 문서는 단순한 읽기 전용 문서([열기]의 '읽기 전용' 선택)와는 달리, '다른 이름으로 저장' 할 수 없고, 인쇄/복사 제한을 설정할 수 있습니다. 인쇄 제한이 설정되어 있으면 문서를 인쇄해 볼 수 없고, 복사 제한이 설정되어 있으면 본문 내용을 선택할 수도 없게 됩니다. 온전히 읽기 문서로만 활용할 수 있죠.

▶ 한/글 2010 버전부터는 [보안]-[배포용 문서 저장], 2007 이전 버전은 [파일]-[배포 문서로 저장하기]로 저장합니다.

보안 문서

한/글 2010 버전 이상에서 이용할 수 있는데, 저작자의 공인인증서 암호와 수신자의 인증서 식별번호(CN)를 입력해 저장하고 열람할 수 있습니다. 마찬가지로 인쇄/복사 제한과 열람 기간을 설정할 수 있습니다. 이 문서는 2007이상에서만 열립니다. 수신자의 인증서 식별번호는 수신자가 직접 발급기관에서 [인증서 로그인]-[인증서 보기]-[자세히]-[발급 대상(주체)]로 CN 번호를 확인하여 전달해 준 것을 입력합니다.

▶ 보안 문서, 배포용 문서로 저장하면 [보기], [보안]을 제외한 메뉴는 사용할 수 없고 읽기 모드로만 볼 수 있습니다.

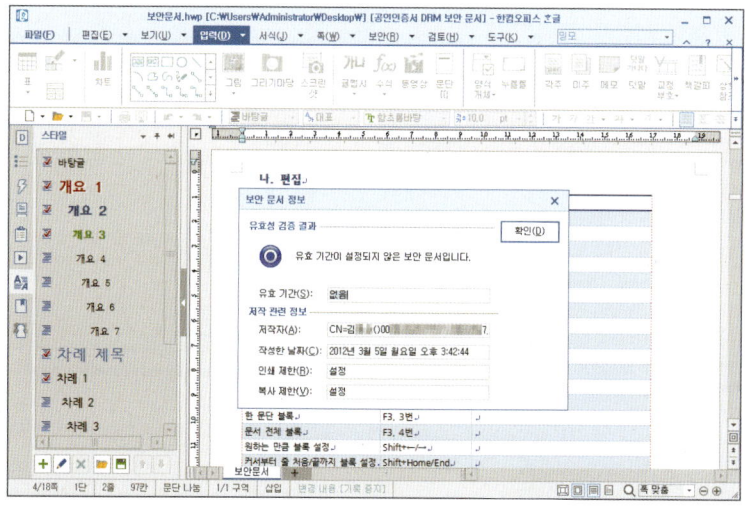

암호 설정 문서

문서를 열어볼 때마다 암호를 입력해야 하는 암호 문서는 [보안] 메뉴에서도 설정할 수 있지만, [파일]-[저장]의 '문서 암호' 옵션으로도 지정할 수 있습니다.

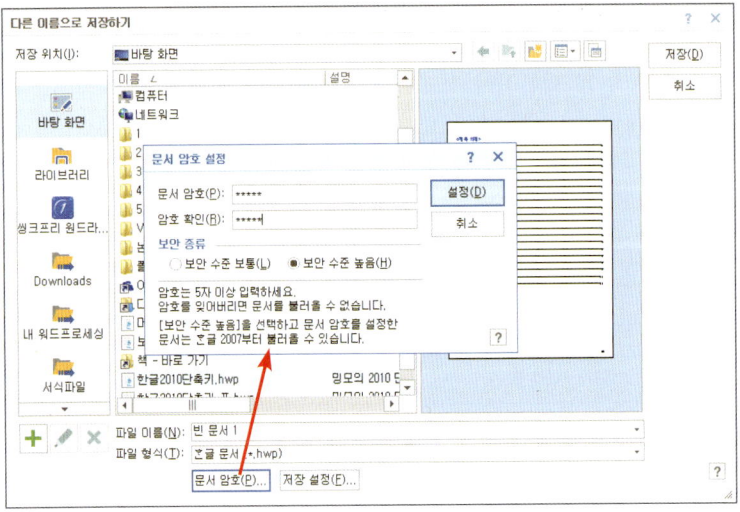

개인 정보 보호

한/글 2010 이상 버전은 개인 정보 보안이 강화되었습니다. [보안]-[개인정보 찾아서 보호] 메뉴도 추가되고, 한컴오피스 안에 [한컴 개인정보탐색기]도 추가되었습니다. 그래서 문서에 혹시 포함되어 있을지 모르는 주민등록번호/계좌번호/전화번호/주소/여권번호 등을 쉽게 찾아 보호 문자(*** 등)로 치환할 수 있습니다. 문서를 연 상태에서는 [보안] 메뉴에서, 여러 문서를 동시에 찾을 경우는 [한컴 개인정보탐색기]를 이용해 개인 정보를 보호해 보세요.

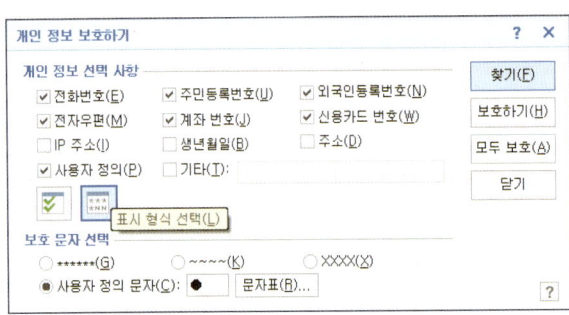 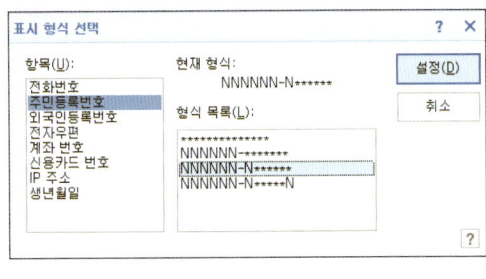

2) MS Word의 편집 제한 문서

최종본 표시 문서

[파일]-[정보]-[문서 보호]에서 선택하며 단순히 문서 편집이 끝났음을 표시하는 읽기 모드입니다. 해제하면 다시 편집할 수 있습니다.

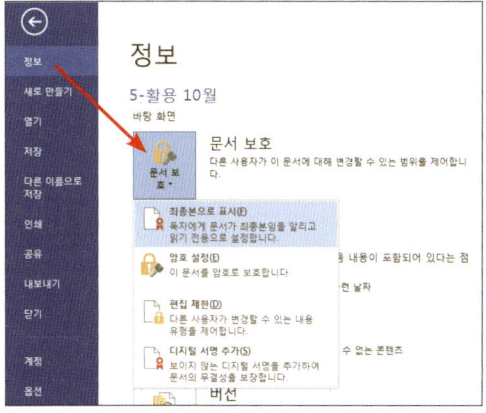

편집 제한

편집 제한은 [파일]-[정보]-[문서 보호]나 [개발 도구] 메뉴에서 지정합니다. 편집 제한 문서는 서식 제한, 읽기 전용, 양식 채우기, 변경 내용 추적, 메모 등으로 지정할 수 있는데요. 대부분은 복사하거나 다른 이름으로 저장할 수 있으니 완전히 배포 문서로만 사용하려면 주의해야 합니다. ※[개발 도구] 메뉴는 [워드 옵션]-[표시] 또는 [리본 사용자 지정]에서 선택

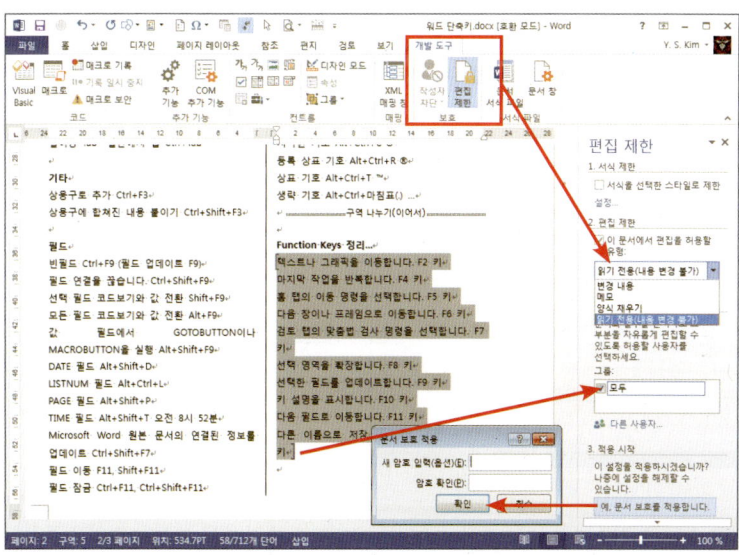

▶ 서식 제한 문서 만들기 : 서식 제한 문서는 허용된 스타일 안에서만 서식을 편집할 수 있는 문서입니다. 허용된 스타일은 스타일 작업창의 [스타일 관리]-[제한]에서 [허용]/[제한]으로 정하며 '허용된 스타일로 서식 제한'을 선택해야 적용됩니다. 모든 서식을 이 허용한 스타일로만 적용하도록 하려면 [편집 제한]의 '서식 제한'을 선택하여 [예, 문서 보호를 적용합니다.]를 선택하면 됩니다.

▶ 읽기 전용 문서 만들기 : 읽기 전용 문서는 최종본으로 표시된 문서와 달리 예외 구간을 정해 놓을 수 있고, 암호를 설정할 수 있습니다. 암호 없이 지정하면 언제든 [보호 중지]를 눌러 다시 편집할 수 있습니다.

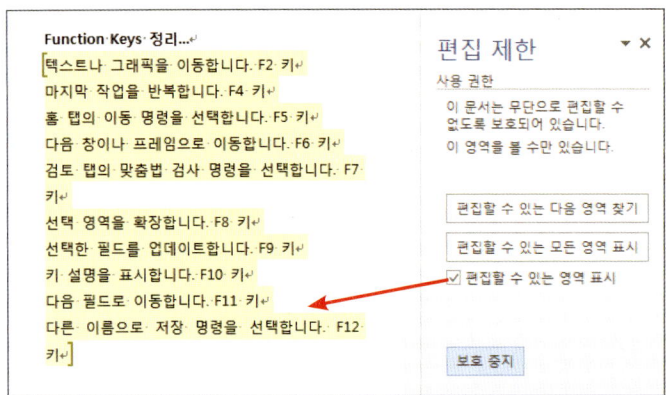

▶ 양식 채우기 문서 만들기 : [개발 도구]의 컨트롤 탭에 보면 여러 양식 개체(텍스트/그림/확인란/콤보 상자/드롭다운 목록/옵션 단추/명령 단추/토글 단추 등)들이 있습니다. 이 양식 개체는 편집 상태에서도 사용하지만, 문서를 편집 제한했을 때도 유용하게 사용할 수 있는데요. 양식 개체를 삽입하고 '양식 채우기'로 편집을 제한하면 다른 곳은 편집할 수 없고 양식 개체 부분만 입력할 수 있도록 보호 됩니다. 특히, [이전 도구]의 '텍스트 필드' 같은 경우는 '양식 채우기' 상태에서만 사용할 수 있습니다. '양식 채우기' 문서는 복사가 불가능하고 다른이름으로 저장해도 편집 제한이 중지되지 않기 때문에 배포 문서로 사용하기에 적당합니다. 구역을 나누어 일부분 구역에만 편집 제한할 수도 있습니다.

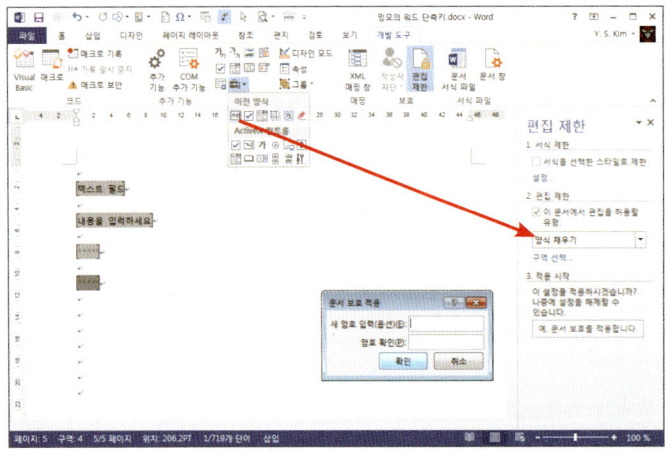

▶ 변경 내용 편집 제한 : 문서를 편집할 수는 있으나 변경 내용 추적으로 모두 표시되고 변경 내용 추적을 임의로 중지할 수 없도록 하는 편집 제한 문서 입니다. 문서 보호를 해제하고 '적용'/'적용 안함' 해야 변경 내용이 문서에 적용됩니다.

▶ 메모 편집 제한 : 본문은 편집할 수 없고 메모만 입력/수정/삭제 할 수 있는 편집 제한 문서입니다.

암호 설정 문서

비밀 번호를 입력해야만 열어볼 수 있는 문서로 만듭니다. [파일]-[문서 보호]-[암호 설정]에서 설정하며 [저장]-[도구]-[일반 옵션]에서 정할 수도 있습니다. 저장하기에서는 '읽기 암호'/'쓰기 암호'를 각각 지정할 수 있습니다. 암호가 걸린 문서는 암호를 모르고는 절대 열 수 없지만, 호환 문서(doc)의 경우는 암호를 제거하는 프로그램이 있기도 합니다.

디지털 서명 문서

인증 기관에서 '디지털 ID'를 발급 받아 서명한 문서입니다. 디지털 ID는 [삽입]-[서명란 추가]-[서명 서비스 추가]의 발급 기관에서 등록하고, [삽입]-[서명란 추가]-[Microsoft Office 서명란]이나 [파일]-[정보]-[문서 보호]-[디지털 서명 추가]로 삽입합니다.

01-7 번호 활용하기

1 목록에 없는 개요 번호 모양 만들기

```
1.        - 글꼴 : 중고딕 16, 왼쪽 여백 : 0
  (가)     - 글꼴 : 중고딕 14, 왼쪽 여백 : 2칸
    ①     - 글꼴 : HY신명조 12, 왼쪽 여백 : 4칸
```

개요 번호 모양 변경 〔한글〕

❶ Ctrl + K , O 개요번호 모양을 열고
❷ 1수준이 '1.'인 목록을 고른 후 ▷ [사용자 정의]

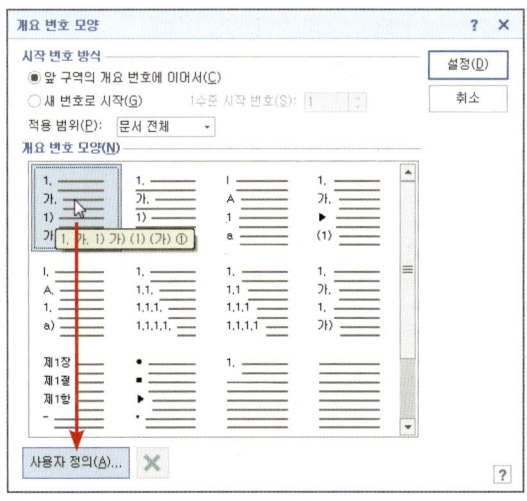

새 다단계 목록 정의 〔워드〕

❶ [홈]-[다단계 목록]-[새 다단계 목록 정의]-[자세히]

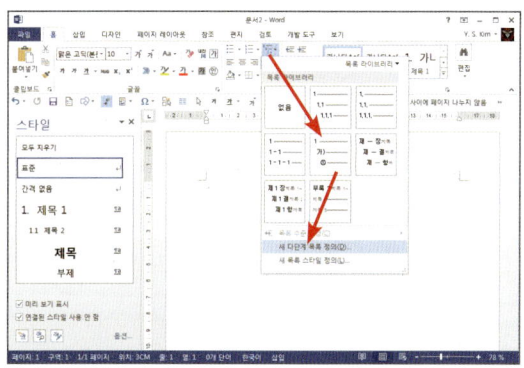

❷ '1수준' 선택 ▷ '번호 스타일'에서 '1,2,3' 선택 ▷ '번호의 서식'에 '.' 추가 ▷ '연결할 스타일'로 '제목 1' 스타일 연결

❸ '2수준' 선택 ▷ '번호 서식'의 '^2' 좌우로 '(' 와 ')' 추가 ▷ '번호 모양'을 '가,나,다'로 변경

▶ '^2'를 '^가'로 변경하지 않습니다.

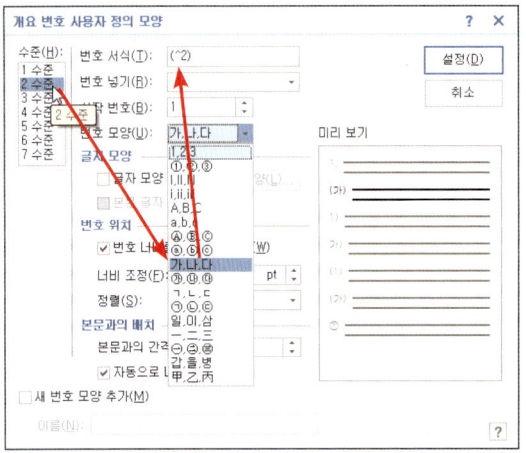

❹ '3수준' 선택 ▷ '번호 서식'의 '^3'만 남기고 삭제 ▷ 번호 모양을 '①,②,③'으로 변경

▶ '^'를 삭제하면 '①'이 아닌 '3'으로 반복 표시됩니다.

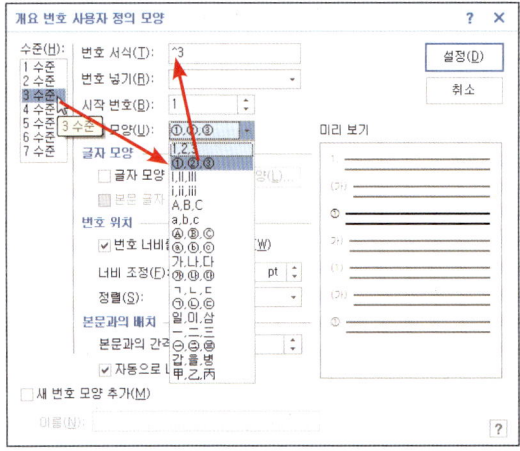

❺ [설정] ▷ [설정] 하면 번호 1 수준이 본문에 입력됩니다.

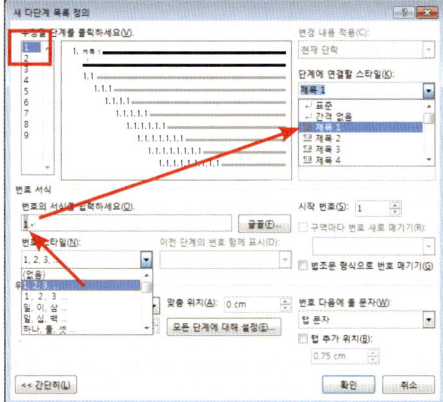

❸ '2수준' 선택 ▷ '번호 서식' 삭제 ▷ '번호 스타일'에서 '가,나,다' 선택 ▷ 번호 코드(음영 표시)의 좌우로 '(' 와 ')' 추가 ▷ '제목 2' 스타일 연결

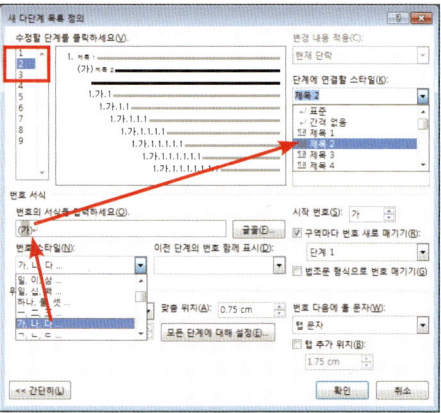

❹ '3수준' 선택 ▷ '번호 서식' 삭제 ▷ '번호 스타일'에서 '①,②,③' 선택 ▷ '제목 3' 스타일 연결

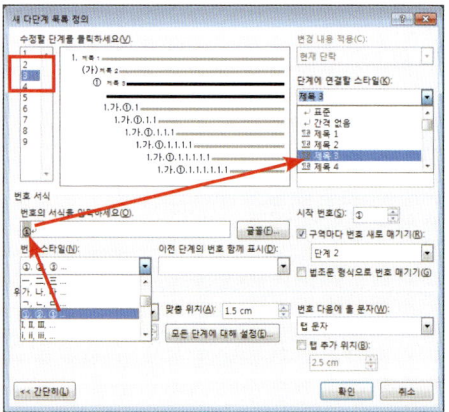

❺ [확인]을 누르면 번호 1 수준이 본문에 입력됩니다.

2 번호에 자동 적용될 서식

연결된 스타일 서식 변경 　한글

① F6 ▷ '개요 1' 선택 ▷ [편집하기] ▷ [글자 모양]
   ▶ '한글'과 '영문' 글꼴이 다를 경우 '대표 언어'를 '한글'/'영문' 등으로 바꾸고 각각의 글꼴을 지정합니다.

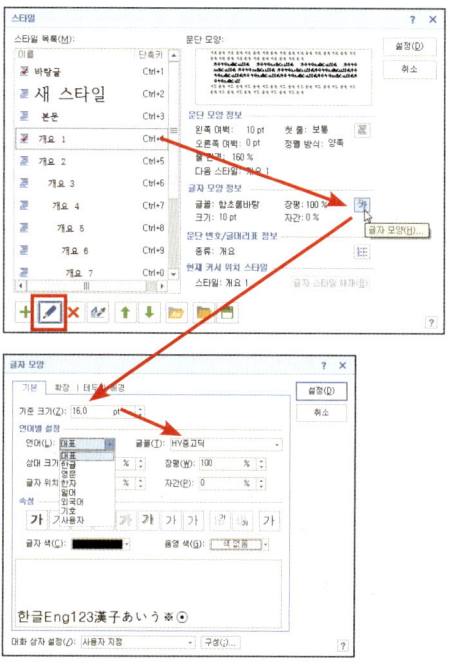

② '개요 2' 선택 ▷ [편집하기] ▷ [글자 모양]/[문단 모양]
   ▶ 문단의 왼쪽 여백에서 글자 단위는 'ch'를 사용합니다. 단위를 클릭 또는 마우스 오른쪽 버튼 클릭으로 변경한 후 빈칸 2칸에 해당하는 '2 ch'를 지정하세요.

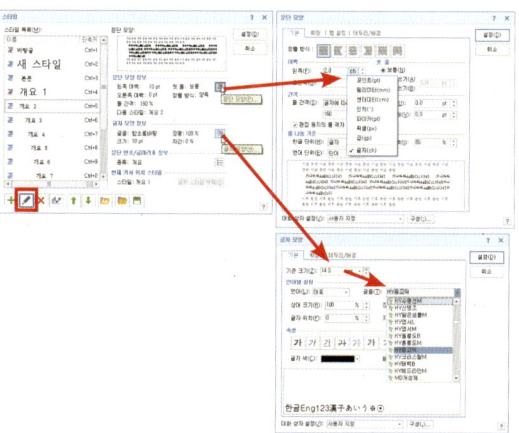

연결된 스타일 서식 변경 　워드

① '제목 1' 스타일-[수정]-[서식]-[글꼴] 대화 상자를 열어 글꼴과 크기를 변경합니다.
   ▶ 한글/영문 글꼴이 같다면 '한글 글꼴'을 'HY 중고딕'으로, '글꼴'을 '한글 글꼴 사용'으로 선택합니다. 영문 글꼴이 다를 경우는 '글꼴'에 영문 글꼴을 정합니다.

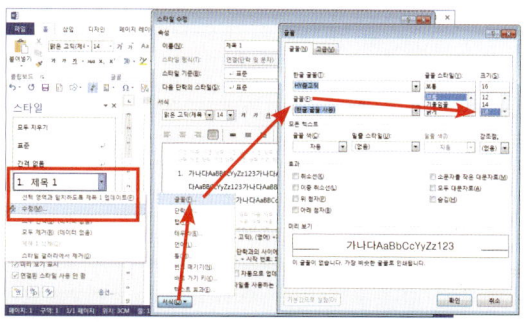

② '제목 2' 스타일-[수정]-[서식]-[글꼴]에서 '글꼴'과 '글자 크기'를 변경하고, [단락]에서 '왼쪽 여백'에 '1 글자'를 직접 입력해 변경합니다. ※빈칸 2칸은 한글 '1 글자'

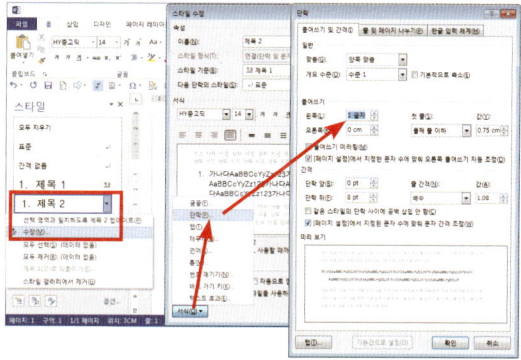

③ '제목 3' 스타일도 [글꼴]과 [단락]을 수정합니다.
   ▶ 또는 본문의 내용을 직접 선택하여 [글꼴]과 [단락]을 설정한 후 스타일-[선택 영역과 일치하도록 스타일 업데이트]해도 됩니다. ※빈칸 4칸은 한글 '2 글자'

번호 입력 　워드

- 제목 1~3 스타일(Ctrl + Alt + 1/2/3)로 '1.'/'(가)'/'❶' 번호를 각각 적용합니다.

❸ '개요 3' 선택 ▷ [편집하기] ▷ [글자 모양]/[문단 모양] 변경
  ▶ 또는 본문 내용을 직접 편집한 후 [서식]-[스타일 현재 모양으로 바꾸기] 해도 됩니다. ※빈칸 4칸은 '4 ch'

번호 입력 〔한글〕

- 개요 1~3 스타일(Ctrl+3/4/5)로 '1.' / '(가)' / '①' 번호를 각각 적용합니다.

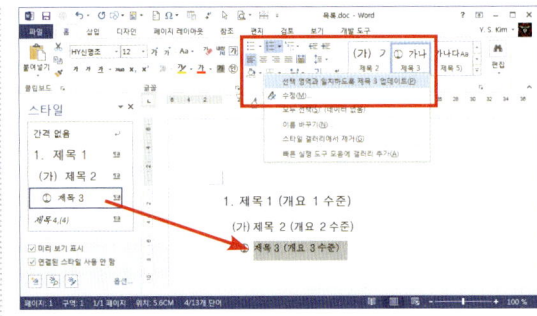

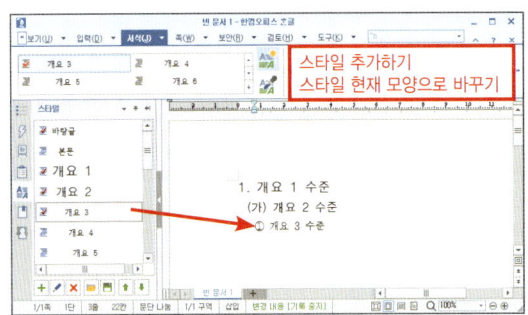

※개요 스타일에 '문단 번호 모양'을 지정하지 마세요.

3 이전 단계와 함께 표시되는 목록 만들기

```
 I.
 1.1.
 1.1.1.
```
1 수준의 번호 모양이 나머지 수준에서는 다르게 표시되어야 하는 목록인 경우

문단 번호와 개요 스타일 〔한글〕

이전 단계를 함께 표시하는 목록에서 번호 모양을 서로 다르게 만들 수는 없습니다. 다른 목록이 되도록 1 수준 번호는 '문단 번호'로 구분해야 합니다.

❶ '개요 번호 모양(Ctrl+K, O)'에서 2 수준 이하에 적용될 번호 모양을 선택합니다. ▷ 번호 수정은 [사용자 정의]
  ▶ 반복될 이전 수준의 번호는 '번호 넣기'에서 선택하거나, 자동으로 만들어지는 '^N'을 사용합니다.

서로 다른 목록으로 표시 〔워드〕

Word에서도 목록을 다르게 설정해야 하지만, 한/글처럼 스타일을 변경해 사용할 수는 없습니다. 서로 연결되지 않은 다른 스타일('제목')을 이용하세요.

❶ [홈]-[다단계 목록 라이브러리]에서 '1.1.1.' 목록을 선택합니다. ▷ 번호 수정은 [새 다단계 목록 정의]
  ▶ 앞 수준 번호는 '이전 단계의 번호 함께 표시'로 추가

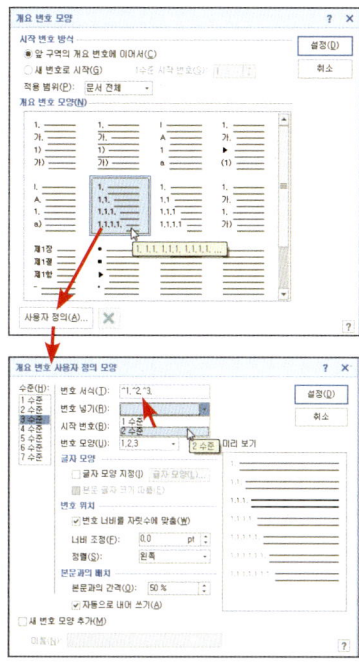

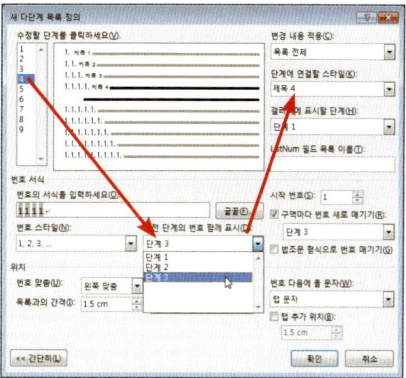

❷ '1 수준' 번호(Ⅰ)는 '제목' 스타일 [수정]-[서식]-[번호 매기기]에서 선택 ▶ '다음 단락의 스타일'은 '제목 1'

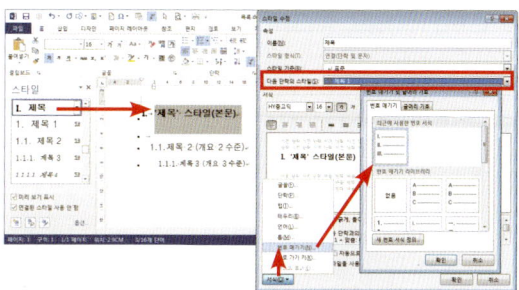

❸ 2수준에 포함된 1수준 번호는 새 번호를 주지 말고, '제목 1' 스타일의 서식을 흰색으로 적용해 감춰 줍니다.

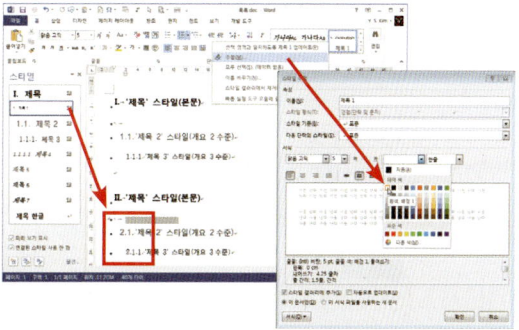

❷ 모양이 다른 '1 수준' 번호(Ⅰ)는 '개요 스타일'을 수정하여 '문단 번호'로 정해 줍니다.

▶ [스타일 편집하기]-[문단 번호/글머리표]에서 '1 수준'이 'Ⅰ'인 모양을 선택 ▷ '문단 번호'로 바뀐 스타일은 [문단 모양]-[확장]에서 '번호 문단'의 '1 수준'이 맞는지 확인합니다. ※번호 목록 중 1 수준만 스타일로 적용됩니다.

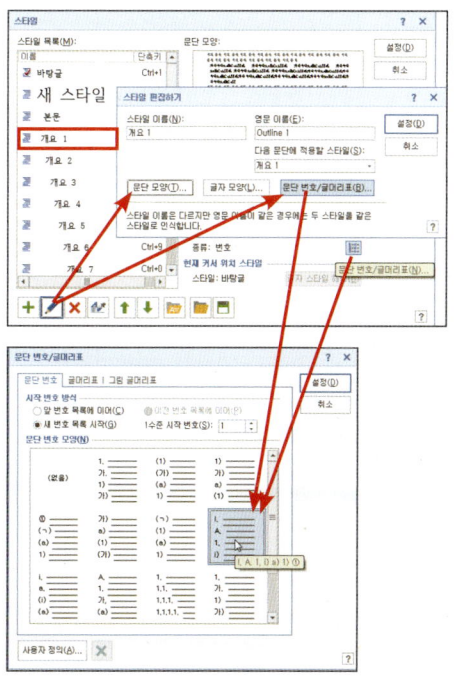

❹ 번호는 스타일로 적용하는데, 1수준 번호('제목')가 바뀔 때마다 '제목 1' 스타일도 함께 적용되도록 해주세요.

❸ 2수준의 1수준 번호는 구역을 나눠 변경합니다. ※구역은 이전 페이지에서 Alt + Shift + Enter 하거나 '개요 번호 모양(Ctrl + K, O)'의 '새 구역으로'를 선택해 나눕니다.

❹ 새번호는 Ctrl + K, O의 '1수준 시작 번호'로 바꿉니다.

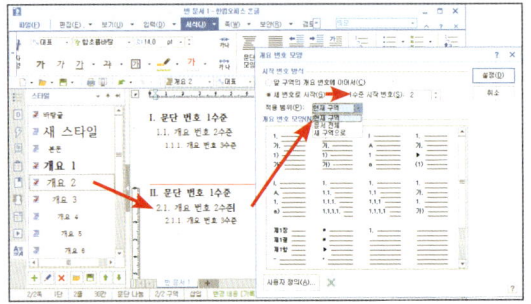

❺ 번호는 스타일로 적용합니다.

4 다양한 페이지 번호 표시

구역별로 다른 쪽 번호와 구역 전체 쪽 번호 『한글』

한/글은 '구역 전체 쪽' 코드가 없습니다. 제목 장 번호나, 구역 전체 쪽 번호는 머리말/꼬리말에 직접 입력해야 합니다.

❶ Ctrl + N, H 머리말/꼬리말을 입력합니다.
  ▶ '쪽 번호'가 선택된 머리말을 골라 서식을 수정하세요.

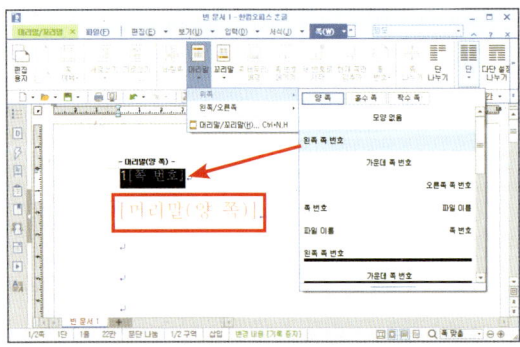

❷ '장 제목'이나 번호, 구역 쪽 번호가 필요하면 직접 문자로 입력합니다.
  ▶ '현재 쪽'이나 '전체 쪽'은 [머리말 도구]-[상용구 넣기]

구역 전체 페이지와 장 제목 번호 넣기 『워드』

MS Word의 페이지 번호는 '현재 페이지(Page)'/'전체 페이지(NumPages)'/'구역 전체 페이지(SectionPages)'가 있습니다. 또, 장 제목 번호는 구역을 나누지 않아도 '페이지 번호 서식'에서 선택해 함께 표시할 수 있습니다.

❶ [삽입]-[페이지 번호]에서 위치와 종류를 선택합니다.
  ▶ 'X'는 현재 페이지, 'Y'는 전체 페이지 번호입니다.

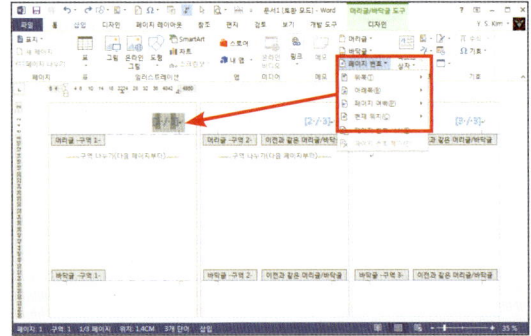

❷ '전체 페이지'를 '구역 페이지'로 변경하려면 마우스 오른쪽 버튼의 [코드 편집]에서 'SectionPages'를 선택합니다.

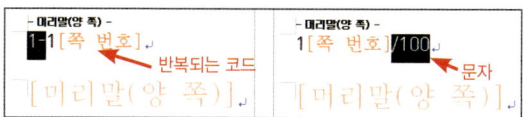

❸ 머리말(꼬리말) 내용이 변경되는 곳에서는 머리말을 다시 입력(Ctrl+N, H)합니다. 또는 입력된 '[머리말(양쪽)]' 조판 부호를 복사해 붙이고 수정합니다.

▶ [보기]-[조판 부호]를 켜고 조판 부호를 복사하세요.

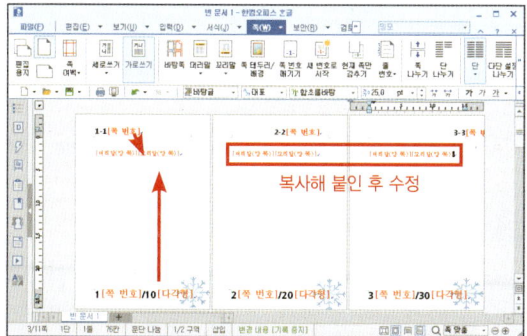

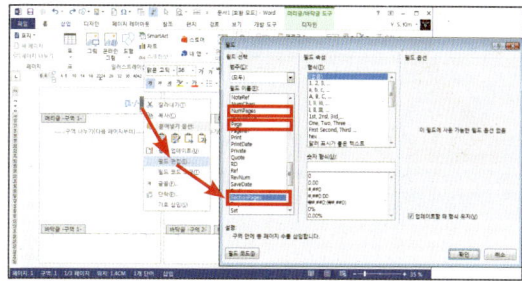

▶ 장 번호를 추가하려면 [머리글 도구]-[페이지 번호]-[페이지 번호 서식]에서 '장 번호'를 선택합니다.

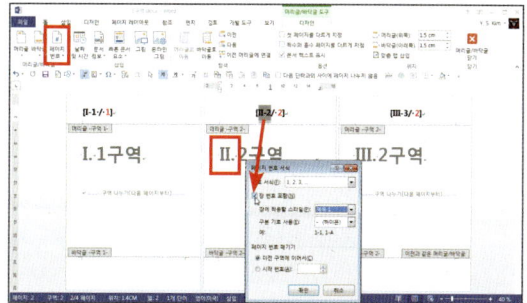

❸ 구역 별로 다른 모양으로 만들려면 '이전 머리글에 연결'을 해제하여 구역간 연결을 끊어 준 후 변경합니다.

2 문제해결과 팁

02-1 서식 관련

글꼴을 바꿨는데 제대로 적용이 안되요.

한글 글꼴을 포함하고 있지 않은 영문 폰트의 경우 한글은 글꼴이 다르게 표시될 수 있습니다. 한글과 영문 등의 글꼴을 각각 정해 주어야 합니다.

- ▶ **한/글**은 언어를 '대표'에서 '한글' 또는 '영문' 등으로 바꾸고 글꼴을 지정합니다.
- ▶ **MS Word**는 Ctrl+D 글꼴 대화 상자를 열어 정하는 것이 좋습니다. '한글 글꼴'에는 한글에 적용될 한글 글꼴을, '글꼴'에는 영문, 기호 등에 적용될 영문 글꼴을 선택합니다. ※특히, '스타일 수정' 대화 상자에서 글꼴을 지정할 때 주의해야 합니다. 대화 상자 내의 [서식]-[글꼴] 대화 상자를 다시 열어 지정해야 글꼴이 제대로 적용됩니다.

영문이나 숫자/기호가 전각문자(한글 1글자 크기)로 표시되요.

문서의 모든 텍스트(영어, 빈칸, 숫자 포함)가 전자로 입력되는 경우, 작업표시줄의 '입력 도구 모음' 또는 '한컴 다국어 입력기'에서 '전자 입력' 표시를 해제하세요. 전자 문자로 입력하면 원래는 반자인 영문, 숫자, 문단 부호 등이 모두 한글처럼 전자 문자로 입력되기 때문에 사이띄기가 되었거나, 자간이 넓혀진 것으로 오해할 수 있습니다. 입력 도구 모음에 전자 입력을 해제하고 문서에 입력된 전자 문자를 반자로 변경해 주세요.

- ▶ **한/글** : [편집]-[글자 바꾸기]-[전각/반각 바꾸기]에서 '모두 반각으로'를 선택합니다.
- ▶ **MS Word** : 문서 전체를 선택해 [홈]-[글꼴]-[대/소문자 바꾸기](Aa↓)에서 '반자로'를 선택합니다.

MS Word – 줄 끝의 빈칸이 여백으로 숨지 않고 다음 줄 첫째 부분으로 넘어가요.

[파일]-[옵션]-[고급]-'레이아웃 옵션'에서 '줄 끝 공백을 다음 줄로 보냄'을 해제합니다. 이 옵션은 Word 2013에서는 '호환 문서'에서만 표시됩니다.

줄 시작 부분에서 스페이스를 입력하면 '들여쓰기'나 '내어쓰기'가 되요.

- ▶ **MS Word** : [파일]-[옵션]-[언어 교정]-[자동 고침 옵션]-'입력할 때 자동 서식'에서 '탭과 백스페이스를 넣을 때 첫 부분에 왼쪽 들여쓰기'가 선택되어 있으면 이와 같은 현상이 나타납니다. 자동 서식의 옵션을 해제하면 목록의 수준을 Tab 키로 변경할 수 없기 때문에 줄 끝 옵션만 해제하는 것이 좋습니다.

페이지 첫 부분에 오는 빈칸이나 단락 여백을 생략하고 싶어요.

▶ **한/글** : '구역 설정(Ctrl+N,G)'에서 '빈 줄 감추기'를 선택해 페이지 첫 부분에 오는 빈 문단(엔터)을 이전 페이지 끝으로 숨길 수 있습니다. 문단 부호 2개까지는 숨겨지고 나머지는 다음 페이지에 표시됩니다. 감춰진 빈 문단 부호는 페이지 경계에서 벗어나면 다시 표시됩니다. 글자나 스페이스를 입력해도 표시되구요. 쪽 경계에 위치했을 경우에만 감춰지니 주의해야 합니다. ※문단 부호를 켜고 확인해 보세요.

▶ **MS Word** : [파일]-[옵션]-[고급]-[레이아웃 옵션]의 '사용자 지정 페이지/단 나누기 앞/뒤에 간격을 두지 않음'을 선택해 두면 '페이지 나눔(Ctrl+Enter)'을 입력했을 때 단락 여백이 생략되도록 할 수 있습니다.

번호 목록을 사용했는데 수준 별로 새 번호가 나오지 않거나, 한꺼번에 조정이 되지 않아요.

번호 목록이 하나가 아니거나 종류가 다르기 때문입니다.

▶ **한/글**은 '스타일' 내에서 '문단 번호 모양'을 지정하면 다른 목록과 연결되지 않을 수 있습니다. 스타일 내의 번호는 모두 개요 번호이고, 스타일 편집에서의 번호 모양은 '문단 번호'입니다. 개요와 문단 번호는 별개로 서로 연결되지 않습니다. 또, 같은 문단 번호끼리도 다른 목록으로 만들어졌다면(새 번호) 서로 연결되지 않습니다.

▶ **MS Word**는 다단계 목록을 여러 가지로 지정했기 때문입니다. MS Word는 구역을 따로 나누지 않아도 목록을 여러 개로 사용할 수 있습니다. '새 다단계 목록 정의'를 한 후 하나의 목록으로만 사용해야 합니다. 하나의 목록만 사용하는데는 스타일과 연결하는 것이 가장 좋습니다. ※스타일은 한 문서에 같은 이름으로 다른 서식을 사용할 수 없습니다.

번호를 사용자 정의로 만들어 넣었는데 같은 번호가 계속 반복되요.

번호의 코드를 삭제했기 때문입니다.

▶ **한/글**은 '개요 번호 모양' 또는 '문단 번호 모양'의 '사용자 정의'-'번호 서식'에서 수준 별 번호 모양을 정합니다. 번호 주변을 괄호나, 마침표 등으로 꾸밀 수 있는데요. 수준 별 번호에 해당하는 '^n' 코드 표시(^^)를 지우면 '번호 서식'에 표시된 텍스트대로만 반복되어집니다. 글머리표처럼요.

▶ **MS Word**는 '새 다단계 목록 정의'의 '번호의 서식을 입력하세요.'에서 번호 모양을 꾸밀 수 있습니다. 워드의 번호 코드는 음영 처리되어 표시됩니다. 이 번호를 지우고 번호를 글자로 입력했다면 입력한 번호만 계속해서 반복됩니다. ※'새 목록 스타일 정의'의 [서식]-[번호 매기기]('새 다단계 목록 정의')에서도 마찬가지입니다.

번호 문단을 편집하는데 번호의 색과 모양이 따라 바뀌어요.

번호 문단의 맨 끝 부분(단락 기호)의 서식을 변경하면 목록의 번호/기호 서식이 같이 변경됩니다. 스페이스를 한 칸 띄어 두고 그 앞 부분까지만 서식을 변경하세요.

번호나 글머리표가 자동으로 매겨지는데 없애고 싶어요.

입력 시 자동 서식이 선택되어 있으면 '1.' 또는 '*' 등과 스페이스를 눌렀을 때 자동으로 목록이 시작됩니다.

▶ **한/글** : Shift+F8 '빠른 교정 내용'의 '입력 자동 서식'에서 '자동 번호 매기기'/'자동 글머리 기호 넣기'를 해제하면 됩니다.

▶ **MS Word** : [파일]-[옵션]-[언어 교정]-[자동 고침 옵션]-[입력할 때 자동 서식]에서 '자동으로 글머리 기호 넣기'와 '자동으로 번호 매기기'를 해제합니다.

번호/기호 목록의 해제

| 1. | 2. | 3. | 4. |
| 5. | 6. | 7. | 8. |

- ▶ **한/글** : 어떤 번호나 기호도 '문단' 설정의 하나이기 때문에 기본 글꼴인 '바탕글(Ctrl+1)'을 적용하면 서식이 해제됩니다. 또, 지정한 목록을 다시 설정해도 해제되는데요. '개요'는 Ctrl+Insert, '문단 번호'는 Ctrl+Alt+Insert, '글머리표'는 Ctrl+Alt+Delete 단축키로 설정이 해제됩니다. 그리고 Ctrl+K, N의 '없음' 이나, [문단 모양]-[확장]의 '없음', [서식]-[문단 번호]/[글머리표]의 '없음'을 선택해도 해제됩니다.

- ▶ **MS Word** : 기본 글꼴인 '표준 스타일(Ctrl+Shift+N)'을 적용해도 해제되고, Ctrl+Q 단락 서식 제거를 사용해도 됩니다. 또, [홈]-[다단계 목록]/[번호 매기기]/[글머리 기호]의 '없음'을 선택해도 해제되고, Backspace나 Delete를 이용해도 번호를 지울 수 있습니다. ▷Delete : 목록을 직접 선택해 Delete를 누르면 번호와 함께 들여쓰기/내어쓰기가 모두 취소됩니다. ▷Backspace : 번호 옆에서 한 번 누르면 번호만 삭제, 2번 누르면 번호 위치로 들여쓰기 취소, 3번 누르면 들여쓰기/내어쓰기가 모두 취소 됩니다. ※Backspace로 서식 취소가 되지않고 바로 단락이 삭제된다면 [Word 옵션]-[언어 교정]-[자동 고침 옵션]-[입력할 때 자동 서식]의 '탭과 스페이스 넣을 때 첫 부분에 왼쪽으로 들여쓰기'를 선택합니다.

밑줄 점선이 표시되어서 해제되지 않아요.

- ▶ **한/글** : 일본어 등 외국어를 입력할 때 밑줄 점선이 표시됩니다. 한/글은 오른쪽 Shift+Spacebar를 누르면 기본적으로 일본어가 입력됩니다. 수정하거나, 단축키를 바꾸려면 [도구]-[글자판]-[글자판 바꾸기](Alt+F2)에서 변경할 수 있습니다.

- ▶ **MS Word** : Word에서는 '숨겨진 텍스트'의 경우 밑줄 점선이 표시됩니다. 블록 지정하여 [글꼴]-'숨김'을 해제하거나, Ctrl+Shift+H 단축키로 숨겨진 텍스트를 본문에 표시할 수 있습니다. 숨겨진 텍스트(숨겨진 텍스트로 표시되는 필드 포함)는 편집 기호로 표시/숨기기 합니다.

빨간색 글자와 밑줄(취소선)을 삭제해도 삭제되지 않아요. 또는 오른쪽 여백이 줄어들지 않아요.

'변경 내용 추적' 기록 중으로 빨간색 밑줄 글자는 '변경 내용 추적'을 시작하고 삽입한 텍스트, 취소선은 삭제한 부분입니다. 또, 오른쪽 여백 바깥으로 추가된 여백에는 서식을 변경했거나 메모가 있을 경우 풍선 도움말이 표시됩니다.

- ▶ 변경 내용 추적은 '변경 내용 추적'을 해제하고 변경 내용을 문서에 모두 '적용'/'적용 안 함' 해야 완전히 끝납니다. 최종본 보기 상태로 두고 저장해 닫아도 변경 내용은 계속 표시됩니다.

문서에 넣은 글꼴을 한꺼번에 바꾸고 싶어요.

- ▶ **한/글** : [파일]-[문서 정보(Ctrl+N, I)]-[글꼴 정보]에서 적용된 글꼴을 '언어'를 바꾸어 확인한 후 변경하면 한꺼번에 글꼴이 변경됩니다.

- ▶ **MS Word와 한/글** : Ctrl+H 바꾸기에서 서식 찾기로 글꼴을 찾아 바꿀 수 있습니다. 한글과 영문 글꼴을 잘 선택해 바꾸기 하세요. ※되돌리기 : Ctrl+Z

한/글 줄 간격으로 MS Word 줄 간격을 정하고 싶어요.

줄 간격은 글꼴마다 서로 다른데요. 한글 글꼴은 대부분 동일한 높이이고, 영문 글꼴이나 맑은 고딕, 기타 새로운 글꼴의 경우는 글꼴마다 다른 높이의 줄 간격을 가지고 있습니다. 그래서 줄 간격을 맞추려면 먼저 한글과 영문 등 글꼴의 종류를 알고 있어야 합니다. 한글/영문 글꼴이 각각 다른 경우 보통 영문 글꼴에 따릅니다.

- ▶ **한/글의 줄 간격** : 한/글은 기본적으로 모든 글꼴이 동일한 줄 간격을 가집니다. MS Word 처럼 글꼴이 가진 줄 간격을 그대로 사용하려면 [문단 모양]-[확장]의 '글꼴에 어울리는 줄 높이'를 선택합니다. ※'글꼴에 어울리는 줄 높이'를 선택했을 때, MS Word의 '1줄'은 한/글에서 '100%' 줄 간격('1.25줄'은 한/글에서 '125%')

- ▶ **MS Word의 줄 간격** : 글꼴마다 다르기 때문에 한/글의 동일한 줄 간격을 그대로 적용하면 높이가 다르게 됩니다. 물론 '글꼴에 어울리는 줄 높이'가 선택된 문단이라면 '160%'는 '1.6줄' 등으로 변경할 수 있습니다. 그러나 이 옵션은 해제되어 있는 것이 기본값이기 때문에, MS Word에서는 줄 간격을 변환 값보다 적게 지정해야 합니다. ※예를 들어, 한/글의 '160%' 줄 간격은, MS Word에서는 '0.93줄'(맑은 고딕)~'1.23줄'(바탕류) 정도 지정합니다.

스타일이 원하는 대로 적용되지 않아요.

스타일을 적용했지만, 제대로 적용되지 않는다면 블록 지정해서 다시 적용해 보면 됩니다. 단, 번호 목록일 경우는 선택한 문단만 새 번호로 다시 매겨질 수 있습니다. 목록은 새 번호를 지정하면 이전 목록과의 연결이 끊어질 수 있으니 목록의 새 번호 적용 방법을 확인해서 적당한 방법으로 새 번호를 주세요. 목록 종류에 따라 새 번호 지정법이 다릅니다.

한/글 스타일의 영어 이름

- ▶ **한/글** : 스타일(F6)의 영어 이름 Normal, Body, Outline, Header, Footnote, Endnote, Memo, Page Number 는 스타일의 코드 이름으로 문서에 한 번밖에 사용할 수 없습니다. 이 영어 이름을 사용한 스타일이 해당 명령의 적용 서식이 됩니다. 예를 들어, 'Outline 1'은 개요 1수준의 서식입니다. Ctrl + Insert로 개요를 입력하면 '개요1 스타일'이 자동 적용되는 것은 이 'Outline 1' 스타일 영어 이름이 표시되어 있기 때문입니다. 한글 이름은 수정해도 상관없지만, 영어 이름은 대/소문자와 띄어쓰기를 꼭 맞추어 입력해야 코드화된 스타일로 연결해 사용할 수 있습니다. ※한/글 2014 VP는 차례 스타일이 추가되어 있습니다. 한/글 2014를 가지고 있는 사용자는 패치 업데이트 해서 사용할 수 있는데요. 이 차례 스타일도 영어 이름을 가지고 있어서 '차례 제목'은 'TOC Heading', '차례 1, 2, 3' 스타일은 'TOC 1~3'을 사용합니다. 그래서 차례를 만들면 이 차례 스타일이 자동 적용됩니다. '스타일로 모으기'로는 수준을 자동 적용할 수 없으니 '개요 수준으로 모으기'로 차례를 만들어 보세요.

- ▶ **MS Word** : MS Word는 기본적으로 만들어져 있는 스타일들이 많습니다. 이 스타일의 이름은 추가해 수정할 수는 있지만 지워지지는 않습니다. 예를 들어, '제목 1' 스타일의 이름을 수정하면 '제목 1,수정이름'으로 표시되죠. 이름이 길어서 불편하다면 기본 이름은 보이지 않도록 숨길 수 있습니다. 스타일 작업창의 [옵션]-'다른 이름이 있는 경우 기본 제공 이름 숨기기'를 선택해 놓으면 됩니다. 기본 제공 이름은 숨겨졌다 할지라도 지워지지 않고 또 그 이름으로 다른 스타일을 만들 수도 없습니다. 스타일을 만들려 할 때 '내장된 스타일에 할당'된 이름이라는 메시지가 나오면 스타일을 새로 만들지 말고 그 스타일을 찾아 '스타일 업데이트' 해서 사용하세요([옵션]-[모든 스타일] 표시).

02-2 개체 관련

표 뒤집기

▶ **한/글** : 표 전체의 방향을 돌리는 표 뒤집기가 있습니다. [표]-[표 뒤집기] – 글자의 입력 방향은 바뀌지 않습니다.

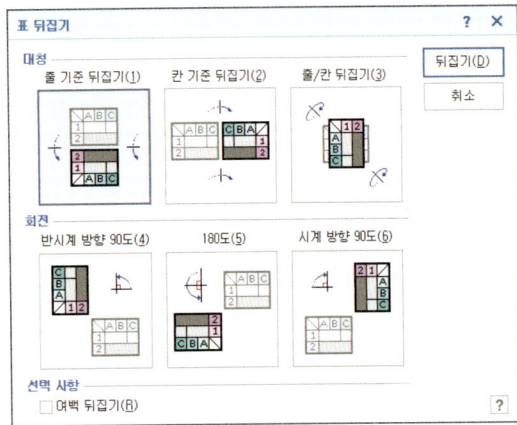

▶ **MS Word** : 표 뒤집기는 없지만 표를 텍스트 상자 안에 넣으면 방향(개체 회전/기타 레이아웃)을 바꿀 수 있습니다. [도형 서식]([그리기 서식]-[도형 스타일] 대화 상자)-[텍스트 상자]의 '텍스트 회전 안 함'이 해제되어 있으면 글자도 함께 회전합니다.

표 테두리를 수정했는데 안 바뀌어요.

표에 표 스타일이 적용된 경우 표 테두리가 한 번에 바뀌지 않을 수 있습니다. 그럴 경우 표에서 나간 후 다시 선택해 테두리를 지정해 봅니다.

▶ **한/글**의 경우 표의 테두리를 지정하는 곳이 여러 곳입니다. 일반적으로는 '각 셀마다 적용'(표 블록-[L])에서 지정합니다. '여러 셀에 적용' 또는 '개체 속성'에서 테두리를 정한 경우 겹쳐진 테두리는 표시되지 않을 수 있습니다. 특히, '개체 속성'의 테두리는 '셀 간격'을 지정하지 않은 경우는 표시되지 않습니다.

표를 나누거나 합치고 싶어요.

▶ **한/글** : 나눌 셀에 커서를 두고 [Ctrl]+[N], [A] 하면 나눠집니다. 또 붙일 위쪽 표에 커서를 두고 [Ctrl]+[N], [Z] 하면 붙여집니다. 또는 복사하여 [Ctrl]+[V]-끼워넣기 해도 커서 위치 위/아래/왼쪽/오른쪽으로 추가하여 붙일 수 있습니다.

▶ **MS Word** : 나눌 셀에 커서를 두고 [표 도구]-[레이아웃]-[표 분할] 하면 나눠 집니다. 붙일 경우는 표 맨 아래 단락 기호에 복사해 붙이면 자동으로 붙습니다. 표와 표 사이에 단락 기호를 없애야 합니다. ※표가 붙지 않는 경우는 두 표 중 하나 이상이 '둘러싸기' 상태이기 때문이거나, 표 스타일이 다르게 적용되어 있어서입니다. [표 속성]의 '둘러싸기'를 '텍스트 배치 없음'으로 바꾸고, 같은 표 스타일을 적용해 줍니다.

MS Word 표 아래 단락 기호를 없애고 싶어요.

MS Word 표 아래에 있는 단락 기호는 없앨 수 없습니다. 표가 페이지에 꽉 차서 다음 페이지에 빈 페이지가 생긴다면 이 단락의 크기를 줄여(글자 크기나 줄간격 등으로) 단락 기호를 이전 페이지로 당겨 올리세요.

표나, 그림, 도형 등 개체가 서로 겹치지 않아요. 또는 겹쳐서 분리되지 않아요.

개체는 배치와 정렬이 가능합니다. 개체가 서로 겹쳐지지 않는 것은 '글자처럼 취급'/'텍스트 줄 안' 배치이기 때문이거나, '서로 겹침 허용'/'겹치기 허용'이 해제되어 있기 때문입니다. 겹칠 수 있는 것으로 배치를 정하고, '개체 속성'(한/글) 이나 '기타 레이아웃'(MS Word)에서 겹치기를 허용하도록 선택해 주세요. ※겹칠 개체들은 '자리 차지'/'위/아래' 배치는 하지 않는 것이 좋습니다.

표의 행 높이(줄 높이)를 줄이고 싶은데 줄여지지 않아요.

표의 줄/행 높이가 지정되어 있는지 확인하고, 지정되어 있지 않다면 셀 여백, 글자 크기 등을 줄인 후 다시 조절합니다.

- ▶ **한/글** : 블록 지정-P-[셀] 탭에서 셀 크기와 셀 여백을 조절합니다.
- ▶ **MS Word** : 블록 지정-[표 속성]-[행] 탭에서 행 높이를 해제하고, [표]-[옵션] 또는 [셀]-[옵션]에서 표 여백이나 셀 여백을 조절합니다. MS Word는 줄 간격, 단락 여백, 글꼴로도 행 높이가 조절됩니다.

표를 복사해 붙였더니 일부 행만(첫 행) 남고 나머지는 다음 페이지로 넘어가 버립니다.

MS Word에서 이런 경우가 많이 생기는데요. 이럴 경우 '표 속성'과 '단락' 대화 상자를 열어 확인해 봅니다.

- ▶ **한/글** : 복사해 붙이는 경우는 아니지만, 한/글에서 캡션이 있을 경우 이렇게 됩니다. 캡션은 페이지 경계에서 나뉠 수 없고 최소한 한 셀은 한 페이지에 함께 있어야 하니까요. 캡션의 내용을 줄여 주어야 합니다. ※주의 : 본문의 내용을 캡션 안에 함께 입력하는 경우가 많이 있습니다.
- ▶ **MS Word** : 표 전체를 선택해 [표 속성]-[행]-[행 높이]의 '행 높이'를 해제하세요. 해제되어 있다면 [표 속성]-[행]-'페이지마다 머리글 행 반복'을 해제, '페이지 끝에서 행을 자동으로 나누기'는 선택하세요. 만약 모두 이대로 설정되어 있다면 다음 페이지로 넘어간 셀을 선택해 표 속성을 다시 확인해 보세요. 표 속성의 문제가 아니라면 그땐 [단락](Alt+O, P) 메뉴에서 [단락]-[줄 및 페이지 나누기]-'페이지 매김'에 있는 4항목을 모두 해제해 보아야 합니다.

표, 그림, 도형을 한꺼번에 쉽게 편집하고 싶어요.

그림과 도형은 다중 선택이 가능하기 때문에 개체 선택이나 Shift+클릭으로 다중 선택 후 같은 속성을 지정합니다. 여러 페이지의 개체라면 한 페이지 선택후 Shift를 누르고 다음 페이지를 다시 개체 선택합니다. 이때 화면 보기를 작게 줄여 놓은 후 개체 선택하면 쉽게 여러 페이지의 개체를 선택할 수 있습니다.

- ▶ **한/글** : 한/글은 표는 다중 선택되지 않습니다. 표는 Alt+C 모양 복사와 개체 속성의 [구성]을 이용하여 어느정도 같은 속성을 줄 수 있고, 그림, 도형은 Alt+Shift+C 개체 모양 복사를 이용하여 같은 속성을 반복 적용할 수 있습니다.
- ▶ **MS Word** : 워드 표는 텍스트처럼 단락이나 셀, 행, 표 전체를 다중 선택할 수 있습니다. 모양 복사는 따로 없지만, F4 (Alt+Enter 또는 Ctrl+Y) 키로 재실행 할 수 있습니다.

표나 도형, 그림을 세밀하게 조정할 수가 없어요.

세밀하게 조정하거나, 이동되지 않는 개체는 Alt를 누른채 이동하면 조정이 됩니다. 이것은 눈금자의 표식이나, 탭 설정,격자를 표시하고 있을 때도 이용됩니다.

- ▶ 마우스로 조정이 어려울 경우 방향키로 1pt씩 이동(크기는 Shift+[방향키])할 수 있습니다. 정확한 위치를 맞춰야 한다면 '개체 속성'이나 '기타 레이아웃' 등에서 위치 값을 정확히 지정하면 됩니다.

▶ 쉽게 조정되지 않는 개체의 경우 주변에 '자리 차지'나 '위/아래' 배치의 개체가 있어서 그럴 수 있습니다. 배치를 '글 앞으로'/'텍스트 앞' 등의 배치로 바꿔 다시 조정합니다. 문단 부호/단락 기호도 넉넉히 넣어 두는 것이 좋습니다.

엑셀 표를 '연결하여 붙여넣기'로 Word에 복사해 붙인 후 표를 수정했는데, 업데이트 할 때마다 서식이 원래대로 초기화됩니다.

▶ **MS Word** : 엑셀 표를 붙이며 자동 적용된 표 스타일을 확인해 봅니다. 표안에 커서를 가져다 놓고 [표 도구]-[디자인]-[표 스타일]에 선택된 표 스타일을 마우스 오른쪽 버튼으로 누른 후 '표 스타일 수정'으로 기본 표 테두리나 서식을 조정할 수 있습니다.

도형이나 그림을 넣었는데 인쇄가 되지 않아요.

인쇄 설정때문입니다.

▶ **한/글** : [인쇄]([Alt]+[P])-[확장]의 '그리기 개체' '그림 개체' 인쇄를 선택해야 합니다.
▶ **MS Word** : [파일]-[옵션]-[표시]의 그림과 그리기 인쇄 옵션을 선택해 놓습니다.

그림이 화면에 표시되지 않아요.

▶ **한/글** : [보기]-[그림]을 선택해 놓습니다. 만약 그림이 점선 테두리로만 표시된다면 그림의 연결 경로가 변경되었기 때문입니다. 그림을 지우고 다시 입력하는 것이 좋습니다. 그림을 문서에 포함 하려면 입력([Ctrl]+[N],[I]) 시 '문서에 포함' 옵션을 선택합니다. ※그림이 표시는 되지만, 화면에서 벗어난 경우는 [보기]-[조판 부호]를 켜고 조판 부호를 찾아 [Ctrl]+[N], [K] 개체 속성의 위치/배치 등을 변경합니다.
▶ **MS Word** : [파일]-[옵션]-[고급]의 '문서 내용 표시'-'그림 개체틀 표시'를 해제합니다. 도형이 표시되지 않는 경우 (Word 2010 이상) [홈]-[선택]-[선택 창]을 열어 '모두 표시'를 선택합니다.

그림을 입력했는데 조금밖에 보이지 않아요.

인라인 개체(한/글은 '글자처럼 취급', MS Word는 '텍스트 줄 안')의 경우 단락 줄 간격이 '고정'으로 되어 있다면 고정된 줄 간격 만큼만 개체가 표시됩니다. 또, 표의 셀 안에 입력할 경우 행 높이가 고정으로 정해져 있으면 셀 크기 만큼만 표시되고 나머지는 셀에 가려 표시되지 않습니다.

▶ **한/글** : 개체가 있는 줄 간격을 '160%' 같은 '글자에 따라' 자동으로 조정되는 줄 간격으로 바꿉니다. 또는 '최소'/'여백만 지정' 등의 줄 간격을 선택해도 됩니다.
▶ **MS Word** : 줄 간격을 '1줄' 같은 '배수' 줄 간격으로 바꿉니다. '최소' 줄 간격도 됩니다.

02-3 기타 문제

문서 속성이나 필드가 인쇄돼요.

MS Word의 경우 [파일]-[옵션]-[표시]의 '문서 속성 인쇄'가 선택되어 있으면 문서의 속성이 맨 끝 페이지에 같이 인쇄됩니다. 또, [파일]-[옵션]-[고급]의 인쇄 옵션 중 '값 대신 필드 코드 인쇄'가 선택되어 있으면 목차, 하이퍼링크, 필드의 값 대신 코드 표시가 인쇄됩니다. ※필드 코드가 아닌 중괄호와 점선 밑줄 문자가 인쇄된다면 [파일]-[옵션]-[표시]의 '숨겨진 텍스트 인쇄'를 해제합니다.

MS Word의 입력한 내용이 필드 코드로 표시되요. 예) {HyperLink...}

Alt+F9로 '필드 코드 표시'를 해제합니다. 또는 [파일]-[옵션]-[고급]의 '값 대신 필드 코드 표시'를 해제합니다. 필드가 '숨겨진 텍스트' 형태로 표시되는 경우(예, TC, TA, XE, Private 필드) 편집 기호를 표시/숨기기 해서 필드를 표시/숨기기 할 수 있습니다.

쪽 번호를 넣었는데 보이지 않아요.

▶ **한/글** : '감추기'가 있을 수도 있고, 쪽 번호나 꼬리말의 조판 부호를 이동시켜 일부분을 표시하지 않을 수도 있습니다. 이것은 [보기]-[조판 부호]를 켜보면 알 수 있습니다. 쪽 번호가 이동되었다면 조판 부호를 오려 다른 페이지에 붙여넣기 하면 됩니다. 감추기가 있다면 조판 부호를 삭제하면 됩니다. 감추기가 여러 곳에 있다면 [편집]-[조판 부호 지우기]로 감추기를 한꺼번에 지웁니다. 감추기가 없다면 구역이 나눠져 있는지 상황선을 확인합니다. 구역으로 나누면 '구역 설정'(Ctrl+N, G)에서 '첫 쪽의 머리말/꼬리말 감추기'를 선택할 수도 있고, 일부분에만 쪽 번호나 쪽 번호가 포함된 바탕쪽을 넣을 수도 있습니다. ※하위 버전은 표 안에 머리말/꼬리말을 넣거나, 머리말/꼬리말의 여백이 '0'일 때도 표시되지 않을 수 있습니다.

▶ **MS Word** : Word는 구역을 나누고 일부분에만 페이지 번호를 넣은 경우와 머리글 도구의 '첫 페이지를 다르게 지정'을 선택했을 때 일부분이 표시되지 않습니다.

머리글이나 바탕쪽을 수정하고 싶은데 위아래 페이지/구역까지 같이 바뀌어요.

MS Word의 '머리글'과 한/글의 '바탕쪽'은 편집 방법이 비슷합니다. 구역을 나누어야 새 모양으로 변경할 수 있는데요. 구역을 나눴음에도 불구하고 위/아래 구역 내용과 같이 변경된다면 연결을 해제하지 않았기 때문입니다.

▶ **한/글 바탕쪽(쪽 번호 매기기도 마찬가지)** : 본문에 구역을 먼저 나누고 바탕쪽에 들어가 '앞 구역 바탕쪽 연결'을 해제하고 변경합니다. 또는 바탕쪽 도구에 '구역 나누기'가 있다면 바탕쪽 내에서 구역을 나누며 새 바탕쪽을 만들 수도 있습니다.

※'쪽 번호 매기기'의 경우 구역을 나눈(Alt+Shift+Enter) 후에 다시 입력하고, '머리말/꼬리말'의 경우는 새 머리말/꼬리말이 필요한 페이지에 추가로 입력하면 됩니다.

▶ **MS Word 머리글** : 본문에서 구역을 나누고 머리글/바닥글에 들어가 머리글 도구의 '이전 머리글에 연결'을 해제합니다. 해제 후에는 변경하거나 삭제해도 앞/뒤 구역에 영향을 주지 않습니다.

레이블(라벨) 문서에 편지를 병합하는데, 같은 내용이 반복되어 붙여집니다.

라벨 문서는 첫 셀에만 병합 필드를 삽입합니다.

▶ **한/글** : 두 번째 셀 이하는 모두 비워 두고 같은 내용이 반복될 곳이 아니라면 같은 '메일 머지 표시'(Ctrl+K, M)는 다시 달지 않습니다. ※라벨 문서가 아닌 일반 표는 해당되지 않습니다.

▶ **MS Word** : 첫 셀에만 '병합 필드 삽입'을 하고 나머지 셀은 [편지]-[레이블 업데이트]로 전체 셀을 채웁니다. 두번째 셀 부터 입력되어 있는 '{ NEXT }'(≪다음 레코드≫) 필드 표시를 삭제하면 첫 셀과 같은 내용의 레코드가 병합됩니다.

문서를 그림 파일로 저장하고 싶어요.

▶ **한/글** : [파일]-[인쇄]에서 프린터를 [그림으로 저장하기]로 선택해 인쇄합니다.

▶ **MS Word** : PDF 파일로 저장해서 그림 파일로 변환해 주는 프로그램을 이용해 변환합니다. 또는 'OneNote'가 설치되어 있다면 [인쇄]-[프린터]를 'OneNote로 보내기'로 선택하고 '인쇄'하여 OneNote에 그림으로 보낼 수 있습니다.

문서의 그림을 파일로 저장하고 싶어요.

▶ **한/글** : Ctrl+Q, I [문서 정보]-[그림 정보]-[모든 삽입 그림 저장하기]-파일 이름을 정하고 [저장]-[확인] ▷ 다시, [문서 정보]-[그림 정보]-[모두 삽입]-[확인] 하면 됩니다.

▶ **MS Word** : [파일]-[다른 이름으로 저장]에서 파일 형식을 '웹 페이지'로 선택해 저장하면 문서에 포함된 그림 파일이 모두 하나의 폴더에 순서대로 저장됩니다.

이메일 주소록을 '아웃룩' 연락처로 저장하기

❶ 이메일 계정 '주소록 내보내기'(예, 'Outlook CSV' 형식)
❷ 아웃룩 : [파일]-[열기 및 내보내기]-[가져오기/내보내기]

▶ 가져오기/내보내기 마법사 : '가져올 파일 선택'으로 파일을 찾아, 저장할 대상 폴더(연락처)를 정해주면 됩니다. ※가져 올 파일 선택 예 : '다른 프로그램이나 파일'-'쉼표로 구분된 값'-[찾아보기]

▶ 주소록과 대상 폴더의 필드 이름이 다르다면 '사용자 지정 필드 매핑'으로 연결시켜 주어야 합니다.

리서치/검색 기능(문서 내에서 검색하기)

▶ **한/글** : 한컴오피스는 한컴 사전(F12), 유의어/반의어 사전(Ctrl+F12)과 Daum 인터넷 사전 등을 활용할 수 있습니다. 문서 내에서 인터넷 검색은 불가능합니다.

▶ **MS Word** : 겁색이나 번역 등을 알아보려면 [Alt]+클릭하여 '리서치' 작업창을 활용합니다. MS Word의 경우 '리서치'에서 'Bing' 검색 사이트를 바로 활용할 수 있습니다. 더 자세한 단어의 '정의'(사전), '번역'은 [검토] 메뉴에서도 이용 가능합니다.

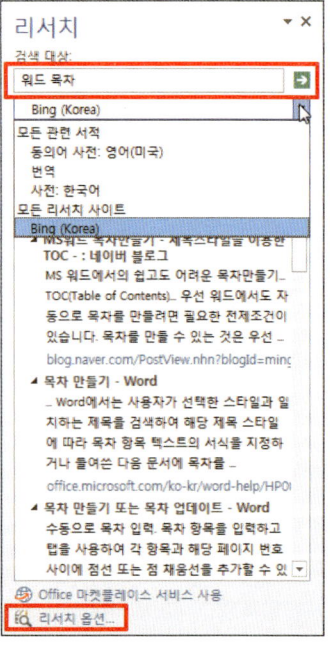

기본 서식 파일

문서의 서식 파일(한/글은 'hwt', Word는 'dotm' 파일)은 프로그램이 설치될 때 기본적으로 따라 설치됩니다. 한/글은 '문서마당(Ctrl+Alt+N)'에서 서식 파일을 찾을 수 있고, MS Word는 [파일]-[새로 만들기]에서 서식 파일을 찾고 일부는 웹에서 다운 받아 사용할 수 있습니다. 서식 파일 중 Normal 서식 파일은 '새 문서'를 열 때 표시되는 파일입니다. 이 파일의 스타일(글꼴, 줄 간격 등), 여백, 구역 설정 등이 매번 여는 새 문서에 적용되기 때문에 항상 같은 모양의 서식을 사용하는 사용자라면 이 파일을 찾아 수정해 놓고 사용해도 됩니다. MS Word의 경우 상용구 블록, 자동 고침 등도 서식 파일에 저장하여 사용합니다. ※서식 파일을 삭제하면 프로그램을 열 때 새로운 파일로 다시 만들어집니다. 서식 파일을 수정해 사용하다가 원래의 기본값으로 다시 돌리려면 서식 파일을 삭제하거나 이름을 바꾸세요.

▶ **한/글** : 한/글 2007까지의 기본 서식 파일은 'Normal.hwt', 한/글 2010의 서식 파일은 'Normal80.hwt', 한/글 2014의 서식 파일은 'Normal90.hwt' 입니다. 서식 파일의 저장 위치는 한/글 창 오른쪽 위 [?](도움말)-[한글 정보]-[폴더 정보]의 '개인 데이터 폴더' 안에 있는데요. 이 폴더 위치를 복사해 탐색 창에 붙인 후 [₩User₩〈Shared90〉₩HwpTemplate₩Doc₩KOR] 로 찾아 들어가면 서식 파일을 찾을 수 있습니다. 찾기 어려우면 'Windows 탐색기'의 '검색'에 파일 이름을 입력해 찾아도 됩니다. 또 위치를 바꿀 수도 있는데, [도구]-[환경 설정]-'바탕 문서'의 '파일 위치'에서 변경해 놓고 사용하면 됩니다.

▶ **MS Word** : MS Word의 서식 파일은 2003 버전(호환 문서)까지는 'Normal.dot', 2010버전 이후로는 'Normal.dotm'을 사용합니다. 서식 파일의 위치는 [C : ₩Users₩사용자이름₩AppData₩Roaming₩Microsoft₩Templates] 안에 있습니다. 불러 오기 창에 '서식 파일 위치' 탭이 있다면 여기서 찾아 열어도 됩니다. 새 위치에 저장하려면 [파일]-[저장]-[기본 개인 서식 파일 위치]를 지정해 두세요.

★ 단축키/바로 가기 키

한/글 단축키
[사용자 설정]-[단축키] `한글`

명령	단축키
기본 단축키	
도움말	F1
도구 상자 단계별 접기/펴기	Ctrl + F1
글자판 보기	Alt + F1
글자판 바꾸기	Alt + F2
한/영 글자판 전환	왼쪽 Shift + Spacebar
3, 4 글자판 전환(일본어)	오른쪽 Shift + Spacebar
메뉴	F10 / Alt + 방향키
빠른 메뉴	Shift + F10
개체 선택	F11
새 문서	Alt + N
새 탭(2010 이상)	Ctrl + Alt + T
문서마당	Ctrl + Alt + N
불러오기	Alt + O
최근 작업 문서	Alt + F3
저장하기	Alt + S / Ctrl + S
다른 이름으로 저장하기	Alt + V
호환 문서	Ctrl + N, D
문서 정보	Ctrl + Q, I / Ctrl + Q, D
인쇄	Alt + P / Ctrl + P
끝	Alt + X
문서 닫기	Ctrl + F4
필드 그룹 반복하기	Ctrl + G, R
필드 그룹 삭제하기	Ctrl + G, D
편집 용지	F7
머리말/꼬리말	Ctrl + N, H
쪽 번호 매기기	Ctrl + N, P
감추기	Ctrl + N, S

MS Word 바로 가기 키 [파일]-[옵션]-[리본 사용자 지정]-[바로 가기 키] `워드`

명령	단축키
기본 단축키	
도움말	F1
리본 메뉴 접기/펴기	Ctrl + F1
메뉴	F10 / Alt + 방향키
빠른 메뉴	Shift + F10
필드 찾기	F11 / Alt + F1
VB 편집 환경	Alt + F11
매크로	Alt + F8
키 정의 다시 하기	Ctrl + Alt + (Num) +
Xml 보기 설정/해제	Ctrl + Shift + X
새 문서	Ctrl + N
열기	Ctrl + O
열기	Ctrl + F12 / Ctrl + Alt + F2 / Alt + Shift + F2
저장하기	Ctrl + S / Shift + F12 / Alt + Shift + F12
다른 이름으로 저장하기	F12
마지막 수정 위치 4곳	Shift + F5 / Alt + Ctrl + Z
인쇄	Ctrl + P / Alt + Ctrl + I / Ctrl + Shift + F12 / Ctrl + F2
유니코드 번호로 기호 입력	Alt + X
문서 닫기	Ctrl + F4 / Alt + F4 / Ctrl + W
시스템 정보 실행	Ctrl + Alt + F1
연결된 파일의 수정 내용을 원본에 복사	Ctrl + Shift + F7
맞춤법	F7
동의어 사전 리서치	Shift + F7 / Alt + 클릭
텍스트 정의	Ctrl + F7
한자	Ctrl + Alt + F7
번역	Alt + Shift + F7

구역	Ctrl+N, G
쪽 나누기	Ctrl+Enter / Ctrl+J
단 나누기	Ctrl+Shift+Enter
다단 설정 나누기 (단 모양 다시 설정)	Ctrl+Alt+Enter
구역 나누기	Alt+Shift+Enter
강제 줄 나누기	Shift+Enter
맞춤법	F8
빠른 교정 내용	Shift+F8
한컴 사전	Shift+F6 / F12
한자 자전	Shift+F9
유의어/반의어 사전	Ctrl+F12
편집 관련	
뒤 글자 지우기	Delete
앞 글자 지우기	Backspace
뒷 단어 지우기	Ctrl+T / Ctrl+Delete
앞 단어 지우기	Ctrl+Backspace
한 줄 지우기	Ctrl+Y
줄 뒤 지우기	Alt+Y
지우기(클립보드에 남기지 않음)	Ctrl+E
고정폭 빈칸	Alt+Spacebar
묶음 빈칸	Ctrl+Alt+Spacebar
무른 하이픈(-)	Ctrl+Shift+-
되돌리기	Ctrl+Z
다시 실행	Ctrl+Shift+Z
오려 두기	Ctrl+X / Shift+Delete
복사하기	Ctrl+C / Ctrl+Insert
붙이기	Ctrl+V / Shift+Insert
골라 붙이기	Ctrl+Alt+V
모양 복사	Alt+C
복사한 모양 복사 붙이기(일반)	F3 / F4 → Alt+C
복사한 모양 붙이기(표)	F5 → Alt+C
찾기	Ctrl+Q, F / Ctrl+F / F2

변경내용 추적 시작/끝	Ctrl+Shift+E
쪽 나누기	Ctrl+Enter
단 나누기	Ctrl+Shift+Enter
강제 줄 나누기	Shift+Enter
편집 관련	
뒤 글자 삭제	Delete
앞 글자 삭제	Backspace
뒷 단어 삭제	Ctrl+Delete
앞 단어 삭제	Ctrl+Backspace
바로 전 작업 다시 실행 EditRedo	Alt+Shift+Backspace
다시 실행 EditRedo/Repeat	Ctrl+Y / F4 / Alt+Enter
되돌리기 EditUndo	Ctrl+Z / Alt+Backspace
오려 두기	Ctrl+X / Shift+Delete
복사하기	Ctrl+C / Ctrl+Insert / Ctrl+마우스 끌기
붙이기	Ctrl+V / Shift+Insert
골라 붙이기	Ctrl+Alt+V
모양 복사	Ctrl+Shift+C
복사한 모양 복사 붙이기	Ctrl+Shift+V
찾기(텍스트 탐색 : 탐색창)	Ctrl+F
찾아 바꾸기	Ctrl+H
똑같은 항목 다시 찾기	Shift+F4] / Ctrl+Alt+Y / Ctrl+Page up / Page Down
찾아가기	Ctrl+G / F5
이동	
글자, 줄 단위 이동	← / →
단어/문단 단위 이동	Ctrl+방향키
개요 수준 변경(제목 스타일)	Shift+Alt+→ / ←
단락 전체를 가지고 이동	Alt+Shift+↑ / ↓
선택 부분 이동(키보드)	F2, 방향키, Enter
선택 부분 복사(키보드)	Shift+F2, 방향키, Enter
커서 위치부터 줄 끝/처음	Home / End
앞 쪽 처음	Alt+Page up

찾아 바꾸기	Ctrl+F2 / Ctrl+Q,A / Ctrl+H
다시 찾기	Ctrl+L
거꾸로 찾기	Ctrl+Q,L
찾아가기	Alt+G
고치기	Ctrl+N,K
나가기	Shift+Esc

이동

글자, 줄 단위 이동	←/→
단어/문단 단위 이동	Ctrl+방향키
부호 무시 단어 이동	Shift+Alt+→/←
문단 전체를 가지고 이동	Shift+Alt+↓/↑
화면 이동	Alt+방향키
셀 이동(표 안에서)	Alt+방향키
단 이동	Ctrl+Alt+←/→
커서 위치부터 줄 끝/처음	Home / End
문단 처음/끝	Alt+Home / Alt+End
화면 처음/끝	Ctrl+Home / Ctrl+End
한 화면 앞/뒤	Page up / Page Down
앞쪽 시작 위치	Alt+Page up
뒷쪽 시작 위치	Alt+Page Down
문서의 처음	Ctrl+Page up
문서의 끝	Ctrl+Page Down

선택

모두 선택	Ctrl+A
블록 설정	F3 / 마우스 드래그
낱말 블록	F3 2번 / 더블 클릭
문단 블록	F3 3번 / 3번 클릭
문서 전체 블록	F3 4번
칸 블록	F4 / Alt+드래그
표 블록	F5
원하는 만큼 블록 설정	Shift+←/→
단어 단위 블록 설정	Shift+Ctrl+←/→
뒤 쪽 끝	Alt+Page Down
화면 처음/끝	Ctrl+Alt+Page up / Page Down
한 화면 앞/뒤	Page up / Page Down
앞쪽 시작 위치(찾기 이후엔 이전 찾기로)	Ctrl+Page up
뒷쪽 시작 위치(찾기 이후엔 다시 찾기로)	Ctrl+Page Down
문서의 처음	Ctrl+Home
문서의 끝	Ctrl+End

선택

모두 선택	Ctrl+A / Ctrl+(Num선택)5
블록 설정	F8
낱말 블록(더블 클릭)	F8 2번
문장 블록	F8 3번
단락 전체 블록(3번 클릭)	F8 4번(셀 전체에도 적용)
문서 전체 블록	F8 5번
칸 블록	Shift+F8 / Alt+드래그
원하는 만큼 블록 설정	Shift+← / →
단어 단위 블록 설정	Shift+Ctrl+← / →
문단 처음/끝까지 선택	Shift+Ctrl+↑ / ↓
줄 처음/끝까지 선택	Shift+Home / End
한 화면(앞/뒤) 단위 선택	Shift+Page up / Page Down
한 화면의 처음 또는 마지막 줄까지 선택	Shift+Ctrl+Alt+Page up / Page Down
앞 페이지 시작 위치까지 선택	F8,Ctrl+Page up
뒷 페이지 시작 위치까지 선택	F8,Ctrl+Page Down
문서의 처음/끝까지 선택	Shift+Ctrl+Home / End

보기

편집 기호 표시/숨기기	Ctrl+Shift+8
인쇄 모양 보기	Ctrl+Alt+P
기본 보기(초안 보기)	Ctrl+Alt+N
개요 보기	Ctrl+Alt+O
개요 축소/확장해서 보기(개요 보기 내에서)	Alt+Shift+A
하위 문서 보기/접기	Ctrl+W

문단 처음/끝까지 선택	Shift + Ctrl + ↑/↓
줄 처음/끝까지 선택	Shift + Home / End
한 화면(앞/뒤) 단위 선택	Shift + Page up / Page Down
앞 쪽 시작 위치까지 선택	Shift + Alt + Page up
뒷 쪽 시작 위치까지 선택	Shift + Alt + Page Down
문서의 처음까지 선택	Shift + Ctrl + Page up
문서의 끝까지 선택	Shift + Ctrl + Page Down
보기	
문단 부호 보이기/숨기기	Ctrl + G,T
조판 부호 보이기/숨기기	Ctrl + G,C
화면 확대 쪽 맞춤	Ctrl + G,P
화면 확대 폭 맞춤	Ctrl + G,W
화면 확대 100%	Ctrl + G,Q
화면 확대/축소	Shift + (Num) + / −
쪽 윤곽	Ctrl + G,L
창 순환	Alt + Tab
문서 탭 순환	Ctrl + Tab
모두 아이콘으로	Ctrl + W,M
편집화면 분할의 화면 이동	Ctrl + W,N
미리보기 내에서−여백보기	. (마침표)
편집용지 보기	, (쉼표)
앞 쪽/다음 쪽	Page up / Page Down
문서의 처음으로	Ctrl + Page up
문서의 끝으로	Ctrl + Page Down
현재 쪽	Ctrl + Enter
화면 인쇄 확대/축소	(Num) + / −
글꼴관련 단축키	
[서식]−[글자 모양] 대화 상자	Alt + L
모양 복사	Alt + C
모양 복사 붙이기	F3 / F4 / F5 → Alt + C
진하게	Alt + Shift + B / Ctrl + B
기울임	Alt + Shift + I / Ctrl + I

창 크기 복원	Alt + F5
창을 기본 크기로	Ctrl + F5
창을 원래 크기로	Alt + F5
활성창 크기 설정	Ctrl + F8
활성창 분할 해제	Ctrl + Alt + S
다음 작업창으로	F6
다음 문서창으로	Ctrl + F6 / Alt + F6 / Alt + Shift + F6
글꼴관련 단축키	
[홈]−[글꼴] 대화 상자	Ctrl + D
[글꼴] 대화 상자의 '글꼴'로	Ctrl + Shift + F
[글꼴] 대화 상자의 '포인트'로	Ctrl + Shift + P
Symbol 글꼴	Ctrl + Shift + Q
서식 복사	Ctrl + Shift + C
서식 붙여넣기	Ctrl + Shift + V
굵게	Ctrl + B / Ctrl + Shift + B
기울임꼴	Ctrl + I / Ctrl + Shift + I
밑줄	Ctrl + U / Ctrl + Shift + U
이중밑줄	Ctrl + Shift + D
공백제외 밑줄(단일선)	Ctrl + Shift + W
윗첨자/해제	Ctrl + Shift + [=]
아래첨자/해제	Ctrl + [=]
글꼴 크기 줄임	Ctrl + [ ]([⟨]) / Ctrl + Shift + [⟨]
글꼴 크기 늘림	Ctrl + [ ]([⟩]) / Ctrl + Shift + [⟩]
소문자로/대문자로	Ctrl + Shift + A
소문자를 작은 대문자/소문자로	Ctrl + Shift + K
첫글자 대문자/대문자/소문자 반복	Shift + F3
단어 개수	Ctrl + Shift + G
단어 수 업데이트	Ctrl + Shift + R
줄바꿈하지않는 공백	Ctrl + Shift + Spacebar
숨겨진 텍스트	Ctrl + Shift + H
형광펜	Ctrl + Alt + H

밑줄	Alt+Shift+U / Ctrl+U
위 첨자 / 아래 첨자 / 보통	Alt+Ctrl+A
위 첨자 / 해제	Alt+Shift+P
아래 첨자 / 해제	Alt+Shift+S
보통 모양	Alt+Shift+C
글씨 작게	Alt+Shift+R / Ctrl+[ ]
글씨 크게	Alt+Shift+E / Ctrl+[ ]
다음 글꼴	Alt+Shift+F
이전 글꼴	Alt+Shift+G
장으로	Alt+Shift+J
평으로	Alt+Shift+K
자간 좁게	Alt+Shift+N
자간 넓게	Alt+Shift+W
파랑 글자 색	Ctrl+M,B
검정 글자색	Ctrl+M,K
빨강 글자 색	Ctrl+M,R
자주 글자 색	Ctrl+M,D
초록 글자 색	Ctrl+M,G
노랑 글자 색	Ctrl+M,Y
청록 글자 색	Ctrl+M,C
흰색 글자 색	Ctrl+M,W
스타일	F6
스타일 적용	Ctrl+1~0 / Ctrl+Alt+1~0
기본 서식(바탕글)	Ctrl+1
개요 스타일	Ctrl+3~9 변경가능
글자 스타일 해제	Ctrl+-
문단관련 단축키	
문단 모양	Alt+T
양쪽 정렬	Ctrl+Shift+M
왼쪽 정렬	Ctrl+Shift+L
오른쪽 정렬	Ctrl+Shift+R
가운데 정렬	Ctrl+Shift+C

스타일 창	Ctrl+Alt+Shift+S
스타일 적용(수정)	Ctrl+Shift+S
기본 서식(표준 스타일)	Ctrl+Shift+N / Alt+Shift+(Num 선택) 5
제목 스타일	Ctrl+Alt+[1~3]
문자 스타일(서식) 제거	Ctrl+Spacebar / Ctrl+Shift+Z
문단관련 단축키	
왼쪽 맞춤	Ctrl+L
가운데 맞춤	Ctrl+E
오른쪽 맞춤	Ctrl+R
양쪽 맞춤	Ctrl+J
균등 분할	Ctrl+Shift+J
줄 간격-1줄	Ctrl+1
2줄	Ctrl+2
1.5줄	Ctrl+5
단락 앞 여백 넣기	Ctrl+0
단락 왼쪽여백 늘리기	Ctrl+M
단락 왼쪽여백 줄이기	Ctrl+Shift+M
글머리 기호	Ctrl+Shift+L
ListNum 필드	Ctrl+Alt+L
단락 이동	Alt+Shift+↑/↓
단락 개요수준 변경	Alt+Shift+←/→
단락 서식 제거	Ctrl+Q
강조 표시() 후 단락 연결	Ctrl+Alt+Enter
입력 관련	
상용구(블록) 만들기	Alt+F3
상용구 실행	블록 이름과 Enter
상용구로 잘라내기	Ctrl+F3 (상용구 모아 붙이기)
잘라낸 상용구 붙이기	Ctrl+Shift+F3
유니코드 기호 삽입	Alt+X
한자	Ctrl+Alt+F7
한자 등록	Ctrl+Alt+F12
날짜	Alt+Shift+D

배분 정렬	Ctrl+Shift+T	시간	Alt+Shift+T
문단 왼쪽여백 줄이기	Ctrl+Alt+F5 / Ctrl+Shift+E	각주	Ctrl+Alt+F
문단 왼쪽여백 늘이기	Ctrl+Alt+F6 / Ctrl+Shift+G	미주	Ctrl+Alt+D
문단 오른쪽여백 늘이기	Ctrl+Alt+F7 / Ctrl+Shift+D	특수문자 ™	Ctrl+Alt+T
문단 오른쪽여백 줄이기	Ctrl+Alt+F8 / Ctrl+Shift+F	®	Ctrl+Alt+R
문단 양쪽여백 줄이기	Ctrl+F7	©	Ctrl+Alt+C
문단 양쪽여백 늘이기	Ctrl+F8	…	Ctrl+Alt+.
첫 줄 내어 쓰기	Ctrl+F5 / Ctrl+Shift+O	줄바꿈하지 않는 공백	Ctrl+Shift+Space
첫 줄 들여 쓰기	Ctrl+F6 / Ctrl+Shift+I	줄바꿈하지 않는 하이픈	Ctrl+Shift+[ ]
빠른 내어 쓰기	Shift+Tab	선택 하이픈	Ctrl+—
줄 간격 좁게	Alt+Shift+A / Ctrl+Shift+Q	Em 대시	Ctrl+Alt+(Num선택)—
줄 간격 넓게	Alt+Shift+Z / Ctrl+Shift+W	En 대시	Ctrl+(Num 켜고)—
문단 이동	Alt+Shift+↑,↓	수식	Alt+Shift+8
문단 번호 모양	Ctrl+K,N	Symbol 글꼴	Ctrl+Shift+Q
문단 번호 속성 삽입/해제	Ctrl+Shift+Insert	책갈피	Ctrl+Shift+F5
문단 번호 새 번호로 시작	Alt+Shift+Insert	최근 편집 위치로	Shift+F5
글머리표 속성 삽입/해제	Ctrl+Shift+Delete	하이퍼링크	Ctrl+K
한 수준 증가(문단 번호)	Ctrl+(Num)—	메모	Ctrl+Alt+M
한 수준 감소(문단 번호)	Ctrl+(Num)+	ListNum 필드	Ctrl+Alt+L
개요 번호 모양	Ctrl+K,O	Page 필드	Alt+Shift+P
개요 속성 삽입/해제	Ctrl+Insert	목차 항목 표시	Alt+Shift+O
한 수준 증가(개요 번호)	Ctrl+(Num)—	관련 근거 목차 표시	Alt+Shift+I
한 수준 감소(개요 번호)	Ctrl+(Num)+	색인 추가 텍스트 표시	Alt+Shift+X
입력 관련		**필드**	
상용구 등록	F3 → Alt+I	필드 추가	Ctrl+F9
상용구 실행	첫글자, Alt+I	필드 코드 표시(전체 토글)	Alt+F9
상용구 내용 보기	Ctrl+F3	필드 코드 선택부분 토글	Shift+F9
문자표	Ctrl+F10	필드 업데이트	F9 / Alt+Shift+U
문자표 유니코드 입력	Alt+Shift+F10	필드 보호	Ctrl+F11 / Ctrl+3
한글을 한자로 변환	F9	필드 보호 해제	Ctrl+Shift+F11 / Ctrl+4
한자를 한글로 변환	Alt+F9	필드 다음으로 이동	F11 / Alt+F1 / Ctrl+Page Down
한자 단어 등록	Ctrl+Alt+F9	필드 이전으로 이동	Shift+F11 / Alt+Shift+F1

한자 부수/총획수	Ctrl + F9
한자 새김 입력	Ctrl + Shift + F9
인명 한자로 바꾸기	Ctrl + Alt + F10
날짜/시간 문자열	Ctrl + K, D
날짜/시간 코드	Ctrl + K, C
날짜/시간 형식	Ctrl + K, F
각주	Ctrl + N, N
미주	Ctrl + N, E
그림	Ctrl + N, I
글상자	Ctrl + N, B
수식	Ctrl + N, M
문단 띠	Ctrl + N, L
캡션 넣기	Ctrl + N, C
책갈피	Ctrl + K, B
책갈피 바로 넣기(위치 기억)	Ctrl + K, 1, 2, ... 9, 0
기억된 책갈피 위치로 이동	Ctrl + Q, 1, 2, ... 9, 0
하이퍼링크	Ctrl + K, H
하이퍼링크 뒤로	Ctrl + Q, B
하이퍼링크 앞으로	Ctrl + Q, R
상호 참조	Ctrl + K, R
필드 입력	Ctrl + K, E
문서 끼워 넣기	Ctrl + O
OLE 개체 삽입	Ctrl + N, O
도구 관련	
키 매크로 정의	Alt + B
키 매크로 중지	Alt + A
스크립트 매크로 정의	Alt + Shift + H
스크립트 매크로 중지	Alt + Shift + X
매크로 실행	Alt + Shift + L
매크로1	Alt + Shift + 1, Alt + 1
매크로2	Alt + Shift + 2, Alt + 2
제목 차례 표시	Ctrl + K, T

필드를 텍스트로 변환	Ctrl + Shift + F9
단추필드 연결 작업 실행	Alt + Shift + F9
편지 병합 필드	Alt + Shift + F5
오류 확인	Alt + Shift + K
데이터 원본 열기	Alt + Shift + E
문서에 병합	Alt + Shift + N
인쇄	Alt + Shift + M
개체	
글상자 선택상태에서 편집	Enter
복사하기	Ctrl + D / Ctrl + 마우스로 끌기
개체 크기 확대(양방향)	Shift + ↑ / →
개체 크기 축소(양방향)	Shift + ↓ / ←
개체 회전	Alt + (← / →)
개체 1pt씩 이동	방향 키
다음 개체로 이동	Tab
이전 개체로 이동	Shift + Tab
표	
셀 선택	셀 끝 표시에서 Shift + 방향키
표 전체 선택	Alt + (Num해제) 5
표 안에서 다른 셀로 이동	Tab / Shift + Tab
셀 내용 지우기	셀 블록 후 Delete
셀 지우기/표 지우기	셀 블록 후 Backspace
표 서식 업데이트	Ctrl + Alt + U
현재 행 왼쪽 시작 셀로	Alt + Home
현재 행 왼쪽 시작 셀까지 선택	Shift + Alt + Home
현재 행 오른쪽 끝 셀로	Alt + End
현재 행 오른쪽 끝 셀까지 선택	Shift + Alt + End
현재 열 맨 윗 셀로	Alt + Page up
현재 열 맨 윗 셀까지 선택	Shift + Alt + Page up
현재 열 맨 아래 셀로	Alt + Page Down
현재 열 맨 아래 셀까지 선택	Alt + Shift + Page Down
행 이동 - 커서가 있는 행을 가지고 이동	Alt + Shift + ↑ / ↓

차례 숨기기	Ctrl+K,S
색인 표시 달기	Ctrl+K,I
메일 머지 표시 달기	Ctrl+K,M
메일 머지 만들기	Alt+M
프레젠테이션 실행	Ctrl+K,P
개체를 선택한 상태	
개체 속성	P
배경	C
테두리	L
글상자 선택상태에서 편집	Enter
복사하기	Ctrl+마우스로 끌기
맨 앞으로	Shift+Page up
맨 뒤로	Shift+Page Down
글 앞으로	Shift+Home
글 뒤로	Shift+End
캡션 넣기	Ctrl+N,C
하이퍼링크	Ctrl+K,H
개체 1pt씩 이동	방향 키
개체 크기 확대/축소(아래쪽)	Shift+↓/↑
개체 크기 확대/축소(오른쪽)	Shift+→/←
다음 개체로 이동	Tab / Shift+F11 (F11 개체 선택)
이전 개체로 이동	Shift+Tab / F11
개체 묶기/풀기	G / U
그림 자르기	Shift+마우스 조절
아래 겹쳐진 개체 선택	Alt+클릭
표	
표 만들기 (셀 안의 표 만들기)	Ctrl+N,T
표에서 나가기	Shift+Esc
표 개체 선택	F11 (이동 Tab / Shift+Tab)
셀 선택	F5 (이동 가능)
셀 선택 확장 모드	F5 2번 / Shift+F5
표 전체 블록	F5 3번

뒷 열의 너비는 고정하고 안쪽 열 너비만 조절	Shift+마우스로 셀 너비 조절
뒷 열의 너비를 함께 조절	Ctrl+마우스로 셀 너비 조절
눈금자에 셀 크기 표시/세밀하게 조절	Alt+마우스로 셀 크기 조절
수식 편집 상태	
수식	Alt+Shift+8
위 첨자(^)	Shift+6
아래 첨자(_)	Shift+-
분수(₩over)	/

※주의 : MS Word는 2번 적용하면 해제되는 단축키가 있습니다.

칸 전체 블록	F5 - F7
줄 전체 블록	F5 - F8
셀 크기 조절 – 선택 셀만	셀 블록 후 Shift+방향키/마우스 드래그
줄/칸 전체 크기 조절 – 표 크기 변동	셀 블록 후 Ctrl+방향키/마우스 드래그
줄/칸 전체 크기 조절 – 표 크기 고정	셀 블록 후 Alt+방향키
셀 단위로 커서 이동	Alt+방향키
셀 단위로 커서 이동(마지막 셀 : 줄 추가)	Tab / Shift+Tab (환경 설정 필요)
줄 추가하기	Ctrl+Enter
줄 지우기	Ctrl+Backspace
줄/칸 추가하기	Alt+Insert
줄/칸 지우기	Alt+Delete
줄/칸, 표 삭제	선택 후 Delete / Ctrl+E
표 개체 속성 (기본/여백/캡션/테두리/배경/표)	Ctrl+N,K / 표 선택(F11) 후 P
표/셀 속성 (기본/여백/캡션/표/셀)	셀 블록 후 P
표 개체 속성 – 테두리 (개체의 테두리)	표 선택 후 L
표 개체 속성 – 배경 (개체의 배경)	표 선택 후 C
각 셀마다 적용 – 테두리 (표 도구의 테두리)	셀 블록 후 L
각 셀마다 적용 – 배경 (표 도구의 배경)	셀 블록 후 C
여러 셀에 적용 – 테두리 (하나의 셀처럼…)	셀 블록 후 B
여러 셀에 적용 – 배경 (하나의 셀처럼 적용)	셀 블록 후 F
표 내용 자동 채우기	셀 블록 후 A
셀 합치기	셀 블록 후 M
셀 나누기	셀 블록 후 S
줄 높이를 같게	셀 블록 후 H
칸 너비를 같게	셀 블록 후 W
표 뒤집기	표 선택 후 T
본문과의 배치 – 글 앞으로	Shift+Home
본문과의 배치 – 글 뒤로	Shift+End
개체 정렬 – 맨 앞으로	Shift+Page up

개체 정렬 – 맨 뒤로	Shift + Page Down
캡션 넣기	Ctrl + N, C
표 나누기 (나눌 첫 셀에서)	Ctrl + N, A
표 붙이기 (위쪽 표에서)	Ctrl + N, Z
계산식	Ctrl + N, F
블록계산식 – 합계	셀 블록 후 Ctrl + Shift + S
블록 계산식 – 평균	셀 블록 후 Ctrl + Shift + A
블록 계산식 – 곱	셀 블록 후 Ctrl + Shift + P
쉬운 계산식 – 가로 합계	Ctrl + Shift + H
쉬운 계산식 – 세로 합계	Ctrl + Shift + V
쉬운 계산식 – 가로 평균	Ctrl + Shift + J
쉬운 계산식 – 세로 평균	Ctrl + Shift + B
쉬운 계산식 – 가로 곱	Ctrl + Shift + K
쉬운 계산식 – 세로 곱	Ctrl + Shift + N
수식 편집 상태	
수식	Ctrl + N, M
위 첨자(^)	Shift + 6
아래 첨자(_)	Shift + −
장식 기호(vec)	Ctrl + D
분수(over)	Ctrl + O
근호(sqrt)	Ctrl + R
합 기호(sum)	Ctrl + S
적분(int)	Ctrl + I
극한(lim)	Ctrl + L
상호 관계(REL lrarrow)	Ctrl + E
괄호(LEFT(/RIGHT))	Ctrl + 9
경우(cases)	Ctrl + 0
세로 쌓기(pile)	Ctrl + P
행렬(matrix)	Ctrl + M
줄 바꿈	편집창 Enter / 입력창 [#]
줄 맞춤	입력창 [&]
사이띄기	입력창 [~] – 1 칸 / [`] – 1/4 칸
넣기	Shift + Esc

INDEX I 단어 찾아보기

ㄱ

가로 눈금자 36
가로 눈금자로 지정 86, 90
가로 눈금자로 탭 설정하기 123
각 셀마다 적용 178
각 셀마다 적용 대화상자 이용하기 192
각주 158
각주 모양 고치기 159
각주 저장하기 400
각주(미주)의 번호 모양 바꾸기 160
각주/미주 번호 숨기기 161
각주의 상호 참조 161
같은 모양의 표 만들기 197
개요 99
개요 번호 모양 103
개요 번호 모양 변경 409
개요 번호 모양에서 지정 100
개요 번호 스타일 사용법 120
개요 사용자 정의 104
개요 설정 101
개요 설정 순서 101
개요 수준넣기 99
개요 스타일 120
개요의 새 번호 115
개인 정보 보호 406
개인 정보 찾아서 보호 364
개체 속성 편집하기 167
개체 속성의 테두리 196
개체 연결선 229
개체 이동 안내선 45
개체를 포함해서 선택하기 74
개체의 캡션 324
개체의 캡션으로 차례 만들기 325
격자 45
격자보기 235
계산식 214
계산식 입력하기 215
고정폭 빈칸 60
골라 붙이기 173
공유 402
괄호 안에 문자열 중 숫자, 영어는 빼고 찾기 367
교정 부호의 자료 연결 358
구역별로 다른 쪽 번호와 구역 전체 쪽 번호 414
구역을 나누고 새 번호 모양으로 바꾸기 160

그리기 따라하기 240
그리기 마당 227, 399
그리기 조각 228
그림 꾸미기 258
그림 넣기 251
그림 바꾸기/삽입 그림 저장하기 257
그림 위에 글자 넣기 269
그림 자르기 256
그림 파일로 저장 229
그림 활용하기 269
그림과 투명선 44
그림을 배경으로 사용하기 269
글 뒤로 199
글 앞으로 199
글꼴 도구 상자 52
글꼴 변경 56
글꼴에 어울리는 빈칸 60
글머리표 114
글머리표 사용자 정의 113
글머리표의 새 모양 116
글상자 245
글상자 편집하기 246
글자 겹치기 68
글자 모양 53
글자 상용구 151
글자 서식 편집하기 168
글자 스타일 129
글자/문단 서식 복사하기 73
글자/문단 서식 지우기 74
글자처럼 취급 200
글짜 바꾸기 64
기본 명령어 166
기본 서식 바꾸기 136
기본 탭 간격 바꾸기 126
기타 그림 다루기 264
기타 그림 애로 사항 266
기타 도형 다루기 238
기타 명령 활용하기 401
기타 찾기 363
기타 탭 설정 124, 126
끼워 넣기 170

ㄴ

낱말 블록 75
내어 쓰기용 자동 탭 127
내용 편집하기 167

내용만 덮어쓰기 209
노트 만들기 392
눈금자 탭 설정 123
눈금자의 활용 36

ㄷ

다단 296
다단 다루기 300
다단 만들기 296
다른 문서의 책갈피/개요/개체를 연결해서 열기 356
다른 사람과 협업하기 403
다른 스타일로 적용하기 135
다른 파일의 스타일 가져오기/내보내기 137
다른 형식의 파일 추가OLE 개체 171
다양한 페이지 번호 표시 414
단 나누기 300
단 나누기 지우기 306
단 나누기와 단 설정 나누기 297
단 너비와 간격 300
단 모양 바꾸기 302
단 방향 305
단 설정 나누기 지우기 306
단설정 296
단에서의 개체 다루기 300
단의 주의 사항 303
단축키/바로가기 키 426~435
단축키로 빠르게 지정 100, 108
단축키로 지정 115
단축키로 표 만들기 183
대체 글꼴 57
대화 상자로 글꼴 변경 56
대화 상자로 지정 87, 90
대화 상자로 탭 설정하기 124
덧말 넣기 67
덮어쓰기 209
데이터 파일 337
도구 메뉴로 지정 88, 91
도구 상자 34
도구에서 글꼴 변경 56
도형 225
도형 그리기 226, 398
도형 메뉴 225
도형 편집하기 230
도형으로 모양 만들기 376

두 줄을 한 줄 높이로 69
뒤로, 맨 뒤로 200
뒷 페이지의 시작 위치까지 선택 77
들여쓰기/내어쓰기 단축키 91

ㄹ

라벨 문서 394
라벨 표 221

ㅁ

맞춤 234
머리말 392
머리말 도구 280
머리말 바꾸기 280
머리말 배경 제거하기 394
머리말 애로사항 286
머리말/꼬리말 277
머리말/꼬리말 감추기 284
머리말/꼬리말 여백 277
머리말/꼬리말 입력하기 279
머리말/꼬리말 지우기 285
메일 머지 337
메일 머지 결과 확인하기 397
메일 머지 만들기 340, 396
메일 머지 주의 사항 341
메일 머지 표시하기 395
메일 머지 필드 표시 서식 편집하기 339
모두 찾기 363
모양 복사 73, 198
목록 98
목록과 번호와의 간격 118
목록에 없는 개요 번호 모양 만들기 409
묶기/풀기 236
묶음 빈칸 60
문단 모양 81
문단 모양에서 지정 99, 108, 114
문단 번호 108
문단 번호 모양 112
문단 번호 모양에서 지정 109
문단 번호 스타일 111, 110
문단 번호 스타일 만들기 120
문단 번호와 개요 스타일 412
문단 번호의 새 번호 116
문단 부호 40
문단 스타일 128
문단 아래 간격 93
문단 여백 86
문단 여백 관련 단축키 88
문단 오른쪽 끝 자동 탭 127
문단 위 간격 93
문단 정렬 85
문단 첫 글자 장식 96
문단/단락 강제 이동 76

문서 비교 371, 372
문서 찾기 364
문서 탭 38
문자열을 표로 185
문자표 넣기 71
문자표 등록하기 71
미주 159

ㅂ

바꾸기 364
바탕쪽 287
바탕쪽 만들기 287
배경 392
배분 다단 299
배치/정렬/위치 232, 261
배포용 문서 405
버전 비교 371, 372
번호 입력 412
번호 활용하기 409
번호에 자동 적용될 서식 411
번호의 글자 모양을 다르게 지정하기 117
벤다이어그램 만들기 398
변경 내용 추적 368
변경 내용 추적 내용 적용/적용 안함 370
변경 내용 추적 보기/ 끝내기 370
변경 내용 추적 시작하기 368
변경 내용 표시 설정 369
보기 선택 아이콘 37
보안 문서 405
복사해서 붙이기 172
본문 상용구 151
본문 선택 단축키 75
블로그로 올리기 404
블록 계산식 215
블록 저장 이용하기 153
블록 지정하기 74
빈 문단 없애기 366
빈칸 60
빠른 교정 내용 110, 155
빠른 교정 내용 추가하는 방법 156
빠른 교정 동작 66

ㅅ

사용자 메뉴 탭 34
사용자 문자표 71
상용구 가져오기/내보내기 152
상용구 만들고 입력하기 151
상용구 코드 넣기 153
상용구에 저장 197
상호 참조 352
상호 참조 넣기 352
상호 참조 수정 353
상황선 32

새 번호 주기 115
새 번호로 시작 272
색인 334
색인 만들기 335
색인 편집하기 335
색인 표시 334
서식 찾기 360
서식으로 모양 만들기 386
세로 눈금자 36
세로 타입 폰트 68
셀 나누기 186
셀 내용 정렬 206
셀 세로쓰기 206
셀 속성 191
셀 안에 표로 넣기 209
수식 162
수식 도구 설명 164
수식 입력 방법 164
수식 참조 169
수식 찾기 169
수식 캡션과 수식 차례 168
수식 편집기 162
수식 편집기 도구 상자 163
수식 편집하기 167
수식 하이퍼링크 169
숨은 설명 161
숫자/한글/영어 찾기 366
쉬운 계산식 215
쉬운 책갈피 352
스크립트 입력창에서의 수식 입력 165
스타일 128
스타일 만들기 132
스타일 메뉴 알아두기 130
스타일 삭제하고 다른 스타일로 적용하기 135
스타일 작업창 131
스타일 추가 상세 설정 133
스타일 추가하기 132
스타일 편집하기 134
스타일로 개체 제목 만들기 326
스타일에 문단 번호 추가하기 111
스타일을 삭제하지 않고 다른 스타일로 바꾸기 135
스타일을 편집하는 여러 가지 방법 134
스타일의 종류 128
실시간 검색 20
씽크프리 원드라이브 18

ㅇ

아무개 문자 361
암호 설정 문서 406
앞 페이지의 시작 위치까지 선택 77
앞으로, 맨 앞으로 200

어울림 199
연결된 스타일 서식 변경 411
열림 상자 사용자 탭 34
오피스 커뮤니케이터 18, 403
완성형 문자표 71
왼쪽 탭 설정 따라하기 125
왼쪽/오른 쪽에 삽입하기 208
요미가나 67
워터마크 289
원고지 사용 290
웹 주소로 연결하기 355
위쪽/아래 쪽에 삽입하기 208
이전 단계와 함께 표시되는 목록 만들기 412
인쇄하기 306
일반 다단 298
일부 셀 삭제 187
입력 기호 165
입력 자동 서식 156
입력어 자동 실행 157

ㅈ

자간 59
자동 내어쓰기 119
자동 채우기 221
자동으로 입력되는 목록 109
자리 차지 199
장평 59
전체 선택하기 75
점선이 포함된 오른쪽 탭 설정 따라하기 125
제목 셀 214
조건식 사용 362
조판 부호 40, 41~42
조판 부호 지우기 363
주소록 395
줄 간격 설정과 단축키 94
줄 간격 조정하기 93
줄 번호 20
줄 블록 75
줄 처음/끝까지 선택 76
줄/칸 추가하기 186
쪽 경계 설정 212
쪽 경계선 설정 212
쪽 경계에서 나눠지지 않는 표 213
쪽 번호 271
쪽 번호 매기기 272
쪽 번호 모양/위치 바꾸기 274
쪽 번호 서식 바꾸기 274
쪽 번호 없애기 276
쪽 윤곽 44
쪽 이동 아이콘 37
쪽 테두리/배경 만들기 293

ㅊ

차례 322
차례 만들기 323
차례 새로 고침 326
차례 스타일 327
차트 217
차트 도구 218
차트 만들기 217
차트 빠른 메뉴 218
참고 문헌 만들기 400
참조 내용 354
참조 대상 종류 353
참조 예 354
찾기 360
찾기/바꾸기 예 366
찾을 방향 362
채우기 255
책갈피 350
책갈피 넣기 350
책갈피 이동 351
책갈피 작업창 350
책갈피 지우기 351
책갈피 찾아가기 351
책갈피/개요/개체로 연결하기 355
첫 글자 장식 만들기 97
첫 줄 들여쓰기와 둘째 줄 이하 내어쓰기 90
최소 공백 60
축 눈금 조절하기 220

ㅋ

칸 블록 75
캡션 넣기 222
캡션 번호 222
캡션 차례 만들기 324
커서 위치에서 문서의 처음 또는 끝까지 선택 77
클립보드 80

ㅌ

탭 설정 123
탭 설정 창 124
탭의 사용 예 125
탭의 종류 123
테두리와 여백 254
테두리와 채우기 230
텍스트 선택하기 74
텍스트로 명령 실행 157
텍스트로 스타일 실행 157
특수 문자 입력 70

ㅍ

파일 공유 링크 만들기 402
페이지 단위 복사 80
페이지 처음에서 80
편집 제한 문서 405
편집 제한 문서 만들기 405
편집 화면 나누기 37
편집용지 314
평행 다단 299, 304
표 계산식 214
표 구성 197
표 그리기 184
표 도구 이용하기 191
표 만들기 183
표 문단 정렬과 여백 206
표 셀 블록 78, 174
표 스타일 191
표 이동하기 210
표 전체 삭제 187
표 차례 만들기 224
표 크기 조절 188
표/셀 속성 176
표로 모양 만들기 380

ㅎ

하나의 셀처럼 적용 179, 194
하이퍼링크 355
하이퍼링크 다루기 357
하이퍼링크 연결하기 355
한 화면 단위 76
한/글 문자표 71
한/글 본문과의 간격 118
한/글 줄 간격의 종류 95
한/글 표 도구 175
한/글 표 속성 대화 상자 176, 181
한/글 표의 배치 199
한/글 표의 위치 201
한/글 표의 정렬 200
한/글의 보기 44
한/글의 상용구와 블록 저장 150
한/글의 자동 문단 띠와 문단 띠 84
한/글의 줄 간격 94
한/영 전환 66
한 문단/단락 블록 76
한자/일어 등 유니코드로 찾기 366
현재 모양으로 바꾸기 134
현재 쪽/전체 쪽 번호 282
형광펜 62
홀수/짝수 머리말 따라하기 282
회색조 보기 19
회전 237

INDEX I 단어 찾아보기

ㄱ

가로 눈금자 86
가로 눈금자로 지정 90
가로 눈금자로 탭 설정하기 123
가운데 맞춤 85
가타카나 64
각주 구분선 변경 159
각주(미주)의번호 모양 바꾸기 161
각주/미주 158
간격 54
강조점 53
개발 도구 25
개요 99
개요 단락(제목스타일) 확장/축소 148
개요 보기 46, 106
개요 설정 순서 101
개요 수준 넣기 99
개체 연결선 229
검색 옵션 362
검토창 369
결과 및 병합 396
경계선과 단 너비/간격 299
공백 61
공유 402
괄호 안에 한글.영어는 빼고 찾기 366
구역 319
구역 나누기 지우기 306
구역 전체 페이지와 장 제목 번호 넣기 414
그룹/그룹 해제 237
그리기 따라하기 241
그리기 캔버스 228
그림 목차 삽입 331
그림 바꾸기/삽입 그림 저장하기 256
그림 배경 제거 256
그림 삽입 251
그림 자르기 254
그림 테두리와 채우기 253
글꼴 53, 56
글꼴 도구 상자 52
글머리 기호 114
글자 바꾸기 64
기능키 사용 252
기능키 활용 188
기본 명령어 요약 165
기본 서식 바꾸기/다른 파일의 스타일 가져오기 136

기본 탭 간격 바꾸기 126
기준 스타일 129
기타 그림 다루기 264
기타 그림 애로사항 265
기타 단 모양 301
기타 도형 다루기 239
기타 탭 설정 126

ㄴ

날짜 및 시간 279
날짜 형식 바꾸기 366
낱말 블록 75
내어쓰기 81
내어쓰기와 탭 127
노트 만들기 392
눈금 321
눈금 그리기와 글꼴 설정 321
눈금선 175
눈금선 보기 237
눈금자 15
눈금자로 표 크기 조절 189

ㄷ

다단 296
다단 만들기 296
다단계 목록 99
다른 기호 61
다른 문서의 책갈피로 연결해서 열기 356
다른 사용자와 공유 403
다른 스타일로 바꾸기 136
다른 스타일로 적용하기 135
다른 파일의 스타일 가져오기/내보내기 137
다른 형식의 파일 추가 171
다양한 페이지 번호 표시 414
단 나누기 297
단 나누기 지우기 306
단 다루기 298
단 모양 바꾸기 300
단락 81
단락 뒤 여백 93
단락 맞춤 85
단락 맞춤 종류 85
단락 스타일 129
단락 앞 여백 93
단락 여백 86

단락 여백 단축키 이용법 88
단락의 첫 문자 장식 추가 96
단에서의 개체 다루기 299
단의 입력 방향 298
대/소문자 바꾸기 64
대체 글꼴 57
대화 상자로 지정 87
대화 상자로 탭 설정하기 124
데이터 파일 337
도형 225
도형 그리기 226
도형 메뉴 225
도형 편집하기 230
도형 효과 239
도형으로 모양 만들기 378
두 줄을 한 줄 높이로 69
둘러싸기 204
뒷 페이지의 시작 위치까지 선택 77
들여쓰기/내어쓰기 단축키 이용법 91
디지털 서명 문서 409

ㄹ

레이블 업데이트 396
레이아웃 옵션 27
리본 사용자 지정 34

ㅁ

마우스로 셀 선택 211
마우스로 열 너비 조절 188
맞춤 235
머리/바닥글 입력하기 279
머리글 맞춤 탭 127
머리글 바꾸기 280
머리글 행 214
머리글/바닥글 277
머리글의 특징 278
메일 머지 337
모두찾기/찾을 위치 365
목록 스타일 129
목록과 번호와의 간격 118
목록에 없는 개요 번호 모양 만들기 409
목차 328
목차 내용 수정 333
목차 만들기 329
목차 서식 333
목차 수정과 제거 333

목차 업데이트 334
목차 제거 334
문단 번호 스타일 120
문단 번호 스타일 만들기 120
문단/단락 강제 이동 76
문서 비교/병합 371
문자 간격 59
문자 방향 바꾸기 68
문자 스타일 129
문장 블록 75

ㅂ

바꾸기 365
바로가기 키 426
번호 매기기 108
번호 입력 411
번호에 자동 적용될 서식 411
번호의 글자 모양을 다르게 지정하기 117
벤다이어그램 만들기 398
변경 내용 추적 368
변경 내용 추적 설정 368
변경 내용 추적 시작하기 368
변경 내용 추적 잠금 28
변경 내용 추적 적용/적용 안함 28
변경 내용 추적보기/끝내기 370
변경 내용 표시 설정 369
변경추적 내용 적용/적용 안함 370
병합 필드 삽입 396
복사해서 붙이기 172
붙여넣기 옵션 172
블로그에 게시 404
블록 만들기 151
블록 입력하기 153
빠른 실행 도구 모음 35

ㅅ

사용자 지정 목차 330
삽입할 참조 내용 354
상용구 150
상용구 가져오기/내보내기 154
상용구 삭제/편집 하기 153
상용구, 빠른 표로 저장 198
상용구의 종류 150
상태 표시줄 32
상호 참조 352
상호 참조 넣기 352
상호 참조 업데이트 353
새 다단계 목록 정의 103, 409
새 번호 주기 115
새 스타일 만들기 132
새 스타일 상세 설정 132
새 행으로 삽입 209
색인 336
색인 삽입 336

색인 편집하기 336
색인 항목 표시 336
서로 다른 목록으로 표시 412
서식 복사 73
서식 찾기 362
서식으로 모양 만들기 389
선택창 235
선택하여 붙여넣기 173
셀 덮어쓰기 209
셀 분할 186
셀 삽입 컨트롤 29
셀 세로 정렬 206
셀 세로쓰기 207
셀 여백 190
셀 정렬 206
셀 크기 같게 190
셀 크기 최소한으로 줄이기 190
수동 목차 330
수식 162
수식 기호 167
수식 도구 164
수식 입력 방법 164
수식 자동 고침 165
수식 참조와 수식 찾기 168
수식 캡션과 수식 목차 168
수식 컨텐츠 컨트롤 163
수식 편집하기 168
숨겨진 텍스트 161
스마트아트 248
스마트아트 그림 레이아웃 사용하기 268
스타일 128
스타일 검사기 146
스타일 관리 146
스타일 만들기 132
스타일 모음 138
스타일 작업창 131
스타일 짜기 139
스타일 참조 146
스타일 창 옵션 148
스타일 편집 134
스타일 편집하기 134
스타일로 개체 목차 만들기 333
스타일을 삭제하고 다른 스타일로 적용하기 135
스타일을 수정하는 여러가지 방법 134
스타일의 종류 128
시작 번호 273

ㅇ

암호 설정 문서 409
앞 페이지의 시작 위치까지 선택 77
여백 주기 92
여백으로 블록 지정하기 78
연결 스타일 129

연결된 스타일 서식 변경 411
예제 익히기 376
온라인 그림에서의 그리기 228, 252
용지 공급 318
용지 방향 317
용지 여백 317
용지 여백과 머리/바닥글 위치 277
용지 크기 318
워터마크 287
워터마크 만들기 287
워터마크 바꾸기 289
워터마크 편집하기 288
원고지 사용 290
원고지 설정 290
원고지 해제 292
원드라이브 26
원문자 68
웹 모양 보기 46
웹 주소로 연결하기 355
윗주 달기 67
윤곽선과 채우기 230
이어서 구역 나누기 297
이전 단계와 함께 표시되는 목록 만들기 412
인라인 상태에서의 그림,그리기 삭제하기 366
인쇄 312
인쇄 모양 보기 46
인쇄 옵션 318
일부 셀 삭제 187
읽기 모드 30
입력할 때 자동 서식 156

ㅈ

자동 고침 66
자동 고침 옵션 155
자동 고침 표 186
자동 목차 330
자동 서식 157
작업창 49
장평 59
적용 대상 318
전체 표 이동하기 210
점 편집 240
주소 파일 395
줄 간격 92
줄 번호와 테두리 320
줄 블록 75
줄 처음/끝까지 선택 76

ㅊ

차트 217
차트 도구 218
차트 만들기 217

차트 서식 작업창 219
참고 문헌 만들기 400
참조할 대상 353
창 나누기 46
찾기 360
채워 쓰기 69
책갈피 350
책갈피 삭제 352
책갈피 삽입 350
책갈피 이동 351
책갈피 찾아가기 351
책갈피/제목 스타일로 연결하기 355
첫 문자 장식 만들기 97
첫 페이지를 다르게 지정 283
초안 보기 46
최근 읽은 위치 31
최종본 표시 문서 407
축 눈금 조절하기 220

ㅋ

칸 블록 75
캡션 번호 222
캡션 삽입 222
캡션 스타일 223
캡션으로 그림 목차 만들기 332
커서 위치에서 문서의 처음 또는 끝까지 선택 78

ㅌ

탐색창 48
탐색창 찾기 360
탭 설정 123
탭의 사용 예 125
탭의 종류 123
테두리 및 음영 55
테두리 및 음영 대화 상자 이용하기 192
테두리와 음영 178
테마 138
텍스트 방향 321
텍스트 배치/위치/정렬 233, 261
텍스트 상자 245
텍스트 상자 속성 변경하기 245
텍스트 상자 편집하기 246
텍스트 자동 맞춤 72
텍스트를 표로 185
텍스트만 유지 210

ㅍ

파일 삽입 170
패턴 일치 사용 363
페이지 317
페이지 끝에서 자동으로 나눠지지 않는 표 213
페이지 끝에서 행을 자동으로 나누기 212

페이지 단위 복사 80
페이지 번호 271
페이지 번호 모양 바꾸기 따라하기 274
페이지 번호 모양 저장하기 275
페이지 번호 모양/번호/서식 바꾸기 274
페이지 번호 삽입 272
페이지 번호 서식 대화 상자 272
페이지 번호 없애기 276
페이지 번호의 서식 273
페이지 번호의 종류 281
페이지 번호의 특징 271
페이지 색 294
페이지 설정 316
페이지 세로 맞춤 320
페이지 테두리 293
편지 병합 규칙 343
편지 병합 끝내기 397
편지 병합 마법사 338
편지-레이블 394
편집 제한 407
편집 제한 문서 407
표 그리기 184
표 너비 자동 맞춤 190
표 단락 맞춤과 여백 206
표 도구 175
표 도구 이용하기 191
표 디자인 도구 175
표 레이아웃 도구 175
표 만들기 183
표 목차 만들기 224
표 병합 209
표 복사 208
표 삽입으로 표 만들기 184
표 셀 블록 78
표 셀에 그림 넣기 267
표 속성 176
표 속성 대화 상자 176, 182
표 수식 214
표 수식 입력하기 215
표 스타일 129
표 스타일 가져오기/내보내기 195
표 스타일 새로 만들기 194
표 스타일 수정하기 195
표 전체 삭제 187
표 전체 크기 조절 189
표 중첩 208
표 크기 조절 188
표로 모양 만들기 383
표의 위치 203
풍선 도움말 369
필드 스위치 348
필드 코드 43, 347

ㅎ

하이퍼링크 355

하이퍼링크 다루기 357
하이퍼링크 제거 359
하이퍼링크 추가 355
하이퍼링크 표시 359
한 문단/단락 블록 76
한 화면 단위 76
한/영 자동 고침 66
행/열 추가하기 186
현재 화면의 처음 또는 끝까지 선택 77
형광펜 62
형광펜 인쇄 63
형광펜 찾기 63
홀수 짝수 머리글 따라하기 282
회전 238

알파벳, 숫자

₩1 스위치 105
₩s 스위치 105
1.5 lines 95
1/4 Em 공백 61
1차원 형식 164
1차원 형식으로 수식 입력 165
2차원 형식 164
At least 95
building blocks.dotx 152
Bullet 114
DecreaseIndent 89
dot 139
dotm 139
dotx 139
Double sace 95
Em 공백 61
En 공백 61
Exactlly 95
Hanging Indent 92
Increase aragrah Sacing 93
IncreaseIndent 89
Indent 88
IndentChar 89
IndentLine 89
ListIndent 89
ListNum 필드 105
ListOutdent 89
MS Word의 구역 283
Multile 95
Normal.dotm 112
Office Online 26
OneDrive 24
Single sace 95
UnHang 92
Unindent 88
Word 옵션 34

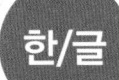

INDEX Ⅱ Q & A

- 한/글을 위한 클라우드 서비스는 무엇인가요? ⋯ 18
- 가로 방향으로 이동하며 편집하려면 어떻게 설정하나요? ⋯ 21
- 화면 하단의 상황선에 나타낼 내용들은 어떻게 설정하죠? ⋯ 32
- 키보드의 [Insert]키가 눌려 '수정'으로 작동되지 않도록 할 수 있나요? ⋯ 32
- 리본 메뉴에 '나만의 메뉴'를 만들어 사용할 수도 있나요? ⋯ 34
- 눈금자는 어떻게 보는 거죠? ⋯ 36, 86~92
- 편집 화면을 여러 창으로 나눠 보는 건 어떻게 하나요? ⋯ 37
- 화면에 표시되는 여러 기호들을 선택할 수는 없나요? ⋯ 40, 42
- 조판 부호에 대해 자세히 알고 싶어요. ⋯ 42
- 여백을 숨기고 보려면 어떻게 하나요? ⋯ 44
- 글자의 크기와 모양을 조절하는 단축키가 뭐죠? ⋯ 52
- 특정 메뉴에 마우스 커서를 둘 때 설명이 표시되었으면 좋겠어요. ⋯ 55
- '한글/영문' 전용 글꼴을 선택해두고 작업하려면 어떻게 하죠? ⋯ 57
- 글꼴을 바꾸게 되면 빈칸의 공백도 차이가 생기나요? ⋯ 60
- 형광펜으로 표시된 내용을 인쇄하려면 어떻게 하죠? ⋯ 63
- 문서 작성 과정에서 자동으로 교정이 되게 하려면 어떻게 하죠? ⋯ 66
- 워드에서도 원문자나 사각 문자 등을 입력할 수 있나요? ⋯ 68
- 한/글의 특수 문자 입력을 자세히 알고 싶어요. ⋯ 70
- 서식을 복사하려면 어떻게 해야 하죠? ⋯ 73
- 블록 지정에 대해 자세히 알고 싶어요. ⋯ 74~79
- 들여쓰기의 설정을 자세히 알고 싶어요. ⋯ 81~82, 86~91
- 문서의 향후 편집을 위해 꼭 알아야 할 내용이 무엇인가요? ⋯ 85
- 줄 간격에 대해 자세히 알고 싶어요. ⋯ 93~95
- 잡지와 같은 방식으로 문단의 첫 글자를 꾸며주고 싶어요. ⋯ 96~97
- 한/글의 목록은 워드와 비교해 어떻게 다른가요? ⋯ 98
- 개요는 구체적으로 어떻게 지정하죠? ⋯ 98~104
- 작성한 개요와 스타일이 자동으로 연결되지 않아요. ⋯ 103
- 현재 구역에서 새 시작 번호를 주려면 어떻게 하죠? ⋯ 103
- 목록 번호에만 적용되는 별도의 글꼴을 적용할 수 있을까요? ⋯ 104
- 개요를 작성할 경우 수준을 올리거나 내리는 단축키가 있나요? ⋯ 109
- 자동으로 입력되는 글머리 기호는 어디에서 변경할 수 있죠? ⋯ 110
- 다단계 목록의 스타일을 수정하려면 어떻게 하죠? ⋯ 112
- 글머리 기호로 나만의 스타일을 사용하려면 어떻게 하나요? ⋯ 113~114
- 다단계 목록 상에서 새롭게 번호를 시작하는 건 어떻게 하죠? ⋯ 115~116
- 목록과 번호 사이의 간격은 어떻게 조절하나요? ⋯ 118~119

- 탭 조정에 대한 모든 내용을 알고 싶어요. ⋯ 123~127
- 한/글의 스타일 적용을 자세히 알고 싶어요. ⋯ 128~131
- 새로운 스타일을 추가하려면 어떻게 하죠? ⋯ 132~133
- 현재 적용된 스타일을 다른 문서에도 적용하고 싶다면 어떻게 하죠? ⋯ 137
- 나만의 스타일을 만드는 구체적인 방법을 알려 주세요. ⋯ 139~144
- 스타일을 적용해도 서식이 바뀌지 않는데요? ⋯ 143
- 블록 저장과 상용구의 차이는 무엇인가요? ⋯ 150
- 상용구와 블록 지정에 대해 자세히 알려 주세요. ⋯ 150~154
- 빠른 교정 내용을 추가하려면 어떻게 하나요? ⋯ 156
- 제 멋대로 입력 내용을 수정하는 자동 서식을 어떻게 손 보죠? ⋯ 156~157
- 각주나 미주 등 주석의 번호를 숨기고 싶어요. ⋯ 161
- 수식을 문장 안에 넣으려면 어떻게 하죠? ⋯ 163
- 수식의 입력 방법을 자세히 알고 싶어요. ⋯ 164~169
- 다른 파일을 끼워 넣을 때 주의해야 할 점은 어떤 것들이죠? ⋯ 170~171
- 삽입된 문서의 스타일을 유지하고 싶어요. ⋯ 171~172
- 복사해서 붙여 넣을 때 서식들은 어떻게 유지할 수 있나요? ⋯ 172~173
- 붙여넣기 옵션을 적용하려면 어떻게 하죠? ⋯ 173
- 표 작업과 관련된 단축키와 각 포인터들의 내용을 정리해 주세요. ⋯ 181
- 셀 크기를 조절하는 방법을 자세히 알려 주세요. ⋯ 188~190
- 셀 속성의 적용 방법을 자세히 알려 주세요. ⋯ 191~196
- 똑같은 모양의 표를 만드는 방법을 알려 주세요. ⋯ 197~198
- 표의 위치를 정확히 지정하려면 어떻게 해야 하죠? ⋯ 199~202
- 표 붙여넣기 시에 원본의 모양을 유지하려면 어떻게 하죠? ⋯ 209~210
- 표 안에 수식을 입력해 계산하려면 어떻게 하죠? ⋯ 214~217
- 도형이 아닌 그림일 경우 투명도를 적용할 방법은 없나요? ⋯ 232
- 여러 개의 도형들을 정확히 정렬하려면 어떻게 하죠? ⋯ 234~235
- 여러 도형에서 텍스트가 연결되도록 하려면 어떻게 하죠? ⋯ 246~247
- 셀의 배경으로 이미지를 넣을 수 없나요? ⋯ 253
- 한/글은 삽입된 이미지를 한 번에 저장하고 관리할 수 있지 않나요? ⋯ 257
- 그림을 정렬하는 게 생각처럼 잘 되지 않아요. ⋯ 266~268
- 홀수와 짝수의 머리말(꼬리말)을 각각 다르게 넣고 싶어요. ⋯ 282~284
- 워터마크에 대해 자세히 알려 주세요. ⋯ 287~289
- 원고지 형식의 사용법을 자세히 알려 주세요. ⋯ 290~293
- 쪽 테두리와 배경 설정법을 알고 싶어요. ⋯ 293~295
- 문서의 일부를 다른 모양의 다단으로 설정하고 싶어요. ⋯ 296~303
- 다단 편집에서 주의할 점은 무엇인가요? ⋯ 303
- 한/글의 평행 다단을 자세히 알고 싶어요. ⋯ 304~305
- 문서 내의 단이나 구역 나누기를 지우려면 어떻게 하죠? ⋯ 306
- 제목을 편하게 적용하는 요령은 없을까요? ⋯ 322
- 개요 없이 편집된 문서에서 단락의 일부를 목차로 하려면 어떻게 하죠? ⋯ 323

- 표나 그림, 수식 등의 목차를 넣는 방법은 무엇인가요? ⋯→ 324~326
- 2014 V 버전에서 차례 새로고침이 제대로 작동하지 않는데 어떻게 하죠? ⋯→ 326
- 목차를 수정하거나 항목을 제거하려면 어떻게 하죠? ⋯→ 326~327
- 색인을 만들고 싶어요. ⋯→ 334~335
- 메일 머지(편지 병합) 기능을 위해 데이터 파일을 만들어 보고 싶어요. ⋯→ 337~338
- 메일 머지(편지 병합)의 주의할 점은 무엇인가요? ⋯→ 341~343
- 책갈피는 어떻게 삽입하죠? ⋯→ 351
- 지정한 책갈피를 찾아가는 단축키가 따로 있나요? ⋯→ 351
- 단순히 위치를 기억해서 찾아갈 수는 없나요? ⋯→ 352
- 일반적인 주석이 아닌 본문의 다른 부분을 참조하도록 하려면 어떻게 하죠? ⋯→ 352~353
- 책갈피를 연결할 때 다른 문서의 책갈피도 가능한가요? ⋯→ 356~357
- 하이퍼링크를 순차적으로 찾아가는 단축키는 없나요? ⋯→ 357
- 웹 또는 메일주소 등에 자동으로 연결된 하이퍼링크 때문에 편집이 힘들어요. ⋯→ 357
- 하이퍼링크 자동 연결을 차단하려면 어떻게 해야 하죠? ⋯→ 358
- 하이퍼링크를 제거하는 쉬운 방법은 없을까요? ⋯→ 358
- 자료 연결은 어떻게 하죠? ⋯→ 358
- 검색을 위한 옵션에는 구체적으로 어떤 것들이 있나요? ⋯→ 361~364
- 검색할 때 사용할 수 있는 와일드카드(조건식 요소)에는 어떤 것들이 있죠? ⋯→ 362
- 특정 문서를 열지 않고 검색할 수도 있나요? ⋯→ 364
- 도형으로 완성된 띠 제목 등의 모양을 쉽게 다시 사용하려면 어떻게 하죠? ⋯→ 378
- 표를 활용해 모양을 내는 방법을 알고 싶어요. ⋯→ 380~383
- 서식만을 사용해 띠 제목을 만들 수 있을까요? ⋯→ 386~389
- 바탕쪽 기능으로 노트를 만들려면 어떻게 하나요? ⋯→ 392
- 편집에 제한이 있는 문서를 만드는 방법을 자세히 알고 싶어요. ⋯→ 405~406
- 기본 제공되는 목록 외의 개요 번호 모양을 만들어 쓰고 싶어요. ⋯→ 409~410

INDEX II Q & A

- MS Office를 위한 클라우드 서비스는 무엇인가요? → 24
- 2010 버전까지 보이던 '테마' 설정이 안 보여요. → 24
- 문서를 열었을 때 가장 최근에 읽던 위치로 이동할 수는 없나요? → 29
- 표의 테두리나 스타일도 복사가 되나요? → 30
- 리본 메뉴에 '나만의 메뉴'를 만들어 사용할 수도 있나요? → 34
- 눈금자는 어떻게 보는 거죠? → 36, 88~94
- 문서를 빨리 살펴보려는데 여백을 빼고 보려면 어떻게 해야 하죠? → 39
- 화면에 표시되는 여러 기호들을 선택할 수는 없나요? → 41
- 워드에는 엑셀처럼 날짜나 시간 등의 특정 구문을 명령어 형태로 입력하는 기능이 없나요? → 43, 351~353
- 2013 버전이 되면서 각종 속성창들이 생긴 것 같은데 어떤 것들이 있죠? → 49~50
- 워드에는 한/글과 같이 자주 사용하는 글자의 크기를 조절하는 단축키가 없나요? → 52
- 워드는 한/글처럼 '한글/영문' 전용 글꼴을 선택할 수 없나요? → 53
- 특정 메뉴에 마우스 커서를 둘 때 설명이 표시되었으면 좋겠어요. → 55
- 글꼴을 바꾸게 되면 빈칸의 공백도 차이가 생기나요? → 61
- 형광펜으로 표시된 내용만 찾을 수 없나요? → 63
- 문서 작성 과정에서 자동으로 교정이 되게 하려면 어떻게 하죠? → 66
- 워드에서도 원문자나 사각 문자 등을 입력할 수 있나요? → 68
- 2줄로 들어갈 내용을 한 줄로 표기하는 기능이 있다던데요? → 69
- 서식을 복사하려면 어떻게 해야 하죠? → 73
- 블록 지정에 대해 자세히 알고 싶어요. → 74~79
- 들여쓰기의 설정을 자세히 알고 싶어요. → 81~82, 86~92
- 문서의 향후 편집을 위해 꼭 알아야 할 내용이 무엇인가요? → 85
- 줄 간격에 대해 자세히 알고 싶어요. → 93~95
- 잡지와 같은 방식으로 문단의 첫 글자를 꾸며주고 싶어요. → 96~97
- 워드의 목록은 한/글과 비교해 어떻게 다른가요? → 98
- 개요는 구체적으로 어떻게 지정하죠? → 99~107
- 목록 번호에만 적용되는 별도의 글꼴을 적용할 수 있을까요? → 104
- 한 단락 내에서도 수준을 구분해야 할 경우에는 어떻게 하죠? → 105
- 다른 문서를 하위 수준으로 삽입하거나 뺄 수도 있나요? → 107
- 개요를 작성할 경우 수준을 올리거나 내리는 단축키가 있나요? → 109
- 자동으로 입력되는 글머리 기호는 어디에서 변경할 수 있죠? → 110
- 다단계 목록의 스타일을 수정하려면 어떻게 하죠? → 112
- 글머리 기호로 나만의 스타일을 사용하려면 어떻게 하나요? → 113~114
- 다단계 목록 상에서 새롭게 번호를 시작하는 건 어떻게 하죠? → 115~116

- 목록과 번호 사이의 간격은 어떻게 조절하나요? → 118~119
- 탭 조정에 대한 모든 내용을 알고 싶어요. → 123~127
- 워드의 스타일 적용을 자세히 알고 싶어요. → 128~131
- 새로운 스타일을 추가하려면 어떻게 하죠? → 132~133
- 현재 적용된 스타일을 다른 문서에도 적용하고 싶다면 어떻게 하죠? → 137
- 워드의 테마 기능을 좀 더 알고 싶어요. → 138~139
- 나만의 스타일을 만드는 구체적인 방법을 알려 주세요. → 139~142, 144~149
- 스타일을 적용해도 서식이 바뀌지 않는데요? → 145
- 상용구와 블록 지정에 대해 자세히 알려 주세요. → 150~154
- 자동 고침 옵션을 통해 특수문자도 넣을 수 있나요? → 156
- 제 멋대로 입력 내용을 수정하는 자동 서식을 어떻게 손 보죠? → 156~157
- 각주나 미주 등 주석의 번호를 숨기고 싶어요. → 161
- 수식을 문장 안에 넣으려면 어떻게 하죠? → 163
- 수식의 입력 방법을 자세히 알고 싶어요. → 164~169
- 한 문서의 일부만 다른 문서로 삽입하고 싶어요. → 170
- 삽입된 문서의 스타일을 유지하고 싶어요. → 171, 173
- 붙여넣기의 옵션과 그 기본값도 지정할 수 있나요? → 172
- 텍스트만 유지되도록 붙여넣을 때에도 목록 번호는 유지하고 싶어요. → 173
- 표 작업과 관련된 단축키와 각 포인터들의 내용을 정리해 주세요. → 182
- 셀 크기를 조절하는 방법을 자세히 알려 주세요. → 188~190
- 새로운 표 스타일을 만드는 방법을 알려 주세요. → 194~196
- 똑같은 모양의 표를 만드는 방법을 알려 주세요. → 198
- 표의 위치를 정확히 지정하려면 어떻게 해야 하죠? → 203~205
- 표 붙여넣기 시에 원본의 모양을 유지하려면 어떻게 하죠? → 210
- 표 안에 수식을 입력해 계산하려면 어떻게 하죠? → 214~216
- 도형이 아닌 그림일 경우 투명도를 적용할 방법은 없나요? → 232
- 여러 개의 도형들을 정확히 정렬하려면 어떻게 하죠? → 236
- 여러 도형에서 텍스트가 연결되도록 하려면 어떻게 하죠? → 246
- 워드의 스마트아트를 자세히 알고 싶어요. → 248~250
- 셀의 배경으로 이미지를 넣을 수 없나요? → 254
- 그림을 정렬하는 게 생각처럼 잘 되지 않아요. → 265~267
- 홀수와 짝수의 머리말(꼬리말)을 각각 다르게 넣고 싶어요. → 282~284
- 워터마크에 대해 자세히 알려 주세요. → 287~289
- 원고지 형식의 사용법을 자세히 알려 주세요. → 290~293
- 페이지의 테두리와 배경 설정법을 알고 싶어요. → 293~295
- 문서의 일부를 다른 모양의 다단으로 설정하고 싶어요. → 296~298, 300~302
- 다단의 각 단의 간격을 바꾸고 싶은데 어떻게 하죠? → 299
- 문서 내의 단이나 구역 나누기를 지우려면 어떻게 하죠? → 306
- 다단계 목록을 만들었는데 개요 수준으로 적용되지 않아요. → 328

- 개요 없이 편집된 문서에서 단락의 일부를 목차로 하려면 어떻게 하죠? ⋯ 329
- 표나 그림, 수식 등의 목차를 넣는 방법은 무엇인가요? ⋯ 331~333
- 목차를 수정하거나 항목을 제거하려면 어떻게 하죠? ⋯ 333~334
- 목차 업데이트가 제대로 작동하지 않는데 어떻게 하죠? ⋯ 334
- 색인을 만들고 싶어요. ⋯ 336~337
- 메일 머지(편지 병합) 기능을 위해 데이터 파일을 만들어 보고 싶어요. ⋯ 337
- 메일 머지(편지 병합)를 위한 자동화 기능은 없는 건가요? ⋯ 338~343
- 메일 머지(편지 병합) 방법을 세부적으로 관리할 수도 있나요? ⋯ 343~346
- MS에서 제공하는 각종 필드와 스위치 값은 어떻게 활용하죠? ⋯ 347~349
- 책갈피는 어떻게 삽입하죠? ⋯ 350
- 지정한 책갈피를 찾아가는 단축키가 따로 있나요? ⋯ 351
- 일반적인 주석이 아닌 본문의 다른 부분을 참조하도록 하려면 어떻게 하죠? ⋯ 352~353
- 표 안의 번호 목록은 참조할 수 없나요? ⋯ 354
- 책갈피를 연결할 때 다른 문서의 책갈피도 가능한가요? ⋯ 356~357
- 하이퍼링크를 순차적으로 찾아가는 단축키는 없나요? ⋯ 357
- 웹 또는 메일주소 등에 자동으로 연결된 하이퍼링크 때문에 편집이 힘들어요. ⋯ 357
- 하이퍼링크 자동 연결을 차단하려면 어떻게 해야 하죠? ⋯ 357
- 하이퍼링크 구문에서 작동하는 풍선 도움말을 임의로 정할 수는 없나요? ⋯ 358
- 하이퍼링크를 제거하는 쉬운 방법은 없을까요? ⋯ 359
- 검색을 위한 옵션에는 구체적으로 어떤 것들이 있나요? ⋯ 362
- 검색할 때 사용할 수 있는 와일드카드(조건식 요소)에는 어떤 것들이 있죠? ⋯ 363
- 도형으로 완성된 띠 제목 등의 모양을 쉽게 다시 사용하려면 어떻게 하죠? ⋯ 380
- 표를 활용해 모양을 내는 방법을 알고 싶어요. ⋯ 383~386
- 서식만을 사용해 띠 제목을 만들 수 있을까요? ⋯ 389~391
- 머리글 안에서 자리를 차지하지 않게 표를 넣는 방법은 없나요? ⋯ 392
- 편집에 제한이 있는 문서를 만드는 방법을 자세히 알고 싶어요. ⋯ 407~409
- 기본 제공되는 목록 외의 개요 번호 모양을 만들어 쓰고 싶어요. ⋯ 409~410